Georg Forster

Ansichten vom Niederrhein, von Brabant, Flandern, Holland, England und Frankreich

April, Mai und Junius 1790

Georg Forster: Ansichten vom Niederrhein, von Brabant, Flandern, Holland, England und Frankreich. April, Mai und Junius 1790

Berliner Ausgabe, 2017
Durchgesehener Neusatz mit einer Biographie des Autors bearbeitet und eingerichtet von Michael Holzinger

Erstdruck: [Teil 1 und 2] Berlin 1791, [Teil 3] Berlin 1794.

Textgrundlage ist die Ausgabe:
Georg Forster: Werke in vier Bänden. Herausgegeben von Gerhard Steiner, Band 1–4, Leipzig: Insel, [1971].

Dieses Buch folgt in Rechtschreibung und Zeichensetzung obiger Textgrundlage.

Herausgeber der Reihe: Michael Holzinger
Reihengestaltung: Viktor Harvion

Gesetzt aus der Minion Pro, 11 pt

Inhalt

Erster Theil

I Boppart

Rheinfahrt. Frühlingsblüthen. Bildung des Rheinbettes. Weinbau im Rheingau und Armuth der Rheinländer. Abentheuer.

II Andernach

Koblenz und Ehrenbreitstein. Gefangene daselbst. Ungenähtes Hemde Christi. Lederfabriken. Neuwied; Herrnhuter. Seelenunzucht. Menschenrace des Niederrheins.

III Kölln

Gebirge zwischen Bingen und Bonn. Bimssteinlager bei Andernach. Vulkanistische Hypothesen. Basaltberge, insbesondere der Basaltbruch bei Unkel. Naturalienkabinet des Kuhrfürsten von Kölln in Bonn. Fälschlich so genannter fossiler Menschenschedel. Charakteristik unseres Zeitalters.

IV Kölln

Der Dom, oder die Kathedralkirche. Versuch über die Humanität des Künstlers.

V Düsseldorf

Anblick von Kölln. Pöbel und Geistlichkeit. Bettelei und Intoleranz. Pferdeknochen unter den Gebeinen in der Ursulakirche. Klimatischer Unterschied in der Religion. Kreuzigung Petri von Rubens. Neuangelegte Stadt bei Düsseldorf. Über die Regierungskunst und über Regentenkünste. Kloster la Trappe.

VI Düsseldorf

Über die Mittheilung der Eindrücke des Gesehenen. – Wie bildet sich der Künstler? Erste Ansicht der Bildergallerie. Rubens jüngstes Gericht.

VII Düsseldorf

Fernere Erinnerungen aus der Galerie. Rubens. Albrecht Dürer. Gerard Douw. Teniers. Schalken. Gasparo (Dughet). Snyers. Van der Werff. Crayer. Van Dyk.

VIII Düsseldorf

Vom Ideal. Italienische Malerei. Susanna von Domenico Zampieri (Dominichino,) und von Annibal Caracci. Heilige Familien von Raphael und von Andrea del Sarto. Pietro da Cortonas Ehebrecherin. Carlo Dolce. Johannes in der Wüste von einem Ungenannten. Guido Reni's Himmelfahrt der Jungfrau. Aretin von Tizian. Christus mit der Dornenkrone von Corregio. Barbarei.

IX Aachen

Lage von Jülich. Verminderte Volksmenge von Aachen, und deren Ursachen. Kaiserliche Kommission seit 1786. Neuer Konstitutionsplan des Herrn von Dohm. Das Zunftwesen mit seinen Folgen. Verfall der Tuchmanufaktur. Flor der benachbarten Fabriken. Armuth und Bettelstand in Aachen. Mögliche politische und sittliche Freiheit.

X Aachen

Lage von Burscheid. Nadelfabrik und Tuchfabrik daselbst. Tuchfabriken in Vaals. Färberei. Tuchhandel. Ideen über den künftigen Zustand von Europa. Krönungsstuhl von Marmor in der Kathedralkirche. Zerspaltene Thore von Erz, nebst der dazu gehörigen Legende. Charfreitagsprozession.

XI Lüttich

Aussicht der Stadt. Französische Nationalzüge in Bildung und Charakter der Lütticher. Wallonische Sprache. Reise von Aachen nach Lüttich. Ansicht des Limburgischen. Brabantische Miliz. Abstich der Lütticher Nationaltruppen dagegen. Stimmung des Volks. Freiheitssinn. Apologie der uneingeschränkten Denk- und Sprechfreiheit. Definition der Bestimmung des Menschen. Abweichung des wirklich Existirenden vom hypothetischen Unbedingten. Politische Verfassung von Lüttich seit 1316 bis 1789. Mißbrauch der Gewalt. Von willkührlicher Gewalt nicht zu unterscheidender rechtmäßiger Zwang. Grund der wirklich bestehenden Verfassungen. Unveräußerliche Rechte des Menschen. Ursachen von dem Unbestande der Verfassungen. Antinomien der Politik. Gleich unausführbare Entwürfe zur Universalmonarchie und zum allgemeinen Staatenbunde. Ringende Kräfte im Menschen und in der ganzen Natur. Blick über Lüttich von der Citadelle. Politik der Nachbaren. Vertheidigungsanstalten. Unfall, der den preußischen General betroffen hat.

XII Löwen

Ansicht der Gegend von Lüttich bis Löwen. La puissance de Dieu est grande! Schöne Dörfer und Menschen. Tirlemont. Anbau. Reisegesellschaft. Universitätsgebäude in Löwen. Unausgepackte Bibliothek. Doktorpromotionen. Methodische Ignoranz. Josephs des Zweiten Reform. Neue Barbarei. Das Rathhaus. Collegium Falconis. Flämische Sprache. Löwener Bier. Volksmenge.

XIII Brüssel

Fahrt von Löwen auf der Barke nach Mecheln. Irländischer Mönch. Todtenstille in Mecheln. Kathedralkirche zu St. Romuald. Kardinal-Erzbischof von Mecheln. Gemälde von Rubens in der Johanniskirche. Prunkendes Portal der Jesuitenkirche. Geschnitzte Kanzel zu U.L.F. von Hanswyk. St. Bernhard und die Muttergottes. Vor der Hostie knieender Esel. Schwarm von Ordensgeistlichen. Ansicht der Gegend zwischen Mecheln und Brüssel. Recht der Geringen über die Großen zu urtheilen.

XIV Brüssel

Ansicht von Brüssel. Pracht der Gebäude. Anekdote von Peter dem Großen. Veränderter Zustand der Stadt seit achtzehn Jahren. Kühner Spitzthurm des Rathhauses. Prinz Karls Statue zu Pferde auf dem Giebel des Brauerhauses. Neue Häuser an der Stelle aufgehobener Klöster. Kornmarkt. Physiognomische Anzeichnungen über den Pöbel von Brüssel. St. Gudulakirche. Vortrefliches Gemälde von Rubens. Kreuzigung Christi von Crayer in der Kirche des großen Beguinenhofs. St. Jakobskirche zum Kaudenberg. Herrn Danhots Gemäldesammlung. Danaë von Tizian. Porträt eines Frauenzimmers von Leonardo da Vinci.

Zweiter Theil

XV Brüssel

Revolution aus Unwissenheit. Fanatismus. Nous ne voulons pas être libres. Wirkungen des Verfolgungsgeistes auf die Anlagen im Menschen. Kein großer Mann in Brabant. – Gleichgültigkeit und dummer Widerstand der Niederländer gegen Josephs Wiedereröffnung der Schelde. Vergängliches Phänomen des Kunstsinnes. Phlegma. Mechanische Künste und Ackerbau. Prozeßsucht. Erwachen des Begrifs von den Rechten der Menschheit bei den Rechtsgelehrten. Einfluß der hierarchischen Seelentyrannei.

XVI Brüssel

Zustand der Belgier unter Pr. Karl von Lothringen. Staatseinkünfte aus den Niederlanden. Josephs Ersparnisse. Aufhebung des Barrierentraktats. Schelde- und Tausch-Projekte. Über die Rechtmäßigkeit von Josephs Maaßregeln. Wer auf Hofnung säen dürfe. Mißbrauch des Princips, das von Erhaltung der Ruhe ausgeht. Usurpation des Adels und des Klerus. Chimären der Gleichförmigkeit in Verfassung und Gesetzgebung, wie in der Religion. Einführung des neuen politischen Systems und des Generalseminariums. Kampf mit dem Aberglauben. Ausbruch der Widersetzlichkeit während des Kaisers Aufenthalt in

Cherson. Nachgiebigkeit der Generalgouverneurs. Widerrufung aller Neuerungen. Rebellion der Geistlichkeit. Weigerung der Subsidien. Aufhebung der Joyeuse Entrée. Mönche schießen auf die Truppen in Tirlemont. Vonks patriotische Verbrüderung. Emigranten in Hasselt und Breda. Uneinigkeit zwischen d'Alton und Trautmannsdorf. Einnahme von Gent. Waffenstillstand von Leau. Unruhen in Brüssel. Die vergebliche Milde des Ministers. Räumung der Hauptstadt und Flucht der Kaiserlichen. Van der Noots Triumph. Unabhängigkeitsakte der vereinigten Belgischen Staaten.

XVII Brüssel

Brabantische Broschüren. Vorgeschlagene Wiedereinsetzung der Jesuiten. Der Abbé Ghesquière. Charakterzüge der Brabanter. Einfluß der Revolution auf die Sitten. Phlegmatisches Temperament. Politik der Nachbarn. Kaiserliche Partei. Die Patriotische Gesellschaft und ihre Bittschrift an die Stände. Erzwungene Gegenaddresse. Walkiers. Mordbrennerei in Brüssel von den Söldnern der Stände. Ihr Sieg über Walkiers. Aufhebung der patriotischen Gesellschaft.

XVIII Brüssel

Bedaurenswerthe Lage des Brabantischen Volkes. Aufwallung über den Brief des Generals van der Mersch. Geschichte seiner Entwafnung. Schwankendes Betragen der Volkspartei. Aristokratische Verblendung gegen Leopolds Anerbietungen. Zustand der Wissenschaften in Brüssel. Königliche Bibliothek. Verfall der Manufakturen und des Handels. Simons Wagenfabrik. Beschreibung des Lustschlosses Schooneberg. Allgemeine Liebe des Volkes für den Herzog Albert.

XIX Lille

Reise nach Enghien. Aufenthalt daselbst bei dem Herzog von Aremberg. Ansicht des Hennegaus. Demolition der Festungswerke von Tournai. Verächtliche Miliz daselbst. Kamelottmäntel und schwarze Kappen. Pont à Tressan; Französische Gränze, Tumult in Lille. Die Stadt und umliegende Gegenden.

XX Antwerpen

Lebensdauer. Bleichen in Armentieres. Grands Flandrins. Aussicht von Mont-Cassel. Dünkirchen. Dünen. Schleichhandel. Wachholderbranntwein- und Salzsiedereien. Portal der Pfarrkirche. Ansicht des Hafens und des Meeres. Karrikatur eines Theaters. Fahrt auf der Barke nach Fürnen, Nieuport und Ostende. Digression über das Völkerrecht und die geschlossene Schelde. Brügge. Die Barke von Gent. Geographische Kenntnisse eines Franzosen. Gent. Standbild Karls des Fünften. Der Brand und Kindermord vom 14. und 15. November 1789. Verfassung der Provinz Flandern. Charakter der Flamänder und Flamänderinnen. Gemälde zu St. Bavo. Reise durch Lockeren und St. Niklaas nach Antwerpen. Erste Erblickung dieser Stadt.

XXI Antwerpen

Schätze der Niederländischen Kunst. Über die Mechanik der Malerei. Gränzen der Koloristen. Sammlungen der Herren Huybrechts und van Lancker. Angeblicher Correggio. Seestücke. Architekturstücke. Metsü und Miris. Landschaftmalerei. Bataillenstücke. Baurengelage. Le chapeau de paille und zwei andere Porträte von Rubens, bey Herrn van Haveren. Sammlung des Herrn Lambrechts. Leda von Tizian. Prämonstratenserabtei. Van Dyks Taufe Christi. Peter Faes, jetztlebender Blumenmaler. Quellins ungeheure Gemälde. Augustiner- und St. Jakobskirche. Kathedralkirche. Himmelfahrt Mariä von Rubens, und dessen Abnahme vom Kreuz.

XXII Antwerpen

Andächtelei und Stumpfsinn. Frugalität aus Geiz. Priesterintriguen und Priestereigennutz. Einnahme der Citadelle von Antwerpen. Allgemeines Sittenverderbniß in Brabant. Abschied von den Österreichischen Niederlanden.

XXIII Haag

Abfahrt von Antwerpen. Ankunft im Holländischen Gebiete. Moerdyk. Hollands Diep. Johann Wilhelm Friso. Das Dorf Stryen. Holländische

Sauberkeit. Kattendrecht. Hospitalität und Sitteneinfalt. Ein Frühlingsmorgen an der Maas. Aussicht von Rotterdam. Verfall des Holländischen Handels. Schiedam und sein Wachholderbranntwein. Fayencefabrik und Denkmäler in Delft. Ankunft im Haag. Spaziergang nach Scheveningen.

XXIV Haag

Schöne Lage des Ortes. Gemischte Einwohner. Zahlreiches Militair. Späte Essensstunde. Mäßigkeit. Tabakspfeife. Kleidungsanzeichnungen. Guter Ton im Haag. Hemsterhuis, Camper und Lyonnet. Campers, Lyonnets, Gallizins, Voets und des Erbstatthalters Naturalienkabinette.

XXV Amsterdam

Werfte der Admiralität. Die Fregatte Triton läuft vom Stapel. Holländischer Nationalcharakter. Wirkung und Gegenwirkung des Handels und der Schifffahrt und der darauf angewendeten Geisteskräfte. Spaziergang in der Stadt. Das Rathhaus. Die Holländische Bühne. Physiognostisches Urtheil über die Holländer. Etwas von der hiesigen dramatischen Kunst. Sitten im Parterre. – Reise auf der Bürgermeistersjacht vom Haag nach Harlem, und von da nach Amsterdam.

XXVI Amsterdam

Wanderung der klimatischen Üppigkeit aus Indien nach Europa. Entstehung des Luxus in Freistaaten. Verschiedenheit des nordischen und des Französischen Charakters. Ungelenkigkeit der Holländer bei Französischen Sitten und Moden. Französische Bühne in Amsterdam. Porträt einer Nordholländerin. Sardam und Broek. Peter der Große. Aufklärung und Läuterung des Geschmackes in Amsterdam. Das Athenäum und dessen jetzige Lehrer. Mühsame Beschäftigung der Ärzte. Felix meritis. Patrioten. Holländische Orthodoxie. Symptome der Unreifheit für Aufklärung im Volke, durch ganz Europa. Regentenklugheit. Unausbleibliche Gährung. Pflicht der menschenfreundlichen Regenten. Rachsucht der in Holland obsiegenden Partei. Charakteristische Empfindlichkeit.

XXVII Helvoetsluis

Abreise von Amsterdam. Regel für Reisende. Henry Hope's Landsitz und Gemäldegalerie bei Harlem. – Landschaften von Poussin und von Rubens. Susanna von Dominichino. Guido's Kleopatra und seine Magdalena. Venus von Carlo Maratti. Lukrezie von Tizian. Caracci's Johannes; dessen Herkules und Kakus. Perin del Vagas heilige Familie. Claude le Lorrain. Venus und Adonis, von Trevisano und von Paul Veronese. Latet anguis in herba, von Sir Joshua Reynolds. – Harlemer Blumenflor. Kosters Druckproben. Teylers Institut. Willkührliche Anwendung des Fonds der Universität Leiden. Naturalienkabinet der Harlemer Societät der Wissenschaften. Keessen. Sehenswürdigkeiten in Leiden. Professoren. Herr und Madame M–. Mennoniten. Metamorphose des Fanatismus. Reinlichkeit der Stadt Leiden. Verfall der Universitätsgebäude und öffentlichen Institute. Spaziergang um die Stadt. Abreise von Leiden. Schöner Morgen. Skizze zum Porträt eines Holländischen Schiffers. Maassluis. Theer von Steinkohlen. Naturschönheit. Reise über Briel nach Helvoet. Gewinnsucht der Einwohner von Helvoet. Erinnerung an Holland und Bild seiner Bewohner.

Dritter Theil

Reisenotizen aus dem Nachlaß

I London

1. Ausstellung der königlichen Akademie.
2. Shakspear Gallery.
3. Sir Ashton Liver's (Mr. Townley's) Museum.
4. Westminster-Abtei. Messias, am 3. Junius.
5. Erziehung und Theater der Engländer. Litteratur. Beaux Stratagem.
6. Westminsterhall. – Warren Hastings Prozeß.
7. Zünfte.
8. The Monster.
9. Naturgeschichte. Banks.
10. Kapitain Bligh. Reisen nach Nordwest-Amerika.

11. Dr. Johnson. Warton.
12. Etwas von den Sitten. Veränderung der Sitten. Nägel. Ranelagh. Boxing. Dr. Mayersbach.

II Reise nach Windsor. Slough. Richmond

1. Windsor.
2. Slough. (Herschels Teleskop).
3. Richmond.

III Reise in das Innere von England

1. Weg nach Birmingham.
2. Birmingham und Soho.
3. Theater in Birmingham.
4. Leasowes.
5. Hayleypark.
6. Reise von Birmingham nach Derby.
7. ΟΙΣ ΘΕΜΙΣ ΕΣΤΙ. Castleton.
8. Von Castleton bis Middleton.
9. Matlock.
10. Chatsworth.
11. Fortsetzung der Reise.
12. Blenheim.
13. Oxford.
14. Dover.

IV Rückreise von England

1. Fahrt von Dover nach Calais.
2. Auf der Reise nach Paris.
3. Rückreise von Paris.

Erster Theil

I

Boppart, den 24. März

Ich war eben im Begrif, unserer Philosophie eine Lobrede zu halten, als mir einfiel, daß im Grunde wenig dazu gehört, sich in ein Schicksal zu finden, welches Deinem Reisenden noch Feder, Tinte und Papier gestattet. Behaglicher wäre es allerdings gewesen, Dir alles, was ich jetzt auf dem Herzen habe, aus Koblenz und in der angenehmen Erwartung einer süßen Nachtruhe zu sagen; dafür aber sind Abentheuer so interessant! Ein gewöhnlicher Reisender hätte das Ziel seiner Tagefahrt erreicht: wir sind drei Stunden Weges diesseits desselben geblieben.

Es war einmal Verhängniß, daß es uns heute anders gehen sollte, als wir erwartet hatten. Statt des herrlichen gestrigen Sonnenscheins, mit dessen Fortdauer wir uns schmeichelten, behielten wir einen grauen Tag, dessen minder glänzende Eigenschaften aber, genau wie man in Romanen und Erziehungsschriften lehrt, das Nützliche ersetzte. Denn weil der Zauber einer schönen Beleuchtung wegfiel und der bekannten Gegend keine Neuheit verleihen konnte, so blieb uns manche Stunde zur Beschäftigung übrig. Auf der Fahrt durch das Rheingau hab' ich, verzeih es mir der Nationalstolz meiner Landsleute! eine Reise nach Borneo gelesen und meine Phantasie an jenen glühenden Farben und jenem gewaltigen Pflanzenwuchs des heißen Erdstrichs, wovon die winterliche Gegend hier nichts hatte, gewärmt und gelabt. Der Weinbau giebt wegen der krüppelhaften Figur der Reben einer jeden Landschaft etwas Kleinliches; die dürren Stöcke, die jetzt von Laub entblößt, und immer steif in Reih' und Glied geordnet sind, bilden eine stachlichte Oberfläche, deren nüchterne Regelmäßigkeit dem Auge nicht wohl thut. Hier und dort sahen wir indeß doch ein Mandel- und ein Pfirsichbäumchen und manchen Frühkirschenstamm mit Blüthenschnee weiß oder röthlich überschüttet; ja selbst in dem engeren Theile des Rheinlaufs, zwischen den Bergklüften, hing oft an den kahlen, durch die Rebenstöcke verunzierten Felswänden und Terrassen ein solches Kind des Frühlings, das schöne Hofnungen auf die Zukunft in uns weckte.

Nicht immer also träumten wir uns in den ewigen Sommer der Palmenländer. Wir saßen stundenlang auf dem Verdeck, und blickten in die grüne, jetzt bei dem niedrigen Wasser wirklich erquickend grüne, Welle des Rheins; wir weideten uns an dem reichen mit aneinander hangenden Städten besäeten Rebengestade, an dem aus der Ferne her einladenden Gebäude der Probstei Johannisberg, an dem Anblick des romantischen Mäusethurms und der am Felsen ihm gegenüber hangenden Warte. Die Berge des Niederwalds warfen einen tiefen Schatten auf das ebene, spiegelhelle Becken des Flusses, und in diesem Schatten ragte, durch einen zufälligen Sonnenblick erleuchtet, Hatto's Thurm weiß hervor, und die Klippen, an denen der Strom hinunterrauscht, brachen ihn malerisch schön. Die Noh, mit ihrer kühnen Brücke und der Burg an ihrem Ufer, glitt sanft an den Mauern von Bingen hinab, und die mächtigeren Fluthen des Rheins stürzten ihrer Umarmung entgegen.

Wunderbar hat sich der Rhein zwischen den engen Thälern einen Weg gebahnt. Kaum begreift man auf den ersten Blick, warum er hier (bei Bingen) lieber zwischen die Felswände von Schiefer sich drängte, als sich in die flachere Gegend nach Kreuznach hin ergoß. Allein bald wird man bei genauerer Untersuchung inne, daß in dieser Richtung die ganze Fläche allmälig steigt, und wahrer Abhang eines Berges ist. Wenn es demnach überhaupt dem Naturforscher ziemt, aus dem vorhandenen Wirklichen auf das vergangene Mögliche zu schließen; so scheint es denkbar, daß einst die Gewässer des Rheins vor Bingen, durch die Gebirgswände gestaucht und aufgehalten, erst hoch anschwellen, die ganze flache Gegend überschwemmen, bis über das niveau der Felsen des Bingerlochs anwachsen und dann unaufhaltsam in der Richtung, die der Fluß noch jetzt nimmt, sich nordwärts darüber hinstürzen mußten. Allmälig wühlte sich das Wasser tiefer in das Felsenbett, und die flachere Gegend trat wieder aus demselben hervor. Dies vorausgesetzt, war vielleicht das Rheingau, ein Theil der Pfalz, und der Bezirk um Mainz bis nach Oppenheim und Darmstadt einst ein Landsee, bis jener Damm des Binger Felsenthals überwältigt ward und der Strom einen Abfluß hatte.

Der stärkere Wein, den das Rheingau hervorbringt, wächst nicht mehr jenseits der Enge von Bingen. Die Richtung des Flusses von

Morgen gegen Abend durch das ganze Rheingau giebt den dortigen Rebenhügeln die beste Lage gegen den Stral der mittäglichen Sonne, und die Gestalt des östlichen Gebirges, das auf seiner Oberfläche beinahe ganz eben ist, trägt vieles zur vorzüglichen Wärme dieses von der Natur begünstigten Thales bei. Der Nord- und der Ostwind stürzen sich, wenn sie über jene erhabene Fläche herstreichen und an den Rand derselben kommen, nicht geradezu hinab, sondern äußern ihre meiste Kraft erst auf der entgegengesetzten Seite des Flusses; das Thal unmittelbar unter dem Berge berühren sie kaum. Was für Einfluß die mineralischen Bestandtheile des Erdreichs und die Verschiedenheit der Gebirgslager auf die Eigenschaften des Weins haben können, ist noch nicht entschieden. Je weniger man über diesen Punkt weiß und bestimmt wissen kann, desto weiter treibt die grübelnde Hypothesensucht ihr Spiel damit. Hier darf sie sich keck auf ihre empirische Weisheit berufen; denn sie kann sich vor Widerlegungen wenigstens so lange sicher stellen, als man nicht Erfahrung gegen Erfahrung aufzuweisen hat. So viel ist indessen immer an der Sache, daß, wo alle übrige Umstände völlig gleich sind, und nun doch eine Verschiedenheit im Erzeugniß bemerklich wird, die Ursache davon in der Beschaffenheit des Bodens gesucht werden darf. Bekanntlich entspringen auf jenem östlichen Gebirge mehrere, zum Theil heiße Quellen, von denen einige Schwefel, andere Vitriolsäure und Eisen enthalten. Man hat mich auch versichern wollen, daß ein Kohlenflöz sich unter dem Hügel von Hochheim erstrecke und dem dort wachsenden vortreflichen Weine der Domdechanei seinen berühmten edlen Geschmack und sein Feuer gebe. Ich erinnere mich hierbei, daß der Schnee am Gehänge dieses Rebenhügels gegen Mainz eher, als vor dem entgegengesetzten Thore, schmilzt. Der Unterschied war mir und Andern oft in wenigen hundert Schritten so auffallend, daß sogar die Lufttemperatur, unter völlig gleichen Umständen, dem Gefühle merklich verschieden vorkam. So wie man das abendliche Thor von Hochheim verläßt, um nach Mainz zu gehen, glaubt man in einem milderen Klima zu seyn. Ich würde freilich diesen Unterschied dem Winde zuschreiben, der auf der Ebene von dem Altkönig her frei und ohne Widerstand hinstürmen und die Kälte der oberen Luftregion herunterführen, oder besser, die zum Gefrieren erforderliche schnelle Verdünstung befördern kann. Allein Andere schreiben die wärmere Temperatur des Weinberges den darunter liegenden Kohlen zu. Wahr ist es, eine Kohle, wie überhaupt jeder Brennstoff, fühlt sich unter einerlei Umständen viel wärmer an, als ein Stück Kalkstein oder Schiefer; und dieses Gefühl beweiset, daß wirklich aus der Kohle in den berührenden Körper mehr Wärmetheilchen übergehen: nicht minder gewiß ist es auch, daß die brennbaren Mineralien bei einer gewissen Lufttemperatur unaufhörlich Wärme ausströmen. Wie, wenn der Weinstock besonders vor andern Gewächsen organisirt wäre, von dieser Ausdünstung begünstigt zu werden? Das Beste zur Vergeistigung des Traubensaftes thut zwar die Sonne; ihr Licht, das von den schwammigen Früchten eingesogen und in ihrer Flüßigkeit fixirt wird, würzt und versüßt die Beere. Daher bleiben auch unsere Weine gegen die griechischen, italienischen, spanischen, ja sogar gegen die ungarischen und französischen so herbe, daß sie bei den Ausländern und dem Frauenzimmer wenig Beifall finden. –

Für die Nacktheit des verengten Rheinufers unterhalb Bingen erhält der Landschaftkenner keine Entschädigung. Die Hügel zu beiden Seiten haben nicht jene stolze, imposante Höhe, die den Beobachter mit Einem mächtigen Eindruck verstummen heißt; ihre Einförmigkeit ermüdet endlich, und wenn gleich die Spuren von künstlichem Anbau an ihrem jähen Gehänge zuweilen einen verwegenen Fleiß verrathen, so erwecken sie doch immer auch die Vorstellung von kindischer Kleinfügigkeit. Das Gemäuer verfallener Ritterfesten ist eine prachtvolle Verzierung dieser Scene; allein es liegt im Geschmack ihrer Bauart eine gewisse Ähnlichkeit mit den verwitterten Felsspitzen, wobei man den so unentbehrlichen Kontrast der Formen sehr vermißt. Nicht auf dem breiten Rücken eines mit heiligen Eichen oder Buchen umschatteten Berges, am jähen Sturz, der über eine Tiefe voll wallender Saaten und friedlicher Dörfer den Blick bis in die blaue Ferne des hüglichten Horizonts hinweggleiten läßt, – nein, im engen Felsthal, von höheren Bergrücken umschlossen, und, wie ein Schwalbennest, zwischen ein paar schroffen Spitzen klebend, ängstlich, hängt hier so mancher zertrümmerte, verlassene Wohnsitz der adelichen Räuber, die einst das Schrecken des Schiffenden waren. Einige Stellen sind wild genug, um eine finstre Phantasie mit Orkusbildern zu nähren, und selbst die Lage der Städtchen, die eingeengt sind zwischen den senkrechten Wänden des Schiefergebirges und dem Bette des furchtbaren Flusses, – furchtbar wird er, wenn er von geschmolzenem Alpenschnee oder von anhaltenden Regengüssen anschwillt – ist melancholisch und schauderhaft.

In Bacharach und Kaub, wo wir ausstiegen und auf einer bedeckten Galerie längs der ganzen Stadtmauer hin an einer Reihe ärmlicher, verfallener Wohnungen fortwanderten, vermehrten die Unthätigkeit und die Armuth der Einwohner das Widrige jenes Eindrucks. Wir lächelten, als zu Bacharach ein Invalide sich an unsere Jacht rudern ließ, um auf diese Manier zu betteln; es war aber entweder noch lächerlicher, oder, wenn man eben in einer ernsthaften Stimmung ist, empörender, daß zu St. Goar ein Armenvogt, noch ehe wir ausstiegen, mit einer Sparbüchse an das Schif trat und sie uns hinhielt, wobei er uns benachrichtigte: das Straßenbetteln sei zu Gunsten der Reisenden von Obrigkeitswegen verboten. Seltsam, daß dieser privilegirte Bettler hier die Vorüberschiffenden, die nicht einmal aussteigen wollen, belästigen darf, damit sie nicht auf den möglichen Fall des Aussteigens beunruhigt werden!

In diesem engeren, öderen Theile des Rheinthals herrscht ein auffallender Mangel an Industrie. Der Boden ist den Einwohnern allerdings nicht günstig, da er sie auf den Anbau eines einzigen, noch dazu so ungewissen Produktes, wie der Wein, einschränkt. Aber auch in ergiebigeren Gegenden bleibt der Weinbauer ein ärgerliches Beispiel von Indolenz und daraus entspringender Verderbtheit des moralischen Charakters. Der Weinbau beschäftigt ihn nur wenige Tage im Jahr auf eine anstrengende Art; bei dem Jäten, dem Beschneiden der Reben u.s.w. gewöhnt er sich an den Müßiggang, und innerhalb seiner Wände treibt er selten ein Gewerbe, welches ihm ein sicheres Brodt gewähren könnte. Sechs Jahre behilft er sich kümmerlich, oder anticipirt den Kaufpreis der endlich zu hoffenden glücklichen Weinlese, die gewöhnlich doch alle sieben oder acht Jahre einmal zu gerathen pflegt; und ist nun der Wein endlich trinkbar und in Menge vorhanden, so schwelgt er eine Zeitlang von dem Gewinne, der ihm nach Abzug der erhaltenen Vorschüsse übrig bleibt, und ist im folgenden Jahr ein Bettler, wie vorher. Ich weiß, es giebt einen Gesichtspunkt, in welchem man diese Lebensart verhältnismäßig glücklich nennen kann. Wenn gleich der Weinbauer nichts erübrigt, so lebt er doch sorglos, in Hofnung auf das gute Jahr, welches ihm immer wieder aufhilft. Allein, wenn man so raisonnirt, bringt man die Herabwürdigung der Sittlichkeit dieses Bauers nicht in Rechnung, die eine unausbleibliche Folge seiner unsichern Subsistenz ist. Der Landeigenthümer zieht freilich einen in die Augen fallenden Gewinn vom Weinbau; denn weil er nicht aus Mangel gezwungen ist, seine Weine frisch von der Kelter zu veräußern, so hat er den Vortheil, daß sich auch das Erzeugniß der schlechtesten Jahre auf dem Fasse in die Länge veredelt, und ihm seinen ansehnlichen Gewinn herausbringen hilft. Man rechnet, daß die guten Weinländer sich, ein Jahr ins andre gerechnet, zu sieben bis acht Procent verinteressiren, des Mißwachses unbeschadet. Es wäre nun noch die Frage übrig, ob dieser Gewinn der Gutsbesitzer den Staat für die hingeopferte Moralität seiner Glieder hinlänglich entschädigen kann?

Der ungewöhnlich niedrige Stand des Rheinwassers war schuld, daß unsere Jacht nur langsam hinunterfuhr. Erst um acht Uhr Abends erreichten wir Boppart beim Mondlicht, das den ganzen Gebirgskessel angenehm erleuchtete. Wir eilten dem besten Wirthshause zu; allein hier fanden wir alle Zimmer besetzt. In einem zweiten sahen wir alle Fenster eingeworfen; von dem dritten schreckte uns die Schilderung der darin herrschenden Unreinlichkeit zurück. Also mußten wir auf gut Glück im vierten einkehren und uns an einer kalten Kammer und einem gemeinschaftlichen Lager genügen lassen. Hier wärmen wir uns jetzt beym Schreiben mit Deinem russischen Thee, und preisen die gütige Vorsorge, die uns damit beschenkte. Ohne ihn darbten wir in dieser Amazonenstadt, wo noch vor wenigen Tagen dreihundert Mann Exekutionstruppen den Muth der Weiber dämpfen mußten, die sich gegen eine mißverstandene Verordnung aufgelehnt und einigen Soldaten blutige Köpfe geschlagen hatten. Die militairische Gewalt hat jetzt die Oberhand über das schöne Geschlecht, das nach einem Paar Gestalten, die an uns diesen Abend vorüberschwebten, zu urtheilen, für ganz andere Kriege gebildet zu seyn scheint.

Ein- für allemal bitte ich jetzt um Deine Nachsicht, wenn ich künftig auf Abschweifungen gerathe, oder nicht so zierlich wie ein Gelehrter, der auf seinem Studierzimmer reiset, frisch nach der That, nur auch von der Spannung des Beobachtens ermüdet, erzähle. So dürftig und desultorisch aber dieser erste Reisebericht ausgefallen ist, verspreche ich mir gleichwohl einen Rückblick auf das etwanige Verdienst, welches ihm unsere unbequeme Lage geben kann. Wir schreiben hier bei einem Lichte, welches von Zeit zu Zeit Funken sprüht und nach jeder solchen Anstrengung dermaßen erschöpft ist, daß uns kaum Hellung genug übrig bleibt, unsere Schriftzüge zu erkennen. Kein lebhafteres Bild von unserem eigenen Zustande, nach einer dreizehnstündigen Wasserfahrt könnte ich Dir jetzt ersinnen. Nach jedem Bemühen einen Gedanken zu Papier zu bringen, verengt sich der Raum zwischen unsern Augenliedern, und ein Nebelflor umhüllt das ewige Lämpchen des innern Sinnes.

II

Andernach
An einem milden Sommermorgen bei Sonnenaufgang müßte es köstlich seyn, sich mitten auf dem See zu befinden, den der Rhein bei Boppart, weil er ringsum von hohen Gebirgen eingeschlossen ist, zu bilden scheint; denn ungeachtet der feuchten Kälte, womit uns der Ostwind die aufsteigenden Nebel entgegenwehte, konnten wir uns doch nicht entschließen, in unserer Kajüte zu bleiben. Die schöngewölbten Berggipfel erheben sich hier mit reichlicher Waldung, welche das Malerische der Gegend, sobald sie mit frischem Laube geschmükt seyn wird, um vieles erhöhen muß.

Die Nähe von Koblenz rief uns bald zum zweitenmal hervor. Hier öfnet sich ein Reichthum der Natur und der Verzierung, den das Ufer des Rheins, seit der Gegend, wo der Fluß die Schweiz verläßt, nirgends zeigt. Schöne Formen von Gebirgsrücken, Baumgruppen und Gebäuden wechseln hier mit einander ab; die Hügel tragen eine dichte Krone von Wäldern; das neue kuhrfürstliche Schloß prangt am Ufer, und der Ehrenbreitstein hängt herrlich und erhaben auf dem jenseitigen Gebirge. Beleuchtung wäre hier wieder ein willkommnes Geschenk gewesen; allein auch heute ward uns diese Spende versagt; unser Morgenhimmel war mit dünnem, grauem Gewölk durchstreift, und uns dämmerte nur ein halbes Licht.

Wir erstiegen den Ehrenbreitstein. Nicht die unwichtige Kostbarkeit dieser Festung; nicht der Vogel Greif, jene ungeheure Kanone, die eine Kugel von hundert und sechzig Pfunden bis nach Andernach schießen soll, aber doch wohl nie geschossen hat; nicht alle Mörser, Haubitzen, Feldschlangen, Zwölf- und Vierundzwanzigpfünder, lange gezogene Röhre, Kartätschenbüchsen, Graupen, und was sonst im Zeughause oder auf den Wällen zu bewundern ist; nicht die weite Aussicht von dem höchsten Gipfel des Berges, wo Koblenz mit dem Rhein und der Mosel landkartenähnlich unter den Füßen liegt – nichts von dem allen konnte mich für den abscheulichen Eindruck entschädigen, den die Gefangenen dort auf mich machten, als sie mit ihren Ketten rasselten und zu ihren räucherigen Gitterfenstern hinaus einen Löffel steckten, um dem Mitleiden der Vorübergehenden ein Almosen abzugewinnen. Wäre es nicht billig, fiel mir dabei aufs Herz, daß ein jeder, der Menschen zum Gefängniß verurtheilt, wenigstens Einen Tag im Jahre mit eigenen Ohren ihr Gewinsel, ihre himmelstürmende Klage vernehmen müßte, damit ihn nicht der todte Buchstabe des Gesetzes, sondern eigenes Gefühl und lebendiges Gewissen von der Rechtmäßigkeit seiner Urtheile überzeugte? Wir bedauern den unsittlichen Menschen, wenn die Natur ihn straft und physisches Übel über ihn verhängt; wir suchen sein Leid zu mildern und ihn von seinen Schmerzen zu befreien: warum darf nicht Mitleid den Elenden erquicken, dessen Unsittlichkeit den Arm der beleidigten Bürgerordnung reizte? Ist der Verlust der Freiheit kein hinreichendes Sühnopfer, und fordert die strenge Gerechtigkeit noch die Marter des Eingekerkerten? Mich dünkt, die Abschaffung der Todesstrafen hat uns nur noch grausamer gemacht. Ich will hier nicht untersuchen, ob ein Mensch befugt seyn könne, einem andern das Leben zu nehmen; aber wenn es Güter giebt, die unantastbar und allen heilig seyn sollen, so ist das Leben gewiß nicht das einzige, welches unter diese Rubrik gehört; auch diejenigen Zwecke des Lebens gehören hieher, ohne welche der Mensch seinen Rang auf der Leiter der Wesen nicht behaupten kann, ohne welche er Mensch zu seyn aufhören muß. Die Freiheit der Person ist unstreitig ein solches, von der Bestimmung des Menschen unzertrennliches und folglich *unveräußerliches* Gut. Wenn also der bürgerliche Vertrag ein so schreckliches Übel, wie die gewaltsame Beraubung eines *unveräußerlichen* Gutes, über einen Menschen um die Sicherheit Aller willen verhängen muß, so bleibt zu entscheiden übrig, ob es nicht zwecklose Grausamkeit sey, das Leben durch ewige Gefängnißstrafe in fortwährende Quaal zu verwandeln, wobei es schlechterdings zu keiner andern Absicht, als zum Leiden erhalten wird, anstatt es durch ein Todesurtheil auf einmal zu enden? Die fromme Täuschung, die man sich zu machen pflegt, als ob ein Delinquent während seiner lebenslänglichen Gefangenschaft Zeit gewönne, in sich zu gehen, eine sittliche Besserung anzufangen, sich durch seine Reue mit Gott zu versöhnen und für ein künftiges Leben zu bereiten, würde schnell verschwinden, wenn man sich die Mühe gäbe, die Erfahrung um Rath zu fragen, ob dergleichen Bekehrungen die gewöhnlichen Folgen der ewigen Marter sind? Die finstern, moderndcn Gewölbe der Gefängnisse, und die Ruderbänke der Galeeren würden, wie ich fürchte, hierüber schauderhafte Wahrheiten verrathen, wenn man auch nicht, durch richtiges Nachdenken geleitet, schon im voraus überzeugt werden könnte, daß die Bekehrung im Kerker zwecklos seyn müsse, weil sie unfruchtbar bleibt, und daß ein Augenblick wahrer Reue so viel werth sei, als ein in Thränen und Büßungen hingeschmachtetes halbes Jahrhundert. Allein die Furcht vor dem Tode, die nur durch eine der Würde des Menschen angemessene Erziehung gemildert und in Schranken gehalten wird, lehrt den Richter, das Leben in immerwährender Gefangenschaft als eine Begnadigung schenken, und den Verbrecher, es unter dieser Bedingung dankbar hinnehmen. Auch hier wirkt also die Furcht, wie sie sonst immer zu wirken pflegt: sie macht grausam und niederträchtig. Doch den Gesetzen will ich hierin weniger Schuld beimessen, als der allgemeinen Stimmung des Menschengeschlechts. So lange es Menschen giebt, die das Leben ohne Freiheit, an der Kette und im Kerker, noch für ein Gut achten können, so lange bedaure ich den Richter, der vielleicht nicht weiß, welch ein schreckliches Geschenk er dem unglücklichen Verbrecher mit der Verlängerung eines elenden Lebens macht; aber verdenken kann ich es ihm nicht, daß er sich von dem Geiste seines Zeitalters hinreißen läßt. –

Unter den Merkwürdigkeiten des Ehrenbreitsteins zeigte man uns auch das ungenähte Kleid des Heilands. Der ungeziemende Scherz, den ein unvorsichtiger Zuschauer sich darüber erlaubte, erregte bei einem unserer Führer solchen Abscheu, daß er seine heftigen Äußerungen nicht ohne ein krampfhaftes Zucken unterdrücken konnte. War es ächte Frömmigkeit? war es der verzeihliche Aberglaube des Pöbels, was diese Wirkung hervorbrachte? Ich vermuthe, diesmal keines von beiden. Es giebt Menschen, deren Seele die Vorstellung eines *schuldigen Respekts* so ganz erfüllt, daß sie bei einer Spötterei über den geschmacklosen Gallarock eines Ministers genau dieselbe Angst empfinden würden.

In dem alten, leeren, geräumigen Dikasterialgebäude zu Ehrenbreitstein hat der Kaufmann Gerhardi eine neue Lederfabrik angelegt, wozu ihm der Kuhrfürst von Trier auf fünf oder sechs Jahre Befreiung von allen Abgaben bewilligt hat. In einiger Entfernung von diesem Orte, zu Vallender, zieht eine große Lederfabrik ihre Häute unmittelbar aus

Buenos Ayres in Südamerika. So knüpfen der Handel und die Industrie das Band zwischen den entferntesten Welttheilen!

Von Koblenz fuhren wir nach Neuwied, und besahen dort das Brüderhaus der Herrnhuter, nebst den mancherlei Werkstätten dieser fleißigen und geschickten Gesellschaft. Ihre Kirche ist ein einfaches, helles Gebäude, das mir recht gut gefiel. An die Stelle der Agapen oder Liebesmahle der ersten Christen, ist hier ein gemeinschaftliches Theetrinken in der Kirche eingeführt, wozu sich die ganze Gemeine von Zeit zu Zeit versammelt. Meine Vorliebe zum Thee ist es nicht allein, die mich mit diesem Gebrauche versöhnt. Wenn ich schon nicht mitschwärmen mag, so ist mir doch eine Schwärmerei ehrwürdig, sobald sie auf Geselligkeit und frohen Genuß des Daseyns führt. Diese Stimmung läßt sich, wie Du leicht denken kannst, mit der herrnhutischen Einrichtung, welche die unverheiratheten Männer und Weiber mit klösterlicher Strenge von einander trennt, schon nicht so leicht in eine Gleichung bringen. Ich glaube in meiner Erfahrung hinlänglichen Grund zu der Überzeugung zu finden, daß man in der Welt nie stärker gegen das Böse und seine Anfechtungen ist, als wenn man ihm mit offener Stirne und edlem Trotz entgegengeht: wer vor ihm flieht, ist überwunden. Wer steht uns auch dafür, daß, wo der gebundene Wille mit der erkannten Pflicht im Kampfe liegt, die Sünden der Einbildungskraft nicht unheilbarer und zerrüttender seyn können, als die etwanigen Folgen eines gemischten und durch freiwillige Sittsamkeit gezügelten Umgangs! Giebt es nicht wollüstige Ausschweifungen der Seele, welche strafbarer als physische Wollüste sind, da sie den Menschen im wesentlichsten Theile seines Daseyns entnerven? Die lehrreichen Schriften der berühmten Guyon, die freilich wohl in einer ganz andern Absicht gedruckt worden sind, und die Bekenntnisse des wackern Jamerai Düval schildern die Krankheit der Entzückten durch alle ihre verschiedenen Stadien, als eine metaphysische Selbstschändung. Bei einem eingeschränkten Erkenntnißvermögen und einer armen Einbildungskraft sind die Symptome nicht gefährlich, und das Übel bleibt in den Schranken, die ihm die Unerheblichkeit des Individuums anweist. Wenn hingegen diese Seelenepidemie ein gebildetes, edles Wesen ergreift, dann äußern sich Wirkungen, welche Völker vergiften, die bürgerlichen Verhältnisse stören und die Sicherheit des Staats untergraben können. Die Täuschung, womit man sich über den Gegenstand dieser Entzückungen hintergeht, ist so vollkommen, daß die tiefste

Tiefe, wohin der menschliche Geist sinken kann, dem Verblendeten die höchste Stufe der Tugend, der Läuterung und der Entwicklung zum seligen Genusse scheint. Genau wie die Entartung des physischen Triebes die Gesetze der Natur beleidigt, eben so muß in einem noch ungleich höheren Grade der Seelenraub strafbar seyn, den man durch jene unnatürliche Vereinigung *mit einer Idee,* am ganzen Menschengeschlechte begeht. Geistesarmuth ist der gewöhnliche, jedoch von allen gewiß der unzulässigste Vorwand zu dieser Theopornie, die erst in der Einsamkeit und Heimlichkeit angefangen, und dann ohne Scheu öffentlich fortgesetzt wird. Zuerst ist es Trägheit, hernach Egoismus, was den Einfältigen über die natürlichsten Mittel, seinem Mangel abzuhelfen, irre führt. Ist hingegen eine Seele reich und groß? O dann suche sie ein Wesen ihrer Art, das Empfänglichkeit genug besitzt, sie ganz zu fassen, und ergieße sich in ihr! Selten oder nie wird es sich ereignen, daß ein Geist dieser endlichen Erde einzeln und ohne Gleichen steht; – und bliebe nicht diesem Erhabenen selbst, der kein Maaß für seine Größe fände, der göttliche Genuß noch übrig, sich Mehreren theilweise hinzugeben und Allen Alles zu werden? Die Weisheit der Natur ist zum Glück noch mächtiger und konsequenter, als die Thorheit der Menschen, und ehe man es sich versieht, führt sie auch den Schwärmer wieder in das Gebiet des Wirklichen zurück. Bei den Herrnhutern ist überdies dafür gesorgt, daß man sich nicht zu weit aus demselben verlieren kann. Fleiß und Arbeitsamkeit sind kräftige Verwahrungsmittel gegen das Überhandnehmen der Seelenkrankheiten, die sie nur dann begünstigen, wenn allzugroße Anstrengung, allzulanges Einsitzen, allzustrenge Diät die Kräfte des Körpers untergraben. Ein Kennzeichen, woran wir deutlich sahen, daß die Schwärmerei hier sehr erträglich seyn müsse, und daß die guten Leute auf die Weisheit der Kinder dieser Welt nicht ganz und gar Verzicht gethan hätten, war der hohe Preis, den sie auf alle ihre Fabrikate setzten. Ich weiß in der That nicht, wie ich diesen mit ihrem unstreitig sehr musterhaften Fleiße reimen, und wie ich mir die Möglichkeit eines hinlänglichen Debits dabei denken soll.

Andernach erreichten wir noch vor Sonnenuntergang. Ich bemerkte hier jetzt zum zweitenmal eine Nüance im Menschengeschlecht, welche gegen die Bewohner oberhalb dieses Orts merklich absticht; und da meine Reisegefährten die Bemerkung einstimmig bestätigten, so ist es vielleicht minder keck, daß ich sie Dir vorzulegen wage. Unter dem gemeinen Volke nämlich trift man hier und weiter hinabwärts am Rhein etwas regelmäßigere, blondere Gesichter an, wiewohl sich etwas Plumpes, Materielles in die Züge mischt, das dem Niederrhein eigen ist und dem Phlegma im Charakter vollkommen entspricht. Ich will hier nur im Vorbeigehen, und ohne eine bestimmte Anwendung zu machen, den Gedanken äußern, daß die Art der Beschäftigung, in der Länge der Zeit, wenigstens mittelbaren Einfluß auf die Verschiedenheit der körperlichen Bildung und folglich auch des Charakters hat. Armuth zum Beispiel ist unzertrennlich von dem Landvolke, das den Weinstock zu seiner einzigen Stütze wählte, und Armuth wirkt nachtheilig zurück auf die Gestalt. Um Andernach und weiter hinabwärts steht der Weinbau in keinem bedeutenden Verhältnisse zu den übrigen Erzeugnissen des Bodens. Wie aber, wenn, noch ehe Wein in Deutschland gebauet ward, bereits in Sprache, Farbe und Gestalt eine Abschattung zwischen den ober- und niederrheinischen Stämmen bemerkbar gewesen wäre? Dann könnte sie durch die Länge der Zeit und die Verschiedenheit der Lebensart nur noch schneidender geworden seyn. Die weichere, plattere Mundart fällt indeß erst auf, wenn man sich der Gegend von Kölln zu nähern anfängt.

III

Wohin sich das Gespräch der Edlen lenkt,
Du folgest gern, denn Dir wird's leicht zu folgen.

Kölln

Hier, wo der Rhein sich zwischen ebenen Flächen schlängelt, blick' ich wieder nach den Gebirgen zurück, deren letzte Gipfel Bonn gegenüber am Horizont sich noch in schwachen Linien zeichnen.

Mit welchem ganz andern Interesse, als der unwissenschaftliche Reisende daran nehmen kann, hält der Naturforscher die Schau und Musterung über jene Unebenheiten unserer Erde, denen er noch die Spur ehemaliger Umwandlungen und großer entscheidender Naturbegebenheiten ansieht! Auf unserer kurzen Rheinfahrt haben wir oft mit den Pflanzen und den Steinen am Ufer gesprochen, und ich versichere Dich, ihre Sprache ist lehrreicher, als die dicken Bücher, die man über sie geschrieben hat. Soll ich Dir von unseren Unterhaltungen nicht etwas wieder erzählen?

Die Gebirgskette, die sich durch Thüringen, Fulda und die Wetterau bis an den Rhein erstreckt, endigt sich oberhalb Bonn, in dem sogenannten Siebengebirge, welches prallig in mehreren hohen Spitzen und Gipfeln seine Granit- Gneus- und Porphyrmassen emporhebt, auf denen hier und dort andere Kiesel- Thon- und Bittersalzerdige Mischungen, wie Kieselschiefer, Hornschiefer und Basalte, nebst den zwischen ihnen durch verschiedene Verhältnisse der Bestandtheile verursachten Schattirungen von Gestein liegen. Die südlichen Zweige des Hessischen Gebirges setzen über den Rhein fort, und gehen in die Voghesische Kette über. Von Bingen bis Bonn enthalten sie Thon- und Kieselschiefer von mancherlei Gefüge, Härte, Farbe und Mischung, auf welchen man zuweilen große Sandsteinschichten antrift. Im Allgemeinen streichen die Schichten von Abend nach Morgen, und gehen mit einem Winkel von sechzig bis fünf und sechzig Graden nach Süden in die Tiefe.

Ehe uns die Nacht in Andernach überfiel, machten wir noch einen mineralogischen Gang nordwestlich von der Stadt. An einem Hohlwege, gleich unter der Dammerde, zeigte sich ein Bimssteinlager, welches an einigen Stellen mit Schichten von Tras, oder, wie ich es lieber nenne, von zerstörten, zu Staub zerfallenen und dann vermittelst des Wassers wieder zusammengekütteten Bimssteinen, abwechselte. Die Bimssteine sind von weißlicher Farbe, sehr leicht, bröcklich, löcherich, rauh anzufühlen und gewöhnlich in ganz kleinen Stückchen von der Größe einer Erbse und noch kleiner, bis zu zwei Zollen im Durchmesser. In diesen Stückchen finden sich zuweilen kleine Fragmente von Kohlen eingebacken.

Die Erscheinung dieser unbezweifelten Erzeugnisse des Feuers am friedlichen Rheinufer hat schon manchen Gebirgsforscher in Erstaunen gesetzt, welches vielleicht vom ruhigen Wege des Beobachtens abwärts führt. In der Strecke von Andernach bis Bonn glaubten Collini, Hamilton, de Lüc und andere Freunde der Feuertheorie die deutlichsten Spuren ehemaliger feuerwerfenden Schlünde zu sehen. Vulkane dampften und glühten; geschmolzene Lavaströme flossen, kühlten sich plötzlich in dem Meere, das damals alle diese Länder bedeckte, und zerklüfteten sich in säulenförmige Theile; ausgebrannte Steine, und Asche und Kohlen flogen in die Luft, und fielen in Schichten nieder, die man jetzt angräbt und zum Wasserbau nach Amsterdam versendet; kurz, ehe es Menschen gab, die den Gefahren dieses furchtbaren Wohnortes trotzten, und das plutonische Gebiet mit Waizen oder mit Reben bepflanzten, kreis'te hier die Natur, und die Berge wanden sich in gewaltsamen Krämpfen. Ist das nicht prächtig – geträumt? Es kommt ja nur auf uns an, ob wir den Hekla und Ätna, den Vesuv und den Tschimborasso an dem Gestade unseres vaterländischen Rheins erblicken wollen. Wenn die Erscheinungen, die das hiesige Gebirge uns zeigt, Vergleichungen dieser Art begünstigen, wer dürfte uns verbieten, unserer Einbildungskraft die Ergänzung einer Lücke in den Annalen der Erdumwandlung aufzutragen? Über jene Erscheinungen aber ist man bis jetzt noch nicht einig.

Der Bimsstein ist zwar zuverlässig ein Feuerprodukt; allein, daß wir uns ja nicht mit der Folgerung übereilen: es müsse deshalb bei Andernach einst ein Vulkan gelodert haben! Hier ist nirgends eine begleitende Spur von Vulkanen sichtbar; nichts leitet auch nur von fernher auf die Vermuthung, daß diese Schichte, wo sie liegt, im Feuer entstanden seyn könne. Ihre Lage unmittelbar unter der Dammerde scheint sie vielmehr für fremdartig zu erklären. Wer kann nun bestimmen, durch welche Revolutionen und wie viele tausend Meilen weit her, diese Bimssteine hier angeschwemmt sind? welche Fluth sie von weit entlegenen Gebirgen abwusch, um sie hier allmälig abzusetzen? Das Daseyn eines über alle hiesigen Berggipfel gehenden Meeres muß man ja bei der Feuertheorie ebenfalls voraussetzen, um die Möglichkeit der Entstehung des Basalts, nach den Grundsätzen dieser Theorie zu erweisen; folglich verlangte ich hier nichts Neues. Allein, auch ohne dieses Element zu Hülfe zu nehmen – soll denn immer nur das Feuer *eines Vulkans* im Stande gewesen seyn, hier ein Bimssteinlager hervorzubringen? Konnte nicht etwa ein Kohlenflöz in dieser Gegend in Brand gerathen, ausbrennen und den Letten, der ihm zum Dach und zur Sohle diente, zu einer Bimssteinähnlichen Masse verändern? Es ist in der That zwischen den Substanzen, die man mit dem gemeinschaftlichen Namen *Bimsstein* belegt, sehr oft ein weiter Unterschied, über den man in der Mineralogie nicht so leichtsinnig, wie bisher, hinwegsehen sollte. Im Grunde hat man den Bimsstein wohl noch nicht anders definirt, als daß er ein sehr leichtes, bröckliches Feuerprodukt sei; denn die unzähligen Verschiedenheiten der Farbe, der Textur und der übrigen äußerlichen Kennzeichen, die ich in Kabinetten an den so genannten Bimssteinen bemerkt habe, ließen keine andere allgemeine Form als diese übrig. Offenbar aber sind darunter Steine von dem verschiedensten Ursprunge begriffen, die nicht einmal immer einerlei Umwandlungsprozeß erlitten haben. So viel ist gewiß, daß der Bimsstein von Andernach nicht zu jener Art gehört, welche die Mineralogen von der Zerstörung des Asbests im Feuer herzuleiten pflegen, und auch nicht, wie der Bimsstein von Tanna, aus kleinen spitzigen Krystallen besteht, sondern, wenn er seine jetzige Gestalt im Feuer erhielt, wahrscheinlich aus Letten verändert worden ist.

Als wir am folgenden Tage unsere Wasserfahrt fortsetzten, kamen wir dem Flecken Unkel gegenüber an die merkwürdigen Basaltgruppen, über deren säulenförmige Bildung schon Trembley erstaunte, ohne jedoch etwas von dem Streite zu ahnden, den man zeither über ihre Entstehung mit so vieler Wärme geführt hat. Bei niedrigem Wasser ragen sie aus diesem hervor, und sind, so weit es sie bedecken kann, mit einem kreideweißen Schlamm überzogen, welcher auch die Thonschieferfelsen bei Bingen bedeckt. Wahrscheinlich macht dieser Schlamm den Rhein so trübe, wenn er von Berggewässern hochangeschwollen ist. Wir wanderten über die Gipfel oder Enden der konvergirenden Säulen, und gingen in den Steinbruch, der jetzt einen Flintenschuß weit vom Ufer hinaufwärts liegt, ob er sich gleich ehemals bis dicht an das Wasser erstreckte. Hier standen die sehr unvollkommen und regellos gegliederten Säulen von ziemlich unbestimmteckiger Form und Mannsdicke, aufrecht auf einem Lager von braunem, thonartigem Gestein voll Höhlen, die zum Theil noch mit verwitterndem Kalkspath angefüllt waren. Die Säulen sind von ziemlich festem Korn, dichtem Bruch, mattschwarz mit schwarzen Schörlpunkten und lauchgrünen Olivinen reichlich angefüllt, die sich zuweilen in faustgroßen Massen darin finden. Außerdem enthalten diese Basalte öfters Wasserkies in dünnen Streifen, desgleichen einen gelbbraunen Tropfstein oder Kalksinter, womit sie durchwachsen sind, und endlich, nach Aussage der Arbeiter, auch klares Wasser in ganz verschlossenen Höhlungen, die zuweilen im Kern einer Säule angetroffen werden.

Das Losbrechen der Säulen sieht gefährlich aus. Es geschieht vermittelst eines spitzen Eisens, das an einem langen Stocke befestigt ist, und das der Arbeiter zwischen die Fugen bringt. Der Sturz ganzer Massen von Säulen hat etwas Fürchterliches, und sobald man merkt, daß sie stürzen wollen, rettet sich ein jeder, um nicht beschädigt zu werden.

An vielen Säulen, welche auf diese Art in unserer Gegenwart losgebrochen wurden, bemerkte ich einen weißen, vermuthlich kalkigen Beschlag oder Anflug, dessen Ursprung sich so wenig, wie der Ursprung des bereits erwähnten Sinters, erklären läßt, wenn man anders nicht künftig Kalkarten in der Nähe findet. Doch können auch die Wasser auf sehr langen Strecken Kalktheilchen aufgelöset enthalten und weit mit sich führen, ehe sie dieselben wieder absetzen.

Sowohl auf diesem westlichen, als auf dem entgegengesetzten östlichen Ufer des Rheins, bis in das Siebengebirge hinunter, sind diese Basaltbrüche häufig genug, um für die ganze Gegend Bau- und Pflastersteine zu liefern. Das ehemalige Jesuitenkollegium in Koblenz ist von außen mit Basaltstücken bekleidet, und die Heerstraßen werden damit in gutem Stande erhalten. Was suchen wir also weiter nach den Werkstätten, wo die Natur den Bimsstein von Andernach bereitete, wenn, wie es heutiges Tages bei so manchem Naturforscher für ausgemacht gilt, Basaltberge und erloschene Vulkane völlig gleichlautende Benennungen sind? Können wir noch die Spuren des ehemaligen Brandes vermissen, wo der Basalt sogar, wie hier bei Unkel, auf einer braunen, löcherichten Lava steht? Haben die Basaltberge nicht die charakteristische Kegelgestalt, und ist hier nicht ein Krater vorhanden, den de Lüc zuerst entdeckt hat, und dessen Öfnung er mit der Hand bedecken konnte?

Ich gebe Dir mein Wort, daß der Muthwille des Reisenden, der den ganzen Tag hindurch in frischer Luft und in muntrer Gesellschaft schwelgte, keinen Antheil an dieser Darstellung der vulkanistischen Logik hat. Es ist wahr, daß man unaufhörlich von dem Punkt ausgeht, den man erst beweisen sollte, und dann, wie gewisse Exegeten, zurückbeweiset: Basaltberge sind erloschene Vulkane; also ist der Basalt ein vulkanisches Produkt! oder: Basalt steht auf löcherichter Lava; also ist Basalt feste Lava! oder: Vulkane sind kegelförmige Berge; also sind kegelförmige Basaltkuppen Vulkane! oder endlich: ein Schlund, aus welchem der Rauch und die Flamme des Vulkans emporsteigen und Bimssteine und die Felsstücken herausgeschleudert werden, ist ein Krater; also ist ein Loch auf einem Basaltberge, welches man mit der Hand bedecken kann, ein Krater, und der Basaltberg ein Vulkan! Ohne das geringste von der Sache zu wissen, sieht man ein, daß diese sämmtlichen Schlüsse nichts beweisen, da bald der Obersatz, bald die Folgerung ungegründet ist. De Lüc's Krater lasse ich für sich selbst sprechen. Die Kegelform der Vulkane, die natürlich genug durch die Anhäufung der ausgeworfenen Steine, Erde und Asche entsteht, beweiset nichts für die Entstehung der festen säulenförmig zerklüfteten Basaltkegel, zumal da es auch kegelförmige Kalkberge genug giebt, und wiederum Basaltmassen, die sich in ganz verschiedenen Gestalten zeigen. Die löcherichte Steinart bei Unkel ist darum noch keine Lava, weil sie einigen Laven ähnlich sieht; und nun möchte es um den ersten willkührlich angenommenen Satz, daß Basaltberge Vulkane sind, etwas mißlich stehen. Diejenigen, die sich auf die Urtheile Anderer verlassen, und die Vulkanität des Basalts auf Treu und Glauben annehmen, sollten sich erinnern, daß das nullius in verba nirgends unentbehrlicher ist, als im hypothetischen Theile der Naturgeschichte. Bescheidene Forscher, die der vulkanistischen Vorstellungsart gewogen sind, erkennen dennoch, daß sie nur Hypothese bleibt und vielleicht nie zur Evidenz einer ausgemachten Sache erhoben werden kann. Allein die mineralogischen Ketzermacher, die auch in den Erfahrungswissenschaften die Tyrannei eines allgemein geltenden Symbols einführen wollen, verdammen gern einen jeden, der ihren Träumen nicht eben so viel Glauben beimißt, wie ihren Wahrnehmungen.

Ich bin weit davon entfernt, den Basalt geradezu für eine im Wasser entstandene Gebirgsart zu halten; allein ich gestehe zugleich, daß mir keine von den bisher bekannten Erklärungen Derer, die seinen Ursprung vom Feuer herleiten, Genüge leistet, ja, daß mir insbesondere seine Entstehung in den brennenden Schlünden, die wir *Vulkane* nennen, völlig widersprechend und unmöglich scheint. Wäre der Basalt vulkanischen Ursprungs, so müßte man die Gebirgsart entdecken können, aus welcher er in seine jetzige Form und Beschaffenheit geschmolzen ward. Aber noch nie hat man in irgend einem Naturalienkabinet oder auf irgend einem Gebirge ein Stück Basalt gezeigt, an welchem sich hätte erkennen lassen, ob es aus Granit, aus Gneus, aus Porphyr, aus Thonschiefer, aus Kalkstein u.s.w. zu Basalt geschmolzen worden sei.

Bei Jacci in Sicilien hat man Basaltsäulen unter einem Lavalager gefunden. Daraus folgt aber nicht, daß beide von gleichem Ursprunge sind. Der Basalt konnte, als ein ursprüngliches Gebirgslager, längst vorhanden seyn, ehe die Lava darüber hinfloß. Hoch hinauf am Ätna liegt ebenfalls Basalt. Nach der vulkanistischen Hypothese wäre dies im Wasser zu Prismen abgekühlte Lava; folglich ging bei seiner Entstehung das mittelländische Meer fast bis an den Gipfel des Ätna. Wohlan! eine solche Wasserhöhe zugegeben, erkläre man nun auch, warum tief am Fuße des Vesuv uralte Laven, unweit von dem *jetzigen* Stande der Meeresfläche, noch ungebildet geblieben sind, da es nicht einen Augenblick bezweifelt werden kann, daß, jenen hohen Stand der mittelländischen See vorausgesetzt, auch diese Laven von ihr hätten bedeckt werden und folglich säulenförmig zerspringen müssen. Viele wirklich geflossene Laven haben in ihren Bestandtheilen, in ihrer Farbe, und selbst in ihrem Gewebe eine auffallende, unläugbare Ähnlichkeit mit Basalt. Unbegreiflich ist es mir daher, weshalb man nicht eben so leicht hat annehmen wollen, solche Laven wären *aus* Basalt entstanden, welcher von dem vulkanischen Feuer ergriffen, verändert oder geschmolzen worden sei; als man sich die entgegengesetzte Meinung, Lava verändere sich durch plötzliches Erkalten *in* Basalt, annehmlich gedacht, ob man gleich noch in keinem Basalt die Steinart nachgewiesen hat, aus welcher die ihm ähnliche Lava geschmolzen worden ist. Mit dem nämlichen Rechte könnte man auch behaupten: alle andere Steinarten, die einer italienischen Lava ähnlich sehen, und deren es so viele giebt, wären im Feuer der Vulkane entstanden. Allein mir kommt es einmal natürlicher vor, daß, je nachdem der Brand in einem Berge einen Granit, einen Gneus, einen Porphyr, einen Thonschiefer, einen Basalt, einen Marmor ergrif, und je nachdem er diese ursprünglichen Steinarten mehr oder weniger veränderte, heftiger oder gelinder, einzeln oder mit andern zugleich durchdrang, – daß, dem gemäß, die Produkte gerade so mannichfaltig verschieden ausfallen mußten, wie man sie wirklich unter die Hände bekommt. Eine der schönsten und vollständigsten Sammlungen von vesuvischen Produkten, welche ich je gesehen habe, die im kuhrfürstlichen Naturalienkabinet von Bonn, enthält meines Bedünkens unverwerfliche Belege für diese Behauptung, die noch überdies durch den Umstand Bestätigung bekommt, daß die Laven aus verschiedenen ächtvulkanischen Gegenden, wie zum Beispiel die isländischen und die santorinischen, von den italienischen sichtbarlich verschieden sind – augenscheinlich, weil die Mischung der Gebirgsart, aus welcher sie entstanden, verschieden war.

Nimmt man endlich noch hinzu, daß die Verwitterung sowohl an Laven, als an ursprünglichen Gebirgsarten völlig ähnliche Wirkungen hervorbringt; so wird es immer unwahrscheinlicher, daß sich etwas Positives über die Frage behaupten lasse: ob die Entstehung unserer

Rheinländer dem Feuer zuzuschreiben sei. Porphyr, Porphyrschiefer, Mandelstein nebst den hieher gehörigen Gebirgsarten werden durch die leicht zu bewirkende Auflösung ihrer Feld- und Kalkspathkörner zu leichten löcherichten Massen, welche den schwammigen verwitterten Auswürfen der Vulkane aus Island und aus Italien ähnlich sehen. Aber eine ächte, glasige, geflossene schlackige *Lava,* die vor allen diesen Namen verdient, eine Lava, wie man sie in Island, am Vesuv, am Ätna findet, wie ich sie auf der Osterinsel, in Tanna, und zuletzt auf der Ascensionsinsel selbst gesehen habe, ist mir weder in den rheinländischen, noch in den hessischen, hannöverischen, thüringischen, fuldischen, sächsischen, böhmischen und karpathischen Basaltbergen vorgekommen.

Alles was ich hier von unsern vermeintlichen Vulkanen am Rhein mit wenigen Worten berühre, findet sich in den beiden Quartanten des Dr. Nose und in den zusammengedrängten Beobachtungen unseres scharfsinnigen Freundes A.v.H. bestätigt. Wenn nun aber der Basalt nicht Lava ist, wie entstand er denn? Aufrichtig gesagt, ich weiß es nicht. Ich kenne weder den Urstoff, noch die chemische Operation, woraus und wodurch die Natur die sämmtlichen Gebirgsarten werden ließ. Wird mir jemand beweisen, daß, ehe es noch Vulkane gab, ein ganz anderer Brand, ein fürchterliches allgemeines Feuer den Basalt in allen fünf Welttheilen erzeugte; wird er mir den Urstoff nennen können, aus welchem dieses Feuer, wie noch keines war, und dem wir folglich nach Willkühr Eigenschaften und Wirkungen beimessen können, den Basalt geschmolzen habe: so will ich das nicht nur geschehen lassen, sondern sogar dieser Meinung beipflichten, sobald sie mehr als ein bloßes Meisterwort, sobald sie gründliche Beweise für sich hat. Bis jetzt wissen wir indeßen noch wenig oder nichts zuverlässiges von der Bildung unserer Erdrinde; denn wir haben von einer weit späteren Bildung, von der Bildung der Pflanzen und Thiere auf diesem Boden, *nicht einmal einen Begrif!* Wo wir Schichten regelmäßig übereinander liegen sehen, halten wir uns für berechtigt, sie einem allmäligen Niederschlag aus dem Wasser zuzuschreiben. Allein ob alle Kalklager unsers Planeten aus Gehäusen von Würmern entstanden, oder ob das Meer, welches einst die ganze Kugel umfloß, ein von den jetzigen Meeren sehr verschiedenes chaotisches Flüssiges war, worin theils Kalk, theils Thon und Bittersalzerde, unausgeschieden, vielleicht als mögliche Bestandtheile, schwammen – das ist und bleibt unausgemacht. Wir wissen zwar, daß der uralte Granit, bei seiner seltsamen Mischung von Quarz, Feldspath und Glimmer keine Spur von einer geschichteten Entstehung zeigt; aber darum ist noch nicht entschieden, ob auch diese Gebirgsart ein Präcipitat aus jenem elementarischen Meere, oder, wie der große dichterische Büffon will, ein Werk des Sonnenbrandes sei. Vielleicht ist er keines von beiden. Ehe wir dahin gelangen, über die Ereignisse der Vorwelt etwas mehr als schwankende, von allem Erweis entblößte Muthmaßungen in der Naturgeschichte vortragen zu können, müssen wir zuvor in der unterirdischen Erdkunde ungleich wichtigere Fortschritte machen als bisher; wir müssen, wo nicht Maupertuis berühmten Schacht bis zum Mittelpunkt der Erde abteufen, doch wenigstens ein paar Meilen tief unter die Oberfläche, die wir bewohnen, senkrecht hinabsteigen, und von dorther neue Gründe für eine Theorie der Erdentstehung und Umwandlung entlehnen. Bedenkt man aber, mit welchen Schwierigkeiten wir bisher nur wenige hundert Klafter tief in das Innere der Gebirge gedrungen sind, so müssen wir über die Arbeit erstaunen, die nicht uns, sondern den späten Nachkommen des Menschengeschlechtes aufgehoben bleibt, wenn sie vor lauter ewigem Frieden nicht wissen werden, was sie mit ihrer Zeit und ihren Kräften anfangen sollen. –

Ich kann dieses Blatt, das ohnehin so viel Naturhistorisches enthält, nicht besser ausfüllen, als mit ein paar Worten über das schon vorhin erwähnte Naturalienkabinet in Bonn. Von der herrlichen Lage des kuhrfürstlichen Schlosses und seiner Aussicht auf das Siebengebirge will ich nichts sagen, da wir die kurze Stunde unseres Aufenthaltes ganz der Ansicht des Naturalienkabinets widmeten. Die dabei befindliche Bibliothek füllt drei Zimmer. In den reichvergoldeten Schränken steht eine Auswahl brauchbarer, theurer Werke, die eines solchen Behältnisses wohl werth sind. Ich bemerkte darunter die besten Schriftsteller unserer Nation in jedem Fache der Litteratur, ganz ohne Vorurtheil gesammelt. Aus der Bibliothek kommt man in ein physikalisches Kabinet, worin sich die Elektrisirmaschine, der große metallene Brennspiegel und der ansehnliche Magnet auszeichnen. Die Naturaliensammlung füllt eine Reihe von acht Zimmern. Das größte enthält vierfüßige Thiere, Vögel, Amphibien und getrocknete Fische in keiner systematischen Ordnung, theils in Glasschränken, theils im Zimmer umhergestellt, theils hangend an der Decke und mit Kunstsachen vermischt, die nicht alle von gleichem Werth, oder ihres Platzes würdig sind. Die ausgestopften vierfüßigen Thiere sind meistentheils sehr mißgestaltet; ein Tadel, der mehr oder weniger alle Naturaliensammlungen trift. Die Vögel sind weniger verzerrt, und man sieht darunter manche seltene Gattung nebst ihren Nestern und Eiern. Die Decke des Zimmers ist mit verschiedenen Vögeln bemalt, die der Sammlung fehlen. Das Konchylienkabinet hat nicht viele Seltenheiten, Kostbarkeiten und sogar nicht viele Gattungen; es enthält nur die gemeinsten Sorten und eine Menge Dupletten. Desto reicher ist aber die schöne Mineraliensammlung, die zwar keine methodische Ordnung hat, und eben so wenig eine vollständige Folge aufweisen kann, aber gleichwohl, wenn man sie nicht als ein Ganzes beurtheilen will, manches Kostbare enthält, und dem Kenner willkommene und lehrreiche Bruchstücke darbietet, besonders die unvergleichliche vesuvisch-vulkanische Sammlung in einem draußenstehenden Schranke, einen reichen Vorrath von Goldstufen, sehr schönen weißen Bleispath vom Glücksrad am Harz, Eisenglaskopf von den seltensten Configurationen, prächtiges rothes Kupferglas, Flußspathdrusen, Versteinerungen, u. dgl. m. Das Merkwürdigste war mir ein Menschenschedel, der gleichsam aus gelbbraunem Tuff von sehr dichtem, festem Bruch, woran keine Lamellen kenntlich sind, besteht. An einigen Stellen ist die Substanz desselben zolldick, ohne daß man auf dem Schnitte die geringste Spur von Inkrustation erkennen kann. Der halbe Oberkopf ist nämlich bis an die Augenbrauen und hinten bis auf die Hälfte des Hinterhaupts, wie ein Segment ausgeschnitten, so daß man es herausnehmen und inwendig alles besehen kann. Ein Umstand ist dabei sehr auffallend: Die Substanz dieses Schedels hat in ihrer Veränderung fast alle feineren Hervorragungen so bedeckt, und alle Vertiefungen so ausgefüllt, daß man sowohl auf der innern, als auf der äußern Oberfläche nur kleine abgerundete Spuren erblickt; gleichwohl sind die Gelenkflächen des Kopfes und des Unterkiefers allein verschont und in ihrem natürlichen Zustande geblieben. Dies allein beweiset schon, daß dieses seltene Stück nur zur Erläuterung der Lehre von den Krankheiten der Knochen dienen kann, und keinesweges, wie man vorgibt, ein versteinerter Menschenschedel ist. Solche Versteinerungen sind zwar von andern Thierklassen nicht selten, hingegen vom Menschen ist bis jetzt noch schlechterdings kein einziges unbezweifeltes Petrefakt gefunden worden. Die Krankheit, welche hier diese sonderbare Erscheinung an einem Menschenschedel hervorgebracht hat, ist eine der ungewöhnlichsten gewesen, nämlich ein Überfluß von wucherndem Knochensaft, oder Knochenstoff, wodurch bei Lebzeiten des unglücklichen Individuums die Theile des Schedels zu einer unförmlichen Gestalt angewachsen sind, und ihn allmälig aller Sinnorgane beraubt haben müssen. Dabei ist es vorzüglicher Aufmerksamkeit werth, daß die Nervenlöcher doch verhältnißmäßig nur wenig verengt worden sind. Man hat bereits in d'Argenville's Oryktologie die Abbildung eines dem hiesigen vollkommen ähnlichen Schedels, und unser Sömmerring besitzt einige, auf eben dieselbe Art unförmlich angequollene Hünerknochen.

Ich will mir den Glauben nicht nehmen lassen, daß diese wissenschaftlichen Ansichten, welche Dich gewiß sehr lebhaft beschäftigen werden, eine Seite haben, an der sie auch eine weniger vorbereitete Wißbegierde befriedigen können. Es kommt eines Theils nur darauf an, diese allgemein interessirende Seite herauszukehren; und andern Theils müßte der Zuhörer nur eine gewisse Thätigkeit der eigenen Geisteskräfte und einen richtigen Sinn besitzen, um überhaupt alles Neue, sobald es nicht in Kunstwörtern verborgen bleibt, unterhaltend, richtig und anwendbar zu finden. Je reicher die Ausbildung unseres Zeitalters, je größer die Anzahl unserer Begriffe, je erlesener ihre Auswahl ist, desto umfassender wird unser Denk- und Wirkungskreis, desto vielfältiger und anziehender werden die Verhältnisse zwischen uns und allem was uns umgiebt. Daß wir uns auf diesem Punkte der Geisteskultur befinden, das beweist der gegenwärtige Zustand der Erziehungsanstalten, der Universitäten, der belletristischen und ernsten Litteratur, der politischen und statistischen Verfassungen, der physischen und hyperphysischen Heilkunde, ja sogar der raisonnirten Schwelgerei und raffinirten Sinnlichkeit, worin alles auf einem encyklopädischen Inbegrif und Zusammenhang aller möglichen Zweige der Erkenntniß beruhet. Dieser nunmehr in allen Fächern aufgesuchten und mit so vielem Glück verfolgten Verwebung und Verbindung der verschiedenartigsten Kenntnisse sind wir es schuldig, daß der Gang unserer Erziehung sich beflügelt und daß unsere sechszehnjährigen Jünglinge ein vollständigeres, zusammenhängenderes System von nützlichen, praktischen Begriffen inne haben, als man sich zu Locke's Zeiten mit dreißig Jahren erwerben konnte. Die Spreu ist besser von reinem Korn geschieden, und wir genießen, wenigstens in gewisser Rücksicht, die Frucht des Schweißes von Jahrtausenden. Unsere Frauenzimmer selbst finden es leicht und anmuthig, alle Gefilde des

Wissens zu durchstreifen, sie wie Gärten geschmückt zu sehen, und ihre Blumen in einen Strauß zusammenzubinden, den man im bunten, gesellschaftlichen Kreise nicht ohne Selbstgefallen jedem zur Erquickung darreichen kann. Wir wollen uns über diese oberflächliche Weisheit nicht entrüsten; denn sie ist reeller, als man denkt, und als es mürrische oder pedantische Sittenrichter zugeben mögen. Alles ist gewonnen, wenn es zur Gewohnheit wird, die Geisteskräfte zu beschäftigen und die Vernunft, die man dem größten Theile des Menschengeschlechts so lange und so gern abgeläugnet oder auch wohl unmenschlich entrissen hat, in ihrer Entwickelung überall zu begünstigen. Nur der Geist, welcher selbst denkt, und sein Verhältniß zu dem Mannichfaltigen um sich her erforscht, nur der erreicht seine Bestimmung. Wie wir anfingen, so endigen wir dann: durch die Wirbel aller möglichen Zusammensetzungen hindurch, kehren wir, reich in uns selbst und frei, zu der ursprünglichen Einfalt zurück! –

Du weißt, ich kenne auch die Rückseite des schönen Gepräges, welches unsere Einbildungskraft den Weltbegebenheiten aufdrückt; allein jede Ansicht hat nur Einen, ihr eigenen Gesichtspunkt, und wer ihn verrückt, der hascht nach einem Schatten, über welchen das Wesentliche selbst ihm entgeht. Wenn wir uns am heitersten Frühlingsmorgen des Lichtes freuen, dessen milder Strom den Himmel und die Erde verjüngt und Lebenswonne in der ganzen Schöpfung anzündet – was kümmert uns der Sonnenstich oder die Donnerwolke, die möglichen Folgen der Einwirkung jenes wohlthätigen Elements in einen unvollkommenen, ungleichartigen Planeten?

IV

Kölln

Wir gingen in den Dom und blieben darin, bis wir im tiefen Dunkel nichts mehr unterscheiden konnten. So oft ich Kölln besuche, geh ich immer wieder in diesen herrlichen Tempel, um die Schauer des Erhabenen zu fühlen. Vor der Kühnheit der Meisterwerke stürzt der Geist voll Erstaunen und Bewunderung zur Erde; dann hebt er sich wieder mit stolzem Flug über das Vollbringen hinweg, das nur Eine Idee eines verwandten Geistes war. Je riesenmäßiger die Wirkungen menschlicher Kräfte uns erscheinen, desto höher schwingt sich das Bewußtseyn des wirkenden Wesens in uns über sie hinaus. Wer ist der hohe Fremdling in dieser Hülle, daß er so in mannichfaltigen Formen sich offenbaren, diese redenden Denkmäler von seiner Art die äußeren Gegenstände zu ergreifen und sich anzueignen, hinterlassen kann? Wir fühlen, Jahrhunderte später, dem Künstler nach, und ahnden die Bilder seiner Phantasie, indem wir diesen Bau durchwandern.

Die Pracht des himmelan sich wölbenden Chors hat eine majestätische Einfalt, die alle Vorstellung übertrift. In ungeheurer Länge stehen die Gruppen schlanker Säulen da, wie die Bäume eines uralten Forstes: nur am höchsten Gipfel sind sie in eine Krone von Ästen gespalten, die sich mit ihren Nachbaren in spitzen Bogen wölbt, und dem Auge, das ihnen folgen will, fast unerreichbar ist. Läßt sich auch schon das Unermeßliche des Weltalls nicht im beschränkten Raume versinnlichen, so liegt gleichwohl in diesem kühnen Emporstreben der Pfeiler und Mauern das Unaufhaltsame, welches die Einbildungskraft so leicht in das Gränzenlose verlängert. Die griechische Baukunst ist unstreitig der Inbegrif des Vollendeten, Übereinstimmenden, Beziehungsvollen, Erlesenen, mit einem Worte: des Schönen. Hier indessen an den gothischen Säulen, die, einzeln genommen, wie Rohrhalme schwanken würden und nur in großer Anzahl zu einem Schafte vereinigt, Masse machen und ihren geraden Wuchs behalten können, unter ihren Bogen, die gleichsam auf nichts ruhen, luftig schweben, wie die schattenreichen Wipfelgewölbe des Waldes– hier schwelgt der Sinn im Übermuth des künstlerischen Beginnens. Jene griechischen Gestalten scheinen sich an alles anzuschließen, was da ist, an alles, was menschlich ist; diese stehen wie Erscheinungen aus einer andern Welt, wie Feenpalläste da, um Zeugniß zu geben von der schöpferischen Kraft im Menschen, die einen isolirten Gedanken bis auf das äußerste verfolgen und das Erhabene selbst auf einem excentrischen Wege zu erreichen weiß. Es ist sehr zu bedauren, daß ein so prächtiges Gebäude unvollendet bleiben muß. Wenn schon der Entwurf, in Gedanken ergänzt, so mächtig erschüttern kann, wie hätte nicht die Wirklichkeit uns hingerissen!

Ich erzähle Dir nichts von den berüchtigten heiligen Drei Königen und dem sogenannten Schatz in ihrer Kapelle; nichts von den Hautelissetapeten und der Glasmalerei auf den Fenstern im Chor; nichts von der unsäglich reichen Ciste von Gold und Silber, worin die Gebeine des heiligen Engelberts ruhen, und ihrer wunderschönen ciselirten Arbeit, die man heutiges Tages schwerlich nachzuahmen im Stande wäre. Meine Aufmerksamkeit hatte einen wichtigeren Gegenstand: einen Mann von der beweglichsten Phantasie und vom zartesten Sinne, der zum erstenmal in diesen Kreuzgängen den Eindruck des Großen in der gothischen Bauart empfand und bei dem Anblick des mehr als hundert Fuß hohen Chors vor Entzücken wie versteinert war. O, es war köstlich, in diesem klaren Anschauen die Größe des Tempels noch einmal, gleichsam im Widerschein, zu erblicken! Gegen das Ende unseres Aufenthalts weckte die Dunkelheit in den leeren, einsamen, von unseren Tritten wiederhallenden Gewölben, zwischen den Gräbern der Kuhrfürsten, Bischöfe und Ritter, die da in Stein gehauen liegen, manches schaurige Bild der Vorzeit in seiner Seele. In allem Ernste, mit seiner Reizbarkeit und dem in neuen Bilderschöpfungen rastlos thätigen Geiste möchte ich die Nacht dort nicht einsam durchwachen. Gewiß entsetzest Du Dich schon vor dem bloßen Gedanken, wie ihm selbst davor graute.

Ich eilte mit ihm hinaus ins Freye, und sobald wir unsern Gasthof erreicht hatten, erwachte die beneidenswerthe Laune, womit er, durchdrungen vom Genuß der lieblichen Natur, schon auf der ganzen Fahrt von Koblenz her, die einförmigen Stunden uns verkürzt hatte. Noch kann ich mir den großen Zweifel nicht lösen, ob es befriedigender sei, Bilder des Wirklichen unmittelbar aus der umgebenden Weite zu schöpfen, oder sie von zahllosen Anschauungen bereits überallher gesammlet, erlesen, geordnet, zusammengesetzt, zu schönen Ganzen vereinigt, aus einer reichen Menschenseele, unserm Wesen schon mehr angeeignet, in uns übergehen zu lassen? Beides hat seinen eigenthümlichen Werth, und beides haben wir seit unserer Abreise schon reichlich gekostet. Lebendiger wirkt die unmittelbare Gegenwart der beseelten Natur; tief und scharf bestimmt und alle Verhältnisse erschöpfend, graben sich die Bilder des Daseyns, das unabhängig von dem Menschen, ohne sein Zuthun ist und war und seyn wird, ins Gedächtniß ein. Dagegen gesellen sich, von einer menschlichen Organisation aufgefaßt, die mannichfaltigsten Formen aus allen Welttheilen zugleich, aus der Vergangenheit und – darf ich es sagen? – aus der Zukunft, zum Gegenwärtigen, und verweben sich mit ihm zu einem die Wirklichkeit nachahmenden Drama. Wir selbst, ich fühle es wenigstens, können nicht immer so richtig, so ins Wesentliche eingreifend empfangen, so die unterscheidenden Merkmale der Dinge uns selbst bewußt werden lassen, wie sie uns auffallen, wenn ein Anderer sie vom Außerwesentlichen abgeschieden und in einen Brennpunkt vereinigt hat. Zum Beweise brauchte ich nur an das schwere Studium des so vielfältig und so zart nüancirten Menschencharakters zu erinnern. Je feiner die Schattirungen sind, wodurch sich so nahe verwandte Geschöpfe unterscheiden, desto seltener ist sowohl die Gabe der bestimmten Erkenntniß, als die Kunst der treuen Überlieferung ihres Unterschiedes.

Der Genuß eines jeden, durch die Empfindung eines Andern gegangenen und von ihm wieder mitgetheilten Eindrucks setzt aber eine frühere, wenn gleich unvollkommene Bekanntschaft mit dem bezeichneten Gegenstande in uns voraus. Ein Bild, wäre es auch nur Umriß, müssen wir haben, worin unsere Einbildungskraft die besonderen Züge aus der neuen Darstellung übertragen und ausmalen könne. Die bestimmte Empfänglichkeit des Künstlers für das Individuelle erfordert daher, wenn sie recht geschätzt werden soll, einen kaum geringeren Grad der allgemeinen Empfänglichkeit des Kunstrichters: und die Seltenheit dieses Grades ist ohne Zweifel der Grund, weshalb die höchste Stufe der Kunst, in allen ihren Zweigen, so leicht verkannt werden, oder auch beinahe gänzlich unerkannt bleiben kann. Was der große Haufe an einem Gemälde, an einem Gedicht oder an dem Spiel auf der Bühne bewundert, das ist es wahrlich nicht, worauf die Künstler stolz seyn dürfen; denn diesem Haufen genügt die Täuschung, die ihm Erdichtetes für Wahres unterschiebt; und wer weiß nicht, wie viel leichter sich Kinder als Erwachsene, gewöhnliche Menschen als gebildete, täuschen lassen? Darum kann auch nicht die Illusion, als solche, sondern es muß die ganze Vollkommenheit der Kunst der letzte Endzweck des Künstlers seyn, wie sie allein der Gegenstand der höchsten Bewunderung des Kenners ist, der sich nicht mehr täuschen läßt, außer, wenn er mit dem feinen Epikurismus der Kultur eben gestimmt wäre, im Beschauen eines Kunstwerks nur den Sinn des Schönen zu befriedigen, und wenn er auf das erhöhte, reflektirte Selbstgefühl, welches aus der Erwägung der im Menschen wohnenden Schöpferkraft entspringt, absichtlich Verzicht thäte.

Was wäre aber die Kunst, was hätte sie, hinweggesehn vom Sinnlichen, Erweckendes und Anziehendes für unsern denkenden Geist, wenn es nicht diese, dem Naturstoff, den sie bearbeitet, eingeprägte Spur der lebendigwirkenden, umformenden Menschheit wäre? Das Siegel des Herrschers in der Natur ist es eben, was wir an jedem Kunstwerk, wie das Brustbild eines Fürsten auf seiner Münze, erblicken wollen; und wo wir es vermissen, da ekelt die allzusklavisch nachgeahmte Natur uns an. Daher hat jede Kunst ihre Regeln, ihre Methodik; eine wahrhafte Geistesschöpfung von abgezogenen Begriffen liegt ihr zum Grunde, nach welcher der Künstler im Materiellen wirken, und der Richter ihn beurtheilen muß. Der metaphysische Reichthum, den sich der Künstler aus unbefangenen Anschauungen der Natur erwarb, den er in das System seiner Empfindungen und Gedanken verwebte – den strömt er wieder über alle seine Werke aus. So entstanden der Apoll vom Belvedere, die mediceische Venus, die Schule von Athen, die Aeneide, der Mahomet; so bildeten sich Demosthenes und Cicero, und Molé und Garrick. Die Ideale des Meißels und der Malerei, der Dichtkunst und der Schauspielkunst finden wir sämmtlich auf dem Punkte, wo das einzeln zerstreute Vortrefliche der Natur zu einem Ganzen vereinigt, eine nach den Denkformen unserer Vernunft mögliche, auch von unserem Sinne zu fassende und sogar noch sinnlich mittheilbare, aber in der lebendigen Natur nirgends vorhandene Vollkommenheit darstellt. Göttlichgroß ist das Künstlergenie, das den Eindrücken der Natur stets offen, tief und innigunterscheidend empfindet, und nach seiner innern Harmonie das Treffendste vom Bezeichnenden, das Edelste vom Edlen, das Schönste vom Schönen wählt, um die Kinder seiner Phantasie aus diesen erlesenen Bestandtheilen in Zauberformen zu gießen, welche wahr in jedem einzelnen Punkt ihres Wesens, und nur insofern der Mensch sie vereinigte, liebliche Träume sind.

Nur das Gleichartige kann sich fassen. Diesen Geist zu erkennen, der über die Materie hinwegschwebt, ihr gebietet, sie zusammensetzt und schöner formt, bedarf es eines ähnlichen prometheischen Funkens. Allein wie viele Stufen giebt es nicht zwischen der Unwissenheit, die an einer Bildsäule nur die Glätte des Marmors begafft, und dem Genie, das mit unnennbarem Entzücken die Phantasie Polyklets darin ahndet? Zwischen jenem Landmanne, der sich scheute, die Herren auf der Bühne zu behorchen, und dem Hochbegabten, der in der Seele des Schauspielers von einem Augenblick zum andern den Ausdruck des Empfundenen von der Urtheilskraft regieren sieht? Wenn auch die allgemeine Bewunderung einem ächten Meisterwerke huldigt, so ist es darum noch nicht ausgemacht, daß gerade das Eigenthümliche, was nur des Künstlers Geistesgröße ihm geben konnte, den Sinn der Menge hinreißt. Wir ehren im unerreichbaren Shakspeare den kühnsten

Dichterflug und den treffendsten Wahrheitssinn; was dem Parterre und den Galerien in London an seinen Schauspielen die höchste Befriedigung gewährt, dürfte leicht etwas anderes seyn. Doch ich habe ja wohl eher sogar den Kenner gesehn, der über Minervens *Helm* Minerven *selbst* vergaß! An einem Gemälde Raphaels, wo seine hohe Ahndung des Göttlichen aus den Gesichtszügen stralte, sah ich einen großen Kunstlehrer Proportionen bewundern! Befrage nur die wortgelehrten Kommentatoren um die Schönheit römischer und griechischer Dichter, wenn Du erstaunen willst, daß sie in der Wahl kurz- und langsylbiger Wörter, in der Mischung der Dialekte, in hundert Artigkeiten, wo Du sie nie gesucht hättest, besteht! Laß doch Leute von Geschmack Dirs erklären, daß Göthens Iphigenia Dich entzückt, weil Euripides zuerst eine schrieb! Und wenn ein Hamlet, oder ein Lear, oder ein Makbeth vor Dir auftritt, wie der Dichter selbst sich nie träumen ließ, daß man sie darstellen könnte; so vernimm von einem Kunstverständigen des Theaters den belohnenden Ausruf seiner höchsten Zufriedenheit: er hat sich treflich einstudirt.

Wahrlich! wäre fremde Anerkennung des eigenthümlichen Verdienstes der einzige Lohn, um welchen der große Künstler arbeiten möchte, ich zweifle ob wir dann je ein Meisterwerk gesehen hätten. Ihn muß vielmehr, nach dem Beispiele der Gottheit, der Selbstgenuß ermuntern und befriedigen, den er sich in seinen eigenen Werken bereitet. Es muß ihm genügen, daß in Erz, in Marmor, auf der Leinwand oder in Buchstaben seine große Seele zur Schau liegt. Hier fasse, wer sie fassen kann! Ist das Jahrhundert ihm zu klein; giebt es keinen unter den Zeitgenossen, der im Kunstwerke den Künstler, im Künstler den Menschen, im Menschen den schöpferischen Demiurg erblickte, der eins im andern bewunderte und liebte, und alles, den Gott und den Menschen, den Künstler und sein Bild, in den Tiefen seines eigenen verwandten Wesens hochahndend wiederfände: – so führt doch der Strom der Zeiten endlich das überbleibende Werk und die gleichgestimmte Seele zusammen, die dieser große Einklang füllt und in die lichte Sphäre der Vollkommenheit entzückt!

Auf diesen Vortheil aber, möge er viel oder wenig gelten, muß derjenige Künstler Verzicht thun, der weder im Materiellen arbeitet, noch durch konventionelle Zeichen sein Geisteswerk der Nachwelt überliefern kann, weil er selbst sein eignes Kunstwerk ist, weil in seiner persönlichen Gegenwart die Äußerung alles dessen beschlossen liegt, was er mit eigenthümlicher Sinneskraft Individuelles aus der Natur um ihn her auffassen, und mit dem lebendigmachenden Siegel seines Geistes stempeln konnte, weil endlich mit ihm selbst seine Kunst und jede bestimmte Bezeichnung ihres Werthes stirbt. Der Natur den Menschen nachzubilden, nicht bloß seine körperlichen Verhältnisse, sondern auch die zarteren Spuren des in seiner Organisation herrschenden Geistes so hinzustellen, daß sie in unserer Phantasie Eingang finden: dieses schöne Ziel der Kunst erreicht sowohl der Dichter als der Bildner, ein jeder auf seinem besondern Wege. Doch den Bildern eignes Leben einzuhauchen, ihnen gleichsam eine Seele zu leihen, die mit der ganzen Kraft ihrer Verwandtschaft in uns wirkt; dies vermag nur der Schauspieler, indem er seine eigenen Züge, seinen Gang und seine Stimme, seinen ganzen Körper mit seiner Lebenskraft in das Wesen, das er uns mittheilen will, hineinträgt, indem er sich mit diesem Ideal, das er zuvor sich aus der Natur abzog, identificirt, und vor unsern Augen mit dem Charakter auch die Handlungsweise, die ganze Äußerungsart, ja sogar die Gestalt eines Andern annimmt. Wenn nun die Schöpfungen anderer Künstler nach Jahrtausenden noch bestehen und eben das wirken, was sie neu aus der Hand des Meisters wirkten; so ist hingegen die Empfänglichkeit, die Sonderungsgabe, die bildende Energie des großen Schauspielers, die nicht langsam und allmälig an ihrem Werke fortarbeitet, bessert, ändert, vervollkommnet, sondern im Augenblick des Empfangens schon vollendete Geburten in ihm selbst offenbart, auf die bestimmteste Weise nur für das Gegenwärtige berechnet. So glänzend ist der Anblick dieses Reichthums in Eines Menschen Seele, so hinreißend das Talent ihn auszuspenden, daß seine Vergänglichkeit kaum befremdet. Man erinnert sich an jene prachtvollen Blumen, deren Fülle und Zartheit alles übertrifft, die in einer Stunde der Nacht am Stängel der Fackeldistel prangen und noch vor Sonnenaufgang verwelken. Dem so zart hingehauchten Leben konnte die Natur keine Dauer verleihen; und – sie warf es in unfruchtbare Wildnisse hin, sich selbst genügend, unbemerkt zu verblühen, bis etwa ein Mensch, wie ich das Wort verstehe, das seltenste Wesen in der Schöpfung, es findet und der flüchtigen Erscheinung genießt!

Es reicht über den Kreis des Dilettanten hinaus, der Humanität des Künstlers ein Denkmal zu errichten, wenn diese Begeisterung, wozu sein Anblick erwecken konnte, nicht etwa die Stelle vertritt. Du kennst ihn schon; es ist unser J. Du wirst ihn sehen und ihm danken; das ist des Kommens werth!

V

Düsseldorf

Das finstre, traurige Kölln haben wir recht gern verlassen. Wie wenig stimmt das Innere dieser weitläuftigen, aber halb entvölkerten Stadt mit dem vielversprechenden Anblick von der Flußseite überein! Unter allen Städten am Rhein liegt keine so üppig hingegossen, so mit unzähligen Thürmen prangend da. Man nennt sowohl dieser Thürme, als überhaupt der Gotteshäuser und Altäre, eine so ungeheure Zahl, daß sie meinen Glauben übersteigt. Gleichwohl ist neben so vielen kein Plätzchen übrig, wo die Christen, die den Pabst nicht anerkennen, ihre Andacht frei verrichten dürften. Der Magistrat, der den Protestanten bereits die freie Religionsübung innerhalb der Ringmauern bewilligt hatte, mußte seine Erlaubniß kürzlich wieder zurücknehmen, weil der Aberglaube des Pöbels mit Aufruhr, Mord und Brand drohte. Dieser Pöbel, der beinahe die Hälfte der Einwohner, also einen Haufen von zwanzigtausend Menschen ausmacht, hat eine Energie, die nur einer bessern Lenkung bedürfte, um Kölln wieder in einiges Ansehen zu bringen. Traurig ist es freilich, wenn man auf einer Strecke von beinahe dreißig deutschen Meilen so manche zum Handel ungleich vortheilhafter als Frankfurt gelegene Stadt erblickt, und es sich nun nicht länger verbergen kann, daß mehr oder weniger eben dieselben Ursachen überall dem allgemeinen Wohlstande kräftigst entgegen gewirkt haben, der sich nur in Frankfurt entwickeln konnte.

In Kölln sollen viele reiche Familien wohnen; allein das befriedigt mich nicht, so lange ich auf allen Straßen nur Schaaren von zerlumpten Bettlern herumschleichen sehe. So oft ich hingegen nach Frankfurt komme, weide ich mich mit herzlichem Genuß am Anblick des gemeinen Mannes, der fast durchgehends geschäftig, reinlich, und anständig gekleidet ist. Der Fleißige, der seine Kräfte rechtschaffen anstrengt, um hernach seines Erwerbes froh zu werden, ihn mit den Seinigen zu theilen, regelmäßig mit ihnen einfache, gute Kost zu genießen, und mit ganzem Rock zu erscheinen – dieser Arbeitsame ist unstreitig sittlicher, gesunder und glücklicher, als der Müßiggänger; er ist ein

Mensch, wo dieser nur ein Thier, und zwar mit menschlichen Anlagen ein desto gefährlicheres Thier ist. Bekanntlich geht die Unsittlichkeit der Bettler in Kölln so weit, daß sie den Müßiggang systematisch treiben und ihre Plätze an den Kirchthüren erblich hinterlassen oder zum Heirathsgut ihrer Töchter schlagen. In der Osterwoche ist es gebräuchlich, daß die Armen, die sich schämen öffentlich zu betteln, in schwarze Kittel vermummt und mit einem Flor über dem Gesicht, auf die Straße gehen, niederknieen, den Rosenkranz beten und die Vorübergehenden um Almosen anrufen. Man nennt diese Leute hier mit einem eigenen Namen *Kappengecken,* und ihr widerlicher Aufzug ist so auffallend, daß die halbnackten Straßenkinder ihre zerrissenen Hemdchen sich über den Kopf schlagen, um ihnen diese Mummerei nachzumachen.

Wer begreift nicht, daß die zahlreiche Bande von sitten- und gewissenlosen Bettlern, die auf Kosten der arbeitenden Klasse leben, hier den Ton angeben muß? Allein da sie träge, unwissend und abergläubisch ist, wird sie ein Werkzeug in der Hand ihrer theils kurzsichtigen, sinnlichen, theils ränkevollen herrschbegierigen Führer. Die Geistlichen aller Orden, die hier auf allen Wegen wimmeln, und deren ungeheure Menge auf einen Reisenden immer einen unangenehmen Eindruck macht, könnten zur Moralität dieser rohen, ungezügelten Menge auf das heilsamste wirken, könnten sie zum Fleiß, zur Ordnung anführen, und ihnen billige Gesinnungen gegen ihre anders denkenden Mitbürger, ein Gefühl von Ehre und Schande, von Eigenthum und Recht einimpfen. Dies und noch weit mehr könnten, sollten sie thun, da sich ihr Stand nur durch diese Verwendung für das gemeine Beste zur Existenz legitimiren kann. Allein sie thun es nicht und – *sind!* Die Bettlerrotten sind ihre Miliz, die sie am Seil des schwärzesten Aberglaubens führen, durch kärglich gespendete Lebensmittel in Sold erhalten, und gegen den Magistrat aufwiegeln, sobald er ihren Absichten zuwider handelt. Es ist wohl niemand so unwissend, daß er noch fragen könnte, wer den Pöbel gereizt habe, sich der Erbauung eines protestantischen Gotteshauses zu widersetzen?

So eben sind auch von der Köllnischen Klerisei an ihren Kuhrfürsten Vorstellungen ergangen, worin er im Namen der ächten, rechten Lehre aufgefordert wird, dem Professor der Philosophie in Bonn den Gebrauch des Federschen Handbuchs bei seinen Vorlesungen zu untersagen. Unter andern Argumenten, heißt es in ihrer Schrift, daß

Feder von den Protestanten selbst für heterodox gehalten werde; eine Behauptung, die im protestantischen Deutschland unerhört ist, da es schon im Wesen des Protestantismus liegt, daß darin die verabscheuungswürdigen Unterschiede von Orthodoxie und Heterodoxie gar nicht statt finden können. Wie es scheint, erlaubt man sich also in Kölln den Grundsatz, daß gegen den Feind alle Vortheile gelten; und in einer Sache, wo es keinen haltbaren Grund giebt, in der Sache geistlicher Verfolgungssucht, ist freilich das schlechteste Argument so viel werth, wie jedes andere, sobald man es nur geltend machen kann. Der Gewissenhafte, der sich bemüht, der strengen Wahrheit und der Vernunft treu zu bleiben, kommt gegen einen Widersacher nicht auf, welcher wissentlich zu täuschen und zu übertäuben sucht, und zu seinem Zwecke alle Mittel für erlaubt hält.

Die Zeiten, sagt man, sind vorbei, da der Scholastiker fragen durfte, was Aristoteles von diesem oder jenem Geheimnisse der katholischen Lehre, zum Beispiel, von der Jungfrauschaft der Mutter Gottes, gehalten habe? Ich hingegen behaupte, daß diese Zeiten nie ganz aufhören können, so lange es kein Mittel giebt, den Menschen Ehrfurcht gegen das Edelste, was ihrer Natur zum Grunde liegt, *gegen ihre eigene Vernunft,* einzuflößen. Wo diese Ehrfurcht fehlt, da wird man sich immerfort Ungereimtheiten erlauben, da wird man, sobald politische Verhältnisse es gestatten, intolerant seyn und die Gewissen mit Zwang beherrschen wollen. Wenn nicht diese verkehrte Herrschbegierde die Triebfeder der widersprechendsten Äußerungen wäre, so müßte man sich ja wundern, wie es nur möglich ist, daß irgend einer Geistlichkeit nicht alle philosophische Lehrbücher höchst gleichgültig seyn sollten.

Die Philosophie muß sich schlechterdings nur auf das Begreifliche, auf das Erweisliche einschränken; da hingegen die Theologie unbegreifliche Mysterien lehrt, welche nicht demonstrirt, sondern geglaubt werden müssen, vermittelst eines Glaubens, der die unbedingte Gabe der Gottheit ist. Soll man nun doch das Unbegreifliche demonstriren, das heißt, begreiflich machen? Einen platteren Widerspruch giebt es nicht.

Wie mag es aber wohl kommen, daß man heutiges Tages zu solchen Widersprüchen seine Zuflucht nimmt? So viel ich sehe, liegt eben darin ein auffallender Beweis der Schwäche, deren sich die Herren bewußt seyn müssen. Wenn man versinken will, hascht man begierig auch nach dem Strohhalm, der doch niemanden retten kann. Ehedem verfuhren sowohl die weltlichen als die kirchlichen Despoten ganz anders. Sie ließen es ihre geringste Sorge seyn, die Vernunft mit ihren Aussprüchen in Harmonie zu bringen, brauchten Gewalt, wo sie ihnen in die Hände fiel, und erstickten dann die Keime des Denkens. Aber hier und dort ist ihnen ein Samenkörnchen entgangen und zu einem schönen Baume aufgesproßt, unter dessen Schatten sich die Völker schon sammeln. Mit Schrecken und Abscheu bebt man bereits vor Jedem zurück, der unsere freie Willkühr, es sei worin es wolle, beschränken möchte, und am allermeisten vor Dem, der ein Interesse hat, etwas Unbegreifliches als positive Wahrheit anerkannt zu wissen. Ein Mensch kann dem andern nicht gebieten, was er *thun* soll, als in sofern dieser es für gut findet, sich befehlen zu lassen; wie viel widerrechtlicher also, wenn jemand gebieten will, was man *glauben* soll, und denen, die das Gebotene nicht glauben können oder nicht glauben wollen, die Rechte schmälert, die ein Mensch dem andern nicht nehmen darf, die ein Bürger dem andern garantirt! In dieser Lage der Sachen ist es so befremdend nicht, daß man itzt einen letzten Versuch macht, ob man nicht noch die angehenden Denker selbst durch ein Gewebe von betrüglichen Schlüssen hintergehen und einfangen könne. Allein die Vernunft rächt sich an denen, die sie so lange verachteten und verfolgten; und wenn jemand mit der Demonstrationsmethode, die im vorigen Jahrhundert noch gut genug war, jetzt auftritt, so nimmt er sich ungefähr so aus, wie ein Kind, das einen Erwachsenen mit eben dem Popanz schrecken will, vor welchem seine Spielkameraden liefen.

Das sicherste Zeichen eines zerrütteten, schlecht eingerichteten, kranken Staats hat man immer daran, wenn er eine große Menge Müßiggänger nährt. Der Fleißige, der die Früchte seines Schweißes mit diesen Raubbienen theilen muß, kann sich endlich des Gedankens nicht erwehren, daß man die unbilligste Forderung an ihn thut, indem man seiner Redlichkeit die Strafe auferlegt, die eigentlich strafwürdigen Faullenzer zu füttern. Die natürliche, unvermeidliche Folge dieser Reflexion ist, wenn man sich zu schwach fühlt dem Übel abzuhelfen, eine tödtliche Gleichgültigkeit gegen das gemeine Beste, gegen die Verfassung selbst. Welcher Staat kann *public spirit* von seinen Bürgern erwarten, wenn er sie mißhandelt? Es ist gleichviel, ob ein Despot oder eine Horde von Bettlern die Freiheit des arbeitsamen, tugendhaften Bürgers vernichtet; diese Ungerechtigkeit muß der Staat allemal büßen. Aus gleichgültigen, kalten Mitgliedern des Ganzen werden die Hintangesezten und Gedrückten bald auch zu moralisch schlechteren Menschen. Das Beispiel steckt an, und gegen die Übermacht gewissenloser Müßiggänger scheinen Betrug und List und Ränke ihnen bald die erlaubteste und sicherste Gegenwehr. Was die Bettler auf der einen Seite rauben, das müssen Betrogene auf der anderen Seite wieder ersetzen. Auf diese Art schleicht unvermerkt das Gift der Sittenlosigkeit durch alle Stände, und verderbt endlich die ganze Masse. Die Vernunft wird entbehrlich, wo die Begriffe von Recht und Billigkeit dem Eigennutze weichen müssen; Alles versinkt in jene sinnliche Abspannung, die das Laster unvermeidlich macht und bei den nachfolgenden Krämpfen des Gewissens dem lauernden Aberglauben gewonnenes Spiel giebt.

Nirgends erscheint der Aberglaube in einer schauderhafteren Gestalt als in Kölln. Jemand, der aus unserm aufgeklärten Mainz dahin kommt, hat in der That einen peinigenden Anblick an der mechanischen Andacht, womit so viele tausend Menschen den Müßiggang zu heiligen glauben, und an der blinden Abgötterei, die der Pöbel hier wirklich mit Reliquien treibt, welche den ächten Religionsverehrern unter den Katholiken selbst ein Ärgerniß geben. Wenn die Legende von den elftausend Jungfrauen auch so wahr wäre, wie sie schwer zu glauben ist, so bliebe doch der Anblick ihrer Knochen in der Ursulakirche darum nicht minder scheußlich und empörend. Allein, daß man die Stirne hat, dieses zusammengeraffte Gemisch von Menschen- und Pferdeknochen, welches vermuthlich einmal ein Schlachtfeld deckte, für ein Heiligthum auszugeben, und daß die Köllner sich auf diese Heiligkeit todtschlagen lassen, oder, was noch schlimmer ist, den kühnen Zweifler selbst leicht ohne Umstände todtschlagen könnten: das zeugt von der dicken Finsterniß, welche hier in Religionssachen herrscht. Es wäre wohl einer gründlichen Nachforschung werth, ob es sich bestimmen lasse, welche Ursachen in verschiedenen Ländern dieselbe Religion so umbilden, daß sie in ihren Wirkungen auf den Charakter der Einwohner sich nicht mehr gleich bleibt. Warum herrscht zum Beispiel in Kölln ein schwarzgallichter Fanaticismus in der Andacht, in Rom hingegen Leichtsinn und heitere Freude? Sind es die niederländischen Nebel und die lauen, gestirnten Nächte Italiens, welche diesen Unterschied bemerkbar machen? oder steckt es schon von undenklichen Zeiten her im italienischen und im deutschen Blute, daß jenes den Zauber der erhöheten Sinnlichkeit über alle Gegenstände verbreitet, dieses aber selbst eine Religion, welche so lebhaft auf die

Sinne wirkt, finster und menschenfeindlich machen kann? Ich gestehe, daß ich viel auf die Einwirkung eines milden Himmelstriches halte; und so auffallend der Unterschied zwischen dem niedrigen Bettler in Kölln und dem edleren Lazarone in Neapel ist, rechne ich ihn doch größtentheils auf die klimatische Verschiedenheit ihres Aufenthalts. In Italien entwickelt schon allein das Klima den gesunden Menschenverstand; wer dort faullenzt, der ist, nach Mrs. Piozzi's Bemerkung, nur nicht hungrig. Sobald ihn hungert, greift er zur Arbeit, weil sein Verstand ihn dieses Mittel als untrüglich einsehen läßt. Hingegen versuch' es jemand, dem Pöbel in Kölln von Arbeit zu sprechen!

Wir besahen in der St. Peterskirche zu Kölln die berühmte *Kreuzigung Petri* von Rubens. Wenn ich nichts Anderes von diesem Meister gesehen hätte, so würde mich dieses Stück nicht in Versuchung führen, allzuvortheilhaft von ihm zu urtheilen.

Die ganze Figur des Apostels ist sehr verzeichnet, und eine richtige Zeichnung konnte doch bei einem so ekelhaften, das Gefühl so sehr beleidigenden Gegenstande, noch das einzige Verdienst bleiben. Der Heilige wird hier ans Kreuz genagelt, und – nun denke Dir die Abscheulichkeit! – damit seine Henker bequemer zu den Füßen kommen können, steht das Kreuz mit dem Kopf zu unterst; die Leiden des Gemarterten sind folglich um so viel fürchterlicher. Hilf Himmel, welch ein ästhetisches Gefühl hat so mancher gepriesene Künstler gehabt! Sind das Gegenstände, die eine Abbildung verdienen? Gegenstände, die ich in der Natur nicht sehen möchte! Doch wir sind jetzt in der Nähe der schönen Galerie; morgen will ich Dich von der Kunst unterhalten.

Welch ein himmelweiter Unterschied zwischen Kölln und diesem netten, reinlichen, wohlhabenden Düsseldorf! Eine wohlgebaute Stadt, schöne massive Häuser, gerade und helle Straßen, thätige, wohlgekleidete Einwohner; wie erheitert das nicht dem Reisenden das Herz! Vor zwei Jahren ließ der Kuhrfürst einen Theil der Festungswerke demoliren, und erlaubte seinen Unterthanen auf dem Platze zu bauen. Jetzt steht schon eine ganze neue Stadt von mehreren langen, nach der Schnur gezogenen Straßen da; man wetteifert mit einander, wer sein Haus am schönsten, am bequemsten bauen soll; die angelegten Kapitalien belaufen sich auf sehr beträchtliche Summen, und in wenigen Jahren wird Düsseldorf noch einmal so groß als es war, und um vieles prächtiger seyn. Wer doch das Geheimniß einer guten Staatsverwaltung wüßte, damit er sagen könnte, wie sich in den Herzogthümern Jülich und Berg so große Reichthümer häuften, wie die Bevölkerung daselbst so stark, und der Wohlstand der Einwohner gleichwohl so allgemein ward, daß die kleinern Städtchen nicht minder wohlhabend sind, als die Hauptstadt; daß der Anbau auf dem platten Lande denselben Geist der guten Wirthschaft, denselben Fleiß zeigt, wie die Fabriken; daß man hier so leicht den Weg zu einer glücklichen Existenz finden lernte, der anderwärts so schwer zu treffen scheint? – Ich fange an zu glauben, dieses Geheimniß sei einfacher als man denkt; es ist *das Ei des Kolumbus,* und wenn man es weiß, kann man sich kaum bereden, daß nicht mehr dahinter war, ja, man ärgert sich wohl, daß man nicht von selbst darauf fiel. Die ganze Kunst besteht darin, daß der Regent sich der verderblichen Spiegelfechterei, die man gewöhnlich, obwohl mit Unrecht, *regieren* nennt, zu rechter Zeit zu enthalten wisse, und sein Volk mit den gepriesenen Regentenkünsten verschone, worauf sich mancher so viel zu gute thut, und womit er sich das Ansehen der einzigen Seele in der großen Staatsmaschine giebt. Es gehört ein entschiedenes Maaß von gutem Willen und ein etwas seltener, selbst bei guten Menschen, wenn sie Macht in Händen haben, ungewöhnlicher Grad der Selbstverläugnung dazu, um nicht zur Unzeit wirken zu wollen, und sich lediglich darauf einzuschränken, die Hindernisse aus dem Wege zu räumen, welche der freien, willkührlichen, unbedingten Thätigkeit eines jeden Bürgers im Staate entgegen stehen. Die Einsicht des Regenten sei noch so vortreflich; sobald er es nach derselben versucht, die Menschen auf einem Wege, den sie selbst sich nicht wählten, vor sich hin zu treiben: sobald erfährt er auch, daß die eigenen Lebenskräfte in seiner Staatsmaschine stocken oder schlafen, und die Wirkung schlechterdings nicht hervorbringen, die erfolgt seyn würde, wenn er nicht den verwandten Geist in jedem seiner Brüder verkannt und zu einer ungeziemenden Knechtschaft verurtheilt hätte. Es ist wahr, die Summe des Guten, das in der Welt geschieht, ist immer unter unserer Erwartung, aber sicherlich ist sie da die kleinste, wo man sich vorsetzt, eine größere zu erzwingen. Durch das Übermaaß alles Positiven, versündigen sich die Regierungsformen an dem Menschengeschlechte. Durch die ins Unendliche vervielfältigten Gesetze und landesherrlichen Verordnungen, so gut es oft damit gemeint seyn mag, und durch jene, von Schmeichlern und Parasiten so gepriesene Kleingeisterei der Fürsten, die mit unermüdeter Sorgfalt in eines jeden Bürgers Topf gucken, oder gar sich um seine Privatmeinungen und Gedanken bekümmern, richten die Regenten allmälig, ohne es selbst zu wollen, ihre Staaten zu Grunde, indem sie die freie Betriebsamkeit des Bürgers hemmen, mit welcher zugleich die Entwickelung aller Geistesfähigkeiten aufhört.

Eine Viertelstunde von hier besuchten wir ein Mönchskloster. Es giebt nur wenig ähnliche Klöster in der Welt; denn die Mönche folgen der strengen Regel der in Frankreich so berühmten Abtei la Trappe. Zu unserer Verwunderung fing der erste, den wir erblickten, sogleich an mit uns zu sprechen, und erzählte uns, das Gelübde des Stillschweigens sei gänzlich aufgehoben. Dem guten Manne schien aber das Sprechen, dessen er so lange entwohnt gewesen war, nicht leicht zu werden. Ehedem hielt man mit einer unglaublichen Strenge auf dieses Verbot. Ein Officier, der einst einen dieser Mönche nach dem Wege fragte, und keine Antwort auf wiederholtes Anfragen erhielt, hätte den armen Büßer beinahe mit Schlägen ums Leben gebracht, ohne einen Laut aus ihm hervorzubringen. In Frankreich brannte das ganze Kloster ab, und keiner von den Brüdern brach das heilige Stillschweigen. Die Aufhebung desselben ist nur ein Vorläufer der gänzlichen Aufhebung des Ordens selbst. Schon lange konnte er keine Novizen mehr bekommen; man scheute die allzustrenge Regel. Mit dem Aussterben dieser Mönche wird indeß dem Staate kein großer Gewinn zufallen, da sie so eben ihre Kapitalien zur Erbauung einer neuen Kirche und eines neuen Klostergebäudes verwendet haben. Ungeachtet sie kein Fleisch essen, werden sie doch bei ihrer stillen, unthätigen Lebensweise, welche die Kräfte des Geistes fast gänzlich schlummern läßt, recht alt, und sind fast durchgehends wohlbeleibt. Unser Führer war über achtzig Jahr alt, und sah wenigstens zwanzig Jahr jünger aus. Auf seinem übrigens sehr gutmüthigen Gesichte, war die Leere des Gedächtnisses, die Armuth des Ideenvorraths, unverkennbar. Was ist nun besser: einige Runzeln mehr und einen durch Übung gebildeten, durch Erfahrung und Thätigkeit bereicherten Geist zu Grabe zu nehmen, oder sorglos, ohne Leidenschaften, ohne Geistesgenuß, in stiller Andacht hinzubrüten und zuletzt ganz sanft in seinem Fette zu ersticken? Wähle sich ein jeder, was ihm frommt; ich weiß, daß diese Existenz und dieses Ende keinen Reiz für den haben, der schon das bessere Loos der Menschen kannte:

> zu leiden, zu weinen,
> zu genießen und zu freuen sich.

VI

Düsseldorf

Heute weideten wir uns drei Stunden lang an der hiesigen vortreflichen Galerie. Gern nahm ich der Gelegenheit wahr, sie zum fünftenmal in meinem Leben zu sehen, die Eindrücke von so manchem Denkmal des Kunstgenies und des Kunstfleißes aufzufrischen, und vor allem an ein paar göttlichen Werken einer seelenvollen Phantasie, ein paar Lieblingsbildern, die stets gesehen, dennoch immer neu bleiben, und immer neuen Genuß gewähren, meine Augen und meinen Sinn zu erquicken. Du erwartest von mir weder eine Beschreibung noch ein Verzeichniß von diesem unschätzbaren Vorrath erlesener Meisterwerke. Weder ein trockner Katalog, eine mühsame Aufzählung aller einzelnen Stücke, mit den Namen der Meister, noch selbst die treueste wörtliche Beschreibung dieser Gegenstände, deren Werth bloß durch die Sinne empfunden werden kann, würde mich von dem Vorwurf der gemißbrauchten Geduld retten. Wo ist die Gemäldesammlung, von der man nicht nur vollständige, sondern sogar sogenannte raisonnirte Verzeichnisse hat, die mit Kunstwörtern fleißig ausstaffirt, mit Lobeserhebungen und nachgebeteter Verehrung manches berühmten Künstlernamens angefüllt sind?

Das Vergnügen, welches man bei dem Anblick eines Kunstwerkes empfindet, wird dadurch geschärft, daß man die aus der Geschichte und Mythologie entlehnten Subjekte schon kennt, und die Ausführung des Künstlers, seine Wahl des rechten Gefühlergreifenden Augenblicks, sein Studium der Natur in Zeichnung, Charakteristik, Stellung, Farbe, Beleuchtung und Kleidung der dargestellten Personen dagegen halten kann. Allein von allem, was während dieses Anschauens und Vergleichens in uns vorgeht, läßt sich dem Abwesenden mit Worten wenig mittheilen, was seiner Einbildungskraft behülflich seyn könnte, sich ein ähnliches Phantom des Kunstgebildes zu entwerfen. Die reiche Phantasie hat hier den Vortheil vor der ärmeren, daß sie schon viele Bilder in sich faßt, auf die man sich beziehen, mit denen man das Gesehene vergleichen und solchergestalt sie in Stand setzen kann, sich eine lebhafte bildliche Vorstellung eines nie erblickten Gegenstandes zu vergegenwärtigen. Denn, was mein Auge unmittelbar vom Gegenstande empfing, das giebt keine Beschreibung dem Andern wieder,

der nichts hat, womit er mein Objekt vergleichen kann. Der Botaniker beschreibe Dir die Rose in den gemessensten Ausdrücken seiner Wissenschaft; er benenne alle ihr kleinsten Theile, bestimme deren verhältnißmäßige Größe, Gestalt, Zusammenfügung, Substanz, Oberfläche, Farbenmischung; kurz, er liefere Dir eine so pünktlich genaue Beschreibung, daß sie, mit dem Gegenstande selbst zusammengehalten, nichts zu wünschen übrig läßt: so wird es Dir, wenn Du noch keine Rose sahst, doch unmöglich seyn, ein Bild daraus zu schöpfen, das dem Urbild entspräche; auch wirst Du keinen Künstler finden, der es wagte, nach einer Beschreibung die nie gesehene Blume zu zeichnen. Ein Blick hingegen, eine einzige Berührung durch die Sinnesorgane; und das Bild ist auf immer seiner Phantasie unauslöschlich eingeprägt. Was ich hier sage, gilt in einem noch höheren Grade von Dingen, die man vergebens in Worte zu kleiden versucht. Das Leben ist ein Proteus, der sich tausendfältig verschieden in der Materie offenbart. Wer beschreibt das unnennbare Etwas, wodurch in demselben Auge, bald stärker, bald gedämpfter, das inwohnende geistige Wesen hervorstralt? Gleichwohl fassen wir mit den Sinnen diese zarten Schattirungen, und der Künstler selbst vermag ihr Gleichniß in seinen Werken darzustellen, sobald er sie scharf ergriffen, in seine Phantasie getragen hat.

Ich möchte gern noch ein wenig länger umherschweifen, um desto eher zum Ziele zu kommen. Vergleichen, Ähnlichkeiten und Unterschiede bemerken, ist das Geschäft des Verstandes; schaffen kann nur die Einbildungskraft, und in dem Objektiven sich selbst genießen nur jene reine, innere Empfänglichkeit des Herzens, die ich, in der höheren, eigentlichen Bedeutung des Wortes, den *Sinn* nenne. Wir geben uns das Maaß unserer Kraft nicht selbst, mehren und mindern es nicht, bestimmen nicht einmal die Art ihrer Äußerung. Die Spontaneität unseres Wesens, vermittelst deren wir empfinden, ist die gemeinste; sie ist sogar eine thierische Eigenschaft, und beide, die Phantasie sowohl als der Verstand, setzen den Sinn voraus, ohne welchen sie leer und unwirksam blieben. Auch die Einbildungskraft hat man, wie mich dünkt, mit Recht, den Thieren in gewissem Grade zuerkannt, und daher der Urtheilskraft einen wesentlichen Vorzug vor ihr eingeräumt. Auf eine Rangstreitigkeit der Seelenkräfte wollen wir uns hier nicht einlassen, wenn man nur zugesteht, daß oft mit vieler Einsicht äußerst wenig Phantasie verbunden ist, hingegen die höchste, schöpferische Energie des Geistes, der methaphysische Bildungstrieb, wenn ich ihn so nennen darf, welcher neue Wesen hervorbringt, ohne Phantasie sich nicht denken läßt.

Auf Verstand und Phantasie wirkt man aber weit öfter durch die Empfindung, als umgekehrt. Wenn wir zum eigenen Hervorbringen zu kraftlos, zum Urtheilen und Vergleichen zu träge sind, dann genießen wir noch durch die Berührung verschiedenartiger Gegenstände, die auch ohne unser deutliches Bewußtseyn ihre Grade der physischen Übereinstimmung oder des Mißverständnisses mit uns haben, uns anziehen oder abstoßen, angenehm oder widrig auf uns wirken. Mittelbar, durch die Sprache, können sogar diese Empfindungen von Herz zu Herz sich fortpflanzen; dies beweiset insbesondere der Reiz, den Romane, Gedichte und andere leichte, unterhaltende Schriften für den größten Theil der Lesewelt haben, und die Erschütterung, welche die darin geschilderten Empfindungen so allgemein verursachen. Diese Voraussetzungen scheinen mir auf die Kunst anwendbar; und meines Erachtens erreicht man besser seinen Endzweck, indem man wieder erzählt, was man bei einem Kunstwerke empfand und dachte, also, wie und was es *bewirkte*, als wenn man es ausführlich *beschreibt*. Bei einer noch so umständlichen Beschreibung bedarf man einer höchstgespannten Aufmerksamkeit, um allmälig, wie man weiter hört oder liest, die Phantasie in Thätigkeit zu versetzen, und ein Scheinbild formen zu lassen, welches für den Sinn einiges Interesse hat. Ungern läßt sich die Phantasie zu diesem Frohndienst herab; denn sie ist gewohnt, von innen heraus, nicht fremdem Machwerk nachzubilden. Ästhetisches Gefühl ist die freie Triebfeder ihres Wirkens, und gerade dieses wird gegeben, wenn man, statt einer kalten Beschreibung eines Kunstwerks, die Schwingungen mitzutheilen und fortzupflanzen versucht, die sein Anblick im innern Sinn erregte. Durch diese Fortpflanzung der Empfindungen ahnden wir dann, – nicht wie das Kunstwerk wirklich gestaltet war, – aber gleichwohl, wie reich oder arm es seyn mußte, um diese oder jene Kräfte zu äußern; und im Augenblicke des Affekts dichten wir vielleicht eine Gestalt, der wir jene Wirkungen zutrauen, und in der wir nun die Schatten jener unmittelbaren Eindrücke nachempfinden. Hier wird man mir doch nicht den Einwurf machen, daß ein solches aus der Empfindung allein geschöpftes Bild dem Werke des Künstlers sehr unähnlich ausfallen könne? Ich würde diesen Mangel gern eingestehen, und mir nur die Frage erlauben: ob die Unähnlichkeit bei einer bloßen Beschreibung nicht noch mehr zu befürchten sei? Die Gefahr zu geschweigen, daß in den meisten Fällen die Leser oder Zuhörer es wohl nicht der Mühe werth finden möchten, ihrer Einbildungskraft diese Arbeit zuzumuthen, wo das Gefühl sie nicht dazu begeisterte. Allein, was liegt denn auch daran, ob die Bilder, die wir uns selbst aus der bloßen Kraft unseres Wesens schaffen müssen, einem Vorbilde genau entsprechen? Je nachdem unser Geistesreichthum uns mit freigebiger oder mit karger Hand von der Natur gespendet ward, müssen auch seine Ausströmungen an Mannichfaltigkeit, Harmonie, Schönheit, Größe und Adel verschieden seyn; und so oft es sich treffen mag, daß sie hinter dem, was große Künstler wirklich leisteten, weit zurückbleiben, sind doch auch die Fälle möglich, wo sie Meisterwerke überfliegen. Nicht immer sind die genievollsten, phantasiereichsten Menschen im Darstellen geübt; und wer erinnert sich hier nicht an Lessings feine Bemerkung in seiner Emilie, daß auf dem langen Wege vom Sitze der Phantasie bis zum Pinsel, oft so viel verloren geht? Wenn je ein Schluß a priori bindend ist, so bleibt es dieser: wo wir Seelenkräfte von seltener intensiver Stärke in einer göttlichen Harmonie vereint erblicken, da dürfen wir auf göttliche Ausgeburten sicher rechnen, sie mögen sich nun in materiellen Hüllen verkörpern, oder reingeistig, wie ihr Urquell, von Auge zu Auge, von Seele zu Seele hinüberblitzen! Gewiß, von diesen Geheimnissen der Geisteswelt sinnbildete ich nicht so gelehrt, wenn ich nicht auf den Stufen des Tempels stände, wo jene Erscheinungen auch dem Akoluthen schon sichtbar sind!

Flamändische Maler haben den größten Antheil an der Bildergalerie in Düsseldorf. Ich hoffe auf meinem Fluge durch Brabant und Flandern noch Denkmäler der Kunst anzutreffen, die mich mit ihnen aussöhnen sollen. Was ich hier nun schon so oft und mit einem so unbefangenen Sinn betrachtete, was ich in Potsdam, Kassel, Dresden, Wien und Manheim von Werken des niederländischen Pinsels sah, war fast durchgehends von der Art, daß ich in dem vortreflichen Handarbeiter den Dichter, in dem Bildner des Körperlichen den Seelenschöpfer vermißte. Denkt man sich den edlen Zweck der Kunst, die Ideen des Schönen, Erhabenen, Vollkommenen lebendig in uns hervorzurufen, so geht man oft an den gepriesensten Gemälden kalt und ungerührt vorüber, weil sie nichts von jener reinen, geistigen Phantasie verrathen, die das Gefühl in Anspruch nimmt. Freilich ist dies nicht die Stimmung, womit man eine Galerie von Gemälden besuchen sollte. Hier sind einzelne Verdienste schon hinreichende Empfehlungen, um einem Gemälde einen Platz zu verschaffen. Farbengebung, Beleuchtung, Gruppirung, kurz ein jeder Beweis von einer gewissen Energie im Darstellen hat hier Ansprüche auf Beifall, ja sogar auf Bewunderung. Ist es indeß eine Sünde wider die Kunst, bei dieser Zerstückelung des Verdienstes nichts zu empfinden, so will ich mich nur schuldig bekennen. In meinen Augen bleiben Götter, denen gerade das Göttliche, Helden, denen Geistesgröße, Grazien, denen Anmuth fehlt, allemal verunglückte Werke des Künstlers, er bezeichne sie noch so gelehrt durch Attribute, zeige dabei Studium der Natur und Antike, und kolorire das Fleisch nach dem Leben. – Irre ich hier, so irre ich mit Horaz, wo er sagt:

infelix operis summa, quia ponere totum nesciet.
Verunglückt ist das Werk des Künstlers, der
Zwar *Alles,* doch nichts *Ganzes* machen kann.

Ich fordre von dem Kunstwerke, das mir gefallen soll, warlich keine absolute Vollkommenheit; allein wesentliche Mängel oder Gebrechen darf es wenigstens nicht haben. Laß mich immer wieder auf meinen Lieblingssatz zurückkommen, der sich mit meinem ganzen Wesen so ganz identificirt: der Künstler, der nur für Bewunderung arbeitete, ist kaum noch Bewunderung werth. War hingegen seine Seele so reich, sein Trieb zum Bilden so kräftig, daß jener Beweggrund gänzlich wegfiel, oder wenigstens ihn nie in seiner Unbefangenheit störte, daß er nur im Gefühl seiner überschwänglichen Schöpferkraft malte; so ist mir nicht bange, daß seine Werke nicht Abdrücke seiner Selbst, mit allen Kennzeichen des Genius begabt seyn sollten. Auch hier giebt es indeß noch Stufen und Schattirungen. Die erste Organisation des Künstlers, seine Erziehung und Ausbildung von der Wiege an, sein Zeitalter, sein Wirkungskreis und sein Wohnort, alles arbeitet mit vereinten Kräften, eine eigenthümliche Stimmung in ihm hervorzubringen, auf eine bestimmte und beschränkte Art Ideenverbindungen in seine Seele zu legen und in seiner Phantasie herrschend zu machen, die in der Folge auf den Zuschauer vielleicht eine ganz andere als die gewünschte Wirkung thun. Der Kanon des Schönen, den keine Vorschrift mittheilt, könnte vielleicht einem kühnen Geiste voll Künstlerfeuers fremd geblieben seyn. Die rohere, gemeine Natur um ihn her könnte ihn gehindert haben, seinen Blick bis zum Ideal zu erheben. Aberglaube, Fanatismus, Geschmack des Jahrhunderts könnten ihn in der Wahl seiner Gegenstände mißleitet haben, sogar ihn haben scheitern lassen an der gefährlichsten Klippe für die Kunst, an dem Wunsche nämlich, mit dem Angenehmen das Nützliche als letzten Zweck zu verbinden, dieser fälschlich so genannten Sittlichkeit der Kunst, welche die Wahrheit der Natur verläugnet, und, indem sie belehren will, hintergeht. Der herrlichste Bilderreichthum kann, solchen Begriffen untergeordnet, in Erstaunen setzen und Bewunderung vom Zuschauer erzwingen, wenn eine hohe Darstellungsgabe damit verbunden ist; aber den Künstler, der so sich äußert, wird man in seinem Werke so wenig lieben können, als jene morgenländischen Nationalgötter, deren Offenbarung nur Grausen und Entsetzen in den Gemüthern erweckte.

Ich will ihn ja bewundern, diesen großen Rubens, den Mann von unerschöpflichem Fleiße, von riesenhafter Phantasie und Darstellungskraft, den Ajax unter den Malern, dem man gegen viertausend bekannte Gemälde zuschreibt, dessen Genie den Himmel und die Hölle, das letzte Gericht über die unzähligen Myriaden des wiedererstandenen Menschengeschlechts, die Seligkeit der Frommen und die Pein der Verdammten in ein ungeheures Bild zu fassen und dem Auge sichtbar zu machen wagt! Groß nenne ich es allerdings, so etwas mit dem Pinsel in der Hand zu unternehmen, diesem Chaos von Gestalten, wie sie mannichfaltig verschlungen in der Phantasie des Künstlers ruhten, Daseyn auf der Leinwand zu geben, so umfassend in die heterogensten Gegenstände die bindende Einheit zu bringen, und das Weltall mit wenigen Zügen zu erschöpfen. Dessen ungeachtet wende ich meine Augen mit Schauder und Ekel hinweg von einer Darstellung, worin das Wahre, das der Natur so treulich Nachkopirte, nur dazu dient, ein Meisterstück in der Gattung des Abscheulichen zu vollenden. Unter allen Fehlern, in die der Künstler verfallen kann, ist keiner so groß, so durch kein Verdienst abzukaufen, als der, wenn er die Gränzen seiner Kunst verkennt. Was der Dichter in Worten schildern, was er sogar mit den stärksten Ausdrücken bezeichnen kann, das darf der Maler nicht gleich auch in Umriß und Farbe fassen. Alle die Abstraktionen, die dem Schriftsteller so sehr zu statten kommen, sind für die bildende Kunst gänzlich verloren. Mit einem Worte, mit einem konventionellen Zeichen ziehen wir in unseren Kreis hinab, was gänzlich außerhalb desselben lag; Allmacht, Ewigkeit, Unendlichkeit, ja das

Unbegreifliche selbst, wird uns durch diese Bezeichnung zum Begrif. Allein empört sich nicht unser ganzes Gefühl gegen eine willkührliche Versinnlichung solcher Worte? Die Einbildungskraft des hochberühmten Rubens hat sich indeß vielfältig auf diese Art beschäftigt. In der hiesigen Galerie sind nicht weniger als fünf Gemälde damit angefüllt. Vom jüngsten Gericht ist sowohl eine kleine Skizze, als ein Stück in den größten Dimensionen vorhanden. Auch die Hölle sieht man zweimal abgebildet, einmal nämlich den Sturz der Dämonen auf einem größeren Blatt, und sodann die Verstoßung der Verdammten, in einem kleineren Entwurf, erglühend von verzehrendem Feuer. Ein fünftes Stück stellt uns die Schaaren der Seligen vor Augen. Unter diesen Gemälden ist das große Bild vom jüngsten Gericht das ruhigste, wenn man die größere Sorgfalt in der Anordnung mit diesem Ausdruck bezeichnen darf. Verglichen mit den übrigen, möchte man es kalt nennen; denn vermuthlich hatte sich die Künstlerwuth in ihren ersten Ergießungen schon erschöpft.

Ich will es vergessen, daß der Gegenstand dieses Gemäldes offenbar außerhalb der Sphäre des Malers liegt. Die sinnliche Vorstellung dessen, was allen Begrif übersteigt, kann nicht anders als verkleinerlich ausfallen. Wie mag es also der Künstler mit dem Zwecke seiner Kunst zusammen reimen, daß er Dinge abzubilden wagt, die in seinem Bilde nicht an Größe und Erhabenheit gewinnen, sondern augenscheinlich verlieren? Doch dieser Fehler ist bei modernen Künstlern so gewöhnlich, und so tief gewurzelt in der oft nicht von ihnen selbst abhangenden Anwendung ihres Talents auf die Geheimnisse des Christenthums, daß Rubens darum nicht mehr zu tadeln scheint als Michel Angelo. Ich will es ebenfalls nur im Vorbeigehen berühren, daß schon gesellschaftliche Verhältnisse dem Maler verbieten sollten, einen Gegenstand der allgemeinen Ehrfurcht durch eine Schilderung verächtlich zu machen. Zwar weiß ich wohl, daß Tausende von Reisenden, denen dieses Bild schon wegen seiner Höhe von achtzehn Fuß, oder, wenn es hoch kommt, wegen der darauf vorgestellten erhabenen Wesen, Bewunderung und Anbetung entlockt, sich nimmermehr werden einfallen lassen, hier an eine kompromittirte Würde der Religion zu denken; so wenig, wie der Kapuziner in Spanien, der sein schmutziges Kruzifix, woran die Überreste unfläthiger Berührungen klebten, dem Reisenden zum Küssen darbot, sich träumen ließ, daß in einem solchen Zustande das

Heiligste nur Ekel einflößen könne[1]. Aber was gehen uns die grobsinnlichen Vorstellungen an, womit der geringe, oder auch der höhere Pöbel, seine Glaubenslehren, noch mehr als durch ein unschickliches Bild geschehen kann, erniedrigt und seine schreckliche Unwissenheit an den Tag legt?

Doch hinweggesehen von allem, was die strenge Kritik fordern kann, steht dem Kunstwerke noch eine andere Prüfung bevor. Es ist nicht genug, daß wir das jüngste Gericht in dem Gemälde wirklich wieder finden, wenn der Galerie-Inspektor uns zuvor belehrt hat, diesen unbegreiflichen Augenblick der Zukunft darin zu suchen. Der Künstler muß vielmehr so klar und deutlich erzählen, daß wir auf den ersten Blick, was er darstellen will, sei es Geschichte oder Dichtung, in seinem Bilde wieder erkennen; oder aber, wenn dieses nicht der Fall ist, wenn er nur auf jene vorherbekannten Gegenstände anspielen, ihre einzelnen Züge hingegen aus seiner eigenen Phantasie neu schöpfen will, so dürfen wir wenigstens zum Ersatze von ihm fordern, daß auch *sein* Gedicht ein schönes, edles Ganzes sei, dessen Theile sich harmonisch zusammenfügen und sowohl im einzelnen als in der Verbindung mit einander diejenige Rührung im Gemüthe des Zuschauers hervorbringen, ohne welche es Jammer wäre, daß jemals Zeit und Kraft an irgend eine bildende Kunst verschwendet wurden. Ist dieses nun die Wirkung von Rubens großem Meisterwerke? Noch nie, ich gesteh' es Dir frei heraus, fand mein Auge darin einen Punkt, wo es hätte ruhen können. Nein! es war keine der Musen, die den Künstler zu solchen Ausgeburten begeisterte. An der dithyrambischen Wuth, die durch das Ganze strömt, an diesen traubenähnlichen Gruppen von Menschen, die als ekelhaftes Gewürm in einander verschlungen, eine verworrene Masse von Gliedern, und – schaudernd schreib' ich, was ich sehe – einen kannibalischen Fleischmarkt vorstellen, erkennt man die wilde, bacchantische Mänas, die alle Bescheidenheit der Natur verläugnet, und voll *ihres* Gottes, den Harmonienschöpfer Orpheus zerreißt. –

Ganz zu oberst, am Rande des Bildes, ragt ein Greis hervor, fast wie die Alten den Neptun zu bilden pflegten, mit zerwehtem Haar und straubigem Bart. In seiner Linken hält er ein Kügelchen, nicht so groß wie sein Kopf; die Rechte ruht auf einer großen hellen Wolke, die, von der Brust an, seinen ganzen Körper verdeckt. Man ist gewohnt,

---

1   S. Baretti's Reise durch Spanien.

auf diese Art ein Wesen darzustellen, welches eine jede Abbildung von ihm selbst ganz unbedingt verboten hat, und in der That, wenn man sich einen Augenblick besinnt, auch schlechterdings nicht abgebildet werden *kann*. Ohne die Gewohnheit, die uns dergleichen Vorstellungen erträglich macht, würde es unmöglich seyn, in dieser kümmerlichen Menschengestalt die erste Person des unsichtbaren Gottes, der ein unendlicher Geist ist, zu erkennen. Doch wir wollen es mit dieser Figur so genau nicht nehmen; Rubens verräth seine Verlegenheit hinlänglich, indem er sie im Hintergrunde hält, in sich gekehrt, mit halbgeschlossenen Augen, an dem was unten vorgeht keinen Theil nehmen, und an allem was Größe und Göttlichkeit bezeichnen könnte, leer ausgehen läßt, vermuthlich, damit die Hauptfigur so reich als möglich erscheinen möge. Tiefer hinabwärts sitzt auf den Wolken der Sohn Gottes. Über seinem Haupte schwebt die göttliche Taube, oder, wenn man darüber streiten wollte, wenigstens gewiß ein Vogel; und eben so schweben auch, jedoch weder beseelt noch beflügelt, das Zepter und das flammende Schwert. Wenn man die größte Anstrengung neuerer Künstler betrachtet, ist es unmöglich sich des Gedankens zu erwehren: wie arm und hülflos in Absicht des Erhabenen und Idealischen sie da stehen würden, wenn sie nicht die Griechen zu Vorgängern und Mustern gehabt hätten. Dieser Weltrichter, den Rubens in den furchtbaren Ernst einer strafenden und belohnenden Gottheit kleiden wollte, – was wäre der unter seinen Händen geworden, wenn uns keine Bildsäule eines Jupiters oder eines bärtigen Bacchus übrig geblieben wäre, deren Gesichtszüge und Stellung sogar er hier kopiren mußte? Das Erborgte dieser Hauptfigur ist so auffallend, daß es mit der flammändischen Feistigkeit, die tiefer unten herrscht, einen seltsamen Kontrast bildet; allein, was sie noch widriger auszeichnet, ist der verfehlte Effekt in allen Details, wo der Künstler es sich erlaubte, von der Antike abzuweichen, um die Spur seiner Nachahmung zu verdecken. Der theatralisch aufgehobene rechte Arm stört die ganze Harmonie dieser Figur, und raubt ihr alle Würde. Alles an ihr ist aufgeregt, ob sie gleich sitzend vorgestellt wird; die linke Hand macht eine von sich stoßende Bewegung, der linke Fuß schreitet vor, der rechte ist unterwärts zurückgezogen, der Kopf rechts hingewandt, und das Kleid schwillt hoch auf vom Winde, sowohl über der linken Schulter als hinter dem Rücken. Diese leidenschaftliche Stellung giebt einen unauslöschlichen Ausdruck von Schwäche; sie hat nichts von der erhabenen, gleichmüthigen Ruhe der Gerechtigkeit und ein ehrbarer sterblicher Richter auf einem irdischen Stuhle würde sich ihrer schämen. Ich begreife wohl, daß Rubens durch diese Bewegung Aufmerksamkeit erregen, Handlung andeuten, Eindruck machen wollte; allein eben darin liegt das Versehen, daß er dies alles durch Geberdenspiel erzwingen wollte. Er verwechselt also Seelenausdruck mit Leidenschaft; anstatt uns beim Gefühl zu fassen, deklamirt er uns vor. Dieser Fehler ist der flammändischen Schule eigen; das blos Physische fesselt sie zu sehr, füllt so ganz ihre Einbildungskraft, daß ihr keine Hermeneutik der inneren Geisteskräfte möglich ist; grobe Pathognomik sieht man zwar bei diesen Künstlern; Leidenschaft, oder auch sinnliches Gefühl können sie schildern: aber Seelengröße, Erhabenheit, Gedankenfülle, gehaltene Kraft, Zartheit des unterscheidenden Sinnes, kurz alles was den Menschen adelt, ist bei ihnen das Werk des Zufalls oder einer höchstseltenen Ausnahme.

Auf demselben Wolkengewölbe mit dem Erlöser, aber in einiger Entfernung hinter ihm, stehen ihm zur Rechten Maria mit Petrus und Johannes, zur Linken Moses mit den Stammeltern des Menschengeschlechts; im Hintergrunde zu beiden Seiten verlieren sich die Heiligen in großer Anzahl, und über ihren Häuptern kommen viele Engelsköpfchen zwischen den Wolken hervor. Die bittende Stellung Mariens verhindert nicht, daß mitten unter so vielen stehenden Figuren der sitzende Christus weniger als er sollte in die Augen fällt. Auch die Gruppen im Vordergrunde scheinen ihm etwas von seiner Größe zu rauben, so richtig übrigens die Perspektive beobachtet seyn mag. Es ist sehr viel Talent und Geschicklichkeit in der Anordnung jener oberen, wie der unteren Gruppen; ihre Maßen sind schön und verrathen den geübten Künstler. Hier ist indeß von Erfindung und von Dichtung die Rede; ich vermisse den kühnen Schwung der Phantasie, der diese müßigen Figuren mit Individualität begaben soll, daß man sie nicht bloß an ihren Attributen, wie den Petrus an seinen Schlüsseln, den Paulus am Schwert, den Moses an den Hörnern und den Gesetztafeln, erkenne. Mitleid und Neugierde malen sich jedoch in vielen Köpfen. Petrus, Johannes und Moses scheinen über den richterlichen Zorn zu verstummen, der an einer weiblichen Figur im Hintergrunde sogar den vollen Ausdruck des Schreckens, mit zurückgezogenem Kopf und vorgespreizter Hand, zuwege bringt.

Jetzt kommen wir dem eigentlichen Schauplatz, dessen Gewühl auch die Himmlischen beschäftigt, etwas näher. Zwei sehr weit von einander entfernte Zeitpunkte, der Auferstehung nämlich und des Gerichts, hat der Künstler hier vereinigt und in einen Augenblick zusammengerückt. Aus dieser poetischen Freiheit, die ich übrigens nicht tadeln will, sind bei ihm die wesentlichsten Fehler seiner Composition entstanden. Ganz unten auf dem Vordergrunde steigen mehrere Figuren unter einem schweren, halbaufgehobenen Grabstein hervor, und wie die Gerippe ihren Ruheplatz verlassen, umhüllet sie ein neuer Körper. Ein solches Gerippe sieht man noch zwischen den umherliegenden Erwachenden im Dunkel der Grabeshöhle. In einander geschlungen und gewunden, reicht eine Gruppe dieser Auferstandenen von der Erde bis zum Wolkengewölbe, das den Thron des göttlichen Richters bildet. Auf Wolken, die bis zur Erde herabsteigen, steht oder schleppt sich diese schwere Masse, mit Hülfe einiger Engel, die da und dort einem unter die Arme greifen, zum Himmel hinan. Links hingegen stürzt eine eben so hoch aufgethürmte Menschenmasse, von Michaels Blitzen verfolgt und von andern Engeln gewaltsam niedergedrückt, aus dem Himmel in den Abgrund hinab, wo ein gähnendes Ungeheuer mit offenem Rachen ihrer wartet. Ägipanische Gestalten mischen sich unter die Stürzenden, und ziehen, als ständen sie im Bunde mit den Engeln, ihre Beute mit sich hinunter, reiten auf den Hofnungslosen, und umschlingen sie mit gewaltigen Armen. Der Kontrast zwischen beiden Gruppen ist unstreitig das Meisterhafteste in diesem ganzen Bilde. Die Seligen drängen sich in regellosem Streben dicht zusammen, verschränken sich unter einander und mit den Engeln, und bilden eine Pyramide von Köpfen; nur die vordersten Figuren sieht man ganz bis auf die Zehen, und die unterste, ein Weib, (wie man sagt Rubens zweite Gattin,) sitzt noch halb betäubt, mit auf der Brust gekreuzten Armen, und blickt nach dem Grabe, aus dem sie eben erst hervorgegangen ist. Die Verdammten hingegen fallen in der schrecklichsten Verwirrung und Unordnung; viele strecken die Beine hoch in die Luft, und ihre Glieder durchkreuzen sich nach allen Richtungen. Wer nie ein anderes Werk dieses Künstlers gesehen hätte, würde ihm hier auf den ersten Blick das Zeugniß geben müssen, daß er es wohl verstand, den menschlichen Körper unter allen Gesichtspunkten, in allen erdenklichen Stellungen und Biegungen, natürlich angestrengt oder gewaltsam verzerrt, und immer neu und unerschöpflich an Gestalten darzustellen. Auch das ist viel geleistet, wenn man bedenkt, wie es mit der Kunst der Neuern überhaupt bestellt ist; die wenigsten Maler haben es auch nur so weit gebracht. Allein was hätte nicht ein Künstler aus eben diesem Gegenstande geschaffen, ein Künstler mit empfänglicher Seele, mit dichterischer Phantasie und zartem Schönheitssinne! Nicht zu gedenken, daß die herabstürzende Gruppe gegen alle Wahrscheinlichkeit sündigt, indem sie früher im Himmel angelangt seyn mußte, als selbst die auserwählte Schaar, um schon verstoßen zu werden, ehe diese noch auf dem Wolkengewölbe ausgestiegen ist; so bringt doch die Vereinigung der Auferstehung und des Gerichtes die Unbequemlichkeit mit sich, daß die Seligen eine zwar an sich sehr schöne, hier aber ganz unnatürliche Pyramidalgruppe bilden müssen, welche schon darum verwerflich ist, weil sie allen individuellen Ausdruck schwächt und die schönen Episoden, die sich hier dem Künstler wie dem Dichter darbieten, unmöglich macht. Durch das Aneinanderhangen der Gestalten erhält die ganze Masse eine so überwiegende Schwere, daß selbst das blödeste Auge sich mit der Möglichkeit, diese Menschen je auf Wolken wandeln zu sehen, nicht täuschen läßt. Nimmt man hinzu, daß Rubens hier, wie in allen seinen Gemälden, die menschliche Form so materiell und fleischigt als möglich vorstellt, so steigt die Unwahrscheinlichkeit bis auf den höchsten Punkt. Doch es sei darum! den Auferstandenen ist es zu verzeihen, wenn sie in dem ersten schlaftrunkenen Augenblicke des Erwachens gerade so sich zusammendrängen, und sich selbst das Emporsteigen erschweren; keinesweges aber dem Künstler, der keinen besseren Augenblick wählte, oder diesen sich nicht interessanter dachte. In diesem ganzen Keil von Menschen ist nur Eine Begierde, nur Ein Drängen und Streben hinauf zu gelangen. Vergebens sucht man hier, was diese sonst nur grausenvolle Scene des Gerichts dem Herzen eines Menschen näher zu bringen im Stande wäre; hier ist weder die Freude des Wiedererkennens, noch der Ausdruck der göttlichen Liebe, noch irgend eine rührende Beziehung zu sehen, welche die Steigenden und Fallenden anders, als durch die Nebeneinanderstellung verbände; nichts, mit Einem Worte, von allen jenen Meisterzügen, womit Klopstock sein erhabenes Gemälde von der Auferstehung im Messias schmückt. Es kann warlich einem jeden Zuschauer gleichgültig seyn, ob die Figuren, die der Maler hier aufsteigen läßt, wirklich in dem Himmel ankommen oder nicht; es kann sich niemand gereizt fühlen, ihnen nachzusteigen, sich in ihre Haufen zu drängen, und Seligkeiten, die solchen groben Geschöpfen genießbar sind, mit ihnen zu theilen. Unter ihnen giebt es keinen Verklärten, den man liebgewinnen, an dem man mit Bewunderung oder mit Zärtlichkeit hangen, auf dessen Wiedersehen man sich freuen; keinen Verdammten, dem man das Maaß seines Verbrechens und die Gerechtigkeit des Urtheils an der Stirne lesen, und dessen Fall man dennoch beweinen könnte! Ich finde zwar, indem ich mühsam mich durch das Gewimmel der Ringenden hindurch wühle, einen schönen Engelskopf; aber daß er nur schön, und daß es nur Einer ist: gerade das erschöpft alle Strenge des Tadels. Von dem ganz mißlungenen Michael mag ich nichts sagen, und eben so wenig von seinen Begleitern, die zur Unzeit in die Posaune stoßen, da eben der Richter des Weltgerichts das Urtheil spricht. Mehr wußte also Rubens aus diesem großen Entwurfe, den die Apokalypse selbst im erhabensten Styl der bilderreichen, orientalischen Dichtung behandelt, nicht hervorzuzaubern? Nur diese Vorstellungen weckte der Riesengang der Phantasie Johannis in ihm? Höher trug ihn der Fittig des Genius nicht, wenn er das größte Schauspiel sich dachte, das Menschen und Göttern je gegeben werden kann? Den Augenblick, wo die ganze Schöpfung sich zusammendrängt, sich neu organisirt, sich verwandelt, wo das Reich des Möglichen seine Schätze aufthut und die Phantasie in ihrem Überflusse schwelgen läßt, wo Jahrtausende mit ihren Begebenheiten und ihrer großen Verkettung von Ursachen und Wirkungen sich neben einander stellen, wo das Verbogene offenbar, das Verlarvte in seiner Blöße, das große Verkannte in göttlichem Glanz erscheint, – den Augenblick bezeichnet ihm nichts, als diese zwey bedeutungsleeren, an aller Individualität verarmten Menschenhaufen? Sind die Schranken der Kunst hier wirklich zu enge, oder zogen sie sich nur für das Genie eines Rubens innerhalb ihres möglichen Umfanges in einen so engen Kreis zusammen?

Wenn ich vorhin die treue Nachfolge der Natur, welche Rubens in den Stellungen beobachtet hat, mit einigem Lobe erwähnte, so sollte sich dieser Beifall doch nicht auf die Richtigkeit der Zeichnung erstrecken. In dem, was er malte, sieht das Auge, welches der Zergliederer bemerken gelehrt hat, eine vernachläßigte Kenntniß der bestimmteren Gestalt der Theile, und eine unrichtige Manier sie anzudeuten. Das Feuer des Bildners entschuldigt keinesweges diese Unrichtigkeit; denn wahre Künstlergröße findet man nur da, wo die wirkenden Kräfte zusammengehalten, zweckmäßig aufgespart, nicht bloß in flüchtigen

Explosionen eines Augenblicks verschwendet wurden. Wie die Natur mit immer gleicher, nie erschöpfter Energie ohne Unterlaß neue Bildungen von sich ausströmen läßt und gleichwohl mit bewundernswürdiger Geduld alles, bis auf die kleinsten Theilchen, nach ihren ursprünglichen Modellen langsam und getreulich ausarbeitet: so muß ihr Nachahmer ebenfalls dem wilden Drange, der ihn reizt die Gebilde seiner Phantasie im Materiellen darzustellen, einen starken Zügel anlegen können, damit sein warmes Brüten nur edle, vollkommene Früchte reifen möge. So wußte Raphael, der größte Mensch der je den Pinsel führte, seinem Genius zu gebieten, indem er es nicht für kleinfügig hielt, zu jeder seiner Figuren eine Skizze zu entwerfen, deren Verhältnisse er mit dem Zirkel maß. Daher kommt es denn auch, daß die Arroganz der jungen Zeichner, die auf den ersten Blick an seinen Figuren nichts besonders sehen, bei dem ersten Versuche sie zu kopiren, zu Schanden wird. Diese Umrisse des Flammändischen Pinsels hingegen mag man leicht in der Kopie verfehlen, ohne befürchten zu müssen, daß Mißgestalt die Unähnlichkeit verrathe.

Schönheit ist also nicht in Formen von Rubens zu suchen; denn sie ist die Tochter des Ebenmaßes. Wären aber seine Figuren auch richtig gezeichnet, so würde doch schon allein ihre flämische Feistigkeit den Begrif des Schönen verscheuchen. Dies ist bei ihm, wie es scheint, ein verderbter Geschmack, weil Italien ihn mit schöneren Formen vertraut machen konnte. Ich habe seine Fleischmassen als natürlich rühmen gehört; allein ich finde sie unaussprechlich ekelhaft. Das hangende, erschlaffte, lappige Fleisch, die Plumpheit aller Umrisse und Gliedmaßen, der gänzliche Mangel von allem, was auf Anmuth oder Reize nur Anspruch machen darf – ich kann nicht sagen, wie mich das unwillkührlich zwingt, die Augen wegzuwenden, um einem widrigen Eindrucke zu entgehen. Unter zehn Bewunderern von Rubens, würden kaum zwei oder drei den Anblick solcher Menschen, wie er sie hier malte, in der Natur ohne Widerwillen ertragen. Warum dulden sie aber, oder bewundern wohl gar im Bilde, was lebend sie anekeln würde? Weil der Pinsel das allzuscheußliche verwischt; weil den meisten Menschen nur an der Nachahmung liegt, gleichviel was ihr Gegenstand sei; endlich weil wir den Schönheitssinn und den Geschmack zu den seltensten Göttergaben zählen müssen.

Wenn aber Rubens in den Umrissen und in der Darstellung des Schönen fehlte, bleibt ihm nicht wenigstens die Magie seines Kolorits, die seit mehr als hundert Jahren so oft gepriesen ward und noch in voller Kraft besteht? »Dieses Fleisch, wird der Kenner sagen, ist wahres blutreiches Fleisch; diese zarte, sammetweiche Haut glaubt man anfühlen zu müssen; diese Lippen glühen mit lebendigem Purpur; überall sieht man deutlich, daß die Wirkung der Farben und des Aussehens verschiedener Oberflächen dem Gedächtnisse dieses großen Künstlers tief eingeprägt worden ist, und daß er auch die Kunst besessen hat, beides mit Wahrheit darzustellen.« Ich wünsche immer, wenn ich diese Lobsprüche mit anhören muß, daß gleich ein gutes lebendiges Modell zur Hand wäre, welches man entkleiden und neben ein Bild von Rubens hinstellen könnte. Man würde dann gar bald gewahr werden, daß jener Zauber, der so mächtig wirkt, noch um vieles von der wahren Farbe der Natur abweicht, und vielmehr in einer eigenthümlichen Art der Behandlung, als in einer getreuen Auffassung des Wirklichvorhandenen liegt. Ich tadle es indeß nicht, daß Rubens so gern auch hier seine Karnationen durch stark aufgelegten Zinnober erhöhet, und mit durchschimmerndem Blau und mit gelben Wiederscheinen fast zu verschwendrisch umgeht. An dem Platze, für den er dieses Gemälde bestimmte, würde man vermuthlich diese Farben so hervorspringend nicht gefunden haben, als hier, wo sie dem Auge zu nahe gerückt sind. Man müßte die Jesuiterkirche zu Neuburg, wo dieses große Gemälde zuerst aufgestellt wurde, zuvor gesehen haben, um urtheilen zu können, wiefern diese Rechtfertigung des Künstlers statthaft sei oder nicht. Daß indeß kein Flammänder je das Kolorit von Rubens übertroffen habe, wenn es nicht zuweilen seinem Schüler van Dyk geglükt ist, bleibt seinem Ruhme unbenommen. Auch die Kunst der Beleuchtungen war sein; Licht und Schatten, zwar nicht der wesentlichste Vorzug dieses Stücks, sind gleichwohl mit großer Geschicklichkeit darin ausgetheilt, und thun die vortreflichste Wirkung.

Wenn Kunstverständige einen Maler preisen wollen, pflegen sie auch noch sein Machwerk (faire) herauszustreichen; und in diesem Betrachte hat Rubens in der That vor vielen andern einen entschiedenen Vorzug. Er wußte seinen Pinsel leicht und kühn zu führen, er kannte seine Palette und den Effekt ihrer Farben, er vertrieb diese zart und meisterhaft unter einander, gab ihnen Haltung und besaß eine große Übung im Vertheilen und Abstufen der Lichtmassen und des helleren oder tieferen Dunkels. Dieses Verdienst gehört in Eine Klasse mit der Fertigkeit eines Tonkünstlers, die Noten frisch und rein vom

Blatte wegzuspielen, oder mit dem eben so mechanischen und eben so bewunderten Talent, auf einigen Instrumenten die Schwierigkeiten der Ausführung zu überwinden und eine seltene Beweglichkeit der Finger sehen zu lassen. Allein wenn ich auch der Handarbeit unseres Rubens ihren ganzen Werth zuerkenne, wenn ich ihn ferner in seiner Anordnung und Gruppirung, im Reichthum seiner Gestalten, in der Farbengebung, im Faltenwurf der Kleidungen, in dem Feuer seines Geistes, womit er durcheinander stürzende Figuren zur Einheit zurückzuführen weiß – wenn ich in diesem allem ihn bewundern kann: wie hoch wird denn sein Ruhm sich schätzen lassen, da wir überall, wo es auf ein nicht zu berechnendes Gefühl, auf innere Beweglichkeit und Empfänglichkeit, auf eine gebildete Sonderungs- und Umformungsgabe ankommt, wo von Erfindung und Wahl des Gegenstandes, dichterischer Ausführung aller einzelnen Bestandtheile des Gemäldes, und Idealisirung der Gestalten die Rede ist, von seinen Verdiensten schweigen oder seiner Arbeit unseren Beifall versagen müssen?

Ein Meisterwerk gedachte der Künstler hinzustellen, das seinem fürstlichen Freunde die Dankbarkeit für ein gerettetes Leben ausdrücken sollte, ein Meisterwerk, das die Krone seiner Werke genannt zu werden verdiente – und sein ernster Sinn wählte sich das Weltgericht? Durch die Erhabenheit des Gegenstandes wollte er gleich auf den ersten Blick so den Trotz des tadelsüchtigen Kenners niederwerfen, wie er die Flamme des frommen Gefühls im großen Haufen anzünden wollte – und er schilderte die Gottheit in Gestalt eines abgelebten Greises, den Richter des Weltalls schwach in seiner Übermacht, wie einen gemeinen Tyrannen? Der Himmel und die Hölle sollten neben einander stehen in seinem Bilde, zwischen ihnen das Menschengeschlecht, schrecklich verurtheilt zur Seligkeit oder Verdammniß – und ich sehe einen Raum, der höchstens fünf oder sechs Menschenlängen übereinander fassen kann, mit einem an der Erde hinschwebenden Nebel gefüllt, auf welchem einige Figuren müßig stehen, andere in gedrängtem, schwerfälligem Phalanx hinaufsteigen, andere wildverschränkt mit stygischen Mächten zusammenstürzen über ein scheußliches Drachenhaupt? Ordnung und Einheit sollten unsere Blicke fesseln – und es ist die Einheit, die Ordnung des Chaos? Wen diese Erfordernisse unbefriedigt ließen, der sollte noch der Schönheit huldigen; ein Umriß, der Natur wie mit List entwendet, konnte den entzücken; ihn gewann ein Farbenzauber, der das zarte Gebilde des menschlichen

Körpers vom Lebensgeist durchathmet, bis zur Täuschung darzustellen vermag – und sind nun diese flämischen Dirnen schön? sind diese Umrisse richtig und gefällig? sind diese Karnationen bei aller ihrer Frische nicht Manier?

Doch es ist nicht das erstemal, daß gerade dann, wenn große Künstler mit Vorsatz alle ihre Kräfte aufboten, das erzwungene Werk ihrem Geiste mißlang. Auch die Empfängnisse der Phantasie sind unbedingte Gaben eines göttlichen Augenblicks.

VII

Düsseldorf

Ich hatte Dir gestern noch viel zu sagen von diesen Schätzen der Kunst, die ich anzuschauen nicht ermüde; aber die Bemerkungen über das jüngste Gericht von Rubens versetzten mich allmälig in die Stimmung, die er seinem Weltrichter gegeben hat, und in diesem kritischen Humor möchte ich Raphaeln selbst nicht für Tadel stehen. Heute ist der Morgen so heiter, die Frühlingssonne scheint so allbelebend, die Luft ist so rein bei ihrer Kühle, daß man froh ist zu leben und dem verschiedenartigsten Leben Daseyn und Genuß des Daseyns gönnt. Friede sei mit allem, was da ist, Friede mit jedem Geiste, sein Wirken und Gebilde sei dem meinen so fremd wie es wolle! Ich fühle mich verjüngt aus den Armen des Schlafs erstanden; alles in der Natur lacht mich an; alles ist unzertrennlich von allem; der blaue Bogen über mir, die hellleuchtende Sonne, und Berg und Flur, Fels und Wald, Pflanzen und Thiere, der Mensch und seine Kunst, alles ist Theil eines großen nicht zu umfassenden Ganzen!

Millionen Menschen empfingen den Funken der Vernunft, und fachten ihn an zur größeren oder kleineren Flamme; Millionen empfanden, dachten und wirkten, jeder auf seine ihm eigene Weise; die Früchte ihres Fleißes, ihres Nachdenkens, ihres bildenden Triebes erfüllen die Erde, und dennoch sind die Verhältnisse der Dinge unter einander nicht erschöpft, und keine Macht bestimmt ihnen Gränze oder Zahl. Wir stehen da und schöpfen aus dem unermeßlichen Meere die mannichfaltigen Gestalten. Je mehr wir aufnehmen können, desto schöner und reicher ordnet sich in uns, wie im Spiegel, das Bild des göttlichen All. Von Einem Lichte wird alles umflossen, alles schimmert meinem Aug' entgegen, alles drängt mir sein Daseyn auf; eine Welt von unendlich kleinen Stäubchen sogar, tanzt sichtbarlich in diesem Sonnenstral, der zwischen den Vorhängen hindurch auf mein Papier gleitet, und behauptet ihren Platz in meinen Sehenerven wie in meinem Gedächtnisse. Willkommen, willkommen mir, heiliges Licht der Sonne, das allem, was da ist, *gleiches Recht* ertheilt! Wie ganz anders geordnet sind die Empfindungen und Gedanken des sonnenhellen Morgens, als die gestrigen beim nächtlichen Lampenschein, der ein grelles Licht auf eine Stelle warf und rings umher die Finsterniß herrschen ließ!

Was von Eindrücken der Anblick der hiesigen Gemäldegalerie in meinem Gemüthe zurückgelassen hat, wollen wir jetzt in dieser Klarheit beschauen; viel werden wir bewundern, manches tadeln und einiges lieben müssen. Auch hier aber, wie im ganzen Leben, können wir uns nicht alles aneignen; es ist eine Ökonomie der Zeit und des Gedächtnisses nöthig, um nur das Wesentliche, uns Angemessene aufzufassen; glücklich, wenn die Wahl so ausfällt, daß die Bilder, die wir in uns aufbewahren, Abdrücke interessanter Geisteskräfte sind und manche andere entbehrlich machen.

Rubens kann in seiner Darstellung des jüngsten Gerichts vielfältig gefehlt haben, ohne deshalb den Ruhm eines großen Künstlers einzubüßen. Seine Werke füllen hier einen ganzen ihm allein gewidmeten Saal; sie bestehen in mehr als vierzig großen und kleinen Gemälden. Ein kleines Stück, welches die Niederlage der Amazonen am Thermodon vorstellt, gab dem Kuhrfürsten Johann Wilhelm die Veranlassung, seine große Sammlung von Gemälden anzulegen. Rubens ist hier in seinem Elemente. Die besiegten Kämpferinnen stürzen samt ihren Rossen von der Brücke in den Fluß; in mancherlei Stellungen hingeschleudert, schwimmend, fallend, sich sträubend, erblickt man den weiblichen Körper von der wilden Phantasie des Künstlers ergriffen. So unwahrscheinlich es immer ist, daß Weiberwuth zu diesem Grade gestiegen sei; so schön ist doch der Stoff für den Maler, der dieses Feuer in sich fühlte, die Extreme der Leidenschaft und die heftigste Handlung darzustellen. Von den beiden darüber hangenden Skizzen, der Bekehrung des Apostels Paulus und der Vernichtung der Heerschaaren Sennacheribs, möchte ich das nicht so unbedingt behaupten.

Bewundernswürdig war und bleibt Rubens im Porträt! Er faßte so wahr und so glücklich zugleich! Nur ist es mir räthselhaft, daß ein

Künstler, der so tief in andere Wesen sich hineinschmiegen und ihr Innerstes so zu sagen herausholen konnte, in seine eigenen Schöpfungen nicht mehr hinübertrug. Unter so vielen hundert Köpfen, die er in seinem Leben nach der Natur gemalt haben mag, hätten sich doch wohl die Urbilder zu allen Charakteren seiner historischen Gemälde mit Hülfe einiger Idealisirung leicht gefunden; und solche der Natur nachgebildete Formen hätten auf jeden Fall seine unbestimmten, von Individualiät entblößten Gesichter weit übertroffen. Hier ist das Bildniß eines Mönchs; der graue Rock scheint nur eine Verkleidung zu seyn, so wenig paßt er zu dem gebildeten Geiste, der aus diesen Zügen hervorstralt. So ein Gesicht, mit diesem Ausdruck des eingeärndteten Ideenreichthums, mit dieser Milde, welche nur Erfahrung und Weltkenntniß geben, mit dieser Ruhe, die aus einer richtigen Schätzung der Dinge und ihres unaufhaltsamen Laufs entspringt – warlich, das würde man unter tausend Mönchsgestalten ohne Mühe wieder erkennen. Wie der hagere Mann einst den Erdball in der Hand wägte, damit spielte, und doch zuletzt wohl inne ward, der Ball sei mehr als Spielzeug, wenn er's nur ergründen könne; so wägt er jetzt den Menschenschedel, ihm und aller Menschenweisheit nicht minder unbegreiflich! Es ist kein Traum, den ich da träume; dieser Franziskaner-General, so wie Rubens ihn malte, war zu seiner Zeit im Kabinet allmächtig. Maria von Medicis, bereits in guten Jahren, ist hier noch schön, aber so stolz, so tiefverschlossen, so gewandt in allen Künsten der Verwirrung! Ich weile jedoch lieber bei dem eigenen Bildnisse des Malers und seiner ersten Gattin. Es ist eine überströmende Geistesfülle in seinem Kopf, und sein ganzes Wesen, sein Anstand, seine Kleidung verrathen die höchste Eleganz. Wenn Rubens so ausgesehen hat – und dieses Bild trägt alle Kennzeichen an sich, daß es treu dem Leben nachgebildet worden ist, – so war der Mensch an ihm bei weitem das Edelste, Größte und Beste; keines seiner Werke giebt einen halb so erhabenen Begrif von ihm, als diese Nachahmung seiner eigenen Züge. Der schöne, kraftvolle Mann sitzt da in der Blüthe des männlichen Alters. Die tiefliegenden Augen sprühen Feuer hervor unter dem Schatten der dunklen Augenbrauen; auf seiner Stirne liest man den Reichthum, und ich möchte fast sagen, auch das Ungezähmte seiner Phantasie. Seine Seele ist auf einer Bilderjagd außer dem Bezirke des Gemäldes begriffen. Das hübsche Weib ruht zu seinen Füßen, ihre Rechte in seiner Rechten, und diese Hände sind von vorzüglicher

Schönheit. Wahr und treu ist auch ihr Kopf; allein die ungebildete Frau konnte den größeren Menschen nicht fassen, der zugleich Künstler und Staatsmann war, bald an Philipp's des Dritten Hofe, bald als sein Abgeordneter bei Karln dem Ersten von England seine Rollen spielte; den Mann, der nach den Mitteln seines Zeitalters vortreflich erzogen war, die Feder beinahe so gut, wie den Pinsel führte, um dessen Freundschaft Fürsten warben, und den Wolfgang Wilhelm, Herzog von Neuburg, in seinem eigenen Wagen rettete, als man ihm in Madrid nach dem Leben stand.

Was mag er wohl ersinnen in dieser traulichen Verschränkung, auf dem ländlichen Sitz am Gemäuer, wo sich das üppige Geisblatt mit duftenden Blüthen emporschlängelt und über seinem Haupte leichte Schatten webt? Etwa jenes liebliche Gedicht, wo sieben Amoretten sich hineinflechten in einen Kranz von Blumen und Früchten? Mit welcher Fülle, mit welcher Kraft sind diese Formen aus der Anschauung gegriffen! Welches Leben regt sich in ihren Gliedern! Wie gaukeln die gesunden Buben so froh in vollem Treiben ihrer neuerprobten Muskelkraft! Des schönsten Genusses Kinder, als Zeit und Sinne schwanden; Daseyn ihre ganze Bestimmung, Zweck und Mittel zugleich; und auch ihnen gelten Zeit und Zukunft noch nichts! Hieher den Blick, ihr Weisen, und sagt uns, ob es eine andere Wonne gebe, als das schöne Leben zu sehen, und zu fühlen: es ist!

Die reine, treue Darstellung des Lebendigen und Natürlichen würde diese gefällige Wirkung auf die Empfindung des Zuschauers nie verfehlen, wenn es nicht in der Natur selbst Gegenstände gäbe, deren erster und mächtigster Eindruck unsern Selbsterhaltungstrieb aufregt, und Abneigung, Widerwillen, Abscheu oder Furcht und Schrecken zuwege bringt. Der Anblick alles Mißgestalteten, Unzweckmäßigen, Schädlichen in der Natur, des Gewaltthätigen und Zerstörenden, des körperlichen Schmerzes, heftiger Krämpfe, ekelhafter Zerfleischungen, kranker oder auch leidenschaftlicher Entstellung, dies alles erschüttert zuerst unser Nevensystem mit dem Gefühle der eigenen Verletzbarkeit, welches zur Erhaltung eines endlichen Daseyns wirken muß. Ist es daher nicht sonderbar, daß so viele Künstler, und unter diesen manche der berühmtesten, gerade diese Gegenstände zur Nachahmung wählten, um durch sie recht kräftig erschüttern zu können? Rubens selbst scheint sich in solchen Darstellungen mehr als in allen andern zu gefallen. Von jenen wilden Compositionen, wo Teufel und verworfene Menschen sich winden und kämpfen und knirschend den Engeln unterliegen, soll hier nicht mehr die Rede seyn. Es giebt noch andere Bilder in diesem Saale, von einem ähnlichen Effekt. Bald ist es ein trunkener Silen, umringt von einer bacchantischen Gruppe, deren verschiedene Grade der Trunkenheit sich allzunatürlich in faunischer Wollust oder in einer noch ekelhafteren Herabwürdigung äußern. Eine gräuliche Faunin liegt im Vordergrunde hingestürzt über ihren beiden bocksfüßigen Säuglingen, die zappelnd an den Brüsten, ich hätte bald gesagt, den Eutern, ihrer im Übermaaß der Völlerei entschlafenen Mutter hangen. Bald ist es ein sterbender Seneka, blutend, alt und schwach, die Todtenblässe im Gesicht und auf den Lippen. Hier eine Latona in den Sümpfen Lyciens, noch in bittender Stellung, indeß ihr gegenüber die störrigen, feindseligen Wilden, die ihr einen Trunk Wassers versagten, im flämischen Bauerncostum, aber mit Froschgesichtern schon halbverwandelt da stehen, gräßliche Carricaturen! – Wie konnte nur ein Mann wie Rubens das Bild des Ekelhaftesten in der Natur, eines betrunknen Weibes, in seiner Phantasie dulden, geschweige denn mit Wohlgefallen darüber brüten, mit Kunst und Kenntniß der Natur es ausmalen und nichts dabei fühlen, als nur die Stärke seiner Darstellungsgabe? Hätte nicht der Maler, der es wußte, was Schönheit ist, bei jenen Froschmenschen vor einem Mißbrauche seines Talents zurückbeben sollen, wodurch er sich zur plattesten Farce erniedrigte? Der Seneka wäre vielleicht am ersten zu entschuldigen, weil er genau die Stellung der alten Statue hat, und alte Kunst sonst tadelfrei zu seyn pflegt. Allein nicht alle Werke des römischen Meißels sind musterhaft, nicht alle der Nachahmung werth; bei vielen vermißt man den reinen, keuschen Geschmack der griechischen Kunst, und endlich ist das Widrige im Marmor weit weniger als in dem farbigen Gemälde widrig; der Pinsel drückt eben die Todtenfarbe und die Erschöpfung des Verblutens in ihrer ganzen Abscheulichkeit aus. Allerdings gelingt es auch den Künstlern, durch diese Schilderung des Grobsinnlichen auf die gröberen Organe des großen Haufens zu wirken, dessen lauten Beifall und gaffende Bewunderung davon zu tragen; und nur, daß dieser Beifall, diese Bewunderung ihnen genügt, gerade darin liegt der ganze Jammer. Es ist leichter, gemeine Natur zu kopiren, als Seelenkräfte in der Materie sichtbar zu machen; leichter, durch groteske Züge dem Pöbel zu gefallen, als nach dem musterhaften Doryphorus den Kenner zu befriedigen; leichter endlich, zu erschüttern und sogar zu rühren, als den Forderungen des gebildeten Geistes, dem die grobgezeichneten dramatischen Larven anekeln, und der nach den zarten Schattirungen und Verschmelzungen der Charaktere des gesellschaftlichen Lebens verlangt, völlig Genüge zu leisten. Unsere Theaterdichter wissen dies so gut wie die Künstler, und eben darum spielt man die Stücke der höchsten dramatischen Kunst vor leeren Häusern, indeß die kläglichsten Erzeugnisse des Plattsinnes, ein Waltron, eine Lanassa und andere ihres Gelichters, wenn sie nur das Alltägliche anschaulich machen, den allgemeinsten Beifall nie verfehlen.

In der Himmelfahrt der Jungfrau, in der Geburt Christi, in der Ausgießung des heiligen Geistes, in dem Märtyrerthum des heiligen Laurentius und selbst im Nymphenraub der Zwillingsbrüder Kastor und Pollux, lauter großen, kraftvollen Werken von Rubens Hand, die ich hier um mich her erblicke, sind indessen so viele künstlerische Verdienste vereinigt, daß man sich willig finden läßt, auch über den wesentlichen Mangel einer feineren Vorstellungsart hinauszugehen, und sich mit dem Künstler in seinen niedrigeren Gesichtspunkt zu versetzen. Unter allen diesen Werken scheint mir dasjenige, wo die Apostel, am Pfingsttage, mit neuen Kräften erfüllt werden, in Absicht auf die Schönheit der Köpfe, vorzüglich bemerkenswerth. Es ist zwar auch hier der gewöhnliche Fehler auffallend, daß die Ergießung des heiligen Geistes weit mehr durch die von Licht umflossene Taube, die einzeln herabfallenden Flämmchen und das Erstaunen der Heiligen selbst über diese Erscheinungen, als durch eine wirklich auf ihren Zügen sichtbare Begeisterung und Verstärkung des geistigen Kraftmaaßes angedeutet wird; allein diesen Verstoß abgerechnet, der vielleicht um so verzeihlicher ist, je weniger man sich zu Rubens Zeit über Gegenstände der Religion das Nachdenken erlaubte und je mehr der Künstler damals an die krassen Vorstellungen der Priester jenes finstern Zeitalters gebunden war; diesen Verstoß abgerechnet, bleibt dem Stücke wenigstens das Interesse, welches man an schöngebildeten Menschen nimmt. Wem es genügt, an einem hübschen flämischen Weibe statt der Madonna, an gesunden, pausbäckigen Knaben an der Stelle der Engel, der wird seine Forderungen durch den schönen Körper des Märtyrers auf dem Roste noch mehr befriedigt finden. Könnte man nur die Größe der Gegenstände vergessen, oder noch besser, könnte man diese Gegenstände nur mit Hintansetzung aller *eigenen* Vorstellung davon, so fühlen, wie Rubens sie in seiner Phantasie entstehen sah;

dann wirkten vielleicht seine Bilder beides auf den Geschmack und auf das Herz, anstatt daß sie mir jetzt bei einem andern Maaßstabe und edleren Formen, nur Travestirungen des Heroischen und Göttlichen scheinen.

Indeß lieber diese gemeine, schwerfällige Phantasie, als jene des Luca Giordano und des Annibal Caracci, die sich in der Darstellung eines so gräßlichen Auftritts, wie der bethlehemitische Kindermord, gefallen können; und wiederum lieber noch diesen Kindermord vom Meister Annibal, als jenes ungleich greulichere Gemetzel der Christen in Persien unter dem König Sapor! Was ist ein großer Künstlername, wenn solch ein buntscheckiges, steifes, elend gruppirtes, ohne Perspektive, ohne Haltung, in harten Umrissen mühsam hingedrechseltes Werk nichts anders für sich hat, als Albrecht Dürers Ruhm? Empfindungsloser kann man nicht malen; und wenn es wahr ist, daß die beiden schwarzgekleideten Figuren in der Mitte des Gemäldes, die als müßige Zuschauer den verabscheuungswürdigsten Scenen der Menschenqual ruhig zusehen, Portraite des Künstlers und seines besten Freundes sind, so möchte man auch hinzusetzen: empfindungsloser kann man nicht seyn. Ließe sich doch nur die Ächtheit dieses unedlen und zugleich so sehr mißrathenen Kunstwerkes mit einiger Wahrscheinlichkeit bezweifeln!

Unedel im höchsten Grade, aber auch trotz aller Niedrigkeit des Gegenstandes, an Wahrheit, Charakteristik und Ideenreichthum zum Meisterwerk gediehen ist daneben der berühmte Marktschreier von Gerard Douw. Gewisse Seelen sind zum Auffassen gewisser Gegenstände geschaffen oder organisirt: diese spiegeln sie so rein und klar wieder von sich, daß man sieht, sie wurden gleichsam Ein Wesen mit ihnen; da sie hingegen für Eindrücke aus einer andern Klasse schlechterdings nicht empfänglich scheinen, von andern Objekten gar nicht berührt werden können. Hogarth, der Meister in der physiognomischen Bezeichnungskunst, der bewunderte Karrikaturenschöpfer, konnte keine schöne Figur entwerfen; Gerard Douw, der hier die geringeren Volksklassen nach ihren verschiedenen Geschlechtern, Gewerben und Leidenschaften ganz mit sich selbst identificirt zu haben scheint, der unendlichen Scharfblick beweiset, wo es auf die Sonderung der Wirkungen desselben Gegenstandes auf verschiedene Gemüther aus diesen Volksklassen ankommt, hätte für das Ideal einer griechischen Heldennatur keinen Sinn gehabt. Diese geistigeren Wesen gehen durch die grobe Seele hindurch und lassen keine Spur von ihrer Berührung zurück. Zart und mit vulkanischer Feuerkunst gewebt muß das Netz seyn, in welchem sich Mars und Venus fangen und den versammelten Göttern zeigen lassen. Sollen wir nun zürnen, daß nicht alle solche Tausendkünstler sind, oder lieber jedem Geiste seine Art und Weise zu wirken und zu schaffen gönnen, da es nun einmal nicht möglich ist, daß Raphael's und Tizian's und Guido's Seelen in den belgischen Schlamm hinabsteigen können? Zwar hätte Gerard Douw seinen Marktschreier wohl eben so interessant machen können, ohne jene Details anzubringen, welche die Thierheit des Menschen in ihrer härtesten Abhängigkeit von den unreinsten Bedürfnissen ins Gedächtniß rufen; allein wer trennt uns das von einander? wer mag selbst dem pfiffigsten und kunstreichsten Teufel den unwiderstehlichen Hang benehmen, unter die Säue zu fahren?

Der leichte, glatte, launige Teniers ist eben so niedrigkomisch; doch gefällt er mir besser. Es ist ungleich mehr Wahrheit und Treue, die sich bis auf die feinsten Zäserchen erstreckt, die kein Pünktchen unbezeichnet läßt, es ist vollkommnere Täuschung des Kolorits, es ist ein unermüdeter Fleiß in Gerard Douw's Arbeit, die bei ekelhaften Gegenständen desto widriger wirken muß, je geduldiger und treffender sie die Natur in ihrer ganzen Scheußlichkeit kopirt. Teniers flüchtiger Pinsel hascht nur die wesentlichsten Züge, setzt Zeichen an die Stelle des Wirklichen, bringt mit dem wenigsten Aufwand von Zeit und von Farbe den Effekt heraus, und überläßt es dann der Einbildungskraft des Zuschauers, die Details sich selbst auszumalen. Wer also nicht gerade an dem Schmutzigsten seiner ganzen niedrigkomischen Compositionen besonderes Wohlgefallen hat, wird dieses übergehen; da es hingegen in Douw's Gemälde so in die Augen springt, daß man ihm unmöglich entrinnen kann. Hat man indeß nur Eins von Teniers Baurengelagen gesehen, so kennt man sie alle; sie sind nur in dem geringeren oder vollkommneren Grade der Ausführung verschieden.

Dasselbe gilt auch von Schalkens berühmtem Effekt des Lichts in den nächtlichen Scenen. Die hier vorhandenen Stücke von seiner Hand, ein Ecce Homo, die klugen und die thörichten Jungfrauen, eine Magdalene, und eine weibliche Figur mit einem Lichte, welches ihr ein muthwilliger Junge ausblasen will, sind alle nicht mit den Spielern zu vergleichen, die man in Kassel von demselben Meister in der erlesenen Galerie des Landgrafen bewundert. Die Jungfrauen mit ihren Lampen hat er jedoch vorzüglich gut behandelt, und man sieht, daß Schalken in dem engen Kreise, den er sich gewählt hatte, in der That sehr gut zu Hause war, daß er mit dem Lichte und seiner Wirkung spielen konnte, und durch fortgesetztes Studium einen Grad der Vollkommenheit in dieser Gattung von Darstellungen erlangt hatte. Nur muß man auch außer diesem Einen Vorzuge sonst nichts bei ihm suchen.

Soll ich mich jetzt von den niedrigsten Stufen der menschenbildenden Kunst zu den Thier- und Landschaftsmalern wenden? Ich halte mich nicht gern bei ihnen auf, wo höhere Gegenstände mich an sich reißen. Freilich ist der Gasparo schön: es herrscht eine dunkle, hohe, mächtige Phantasie durch dieses wilde Thal und seine einfache Größe; Schade nur, daß man in dieser Einsamkeit, wo der Blick auf den Trümmern alter Gebäude und Palläste am fernen Gebirge ruht, durch eine schale, historische Gruppe unterbrochen wird, und eben so Schade, daß das Bild schon so schwarz geworden ist! Auch dieser ungeheure Eber von Snyers ist wunderbar gerüstet mit zermalmender Kraft und fürchterlichem Grimm; er verdiente der Eber von Kalydon zu heißen. Eben so gewaltig in ihrer Art, eben so rein der Natur nachgebildet, sind die muthig angreifenden und die von dem gräßlichen Zahn des Ebers niedergemähten, zappelnden und heulenden Hunde. Die Figuren der Jäger, kühn wie die Thiere, aber mit Zinnober unnatürlich kolorirt, sind von Rubens. Was Fyt, de Voß und Weenix von Thierstücken malten, kommt diesem nicht bei, so viel Verdienstliches auch ihre Arbeiten, und insbesondere die des erstern haben.

Laß mich hinwegeilen über die geleckten Bilderchen des Ritters van der Werff. Ihre zarte geschliffene Vollendung, ihre kunstreichgewordenen Gewänder, können uns nicht schadlos halten für ihre Kälte und Gleichförmigkeit, für die manierirte unrichtige Zeichnung und das dem Elfenbein ähnliche Fleisch. Das beste unter ein und zwanzig kleinen Stücken ist die Erscheinung Christi im Knabenalter unter den im Tempel versammelten Ältesten. Der Knabe ist schön und geistreich, und diese Eigenschaften vereinigt, sind mehr als hinreichend, ihn interessant zu machen. Von der großen langbeinigen Magdalena des Herrn Ritters, läßt sich trotz allen mühseligen Künsteleien so viel gutes nicht sagen. Ehe ich meine Feder hinlege, nur noch ein paar Worte von Crayer und van Dyk. Crayer's größtes Werk, doch will ich eben nicht sagen sein Meisterwerk, ist das Altarblatt aus der Augustinerkirche zu Brüssel, welches der Kuhrfürst von den Mönchen für dreißigtausend Gulden und eine Kopie kaufte. Als Dichtung betrachtet, hat es nicht den mindesten Werth. Es ist ein Thron der Muttergottes, die zu oberst, mit dem Jesuskinde auf dem Arm, da sitzt, und von Heiligen umringt ist, die zum Theil neben ihr, zum Theil tief unten auf den Stufen stehen oder knieen. Ganz zu unterst im Vordergrunde kniet der Maler nebst seinem Bruder, und, wie die Überlieferung ferner lautet, seiner Schwester und seinem Neffen. Er kehrt das breite, wohlgenährte, selbstgefällige Gesicht nach dem Zuschauer hin, anstatt recht andächtig zu beten, und zeigt uns mit der Hand, daß dies alles seine Arbeit sei. Es ist wahr, die Heiligen selbst geben ein böses Beispiel; sie stehen zum Theil ganz müßig da, oder sie plaudern mit einander; die wenigsten bezeigen der Gottheit oben ihre Andacht. Auch scheint es nicht, als ob sie eigentlich zu irgend einem andern Zweck versammelt sind, als weil etwa der Maler oder die Augustinermönche zu Brüssel sie gern einmal beisammen sehen wollten; und bei dem gänzlichen Mangel an Einheit und Zusammenhang ist es noch die Frage, ob Crayer an etwas von der Art gedacht hat. Damit man die Heiligen auch kennen möge, hält jeder etwas in der Hand: Johannes das Sinnbild des Glaubens, den Kelch mit der Schlange, Jacobus den Pilgerstab, die oben knieende Apollonia eine Kneipzange, St. Stephan einen Stein, Laurentius seinen Rost, Andreas sein Kreuz, u.s.f. Der heilige Augustin paradirt im Vordergrunde im prächtigsten Bischofsornat, mit dem Krummstab in der Hand. So weit ist alles unter der Kritik. Allein einzeln betrachtet sind die Köpfe und die Figuren meisterhaft gearbeitet. In allem was von Rubens in dieser Sammlung hängt, finde ich nirgends eine so richtige Akademie als Crayer's bis zum Gürtel entkleideten Andreas. Dem heiligen Lorenz hat er einen sehr schönen jugendlichen Kopf zugetheilt; Augustin aber, ich weiß nicht ob mit oder ohne Absicht des Künstlers, ist ein ächter Pfaffe. Das Kolorit sowohl als die Stellung und Organisirung der Gruppen, und die Behandlungsart sind eines Wetteiferers von Rubens vollkommen würdig, so schwerfällig auch das Ganze immer bleibt.

Van Dyks Arbeiten in dieser Galerie sind zahlreich und von mancherlei Art. Seine Porträte stehen mit denen seines Lehrers Rubens ganz in gleichem Range; manche sind unübertreflich und trotzen der Kunst und dem Pinsel, selbst eines Venezianers. Seine Phantasie erhebt zwar nicht so kühn den Fittig, aber sie ist züchtiger und erlesener als die seines Lehrers; seine Farben sind bescheidener und besser verschmelzt, und gränzen näher an italienische Wärme. Susanne im Bade ist jedoch ein widriges Gesicht, das nicht einmal dieses Verdienst der Farbe aufzuweisen hat. Die berühmte Grablegung ist zwar herrlich kolorirt, aber in der Zeichnung verunglückt; zudem gehört es zu den schwersten Aufgaben der Kunst, gerade dieser Scene ein eigenthümliches, nicht durch die Nebenidee der Religion hineingetragenes Interesse zu geben. Das kleine Bild, wo Christus mit dem von ihm geheilten Gichtbrüchigen spricht, hat eine fast tizianische Wahrheit, der man aber wegen des äußerst unedlen Christuskopfes nicht froh werden kann. Eben so ärgerlich find' ich es, daß der travestirte Jupiter, der als Satyr die schlafende Antiope überrascht, so ganz im Satyr verloren, so ganz gemeiner Satyr ist, und nur, weil sein Adler sich blicken läßt, als Donnergott anerkannt werden muß. Die Nymphe hat zwar eine frische Farbe; aber so wunderschön ist sie eben nicht, daß sie eine Jupitersverwandlung verdiente. Eine Madonna mit dem Christkinde und dem kleinen Johannes hat alle Vorzüge der Farbe und des Fleisches, wiewohl dem Bilde noch die letzte Hand des Künstlers zu fehlen scheint; es umschwebt sie sogar etwas weniges von der Anmuth, die auf diesem Boden nicht gewachsen, sondern jenseits der Alpen her entlehnt ist. Allein das Schönste, was ich hier von van Dyks Arbeit bemerke, ist sein lieblicher Sebastian, in dessen Kopfe man eine idealisirte Ähnlichkeit mit dem Künstler selbst nicht verkennen wird. Der Augenblick dieser Composition ist gut gewählt. Eben bindet man ihn fest an den Baum, wo ihn die Pfeile seiner Widersacher treffen sollen; mithin ist keine widrige Empfindung früher rege, die den Eindruck stören könnte, welchen der schöne, blühende Jüngling auf den Zuschauer macht. Die Nebenfiguren sind ihm gehörig untergeordnet, und die weißere Farbe seines zarten Leibes dient dazu, ihn noch mehr von ihnen auszuzeichnen. Die Ausführung ist des Entwurfes werth, und meines Erachtens hat die flammändische Schule hier nichts Vollkommneres in Farbenmischung aufzuweisen. Ein bescheidener Siegesgedanke scheint durch die Gelassenheit, die auf dem Gesichte des Märtyrers ruhet, hindurch zu stralen, und dem Zuschauer bleibt nur der Wunsch noch übrig, daß der erste Pfeil gerade durch das Herz treffe, damit keine langwierige Quaalen ihn stören mögen in seinem vorempfindenden Entzücken.

Der köstlichen Werke von italienischer Kunst, die in großer Anzahl diese reiche Sammlung zieren, habe ich noch mit keiner Silbe erwähnt;

doch Du begreifst, daß es mir in diesem Augenblick nicht möglich ist.

VIII

Düsseldorf

Die Rose, sagen wir, ist die schönste unter den Blumen, und ein ziemlich allgemeines Wohlgefallen an ihrer Gestalt scheint dieses Urtheil zu bestätigen. Ich weiß nicht, ob der göttliche Apoll, oder wähle Dir welches andere Ideal Du willst, ob dieses eben so allgemein durch übereinstimmendes Gefühl als Inbegrif der menschlichen Schönheit anerkannt und angenommen wird; aber das weiß ich, daß der Mensch, vor allen anderen Gegenständen der Natur, einer wahrhaften Idealisirung fähig ist, indem das *Ideal,* welches der Künstler entwirft, zugleich mit dem richtigen Verhältnisse des menschlichen Körpers als einer besonderen Thiergattung, auch die Sittlichkeit des Menschen, als mitempfunden, darstellen muß. Von keinem andern Wesen wissen wir die Bestimmung, die relative Zweckmäßigkeit und folglich die subjektive Vollkommenheit so genau und bestimmt in allen ihren Momenten anzugeben, wie von uns selbst; von keinem andern Wesen wissen wir aus vielfältig gesammelter Erfahrung den Begrif dieser Vollkommenheit mit einer tief empfundenen Vollkommenheit der Form zu paaren. Den physiognomischen Sinn, so unmöglich es ist, ihm eine Methodik unterzulegen, können wir uns selbst nicht abläugnen; aber es bedarf keines Erinnerns, daß er vom Menschen zum Menschen ungleich wirksamer ist, als in Beziehung auf die Qualitäten der Thiere und Pflanzen und deren Signaturen (laß mir das mystische Wort nur hingehen) in der äußeren Gestalt. Es scheint uns zwar oft gar etwas verächtliches um die Bestimmung der mancherlei Wesen, die zugleich mit uns die Erde bewohnen; wir wähnen auch wohl uns selbst als letzten Zweck des Daseyns aller Dinge um uns her. Allein ein geringer Grad von Naturkenntniß kann uns aus diesem Irrthum reißen. Überall stoßen wir auf Organisationen, die wir noch nicht kennen, die wir nicht zu brauchen wissen, deren Verhältniß zu den übrigen Erdenwesen uns rätselhaft bleibt; und wollen wir die Augen öffnen, so wird sich uns täglich und stündlich die Überzeugung aufdrängen, daß wir von der Art zu seyn, zu genießen, des Daseyns froh zu werden, und seine

Bestimmung zu erreichen, eines jeden andern Dinges, außer dem Menschen selbst, auf dem Wege der Empfindung nichts Vollständiges erfahren können, indem die Natur alles Identificiren mit fremden Gattungen unmöglich macht. Ein Wesen aber, mit dessen Organen wir nicht empfinden, in dessen Lage wir uns nicht hinein denken und hinein ahnden können; von dessen innerer Vollkommenheit können wir uns auch kein Ideal abstrahiren, und dieses eben so wenig mit dem Gefühl, das wir von der Schönheit seiner Gestalt haben, in eine Harmonie bringen, oder mit einer bestimmten Form bezeichnen.

Den Menschen können wir idealisiren; darum bleibt er allerdings der höchste Gegenstand der bildenden Kunst[2]. Wie nun aber das Ideal gestaltet seyn müßte, das die gesammte Gattung vorstellen sollte, ist darum noch nicht ausgemacht. Wenn wir darin übereinstimmen, daß es über die individuelle Natur hinausgehen und, was von Vollkommenheiten in einzelnen Personen durch das ganze Geschlecht zerstreuet ist, zu einem harmonischen Ganzen vereinigt, darstellen müsse, so wird uns bei der Ausführung immer eines Jeden individueller Schönheitssinn im Wege stehen, und jeder Künstler, wie er selbst moralisch groß oder klein ist, wie er auffassen, theilnehmen und mittheilen kann, auch, wie er Gelegenheit hatte, das einzelne Vortrefliche zu sammeln und zu vergleichen, wird uns das Ideal seiner Phantasie mit andern Zügen schildern. Fürwahr also, eine höchstverwickelte Aufgabe, da, wo sich alle zuletzt auf ein unwillkührliches Gefallen und Nichtgefallen berufen, einen Ausspruch wagen, eine Wahl treffen zu müssen, zumal da der Fall des Kenners, des Kunstliebhabers und überhaupt eines Jeden, der sich auf die Beurtheilung eines Kunstwerkes einläßt, von dem Falle des Künstlers in so fern nicht verschieden ist, daß jeder von ihnen zu dieser Beurtheilung andere Fähigkeiten und Fertigkeiten mitbringt.

Auf etwas Gemeinschaftliches, auf eine gewisse Übereinstimmung des Gefühls gründet sich indessen doch das Bestreben eines jeden Künstlers, die tiefempfundene Schönheit darzustellen. Es ist unstreitig, daß die Empfindung des Wohlgefallens bei den meisten Menschen nach einer gewissen Analogie berechnet werden kann. Völker, deren Bildung, Erziehung, Sitten und Wohnsitze sich ähnlich sind, werden im allgemeinen über Gegenstände der Sinne ein übereinstimmendes

2   S. meinen Aufsatz: die Kunst und das Zeitalter, in dem neunten Heft der Thalia.

Urtheil fällen, und in ihren Empfindungen von Gerüchen, Gestalten, Tönen und Geschmacksarten mit einander harmoniren. Die eigentliche Schwierigkeit entsteht erst dann, wenn Schönes mit Schönem verglichen, und Grade des mehr oder minder Gefälligen angegeben werden sollen. Alsdann zeigt es sich, daß wir zur Bildung des Geschmacks, als des ächten Kunst- und Schönheitssinnes, eben so wohl Übung bedürfen und den Beistand unserer übrigen Gemüthskräfte hinzu rufen müssen, wie es zur Vervollkommnung irgend eines andern Gebrauches dieser Kräfte nöthig ist. Weil nun aber das Wesen des Ideals es mit sich bringt, daß es ein Abdruck der sittlichen Vollkommenheit in sinnlich anschaulichen Formen sei; so scheinen zur Hervorbringung eines solchen höchstvollendeten Werkes der menschlichen Kunst dreierlei Requisite in der Person des Künstlers zusammentreffen zu müssen: erstlich, eine reiche Ausstattung mit jenen überlegenen Seelenkräften, in deren Fülle und Harmonie schon individuelle Größe und subjektive Vollkommenheit gegeben ist; zweitens, Schauplatz und Gelegenheit zur zartesten Entwickelung und Ausbildung dieser innern Energie, höchste sittliche Kultur; drittens, hohe Darstellungsgabe und innerer Trieb sowohl, als äußere Veranlassung, sie in Wirksamkeit zu versetzen.

Der Geschmack, womit das Ideal der Schönheit beurtheilt werden muß, wenn anders seine Aussprüche unpartheiisch seyn sollen, setzt in demjenigen, der ihn besitzt, das Vermögen voraus, zwischen dem Wohlgefallen am Schönen, und einem jeden anderen Interesse, welches der Verstand oder auch die Begierde an einem schönen Gegenstande nehmen können, zart und rein zu unterscheiden. Die Empfindung, die das Schöne in uns hervorbringt, ist vom Reize unabhängig, und zugleich durch keine Operation der Vernunft erklärbar. Vielleicht ist dies der Grund, weshalb der höchste Schwung, den die bildende Kunst zur Erreichung des Ideals sich je gegeben hat, in den mythologischen Statüen der Alten zu suchen ist; theils weil ihr Gegenstand hinausragte über den gewöhnlichen Stand aller menschlichen, wirklich existirenden Vollkommenheit, theils weil die Bildhauerei – das abgerechnet, daß sie das Materielle dem Gefühl und dem Auge zugleich Preis giebt – jene vollkommene Ruhe nothwendig macht, welche die Betrachtung des Schönen begünstigt, indem sie uns durch keinen *pathognomischen* Eindruck unterbricht. Es war eine glückliche Übereinstimmung der Kunstideen mit dem Religionssystem jener Völker, daß man diese

Muster der übermenschlichen Schönheit und Vollkommenheit zu Gegenständen der Anbetung erhob, und ihnen dadurch neben ihrem ästhetischen Werthe, der nur von Wenigen rein empfunden werden konnte, zugleich für das Volk ein näher liegendes Interesse gab. Dies, verbunden mit so vielen andern Begünstigungen, womit Verfassung, Klima, Lebensart und vor allem angestammter Reichthum der Organisation, dem Griechen zu statten kamen, wirkte kräftig und ohne ein zweites, wetteiferndes Beispiel in der Geschichte, zur Ausbildung des Geschmacks, und zur Erzeugung jenes allgemeinen zarten Kunst- und Schönheitssinnes, für welchen namentlich der atheniensische Demos so berühmt geworden ist.

Bei uns ist der reine Kunstgeschmack, in Ermangelung alles dessen, was ihn bilden, vervollkommnen und allgemein entwickeln konnte, nur auf wenige einzelne Menschen eingeschränkt. Der Anblick der bloßen Schönheit, ohne einiges Interesse, ermüdet den großen Haufen der Künstler und Kenner, die nicht mehr das Knie vor ihr beugen, ihr huldigen und Schutz und Gaben von ihr erflehen. Die idealisirten Götter und Göttinnen sind nicht mehr; Menschen von bestimmtem, individuellem Charakter, Menschen, durch herrschende Leidenschaften und Gemüthsarten bezeichnet, sind an ihre Stelle getreten. Die Kunst mußte also ihrem ersten, wahren Endzweck, der Darstellung des Idealischschönen, ungetreu werden, oder ihre gewohnte Wirkung verfehlen und auf alle Herrschaft über die Gemüther Verzicht thun. Das Letzte wäre nur in dem Einen Falle möglich gewesen, wenn der Geist des Zeitalters nicht auf den Künstler gewirkt hätte; wenn, von Zeit und Umständen unabhängig, der künstlerische Genius, in abstrakter Vollkommenheit schwebend, mitten unter Christen ein Grieche geblieben wäre.

Aber Veränderung und Wechsel sind ja die Devisen unseres so schief in seiner Bahn kreiselnden Planeten! Der ewige Reihentanz bringt immer neue Verhältnisse, neue Verwicklungen, neuen Kampf unserer Kräfte mit den Kräften des Weltalls hervor; und, frei heraus bekannt, wäre nicht der Dienst der schönen Ideale gestürzt, so hätten wir noch keinen Raphael, keinen Tizian und keinen Corregio, wir hätten in der Kunst keine individuelle menschliche Schönheit, keinen Farbenzauber und keine Anmuth. Du wirst mich der Paradoxie beschuldigen; aber ich will es hier in Gegenwart der großen Namen, die ich eben nannte, gleichsam unter ihrer Fahne betheuern, daß, weil einmal dem also ist, es auch für uns noch allenfalls am besten sei. Was sollen uns die alten Lappen, wären sie auch noch so schön, auf dem neumodigen Kleide? Griechische Gestalten und griechische Götter passen nicht mehr in die Form des Menschengeschlechtes; sie sind uns so fremd, wie griechisch ausgesprochene Laute und Namen in unserer Poësie. Es mag seine Richtigkeit haben mit der göttlichen Vollkommenheit der beiden Meisterwerke des Phidias, seiner Minerva und seines Jupiters; aber je majestätischer sie da säßen oder ständen, das hehre Haupt für unsern Blick angränzend an den Himmel: desto furchtbarer unserer Phantasie; je vollkommnere Ideale des Erhabenen: desto befremdlicher unserer Schwachheit. Menschen, die für sich allein stehen konnten, hatten keckes Bewußtseyn genug, um jenen Riesengottheiten ins Auge zu sehen, sich verwandt mit ihnen zu fühlen und sich um dieser Verwandtschaft willen ihren Beistand im Nothfall zu versprechen. Unsere Hülfsbedürftigkeit ändert die Sache. Wir darben unaufhörlich und trotzen nie auf eigene Kräfte. Einen Vertrauten zu finden, dem wir unsere Noth mit uns selbst klagen, dem wir unser Herz mit allen seinen Widersprüchen, Verirrungen und geheimen Anliegen ausschütten, dem wir durch anhaltendes Bitten und Thränenvergießen, wie wir selbst geduldig und mitleidig sind, ohne ihn zu ermüden, Beistand und Mitleid ablocken können: dies ist das Hauptbedürfniß unseres Lebens, und dazu schaffen wir uns Götter nach unserem Bilde. In dem nächsten Kapellchen kann ich die Überzeugung finden, daß die unbegreifliche Gottheit selbst, schwerlich irgendwo mit dem herzlichen Vertrauen angerufen wird, womit eifrige Christen hier zu den Heiligen beten, die einst Menschen waren, wie sie. Dies ist Stimme der Natur, trotz allem, was die Philosophie, die nur in Abstraktionen lebt, darüber dogmatisiren mag. Gleichheit ist die unnachläßliche Bedingung der Liebe. Der Schwache kann das Vollkommene nicht umfangen; er sucht ein Wesen seiner Art, von dem er verstanden und geliebt werden, dem er sich mittheilen kann.

Zu *diesem* Menschengeschlechte nun gehören unsere Künstler, und für dasselbe arbeiten sie. Von Griechenlands Idealen ist genau noch so viel übrig geblieben, daß es ihnen zu einem Fingerzeige dienen kann, wohinaus vor diesem der Weg der Kunst liegen mochte. Mit dem Sinne für das hohe Schönheitsideal ist aber auch die Möglichkeit, es wieder zu erreichen, verschwunden. Die Mannichfaltigkeit des Individuellen ersetzt uns indeß diesen kaum mehr empfundenen Verlust.

Einzelne aus der Natur gegriffene Charaktere mit Beibehaltung ihrer Individualität zu idealisiren, oder mit einem Abglanze des Schönen auszuschmücken, welcher hinreicht, die Empfindung des Wohlgefallens zu erregen, dies ist das Ziel der neueren Kunst. Also arbeitet sie auch nicht mehr für den reinen ästhetischen Sinn; vielmehr, um ihrer Wirkung gewisser zu seyn, intriguirt sie durch Handlung den Verstand, und besticht unser Begehrungsvermögen durch den Reiz der Grazien. Wir sind es schon so gewohnt, dem Künstler in dieser Richtung zu folgen, daß oft die bloße Nachahmung des Natürlichen, ohne den mindesten Versuch zum Idealisiren, unsere Forderungen befriedigt, oft die Erdichtung der Beziehungen, in denen man uns eine Handlung darstellt, völlig hinreicht, uns über die gänzliche Abwesenheit alles Schönen zu beruhigen. Eine unausbleibliche Folge dieser Verrückung des eigentlichen Kunstziels ist die Abzweigung der Kunst in so manche ganz verschiedene Darstellungsarten, womit es endlich dahin gekommen ist, daß insbesondere der jetzigen Malerei kein Gegenstand in der Natur, der nur mit Farben sich bezeichnen läßt, außerhalb ihrer Gränzen zu liegen scheint.

Wenn aber hier und dort unter den Künstlern eine große Seele hervorgeht, so wird sie nach ihrem angebornen inneren Adel das Schöne dennoch ahnden, ihm nachstreben, und sich zuweilen, ungeachtet aller Hindernisse, dem vorgesteckten Ziele nähern. Die physische Natur und die Stufen der sittlichen Ausbildung verschiedener Völker müssen diesen Flug des Genius entweder begünstigen oder hemmen. Italien! reizendes Italien! noch sah ich dich nicht! --- Italien ist reich an den Trümmern der altgriechischen Kunst, und seinen Bewohnern hat der mildere Sonnenstral, zugleich mit einer gewissen Unabhängigkeit von manchem klimatischen Bedürfnisse, auch ein reiches Maaß von Spontaneität und Empfänglichkeit zugetheilt. Was ich von dorther kommen sah, es sei nun Gemälde, Gedicht oder Gesang, das hat einen Zauber, der das Auge fesselt wie das Ohr, und den Sinn auflöset in Entzücken. Wenn ich hier in den Saal trete, wo die Werke italienischer Meister mit flammändischen untermischt, meinem Blicke begegnen – mir ist zu Muthe wie einem Europäer, der nach einem langen Aufenthalt im Orient endlich einen näher mit ihm verwandten Menschen erblickt; er untersucht nicht erst, ob der Fremde ein Deutscher, ein Franzose, ein Engländer, ein Spanier, ob er ketzerisch oder rechtgläubig sei: genug, es ist ein Franke, dessen Sinnes- und Denkungsart den seinigen gemäßer sind, der ihn, und den auch er besser versteht.

Es ist Zeit, daß ichs bekenne: kaum hatte ich diesen Morgen das Papier aus der Hand geworfen, so eilte ich noch einmal in die Galerie, um nur an transalpinischen Werken mich satt zu sehen. Was ich jetzt seit einer Stunde daher phantasire, ist nur die Reaktion, die der Anblick dieser von allem flammändischem Machwerk so abweichenden Gestalten in meinem Kopfe veranlaßt hat. Zuerst ging ich langsam durch die Säle, sah wo die Italiener hingen, und merkte mir in jedem Saale die Stücke, die ich näher betrachten wollte. Die Lüsternheit wird übermüthig, wenn sie im Überflusse wählen kann. Unter der Menge dessen, was Künstler und Kenner hier interessant finden würden, zog mich nur wenig an, durch Züge von inwohnender Schönheit, die von einem Sinne des Malers für menschliche Größe zeugten. Ich ging aus, mit dem Vorsatze, zu sehen, ob ich etwas finden würde, das ich um seiner Schöne willen lieben könnte, und du weißt, diese Liebe gehorcht keinem Zwange: sie ist das Kind der freien Unbefangenheit; sie ist ein Kind, kein erwachsener, gewitzigter Amor. Ich lasse die Klugen da stehen und predigen vom Unterschied und Charakter der verschiedenen italienischen Schulen, ich lasse sie da eine Gruppe bewundern, weil sie pyramidalisch sich spitzt, dort eine Drapperie, die wahr gefaltet oder auch groß geworfen ist, hier einen Ausdruck, der die Natur nachahmt, hier wieder einen wie hingezauberten Effekt des Lichtes. Das alles ist vortreflich, und sogar verdienstlich, wenn du willst; doch wenn von *lieben* die Rede ist, so muß auch von *Gestalt* allein die Rede seyn; ich kann einen Haufen von Menschen, und stände er noch so malerisch, nicht als bloßen Haufen, ich kann keinen Rock, kein Geberdenspiel, keine Beleuchtung, keine Farbe lieben. Findet sich dies alles mit einer edlen Zeichnung und einer schönen Form zu einem Ganzen vereinigt; alsdann ist das Kunstwerk von einer hinreißenden Vollkommenheit; aber auch abgesondert von allem Nebenwerk ist ein bloßer Umriß mit Raphael's Schönheitssinn entworfen, mehr werth als das vollendetste Gemälde, dem dieses wesentliche Bedingniß fehlt. Licht und Farbe, Bewegung, Ausdruck und Anzug kann die Einbildungskraft sich zu einer gegebenen schönen Gestalt leicht hinzudenken; hingegen den feineren Genuß stört unwiederbringlich eine schlechte oder gemeine Natur, das Gemälde sei übrigens noch so meisterhaft ausgeführt.

Hast Du nicht die Susanna von Dominichino bewundern und rühmen gehört? Die ist nun wirklich ein schön und richtig gezeichnetes Weib, und dennoch gefällt sie nicht, weil ihr gemeines Gesicht an sich nicht reizend ist und auf eine höchst widrige Art von dem häßlichen Schrei entstellt wird. Das Hauptinteresse des Stückes geht also verloren; man muß sich zur Schadloshaltung an Nebensachen ergötzen. Doch auch die Stellung ist ungraziös und sogar unvortheilhaft, indem sie die ganze Figur wie ein lateinisches Z zusammendrückt. Die Farbengebung des Nackten ist für einen Dominichino immer zu bewundern, jedoch zum Theil verblichen. Die im Bade rothgewordenen Füße, die man dem Maler zum Verdienst anrechnet, weil er die Natur so gut zu belauschen gewußt, machen gleichwohl für das Auge eine unangenehme Disparität. So gefährlich ist es mannichmal, in der Nachahmung des Natürlichen zu weit zu gehen. Es fällt dem Zuschauer lange zuvor auf, daß die Susanna rothe Füße hat, ehe er sich bescheidet, sie könne auch wohl schon aus dem Wasser gestiegen seyn. Die Scene ist übrigens gar nicht poëtisch behandelt. Ein jedes gemeines Weib, das nicht von ausgelassenen Sitten ist, würde sich so benehmen; hier aber sollte der Künstler ein edles, tugendhaftes, großes Weib bezeichnen. Da er einmal mit einem ungeheuren Badetuche so freigebig war und die keusche Jüdin noch überdies zur Sicherheit mit einer Balustrade umgab, so wäre es ihm ein leichtes gewesen, sie voll Anmuth und Würde, stehend, mit edlem Unwillen auf den Lippen, mit einem großen Blick der Verachtung in den reizenden Augen hinzustellen; fest, entschieden und entschlossen, sich eher der Lästerung als den Begierden ihrer Verfolger Preis zu geben. Dann hätte meinetwegen sich auch ihr Mund öfnen mögen, um Hülfe zu rufen; dieses Rufen hätte nicht, wie das Geheul des Schreckens, ihr Antlitz entstellt. Ich gestehe gern, daß die apokryphische Erzählung selbst zu einer solchen Begeisterung keine unmittelbare Veranlassung giebt. Wie entdeckt sich Susannens Unschuld? Ein Knabe verhört die Kläger, und weil einer das schöne Weib in den Armen ihres Liebhabers unter der Linde, der andere unter der Eiche gesehen haben will, ist das Hauptfaktum, worin beide übereinstimmen, nicht wahr! Bei solchen Gelegenheiten erinnert man sich auch eines Baumes! Allein die Juden in Babylon glaubten an Keuschheit, und Daniel bewährte seine Weisheit, indem er diesen Glauben zu Gunsten der schönen Susanna benutzte. Es scheint übrigens nicht, daß Dominichino auf diesen Theil der Geschichte Rücksicht genommen hat; denn es stehen eine Menge von Bäumen verschiedener Art im Garten um das Bad herum. Dachte er vielleicht, die Ältesten hatten wohl beide Recht? Die Susanna ist indeß ein Lieblingssüjet der Malerei. Van Dyk's Behandlung dieses Gegenstandes habe ich schon erwähnt; hier ist noch eine dritte Susanna von Dominichino's Meister, Annibal Carracci, die ganz nackt, ganz ruhig und sorglos da sitzt, und sich aus einem Springbrunnen Wasser auf die Hände rinnen läßt. Die Figur ist eine gute Akademie, ziemlich warm kolorirt, und weiter nichts. Die alten Faunen beschleichen sie.

Von Raphael's Händen sah ich hier nur ein kleines Bild, eine heilige Familie, in seiner ersten Manier, wo er Meister Perugino's Fesseln noch nicht abgeworfen hatte. Das ist eine steife Gruppe! Von Josephs Kopf herab längs dem Rücken der Elisabeth und der Schulter der Madonna ist es ein wahrhaftes Dreieck. Die Farben sind hart und grell, und des trocknen Pinsels wegen scheinen manche Umrisse eckig; von Licht und Schatten ist kaum eine Spur. Das nackte Christkind ist von Gesicht etwas häßlich, und Elisabeth ein wenig gar zu alt. Die Landschaft ist hell und bestimmt; so trocken und hart wie die Figuren. Von wenigen Bildern hier läßt sich so viel Nachtheiliges sagen, – aber auch von wenigen so viel Gutes. Die Ängstlichkeit der Pyramide abgerechnet, ist es die traulichste Vereinigung, die sich in einer Familie denken läßt. Elisabeth und Maria sitzen beide auf der Erde, und haben ihre Kinder zwischen sich. Johannes sitzt der Mutter im Schooß, und ist ein niedlicher Bube; der kleine häßliche Bambino reitet der Madonna auf dem Knie, und ist außer den Gesichtszügen eben so richtig und schön gezeichnet. Die holde Mutter betrachtet ihr Kind mit einem Blick voll himmlischer Anmuth und Zärtlichkeit; ihr Kopf neigt sich sanft vor über ihn, und auf ihrer Stirne thront jungfräuliche Schönheit. Ich habe noch keinen Maler gesehen, außer Raphael und Leonardo da Vinci, der die Jungfrau und die Mutter so in Ein Wesen zu verschmelzen gewußt hätte. Alle Mysterien bei Seite, dieser Charakter ist in der Natur; moralische Jungfräulichkeit, reines Herz und reine Phantasie, mit Mutterliebe im schönsten Bunde! Er gehört, das will ich gern zugeben, zu den seltensten Erscheinungen; aber jene beiden großen Menschen faßten ihn, und ich weiß, er ist nicht ausgestorben mit den Urbildern, von denen sie ihn, wie einen Sieg, davon trugen. Mehr Grazie, mehr ungezwungene, natürliche Grazie – doch eine andere giebt es ja nicht – mehr als diese Madonna, haben wenige Gebilde der Kunst. Elisabeth blickt auf zum heiligen Joseph, der an seinem Stabe gleichsam hangend, mit seinem gutmüthigen Gesichte gedankenvoll drein lächelt. Die Köpfe sind schön, und bei aller, selbst idealischen, Schönheit, dennoch mit Nationalzügen und mit lieblicher Individualität, rein und unmittelbar aus der lebendigen Natur, verwebt.

Dies ist es, was sie so reich an Charakter, und in ihrer geistigen Fülle so anziehend macht. Das Costume ist einfach und schön, ohne die allermindeste Anmaßung und künstlerische Coquetterie, vermuthlich geradezu von der damaligen Volkstracht entlehnt. Nach allem, was ich anderwärts von Raphael's Werken gesehen habe, und nach den Kupferstichen von seinen größeren Gemälden im Vatikan zu urtheilen, bleibt dieses kleine Stück von einem verhältnißmäßig sehr geringen Werth, aber dennoch glimmte schon hier der Funke, der bald Flamme werden und jedes andere Licht verdunkeln sollte. Er verräth auch hier bereits ein hohes Dichtergefühl von der Würde seines Gegenstandes. Die geheimnißreiche Lehre seiner Kirche zeigte ihm die erhabensten Wesen in der geringsten, ungebildetsten Klasse eines ungebildeten Volkes. Diesen schuf er in seiner Einbildungskraft eine schöne Harmonie ihrer Geisteskräfte; er bildete in ihren Zügen die sanfte, reine, richtige Empfindung und jene Güte des Herzens, wozu er in sich selbst das Urbild fand; mit Einem Worte: er gab ihnen an intensiver Vollkommenheit, was ihnen an extensivem Wissen fehlen mußte. Götter waren es nicht, die er zu schildern hatte; allein es blieb ihm unbenommen, sich wenigstens göttliche Menschen zu denken, und die Bedingnisse sich anschaulich zu machen, unter denen die einfachsten Hirten seines Volkes sich bis zu dieser moralischen Vortreflichkeit hinaufadeln ließen. Mit solchen Begriffen schien er geschaffen, der Religion durch die Kunst einen neuen Glanz und ästhetische Wirksamkeit, die einzige, die ihr noch fehlte, zu verleihen; und dieses Verdienst erkannte Leo vielleicht, als er ihm den Purpur bestimmte. Allein wer vermochte ihm nachzufliegen, den kühnen, erhabenen Flug? Schon jetzt verehrt der große Haufe der Kunstliebhaber in seinen Werken nicht sowohl seinen Genius, als seinen Ruhm. Verschwiege man ihnen den Namen des Künstlers, sie wüßten es wahrlich nicht zu begreifen, was man an seinen Bildern hat. Was ist Zeichnung und Form für jeden, der nur Augen hat für flämische Farben? Noch eine Revolution, wie unser Geschlecht deren so viele erlebt hat, eine, die uns Italiens Schätze raubte, wie Griechenlands Schätze einst verschwanden – und unsere Nachkommen werden es nicht glauben, daß es je einen größeren Maler gab, als Rubens.

Ich muß auch dieser heiligen Familie noch erwähnen, die sich neben Raphael's seiner so vortheilhaft ausnimmt; sie ist von Andrea del Sarto, dem sein Lehrer Michel Angelo das Zeugniß gab, daß er groß, wie Raphael, geworden wäre, wenn er nur dieselbe Gelegenheit sich zu bilden und sich zu zeigen gehabt hätte. Etwas von diesem Lobe geht wohl auf Rechnung der Eifersucht; aber die eigene Größe des Florentiners bürgt uns, daß es nicht ganz ungegründet war. Sein Schüler hat hier alles geleistet, was das Süjet nur tragen konnte. Die Madonna hat sanfte Weiblichkeit, und ist wirklich schön, wenn gleich nicht von erhabener Schönheit. Elisabeth hat Spuren von verblichenem italienischem Reize; der kleine Johannes, mit seinem sprechenden ausdrucksvollen Gesichte, ist mit einer glücklich getroffenen Kinderschönheit begabt, und nur der Engel hinter der Jungfrau hat einen dummen Blick. Die Simplicität, die Natur und Eleganz der Zeichnung sind im höchsten Styl der Kunst; die Farben für einen Maler aus der florentinischen Schule gut gewählt und schön verschmelzt; überhaupt ist an der ganzen Ausführung keine Klage über irgend etwas von demjenigen, was in Raphael's eben erwähntem Bilde mißfällt; vielmehr ist alles sehr weich und mit großer Leichtigkeit gehalten. Man bedauret nur, daß das Bild durch Zufall und Ausbesserung gleich viel gelitten hat. Es ist noch eine zweite Madonna von Andrea del Sarto in dieser Sammlung; sie sitzt auf einem Thron, der ein paar Stufen erhöht ist, und hält das vor ihr stehende Christkind. Vorn sitzt links St. Markus, und rechts knieet ein Engel. Dem vorigen Bilde kann man dieses nicht an die Seite stellen; zudem ist es auch unvollendet, und folglich härter und trockner, als es vermuthlich hätte werden sollen; doch erkennt man darin den Meister. Warum die schöne sitzende Figur St. Markus und kein anderer Heiliger sei, wird sich so leicht nicht überzeugend darthun lassen, weil sein Gefährte, der Löwe, nicht dabei steht, und es doch nicht so leicht ist, alle und jede Heiligen, wie weiland die griechischen Götter, an ihren Eigenthümlichkeiten, zu unterscheiden. Paulus und Barnabas wurden zwar von den Einwohnern von Lystra für den Merkur und Jupiter angesehen; allein dem Kunstsinne dieser ehrlichen Lykaonier, die damals noch Erscheinungen von *ihren* Göttern für möglich hielten, möchte wohl nicht sehr zu trauen seyn.

Im Vorübergehen fällt ein Blick auf Pietro da Cortonas schöne Ehebrecherin; doch was sage ich? Ehebrecherin? Das Bild schreiet Rache über diese Verläumdung, oder – wenn dieses Weib eine Ehebrecherin war, so werfe, wer schuldloser ist, den ersten Stein auf sie; denn dieses Weibes Sünde war eine Tugend. Mit gebundenen Händen steht sie da, den abgewandten Blick in Thränen, den Blick, dem zu begegnen der tückische Kläger nicht werth ist. Es ist die Ruhe eines hohen Bewußtseyns in ihren Zügen, und in dem etwas zusammengedrückten Munde Schmerz und Trotz des gekränkten Gefühls. Die Form des Gesichtes ist sehr edel; man sieht, es ist Studium der Antike, angewandt auf eine schöne Skizze nach der italienischen Natur. Im ganzen Kopf, in der Stellung, in der Draperie herrscht eine Einfalt und Grazie, welche diesem wackern Pietro eigen war. Der halb entblößte Hals und die treflich gezeichneten Hände sind gut kolorirt, und das ganze Bild gehört zu der kleinen Anzahl der hier vorhandenen, vor denen man lange stehen und bei denen man immer weiter in die Seele des Künstlers hineinlesen kann.

Dies ist schon nicht der Fall bei Carlo Dolce's Christus mit der schönen Hand: man sieht und bewundert die Hand, die am Ende doch nur allzumühsamen Fleiß verräth; und wenn man einen alltäglichen Christuskopf findet, geht man weiter. Seine Madonna mit dem Kinde, in dem Vorsprung am Fenster, ist das Idol der Menge derer, die täglich die Galerie besuchen; ein bis zum Ekel süßes, gelecktes, elfenbeinernes und noch obendrein verzeichnetes Machwerk, bei dem der Ausdruck im Fleiße verschwindet.

Über diesem spiegelglatten, bunten Bildchen hängt ein Johannes in der Wüste, in Lebensgröße. Die Zeit hat diesem göttlichen Werke gegeben und genommen: gegeben – eine Wahrheit des Kolorits, die es vielleicht bei seiner Verfertigung nicht hatte; genommen aber – an einigen wenigen Stellen den bestimmten Umriß, dessen dunkle Schatten sich in den noch dunkleren Hintergrund verlieren. Auf seinen linken Arm gestützt, den linken Fuß an sich hinaufgezogen in eine Ruhe, die doch nicht unthätig ist, den rechten vor sich hinausgestreckt, des Körpers andere Stütze, so sitzt Johannes ruhend da in jugendlicher Kraft und Blüthe, sein sinnendes Haupt der rechten Schulter zugewandt. Unter seiner Linken liegt auf dem Felsensitze das Kreuz, und in der Rechten, deren Arm, links hingehalten, seinen Schooß beschattet, hält er das andere Emblem des Täufers: die, mit dem Quell, der unter seinem Sitze hervorströmt, angefüllte Schale. Diese Zeichen geben ihm für den Christen ein eigenthümliches Interesse; sie versetzen uns in den bestimmten Gesichtspunkt, aus welchem der Künstler beurtheilt werden muß, den nämlich, in dessen ekstatischem Helldunkel er das Urbild seiner Schöpfung erscheinen sah. Doch dieser Künstler war nicht nur Christ, er war zugleich ein Mensch; und, mit Menschen menschlich zu reden, ersann er dieses unübertrefliche Denkmal seiner Kunst und seines leise ahndenden, in die Tiefen der Seele göttlich herabsteigenden Geistes! Wenn im Strome wechselbringender Jahrtausende die jetzigen Einkleidungen des Wahren längst verschwunden und vergessen sind, und es eben so unmöglich seyn wird, unsere Hieroglyphen, als es uns jetzt ist, die ägyptischen, zu entziffern; dann bliebe dieses Gemälde, falls ein glücklicher Zufall es bis dahin erhielte, jener späten Nachwelt ein Vereinigungspunkt mit der Blüthezeit unserer heutigen Kunst; ein Spiegel, in welchem man die Bildungsstufe und den Geist des vergangenen Geschlechts deutlich erkennen, und ein lebendiges, so lang' es Menschen giebt, verständliches Wort, wodurch man vernehmen würde, wie einst der Sterbliche empfand und dachte, der dieses Zeugniß seiner Schöpferkraft hinterließ.

Kraft in Ruhe, nicht Abspannung, sondern Gleichgewicht; dies ist das aufgelösete Problem. Wir sehen einen Mann in Jünglingsschönheit sitzen; der Körper ruhet, doch nur vermittelst wirkender Muskeln, und der rechte Arm schwebt frei mit der gefüllten Schale. Indem er sie zum Munde führen will, verliert sich sein Geist in seiner inneren Gedankenwelt, und seine Hand bleibt, ihm unbewußt, schweben. Schön und rein sind die Lippen von unentweihter Reinheit. Mildelächelnd belohnen sie, wer ihrer Stimme horcht; jetzt aber folgen sie dem Zuge eines weicheren Gefühls. Ist es vielleicht die stille Freude der Hofnung? Wenigstens umschweben frohe Gedanken den geschlossenen Mund, und scheinen gleichsam zu buhlen um die Hülle des Lautes. Niedergesenkt ist der Blick; theilnehmende Bewunderung einer geahndeten Größe drückt die Augenlieder; unter ihrer großen schwärmerischen Wölbung, die so himmlischrein hervortritt aus dem Schatten der Augenbraun, steht ein Göttergesicht vor der inneren Sehe, wogegen ihm die mit Reiz geschmückte Erde nur Staub ist. Ein Ocean von Begriffen liegt klar auf seiner Stirn entfaltet. Wie heiter ist diese Stirn! Keine Begierde, keine stürmische Leidenschaft stört den heiligen Frieden dieser Seele, deren Kräfte doch im gegenwärtigen Augenblick so rege sind! Vom runden, festen Kinne bis zur braungelockten Scheitel, wie wunderschön ist jeder Zug! und wie versinkt dennoch die Sinnenschönheit in hervorstralender, erhabener Seelenstärke!

Die Deutung dieser Umrisse, dieser Züge bleibt durch alle künftige Äonen unverändert dieselbe; je zarter der Sinn, je reicher der Verstand, je heiliger glühend die Phantasie: desto tiefer nur greifen sie in den unergründlichen Reichthum, den der Künstler seinem Werke schuf. Uns indessen kann es individueller in Anspruch nehmen; uns erinnert es an Geschichte und an tausendfache Beziehungen, deren ununterbrochene Kette uns selbst mit unseren Zeitgenossen umschlingt und mit dem dargestellten Gegenstande verbindet. Wir kennen diesen erhabenen Jüngling. Das Buch des Schicksals einer verderbten Welt lag aus einander gerollt vor seinen Augen. Durch Enthaltsamkeit und Verläugnung geschärft und geläutert, ergründete sein reiner Sinn die Zukunft. In einsamen Wüsteneien denkt er dem großen Bedürfnisse des Zeitalters nach. Zu edel, zu groß für sein gesunkenes Volk, hatte er sich von ihm abgesondert, hatte es gestraft durch das Beispiel seiner strengen Lebensordnung, und kühn gezüchtigt mit brennenden Schmachreden. Jetzt fühlt der ernste Sittenrichter tief, daß diese Mittel nichts fruchten; in die ekelhafte Masse selbst muß sich der edle Gährungsstoff mischen, der ihre Auflösung und Scheidung bewirken soll. Aufopferung, Langmuth, Liebe – und zwar in welchem, den Geschlechtern der Erde, ja seiner rauhen Tugend selbst noch unbegreiflichem Grade! – fordert die allgemeine Zerrüttung des sittlichen Gefühls. Hier wagt er es, diese Eigenschaften vereinigt zu denken, im Geiste das Ideal eines Menschen zu entwerfen, der sie bis zur Vollkommenheit besitzt. Bald aber dünkt es ihn, dieses Bild sei nicht ein bloßes Werk der Phantasie, es verwebe sich mit bekannteren Zügen, ja, er kenne den göttergleichen Jüngling, in dem die Rettung der Erdebewohner beschlossen liegt! Dieses Bewußtseyns frohe Schauer sind es, die der gesenkte Blick, im inneren Anschauen verloren, uns verkündet. Wer ahndet den Feuerstrom der Rede, der sonst von diesen Lippen floß, allen Widerstand bändigte, und die zagenden Herzen ergriff? Diese überwundenen, gerührten Lippen sinken in die Ruhe der großen, freudigen Zuversicht. Das ist der *Täufer Johannes!*

Und wenn er es nicht wäre? Wenn nur die Kunst ihn so zu schildern, so zu dichten, so aus fernen Ätherbahnen, als einen hellen Stern in vollem Glanze, uns näher zu rücken vermöchte? Dankt' es denn nicht die Religion der Kunst, die sie verherrlicht? Gewiß, es kann nicht gleichgültig seyn, da wir einmal den leibhaften Johannes nicht zu sehen bekommen, ob man uns erhabene oder kleinliche Vorstellungen bei diesem Namen erweckt. Nie wäre man lau und gleichgültig gegen das Heilige und Göttliche geworden, wenn die Lehrer der Menschen dasjenige, was sie in liebreicher Absicht so nannten, durch keine unedle Vorstellungsart entweiht, wenn sie das Schöne und das Gute rein empfunden und in neuer Klarheit aus reinem Herzen mitgetheilt hätten. O du mit der Engelsseele, aus deren Abgrund du diese entzückende Erscheinung heraufzaubertest, und sie zugleich als Bild des Edlen dachtest, der sich noch nicht werth hielt, seines höheren Freundes Füße zu berühren – wer bist du, daß ich bei deinem Namen dich nennen mag, nicht bloß dich denken muß, als den ernsten Schöpfer dieses Johannes? Doch, wer du auch seist, hier lebt ein Abdruck deiner Kräfte, in dem wir dich bewundern und lieben. Wie heilig ist der, in dessen Seele dieses vollendete Wesen aufstieg! Keine Bulle – Gott und die Natur kanonisirten ihn.

Ich begreife es nun, daß selbst der Apollo einem Menschen so viel nicht seyn kann, als dieser Mensch Johannes. Die Gleichartigkeit seines Wesens mit dem unsrigen zieht uns zu ihm hin: er ist in aller seiner Vollkommenheit noch unser Bruder; in ihm fühlen wir uns ergänzt; von ihm wollen wir lernen, weil wir ihn verstehen, weil er durch Nebeneinanderstellung und Vergleichung, durch Sonderung des Verschiedenen und Einigung des Übereinstimmenden erkennt und denkt wie wir. Der Apoll hingegen ist, was er seyn soll: ein Gott. Von seiner Erkenntnißart haben wir keinen Begriff; sie ist ganz Intuition, ganz reiner Sinn, wie wir es dunkel ahnden in seiner Gestalt. Ihn fassen wir nicht; von ihm können wir nichts lernen; er kann uns nichts als erfreuliche Erscheinung seyn, außer etwa in gewissen Augenblicken, wenn auch wir über uns selbst hinaus exaltirt und zu einer höheren Reizbarkeit gespannt, ohne von der Vernunft gestört zu werden, der Intuition des reinen Kindersinnes genießen. Allein diese Augenblicke mit ihrem Himmelreich sind unserem Schwachsinn allemal gefährlich, und die Abspannung, die darauf erfolgt, kann mehr als zu deutlich lehren, wie wenig wir für Göttergenuß und den Umgang mit den Göttern geschaffen sind. Unsere Ungenügsamkeit ist Schwäche; die Griechen blieben bei der Erscheinung stehen, und freuten sich des Anblicks ihrer Schönheit.

Was ich aber nicht mehr begreife, das ist, wie man es noch wagen kann, einen Christus als Kunstwerk darzustellen. Malt man ihn mit den Zügen eines Götterideals, so hat er nur das Interesse der Schönheit; allein er rührt nicht das Herz. Im Gegentheil, schildert man einen Menschen; wie will man das Göttliche dergestalt hineinverschmelzen, daß es dem Interesse des Herzens nicht schadet? und läßt man dieses ganz hinweg; wie ist es möglich, die Menschheit so hinaufzuadeln, daß sie noch größer, als hier Johannes, erscheint? Auch habe ich noch keinen Christuskopf gesehen, von dem ich sagen könnte: *er ist es!* Vielleicht ist das indeß weniger die Schuld der Künstler, als der Theologen. Zu seinem Johannes durfte der Maler einige Ideen von dem fälschlich sogenannten Antinous entlehnen; diese schöne Natur, die von ächten Kennern als ein Werk der höchsten Griechischen Vollendung anerkannt wird, bot ihm die Züge eines kühnen, trotzigen, starken Jünglings dar, deren wilde Größe sich im Johannes mit dem sanfteren Ernst des Denkers so vereinbaren ließ, daß die sinnliche Schönheit zwar untergeordnet, aber dennoch die bedeutungsvolle Zierde seines Wesens blieb. Man erkennt auf den ersten Blick die Ähnlichkeit des Gemäldes mit dem Marmorbilde; allein wie arm wäre der, dem außer dieser Ähnlichkeit nicht die eigene Schöpfung des Künstlers entgegenleuchtete! Nach meiner Empfindung versündigte er sich stärker an der Kunst, als wenn er im Virgil nur den Nachahmer Homers erblicken wollte. Jeder Zug dieses Johannes bürgt uns für den Dichtergenius seines Urhebers, wenn nicht schon die eigenthümliche Behandlungsart sein Verdienst erwiese. Nie zeichnete ein Florentiner richtiger und schöner; und bei dieser Wahrheit des Farbenschmelzes vermißt man Tizian's magischen Pinsel nicht. Raphael, dem man hier das Gemälde zuschreibt, hat zu keiner Zeit diesen Grad der Vollendung im Kolorit erreicht. Eine andere Hypothese nennt Andrea del Sarto als den großen Künstler dieses braungelockten Jünglings; und wenn er wirklich sein ist, dann hatte Michel Angelo doch wohl recht? Ich trage einen unauslöschlichen Abdruck dieses in seiner Art einzigen Meisterwerks mit mir davon. Was Italien dereinst Schöneres und Vollkommneres mir zeigen könne, muß ich von der Zeit erwarten; aber die Stunden gereuen mich nicht, die ich den weichen, kurzen Locken, die so schön das Haupt umgeben, den seelenvollen Zügen, den unnachahmlichen Umrissen dieses einfachen, in sich vollkommenen, bewundernswürdigen Ganzen zum letztenmal schenkte. Jetzt nichts mehr von dieser bunten, blendenden Sammlung! Meine Augen werden nicht müde, den schönen Johannes zu sehen; allein sie erliegen der Menge. Einen Abschiedsblick werf' ich indeß noch auf Guido's gen Himmel fahrende Madonna; ihr danke ich einen viel zu schönen Genuß, als daß ich ganz von ihr schweigen könnte.

In Dresden sah ich Raphael's große Behandlung dieses Gegenstandes. Dort ist es die Königin des Himmels, die wieder zurückkehrt auf den Thron, der ihr Eigenthum ist. Sie schwebt nicht, sie steht, mehr sinnend als froh; die Göttliche verläßt eine Welt, zu welcher sie nie gehörte. Die anbetenden Engel jauchzen nicht; die Himmel feyern. – Und Guido's Maria? Sie ist so menschlich schön! Ein Weib, das jetzt von den Leiden, den Fesseln der Erde befreiet, den Himmel offen sieht. Ihr trunkner Blick, ihr verklärtes Gesicht, ihre ausgebreiteten Arme, verkünden ihre unaussprechliche Wonne. Zwei Engel zu ihren Füßen, bezaubernd wie nur Guido's Engel, tragen sie empor, schmiegen sich an ihr Gewand, freuen sich ihrer voll himmlischer Liebe – nein! Menschen dürfen es nicht sprechen, wenn Engel sich freuen!

Dies ist eine neue Welt! bloß möglich, lichtumflossen und in reinem Lichte bestehend! Da ist nichts Irdisches, nichts Ungeläutertes zu sehen. Selbst der große, blaue Mantel der Verklärten ist reiner, verdichteter Äther des Himmels, wenn wir ihn mit Kleidern von irdischem Gewebe vergleichen; er ist nicht schwer, er giebt nur Würde und Glanz. Die Jungfrau, schlank und schwebend, und völlig bekleidet – in ihren Zügen sind Spuren von der Erinnerung des Künstlers an Niobe's Töchter – scheint bereits einer himmlischen, unzerstörbaren Lichtnatur theilhaftig: man sieht sie an, und glaubt an eine Auferstehung. Die Schönheit der Engel und ihre Grazie spotten aller Beschreibung; ihr Ausdruck ist himmlische Unschuld und seraphische Liebe. Sie bedürfen nicht der Erkenntniß des Guten und Bösen; die Welt, die wir in ihnen ahnden, umfaßt und erschöpft alle Formen des Lichtes und der Wahrheit. Es giebt Ideale der Schönheit, die verschieden von griechischen Göttergestalten sind; in diesen Engeln erblick' ich sie zum erstenmal. Ich hatte nicht geglaubt, daß es möglich wäre, die Wunder des Empyräums mit sinnlicher Form zu begaben, Engelreinheit gepaart mit dem milden Feuer der seligen Geister, die einander durchdringen, und mit dem ewigen Reize der Heiterkeit, in göttlicher Jünglings- und Graziengestalt hinzuzaubern. O Guido, süßer Schwärmer, wie verführerisch wird durch deine Phantasie die Schwärmerei! Alles in diesem Gemälde ist

Magie, und magisch ergreift es das Gefühl: die zarte Richtigkeit der Zeichnung; die Stellung der Madonna; die Form der Gruppe; die holde Anmuth des ganzen Gedichtes; die Pracht und Zierlichkeit der ätherischen Gewänder, und ich wage es zu behaupten, sogar die blendende Gluth der Farben, die eine Lichtwelt versinnlichen, nach welcher unser blödes Auge kaum hinaufzublicken wagt! Hier sollten die Maler lernen, wie Engel fliegen und wie Verklärte schweben.

Ich reiße mich endlich los. Von Tizian's und Corregio's Werken enthält die Galerie nichts, das dieser großen Namen würdig wäre. Ein Porträt, unter jener Himmelfahrt, die Arbeit des ersteren von diesen Meistern, ist wegen des Umstandes merkwürdig, daß ein berühmter Physiognomiker es für das vollkommenste Ideal eines Christuskopfes, das ihm noch zu Gesicht gekommen sei, erklärte; und dieses Ideal war – der muthwillige Aretino! Ich denke darum nicht schlechter von diesem physiognomischen Urtheil; denn es läßt sich auf eine ähnliche Art vertheidigen, wie Sokrates das Urtheil des Physiognomen über ihn selbst rechtfertigte. Ein Christus mit der Dornenkrone, das einzige Stück, welches man hier von Corregio zeigt, mag wohl bewundernswürdig seyn, wenn man nur auf einem Gesichte, das so tiefes Leiden ausdrückt, den Blick könnte ruhen lassen. Einst war es eine Philosophentugend, recht zu handeln, und die schauderhaftesten Gegenstände, wie die lieblichsten, mit Gleichmüthigkeit anzusehen. Seitdem man aber die Unempfindlichkeit, die selten Recht thut, damit zu verwechseln pflegt, ist nichts Verdienstliches mehr an diesem Stoicismus, und die Philosophie hat ihn längst der Politik, die immer nur repräsentirt, überlassen. Zu einer andern Zeit, und an jedem andern Orte, außer dieser Sammlung, wäre die Flucht nach Ägypten vom alten Paul Veronese, ein Stück, das bemerkt zu werden verdiente; Guercino's Dido und die Verkündigung Mariä von Tintoretto, wären auch eines Blickes werth; einen kleinen Alban, eine schlafende Venus von Carlo Maratti, ein paar Köpfe von Guido, selbst Cagniacci's Mutter der sieben Schmerzen, und Spagnoletto's Hirten, die im Felde bei dem Lobgesange der Engel erwachen, würde man noch mit einigem Vergnügen betrachten. Ich eile gesättigt vorüber.

Von der sehr reichen Sammlung von Kupferstichen und Handzeichnungen, welche die hiesige Akademie der Künste besitzt, kann ich Dir nichts erzählen, was Du nicht schon wüßtest. Ich erkundigte mich aber nach den Formen, worin die herrlichen Abgüsse von Antiken gegossen sind, die wir zu Manheim sahen. Allein Du erräthst nimmermehr – daß man sie zerschlagen und zum Straßenbau verwendet hat. Nun sage mir einer, ob wir nicht noch die alten Barbaren sind!

IX

Aachen

Wir rissen uns aus den Umarmungen unserer Freunde und reiseten von P. bei Mondschein die ganze Nacht hindurch nach Jülich. Die Gegend ist flach, aber vortrefliches Saatland, und besonders wird sie jenseits Jülich sehr schön durch Haine von hochstämmigen Ulmen, Eschen und Hagebüchen; in diesen ist fast jedes der naheliegenden Dörfer gleichsam vergraben, oder ragt nur mit der Kirchthurmspitze daraus hervor. Jülich ist eine kleine Festung von der unbedeutenden Art, die man Bicoque nennt. Gegen einen Feind, der auf der Anhöhe, von welcher wir von Düsseldorf hinabkamen, seine Batterien anlegte, könnte es sich keinen Augenblick halten.

Die Dörfer und Flecken in dieser Gegend sind zum Theil von Steinen und Ziegeln sehr dauerhaft erbauet, und bezeugen den Wohlstand ihrer Bewohner. Dahin kann es leicht mit dem Flor eines Landes kommen, wenn man es nicht, unter dem Vorwande der Landesväterlichen Sorgfalt, aussaugt, dem Unterthan nicht durch vervielfältigte Verordnungen die Hände zu fest bindet, und ihm nicht durch drückende Steuern den Muth benimmt. Den Ständen der Herzogthümer Jülich und Berg gebührt das Lob dieser guten Administration. Sie scheinen in der That den höhern Sinn jenes tiefgedachten Spruchs, »daß die Welt sich am besten durch ein ganz kleines Fünkchen Weisheit regieren lasse« (mundus regitur parva sapientia) zu Herzen genommen und in Ausübung gebracht zu haben. Beide Extreme des Egoismus, falsche Ruhmbegierde sowohl, als gefühllose Verachtung der öffentlichen guten Meinung, sind traurige Eigenschaften eines Regenten oder Administrators; wer sich begnügen kann, recht zu handeln ohne glänzen zu wollen, wird zwar kein Aufsehen erregen, aber das Glück genießen, zufriedene und wohlhabende Menschen um sich her zu sehen. »Das Gute was ich hier gethan habe, sagt die Regentin im Egmont, sieht gerade in der Ferne wie nichts aus, eben weil es gut ist.«

Die Menschen in dieser Gegend sprechen eine weit plattere Sprache, als die oberhalb Kölln; mir schien sie sogar platter zu werden, je weiter wir uns vom Rhein hieherwärts entfernten. Alle Mannspersonen, die uns begegneten, waren wohlgewachsen, und von einer bestimmteren, ausdrucksvolleren Gesichtsbildung. Die Weiber hatten nicht die eckigen, hervorstehenden Backenknochen, die in den oberen Rheingegenden und weiter hinauf im Reiche so charakteristisch sind. Manche, die wir sahen, hätten einem flammändischen Maler zu Nymphen und Göttinnen sitzen können. Arbeitsamkeit erhält diese Menschen nüchtern, und macht sie verhältnißmäßig gegen die Oberländer wohlhabend. Das feuchte Klima, die stete Anstrengung beim Ackerbau, vielleicht auch das ursprüngliche Temperament des blonden niederdeutschen Blutes, macht sie phlegmatisch, gleichgültig, ungesellig, störrig; und die Religion, wenigstens so, wie man sie ihnen nach hierarchischen Grundsätzen beibringt, trägt eben nicht viel dazu bei, sie geistreich und aufgeweckt zu machen. Ihr Wohlstand giebt ihnen Unabhängigkeit, und dieses glückliche Verhältniß gegen den Nebenmenschen trägt vielleicht auch das seinige dazu bei, die Gleichgültigkeit gegen den Fremden bis zur rohen, unwirthbaren Ungezogenheit zu treiben. Selbst bei denen, die noch Höflichkeit zu bezeigen geruheten, hatte sie einen so kecken Anstrich, daß ich mich ihrer im Namen der Menschheit freuete, so wenig sie für mich, als Einzelnen betrachtet, Einladendes und Schmeichelhaftes haben konnte. Die Einförmigkeit der Beschäftigungen des Ackerbaues, und die strenge Ordnung, in welcher sie auf einander folgen, giebt demjenigen, der sich bloß davon nährt, eine Einseitigkeit, welche in vielen Fällen bis zum hartnäckigsten Eigensinne geht, zumal wenn es auf die Einführung einer verbesserten Kultur ankommt; auch trägt sie vieles dazu bei, eine habituelle Langsamkeit hervorzubringen, welche man jedoch sorgfältig von Faulheit und Müßiggang unterscheiden muß. Der Müßiggänger, wenn er Munterkeit und einigen Ideenvorrath besitzt, kann ungleich unterhaltender seyn, als dieser kalte Alltags- und Gewohnheitsmensch; allein seine Abhängigkeit macht ihn verächtlich, und untergräbt seine Sittlichkeit. Der langsame, gleichgültige, in seinem Kreise sich fortwälzende Dummkopf, wenn er sich und die Seinigen redlich ernährt, ist dem Staate wichtiger, als Mensch glücklicher, und moralisch besser, ob er gleich auf der Leiter der Erdenwesen, nach ihren Fähigkeiten geordnet, tiefer steht. In den Städten der hiesigen Gegend, wo sich auf das angeborne

Phlegma und den damit verbundenen Stumpfsinn, die Faulheit, die Unsittlichkeit und der Aberglaube pfropfen, findet man allerdings die menschliche Natur in ihrer empörendsten Entartung. –

Aachen liegt sehr anmuthig. Die Hügel rund umher sind schön geformt, und reich an Waldung, Äckern und Gebäuden; daher gewähren sie unter jedem Gesichtspunkt einen verschiedenen, das Auge erquickenden Effekt. Um die Stadtmauern ziehen sich schöne Gänge von hohen schattenreichen Bäumen. Gewisse Theile der Stadt sind ziemlich gut gebauet; ihr ganzer Umfang ist sehr beträchtlich, denn ehedem faßte sie mehr als hunderttausend Einwohner, deren jetzt aber nur dreißigtausend vorhanden sind. »Was ist die Ursache dieser auffallenden Entvölkerung?« wirst Du fragen; denn ich fragte eben so, und ich glaube, jedem, der davon zum erstenmal hört, muß dieselbe Frage auf der Zunge schweben. Die Antwort, die ich darauf erhielt, ist einleuchtend, ob sie gleich nicht befriedigt. Es wäre bald von der Sache zu kommen, wenn man alles einer fehlerhaften Constitution zur Last legen wollte, deren Mängel und Gebrechen jetzt so klar am Tage liegen; allein geübtere Augen erkennen, daß eine Complication von Ursachen eintreten mußte, um den Verfall dieser vor Alters so blühenden Stadt allmälig zu bewirken: und Complicationen dieser Art nachzuspüren, ist keine so leichte Sache, daß ein jeder in wenigen Worten den Knoten lösen könnte. Karls des Großen Residenz, der Krönungsort so vieler Kaiser, war lange der Sitz nützlicher Künste und Gewerbe, ein wichtiges Handelsemporium, ein Mittelpunkt, wo vielfältiges Interesse Menschen aus allen Klassen und aus den entferntesten Gegenden des Reiches zusammenführte, wo dieser Zusammenfluß einen schnelleren Umlauf des Geldes, einen rascheren Tausch der Waaren, einen wenigstens für jene Zeiten wichtigen Grad des Aufwandes verursachte, und zwar dies alles schon, als in der umliegenden Gegend noch keine Nebenbuhlerin sich organisirt hatte und zur Vollkommenheit gediehen war.

Jetzt verhält sich alles anders. Aachen ist nicht einmal mit der Gegenwart eines Kaisers für den Moment der Krönung beglückt, und noch viel weniger dessen beständiger Aufenthalt; der Glanz, den diese Gegenwart ihr geben konnte, ist von ihr gewichen. Um sie her, auf allen Seiten, sind nach und nach ansehnliche Staaten entstanden; der Fleiß, die Freiheit und das Glück haben im Wetteifer mit einander vielen neuen Städten einen Grad von blühendem Wohlstand geschenkt, den Handel in andere Kanäle geleitet, den Geist der Menschen entwickelt und gebildet, wie er an einem vereinzelten Orte, und bei hartnäckiger, blinder Anhänglichkeit an altes Herkommen, nicht mit fortrücken konnte. Sodann aber haben die Tyrannei des Aberglaubens, die noch immer gegen andersgesinnte Religionsparteien wüthet und die Nichtkatholiken von manchen Vorrechten des Bürgers ausschließt, die Wuth der Parteien, die unaufhörlich um die Alleinherrschaft einer nur dem Namen nach freien Reichsstadt kämpften, und endlich der finstere Despotismus der Zünfte, zur Sittenverderbniß, zur Verblendung über das wahre Beste des gemeinen Wesens und des einzelnen Bürgers, zum Müßiggang, zur Bettelei und zur Entvölkerung kräftig mitgewirkt. Wo ist der Wohlstand, der so vielen ihn untergrabenden Feinden widerstehen könnte? Was ächte Bürgertugend allein wider die übrigen ungünstigen Umstände vermocht hätte, stehet dahin; mit ihr hat man die Probe nicht gemacht, und ohne sie verblühen die Staaten, selbst im Schooße des Glücks!

Die Unordnungen, welche aus der fehlerhaften Constitution von Aachen entsprangen, hatten bereits vor drei Jahren ihren höchsten Punkt erreicht; denn so lange ist es her, daß die streitenden Parteien in offenbare Gewaltthätigkeit gegen einander ausbrachen, daß eine kaiserliche Kommission zur Untersuchung und Abstellung der Mißbräuche niedergesetzt ward, und daß fünfhundert Mann Pfälzer die Ruhe in der Stadt erzwingen und den Verordnungen der Kommissarien Nachdruck geben mußten. Die Kommission versammelt sich in eben dem Saale, wo im Jahre 1748 der Aachner Friede geschlossen ward. Sie wird den Zweck ihrer Sendung wahrscheinlich bald erreicht haben; denn endlich sind die Aachner ihrer eigenen Thorheiten müde, und je näher ihnen der Zeitpunkt entgegen rückt, wo sie die nachtheiligen Folgen der unter ihnen herrschenden Verbitterung in ihrem ganzen Umfange fühlen werden, desto geneigter lassen sie sich finden, die vorgeschlagenen Mittel zu einem dauernden Vergleich anzunehmen. Man sollte denken, die ungeheuren Kosten der Einquartierung und des Prozesses, müßten die hiesige Bürgerschaft schon längst zur Besonnenheit gebracht haben; allein diese Summen, die sich in die Hunderttausende belaufen, scheinen um deswillen auf den ergrimmten Parteigeist weniger gewirkt zu haben, weil man sie durch Anleihen bestreitet, die erst der künftigen Generation zur Last fallen werden. Hätte man den redlichgemeinten Vorschlag, sie durch eine Steuer zu tilgen, genehmigt, so würde man sich eher gehütet haben, sie zu hoch heranwachsen zu lassen. Was indeß kräftiger auf die Gemüther wirkt, als selbst der Eigennutz, das ist in diesem Augenblicke die Macht der Wahrheit. In einer Angelegenheit, wo es so leicht möglich ist, sich für die eine oder die andere Partei einnehmen zu lassen, hat die strenge Unparteilichkeit des Herrn von Dohm das völlige Vertrauen beider gewonnen, und sein neuer Plan zur Verbesserung ihrer Constitution, der bis auf den letzten Bogen abgedruckt ist, wird vermuthlich bei ihrem bevorstehenden Vergleiche nicht bloß zum Grunde gelegt, sondern in allen wesentlichen Stücken wirklich angenommen werden. Alle Schwierigkeiten zu heben, allen Mängeln abzuhelfen, ist vielleicht eine Aufgabe, welche die Kräfte eines jeden politischen Reformators übersteigt. Wenn es auch anginge, die Bande der Gesellschaft auf einen Augenblick gänzlich aufzuheben, und so zu Werke zu gehen, als ob noch keine Verfassung existirt hätte; so sind doch die Verhältnisse der Menschen unter einander zu mannichfaltig verwickelt, und ihre Gemüther zu vielen Lokaleindrücken unterworfen, um nicht aus dem Besten, was man ihnen *in abstracto* zur Richtschnur vorschlagen könnte, etwas sehr Mangelhaftes und sogar Nachtheiliges *in concreto* zu machen. Mehrentheils aber läßt sich eine gewaltsame Auflösung der Verfassungen gar nicht einmal denken, und man sieht sich genöthigt, alle Bemühungen lediglich auf die Abstellung einzelner Mißbräuche, auf die Verbesserung einzelner, ins Große wirkenden und alles zerrüttenden Fehler zu richten. Vielleicht ist es in den meisten Fällen wirklich rathsamer, eine alte fehlerhafte Constitution zu bessern, als eine ganz neue zu organisiren, und sich der Gefahr auszusetzen, daß durch die Gährung, die bei der Einführung alles Neuen unvermeidlich ist, das Ganze eine andere, als die gehoffte Form gewinne, oder daß nun Lücken und Gebrechen sich offenbaren, welche vielleicht größeres Unheil stiften, als jenes, dem man abhelfen wollte.

Mäßigung ist die Tugend, welche unserm Zeitalter vor allen andern am meisten zu fehlen scheint. Vielleicht hat es so seyn müssen, daß gerade jetzt gewaltsame Bewegungen von einem Extrem zum andern eine gefährliche Stockung in dem großen Gange der Menschheit verhüten; allein was der Philosoph als unausbleiblich und nothwendig anerkennt, ist darum in seinen Wirkungen nicht weniger traurig; und allein von der ruhigen, bescheidenen, ohne alle äußere Gewalt, bloß durch Gründe sanft überredenden Vernunft ist Rettung zu erwarten. Überall sind die Leidenschaften aufgeregt, und wo *sie* immer Gesetze geben, da ist jederzeit Gefahr, daß Ungerechtigkeiten eine Sanktion erhalten, sie mögen gerichtet seyn gegen welchen Theil der bürgerlichen Gesellschaft sie wollen. Das Volk ist selten zurückhaltender oder billiger als der Despot; denn moralische Vollkommenheit konnte ihm ja der Despotismus nicht geben, und mit welchem Rechte will man Mäßigung von ihm erwarten, wenn man es geißelt, bis es in Wuth geräth und seinen unbarmherzigen Treiber nun zu zertreten drohet? Unter solchen Umständen ist allerdings die Dazwischenkunft eines unparteiischen, billigen Dritten die wesentlichste Wohlthat, die einem zerrütteten Staate widerfahren kann. Weises Nachgeben von beiden Seiten, wozu er sie auffordern muß, kann alsdann eine dauerhafte Wiederherstellung bewirken. Allein die schwerste Aufgabe von allen besteht wohl darin, wie die Stimme der Mäßigung sich in leidenschaftlichen, aufgebrachten Gemüthern Eingang verschaffen könne? Dies gehört unstreitig zu den vielen Dingen in der Ökonomie des Menschengeschlechtes, welche sich durch keine Vorschrift bestimmen und mittheilen lassen, weil sie ihren besonders dazu gebildeten Mann erfordern. Von dieser Seite werden die Schicksale der Erdbewohner von menschlicher Klugheit immer unabhängig, und einer höheren Willkühr, oder der Nothwendigkeit und ihrer Ordnung unterworfen bleiben. Welch eine Verkettung nicht vorher zu berechnender Begebenheiten ist es, die gerade den anspruchlosen, tugendhaften Mann, dessen höchstes Ziel die Beförderung des gemeinschaftlichen Besten Aller ist, den gründlichen, durch Erfahrung gebildeten, von allen Theorien zurückgekommenen Denker in Eine Person mit dem politischen Organ der Könige vereinigt, und ihn jene Gewalt, die wo sie sich ins Spiel mischt, nur Zwang gebiert, nur die Symptome ändern nicht aber die Krankheit heben kann, mit einer Größe, deren nur die Weisheit fähig ist, zurückhalten läßt, um die Würde seiner Mitgeschöpfe zu schonen!

Nicht nach Idealen, die man sich aus philosophischen Compendien abstrahiren kann, sondern nach dem Bedürfnisse der Zeit und der Umstände, wird der Werth der vorgeschlagenen neuverbesserten Verfassung von Aachen geschätzt werden müssen. Die Ideale aller Art sind, was schon ihr Name anzudeuten scheint, Schöpfungen des Verstandes, und viel zu zart gewebt, um für die Wirklichkeit sich zu schicken. Das praktisch Anwendbare muß aus gröberem Stoffe gebildet, materieller wenn man will, aber eben darum natürlicher und menschlicher seyn. Daß ich dabei den Nutzen des Idealischvollkommenen, in sittlicher Rücksicht, nicht verkenne, verbürgt Dir mein Enthusiasmus für dasselbe in Beziehung auf Sinnlichkeit und Kunst. Ahnden müssen wir wenigstens die Vollkommenheit, die wir nicht erreichen; sonst versinken wir bald in einen Grad der inneren Unempfänglichkeit, welche unserer höchsten Bestimmung entgegenläuft. Freiheit und Gesetz sind beide die Heiligthümer der Menschheit; und dennoch wäre es kurzsichtig geträumt, dort, wo die Natur Ungleichheit setzte, gleiche Rechte fordern, oder, auf der andern Seite, aus Gerechtigkeitsliebe das fehlende Geschlecht sogleich vertilgen zu wollen. Wie tief mußten Menschen nicht sinken, wie unfähig, sich an die Stelle anderer zu versetzen, und die Würde eines freien denkenden Wesens zu empfinden, mußten sie nicht geworden seyn, ehe sie das fürchterliche: fiat justitia et pereat mundus! (Gerechtigkeit! und ginge die Welt darüber zu Grunde!) nur ohne Schauder aussprechen lernten! Und wenn nun vollends Menschen das, was ihnen Gerechtigkeit dünkt, nach diesem Wahlspruch handhaben wollen, dann – guter Himmel! – wäre freilich wohl jener Zustand des ungebundenen Wilden noch vorzuziehen, der sich nie von solchen Träumern, was gerecht sei, vordemonstriren ließ, und gleichwohl das Unrecht so lebhaft empfindet, und es so muthig aus allen Kräften zurückstößt! Auch das Ideal der Levellers, wenn es zur Ausführung käme, entrisse uns alle Vortheile der sittlichen Kultur, wiewohl es seines Ursprungs wegen immer noch verzeihlicher bleibt; denn es entstand aus einer allzuvortheilhaften, hingegen das Ideal der Rechtsgelehrten aus einer allzuschlechten Meinung von unserer Natur. Zwischen den Gedankenbildern dieser entgegengesetzten Phantasien liegt ein Mittelweg, der um so weniger trügt, je sorgfältiger derjenige, der ihn wandelt, bei jedem Schritte auf diese hinblickt, und, was sie Gutes haben, benutzt.

Die vierzehn Zünfte von Aachen mußten also beibehalten werden, wenn man sich nicht aus dem einmal angenommenen Zuschnitt einer deutschen Reichsstadt hinausträumen wollte, so verderblich an sich, so nachtheilig allem Flor und aller Vervollkommnung der Fabriken und Handwerker auch das Zunftwesen bleibt. Was man thun konnte, bestand lediglich darin, die Zünfte selbst unter einander so zu organisiren, daß eine gleichförmigere Repräsentation durch sie bewirkt werden konnte. Seit der Mitte des funfzehnten Jahrhunderts wählen die Bürger von Aachen, die in den Zünften eingeschrieben sind, ihren Magistrat. Vor diesem Zeitpunkte tyrannisirte ein so genannter Erbrath von lebenslänglichen Bürgermeistern und andere Beamten die Stadt. Allein bald fand man wieder Mittel, die alljährliche Wahl zu lenken, wohin man wollte, und selbst das Gesetz, daß niemand zwei Jahre lang hinter einander Bürgermeister seyn darf, wußte man so geschickt zu umgehen, daß derselbe Mann oft zwanzig bis dreißig Jahre lang regierte, indem er sich ein Jahr ums andere wählen ließ, und in den Zwischenräumen zwar einem Andern den Namen, jedoch nicht auch zugleich die Macht dieser wichtigen, beinahe uneingeschränkten Magistratur überließ. Wie dieser Mißbrauch sich einschleichen konnte, begreift man nur, wenn man die bisherige Beschaffenheit der Zünfte näher untersucht. Da jede Zunft vier Rathspersonen wählt, so hat die Intrigue gewonnenes Spiel bei einer so auffallenden Ungleichheit in der Zahl der Wählenden, wie sie hier in verschiedenen Zünften statt findet. Die Krämerzunft z.B. besteht aus zwölfhundert Köpfen, und die Kupfermeisterzunft nur aus zwölfen. Wie leicht konnte man also nicht in solchen kleinen Zünften eine Mehrheit der Stimmen erkaufen, und mit derselben die Mehrheit der Bürgerschaft spotten? Ein nicht minder auffallendes Gebrechen der Verfassung besteht darin, daß ein großer Theil der Bürgerschaft auch nicht einmal zum Scheine im Rathe vorgestellt wird, und von allem Antheil an der gesetzgebenden Macht gänzlich ausgeschlossen ist. So verhält es sich mit der zahlreichen Weberzunft, die wirklich keine Repräsentanten wählt, und in jener oben angeführten Zahl von vierzehn Bürgerkorporationen nicht mitbegriffen ist. Dagegen entschädigt sie sich aber bis jetzt durch einen Handwerksdespotismus, welcher zum Verfall der Tuchfabriken in Aachen die nächste Veranlassung giebt. Das Werkmeistergericht, welches zum Theil aus dieser Zunft besteht, zwingt unter andern jeden Webermeister, sich auf vier Weberstühle und eben so viele Gesellen einzuschränken. Bei dieser Einrichtung wird es dem Fabrikanten unmöglich, nur den redlichen, fleißigen und geschickten Arbeiter zu beschäftigen; er sieht sich gezwungen, da er außer den Ringmauern der Stadt nicht weben lassen darf, auch unter die Nachlässigen, Unwissenden und Gewissenlosen Wolle zu vertheilen, und da diese zugleich bei weitem die zahlreichsten sind, größtentheils nur schlechte Waare zu liefern. Eben diesem Zunftzwange, welcher auch das Weber- und Schererhandwerk trennt, und den Protestanten, die doch den größten Theil der Tuchfabrikanten ausmachen, dabei weniger Nachsicht als den Katholiken gestattet, ist die Entstehung der sogenannten Kauftücher, die aus gestohlner Wolle fabricirt werden, zuzuschreiben. Unter dem Vorwande, ihre eigene Wolle wiederzukaufen, treiben manche Fabrikanten einen öffentlichen Handel mit dieser Waare, die ihnen von den Arbeitern geliefert wird. Was die Strenge des Zunftgeistes auf einer Seite schon verdarb, das richtet die Gelindigkeit der Polizei und des Rathes nun völlig zu Grunde. Die gegen den Unterschleif mit gestohlener Wolle vorhandenen Gesetze sind gänzlich außer Observanz; die Stadt hält über die Eigenschaft der in ihren Mauern verfertigten Waaren keine Aufsicht; sie gestattet in Fallitsachen, statt des Concurses ein Präferenzrecht, welches allen Credit untergräbt, und durch Vervielfältigung der Bankerotte bis ins Unendliche, die Schande des Betrugs hinwegnimmt; sie duldete noch vor kurzem die Hasardspiele; sie privilegirt das Lotto und schützt die Wucherer. Kaum wird man glauben, daß ein kleiner Staat, der, außer der Abhängigkeit von der Reichsverfassung, keine andere Einschränkung erkennt, so muthwillig auf dem geraden Wege zu seinem Verderben fortschreiten konnte. Allein, wo es an einem gesunden und umfassenden Überblick fehlt, da lassen sich auch die Bessergesinnten durch Schein von Betriebsamkeit täuschen, an einen vermeintlichen Flor des Staates zu glauben, der zuletzt wie eine Traumgestalt plötzlich verschwindet, wenn eine heftige Erschütterung, wie die im Jahre 1786, ihnen die Augen nun öfnet. Weil noch jährlich neue Fabrikanten in Aachen sich niederließen, so schmeichelte man sich, daß die Vortheile, welche sich ihnen hier darböten, nirgends überwogen werden könnten, und bedachte nicht, daß die einzige Aufmunterung zur Errichtung einer Manufaktur in Aachen lediglich in der Menge von bequemen Häusern besteht, die man um billige Preise miethen kann. Weil noch alljährlich eine nicht geringe Anzahl von Kur- und Badegästen die Stadt besucht, um die reelle oder eingebildete Wohlthat ihrer mineralischen Quellen zu genießen, so ließ man sich von dem Schimmer des beschleunigten Geldumlaufs und Waarenabsatzes, den diese Besuche hervorbringen, durch die Bewegung, welche die Gegenwart der Fremden auch den Einwohnern mittheilt, durch die Lustbarkeiten, womit sie sich die Zeit verkürzen, durch das Spiel, welches noch täuschendere Scheingestalten von Reichthum und Überfluß herbeizaubert, zum Glauben an ihr wirkliches Daseyn hinreißen.

Nicht daran zu denken, wie wenig Wesentliches diesen angeblichen Vortheilen bei einer näheren Beleuchtung übrig bleibt, so konnte wohl nichts unbesonnener seyn, als die Hofnung, immerdar auf ihren ausschließenden Besitz rechnen zu dürfen. Schon jetzt, dicht vor den Thoren von Aachen, in dem Flecken Burscheid, werden die heißen Quellen denen in der Stadt von Vielen vorgezogen. Die Landluft, die schöne Gegend, die Verbannung alles Zwanges aus den Sitten ziehen die Fremden haufenweise dorthin, indem die Nähe von Aachen ihnen alle Annehmlichkeiten eines städtischen Aufenthalts, ohne das Ungemach desselben gewährt. Doch diese Rivalität wäre in der That unbedeutend, wenn sich nicht eine zweite, im Punkt der Fabriken, hinzugesellte. Rechtschaffene, unternehmende Männer, die dem Unsinn des Zunftwesens nicht länger fröhnen und durch Verfertigung schlechter Tücher ihren Credit nicht länger aufs Spiel setzen wollten, zogen sich allmälig von Aachen zurück, und ließen sich, in der umliegenden Gegend, auf holländischem oder kaiserlichem Boden nieder; wo es ihnen frei stand, ihre Fabriken vollständig einzurichten, und wo sie keine andere Einschränkung als das Maaß ihrer Kräfte und den Umfang ihres Vermögens kannten. Zu Burscheid, Vaals, Eupen, Monjoie, Verviers, und überhaupt in ganz Limburg entstanden unzählige Tuchfabriken, wovon einige jährlich ein Vermögen von einer halben Million in den schnellsten Umlauf bringen, und ihre Comptoire theils in Cadix, theils in Constantinopel und Smyrna errichtet haben, dort die spanische Wolle ausführen, hier die reichen Tücher wieder absetzen.

Die Folgen einer in allen Stücken so gänzlich verfehlten Administration sind auch dem blödesten Auge sichtbar. Die Straßen von Aachen wimmeln von Bettlern, und das Sittenverderbniß ist, in der geringeren Volksklasse zumal, so allgemein, daß man die Klagen darüber zu allen Zeiten und in allen Gesellschaften hört. Wie konnte sich auch bei dem gemeinen Manne die Spur von Rechtschaffenheit und von Grundsätzen erhalten, wenn er das Beispiel der schändlichsten Verwaltung öffentlicher Gelder ungeahndet vor Augen behielt? Seine Kinder wurden Wolldiebe, Müßiggänger und Lottospieler, folglich bald auch die verderbteste Gattung von Bettlern. Unter diesen Umständen mußte der Gesetzgeber ein ungleich schwereres Problem zu lösen suchen, als seine Vorgänger in alten Zeiten; denn rohe Menschen zur Tugend anführen, ist ein ganz anderes, und meines Bedünkens ungleich leichteres Geschäft, als gefallenen, zur Gewohnheit des Lasters herabgewürdigten die Tugend wiederzugeben. Daß eine weise Verfassung in einem hohen Grade auf diesen Zweck hinwirken könne, ist unleugbar, wenn man nicht allen Unterschied zwischen guten und schlechten Verfassungen wegdisputiren will; allein ich mag nicht berechnen, wie viel der Druck ungünstiger Umstände, die eine Reform von grundaus nicht gestatten, an dem gewünschten Erfolge schmälern könne. Die Folge der Zeiten entscheide und rechtfertige den Redlichen, der, wo er das Beste nicht anwenden durfte, noch den Muth behielt, unter dem minder Guten das Bessere zu empfehlen.

Genehmigt die Stadt Aachen den ihr vorgeschlagenen Constitutionsplan, so wird sie in dem darin bestimmten *Bürgerausschuß* das Bollwerk ihrer bürgerlichen Freiheit finden. Zwischen das Volk und die vollziehende Gewalt diese Mittelspersonen hinzustellen, die das Interesse der ersteren gegen alle Bedrückung sichern und zugleich den unzeitigen Ausbrüchen des Freiheitseifers, der so selten seine Schranken anerkennt, durch ihr Alter und das Ansehen ihrer Tugend wehren sollen; dies konnte, so einleuchtend und allbefriedigend es auch ist, dennoch hier nur von dem Geiste der Mäßigung herstammen, dessen Rathschläge sich auf tiefe Menschenkenntniß und auf den großen Erfahrungssatz gründen, daß keine moralische Freiheit je so vollkommen gedacht werden könne, um die Zulassung einer absoluten bürgerlichen zu rechtfertigen. Von der Masse des Menschengeschlechts nach ihrer jetzigen Sittlichkeit zu schließen, ist nur unausbleiblicher Mißbrauch der reinen, absoluten Freiheit, sobald sie ihr verliehen würde, zu erwarten. Nur der Tugendhafte, im erhabensten Sinne, verdient diese Freiheit; allein kann sie, kann die völlige Gesetzlosigkeit ihm wohl mehr geben, als was er in der Unabhängigkeit seines Geistes von allem Bösen, schon besitzt? Wenn es ein Ideal dieser Art, oder auch nur daran gränzende Menschen giebt, so ist doch ihre Anzahl viel zu unbedeutend, um bei dem Entwurfe gesellschaftlicher Verträge in Anschlag gebracht zu werden. Alle solche Verträge sind Nothbehelfe unserer Unvollkommenheit, und können ihrer Natur nach nichts anders als einen relativen, erreichbaren, ich möchte sagen, *mittleren* Grad der bürgerlichen sowohl als der moralischen Freiheit, durch eine zweckmäßige Vertheilung der Kräfte und das dadurch entstehende künstliche Gegengewicht der Theile des Staats untereinander, bewirken. Wie sanft muß das Haupt dessen ruhen, der einem zerrütteten, seiner Auflösung nahen Staate zur Wiedererlangung dieser Freiheit neue Kräfte und Organe schuf!

X

Aachen Burscheid liegt an der Ostseite der Stadt, und man hat dorthinaus einen angenehmen Spatziergang. Die Abtei ist schön gelegen und mit allem geistlichen Prunke aufgeführt. Gleich daneben zieht ein Wäldchen sich an einem großen Teiche hin; und indem man unvermerkt weiter kommt, geräth man endlich in ein enges von waldigen Hügeln umschlossenes Thal, wo sich nicht nur mehrere heiße Quellen durch ihren aufsteigenden Brodem verrathen, sondern sogar ein ganzer Teich mit heißem Wasser angefüllt ist. Indem man an einer Reihe von schönbeschatteten Wasserbehältern fortwandert, erblickt man die romantischen Ruinen des alten Schlosses Frankenberg, innerhalb dessen Mauern ein Gastwirth den guten Einfall gehabt hat, sich eine Wohnung einzurichten, welche manchem verirrten Badegaste sehr zu statten kommt, da man hier allerlei Erfrischungen und zugleich eine reizende Aussicht genießen kann. Was indessen das Vergnügen dieses Aufenthalts stört, ist die Nachricht, womit der Fremde bald bekannt gemacht wird: daß sich hier seit acht Jahren bereits zehn Menschen in einem Anfall von Melancholie ersäuft haben. Ich suchte vergebens die Veranlassung zu dieser düstern Stimmung in der hiesigen Gegend, die so viel Abwechselung hat, so schön bewachsen und so vielfältig dekorirt ist. Was hier zur Trauer und zur Verzweiflung führt, ist vermuthlich das Hasardspiel, welches, seitdem es in der Stadt verboten ist, in Burscheid desto stärker getrieben wird.

Die Teiche in diesem Thale werden sorgfältig unterhalten, indem sie den in Burscheid befindlichen Nähnadelfabriken sehr zu statten kommen. Wir besahen nur das Merkwürdigste, nehmlich die Polirmühle, welche vermittelst eines am Wasserrade angebrachten Getriebes die erforderlichen Vorrichtungen in Bewegung setzt. Von dem Krummzapfen steigt ein senkrechtes Gestänge in die Höhe, welches vermittelst eines Daumens mit einer Horizontalwelle im zweiten Stockwerke des Gebäudes in Verbindung steht, und sie hin und herschwankend bewegt. Die Nadeln liegen in Rollen von dickem hänfenem Zwillich eingewickelt, zwischen Schichten von scharfen Kieseln, von der Größe einer Linse, welche man aber zuletzt mit Sägespähnen vertauscht. Indem sich nun die Walze bewegt, zieht sie ein in Haken hangendes wagerechtes Gatter hin und her, wodurch die darunter liegenden Rollen bewegt und die darin befindlichen Nadeln polirt werden. Unter jedem Polirgatter liegen zwei Rollen, und jede Rolle enthält dreimal hunderttausend Nadeln. Ich freute mich, hier wieder zu bemerken, wie viel man durch mechanische Übung an Geschicklichkeit gewinnt. Einen Haufen verwirrt durch einander liegender Nadeln bringt der gemeinste Arbeiter durch Schütteln und Schwingen eines Kastens in wenigen Augenblicken vollkommen in Ordnung.

Burscheid beschäftigt nach Verhältniß mehrere Tucharbeiter, als die Stadt Aachen. Die ansehnlichste Fabrik, die des Herrn von Lowenich, besteht aus sehr weitläuftigen, gut angelegten Gebäuden, und ihre Tücher werden vorzüglich geschätzt. Hier sowohl, als in Vaals und in Aachen selbst, verfertigt man bloß einfarbige Tücher, die im Stück gefärbt werden, da hingegen Verviers und die dortige Gegend bloß melirte Tücher, die schon im Garn gefärbt sind, liefern. Vigogneoder Vikuñtücher werden insbesondere zu Monjoie fabricirt. Der Handel mit einfarbigen Tüchern scheint indessen ungleich sicherer zu seyn, indem diese Fabrikate nicht, wie jene andern, dem Eigensinne der Mode unterworfen, sondern auf ein dauerndes Bedürfniß berechnet sind.

Wenn man in Aachen auf wirklich vorhandene Verordnungen hielte, so dürften daselbst keine andere Tücher, als bloß von spanischer Wolle gewebt werden. In Vaals bestehen wirklich Kette und Einschlag aus spanischer Wolle, nicht bloß der Einschlag, wie in andern deutschen Fabriken.

Diesen ersten Stoff also bezieht der hiesige Tuchfabrikant unmittelbar aus Spanien. Die feinste Wolle erhält man aus Bilbao wegen der Nähe der vortreflichen Weiden von Asturien und Leon; die gröbere kommt von Cadix. Nachdem sie in Ostende gelandet worden, geht sie wieder auf Kanälen bis Herzogenbusch, und dann zur Achse nach Aachen. Hier wird sie zuerst in ausgemauerten Vertiefungen gespült, aus denen man das unreine Wasser nach Gefallen ableiten kann. Um allen Betrug der Arbeitsleute zu verhüten, hat man diese Wollwäschen an freien, frequentirten Örtern angelegt. Wo diese Vorsicht nicht gebraucht wird, (welches in der Stadt der Fall ist, wo man zuweilen auch das Waschen bei Nacht gestattet) da kann man oft durch die strengste Aufsicht der Entwendung eines ansehnlichen Theils der zugewogenen Wolle nicht vorbeugen. Je nachdem der Arbeiter sie mehr oder weniger mit Wasser angefüllt zurückliefert, steht es bei ihm, den Fabrikanten unvermerkt um sein Eigenthum zu betrügen.

Die reine Wolle wird den Landleuten zum Spinnen ausgetheilt. Für Aachen und die umliegenden Fabrikorte spinnen hauptsächlich die Limburger und die Flamänder. Im Herzogthum Jülich, wo der Ackerbau sehr stark getrieben wird, hat der Landmann viel zu harte Hände, um einen feinen Faden zu spinnen. Bei der Viehzucht auf den fetten Weiden von Limburg, wo die Hauptbeschäftigung des Bauers in Butter- und Käsemachen besteht, erhalten sich die Finger geschmeidiger, und überall spinnen Kinder und Weiber den feinsten Faden. Solche Beziehungen, welche die verschiedenen Wohnorte der Menschen, und die denselben jedesmal angemessenen Modifikationen des Erwerbes und der Lebensart mit sich bringen, interessiren um so mehr, wenn man sie erfährt, weil man nur durch die besondern Bedürfnisse einer großen Fabrikanstalt, und durch das ernste Nachdenken über die Mittel, ihr Vollkommenheit zu geben, zur Wahrnehmung derselben geleitet wird. Ähnliche Bedürfnisse haben den spekulirenden Geist in Berlin auf die Bemerkung geführt, daß der Soldat zum Spinnen ungleich geschickter ist, als der pommerische Bauer. Wollte man diese Spekulation noch weiter fortsetzen, so müßte man von dem Satze ausgehen, daß eine jede Kunst desto vollkommener getrieben wird, je mehr sich die Kräfte des Menschen darauf concentriren. Unstreitig also würde man es im Spinnen weiter bringen, wenn es durch fabrikenmäßige Anstalten, wo die Spinner einerlei Licht, Wärme und Obdach genössen, so vortheilhaft eingerichtet würde, daß eine eigene, arbeitsame Klasse von Menschen sich bloß diesem Gewerbe ergeben und davon allein subsistiren könnte. Menschen, die vom siebenten Jahr an sich nur dieser Beschäftigung widmeten, müßten in kurzem die Fertigkeit erlangen, besser und schneller als alle andern, die das Spinnen nur als Nebenwerk treiben, mit der Wolle umzugehen; und indem sie beides, feinere Fäden und in größerer Menge, lieferten, würde ihre Arbeit wohlfeiler werden, ohne ihnen selbst Nachtheil zu bringen. Wie aber eine solche Anstalt mit den jetzt gebräuchlichen Erwerbarten des Landmannes in eine Gleichung zu bringen wäre, so daß der Bauer, der schon nicht der glücklichste ist, durch den Verlust des Nebenverdienstes, den er vom Wollspinnen zieht, nicht zu Grunde gerichtet würde, verdiente noch eine sorgfältige Untersuchung, wobei man immer wieder auf die längst gemachte Erfahrung zurückkommen müßte, daß der ungeheure Druck, unter welchem der Landmann seufzt, das erste und unüberwindlichste Hinderniß bleibt, welches sich der Vervollkommnung aller Zweige der Industrie entgegensetzt. Man wundert sich, daß das Übel nicht von Grund aus gehoben wird, und bedient sich doch keiner andern, als der Palliativkur. Daher ist auch die ganze neuere Staatswirthschaft und die gepriesene Verschmitztheit der Finanzbeamten nichts als die verächtlichste Charlatanerie, oder, was noch ärger ist, ein verabscheuungswürdiges System von Kunstgriffen, wodurch der Unterthan, genau wie der Negersklav in den Zuckerinseln, nur nicht unter derselben Benennung, zum Lastthier herabgewürdigt wird, dessen Unterhalt jährlich einen bestimmten Überschuß abwirft. Stört man durch eine neue, für die Vervollkommnung des Kunstfleißes vortheilhafte Einrichtung das allergeringste an diesem zerbrechlichen, aufs äußerste gespannten Mechanismus, so treffen die Rechnungen nicht mehr zu, und der Plusmacher, der nur rechnen kann, sucht den Fehler seines leeren Kopfes und Herzens in der vorgeschlagenen Neuerung. Überall, wo Fabriken nicht das Werk der freien Betriebsamkeit des Bürgers, sondern lediglich Finanzspekulationen der Regierung sind, wird daher auf die Vortreflichkeit der Fabrikate weit weniger gerechnet, als auf den Absatz, den man durch Verbote erzwingen kann, und es liegt also in den ersten Grundsätzen, nach welchen man eine solche Anstalt werden läßt, die Unmöglichkeit, sie zu der Vollkommenheit, deren sie fähig ist, fortzuführen. Oft fängt man da mit Vorkehrungen an, wo man eigentlich aufhören sollte, wie es z.B. bei den Baumwollenmanufakturen in einigen Ländern der Fall ist, wo man zwar Farben, Pressen u. dgl. angeschafft, aber auf gute Gespinnste nicht gedacht hat. Diese Fehler, wodurch sich nur die Unwissenheit der Administrationen verräth, sind indeß noch verzeihlicher, als wenn in Staaten, deren Bevölkerung verhältnißmäßig geringe ist, die Erfindung und Anlegung solcher Maschinen, welche die Arbeit vieler Hände entbehrlich machen, laute Klagen veranlaßt. Diese Klagen, die in freien Ländern, wo der Fleiß jede Richtung nehmen darf, unerhört sind, gereichen dem Despotismus zur Schande, indem es seiner Willkühr leicht werden muß, die außer Brodt gesetzten Hände anders zu beschäftigen. Allein das schöne Schauspiel der Arbeitsamkeit bleibt das ausschließende Eigenthum freier Völker.

Geistlicher und oligarchischer Zwang hat den Fleiß aus den Mauern von Aachen vertrieben. Die Protestanten, die von manchen Bürgervorrechten ausgeschlossen, und des Zunftwesens müde waren, fanden eine

Stunde Weges von der Stadt, auf Holländischem Gebiete, nebst der freien Religionsübung, auch die Freiheit, mit ihrem Vermögen und ihren eigenen Kräften nach ihrer Willkühr hauszuhalten. In Vaals halten jetzt fünf Gemeinen (Katholiken, Lutheraner, Reformirte, Juden und Mennoniten) ruhig ihren Gottesdienst neben einander, und jeder Einwohner hat außer einem festgesetzten Grundzins, nach ächtphysiokratischen Grundsätzen, keine andere Abgabe, unter welchem Namen es auch sei, zu erlegen. Diese Einrichtung, welche die Republik in allen Generalitätslanden eingeführt hat, verwandelte in kurzem das kleine Dorf in eine Scene des zwanglosesten Fleißes. Die Anlagen des Herrn von Clermont zeichnen sich hier besonders wegen ihres Umfanges und ihrer Zweckmäßigkeit aus, und seine Fabrik beschäftigt in Vaals, Aachen und Burscheid gegen hundert und sechzig Weber. Dreißig Jahre sind hinreichend gewesen, die Volksmenge und den Wohlstand eines unbedeutenden Dörfchens so unbeschreiblich zu vergrößern, daß jene fünf Gemeinen sich daselbst organisiren konnten. Wohin man sieht, erblickt man jetzt große Fabrikgebäude. Außer den eben erwähnten, die dem Wahlspruche: spero invidiam, (ich hoffe beneidet zu werden) über der Thüre des Wohnhauses ganz entsprechen und zu erkennen geben, was der Fleiß vereinigt mit Wissenschaft, Beurtheilungsgabe, Erfahrung und Rechtschaffenheit, billig erwarten darf, giebt es hier noch andere Tuchmanufakturen, eine Nähnadelfabrik, u.s.w. Die hiesigen Tücher gehen mehrentheils nach der Levante; sie müssen zu dieser Absicht weiße Leisten haben, und sehr leicht, von feinem, lockerem Gewebe seyn. Wir sahen hier Tücher, die einem Grosdetours nicht unähnlich waren, von einer bewundernswürdigen Präcision des Gewebes. Die breitesten halten sechzehn Viertelellen, und haben in dieser Breite achttausend vierhundert Fäden. So fein ist das Gespinnst, so gleichförmig das Gewebe, so schön die Farbe, so vorsichtig die Bereitung dieser Tücher, daß man bei den soliden Grundsätzen, nach welchen hier verfahren wird, dieser Fabrik einen langen Flor voraus verkündigen kann.

Ich habe die hiesigen Anlagen alle mit einem unbeschreiblichen Genusse in Augenschein genommen. Es beschäftigt die Phantasie auf eine äußerst überraschende Art, hier auf einem Punkte so mancherlei Produkte fremder, zum Theil der entferntesten Erdgegenden ankommen, zur Verfertigung und Bereitung eines neuen Fabrikats angewandt, und dieses wieder in eben so entlegene Länder versendet zu sehen.

Mir wenigstens ist es immer ein fruchtbarer Gedanke, daß hier Tausende von Menschen arbeiten, damit man sich am Euphrat, am Tigris, in Polen und Rußland, in Spanien und Amerika prächtiger oder bequemer kleiden könne; und umgekehrt, daß man in allen jenen Ländern Tücher trägt, um den Tausenden hier Nahrung und Lebensbedürfnisse aller Art zu verschaffen. Das Phänomen des fortwährenden Austausches verschiedener Produkte der Natur und der Kunst gegen einander ist aber unstreitig desto wichtiger, weil die Ausbildung des Geistes so innig damit verbunden ist. Der Handel bleibt die Hauptursache von dem jetzigen Zustande unserer wissenschaftlichen und politischen Verfassungen; ohne ihn hätten wir Afrika noch nicht umschifft, Amerika noch nicht entdeckt, und überhaupt nichts von allem, was uns über die anderen Thiere erhebt, unternommen und ausgeführt. Das Bedürfniß, mehr zu umfassen, als der jedesmalige Erdpunkt auf dem wir wurden, uns gewähren kann, sei aus unserer Natur hinweg gedacht, und wir kamen nicht weiter als die Affen, die so gut wie wir ein geselliges Leben führen und sich zu gegenseitigem Schutze vereinigen. Nur dieses innere Streben, das Maaß in unserm Kopfe allen Dingen anzupassen, macht uns zu Menschen; und je kräftiger es sich in uns regt, desto tiefer lassen wir die bloße Thierheit unter uns zurück. Durch dieses Streben ist der Russe in Kamtschatka dem Bewohner der Aleyutischen Inseln und dem Wilden in Amerika an Vernunft und Ideenreichthum überlegen, wie animalisch er übrigens in seinem häuslichen Leben noch seyn mag. Nur die Sorge für unmittelbare Erhaltung kann dem Bemühen nach einem größeren Wirkungskreise Abbruch thun, und auch dies nur so lange, bis die Erfahrung gemacht ist, daß im letzteren das erstere zu finden sei. Es scheint indeß doch, daß allzugroßer Reichthum der Natur den Handel beinahe eben so wenig begünstigt, wie ihre allzugroße Kargheit. Wenn der Wilde in träger Gleichgültigkeit nach seiner Jagd oder von seinem Fischfang ausruht, so ist es nicht zu läugnen, diese Beschäftigungen hatten ihn in dem Grade angestrengt, daß er den Reiz für fremde Gegenstände kaum mehr empfand. Hingegen die Indier, die Chineser, die Ägyptier und alle jene Völker, denen ihr gesegnetes Land eine ungeheure Verschiedenheit von Produkten im größten Überflusse darbot, bildeten sich schnell in ihrer eigenen Mitte, bis auf einen gewissen Punkt, wo die patriarchalische Autorität üppig ward und in einen Geist und Herz tödtenden Despotismus ausartete, der alle Kräfte des großen Haufens verschlang und ihnen ausschließender Weise nur zu seinem Nutzen eine Richtung gab. Bald entstand alsdann eine arbeitende und eine bloß genießende Klasse, und jede von diesen theilte sich wieder, je nachdem die besondere Veranlassung dazu aus den übrigen Verhältnissen der verschiedenen Nationen entsprang. Das Interesse des Herrschers vertrug sich nicht länger mit allem, was die Einsichten der arbeitenden Menge erweitern konnte; ihr blieb daher der auswärtige Handel untersagt. Damit aber der Despot sich selbst die Quellen eines vervielfältigten Genusses nicht abschnitte, gestattete er fremden Kaufleuten den Verkehr in seinem Lande. Diese Einrichtungen erhalten sich in Indien und China bis auf den heutigen Tag: denn die politische Ohnmacht, die sie zur Folge hatten, reizte zwar oft die Begierde des Eroberers; aber jeder, dem die Eroberung glückte, fand das System der Unterdrückung so unverbesserlich, daß er sich wohl hütete, daran zu künsteln.

Lage und Zusammenfluß von günstigen Umständen entwickelten den Handlungstrieb bei den Phöniziern und Griechen, späterhin bei den Karthaginensern, dann bei den Venezianern und Genuesern, zuletzt bei den Holländern, den Engländern und andern europäischen Völkern. Überall war jedoch diese Entwickelung von bürgerlicher Freiheit unzertrennlich, und dauerte nur mit ihr. In Portugall konnte sie nur begleitendes Phänomen des Eroberungsgeistes seyn, und mußte, wie etwas Erzwungenes und Unnatürliches, in der Finsterniß des geistlichen Despotismus und der politischen Zwietracht verschwinden. In der deutschen Oligarchie hat sie wunderbar angekämpft gegen die furchtbaren Hindernisse des barbarischen Feudalsystems, und scheitert nur an der mittelländischen Umgränzung des Landes, die jede kaufmännische Operation zehnfach erschwert. Wie viel indeß, trotz dieser ungünstigen geographischen Lage, die Freiheit für den vaterländischen Handel zu leisten vermag, davon zeugt der Flor von Hamburg und Frankfurt, wie der Verfall von Nürnberg, Aachen und Kölln.

Aus diesem Gesichtspunkte betrachtet, ist also der große Kaufmann, dessen Spekulationen das ganze Rund der Erde umfassen und Kontinente an einander knüpfen, in seiner Thätigkeit des Geistes und in seinem Einfluß auf das allgemeine Regen der Menschheit nicht nur einer der glücklichsten, sondern durch die Masse von praktischen Erfahrungen, welche jenes Verkehr bei ihm täglich vergrößert, und durch die Ordnung und Abstraktion der Begriffe, die man bei einem umfassenden Geiste voraussetzen darf, zugleich einer der aufgeklärtesten Menschen; mithin vor vielen andern derjenige, der die höhere Bestimmung unsers Wesens (zu wirken, zu denken, und vermittelst klarer Begriffe die objektive Welt in sich selbst zu concentriren) auf eine sehr vollständige Art erreicht. Beneidenswerth ist das Schicksal eines Mannes, dessen Unternehmungsgeist vielen Tausenden zur Quelle des Wohlstandes und des häuslichen Glückes wird; desto beneidenswerther, weil er diese wohlthätigen Zwecke ohne die mindeste Beeinträchtigung ihrer Freiheit erreicht, und gleichsam unsichtbarer Weise die Triebfeder von Wirkungen ist, die jeder seiner eignen Willkühr zuschreibt. Der Staat ist glücklich, wenn er solche Bürger in sich faßt, deren große Unternehmungen nicht nur mit der höheren Ausbildung der Gemüthskräfte seiner geringeren Mitbürger bestehen können, sondern vielmehr durch dieselbe neue Stätigkeit erhalten. Wo die äußerste Armuth den Handarbeiter drückt, wo er mit aller Anstrengung, deren er fähig ist, nie mehr als nothdürftige Befriedigung der unentbehrlichsten Lebensbedürfnisse erwerben kann; da ist Unwissenheit sein Loos mitten in einem Lande, wo die Wissenschaft die höheren Volksklassen mit ihrem hellsten Stral erleuchtet; da also verfehlt er die edelste Bestimmung seines Wesens, selbst indem er als Werkzeug die Mittel zum Verkehr der Nationen befördert. Ganz anders aber verhält es sich, wo Geschicklichkeit und Fleiß, ihres Lohnes sicher, dem, der sie besitzt und anwendet, einen gewissen Grad des Wohlstandes verschaffen, der ihm die Erlangung wenigstens theoretischer Kenntnisse, vermittelst eines zweckmäßigen Unterrichts und einer guten Erziehung, möglich macht. Wie klein und nichtswürdig erscheint nicht ein jeder Despot, der vor der Aufklärung seiner Unterthanen zittert, verglichen mit dem Privatmanne, dem Fabrikanten eines freien Staats, der seinen Wohlstand auf den Wohlstand seiner Mitbürger und auf ihre vollkommnere Einsicht gründet!

Von den Walkmühlen, wo die Tücher eine nasse Bereitung erhalten, welche theils wegen der schweren Arbeit, theils wegen der ekelhaften Beschaffenheit der zum Reinigen gebrauchten Stoffe, theils auch wegen der beständigen Nässe des Aufenthalts, die Arbeiter mehr als jede andere angreifen muß, führte man uns in die neue Färberei, die in ihrer Art beinahe einzig ist, und wovon man nur noch zu Sedan in Frankreich etwas ähnliches sieht. Ihre Anlage hat sicherlich mehr als zehntausend Thaler gekostet, und vereinigt die drei wichtigsten Vortheile:

daß sie geräumig ist, Holz erspart, und Sicherheit vor Feuersgefahr hat. Sie ist von den übrigen Fabrikgebäuden ein wenig abgelegen und bildet einen einzigen großen Saal, der durch viele große Fenster erleuchtet wird, die zugleich zur Erhaltung des so nöthigen Luftzuges dienen. Genau in der Mitte desselben ist ein großer Thurm mit Mauern von ungeheurer Dicke angelegt, welcher sich in den Rauchfang endigt. Die Benennung *Thurm* ist wirklich die passendste für dieses Gebäude, um welches rings umher die Küpen oder Farbekessel in einem Kreise stehen. Die Feuerung geschieht von innen im Thurm. Das Holz liegt auf einem Roste, dessen einzelne Stäbe drei Zoll im Durchmesser haben, und dennoch von der Hitze schmelzen. Die Flamme spielt im Kreise um den gefütterten Kessel, und der Rauch kommt durch eine über dem Schürloche angebrachte Öffnung, und steigt in der Mitte des Thurms heraus. Zwischen beiden Öffnungen ist ein Schieber angebracht, der, wenn man ihn mit einer Hand zudrückt, das fürchterlichste Feuer im Ofen augenblicklich ersticken kann.

Die zur Fabrik gehörigen Wasserleitungen sind eben so vortheilhaft eingerichtet, und jedes Zimmer wird dadurch hinlänglich mit Wasser versorgt. In der Färberei füllt man die Küpen vermittelst geöffneter Hähne in wenigen Augenblicken, und leert sie eben so schnell durch große Heber. Das unreine Wasser hat seinen Abfluß durch Röhren unter dem Fußboden. Was den Überfluß des Wassers noch im Werth erhöhet, ist die Reinheit und Weichheit desselben, welches zum Nutzen der Fabrik sehr wichtige Eigenschaften sind. Im Winter bedient man sich lieber geschmolzenen Eises als Schnees, wegen der vorzüglichen Reinheit des ersteren. Roth und Grün wird hier vorzüglich schön gefärbt. Es giebt Scharlachtücher, welche der Fabrik selbst im Färben auf anderthalb Thaler die Elle zu stehen kommen. Dabei wird man freilich einen Aufwand von Cochenille gewahr, den man in andern Fabriken zum Schaden der Käufer gar wohl vermittelst des wohlfeileren Fernambukholzes zu ersparen weiß.

In mehreren großen Zimmern sitzen die Scherer und Tuchbereiter. Die Karden, deren man sich hier bedient, werden in der Gegend von Aachen gezogen. Die Scheren kommen von Ramscheid, und die Preßspäne, oder eigentlich dazu bereitete Pappendeckel, welche bei dem Pressen zwischen die Tücher gelegt werden, von Malmedi, seitdem die Engländer die Ausfuhr der ihrigen verboten haben. Die in Königsberg von Kanter angelegte Preßspanfabrik ist hier nicht bekannt; es scheint indeß nicht, als wenn die hiesigen Tücher dadurch noch etwas an Vollkommenheit gewinnen könnten. Die Preßspäne von Malmedi sind weiß und dick, und haben nur wenig Firniß, weshalb sie auch gegen zwanzig Jahre dauern und dann noch zu anderweitigem Gebrauche dienen können. Ein Vorzug der hiesigen Tücher, den vermuthlich die Orientaler besonders zu schätzen wissen, besteht darin, daß man sie im Rahmen fast gar nicht reckt, und daß sie daher auch nicht einlaufen, wenn man sie ins Wasser legt.

Eine in Spanien seit einigen Jahren herausgekommene Verordnung hat nicht nur die Ausfuhr fremder Tücher nach Amerika, sondern auch den Verkauf derselben in Spanien selbst verboten. Wären die Tuchfabriken von Segovia und Guadalaxara so beträchtlich, daß sie beide Länder mit ihren Fabrikaten versorgen könnten, so möchte wohl dieser Absatz für die deutschen Manufakturen gänzlich verloren seyn; allein so groß auch die Aktivität ist, welche man sich bemüht, den inländischen Fabriken dort zu geben, so reicht doch die Menge ihrer Tücher noch nicht hin, und es läßt sich schon berechnen, daß das Verbot nicht von langer Dauer seyn kann. Die erstaunliche Solidität und der Umfang der hiesigen Anlagen setzen die Eigenthümer in den Stand, einen solchen Zeitpunkt ruhig abzuwarten, und selbst dem gänzlichen Verlust ihres Debits in einem großen Welttheile, falls es wider Vermuthen bei dem spanischen Verbote bleiben sollte, gleichgültig zuzusehen. Eine wichtigere Revolution für ganz Europa würde aber alsdann wirklich eintreten, wenn dereinst Spanien aus seiner Lethargie erwachen, alle seine Wolle selbst verarbeiten und die Ausfuhr dieses ersten unentbehrlichen Stoffes schlechterdings verbieten sollte. Da es vortreflich gelegen ist, um den ganzen levantischen Handel an sich zu reißen, und da es den amerikanischen, wenigstens so weit seine eigenen unermeßlichen Kolonien gehen, schon in Besitz hat, so würde es im Osten und Westen seine herrlichen Naturprodukte, mit eigenem Kunstfleiße verarbeitet, wohlfeiler, als bisher alle anderen Nationen, absetzen und doch mehr als sie alle dabei gewinnen. England, Holland, Frankreich und Deutschland, die sich jetzt von der Verarbeitung der rohen Produkte Spaniens bereichern, würden, wenn sie von diesen ausgeschlossen wären, ihre Fabriken zu Grunde gehen sehen, und nach Maaßgabe des Vortheils, den sie ehedem daraus zogen, auch an ihrer politischen Wichtigkeit verlieren. Doch ehe es zu dieser furchtbaren Veränderung kommt, bedarf es zuvor einer Kleinigkeit: die Alleingewalt des Königs muß eingeschränkt, die Stände müssen wieder hergestellt, die Inquisition muß abgeschafft, die Freiheit des Gewissens und der Presse unwiderruflich zuerkannt, und die Sicherheit des Eigenthums nebst der persönlichen Unabhängigkeit aller Bürger von willkührlichen Eingriffen in die Macht des Gesetzes fest begründet werden. Der erste Schritt zu dieser großen Wiedergeburt der spanischen Monarchie ist – das Verbot aller fremden Zeitungen, und die gewaltthätige Eröfnung aller Briefe! Was gilt die Wette? Die Limburger spinnen noch in hundert Jahren spanische Wolle!

Der immer steigende Mangel an den zur Feuerung unentbehrlichen Brennmaterialien droht den hiesigen Fabrikanstalten, wie so vielen andern, mit einer Erhöhung ihrer Kosten, welche den zu erwartenden Gewinn beträchtlich schmälern kann. Seit langer Zeit sind die Wälder in diesen Gegenden und in den Niederlanden überhaupt, durch den starken Anbau und die zunehmende Volksmenge verschwunden. Die Natur hat indeß für das Bedürfniß der Einwohner durch unterirdische Wälder, ich will sagen: durch ansehnliche Steinkohlenflötze, reichlich gesorgt. Überall sieht man schon in hiesiger Gegend Kamine und Steinkohlenöfen, und niemand heizt noch mit Holz. Wie aber, wenn auch die Gruben endlich sich erschöpfen lassen und kein neues Substitut erfunden wird, zu dessen Wärme wir im Winter unsere Zuflucht nehmen, und wobei wir unsere Speisen bereiten können! Was unserer mit Physik verbundenen Chemie noch möglich sei oder nicht, wage ich zwar keinesweges zu bestimmen: sie erfindet vielleicht ein Netz, in welchem sich das zarte Element des Feuers fangen und verdichten läßt, so daß es uns wieder Wärme geben kann, indem wir es befreien; aber das ist auf allen Fall eine höchst unsichere Aussicht. Wahrscheinlicher kommt es mir vor, daß der Mensch zuletzt die Eis- und Nebelländer und die von Waldung ganz entblößten Gegenden des so genannten gemäßigten Erdstriches, als unbewohnbar wird verlassen müssen. Wir fragen immer, wann doch endlich die Türkei, sowohl in Europa als in Asien, im schönen Lichte der sittlichen Kultur wieder aufblühen, wann gebildete Völker Afrika bewohnen werden? Mich dünkt, die Antwort könnte man sich leicht erträumen: Hunger und Kälte werden dereinst gewaltiger und unaufhaltsamer, als vor Zeiten der Fanatismus und der Ehrgeiz, wirken, um die Völker von Europa in hellen Haufen über jene barbarischen Welttheile hinzuströmen. Wir werden uns in die Wälder des Hämus, des Taurus und Amanus, ja wohl gar des

Kaukasus und Emaus stürzen, die dortigen Barbaren bezwingen oder verdrängen, und die Fackel der Wissenschaft wieder in jenen Kreis zurücktragen, in welchem sie zuerst dem Menschen in die Hand gegeben ward. Dünkt es Dich ein Frevel, daß ich mich so in die Zukunft hineinträume? Was kann ich dafür, daß meine Phantasie mir Wahrscheinlichkeiten vorrechnet und sich ein mögliches Bild daraus formt? Zwar besteht alles nun schon so lange in unserm Norden; so schöne Blüthen und in solcher Menge sind bei uns aufgegangen; so manche herrliche Frucht des Geistes ist gereift; das Menschengeschlecht hat hier eine Bildung gewonnen, die es, wenn wir eins ins andre rechnen, noch nirgends hatte; wir schreiten vorwärts auf einem so schönen Wege; alles scheint unserer jetzigen Form des Wissens, und unseren politischen Verhältnissen Dauer zu verheißen! Ich gestehe Dir, dieses Raisonnement kommt mir nicht viel besser vor, als die Hoffnung eines langen Lebens, womit alte Leute sich schmeicheln, die immer desto stärker an dem Leben hangen, je näher sie seinem Ziele rücken. Mir bürgt die Vergänglichkeit der Dinge dafür, daß, je älter eine menschliche Verfassung wird, ihr Ende um so näher sei. Wir können das Menschengeschlecht nur mit sich selbst vergleichen; und obschon der Theil seiner Geschichte, den wir kennen, gleichsam nur von gestern ist, so enthält er doch schon Begebenheiten genug, die uns lehren können, unter ähnlichen Umständen einen ähnlichen Ausgang zu erwarten. Die allgemeine Bildung und Entwickelung unserer Kräfte läßt sich fast nicht höher treiben. Können wir den Bogen stärker spannen, ohne daß er bricht? Kann unsere Vernunft noch scharfsinniger geprüft, können unsere größeren und kleineren, öffentlichen und häuslichen Verhältnisse noch genauer berechnet werden? Sind wir dem höchsten Gipfel der Verfeinerung nicht nahe? – Wenn man aber den Berg erstiegen hat, so bleibt in dieser Ixionswelt nichts übrig, als wieder Kopf über, Kopf unter, das Rad in die Tiefe zu rollen, und von unten auf sich über ein neues Gebirge zu schleppen. Thöricht wäre es allerdings, eine allgemeine Revolution in Europa, die den Zusammensturz politischer, sittlicher und wissenschaftlicher Formen mit sich brächte, im Ernste *nur* vom Holzmangel herzuleiten, der *mich* hier darauf geleitet hat. Aber als mitwirkende Ursache kann er immer bestehen, wenn schon das unübersehbare System unserer Kenntnisse, die Auflösung der Sitten, das Mißverhältniß der Religionsbegriffe und der Regierungsformen zu dem jetzigen Zeitalter, der Verfall der Hierarchie, das zerstörte Gleichgewicht der Mächte, die Treulosigkeit der Politik, die Veränderungen des Handelssystems, die herannahende Blüthezeit des Amerikanischen Freistaates und solche wichtige Ursachen mehr, noch ungleich schneller und kräftiger zu jenem Ziele wirken. Übrigens – zum Trost aller armen Sünder auf und unter dem Throne – sind vielleicht tausend Jahre zu einer solchen Revolution die kürzeste Frist.

Über die Unbeständigkeit der Verfassungen nachzudenken, ist wohl nirgends natürlicher, als in Aachen, wo die Reichsinsignien den Fremden an die tausendjährige Dauer des deutschen Reiches, das jedoch in diesem Zeitraum so wesentliche Veränderungen erlitten hat, recht lebhaft erinnern. Ich habe die Kathedralkirche besucht. Sie ist mit kleinlichen Zierrathen überladen, mit denen die Säulen von Marmor, Granit und Porphyr sonderbar genug kontrastiren. Der Stuhl, worauf seit Karls des Großen Zeit so mancher deutsche Kaiser gekrönt worden ist, besteht aus schlechtem weißem Marmor, und hat eine so unzierliche Gestalt, daß man ihn für eine Satire auf alle Throne der Welt halten möchte. So sehr uns der Vorzeiger bat, uns darauf zu setzen, spürte ich doch nicht die geringste Versuchung dazu, und wünschte nur manchem deutschen Fürsten das Gefühl, womit ich da vor dem Stuhle stand. Die Geschichte der letzten Jahrhunderte war so eben vor meinem Gedächtnisse vorübergegangen. Was man in Wien, in Regenspurg und in Wetzlar für ganz verschiedene Vorstellungen von den wesentlichen Bestandtheilen der Reichsverfassung hegt; wie allmälig die Kaiserwürde durch alle Metamorphosen, bis zu ihrer jetzigen Form, wo ihr nur der Schatten ehemaliger Herrschermacht geblieben ist, sich hat einschränken lassen; wie die zahlreichen, freien Stände, jetzt unter der unwiderstehlichen Übermacht von wenigen Allesvermögenden aus ihrer Mitte, nur noch am Namen der Freiheit sich begnügen, und den gesetzgebenden Willen dieser Wenigen gutheißen müssen: dies Alles erfüllte mich mit der niederschlagenden Überzeugung, wie wenig Willkührliches in den Schicksalen der Völker, wie wenig der Würde denkender Wesen Angemessenes, sich im großen Gange der Weltbegebenheiten zeigt, und wie das Glück und die Wohlfahrt der Millionen, die auf dem Erdenrund umherkriechen, von todten Buchstaben, von eigensinnigem Bekleiben an bedeutungsleer gewordenen Ceremonien, von Nichtswürdigkeiten welche leeren Köpfen Importanz geben, stets abhängig bleibt, und keinesweges in ihrer eigenen Kraft und That besteht!

Die Thore von Erz an der Kollegiatkirche sind zersprungen; allein diesen Spalt zeigt man hier als ein Siegeszeichen, zum Gedächtniß der Überlegenheit der *pfäffischen* Verschmitztheit über die *teuflische*. Die Bürger von Aachen, erzählt uns die Legende, hatten, weil es ihnen an Mitteln zur Beendigung des Baues dieser Kirche fehlte, vom Teufel Geld geborgt, und ihm dafür die erste Seele, die zur Kirchthüre hineingehen würde, zum Eigenthum überlassen. Als nun der Bau vollendet war, fand sich kein Mensch, der das Opfer dieses frevelhaften Vertrages werden wollte; die Furcht vor Satans Krallen wirkte so mächtig in dieser gläubigen Stadt, daß die Kirche wahrscheinlicher Weise bis auf den heutigen Tag hätte leer stehen müssen, wenn nicht ein Priester auf den klugen Einfall gekommen wäre, einen Wolf, den man zu gutem Glück lebendig gefangen hatte, durch die Kirche zu jagen. Der Teufel schlug aus Verdruß, sich überlistet zu sehen, die Thore von Erz hinter sich zu, daß sie zersprangen. Den Unglauben zu beschämen, der etwa sich erdreisten möchte, den Spalt im Erz durch einen Windstoß, der die Flügel zuwarf, natürlich zu erklären, stehen draußen vor demselben Thore zwei in Erz gegossene Denkmäler, wovon das eine den Wolf, das andere aber seine verdammte Wolfsseele, in Gestalt eines ungeheuren Tannzapfens, vorstellt. Um übrigens von der Wirkung auf die Ursache zu schließen, müßte man nur wie ich, heute die Charfreitags-Prozession gesehen haben. – Bei einem schneidenden Nordwinde gingen die frommen Büßenden, mehr als dreihundert an der Zahl, und schleppten baarfuß und unter ihren dünnen Kitteln fast nackend, hölzerne Kreuze von gewaltigem Gewichte den Laufsberg hinan. Ihr werdet freilich schreien: besser, etwas weniger Büßung, und keine Wolle gestohlen! Allein, es ist doch immer ein bewundernswürdiges Schauspiel, wie viel die Religion über unsere phlegmatische Natur vermag. Weise und tugendhafte Lehrer hätten ein solches Volk eben so leicht *ehrlich* als *andächtig* gemacht.

XI

Lüttich

Es kommt mir vor, als wären wir durch den Schlag einer Zauberruthe in ein anderes Land versetzt; so unendlich verschieden ist alles, was ich hier um mich sehe, von demjenigen, was ich noch vor wenigen

Stunden in Aachen verließ. Schon der erste Anblick der Stadt war überraschend. Man wird sie aus der Ferne nicht gewahr; denn sie liegt in einem tiefen Thal an der Maas, die in mehrere kleinere Arme zerspringt. Es giebt wenig schönere Aussichten auf eine gleichsam unter den Füßen liegende Stadt, als diese, die ich von der Karthause hinunter, indem wir hineinfuhren, genoß. Ich weiß nicht wie es kam, aber ich hatte mich auf ein kleines Städtchen gefaßt gemacht; und wie erstaunte ich nun, als ich eine große Stadt erblickte, die hunderttausend Einwohner enthalten kann und wirklich enthält. Wunderschön schlängelt sich die Maas, die hier noch von mittlerer Breite ist, hindurch, und nähert sich bald auf der einen, bald auf der andern Seite dem Abhange der Berge, zwischen denen sich das Thal als eine ebene, so weit das Auge trägt, mehrentheils mit Hopfen bepflanzte, und mit einigem Wiesewachs vermannichfaltigte Fläche zieht. Nach allen Richtungen ist die Stadt mit Steinkohlengruben umgeben, ja, sie steht zum Theil auf den bereits abgebauten, ausgehöhlten Kohlenbergwerken. Zu beiden Seiten des Flusses, jedoch so, daß auf die Exposition nach Süden Rücksicht genommen wird, an den in einiger Entfernung sich erhebenden Gehängen des Thals, erstrecken sich weitläuftige Weinberge, die also wieder, wie die bei Hochheim, auf Steinkohlen liegen. Die Flötze sind sehr beträchtlich, und an manchen Stellen tief unter dem Bette der Maas bereits ausgeleert. Die entfernteren Hügel sind mit Ulmen, Pappeln und andern Bäumen bewachsen und mit Landhäusern, Schlössern, u.s.f. reichlich verziert. Am Ufer des Flusses erstreckt sich ein quai, der sich in eine schöne hochstämmige Allee endigt.

Die Straßen von Lüttich sind enge, winklicht, krumm und nicht sehr reinlich; es giebt indeß doch mehrere schöne Gebäude: an dem quai, an den offenen Plätzen und auf der so genannten Insel hinter der St. Jakobskirche bemerkte ich eine Menge guter, neuer Häuser. Der bischöfliche Pallast ist ein Viereck, dessen inwendiger Hof rundum einen Säulengang hat, wenn man anders die abscheulichen, kurzen, bauchigen Dinge, mit Kapitälern und Fußgestellen, so nennen will. Die äußere Facciate hingegen, nach der Kathedralkirche zu, ist desto schöner, in einem guten Geschmack, mit rein jonischen Pilastern. Die Dominikanerkirche mit einer schönen, runden, einfachen Kupole, die nach einer in Rom kopirt ist, zeichnet sich ebenfalls vortheilhaft aus. Die alte gothische Kathedralkirche bot uns dafür desto weniger Bemerkenswerthes dar.

Der beständig fortdauernde Lärm und das Gewühl in den Straßen zeugt von einer außerordentlichen Betriebsamkeit. Dieses Schauspiel von durcheinander laufenden geschäftigen Menschen, so schmutzig auch die meisten aussehen, gewährt mir einen außerordentlichen, sehr lange entbehrten Genuß. Die Köhler, die Messer- und Waffenschmiede und die Spiegelmacher sind ein rohes, aber rüstiges, lebhaftes, heftiges Volk, deren Thätigkeit mit dem Phlegma der Aachner schneidend kontrastirt. Die Volksphysiognomien haben hohe, gerade in die Höhe gehende, an den Seiten zusammengedrückte Stirnen, breite Jochbeine, schwarze nicht gar große Augen, wohlgebildete, zuweilen ein wenig aufgeworfene Nasen, und dicke Lippen, bei einem nicht gar reinen Teint. Sie nähern sich also den französischen, und unterscheiden sich auffallend von den jülichischen, die gewöhnlich, bei einer sehr weißen Hautfarbe und blondem Haar, durch die länglichtfleischige Form des Gesichts und die weicheren Züge eine gewisse Verwandtschaft mit den Niederländern verrathen. Die Lütticher können ihr französisches Blut nicht verläugnen; sie sind eben so leichtsinnig-fröhlich, eben so gutmüthig, eben so mit einer, ich möchte sagen, angebornen Höflichkeit begabt, und sprechen auch einerlei Sprache, wiewohl so durchaus mit Provinzialismen verdorben, daß ein Mitglied der Pariser Akademie sie schwerlich für Brüder erkennen würde. Außerdem spricht das gemeine Volk eine Art Kauderwelsch, welches man unter dem Namen der wallonischen Mundart kennt. Dieses ist den Fremden völlig unverständlich, indem die ursprünglich altfranzösischen Wörter ganz verunstaltet, bald abgekürzt, bald mit anderen Endungen, und in einer ganz besondern Construktion erscheinen. So zum Beispiel heißt: lei po wei, laßt mich sehen; statt des französischen: laissès moi voir; und wieder: serre l'hou, mach die Thüre zu, statt: ferme la porte. In dem letztern Ausdruck ist hou das altfranzösische huis, wovon noch à huis clos und huissier übrig sind. Französische Eleganz habe ich in den Kleidertrachten, zumal der geringeren Klasse, freilich nicht bemerkt; doch diese würde man auch in Frankreich selbst bei dieser Klasse vergebens suchen. Die Lütticher Weiber tragen kurze gestreifte Röcke; Leibchen oder auch eine Art weiter Jacken von Kattun mit Ermeln, die mit demselben Zeuge frisirt sind, und Kattunmäntel, die aber nur bis an die Taille reichen. Wenn sie ausgehen, binden sie ein roth und gelbgeflecktes Baumwollentuch über die Haube um den Kopf; doch gehört dieser Putz vermuthlich nur zu den Verwahrungen, die der noch immer fortdauernde, scharfe Nordwind nothwendig macht.

Unsere Fahrt von Aachen hieher, auf der Diligence, zeichnete sich wenig aus. Wir hatten die ersten Plätze; allein beim Einsteigen fanden wir drei Frauenzimmer darauf; folglich schwiegen wir von unseren Ansprüchen, und setzten uns, wo wir zukommen konnten. Einmal saßen elf Personen in diesem ungeheuren Wagen, weil unterweges einige Passagiere abstiegen und mehrere hinzukamen. Die Gespräche über politische Gegenstände nahmen kein Ende. Es freute mich indeß, die erstaunliche Menge neuer Ideen in Umlauf anzutreffen, da sie vor zehn Jahren zuverlässig allgemeines Aufsehen, oder gar die Indignation der Majorität auf den Postwägen in Deutschland und Brabant erregt hätten.

Nachdem wir durch einen schweren Sandweg in einer tiefen Schlucht die Höhe des Berges, der das Gebiet der Stadt Aachen von der Provinz Limburg scheidet, erreicht hatten, lag dieses herrliche Land wie ein Garten vor uns; und je weiter wir hineinkamen, desto reizender ward die Aussicht auf die kleinen umzäunten Wiesen und Viehweiden, welche die sanften, wellenförmigen Hügel bedecken. Überall ist diese Gegend mit einzelnen, oder höchstens zu drei und vier beisammengestellten Hütten gleichsam besäet, die zum Theil massiv oder von Backsteinen, zum Theil von Fachwerk gebauet, ein wohlhabendes Völkchen andeuten, das hier von der Viehzucht und vom Wollspinnen lebt. Auf viele Meilen weit sieht man die wogichten Hügel überall mit lebendigen Heerden, und hier und dort auch mit hochstämmigen Bäumen geziert; auf Meilen weit liegen, ein paar gute Büchsenschüsse von einander, die einzelnen Bauerhütten. Es ist unmöglich, sich hier etwas anderes, als Einfalt und Gleichheit der Einwohner, zu denken; man irrt in Gedanken von Haus zu Haus, und erblickt überall fleißige Spinner, frohe Hirten und reinliche Käsemacher. Die Ufer der Maas begränzen endlich diese Aussicht, indem sie unweit Mastricht in der Ferne den jähen weissen Absturz dem Auge darbieten, der mit seinen häufigen Petrefakten den Naturforschern unter dem Namen des Petersberges bekannt ist. Clermont, ein artiges Dörfchen, liegt am Wege, und in dieser Gegend schien uns die Limburgische Landschaft vorzüglich reich und schön. Auf den ersten Blick hat es etwas einladendes, wenn man so die zerstreuten Wohnungen sieht, wo jeder um seine Hütte her sein Fleckchen Landes besitzt, sein Vieh darauf weiden läßt oder auch, wie es weiter hin nach Lüttich zu der Fall ist, seinen Weizen säet. Man denkt sich dabei eine natürliche Bestimmung des Menschen, die Erde zu bauen und zu besitzen. Allein diese Vereinzelung kann ihn nicht bilden, und der zehnte Theil aller in ihn gelegten Kräfte wäre für den Hirten hinreichend gewesen. Sollte der Mensch inne werden, was es sei, das sich in ihm regt, so mußte sich in verschiedenen Einzelnen bald diese, bald jene Fähigkeit entwickeln, auf Kosten jener allzueinfachen Bestimmung, welche die Wohlthaten des geselligen Lebens nicht kennt, weil seine Bedürfnisse ihm fremd sind. Ich habe die guten Limburger nicht in der Nähe beobachten können; allein ihre Vereinzelung giebt mir Ursache zu vermuthen, daß ihr Ideenkreis äußerst eingeschränkt seyn müsse.

In den Städten mag es indeß schon anders beschaffen seyn. Hier sahen wir zum erstenmal die brabantische Kokarde, dieses furchtbare, nun aber so oft ohne ächten Freiheitssinn nachgeahmte Freiheitszeichen; auch begegneten uns einige brabantische Truppen, deren Anblick indeß keine Ehrfurcht einflößte. Sie schienen völlig undisciplinirt, wußten ihr Gewehr nicht zu regieren, und sollen auch von der im Dienste unentbehrlichen Subordination gar keine Begriffe haben. Ihre Kleidung ist ein bloßer Überrock, der schlechterdings kein militairisches Ansehen hat. Außer diesem einzigen Stücke, welches ihnen eine gewisse Uniformität giebt, sieht ihr übriger Anzug buntscheckig und oft zerrissen aus. Die meisten, die uns zu Gesichte kamen, waren junge Leute, und einige konnte man beinahe noch Kinder nennen. Ihre Erscheinung in der Provinz mag indeß die Staaten von Limburg über ihre eigene Sicherheit ein wenig beruhigt haben; denn, weil sie sich gewisse Rechte anmaßten, die das Volk ihnen nicht zugestehen will, zogen sie bisher von einem Orte zum andern, von Herve nach Battice, und von da noch näher an Aachen, in das Dorf Henri-chapelle, wo sie in einer elenden Schenke ihre Versammlungen halten.

Der Abstich von jenen erbärmlichen Rotten des brabantischen Pfaffendespotismus zu diesen rüstigen Lüttichern gehörte mit zu den Dingen, die uns gleich bei dem Eintritt in die Stadt in Erstaunen setzten. Sowohl die eigentlichen besoldeten Stadttruppen, als die Freiwilligen, sind gut und zum Theil recht schön gekleidet. Es ist ein allgemeines Regen und Gähren unter ihnen und im Volke, wegen des bevorstehenden Abmarsches der Preußen. Vielleicht hat auch die Gegenwart und das Beispiel dieser musterhaften Truppen dazu beigetragen, ihnen die Begriffe von Disciplin, Subordination und Taktik näher zu bringen, als sonst geschehen wäre; vielleicht haben sie ihnen das Exerciren abgesehen, und sich geschämt, im Beiseyn ihrer Meister schlecht zu bestehen; vielleicht kann man endlich auch vermuthen, daß Menschen, deren Gewerbe in der Fabrikation von Gewehren und in den anstrengenden Köhlerarbeiten besteht, eines Theils mit den Waffen selbst vertrauter, andern Theils aber beherzter und gleichgültiger gegen die Gefahr seyn müssen, als die brabantischen Bauern und die limburgischen Hirten. Wirklich scheint es, wenn Muth den Mangel an Disciplin ersetzen kann, daß sie nur eines geschickten Anführers bedürfen, um für die Verfassung, die sie sich selbst gegeben haben, mit Nachdruck zu streiten.

Wir wanderten durch die Straßen und suchten uns so viel als möglich mit dem Volk in Unterredung einzulassen, um uns durch eigene Erfahrung von der herrschenden Stimmung zu überzeugen. Es bedurfte keiner Künste, um die Leute zur Sprache zu bringen. Sie waren durchgehends von ihren politischen Verhältnissen bis zum Überströmen voll, hingen daran mit unglaublichem Eifer, und schienen sich im gegenwärtigen Zeitpunkte, wie alle freie Völker, mit den öffentlichen Angelegenheiten beinahe mehr, als mit ihren Privatbedürfnissen zu beschäftigen. Die Namen des Königs von Preußen, des Grafen v. Herzberg, des Generals von Schlieffen und des Herrn v. Dohm wurden nicht anders als mit einem Ausdruck der Verehrung und Liebe, mit einer Art von Enthusiasmus genannt. Man hatte uns schon in Aachen erzählt, und hier bestätigte es sich, daß der letztere den Umarmungen der Köhlerweiber, welche hier die Pariser Poissarden vorstellen können, mit Noth entgangen sei. Zum Lobe der preußischen Truppen und ihrer vortreflichen Mannszucht vereinigten sich alle Stimmen. Ils sont doux, comme des agneaux, sagten sie, und hinterdrein erscholl die wahre französische Ruhmredigkeit, mit der Betheurung, daß, wenn sie es nicht wären, on leur feroit voir du païs; denn die Zuversicht, womit sie auf ihre eigenen Kräfte trotzen, geht ins Hyperbolische, und reißt sie zu Äußerungen hin, die in ihrem Munde nichts bedeuten, aber doch wie Beleidigungen klingen. Bei dem natürlichen Hange der Menschen, das Langgewohnte für etwas Nothwendiges und Gutes zu halten, folglich ihre Vorgesetzten, bloß weil es die ihrigen sind, und man es ihnen so gelehrt hat, zu ehren und zu lieben, muß in der That eine schrecklich empörende Mißhandlung des Volks hier vorhergegangen seyn, um dieses Band zu zerreißen und den hohen Grad von Erbitterung, der sich durchgängig äußert, gegen den Bischof zu erwecken. Die Wuth – man kann es kaum anders nennen, was sie bei dem Nennen seines Namens augenblicklich entflammt – die Wuth ging so weit, daß sie sich gegen ihn der härtesten Ausdrücke bedienten und ohne alle Zurückhaltung von ihm als von einem verworfenen, des Fürstenstuhls unwürdigen Menschen sprachen. Eben so kühn und trotzig wütheten sie gegen das wetzlarische Kammergericht und die deutschen Fürsten, die ihre vermeinte Nothwehr gegen die Tyrannei, wie einen Aufruhr behandeln; diese wurden nicht ohne Verwünschungen genannt, und wir sahen die eifrigen Patrioten auffahren bei dem Gedanken, daß ihnen eine unwillkommene Coadjutorschaft bevorgestanden habe. Mit dem Fürstenhasse verbindet sich zugleich ein allgemeines Mißfallen an dem ganzen Priesterstande, das beinahe in Verachtung und Indignation gegen diese Klasse, und, weil der rohe Haufe weder unterscheidet noch prüft, bei vielen auch gegen die Religion selbst übergeht. Wie das Volk seine Religionsbegriffe bloß auf Treu' und Glauben, nicht nach vernünftiger und freiwilliger Prüfung angenommen hat, so muß seine Anhänglichkeit an dieselben endlich geschwächt werden, wenn das Vertrauen auf seine Lehrer verschwindet. Der état primaire, worunter das Domkapitel verstanden wird, hat sich, durch den Vorschlag einer Kopfsteuer, welche auf die ärmeren Volksklassen zurückfallen würde, statt des von ihm erwarteten Darlehns, bei den Einwohnern nicht zum besten empfohlen.

In den Wirthshäusern und Kaffeehäusern sahen wir fleißige Zeitungsleser, und selbst der gemeine Mann politisirte bei seiner Flasche Bier von den Rechten der Menschheit, und allen den neuen Gegenständen des Nachdenkens, die seit einem Zeitabschnitte von ein paar Jahren endlich auch auf dem festen Lande in Umlauf gekommen sind. In den müßigen Zwischenräumen, welche die Sorge für die Befriedigung des physischen Bedürfnisses übrig läßt, fordert der Geist Beschäftigung. Entweder muß er seine Phantasie mit hyperphysischen Träumen wiegen, die er nicht zergliedern und nach dem Gesetze des Widerspruchs beurtheilen kann; oder ein Wort – zum Beispiel: *Freiheit* – das ohne Metaphysik unverständlich ist, muß sich seiner bemächtigen und ihn im Kreise umherwirbeln, das Spiel einer fortwährenden petitionis principii. Indeß, so unfähig die Lütticher auch sind, einen Streit über die Grundsätze des geselligen Lebens, den die Philosophen selbst noch nicht ins Reine brachten, abzuurtheilen; so genau sind sie doch von den Thatsachen unterrichtet, welche ihre gegenwärtigen Angelegenheiten betreffen, und hier, wie überall, entscheidet das Gefühl augenblicklich, ehe noch die Vernunft, die das Vergangene und das Zukünftige bis an die äußersten Gränzen der Zeit, mit in ihre Entscheidungsgründe einschließt, sich aus dem Chaos entgegengesetzter Verhältnisse herauswirren kann.

Die wichtigen Fragen, worüber wir hier deraisonniren hörten, kann zwar ein Köhler oder ein Schwerdtfeger nicht entscheiden; allein unter allen Menschen, denen diese Fragen zu Ohren gekommen sind – wie viele giebt es, deren Vernunft für kompetent zur Entscheidung gelten kann? Und werden diese kompetenten Richter unter sich einig seyn? Wahrhaftig! wenn niemand sich unterstehen dürfte, über Dinge zu sprechen, oder vielmehr seine Verstandeskräfte an Dingen zu üben, die er nicht rein bis auf die letzten Gründe sich entwickeln kann; so gehörte die große Masse der fürstlichen Automaten, des ungebildeten und ausgearteten Adels, der juristischen Tröpfe, der Theologen, die ihre Dogmatik nur auswendig wissen, zu den ersten, denen man Stillschweigen gebieten müßte, indeß nur wahre Weise sprechen, und – was mehr ist – regieren dürften. Neben so vielen Rechten, welche die Menschen veräußern und übertragen konnten, um den Vortheil der Vereinigung zu einem Staate zu genießen, giebt es auch andere, welche ihrer Natur nach unveräußerlich sind; und unter diesen stehet das Recht, ihre Geistesfähigkeiten durch Entwicklung, Übung und Ausbildung zu vervollkommnen, oben an. Wenn ein Vertrag die Sklaverei gut heißen, und den unumschränkten Willen eines Tyrannen für rechtmäßig erklären könnte, so darf doch selbst das Leibeigenthum, welches jemand besitzt, ihm nicht zum Vorwande dienen, seine Sklaven an der Erreichung ihrer Bestimmung als Menschen zu verhindern. Oder geht die Anmaßung der Tyrannei so weit, daß sie ihren Opfern auch diese Bestimmung abspricht? darf sie im Ernste der Natur so schrecklich spotten, und ohne Hehl den Sklaven zum Thier herabwürdigen wollen? Darf sie sich das *Recht* zusprechen, einem Menschen Vernunft und Menschheit auszuziehen? Dann rege sich Alles, was noch Menschheit im Busen fühlt, gegen das Ungeheuer, das seine Größe nur auf Zerstörung bauet!

Wenn wir nicht auf Inkonsequenzen verfallen wollen, die alle Bestimmung unmöglich machen und den Grund aller Verträge und aller

Rechte untergraben; so muß selbst die despotische Regierungsform eben den Zweck haben, den die Natur mit einem jeden einzelnen Daseyn eines vernünftigen Wesens erreicht wissen wollte, den Zweck, den unsere Vernunft uns unaufhörlich vor Augen hält: den höchstmöglichen Grad sittlicher Vollkommenheit, durch die Entwickelung aller in uns gelegten Anlagen, zu erreichen. Dem Bande der Gesellschaft, durch welches diese Entwickelung auf eine vollkommnere Art, als im gesetzlosen Zustande, erreicht werden kann, opfern wir gewisse Mittel zur Ausbildung freiwillig auf; wir leiden gewisse Einschränkungen unserer äußerlichen Freiheit, unserer Handlungen; wir thun Verzicht auf die vollkommene Gleichheit unserer Rechte, um im Staate vereinigt, mit desto größerer Sicherheit auf dem Wege der moralischen Vervollkommnung ungehindert fortzuschreiten. Die Erbärmlichkeit, womit unzählige Menschen, durch falsche Vorstellungen geleitet, an der bloßen Existenz, als an dem höchsten Gute hangen, mag vielleicht dazu mitgewirkt haben, bei den unumschränkten Herrschern den hohen Grad von Verachtung gegen ihre Unterthanen zu erregen, vermöge dessen sie ihnen unendlich viel Gnade zu erzeigen glauben, wenn sie ihnen nur das Leben und die Mittel zu seiner kümmerlichen Erhaltung schenken. Allein, wie gesagt, hier ist nicht die Rede von den Irrwegen, auf welche der menschliche Geist gerathen kann, wenn er sich selbst als alleinigen Zweck, und alles andere, die Menschen sogar nicht ausgeschlossen, als um seinetwillen geschaffen wähnt; sondern wir suchen hier den einzig möglichen Grund, auf welchem die schon bestehenden Verträge zwischen den Gliedern der Gesellschaft beruhen, und auf welchen die Herrscher im Staate vor dem Richterstuhle der Vernunft ihr Recht beziehen können. Ein Vertrag ist nichtig, der die Sittlichkeit verletzt, und eine Staatsverfassung hat keinen Augenblick eine rechtmäßige Existenz, wenn sie sogar ihren Gliedern die Möglichkeit einer sittlichen Vervollkommnung raubt. Diese Vervollkommnung aber setzt den uneingeschränkten Gebrauch der Vernunft und des gesammten Erkenntnißvermögens voraus; sie heischt sogar Freiheit des Willens, worauf nur da Verzicht gethan werden darf, wo gewisse Handlungen der fremden Willkühr zum gemeinschaftlichen Besten Aller, das heißt, zur Beförderung der allgemeinen Vollkommenheit, unterworfen werden müssen. Jede Einschränkung des Willens, die nicht zur Erhaltung des Staats unentbehrlich ist, wird der Sittlichkeit seiner Glieder gefährlich, und die Gefahr einer solchen Verwahrlosung der eigentlichen Herrscherpflicht ist groß genug, um weisen Despoten ihren Weg vorzuzeichnen, und sie aufzufordern, ihren Unterthanen die uneingeschränkte Religions- Gewissens- Unterredungs- und Preßfreiheit zuzugestehen, ja sogar über die Verhältnisse des Staats, über seine Mängel und die Mittel ihnen abzuhelfen, keines Menschen Nachdenken und Bemühung sich und Andere zu unterrichten, ein Ziel zu stecken. Friedrich der Einzige war auch in diesem Stücke konsequent und allen künftigen Alleinherrschern ein Muster.

Immerhin mögen die Vertheidiger des Despotismus über die gehoffte Vervollkommnung des Menschengeschlechts lachen! Ich lache gern mit ihnen, wenn von der Realisirung eines Ideals der sittlichen Vollkommenheit die Rede ist. Wie das Ideal des sinnlichen Vollkommenen, kann es nur in der Phantasie des Philosophen existiren, und hat nicht einmal den Grad von Realität, den der Künstler im Bilde dem Idealischschönen geben kann. Allein es heißt zu früh gelacht, wenn *nicht* der höchste denkbare Punkt der Vollkommenheit als wirklich erreichbar angenommen, sondern nur die Freiheit, in der Entwicklung jedes Einzelnen so weit zu kommen, als Organisation, inneres Kraftmaaß und natürliche Beziehungen es jedesmal gestatten, von dem Staate und seinen Herrschern gefordert wird. Erfahrung und Geschichte lehren unwidersprechlich, daß die Menschen zu allen Zeiten von den Vorschriften, die sich aus dem Wesen der menschlichen Vernunft ableiten lassen, abgewichen sind, um einem willenlosen Begehrungsvermögen zu gehorchen; überall sehen wir die Vernunft im Streite mit bloß thierischen Kräften, und in unzähligen Fällen bemerken wir den Sieg der gesetzlosen Sinnlichkeit. Aber im innersten Grunde unseres Wesens liegt der Maaßstab, womit wir Alles messen und würdigen können, das eigenthümliche moralische Gefühl, welches keinem einzigen Vernünftigen fehlt, und in welchem die Unterschiede des Guten und Bösen, wie die Unterschiede des Schönen und Häßlichen im Sinnengefühl, ursprünglich gegründet sind. Auf ein solches, Allen gemeinschaftliches Gefühl, welches den Operationen der Vernunft eine unabänderliche Norm ertheilt, nicht auf einzelne Erscheinungen aus der wirklichen Welt, lassen sich die unbedingten, allgemeinbindenden Bestimmungen gründen, ohne welche die physische Gewalt nicht bloß ein untergeordnetes Mittel wäre, rechtmäßige Ansprüche geltend zu machen, sondern selbst zum höchsten Gesetz und zur alleinigen Quelle des Rechts erhoben werden müßte. Wie furchtbar aber wäre dieses Recht des Stärkeren allen Staatsverfassungen, die nicht auf eine gleichförmige Vertheilung der Kräfte gegründet sind, sondern in denen wenige, schwache Einzelne ihr Herrscheramt von der unsicheren Trägheit oder Convenienz der Menge abhangen lassen, und dem Volke, beim ersten Erwachen des Bewußtseyns seiner Übermacht, weichen müßten?

Es schmälert nichts an der Vollkommenheit und Allgemeinheit der Regel, daß sie unaufhörlich übertreten wird. Willkührliche Gewalt mischt sich in die meisten Handlungen der Völker und der ungleichartigen Bestandtheile eines Staats gegen einander. Auch kann nichts anders erwartet werden, so lange es keine vollkommen vernünftige Menschen giebt, die aller Vorsicht ohnehin entübrigt seyn könnten. Wir haben inzwischen doch den großen Fortschritt gewonnen, von der rohen Thierheit zur Anerkennung der Majestätsrechte der Vernunft. Alles erweiset der Vernunft die höchste Ehre; keiner will sich der Gewalt bedient haben, bloß weil er sich *stärker* fühlte, sondern weil er *besser, richtiger, weiser* dachte, und es dem anerkannten Rechte schuldig zu seyn glaubte, dem blinden Gegner mit derben Faustschlägen die Augen und das Verständniß zu öffnen. Mit diesem feinen Unterschiede ist es aber im Grunde noch nicht weit her; denn weil die allgemeingültige Vernunft nirgends geltend gemacht ist, so trift das Compliment jedesmal nur die *eigene* Vernunft des einzelnen Menschen; ihr huldigt er, denn sie ist das Höchste was er hat, so unvollkommen sie auch seyn mag. Von den Prämissen, die sie ihm darbietet, muß er ausgehen; denn sie sind ihm in Ermangelung des Besseren unfehlbar, und was er daraus fortschließt, das sind ihm eben so unfehlbare Schlüsse. Wie entscheidet man nun aber zwischen zwei streitenden Parteien, die sich beide auf ihr, in Vernunft gegründetes Recht berufen? Wo man nicht überreden kann, braucht man Gewalt; und siehe da! – *der Stärkere behält Recht.* Ist die Vernunft also wohl mehr als ein bloßer Vorwand? sie nämlich, die sich im einzelnen Menschen, nach dem Maaße von Empfindungskräften, welche Natur und Zeit und Umstände ihm verliehen, so leicht von seinen Leidenschaften bestechen oder wenigstens besiegen läßt? Vielleicht dürfte man aber auch eben deswegen mit gutem Fug behaupten, daß in der natürlichen Ungleichheit der Menschen, in Absicht auf Organisation, physisches Kraftmaaß und Seelenvermögen, und in ihrer, von keines Menschen Willen gänzlich abhängigen, Verschiedenheit der Ausbildung, welche ganz verschiedene Grade von Leidenschaft und alle die unendlich nüancirten

Charaktere des wirklichen Lebens hervorbringen, der große Kunstgriff liegt, vermöge dessen die Natur den Menschen einzig und allein vor dem Herabsinken in einen todten Mechanismus von Formeln und Schlüssen bewahren konnte. Ein jeder soll nur Kräfte zur Vollkommenheit ausbilden; darum wird er mit bloßen Anlagen, ohne alle Entwicklung geboren. Leuchtete Allen schon dieselbe moralische Sonne im Busen; erfüllte und wärmte sie Alles mit ihrer unüberwindlichen Wahrheit: dann glichen wahrscheinlich auch unsere Handlungen dem Sternentanze, der nach »großen, ewigen, ehernen Gesetzen« abgemessen, nicht die kleinste Spur von Freiheit und eigener Kraft des Willens zeigt, sondern auf ewige Zeiten hin vorausberechnet werden kann. Ach! daß uns ja das edle Vorrecht bleibe, inkonsequent und inkalkulabel zu seyn!

Die politische Lage von Lüttich veranlaßte diese Streiferei in das philosophische Gebiet, und mag sie nun auch entschuldigen. Du weißt, daß der General von Schlieffen mit sechstausend Mann Preußen seit ungefähr vier Monaten die Stadt Lüttich und ihre Citadelle besetzt; jetzt muß ich Dir erzählen, warum das geschehen sei und Du wirst Dich wundern, daß die Sache, von der man so viel Aufhebens macht, so einfach ist. Der im Jahr 1316 zwischen allen Ständen und Klassen des Lütticher Volks abgeschlossene Vertrag oder Friede (paix) von Fexhe enthält die Grundverfassung dieses Hochstifts. Wie zu jenen dunklen Zeiten ein Vertrag zu Stande gekommen seyn mag, dessen Vortreflichkeit man sogar mit der brittischen Constitution zu vergleichen wagt, will ich unerörtert lassen; genug, er ward mit Gewalt errungen und mit vergossenem Bürgerblute besiegelt, und war nicht das Werk einer allgemeinen, freien, zwanglosen Überzeugung. Ein mächtiger Bischof, der zugleich Kuhrfürst von Kölln und Bischof von Hildesheim war, that im Jahr 1684 einen gewaltsamen Eingrif in diese Verfassung, indem er den dritten Stand gänzlich von sich abhängig machte und in politischer Rücksicht gleichsam vernichtete, das Recht die Magistratspersonen in den Städten zu ernennen, dem Volk entriß und an sich zog, also zugleich den anderen höheren Ständen furchtbar ward. Indeß besaß die Geistlichkeit zwei Drittheile des Bodens im ganzen Hochstift, und war von Abgaben frei; ein Umstand, welcher mit der behaupteten Ähnlichkeit zwischen der hiesigen Verfassung und der englischen lächerlich kontrastirt. Die Geistlichkeit sah also bei ihrem sichren Genusse gleichgültig zu, daß die Lasten des Volks sich täglich vermehrten. Allein der Zeitpunkt rückte heran, wo zur Erleichterung desselben geschritten werden mußte. Der jetzige Fürstbischof sah sich genöthigt, im vorigen Jahr (1789) eine Versammlung der Stände zusammenzuberufen und zugleich der Geistlichkeit für die Zukunft die Übernahme ihres Theils an den Abgaben anzumuthen. Wiederholte Äußerungen der immer mehr um sich greifenden Eigenmacht des Bischofs, hatten während der Zeit den Bruch zwischen ihm und den Ständen so sehr erweitert, daß das Beispiel von Frankreich und Brabant kaum nöthig war, um eine von jenen gewaltsamen Krisen zu bewirken, welche allenthalben, wo es dem Despotismus noch nicht gelungen ist, die unterjochten Völker um alle Besonnenheit zu bringen und unter die Thierheit hinab zu stoßen, früher oder später die unausbleibliche Folge des zu weit getriebenen Druckes ist.

Das Domkapitel sah wohl ein, daß dies nicht der Zeitpunkt wäre, wo es sich weigern dürfte, zur Tilgung der auf ungeheure Summen angehäuften Staatsschuld beizutragen, und beschloß auf den ersten Wink des Fürsten, seinen bisherigen Exemptionen zu entsagen. Das Volk von Lüttich aber drang bei dieser Veranlassung der Quelle der Malversationen näher; und um das Übel mit der Wurzel auszurotten, forderte es die Abschaffung des Edikts von 1684, zwang den bisherigen Stadtmagistrat, seine Ämter niederzulegen und ernannte, seit mehr als hundert Jahren zum erstenmal, wieder neue Magistratspersonen.

Eine Veränderung von dieser Wichtigkeit, so heftig auch die Bewegung war, die sie in den Gemüthern voraussetzt, konnte dennoch ohne irgend eine, das Gefühl empörende That vollbracht werden, sobald das Volk Einigkeit mit sich selbst hatte, und niemand es wagte, ihm Widerstand zu leisten. Dies war hier wirklich der glückliche Fall. In der Nacht vom siebzehnten auf den achtzehnten August schrieb der Fürstbischof ein Billet, worin er zu Allem, was man vornehmen möchte, vorläufig seine Einwilligung gab; und noch an dem Tage der neuen Wahl begab er sich, auf die Einladung einer Deputation aus dem Magistrat, von seinem Lustschlosse Seraing nach dem Rathhause, wohin das Volk seinen Wagen zog.

Diese Freude und der Taumel, den sie verursachte, waren jedoch von kurzer Dauer; denn bereits am sieben und zwanzigsten August entwich der Bischof heimlich aus seinem Lustschlosse Seraing nach der bei Trier gelegenen Abtei St. Maximin. Hatte er also auch zehn Tage lang die Maaßregeln seines Volkes gebilligt, die Wahl der neuen

Bürgermeister als rechtmäßig anerkannt, diese an seine Tafel eingeladen, sie in seinem Wagen fahren lassen, mit ihnen Rath gepflogen, und den Ständen schriftlich bezeugt, daß er um seiner Gesundheit willen verreisen müsse, aber im Angesicht der ganzen Welt alle Klagen, die vielleicht in seinem Namen angebracht werden könnten, für null und nichtig erkläre: so bleibt es doch immer möglich und wahrscheinlich, daß er zu allen diesen Schritten durch Furcht vor unangenehmen Folgen gezwungen zu seyn glaubte. Das Reichskammergericht in Wetzlar mochte wohl den Vorgang in Lüttich aus diesem Gesichtspunkte angesehen haben, indem es bereits am Tage der Entweichung des Bischofs, aus eigener Bewegung und ohne daß ein Kläger aufgetreten wäre, gegen die Lütticher, als Empörer, Exekution erkannte. Da auch der Bischof nicht säumte, die kreisausschreibenden Fürsten um die unbedingteste Vollstreckung dieses Urtheils zu ersuchen, so leidet es weiter keinen Zweifel, daß er aufhörte, die Rechtmäßigkeit des Verfahrens seiner Untergebenen anzuerkennen, sobald er sich vor ihrer Ahndung sicher glaubte.

Gewalt also, nicht der sanft überredenden Vernunft, sondern der physischen Überlegenheit, brachte in diesem kleinen Staate, wie in jedem andern, alle Veränderungen hervor, so weit sie sich hinaufwärts in das dunkle Mittelalter verfolgen lassen, und wie sie noch vor unseren Augen entstehen. Gewalt begründete den Frieden von 1316, den Despotismus von 1684 und die wiedererrungene Volksfreiheit von 1789; Gewalt soll den Richterspruch von Wetzlar unterstützen; und sie ist es eben, nicht die Vortreflichkeit und innere Gerechtigkeit der Sache, die vielleicht den Lüttichern ihre Verfassung zusichern wird. Das ist der Lauf der Weltbegebenheiten, wobei sich nichts so zuträgt, wie es sich nach der a priori entworfenen Vernunftregel zutragen sollte. Gesellschaften und Staaten bildeten sich schon zu der Zeit, da die Vernunft im Menschen noch unentwickelt lag, da sie seinen thierischen Kräften unterworfen war. Kampf ging den Verträgen zuvor. Siegte auch die billigste Partei, so ward dennoch den Anmaaßungen der Besiegten Zwang angethan. Waren Herrschbegierige die Sieger, so entstanden tyrannische Unterschiede im Volk, und die feudalische Abhängigkeit verwandelte sich nur langsam in eine hartgemischte Verfassung von mehreren Ständen, die immer nicht in gleichem Maaße die Last des gemeinschaftlichen Bundes trugen. Selbst in England, bei einer Verfassung, zu welcher die Völker Europens mit Neid und Begierde hinaufsehen, wird das Volk nicht vollkommen repräsentirt, und seine beinahe uneingeschränkte *bürgerliche* Freiheit ist bei den Gebrechen der *politischen* immer noch in Gefahr. Allerdings hing es nicht von der Willkühr des Volkes ab, sich eine vollkommnere Verfassung zu geben; alles entstand nach und nach, unter mehr oder minder günstigen Umständen; da es die Macht in Händen hatte, mangelte es ihm an Einsicht, und als es Einsicht erlangte, war die Gelegenheit ihm entschlüpft.

Wohin führen uns diese Erfahrungssätze? Etwa zur Festsetzung des Begriffes von *Recht*? Nein; dieser ist bestimmt, und unerschütterlich auf die uns bewußten Formen der Sittlichkeit gegründet, nach welchen wir Befugniß zu allen Handlungen haben, die zu unserer sittlichen Vollkommenheit unentbehrlich sind, ohne der Vervollkommnung Anderer im Wege zu stehen. Aber *das* können, und sollen hier jene aus der Erfahrung entlehnten Thatsachen beweisen, daß der Zwang, wodurch ein Recht behauptet werden muß, von willkührlicher Gewalt nicht unterschieden werden kann, sobald das Recht nicht außer allem Zweifel anerkannt ist. Wenn aber die Parteien, die zusammen einen Vertrag geschlossen haben, über ihre Rechte in Streit gerathen – wer soll dann oberster Schiedsrichter seyn? wessen Vernunft sollen beide für weiser und vollkommner als die ihrige erkennen? wessen Aussprüche sollen sie als wahr und der Natur der Dinge gemäß befolgen? Wie, wenn die Eine Partei durch die Gründe des Schiedsrichters nicht zu überzeugen ist, wenn sie ihn für ungerecht, bestochen, oder nicht für aufrichtig und mit sich selbst einig hält? Wird sie, wenn er der andern Partei das Zwangsrecht zugesteht, jedes Bestreben, sie zu zwingen, nicht für unerlaubte Gewaltthätigkeit halten? Wo bleibt alsdann die Entscheidung? Ist es alsdann genug, daß die eine Partei zahlreicher und stärker ist, um alle Wahrscheinlichkeit für sich zu haben, daß das Recht auf ihrer Seite sei? Ist es, zum Beispiel, hinreichend, daß in dem Falle von Lüttich, die ganze Nation gegen Einen Menschen streitet, um zu beweisen, daß er wirklich Unrecht habe? Oder tritt der Fall nicht mehrmals ein, wo der Philosoph und der Geschichtschreiber mit dem Dichter ausrufen müssen:

    Victrix caussa Diis placuit, sed victa Catoni!

Die vom Schicksal begünstigte Partei hatte den Rechtschaffenen zum Feinde? Giebt es überhaupt ein anderes untrügliches Kennzeichen eines gegründeten Rechts, als die *freiwillige* Anerkennung desselben, von demjenigen selbst, gegen den man es behauptet? Dies ist der große, himmelweite Unterschied zwischen den unbedingten Sätzen einer theoretischen Wissenschaft, und ihrer Anwendung auf das praktische Leben; *so* schwer, *so unmöglich* ist es, in bestimmten Fällen apodiktisch über Recht und Unrecht zu entscheiden!

Welcher Mensch, dem ein Unrecht geschehen ist, oder – was hier gleich gilt – der fest überzeugt ist, daß man ihm Unrecht gethan habe, wird warten, bis er seinem Widersacher dieses Unrecht begreiflich machen kann, wird sich auf Überredung einschränken, wenn sich ihm andere, kräftigere Mittel darbieten, sein Recht zu behaupten? Ist das Unrecht von der Beschaffenheit, daß es ihm mit Verlust des Lebens, oder mit Verstümmelung, oder mit Beraubung der Zwecke des Lebens, mit der Unmöglichkeit seine wahre sittliche Bestimmung zu erreichen droht, so verstehet es sich von selbst, daß er es nicht darauf ankommen läßt, ob die Drohung in Erfüllung gehe, wenn er es anders noch verhindern kann. Es muß also von einem Augenblick zum andern im menschlichen Leben geurtheilt und gerichtet seyn, ohne daß man abwarten kann, ob das Gericht und Urtheil von allen Menschen gebilligt, und als übereinstimmend mit der allgemeingültigen Vernunft anerkannt werde.

Auf dieser Nothwendigkeit beruhen ja wirklich alle Gesetzgebungen und politische Verträge. Freiwillig, oder aus Noth, zu Vermeidung eines größeren Übels, erkannte man eine weisere Einsicht, als die eigene, die jeder selbst besaß; man wollte nun nicht länger in der Ungewißheit leben, nicht länger Recht gegen Recht aufstellen, und sich in endlosen Zwist verwickeln; Eines Mannes Vernunft sollte nun einmal Allen für untrüglich gelten; oder man schuf sich auf die möglichen Rechtsfälle, die zur Entscheidung vorkommen möchten, eine wörtlich bestimmte Vorschrift, und setzte die Verhältnisse aller Glieder im Staate untereinander fest. Man bevollmächtigte sogar denjenigen, dessen Einsicht man sich anvertraute: jedem, der sich etwa weigere diesem Vertrage gemäß zu handeln und den Gesetzen Folge zu leisten, mit Gewalt dazu zu nöthigen und durch Strafen jede Übertretung zu ahnden. Wenn indeß ewiges Beharren in einem und demselben Geleise die Absicht dieser Verabredungen war, so beweiset nicht nur der Erfolg die Vergeblichkeit eines solchen Bemühens, sondern es läßt sich schon aus dem unsteten Grunde, worauf wir hier die Verfassungen und Gesetzgebungen ruhen sehen, ihre Vergänglichkeit voraus verkündigen. Nicht einmal eine Verfassung, welche auf vollkommene Sittlichkeit wirklich abzweckte, würde ihrer Dauer sicher seyn, sobald sie mächtige Nachbaren hätte, die nicht auf diesen Zweck hinarbeiteten; wie viel weniger kann man solchen Verfassungen Dauer versprechen, die auf die sittliche Vollkommenheit des Menschen nicht ihr vorzüglichstes Augenmerk richten! Je weiter sie sich davon entfernen, desto unsicherer ist ihre Existenz; denn die Zeitfolge entwickelt Begebenheiten, verändert innere und äußere Verhältnisse, bringt Krisen hervor, welche dem unvollkommen organisirten Staate allemal gefährlicher sind und früher auf ihn eine nachtheilige Wirkung äußern, als auf einen solchen, dessen Bürger, da ein gemeinschaftlicher Zweck sie fest verbindet, mit einander im Gleichgewichte stehen.

Was aus Noth oder Überdruß am Streite und mit Aufopferung der eigenen Einsicht sowohl, als der eigenen Rechte entstand, das liegt als unverbrüchliches Gesetz, als heilig zu bewahrende Form, unter dem Siegel des Vertrages, und drückt auf diejenige Hälfte der Bürger im Staate, die von ihren Rechten das meiste fahren ließ. Waren nun unter den Punkten, die sie aus Kurzsichtigkeit versprachen, auch *unveräußerliche* Rechte, solche nämlich, deren Aufopferung schlechterdings der Erreichung ihrer sittlichen Bestimmung widerstreitet; so ist die Verfassung schon ihrer Natur nach vor dem Richterstuhle der Vernunft null und nichtig, und kann sich nur durch verübte Gewalt, ohne alles Recht, gegen die bessere Einsicht behaupten, die der unterdrückte Bürger schon mit schmerzlicher Erfahrung erkaufen wird. Hier tritt also der Fall ein, wo das buchstäbliche, verabredete, *positive* Recht dem wahren, in den ursprünglichen Denkformen des Verstandes festgegründeten, *natürlichen* Rechte widerspricht, wo also der Zwang, der zur Behauptung des ersteren verübt werden darf, die Gestalt der Gewaltthätigkeit annimmt, und, insofern ein jeder auf seinem Rechte besteht, nicht von demselben unterschieden werden kann. Viel muß man zwar gutwillig erdulden, um nicht durch voreilige Widersetzlichkeit, indem man dem kleineren Übel abhelfen will, das größere, den Umsturz des Staats und die gänzliche Auflösung der Bande der Gesellschaft, zu bewirken. Die Erfahrung lehrt auch, daß aus Unwissenheit, aus Liebe zum Frieden, aus Trägheit und Gewohnheit, aus Scheu vor den Folgen, aus religiosem Vorurtheil, unendlich viel geduldet wird. Die Erfahrung lehrt wohl noch mehr. Durch sie werden wir inne, daß, so lange die Gebrechen des Staats noch nicht zu einer unheilbaren und dem blödesten Auge sichtlichen Krankheit herangewachsen sind, es ungleich leichter ist, den einmal vorhandenen Umschwung der Staatsmaschine zu erhalten, als ihn gänzlich zu hemmen und eine andere Bewegung an seiner Stelle hervorzubringen. Das Geheimniß aller anmaßenden Regenten, auf dessen Untrüglichkeit sie getrost fortsündigen, liegt in dem Erfahrungssatze: daß der Mensch, der einmal ein unveräußerliches Recht aus den Händen gegeben hat, sich unglaublich viel bieten läßt, was er als Freier nimmermehr geduldet hätte. Er fühlt sich ohnmächtig gegen die herrschende Gewalt; wo er hinblickt, sieht er seine Brüder erniedrigt wie sich selbst, durch Vorurtheil und Sklavenfurcht und Anhänglichkeit an das Leben vielleicht schon außer Stande, zu ihrer Befreiung zu wirken; endlich sinkt er selbst in seiner eigenen Achtung durch die Verläugnung seines Verstandes, oder er zweifelt, daß eigene Empfindung und Einsicht ihn richtig leiten, wenn er einsam da steht, und niemand auf seinem Wege erblickt, der ihn verstände.

Die strengsten Herrscher hüten sich indeß, wenn sie nur ihr Interesse kennen, daß sie das göttliche Fünkchen Vernunft, welches den Menschen vor allen leblosen Werkzeugen und vor allen Lastthieren den entschiedensten Vorzug giebt, nicht ganz und gar ersticken. Unter allen Nationen in Europa haben die Polen allein die Unwissenheit und Barbarei so weit getrieben, in ihren Leibeigenen beinahe die letzte Spur der Denkkraft zu vertilgen; dafür aber tragen sie selbst die härteste Strafe, theils indem der viehische Unterthan ihnen kaum den zehnten Theil der Einkünfte liefert, den der freiere, glücklichere, vernünftige Bauer ihnen eintragen würde, theils weil sie selbst ohne alle Unterstützung und Beihülfe von der unterjochten Volksklasse, durch ihre Ohnmacht der Spott und das Spiel aller ihrer Nachbarn geworden sind. Die weitaussehende Verschmitztheit der gewöhnlichen Despoten läuft also darauf hinaus, der Vernunft des Volks gerade nur so viel Spielraum zu lassen, als zur Beförderung *ihres* selbstsüchtigen Genusses nöthig scheint, übrigens aber sie mit Nebel zu umhüllen, durch furchtbare Drohungen ihr Schranken zu setzen, durch Zeitvertreib sie zu zerstreuen und durch allerlei Gespenster sie in Schrecken zu jagen.

Diese armselige Politik treibt ihr inkonsequentes Spiel, so lange es gehen will; glücklich, wenn sie das Wesentliche von dem Unbedeutenden abzusondern versteht, und das Volk nicht bloß zu amüsiren, sondern auch zu füttern weiß. Im entgegengesetzten Falle wird doch zuletzt der Druck unerträglich: er bringt den Grad von schmerzhafter Empfindung hervor, welcher selbst das Leben wagen lehrt, um nur des Schmerzes los zu werden; und wenn dann alle Gemüther reif und reizbar sind, so bedarf es nur jenes Menschen, der im Palais Royal zu Paris auf einen Schemel stieg und dem Volke zurief: »*Ihr Herren, ich weiß, man hängt mich auf; aber ich wage meinen Hals, und sage Euch: greift zu den Waffen!*«

Büffon erklärte sich die abstoßenden Kräfte in der Physik, indem er voraussetzte, sie würden nur alsdann wirksam, wenn die Theilchen der Materie, die einander anziehen, so lange sie in gewisser Entfernung von einander bleiben, plötzlich allzunahe, innerhalb des Kreises der Anziehung, an einander geriethen; alsdann, meinte er, stießen sie sich mit eben der Gewalt zurück, womit sie sonst zusammenhielten. Dies kann wenigstens als Bild auch für die Erscheinungen der Sittlichkeit gelten. Es giebt einen Kreis, innerhalb dessen die Macht des Herrschers nie muß fühlbar werden, bei Strafe ihren Namen zu verändern, und negativ zu heißen, so positiv sie vorher war. Der Funke, der auf einer gleichartigen Substanz erlischt, kann einen Brand erregen, wenn er brennliche Stoffe schon entwickelt findet; und heterogene Materien können sich unter Umständen sogar von selbst entzünden. Ich erinnere mich hierbei einer Stelle im Kardinal Retz, wo er sagt: zur Entstehung einer Revolution sei es oft hinreichend, daß man sie sich als etwas Leichtes denke[3]. In der That, welche Auflösung, welche Gährung setzt diese Stimmung der Gemüther nicht voraus? Über wie viele, sonst abschreckende Ideenverbindungen muß ein Volk sich nicht hinausge-

---

3   Die ganze Stelle ist so schön, daß ich sie wieder nachgeschlagen habe, und hier einrücke: »Ce qui cause l'assoupissement dans les états qui souffrent, est la durée du mal, qui saisit l'imagination des hommes et qui leur fait croire qu'il ne finira jamais. Aussitôt qu'ils trouvent jour à en sortir, ce qui ne manque jamais lorsqu'il est venu à un certain point, ils sont si surpris, si aises et si emportés, qu'ils passent tout d'un coup à l'autre extrémité et que bien loin de considérer les revolutions comme impossibles, ils le croient faciles, *et cette disposition toute seule est quelquefois capable de les faire.*«

setzt haben, ehe es in seiner Verzweiflung diesen Gedanken faßt! Alle jene Übel, welche vor Alters zur Vereinigung in einem Staat, zur Unterwerfung unter die Gesetze, vielleicht unter den Willen Eines Herrschers, so unaufhaltsam antrieben, werden vergessen; das gegenwärtige Übel verschlingt diese Erinnerung; jede Partei reklamirt ihre Rechte mit Gewalt, und der Kampf geht wieder von vorn an.

Die Gebrechen einer Staatsverfassung können indeß eben so wohl auch ohne eine heftige Erschütterung gehoben werden, wenn man sich in Zeiten guter Vorbauungsmittel bedient und unvermerkt dem ganzen Staate die rechte Richtung nach seinem wahren Ziele sittlicher Vervollkommnung giebt. In Despotien haben wir das Beispiel, daß weise Regenten es ihre vorzügliche Sorge seyn ließen, die bürgerliche Gesetzgebung zu vervollkommnen, und sich dann selbst den neuen Codex zum unverbrüchlichen Gesetze machten, damit auch einst, wenn eingeschränktere Einsichten den Staat regieren sollten, eine Richtschnur vorhanden seyn möchte, um ihnen ihren Weg vorzuzeichnen, und das Gefühl von Recht und Unrecht bei dem Volke zu schärfen. Allmälig bilden sich in solchen mit Weisheit beherrschten Staaten neue, von der obersten Gewalt immer unabhängigere Kräfte; die verschiedenen Volksklassen dürfen die ihnen im Gesetze zugestandenen Vorrechte behaupten; der Wohlstand, der eine Folge milder und zweckmäßiger Politik ist, giebt ihnen Muth und Kräfte, jedem eigenmächtigen Eingriffe Widerstand zu leisten; Stände und Municipalitäten erhalten einen Wirkungskreis, und es geht zwar langsam, aber desto sicherer, eine allgemeine und allen Gliedern des Staats gleich vortheilhafte Veränderung der Verfassung vor sich. Offenbar zwecken viele Einrichtungen, sowohl des verstorbenen Königs als seines Nachfolgers in den preußischen Staaten dahin ab; und dies ist der Grund, weshalb in jenen Staaten auch nicht die entfernteste Besorgniß einer Gährung im Volke vorhanden ist.

Ich habe mir es nicht versagen können, Dir wenigstens etwas von den Ideen mitzutheilen, die mir zuströmen, seitdem ich über die jetzige Lage von Lüttich nachdenke. Von allen jenen Vordersätzen wage ich es indeß nicht, die Anwendung auf diesen individuellen Fall zu machen, und die eine oder die andere Partei zu verdammen. Um das zu können, müßte man in die Geheimnisse der Kabinette eingeweihet und bis zur Epopsie darin gekommen seyn; ein Punkt, wo, nach dem Ausspruche der Geweiheten, die Entscheidungsgründe, womit wir Layen uns so gern befassen, in tiefes Stillschweigen begraben, die Urtheile hingegen, mit der unfehlbaren Autorität von Orakelsprüchen, der profanen Welt verkündigt werden. Demüthiger als ich bin, will ich mich gleichwohl nicht stellen; Du weißt, ich halte nichts von Tugenden, die sich mit Gepränge anmelden; und, Scherz beiseite, wenn ich alles erwäge, was ich so eben hingeschrieben habe, kommt es mir mehr als problematisch vor, daß diese Sache so von der Hand sich aburtheilen lasse, wofern man nicht gewohnt ist mit Machtsprüchen um sich zu werfen, oder auf morsche Grundlagen zu bauen. Der wüthigste Demokrat und der eigenmächtigste Despot führen heutiges Tages nur Eine Sprache; Beide sprechen von der Erhaltung und Rettung des Staats, von Recht und Gesetz; Beide berufen sich auf heilige, unverletzbare Verträge, Beide glauben eher alles wagen, Gut und Blut daran setzen zu müssen, ehe sie zugeben, daß ihnen das Geringste von ihren Rechten geschmälert werde. Mich dünkt, etwas Wahres und etwas Falsches liegt auf beiden Seiten zum Grunde; Beide haben Recht und Unrecht zugleich. Ein Staat kann nicht bestehen, wenn jeder sich Recht schaffen will. Ganz richtig; aber nicht minder richtig ist auch der Gegensatz der demokratischen Partei: ein Staat kann nicht bestehen, wenn kein Geringer Recht bekommt. Gegen den Landesherrn sich auflehnen, ist Empörung; die Herrschermacht mißbrauchen, ist unter allen Verbrechen das schwärzeste, da es in seinen Folgen dem Staate tödtlich und gleichwohl selten ausdrücklich verpönt ist, sondern, weil man auf die sittliche Vortreflichkeit des Regenten volles Vertrauen setzte, seinem zarten Gefühl von Pflicht anheimgestellt blieb. Jeder unruhige Kopf kann die verletzten Rechte des Bürgers zum Vorwande nehmen, um einen Aufstand zu erregen und seine ehrgeizigen Absichten durchzusetzen; jeder Despot kann aber auch, unter der Larve der Wachsamkeit für die Erhaltung des Staats, die gegründeten Beschwerden des Volks von sich abweisen, und dessen gerechtestes Bestreben seine Vorrechte zu erhalten oder wieder zu erlangen, als einen Hochverrath oder einen Aufruhr ahnden. In erblichen Monarchien kann der Fürst, wenn seine Unterthanen ihm den Gehorsam aufkündigen, vor Gott und Menschen gerechtfertigt, sein Erbrecht behaupten und die Rebellen als Bundbrüchige zur Rückkehr unter seine Botmäßigkeit zwingen; allein die Insurgenten werden ihn erinnern, daß der Erbvertrag die Bedingung voraussetzt: der Herrscher solle der weiseste und beste Mann im Staate seyn; wenn es sich nun aber fände, daß der Wechsel der Zeiten und Generationen die Beherrschten weiser und besser gemacht, den Regenten hingegen hätte an Herz und Verstand verarmen lassen; wenn sie sich nicht so schwach an Geiste fühlten, als ihre blödsinnigen Voreltern, so frage es sich: müsse sie da der Vertrag noch binden, oder müsse nicht vielmehr der Fürst mit ihnen seine Rolle vertauschen? – Du siehst, die Politik hat ihre Antinomien wie eine jede menschliche Wissenschaft, und es giebt in der Welt nichts Absolutes, nichts Positives, nichts Unbedingtes, als das für sich Bestehende, welches wir aber nicht kennen. Nur Bedingnisse des Wesentlichen können wir wahrnehmen; und auch diese modificiren sich nach Ort und Zeit. Die Philosophie darf daher jene Einfalt belächeln, womit mancher die einseitigsten Beziehungen für unabänderliche Normen hält, da ihn doch ein Blick auf das, was von jeher geschah und täglich noch geschieht, so leicht von dem bloß relativen Werthe der Dinge überzeugen kann.

Kein Mensch verstände den andern, wenn nicht in der Natur aller Menschen etwas Gemeinschaftliches zum Grunde läge, wenn nicht die Eindrücke, die wir durch die Sinne erhalten, eine gewisse Ähnlichkeit bei allen einzelnen Menschen beibehielten, und wenn nicht wenigstens unabhängig von allem objektivem Daseyn, die Bezeichnung der Eindrücke, nach welcher wir gut und böse, recht und unrecht, widrig und angenehm, schön und häßlich unterscheiden, in uns selbst als Form aller Veränderungen, die in uns vorgehen können, schon bereit läge. Welche bestimmte Eindrücke nun aber diese oder die entgegengesetzte Empfindung in uns hervorbringen sollen, das hängt von Organisation und zum Theil auch von Erziehung oder Gewöhnung ab, und man begreift wohl, wie am Ende die Verschiedenheit der Gefühle und folglich der Gesinnungen bei manchen Einzelnen schlechterdings nicht zu heben oder auf einen Vereinigungspunkt zurückzuführen ist. Aus einem gewissen Standorte betrachtet, kann es allerdings nicht gleichgültig scheinen, ob dergleichen unüberwindliche Unterschiede fortexistiren sollen oder nicht; es kann sogar einen Anstrich von höherer Vollkommenheit für sich haben, wenn alle Meinungen sich nach einer gemeinschaftlichen Vorschrift bequemten, und dann durch das ganze Menschengeschlecht nur Ein Wille herrschen und nur Ein Pulsschlag in der großen sittlichen Welt, wie in der kleinen physischen des einzelnen Menschen, regelmäßig Alles in Umtrieb erhalten dürfte.

Den kürzesten Weg zur Hervorbringung dieser Gleichförmigkeit hatten unstreitig diejenigen erfunden, die den großen Entwurf einer

Universalmonarchie mit dem kräftigen Glauben an eine geistliche Unfehlbarkeit des höchsten Alleinherrschers und an sein überirdisches Daseyn, als eines sichtbaren Stellvertreters der Gottheit, zu einem der Zeit und der unruhigen Vernunft Trotz bietenden Ganzen verschmolzen zu haben wähnten. Ein Wille, Eine Weisheit, Eine moralische Größe über alles, deren Macht zu widerstreben Thorheit, deren Recht zu läugnen Unvernunft, deren Heiligkeit zu bezweifeln Gotteslästerung gewesen wäre, konnten, wenn es überhaupt möglich ist, bis auf den Punkt sich aller Gemüther zu bemeistern, zuerst das Ziel erreichen, welches auch die ausschweifendste, von dem Schicksal auf Einen kleinen Planeten gebannte Herrschgier sich stecken mußte; das Ziel eines, über alle die Tausende von Millionen vernünftiger Wesen, über alles was sich regt, was hervorsproßt und was ruht auf dieser runden Erde, unumschränkt gebietenden Zepters!

Planlos war diese Macht herangewachsen; ohne tief in die Zukunft zu blicken, hatten die stolzen Halbgötter die Gegenwart genossen. Zu spät ging endlich das vollendete System hervor; denn die Kraft des Glaubens war von ihm gewichen, dieser zarte, flüchtige Hauch, der sich in dem schwachen und immer schwächeren Gefäße der menschlichen Natur nicht länger aufbewahren ließ. Die neue Theokratie scheiterte endlich an der Verfassung von Europa. Ihre Vasallen waren Könige; ein anderes Mittel zu herrschen vergönnten ihr die Zeitläufte nicht; allein die mächtigen Satrapen spotteten zuletzt der geistlichen Zwangsmittel, wodurch sie ehedem allmächtig war.

Seitdem die Unfehlbarkeit, und mit ihr die Möglichkeit einer Universalmonarchie, verschwunden ist, bliebe der Versuch noch übrig, ob ein entgegengesetztes System von republikanischen Grundsätzen etwa leichter eine allgemeine Verbrüderung des Menschengeschlechts zu einem allumfassenden Staatenbunde bewirken könnte, und ob sich endlich *alle* Menschen bequemen möchten, den allgemeingültigen Grundsätzen, die eine solche Verbindung voraussetzt, ohne Widerrede zu huldigen? Die Folgen dieser, wenn sie möglich wäre, höchst wichtigen Zusammenstimmung, hat wohl schwerlich jemand in ihrem ganzen Umfang und Zusammenhang überdacht. Bei der vollkommenen Gleichförmigkeit in der praktischen Anwendung jener Grundsätze, scheint mir diejenige Einseitigkeit und Beschränktheit der Begriffe unvermeidlich, welche wir schon jetzt an Menschen wahrnehmen, die unter sich über gewisse Regeln einverstanden oder an eine besondere

Lebensweise gebunden sind. Ein politischer Mechanismus, der durch alle Individuen des Menschengeschlechts ginge, würde den Bewegungen aller eine Bestimmtheit und Regelmäßigkeit vorschreiben, welche sich mit der Art und Weise, wie unsere Kräfte sich entwickeln, nicht wohl zusammen denken läßt. Je auffallendere und mannichfaltigere Abweichungen wir in der Denkungsart der Menschen bemerken, um so viel reicher sind wir an Ideen und ihren Verknüpfungen; ein großer Theil dieses Reichthums aber ginge unwiederbringlich für ein Zeitalter verloren, welches mehr Einstimmiges in unseren Gedankengang brächte. Wie viele Kräfte unseres Geistes fordern nicht zu ihrer Entwicklung außerordentliche Veranlassungen? Dort, wo alles einen gemeßneren Schritt als bisher halten müßte, dort würden diese Kräfte schlummern oder doch nie zu ihrer Reife gelangen; Geister, wie die eines Perikles, eines Alexander, eines Cäsar, eines Friederich, hätten keinen Schauplatz mehr. Wo die Spontaneität der Handlungen wegfällt, verliert man auch die Übung der Verstandeskräfte; nur im Streit entgegengesetzter Begierden und Vorstellungsarten offenbart sich die Vernunft in ihrer erhabenen Größe; durch ihn bewährt sich die Vollkommenheit des sittlichen Gefühls als die rührendschöne Blüthe der Menschheit. Nehmen wir die Kontraste des menschlichen Charakters hinweg, geben wir allen Einzelnen mehrere Vereinigungspunkte und einerlei Bestimmung: wo bleibt dann die Spur jener Götterweide, die Laktanz darin setzte, einen großen Mann gegen ein feindseliges Geschick ankämpfen zu sehen? Wo wir aufhören zu unterscheiden, da sind die Gränzen unserer Erkenntniß; wo nichts Hervorstechendes ist, kann die Einbildungskraft keine Kennzeichen sammeln, um ihren Zusammensetzungen Größe, Erhabenheit und Mannichfaltigkeit zu geben. Excentricität ist daher eine Bedingung, ohne welche sich der höchste Punkt der Ausbildung gewisser Anlagen nicht erreichen läßt; ein allgemein vertheiltes Gleichgewicht der Kräfte hingegen bleibt überall in den Schranken der Mittelmäßigkeit. Eine Verfassung des gesammten Menschengeschlechts also, die uns von dem Joche der Leidenschaften und mit demselben von der Willkühr des Stärkeren auf immer befreite, indem sie Allen dasselbe Vernunftgesetz zur höchsten Richtschnur machte, würde wahrscheinlich den Zweck der allgemeinen sittlichen Vervollkommnung dennoch eben so weit verfehlen, wie eine Universalmonarchie. Was hülfe es uns, daß wir Freiheit hätten, unsere Geistesfähigkeiten zu entwickeln, wenn uns plötzlich der Antrieb zu dieser Entwickelung fehlte?

Doch dieser Antrieb wird uns nimmermehr entrissen werden, wenigstens nicht in dieser einzigen, uns denkbaren Welt, wenigstens nicht, so lange sich alle dreißig Jahre das Menschengeschlecht verjüngt, und wieder emporwächst von den bloß vegetirenden Keimen zu der thierischen Sinnlichkeit, und von dieser zu der gemischten physisch-sittlichen Bildung. Buchstaben, Formeln und Schlüsse werden nie im jungen Sprößling den mächtigen, dunkeln Trieb überwiegen, durch eigenes Handeln die Eigenschaften der Dinge zu erforschen und durch Erfahrung zur Weisheit des Lebens hinanzusteigen. In seinen Adern wird sich, ihm unbewußt, ein Feuerstrom der Macht und des Begehrens regen, den nichts als Befriedigung bändigen und kühlen, den der Widerstand fremder Selbstheit nur reizen und erzürnen, dem ihre Gewalt allein Schranken setzen und durch diese das Bewußtseyn wechselseitiger Befugniß wecken kann. Die erwachsene Vernunft mag ringen mit diesem Sporn zur Wirksamkeit: Auflösung folgt ihrem Siege, und in jedem neuen Organ fesseln sie des frischen Lebens stärkere Bande. Ewig schwankt daher das Menschengeschlecht zwischen Willkühr und Regel; und wenn gleich in wenigen großen Seelen beide vereinigt liegen und aus ihnen beide vereinigt in angeborner, stiller Harmonie hervorgehen; so werden sie dennoch, nur vereinzelt, die Götzen der halbempfänglichen Menge. Auch Schwung und Anziehung stellte die Natur einander so entgegen; ewig ringen auch diese Urkräfte des Weltalls. Darf diese hier, und jene dort der andern etwas abgewinnen; dürfen sie in gleichen Schalen gewogen, die wunderähnliche Harmonie der Sphärenbahnen erzeugen; sind die Phänomene der Auflösung und der in neuen Bildungen sich wieder verjüngenden Natur die Folgen ihres unaufhörlichen Kampfes: so darf ja dieser Kampf nicht enden, wenn nicht das Weltall stocken und erstarren soll!

Schön ist das Schauspiel ringender Kräfte; schön und erhaben selbst in ihrer zerstörendsten Wirkung. Im Ausbruch des Vesuv, im Gewittersturm bewundern wir die göttliche Unabhängigkeit der Natur. Wir können nichts dazu, daß die Gewittermaterie sich in der Atmosphäre häuft, bis die gefüllten Wolkenschläuche der Erde Vernichtung drohen; daß in den Eingeweiden der Berge die elastischen Dämpfe sich entwickeln, die der geschmolzenen Lava den Ausweg bahnen. Das Zusehen haben wir überall; glücklich, daß Zeit und Erfahrung uns doch endlich von dem Wahne heilten, der diese großen Erscheinungen nur für Werkzeuge der göttlichen Strafgerechtigkeit hielt. Wir wissen, daß Kalabrien ruht, indeß der Mongibello wüthet; wir wünschen unseren Pflanzungen Gewitterregen, wenn gleich zuweilen durch den Blitz ein Dorf zum Raube der Flammen wird, ein Menschenleben früher welkt, oder ein Hagel die Saaten niederstreckt.

Mit den Stürmen in der moralischen Welt hat es genau dieselbe Bewandniß, nur daß Vernunft und Leidenschaft noch elastischer sind, als Schießpulver oder elektrische Materie. Die leidenschaftlichen Ausbrüche des Krieges haben ihren Nutzen wie die physischen Ungewitter; sie reinigen und kühlen die politische Luft, und erquicken das Erdreich. Wenn die Selbstentzündungen der Vernunft in einem ganzen Volke nichts als den erstickenden Dampf zurücklassen, so wäre es zwar allerdings erfreulicher, den Witz nur zu rechter Zeit als ein unschuldiges Freudenfeuer auflodern oder in schönen Schwärmern steigen zu sehen; doch wer weiß, was auch in solchen Fällen noch Gutes in dem Caput mortuum übrig bleibt? Auch hier ist es daher verzeihlich, Begebenheiten, an denen man nichts ändern kann, als Schauspiele zu betrachten. Beleidigte etwa diese anscheinende Gleichgültigkeit eine weichgeschaffene Seele? Im Ernst, sie sollte es nicht; denn ob Heraklit über alles weint, oder der abderitische Weise über alles lacht ist im Grunde gleichgültig, weil es nur auf eine gewisse maschinenmäßig angewöhnte Ideenverbindung ankommt. Warum rührt uns die Schilderung eines Unglücks, das irgend ein Dichter seinen Helden erleben ließ, und warum weinen wir nicht, wenn wir lesen, so viele blieben dort in der Schlacht, so viele flogen mit ihrem Schiff in die Luft, so viele hauchten ihr elendes Leben aus in Feldhospitälern, alles um den Geier *Ehrgeiz* zu mästen? Allerdings wird es uns leichter, uns mit Einem als mit Vielen zu identificiren. Gewöhnten wir uns aber, die Idee des menschlichen Elends immer gegenwärtig zu haben, so würden uns nicht nur diese Begebenheiten Thränen entlocken, sondern wir würden beinahe allem, was wir sehen und hören, eine traurige Seite abgewinnen, und einen jammervollen Roman aus den alltäglichsten Ereignissen des Lebens machen.

Es ist nun Zeit, noch einen Blick auf Lüttich zu werfen. Am letzten Tage unseres Aufenthalts genossen wir die Aussicht von der Citadelle. Das westliche Ufer springt hier in einem Winkel vor, und zwischen dieser Höhe und dem Flusse liegt die Stadt. Die Espen am Wege, wo wir hinauffuhren, blüheten so dicht und grün, daß man sie für belaubt halten konnte. Der Umfang der Citadelle ist nicht beträchtlich; ihrer Lage hingegen fehlt es nicht an Festigkeit, der man mit trocknen Gräben noch zu Hülfe gekommen ist. Die preußischen Truppen halten jetzt diese Festung, so wie die äußeren Barrieren der Stadt, besetzt; in der Stadt selbst aber und an den Thoren stehen die Lütticher Nationaltruppen. Von der Spitze eines Bastions genossen wir den Anblick der kleinen Welt von Wohnungen unter unseren Füßen, und der umliegenden Gegend. Die Maas schlängelte sich durch das Thal, wirklich romantischschön, hier hellgrün, wo die Sonne sich darin spiegelte, und dunkelblau in der Ferne gegen Norden, wo sie sich in vielen Krümmungen verliert und immer wieder zum Vorschein kommt. An ihren Ufern sahen wir, so weit das Auge reichte, die Hopfenstangen in pyramidalische Haufen zusammengestellt. Der Hopfenbau giebt den Lüttichern Anlaß ihr gutes Bier sehr stark mit dieser Pflanze zu würzen; bekanntlich gehört auch dieses Bier zu den berühmtesten hiesigen Ausfuhrartikeln. Die Weinberge um die Stadt sind zwar auswärtig nicht bekannt; denn wer hätte je den Wein von Lüttich nennen gehört? Allein man kauft den Burgunder und den Champagner hier sehr wohlfeil; und der böse Leumund sagt: nicht die Schiffahrt auf der Maas sei die Ursache dieses billigen Preises, sondern die Lütticher wüßten aus dem Safte ihrer Trauben jene französischen Sorten zu brauen. Dies ist indeß nicht die einzige Art, wie man sich hier die Nähe von Frankreich zu Nutze macht. Der hiesige Buchhandel wird ebenfalls mit lauter Produkten des *französischen Geistes* getrieben, den die Nachdruckerpresse viel ächter als die Kelter darzustellen vermag. Die besten Pariser Werke werden hier gleich nach ihrer Erscheinung neu aufgelegt und in Holland, in den österreichischen Niederlanden und zum Theil auch in Deutschland, statt der Originalausgaben, verkauft. Dieser Zweig der hiesigen Betriebsamkeit beschäftigt eine große Anzahl von Handwerkern, und einige Künstler, die ihre reichliche Nahrung bei den Verlegern finden. Was er zur Aufklärung sowohl des Lütticher Staats, als seiner Nachbarn gewirkt hat, liegt am Tage, und war auch wohl vorauszusehen. Doch mit den eigenen Produkten des Geistes, die hier fabrizirt werden, dürfte es wohl etwas schlechter stehen, wenigstens, wenn man den zum Sprichwort gewordenen hiesigen Almanach zum Maaßstab nehmen darf.

Wir mußten endlich wieder hinuntersteigen in die engen schmutzigen Gassen. Unser Weg führte uns bei einem Hause von gutem Aussehen vorbei, welches das Eigenthum einer sehr zahlreichen Lesegesellschaft ist; und man wollte uns zu verstehen geben, daß hier die bedenkliche Lage der öffentlichen Angelegenheiten des Hochstifts zuerst ventilirt worden sei. Wie es sich aber auch damit verhalten mag, so ist wohl nicht zu zweifeln, daß Privatleidenschaften einzelner Menschen hier so gut, wie bei einer jeden Revolution, im Spiele gewesen sind. Das Wenige, was wir aus der alten Geschichte wissen, läßt uns die kleinen Triebfedern so mancher großen Veränderung in Athen und in Rom noch jetzt erkennen, und lehrt uns, zwischen diesen und der allgemeinen Neigung sowohl, als dem allgemeinen Bedürfnisse zu einer Revolution, ohne welche sie nicht wirken können, genau zu unterscheiden. Die äußerst kritische Lage der Lütticher wäre in diesem Augenblicke noch ungleich bedenklicher, wenn ein solches Bedürfniß und ein lebhaftes Gefühl von unerträglichen Lasten sie nicht wirklich zu einem gemeinschaftlichen Zwecke verbände, wenn nur Parteigeist und Privathaß das Volk ohne hinreichende Ursach in der Bewegung zu erhalten suchten, die es sich einmal gegeben hat. Das Schicksal von Lüttich hängt zu fest an dem Schicksal Deutschlands, um sich davon absondern zu lassen, und das Interesse der Nachbarn wird es nicht leiden, daß die Lütticher ihre Sache allein ausfechten dürfen.

Unser bisheriger Standpunkt war überhaupt für die Politik des Tages viel zu hoch; wir übersahen dort zu viel, unser Horizont hatte sich zu sehr erweitert und die kleineren, näheren Gegenstände entzogen sich unseren Blicken. Hier unten ist von allem, was uns dort so klar, so hellglänzend vor Augen schwebte, von den Rechten der Menschheit, der Entwicklung der Geisteskräfte, der sittlichen Vollendung, vor lauter Gewühl der Menschen und ihrer kleinen, eigennützigen Betriebsamkeit wenig oder gar nichts mehr zu sehen. »Wie? erinnert nicht der Anblick fremder Kriegsvölker« – – woran? Doch nicht an den Schutz, den die Großmuth des Mächtigen dem Schwachen angedeihen läßt? an die seltene Freiheitsliebe eines unumschränkten Herrschers, der die gerechte Sache des Volks gegen die Anmaßungen des Despotismus vertheidigt? an den Patriotismus eines Reichsstands, womit er der Verzweiflung wehrt, daß sie, durch ein strenges Verdammungsurtheil gereizt, sich vom deutschen Staatssystem nicht losreiße, sich der benachbarten Empörung nicht in die Arme werfe? – Oder erinnert uns etwa nichts an die Klugheitsregeln einer in die Zukunft schauenden und die Zukunft selbst bereitenden Politik? an Verkettungen von Begebenheiten in allen Enden von Europa, die es bald erheischen können, dem nahen Brabant zu Hülfe zu eilen, seine Unabhängigkeit zu befestigen, sie durch die Vereinigung mit Lüttich zu stärken und dagegen Handelsvortheile und Arrondissemens zu ärndten? Fast möchte man glauben, diese letzteren Antriebe lägen näher, wären dem gebieterischen Bedürfnisse des Augenblicks angemessener und, wenigstens in der Sprache des Staatsmannes, dem Scharfblicke der Kabinette rühmlicher, als die Schwärmerei für demokratische Freiheit.

Wie aber das individuelle Interesse *eines* Hofes sich vollkommen mit der Begünstigung der Volkspartei reimen läßt, so zeichnet die Selbsterhaltung *andern* einen entgegengesetzten Gang der Affairen vor. Mit jedem Eingriff in die Rechte eines geistlichen Fürsten, mit jedem Vortheil, den sich der dritte Stand erringt, mit jedem Schritte, wodurch er sich dem Kapitel und dem Adel an die Seite zu stellen und neben ihnen geltend zu machen sucht, wird die Verfassung geistlicher Wahlstaaten in ihren Grundfesten erschüttert und mit einem nahen Umsturz bedroht. Gesetzt also, das Volk von Lüttich hätte wirklich nur in der Form gefehlt, indem es aus eigener Macht und Gewalt die Usurpation des Edikts von 1684 aufhob, und nicht durch regelmäßige Wahl, sondern im Enthusiasmus des Augenblicks durch eine allgemeine Akklamation sich selbst neue Magistratspersonen schuf; so wird doch, wo so viel, ja wo alles von Heiligung der Form abhängt, die Unregelmäßigkeit der Procedur ihre Aufhebung und Annullirung bewirken müssen. Das preußische Kabinet scheint diese Nothwendigkeit endlich einzusehen; und weil es weder mit dem deutschen Fürstenbunde brechen, noch auch plötzlich gegen die Lütticher, die es bisher beschützte, Zwangsmittel brauchen mag, zieht es endlich seine Truppen in wenigen Tagen zurück und überläßt den andern niederrheinischen Fürsten die Ausführung des Wetzlarischen Exekutionsdekrets. Die Kosten einer Exekution, die ein so starkes Corps von Truppen erforderte, häufen sich zu sehr beträchtlichen Summen an, deren Abbezahlung das Hochstift mit neuen Schulden belasten wird, wiewohl der König, wie es heißt, die eigentlich so genannten Exekutionsgelder, die sich täglich auf dreizehnhundert Thaler belaufen, und worin der Unterhalt der Truppen nicht mit begriffen ist, dem armen Lande großmüthig erlassen hat.

Bald dürfte man nunmehr ernsthafteren Auftritten, als den bisherigen, entgegen sehen. Das Gefühl mag tief erseufzen über die bevorstehende Verheerung dieses blühenden Landes und die schrecklichen Ungerechtigkeiten, welche von jedem feindlichen Überzug unzertrennlich sind; Übel, deren Wirkung unendlich schmerzhafter ist, als das Unrecht, dem man steuern will, auf wessen Seite das auch immer sei; der gesunde Menschensinn mag einsehen, daß wer auch Recht behält, die Entscheidung auf alles was zur wesentlichen Zufriedenheit und Perfektibilität eines jeden Lüttichers vom Bischof bis zum Köhler gehört, keinen sichtbaren Einfluß haben werde; die Philosophie mag betheuern, daß auf ihrer Wage gewogen, ein Menschenleben mehr werth sei, heiliger geachtet zu werden verdiene, als die ganze Rechtsfrage, worüber man streitet; das zarte Gewissen frommer Religionsbekenner mag endlich erbeben vor der schrecklichen Verantwortung über das bei einer so frivolen Veranlassung vergossene Menschenblut: so wird doch die Politik, von den Furien des Ehrgeizes und der Selbstsucht gegeißelt, beide Parteien mit Wuth gegen einander erfüllen, und keine zur Nachgiebigkeit stimmen lassen, bis nicht Bürgerblut geflossen ist. Armes Menschengeschlecht! so spottet man deiner, indem man Gefühl und Vernunft, Philosophie und Religion im Munde führt, und deine heiligsten Güter, Leben und Endzweck des Lebens, für nichts achtet, sobald es auf elendes Rechthaben ankommt!

Das Lütticher Volk sehen wir jetzt sich mit Eifer zur Gegenwehr rüsten. Alles trägt das Freiheitszeichen, eine aus Schwarz, Grün, Weiß und Roth zusammengesetzte Kokarde; man spricht einander Muth und Vertrauen ein, indem man sich schmeichelt, der König von Preußen werde mit seinen Truppen dem Volke nicht zugleich auch seine Gunst und seine Fürsprache im Nothfall entziehen. Der Bürgermeister von Fabry, ein siebenzigjähriger Greis, für dessen Rechtschaffenheit und Einsicht das allgemeine Zutrauen seiner Mitbürger spricht, arbeitet bei diesen bedenklichen Umständen mit unermüdeter Thätigkeit, um das Beste seiner Mitbürger zu bewirken. Dies ist keine leichte Sache, wenn man den erhitzten gewaltsamen Zustand der Gemüther und die dunkle Aussicht in die Zukunft erwägt. Die Ausschweifungen des Pöbels lassen sich nicht berechnen, sobald er einmal aufgeregt ist, und das mit Zügellosigkeit so leicht von ihm zu verwechselnde Wort: *Freiheit!* zu seinem Wahlspruch genommen hat. Der Auflauf vom siebenten Oktober, welcher einem jungen Freiwilligen das Leben kostete, und wobei der Pöbel vom Kirchspiel St. Christoph den Magistrat nöthigte, eine milde Stiftung, deren Intcressen sonst jährlich vertheilt wurden, auf einmal unter die jetztlebenden Armen auszuspenden, beweiset, was man von dem lebendigen Werkzeuge befürchten müsse, dem man das Bewußtseyn seiner Kräfte leichter beibringen kann, als den Begriff von gesetzmäßigem Betragen.

Außer jenem Todesfalle, scheint bis jetzt der härteste Schlag, den das Schicksal hier ausheilte, den vortreflichen Anführer des preußischen Heeres getroffen zu haben. Auf dem Marsch von Lüttich nach Mastricht glitt sein Pferd an einer abschüssigen Stelle, wo unter dem aufgethauten Schnee noch eine Eisrinde lag, so daß es zweimal überschlug und seinem Reiter das Bein zerschellte. Dieser Vorfall, der nur schmerzhaft und unangenehm, wegen der gehemmten Thätigkeit war, hätte dem General leicht tödtlich werden können, da er seine Arbeiten in Mastricht mit unablässigem Eifer betrieb, und sich dadurch eine schwere Krankheit zuzog, die indeß über seinen heiteren philosophischen Sinn nichts vermochte, und endlich seinem guten Naturell weichen mußte. Ich habe ihn hier wieder gesehen. – – Unter den Empfindungen, welche Menschengröße weckt und Worte nicht entheiligen dürfen, giebt es eine so zarte, daß sie selbst die Dankbarkeit verstummen heißt.

XII

Löwen

Sobald man von Lüttich aus die steile Höhe erreicht hat, die sich längs dem linken Ufer der Maas erstreckt, findet man oben eine Ebene, welche nur in geringen wellenförmigen Wölbungen sich hier und da erhebt und ein reiches, fruchtbares Saatland bildet, das an einigen Orten eine ziemlich weite Aussicht gewährt. Verschwunden sind nun hier die lebendigen Hecken, welche jenseits Lüttich die Äcker, und im Limburgischen die Wiesen und Weiden umzäunten. Oft sieht man auf sehr weiten Strecken nicht einen Baum; oft aber zeigen sich Dörfer in Espen- und Ulmenhainen halb versteckt. Der Frühling kämpfte ritterlich mit dem verzehrenden Ostwinde; denn die Blüthen von Birnen, Äpfeln, Kirschen, Schwarzdorn, Ulmen und Espen drangen trotz der Kälte hervor; die von den Obstsorten indeß nur an warmen und geschützten Wänden.

Durch das kleine Städtchen St. Trond im Lütticher Gebiet, kamen wir nach Thienen oder Tirlemont, wo wir zu Mittag aßen. Auf dem Wege dahin nahmen wir eine Wirthin aus einer Dorfschenke in den Postwagen. Sie fing sogleich ungebeten an, indeß die übrige Gesellschaft schlief, mir von einer berühmten Ostertagsprozession zu erzählen, von welcher wir die Leute so eben zurückkommen sahen. Mehr als tausend Pilger zu Fuß, und mehrere Hunderte zu Pferde ziehen über einen Acker, und zertreten die darauf stehende grüne Saat. Allein jedesmal wird der Glaube des Eigenthümers reichlich belohnt, indem sein Acker dieses Jahr ungewöhnlich reichliche Früchte trägt. Ein Bauer, der nicht glauben wollte, und sich die Prozession verbat, ward von Gottes Hand gestraft und sein Acker blieb unfruchtbar. Ich begreife, sagte ich, daß das Niedertreten des jungen Korns ihm nichts schadet. Sie sah mich mit großen Augen an; oui, rief sie endlich in einem bedeutungsvollen Tone, la puissance de Dieu est grande! Ich verstand und schwieg.

Die Dörfer in dieser Gegend sind schön. Man bemerkt zwar noch manche leimerne Hütten, doch auch diese sind geräumig und in ihrem Innern reinlich; aber fast noch öfter sieht man Bauerhöfe ganz von Backsteinen erbauet. Die Einwohner haben in dieser Gegend etwas Edles und Schönes in der Physiognomie; der gemeine Mann hat ein schönes Auge, eine große gebogene Nase, einen scharfgeschnittenen Mund und ein rundes männliches Kinn. Wir glaubten die Originale zu den edleren Bildungen der flammändischen Schule zu sehen. Die Frauenzimmer zeichnen sich bei weitem nicht so vortheilhaft aus; ich habe hier noch kein schönes angetroffen, doch wäre dies auf einem so schnell vorübereilenden Zuge wirklich auch zu viel verlangt. Munterkeit, Thätigkeit, mit einem Behagen an sinnlichen Empfindungen und einer gewissen Ungezwungenheit vergesellschaftet, schienen mir an diesen Menschen hervorstechende Charakterzüge. Ich spreche nur vom Volk; aber das Schicksal der zahlreichsten Klasse hat auch den ersten Anspruch auf den Beobachter, und wenn ich mich in meiner Prognosis nicht geirrt habe, so deuten jene Züge zusammengenommen auf einen ziemlich glücklichen Zustand des Landvolks.

Tirlemont ist eine reinliche, gutgebaute, kleine Stadt, mit vielen massiven Gebäuden, die ihren ehemaligen Wohlstand noch bezeugen. Jetzt scheint sie von ihrer Nahrung viel verloren zu haben; doch werden hier noch wollene Waaren, Flannelle nämlich und Strümpfe, verfertigt. Der starke Anbau des Ölrettigs, den man auf französisch Colsat oder Colza nennt, welches offenbar aus unserm Kohlsaat entstanden ist, beschäftigt hier ein Dutzend Ölmühlen. Auf die vortreflichen Wege, die wir überall seit unserm Eintritt in die östreichischen Niederlande gefunden hatten, folgte itzt eine Chaussee, welche bis nach Löwen in gerader Linie fortläuft und unzerstörbar zu seyn scheint. Espen, Ulmen und Linden, oft in mehreren Reihen neben einander, beschatten diesen Weg und begleiten auch an manchen Stellen jeden Acker. Die häufigen Landhäuser und Dörfer, bald am Wege, bald in einiger Entfernung, zeugen von der starken Bevölkerung dieses fruchtbaren, schönen Landes, welches sich jedoch hier immer mehr bis zur vollkommnen Ebene verflächt. An einigen Stellen sahen wir die Äcker und Wiesen mit Gräben umzogen; Saatland und Kleeäcker und Ölsaamen wechselten mit den bereits zur Sommersaat gepflügten Feldern ab. Alles, was romantisch ist, mangelt dieser Gegend; dafür zeigen sich aber Überfluß und Kultur eines leichten, fruchtbaren, mit Sand gemischten Bodens.

Um der Sicherheit willen versahen wir uns hier mit der Kokarde von Brabant, die wir vielleicht noch länger hätten entbehren können; denn so kindisch froh noch alles in Brabant mit der neuen Puppe der Unabhängigkeit spielt, so ist gleichwohl die erste Wuth des Aufruhrs verraucht, und man dürfte es leicht dem durchreisenden Fremden verzeihen, daß er nicht das patriotische Abzeichen aufsteckt. Allein, um der Gefahr einer Mißhandlung von einzelnen, unbändigen Menschen nicht ausgesetzt zu seyn, ist es immer rathsamer, sich lieber nach Landesart zu bequemen. Wir hatten überdies noch einen muthwilligeren Antrieb, den die abentheuerliche Erscheinung eines unserer Reisegefährten veranlaßte. Die Gesellschaft bestand in einem alten französischen Chevalier de St. Louis, seiner Gouvernante, und einem saarbrückischen Spiegelarbeiter, der wie ein ehrlicher Bauer aussah. Unterwegs gesellten sich noch ein französischer Kupferdrucker aus Lüttich und seine niederländische Frau dazu.

Der alte Ritter hatte wenigstens seine sechzig Jahre auf dem Rücken, und war ein kleines, vertrocknetes Gerippe, mit einem sauren Affengesicht und einer Stimme, die etwas zwischen Bär und Bratenwender schnarchte und knarrte. In seinen Zügen lag alles Eckige, Mürrische und Schneidende von Voltaire's Karrikaturgesicht, ohne dessen Satire, Risibilität und Sinnlichkeit. Den ganzen Tag kam der Alte nicht aus seinem verdrießlichen, kurz abgebrochenen, trocknen Ton; nicht ein einzigesmal schmiegten sich seine verschrumpften Wangen zu einem wohlgefälligen Lächeln. Eine entschiedene Antipathie wider alles, was nicht auf seinem vaterländischen Boden gewachsen war, ein aristokratisches Mißfallen an der unerhörten Neuerung, daß nun auch der Pöbel, la canaille, wie er sich energisch ausdrückte, *Rechte der Menschheit reklamierte,* und ein ungeberdiges Bewußtseyn seiner Herkunft und Würde, welches sich bei allen kleinen Unannehmlichkeiten der Reise äußerte, schienen den Grund zu seiner üblen Laune auszumachen, die dadurch noch sichtbarer und lächerlicher ward, daß er offenbar in sich selbst einen innern Kampf zwischen der Lust zu sprechen, und der Abneigung sich der Gesellschaft mitzutheilen fühlte. Er saß da in einem kurzen, ganz zugeknöpften Rock vom allergröbsten Tuch, das einst weiß gewesen war, und das unsere Bauerkerle nicht gröber tragen; im Knopfloch das rothe Bändchen, auf dem Kopf eine runde, weißgepuderte Perücke und einen abgetragenen, runden Hut mit flachem Kopf und schmalem Rande, der ihm folglich nur auf der Spitze des Scheitels saß, so oft er ihn auch ins Gesicht drückte. Die Gouvernante war eine ziemlich wohlgenährte französische Dirne, mit einem wirklich nicht unebenen Gesichte, das eher feine Züge hatte, und mit einer Taille, worüber nur die Verläumdung dem erstorbenen Ritter einen Vorwurf machen konnte. Sie schien ohne alle Ausbildung, bloß durch Nachgiebigkeit, und indem sie sich in die Launen ihres Gebieters schickte, ihn doch packen zu können, wo er zu packen war. Den ganzen Weg hindurch disputirte er mit ihr, verwies ihr Dummheit und Unwissenheit, belehrte sie mit unerträglicher Rechthaberei, und behielt am Ende immer Unrecht. Er affektirte von seinen Renten zu sprechen, und zankte mit jedem Gastwirth um seine Forderungen. Diese vornehme Filzigkeit brachte ihn mit den Zollbeamten in eine verdrießliche Lage. Ein halber Gulden hatte unsere Koffer vor ihrer Zudringlichkeit gesichert; allein ob sie ihn schon kannten, oder hier ihre berüchtigten physiognomischen Kenntnisse an den Mann brachten: genug, als hätten sie geahndet, er werde nichts geben, packten sie seine Habseligkeiten bis auf das letzte Stück Wäsche aus, und ließen ihm den Verdruß, sie unsern Augen preis gegeben zu haben, und wieder einzupacken, wofür er denn, sobald sie ihn nicht mehr hören konnten, eine halbe Stunde lang über sie fluchte. Durch eine ziemlich leichte Ideenverbindung kam er auf den Finanzminister Necker, und ergoß den noch unverminderten Strom seiner Galle über ihn: »der Mann, sagte er, empfängt immer, und zahlt niemals; lebte ich nicht von meinen Renten, ich müßte zu Grunde gehen, denn meine Pension bleibt aus.« Zu St. Trond fingen wir an, von Kokarden zu sprechen; dies setzte ihn, der den Beutel so ungern zog, in Angst und Verlegenheit, zumal, da wir äußerten, daß man sich leicht eine Mißhandlung zuziehen könne, wofern man ohne dieses Schiboleth der Freiheit sich auf den Straßen sehen lasse. Da wir es indeß doch für gut fanden, ohne Kokarde bis Tirlemont zu fahren, beruhigte er sich wieder. Hier aber steckten wir nach Tische die patriotischen drei Farben, schwarz, gelb und roth, an unsern Hut, und versicherten mit bedeutender Mine: jetzt sei nicht länger mit den wüthenden Brabantern zu scherzen. Zwischen Furcht und Knauserei gerieth unser Ritter in neue Bedrängniß; mit der Gouvernante ward förmlich Rath gepflogen; sie stimmte für den Ankauf, und schon war er im Begriff das Geld hinzuzählen, als die Liebe zu den vierzehn Stübern siegte und er sich, freilich mit etwas banger Erwartung, ohne Abzeichen in den Wagen setzte. Die Menge der Kokardenträger, die uns Nachmittags begegneten, beunruhigte ihn aber so sehr, daß er, wiewohl wir schon in der Dämmerung zu Löwen eintrafen, noch beim Abendessen mit einem vierfärbig gestreiften Bändchen um seinen schäbigen Hut, wie ein alter Geck, der auf dem Theater eine Schäferrolle spielt, zum Vorschein kam, und nach hiesiger Landesart, ob wir gleich unbedeckt waren, und in Gesellschaft einer von Antwerpen angekommenen Französin da saßen, ihn bei Tische auf dem Kopfe behielt. Die Gouvernante, die im Wagen neben ihm saß, hatte doch nicht die Ehre, mit ihrem Herrn aus einer Schüssel zu essen, sondern mußte in der Küche mit des Kutschers Gesellschaft vorlieb nehmen; ein Zug, der seinen Stolz desto mehr charakterisirte, weil sonst der Kutscher schon oft der Gegenstand seines Zorns gewesen war: er fuhr ihm zu langsam, er hielt zu oft an, er war ein viel zu hübscher Kerl, und schäkerte zu viel mit den Mädchen in den Schenken. Unser Kupferdrucker war ein Original von einer ganz andern Art. Was im Gesichte des alten Ritters fehlte, war das einzig herrschende Wahrzeichen des seinigen: ein tiefer Einschnitt auf beiden Wangen, um den Mund, welcher die Gewohnheit, denselben in die Falte der Freundlichkeit zu legen, andeutete. Sein, übrigens auch hageres Gesicht, hatte einen Ausdruck von Geschmeidigkeit ohne Falschheit, von der Weichheit und sanften Gefälligkeit, die aus einem dunklen

Gefühl von Schwäche und Furcht entspringt, versetzt mit einer wahrhaft parisischen Reizbarkeit für den leichtsinnigsten Genuß der Minute, einer feinen Scherzlustigkeit und einem Sinn für das Groteskkomische. Er hatte sich noch nicht zurecht gesetzt, so kündigte er sich schon an, und ließ uns nicht länger in Ungewißheit über seine Schicksale, sein Gewerbe, seine Vermögensumstände, seine Verwandtschaft, seine Aussichten und seine Gebrechen. Einen Topf, in ein Tuch gebunden, behielt er sehr sorgfältig in der Hand. »Dieser Topf, sagte er, sei mit einem vortreflichen Ölfirniß angefüllt, den er bereiten könne, und der zum Kupferdrucken unverbesserlich sei.« Daher war auch der Schlußreim seiner Erzählungen immer: »ich weiß zuverlässig, man wird mich in Lüttich sehr vermissen.« Sein Handwerk nannte er ein talent, und versicherte sogar, daß er drei talens besäße, nämlich das Kupferabdrucken, das Buchdrucken und das Formschneiden in Holz. Weiter als St. Trond wollte er nicht gehen; »dort sei er gesonnen zu bleiben, bis es da nichts mehr zu thun gebe. Einen Theekessel führe er überall mit sich; es sei das einzige unentbehrliche Geschirr, weil er seinen Kaffee selbst koche.« In Deutschland rühmte er sich einer guten Aufnahme; er war bis Andernach gekommen, wo man ihn nach Vermögen in einer kleinen Schenke bewirthet, und ihm sogar über die Streu ein Leintuch gedeckt hatte; dafür habe er auch der Magd, comme un généreux François, beim Weggehen etliche Kreuzer geschenkt. Sein Vater war Zolleinnehmer gewesen; er nannte ihn einen petit Monsieur, qui a mangé soixante mille francs. Hätte der kleine Herr nicht beträchtliche Schulden hinterlassen, die seine Wittwe und Kinder bezahlen mußten, so hätte sein Sohn studirt und wäre wieder ein Régisseur geworden; allein wenigstens seine Schwestern lebten dans le grand monde. Seine Frau konnte fast gar kein Französisch und war so häßlich, daß sogar unser alter Erbsenkönig, als sie in den Wagen stieg, ein ah Dieu! qu'elle est laide! zwischen den Zähnen murmelte, ohne an seine eignen Vorzüge zu denken. Um uns das Räthsel zu lösen, wie man zu einer unfranzösischen Frau kommen könne, eröffnete uns der Kupferdrucker, daß sie zwölftausend Gulden erben würde, und daß er im Begriffe stehe, diese Erbschaft zu heben. »Mit dem Gelde, fuhr er fort, bin ich ein reicher Mann, kaufe mir ein Pferd und einen brancard dazu, führe mein Weib nach Paris, zeige ihr alle Herrlichkeit der Welt und etablire mich dann in der Provinz.« Nun fing er an uns alle Sehenswürdigkeiten der unvergleichlichen, einzigen Hauptstadt zu beschreiben. Zuerst nannte er die Tuillerien, weil der König jetzt darin wohnt; sodann die Sternwarte: »hier, sagte er, steigt man dreihundert Stufen tief hinab in einen Keller, und gukt dann durch drei Meilenlange Röhre am hellen Mittage nach dem Mond und den Sternen. Aber lassen Sie sich nichts weiß machen, wenn Sie hinkommen; es sind keine wahre Gestirne, die man dort zu sehen bekommt; sie sind von Pappe ausgeschnitten und werden vor die Sehröhre geschoben.« Eben so klare Begriffe hatte er vom königlichen Naturalienkabinet, »wo man in einem Zimmer alle Thiere und Vögel, im andern alle Pflanzen der Erde beisammen sieht.« Besonders aber pries er die Wunder des Invalidenhauses, und das Merkwürdigste von allem, nämlich die Küche. »Hier steht eine marmite von ungeheurer Größe, und hundert Bratspieße, et sur chacune vingt gigots de mouton.« Hätten wir einen Engländer bei uns gehabt, er würde den Zug charakteristisch gefunden haben, da man in England immer über das Hungerleiden der Franzosen spottet. – Während der Mann von Paris plauderte, hatte sein ganzes Angesicht sich zur Mine des höchsten Entzückens verklärt, und er beschloß mit der Betheurung, daß er die Stadt vor seinem Ende wiedersehen und sich seiner guten Tage dort erinnern müsse. Dann pries er uns seine glückliche Ehe; und als einer bemerkte, daß der Ehesegen ausgeblieben sei, wäre er mit der ernsthaften Versicherung, dies sei auch der einzige Streitpunkt zwischen ihm und seiner Frau, gut durchgekommen, wenn sie nicht zur Unzeit von vier Jungen, so groß wie er selbst, aus ihrer ersten Ehe gesprochen hätte. Jetzt mußte er sich aus der Sache ziehen so gut er konnte; er that es indeß mit der besten Art von der Welt, und mit der feinsten französischen Galanterie gegen seine wirklich ausgezeichnet häßliche Hälfte. Endlich lenkte er das Gespräch auf seine Armuth, spottete über den Inhalt seines Koffers, und wiederholte aus Annette und Lubin: tu n'as rien, je n'ai rien non plus; tiens, nous mettrons ces deux riens là ensemble et nous en ferons quelque chose; und da ihm dies die Sache nahe legte, müßte er weniger leichtes Blut gehabt haben, als ein Franzose wirklich hat, um nicht von diesem Dialog den Übergang zum Singen zu machen und sehr zärtlich zu quäken. Im ersten Wirthshause, wo wir abstiegen, produzirte er uns aus einem Päckchen etwas von seiner Arbeit. Es waren einige Kupferabdrücke, die er zu einem Lütticher Nachdruck von le Vaillants Reisen gemacht hatte. Bei dieser Gelegenheit kam auch der Nachdruck der Encyklopädie in Erwähnung, die er kaum nennen hörte, als er schon ausrief: ah! l'exellent ouvrage, que l'Encyclopédie! »Aber schade, setzte er hinzu, daß ich es nicht bei mir habe, das schöne Blatt, welches ich auch noch in Lüttich druckte: le Capsignon parmi ses disciples!« Hätte ich den Anacharsis nicht kürzlich in Händen gehabt, so wäre es mir nicht eingefallen, daß dies die Aussicht vom Minervaentempel auf dem Vorgebirge Sunium seyn sollte, wo Plato mit seinen Schülern steht.

Das Glück, sich mit einer Landsmännin von Stande in Gesellschaft zu sehen, hatte sichtbaren Einfluß auf unsern Ritter; er nahm ein Air von Würde an, das in der That ins hohe Komische gehörte. Die Dame aus Antwerpen war indeß in ihrer Art wenigstens eine eben so auffallende Karrikatur wie er selbst. Sie reisete ohne alle Bedienung mit einer achtjährigen Tochter, und mochte wirklich von Stande seyn, wofür sie der Ritter hielt; denn sie war für eine Modehändlerin zu gelehrt, und für eine französische Komödiantin nicht ungezwungen genug in ihrer Coquetterie. Ihr langes, bleiches Gesicht machte noch Ansprüche auf Schönheit, die aber ihre lange, hagere Figur schlecht unterstützte; im Grimassiren, Gestikuliren und Moduliren des Tons war sie Meister, so daß sie alle Beschreibung zu Schanden macht. Sie politisirte über alle Angelegenheiten von Europa mit einer Dreistigkeit und einer Fülle von Kunstwörtern, die mancher für Sachkenntniß genommen hätte. Auf ihrer Reise in Holland hatte Rotterdam ihr gefallen; vom Haag hingegen behauptete sie, daß es den Vergleich mit Versailles nicht aushielte. Doch rühmte sie den Diamantenschmuck der Erbstatthalterin. Alles war entweder ganz vortreflich oder ganz abscheulich, und ihre Superlativen bestanden immer in einer dreifachen Wiederholung des Worts, welches sie das erstemal langsam, die beiden folgendenmale aber äußerst schnell aussprach, z.B. »superbe, (prestissimo:) superbe, superbe!«

Als der alte Chevalier seine Magd aus dem Zimmer zum Essen schickte, riß die Donna die Augen weit auf, und blickte starr hinter ihr her, bis sie schon längst zur Thür hinaus war; dabei schraubten sich Mund und Nase zu einem unbeschreiblichen Ausdruck der hochmüthigsten Verachtung. Sprach ein Bedienter sie bei Tische an, so antwortete sie ihm mitten in der heftigsten Deklamation, wobei sie gemeiniglich um Eindruck zu machen im Tenor blieb, mit einer sanften, unschuldigen Diskantstimme und einem Ton der unerträglichsten Gleichgültigkeit. Mit eben dieser zarten Stimme und einem affektirten, ganz gefühllosen Zärtlichthun addressirte sie auch von Zeit zu Zeit an ihr Hündchen unter dem Tisch einige süße Worte. Kurz, es wäre verlorne Mühe gewesen, an diesem Geschöpfe nur noch eine Faser Natur zu suchen.

Unter solchen Menschen leben wir, lachen wo wir können, und wälzen uns durch eine Welt, die uns fremd bleibt, bis der Zufall hier oder dort ein Wesen erscheinen läßt, an dessen innerem Gehalt der lechzende Wanderer sich erlaben kann. Daß solche Erscheinungen fast überall möglich sind, wird man ohne die auffallendste Einseitigkeit nicht läugnen wollen; daß aber mehr als Glück dazu gehört, sie gleichsam im Fluge zu treffen, indem wir schnell vorüber eilen, das, dünkt mich, versteht sich von selbst. Trift man sie aber nicht an, so sind dergleichen Verzerrungen, wie ich sie hier geschildert habe, willkommner als die ganz alltäglichen, platten Geschöpfe, die keine Prise geben, weil ihnen sogar alles fehlte, was des Verschraubens fähig war. In Löwen machten wir keine Bekanntschaft; ich muß mich daher bei meinen Bemerkungen ziemlich auf das Äußere und Leblose einschränken.

Eine alte Mauer von Backsteinen umringt diese Stadt, und in Büchsenschußweite von einander sieht man noch alte runde, massive Thürme, die, so wie die Mauer selbst, verfallen sind. Die hiesige Kollegiatkirche zu St. Peter ist ein schönes, gothisches Gebäude; die Höhe der Bogen, die weiße Farbe, und die Einfalt des ganzen Inneren, machen einen herrlichen Effekt. Es war schon zu finster, um das Altarblatt und überhaupt irgend etwas von den vielen Gemälden in den hiesigen Kirchen und Klöstern zu sehen. Crayers beste Stücke trift man hier in der St. Quintins-, der St. Jacobs- und der Karmeliterkirche an. Allein außer diesen und einigen älteren Blättern von Matsys, Coxis und Otto Venius findet man hier bei weitem nicht das Vorzüglichste aus der flammändischen Schule.

In dem sehr großen und geräumigen Universitätsgebäude wurden wir bei Licht herumgeführt. Die Hörsäle sind von erstaunlicher Höhe und Größe; an den Wänden stehen die Sitze stufenweis übereinander, und die Katheder sind mit kostbarem Schnitzwerk reichlich verziert; allein im Winter muß man hier entsetzlich frieren, da es kein Mittel giebt, diese weitläuftigen Säle zu erwärmen. Im Conciliensale und im medicinischen Hörsal hangen eine Menge Schildereien; in einem andern Sale sieht man einen prächtigen Kamin von Marmor, von ungeheurer

Größe. Der Bibliotheksal schien mir nur auf eine kleine Sammlung eingerichtet. Die Bücher, die seit zwei Jahren in Brüssel waren, sahen wir nur zum Theil wieder hier; allein sie standen noch in Verschlägen unausgepackt. Die Professoren sind größtentheils noch abwesend; denn viele halten die kaiserliche Partei, und haben sich daher seit den Unruhen außer Landes begeben. Dahin gehört vorzüglich der Rektor der Universität, van Lempoel, ein geschickter Arzt, und ein Mann von reifer Einsicht, den Joseph der Zweite fähig erfunden hatte, seine wohlgemeinte Verbesserung des hiesigen akademischen Unwesens durchzusetzen. Die Mißbräuche, die hier aufs höchste gestiegen waren, machten eine neue Einrichtung unumgänglich nothwendig; allein diese griff natürlicherweise in die Vorrechte ein, welche man in dunklen und barbarischen Zeiten der schlauen Geistlichkeit zugestanden hatte, und der erste Schritt der jetzigen Regierung war daher die völlige Wiederherstellung der uralten, wohlthätigen Finsterniß, bei der man sich bisher so wohl befunden hatte. Ein Geistlicher, Namens Jaen, ist gegenwärtig zum Rektor ernannt, und alles ist wieder auf den alten Fuß gesetzt. Die Doktorpromotionen kosten, mit Inbegrif der institutionsmäßigen Schmäuse, acht bis zehntausend Gulden, und die gesunde Vernunft hat in allen Fällen genau so wenig zu sagen wie in diesem. Es war lächerlich, wie man unsere Vorstellungen von der Anzahl der hier Studirenden umwandelte. In Lüttich hatte man uns gesagt, wir würden deren bei dreitausend finden; hier in der Stadt hörten wir, es wären kaum dreihundert, und der Pedell bewies uns endlich aus seinen Verzeichnissen, daß ihrer noch nicht funfzig wären. In der That hatten sich beim Ausbruch der Empörung eine sehr große Anzahl der damals in Brüssel befindlichen Akademiker für ihren Wohlthäter, den Kaiser, erklärt, und sogar für ihn die Waffen ergriffen. Bei der bald darauf erfolgten gänzlichen Vertreibung der kaiserlichen Truppen aber, mußten diese jungen Krieger, die freilich besser daran gethan hätten, den friedlichen Musen ununterbrochen zu opfern, ihre Rettung in der Flucht suchen.

Mit allen ihren Fehlern und Gebrechen, hatte die Universität Löwen doch immer einen großen Namen, und ward von Einheimischen und Fremden fleißig besucht. Da man, ohne in Löwen promovirt zu haben, schlechterdings kein öffentliches Amt in den östreichischen Niederlanden bekleiden, ja nicht einmal in den Gerichtshöfen advociren kann, so ist es am Tage, weswegen man sich ohne Widerrede den ungeheuren

Kosten der Promotion unterwarf, und zugleich wie man durch diesen Aufwand einem strengen Examen entging. Zum Scheine war dieses Examen allerdings abschreckend genug; man mußte auf eine ungeheure Anzahl Fragen in allen Disciplinen antworten. Allein es gab auch Mittel und Wege, die schon vorher bestimmten Antworten auf diese Fragen (die einzigen Antworten, welche die Professoren gelten ließen, weil sie selbst oft keine andere auswendig gelernt hatten) sich vor dem Examen zuflistern zu lassen; man lernte sie auswendig, antwortete dreist und prompt, und ward Doktor. An diesem Beispiele läßt sich abnehmen, wie leicht die besten Vorkehrungen gemißbraucht, und der Vortheil des Staats, den man zur Absicht dabei hatte, durch den Eigennutz einzelner Gesammtheiten in demselben, vernachlässigt werden kann. Wer hätte nicht geglaubt, daß es ein vortrefliches Mittel sei, lauter geschickte und gelehrte Beamten zu erhalten, wenn man es ihnen zur Bedingung der Beförderung machte, daß sie in Löwen graduirt seyn müßten? Allein die schlaue Klasse von Menschen, denen mit der Ausbildung weiser Staatsdiener kein Gefallen geschieht, die Klasse, die immer nur im Trüben fischen will, und nur durch die Unwissenheit ihrer Mitbürger ihre Existenz zu verlängern hoffen kann, wußte schon jene so gut ausgedachte Anstalt zu vereiteln, und ihre eigenen Einkünfte zugleich zu vermehren. Der ganze Zuschnitt der Universität war theologisch. Alle, selbst die weltlichen Professoren, waren zur Tonsur und zum Cölibat verbunden; denn nur unter dieser Bedingung konnten sie gewisse Präbenden, statt der Salarien, erhalten. Die Bibliothek ward allein von den Beiträgen der Studirenden vermehrt; kein Wunder also, wenn sie unbedeutend geblieben ist. Eben so entstand aus dem jährlichen Beitrage von acht Kronthalern, den jeder Studirende erlegen mußte, eine Kasse, in welche sich die Professoren theilten, und wobei sie sich allerdings sehr gut stehen konnten, wenn die Anzahl der Akademiker sich auf mehrere Tausend belief. Viele Fremde, insbesondere die Katholiken aus den vereinigten Niederlanden, haben diese Universität immer fleißig besucht und auf ihr beträchtliche Summen verzehrt. Van Lempoel selbst war, wenn ich nicht irre, aus den Generalitätslanden gebürtig.

 Joseph erkannte bald, daß ohne eine bessere Form der öffentlichen Erziehungsanstalten, sich an keine gründliche Aufklärung in seinen belgischen Provinzen denken lasse; er erkannte zugleich, daß vermehrte Einsicht der einzige Grundstein wäre, auf welchem seine Reformen in dem Staate sicher ruhen könnten. Daher verlegte er die weltlichen Fakultäten der Universität nach Brüssel, um sie dem Einflusse des theologischen Nebels zu entziehen und der Aufsicht seines Gouvernements näher zu rücken. Diese eines großen Regenten würdige Einrichtung, welche schon allein beweiset, wie tief der Kaiser in das Wesen der Dinge schaute, und wie sehr er den rechten Punkt, worauf es ankam, zu treffen wußte, würde vielleicht noch durchgegangen seyn, wenn es ihm nicht auch am Herzen gelegen hätte, die Finsterniß, in welche die niederländische Geistlichkeit sich selbst und ihre sämmtlichen Mitbürger absichtlich hüllte, durch kräftig hineingeworfene Lichtstralen zu zerstreuen. Unglücklicherweise waren es nur Blitze, deren grelles Leuchten bloß dazu diente, die Schrecken der Nacht recht fühlbar zu machen; hier und da sengten sie mit ihrem kalten Stral, zündeten und zerstörten, und ließen dann alles so wüst und unfruchtbar wie zuvor. Der große Grundsatz, daß alles Gute langsam und allmälig geschieht, daß nicht ein verzehrendes Feuer, sondern eine milderwärmende Sonne wohlthätig leuchtet, die Dünste zertheilt und das schöne Wachsthum der organischen Wesen befördert, scheint Joseph's Kopf und Herzen gleich fremd gewesen zu seyn; und dieser Mangel Eines wesentlichen Grundbegriffs zertrümmerte alle seine großen und königlich erdachen Plane.

Von dem Augenblick an, da der Kaiser die Privilegien der Geistlichkeit in seinen Niederlanden antastete, von dem Augenblick an, da er den theologischen Unterricht von seinen gröbsten Schlacken reinigen, und den Sauerteig der Bollandisten ausfegen wollte, war ihm und allen seinen Maaßregeln Verderben geschworen. Zu einer Zeit, wo das ganze katholische Europa, Rom selbst nicht ausgeschlossen, sich der außerwesentlichen Zusätze schämte, die das Heiligthum der Religion entehren und nur so lange gelten, als man noch durch die Macht des Aberglaubens herrschen kann – am Schlusse des achtzehnten Jahrhunderts, wagte es die belgische Klerisei, die krassesten Begriffe von hierarchischer Unfehlbarkeit zu vertheidigen und im Angesicht ihrer hellsehenden Zeitgenossen selige Unwissenheit und blinden Gehorsam zu predigen. Mit dem Bewußtseyn, daß ihr Wirken in allen Gemüthern die Vernunft entweder ganz oder halb erstickt habe, und daß sie auf Ergebenheit der zahlreichsten Volksklasse, des gemeinen Mannes, sicher rechnen dürfe, trotzte sie auf ihre unverletzbaren Rechte. So kehrte man schlau die Waffen der Aufklärung gegen sie selbst; denn war es nicht unser Jahrhundert, das die Heiligkeit der Rechte in das hellste Licht gesetzt hat?

Recht ist ein so furchtbares Wort, daß es den gewissenhaften Richter erzittern macht, selbst wenn Irrthum und Betrug es gegen Wahrheit und Redlichkeit reklamiren. Joseph's Grundsatz, nach welchem er sich verpflichtet glaubte, *seine* Wahrheit zum Glück der Völker mit Gewalt anzuwenden, verleitete ihn zu einem Despotismus, den unser Zeitalter nicht mehr erduldete; dies wußte der belgische Klerus, und laut und muthig ertönte seine Stimme. Gleichwohl klebte dem Kaiser dieser Grundsatz wahrscheinlich noch aus seiner Erziehung an, und hatte sich in gerader Linie von eben jener Hierarchie, die ihn zuerst ersann und ausübte, auf ihn verpflanzt. Joseph hatte Unrecht; aber die Vorsehung übte durch ihn das Wiedervergeltungsrecht! Wären nur auch die Staaten von Brabant und der ganze belgische Congreß durch diese Beispiele toleranter geworden! Allein es ist zu süß zu herrschen, zumal selbst im Verstande der Menschen zu herrschen; und Löwen, das durch Joseph's Generalseminarium im Grunde an wahrer Aufklärung wenig oder nichts gewann, soll jetzt wieder lehren, was es schon bei der Stiftung der Universität im Jahr 1431 lehrte.

Das Rathhaus in Löwen, eins der prächtigsten gothischen Gebäude, die noch jetzt existiren, ist um und um mit kleinen Thürmen verziert, ja ich möchte sagen, aus lauter solchen Thürmen zusammengewachsen; aber das unermeßlich Mühsame dieser Bauart macht am Ende, wenn es in solchen großen Gebäudemassen dasteht, doch einen starken Effekt. Wir hatten kaum Licht genug, um die Umrisse dieses Rathhauses noch ins Auge zu fassen, und mußten auf die Besichtigung des Innern Verzicht thun. Im Vorbeigehen bemerkten wir noch an dem so genannten Collegium Falconis ein sehr schönes, edles einfaches Portal von griechischer Bauart.

Das Flämische, welches hier gesprochen wird, kommt dem Holländischen sehr nahe, und sowohl in den Sitten als im Ameublement der Häuser nähern sich auch die Einwohner sehr merklich ihren Nachbaren, den Holländern. Ich bemerkte als einen auszeichnenden Zug sehr viel Dienstfertigkeit und Höflichkeit unter den gemeinen Leuten. Die Lebensart, zumal was die Küche betrifft, ist indeß noch nicht holländisch; man bereitet die Speisen mehr nach französischer Art, trinkt aber schon mehr Bier als Wein. Das Bier in Löwen wird bis nach Holland verführt, und hat einen Ruhm, den es meines Erachtens nicht ganz verdient. Wenn indeß, wie billig, der Debit hier den rechten Maaßstab angiebt, so muß es vortreflich seyn; denn man erzählte uns von mehr als vierzig Bierbrauereien und von einer jährlichen Ausfuhr von hundert und funfzigtausend Tonnen, ohne was in der Stadt selbst getrunken wird. Daher bezahlen auch die Brauer allein vierzigtausend Gulden zu den Einkünften der Stadt, die sich auf hunderttausend Gulden belaufen sollen. Dieses Gewerbe und einige Wollenfabriken nebst einem ziemlichen Speditionshandel, geben ihr noch einigen Schein von ihrer ehemaligen großen Aktivität und ihrem hohen Wohlstande; allein was sind dreißig oder fünf und dreißigtausend Einwohner gegen die Volksmenge vor der Auswanderung der Tuchmacher nach England im Jahr 1382? Damals hatte Löwen viertausend Tuchfabriken, in welchen hundert und funfzigtausend Menschen ihre Nahrung fanden, und des Abends, wenn die Arbeiter nach Hause gingen, ward mit einer großen Glocke geläutet, damit die Mütter ihre Kinder von den Gassen holten, weil sie in dem Gedränge hätten ums Leben kommen können. Die Errichtung der Universität hat der Stadt den Verlust dieser Manufakturen und ihrer ungeheuren Bevölkerung nicht ersetzt; und was Lipsius nicht vermochte, werden schwerlich seine Nachfolger bewirken.

XIII

Brüssel

Eine sehr bequeme Barke geht täglich um sieben Uhr Morgens von Löwen nach Mecheln ab. Wir bedienten uns dieser angenehmen Art zu reisen, schifften uns ein, und beschäftigten uns wechselweise mit Schreiben und Umherschauen. Der Kanal ist schön, und seine Ufer sind überall mit Bäumen bepflanzt. Die ganze Gegend ist eine mit Bäumen reichlich beschattete Ebene, wo man folglich nirgends eine Aussicht in die Ferne genießt, aber gleichwohl beständig in einem Lustwäldchen zu fahren glaubt. Die Barke hat hinten, nach dem Steuerruder zu, ein Zimmer; in der Mitte ein zweites Gemach, wo eine kleine Küche nebst andern Bequemlichkeiten vorhanden ist, und vorn eine Stube mit einem sehr guten Kamin, worin man ein schönes Steinkohlenfeuer unterhielt. Die Kosten dieser Fahrt sind so mäßig, daß uns der ganze Transport von Löwen nach Mecheln, die Bagage mit einbegriffen, auf wenig mehr als einen halben Kronthaler zu stehen kam. Thee, Kaffee, Butter und Käse kann man auf diesen Barken jederzeit haben. Auf dem halbem Wege kommt eine Barke von Mecheln dieser entgegen; die Passagiere nebst ihren Sachen wandern aus der einen in die andere, und setzen hierauf ihre Reise nach ihrem jedesmaligen Bestimmungsorte fort. Es reiseten eine Anzahl Mönche mit uns. Einer, ein junger Mann von einer vortheilhaften Gesichtsbildung, ward aufmerksam, als er uns Englisch sprechen hörte, und fand sich bewogen, unsere Bekanntschaft zu suchen. Seine Sanftmuth und Bescheidenheit war mit vielen Kenntnissen gepaart. In Irland, seinem Vaterlande, waren ihm Cook's Reisen und die Namen seiner Gefährten nicht unbekannt geblieben. In seinen Zügen las man klösterliche Tugenden, unvermischt mit dem Zurückstoßenden der Mönchsnatur. Er war bestimmt, als katholischer Priester nach Irland zurückzukehren.

In fünftehalb Stunden erreichten wir Mecheln. Diese nicht gar große Stadt würde mit ihren geräumigen Straßen und ihren weißgetünchten Häusern einen weit besseren Eindruck auf die Fremden machen, wenn sie nicht so öde wäre und beinah eine Todtenstille darin herrschte. Ich will gern glauben, daß die sitzende Lebensart der Einwohner, die in den ansehnlichen Hutmanufakturen Beschäftigung finden, mit dazu beiträgt, das Phänomen der Stille hervorzubringen; allein es war wirklich zu auffallend, um nicht noch tieferliegende Ursachen zu haben. Schauerlich ist es, lange Straßen zu durchwandern, und weder einer menschlichen Seele noch einem Thiere zu begegnen, ja nicht einmal das mindeste Geräusch in den Häusern zu hören. Man glaubt sich in irgend eine bezauberte Stadt aus den morgenländischen Erzählungen versetzt, deren Einwohner alle ausgestorben oder verschwunden sind. Die hiesige Bauart ist die alte, wo die Giebel der Häuser gegen die Straße zugekehrt stehen und spitz in die Höhe laufen. Fast durchgehends ist alles von außen weiß angestrichen, welches im Sommer bei hellem Sonnenschein den Augen sehr nachtheilig seyn muß.

Die große Kathedralkirche zu St. Romuald (Rombaut) hat einen Thurm von außerordentlicher Höhe, und inwendig ist sie eins der reichsten gothischen Gebäude. Im Schiff stehet an jeder Seite die Bildsäule eines Apostels und über derselben eine Reihe Termen, welche die Religion, den Glauben, die Liebe und mehrere allegorische Wesen vorstellen. An den Wänden und im Chor sieht man Gemälde von P. de Nery, Crokaert und Andern, die aber keiner Aufzeichnung werth sind. Hier standen wir, als der Kardinal Erzbischof von Mecheln hereintrat, und uns die Benediktion ertheilte. Er war in einen langen Scharlachrock und Mantel gekleidet, mit einem rothen Käppchen auf der Perücke; ein Mann von ziemlich ansehnlicher Statur und schon bei Jahren, mit einem weichen, schlaffen, sinnlichen Gesicht. Er kniete hinter dem großen Altar und betete, besah aber dabei seine Ringe, zupfte seine Manschetten hervor, und schielte von Zeit zu Zeit nach uns, die wir, in große Mäntel gehüllt, vielleicht ein verdächtiges Ansehen hatten.

In der Johanneskirche fanden wir am Hochaltar einige Stücke, angeblich von Rubens: einen Johannes, den Evangelisten, der sein Buch schreibt und auf die Eingebungen seines Adlers zu horchen scheint; auf der Rückseite dieser Füllung, den Märtyrertod dieses Apostels in siedendem Öl nach der Legende; gegenüber, die Enthauptung Johannis des Täufers und die Taufe Christi; in der Mitte endlich die Anbetung der Weisen, eine große, verwirrte, uninteressante Composition. Diese fünf Blätter nebst drei kleinen Skizzen, welche am Altar angebracht sind, gehören nicht zu den auszeichnenden Werken von Rubens, und sind auch schon sehr verblichen. Sie mißfallen überdies noch durch etwas Unvollendetes in den Umrissen, welches nicht ganz die Schuld der veränderten Farbe zu seyn scheint.

In der ehemaligen Jesuitenkirche, deren Portal mit vieler Ostentation, aber desto weniger Geschmack, am großen Markte prangt, hangen eine Anzahl Gemälde, welche auf die Geschichte der jesuitischen Ordensheiligen Beziehung haben, von denen aber keines uns in Anspruch nahm. In der Kirche unsrer lieben Frauen von Hanswyk bewunderten wir die aus einem ungeheuren Baum geschnitzte Kanzel, die den Fall der ersten Eltern im Paradiese vorstellt und in der That, wenn man alles erwägt, ein Werk von erstaunlicher Anstrengung ist. Die Figuren sind zwar plump, aber sehr brav gearbeitet, und das Ganze hat sehr viel Effekt. In den unzähligen Kirchen und Klöstern von Mecheln befindet sich noch eine große Menge von berühmten Gemälden, worunter einige auch wohl Verdienst haben mögen; allein was wir gesehen hatten, reizte uns nicht, unsern Aufenthalt zu verlängern, um auf Gerathewohl nach Kunstabentheuern umherzuwandern. Die Einbildungskraft der Künstler hat sich in diesem so tief in Aberglauben versunkenen Lande mehrentheils mit Gegenständen aus der Legende beschäftigt, die selten an sich reich und anziehend genug sind, um die Mühe des

Erzählens und Darstellens zu verdienen. Es herrscht durch alle diese Mythologien eine klägliche Dürftigkeit der Geisteskräfte, die wunderbar gegen den Ideenreichthum und die Eleganz der griechischen Dichterphantasie absticht. Ein Maler, der höhern Sinn für den Werth seiner Kunst hätte, müßte sich schämen, wenn man ihm auftrüge, den heiligen Bernhard zu malen, der sich die Milch der Muttergottes aus ihren Brüsten in den offenen Mund regnen läßt; gleichwohl hat van Thulden dieses Süjet für die hiesigen Bernhardinernonnen ausgeführt, und vielleicht wäre es gefährlich gewesen, dem Pfaffen, der es angab, über die Unschicklichkeit etwas merken zu lassen. Ist es aber zu verwundern, wenn ein solcher Gegenstand die ohnehin schwerfälligen Niederländer nicht begeistern konnte, wenn sie nichts anders, als ein gemeines Weib in einer unanständigen Handlung begriffen, und einen eben so gemeinen Mönch darstellen konnten, ohne auch nur zu versuchen, ob in diese Figuren, die in einem so ekelhaften Verhältnisse gegen einander stehen, ein anderes Interesse zu bringen sei? Das weit edlere Süjet von Cimon und seiner Tochter ist schon außerhalb der Gränzen der Malerei, wenigstens was den Zeitpunkt betrifft, wo sie dem alten Vater ihre Brust zu trinken giebt. Zu geschweigen, daß die Handlung, so edel sie in sich wirklich ist, ihren ganzen Werth verliert, sobald man sie sich offenbar vor aller Augen denkt, und daß es zum Beispiel empörend wäre, sie auf dem Theater wirklich vorgestellt zu sehen; so ist es doch unmöglich, der Figur des Vaters dabei das mindeste Interesse zu geben. Ein alter Mann, der eine Weiberbrust aussaugt, bleibt ein ekelhafter Anblick, und die ganze Stellung sowohl, als die Disposition der Gesichtsmuskeln zum Saugen, raubt ihm jeden andern als den bloß thierischen, erniedrigenden Ausdruck. Bei einem Gemälde, welches diesen Gegenstand vorstellte, könnte gleichwohl noch ein rührendes Interesse für die Tochter empfunden werden; man würde nicht umhin können, die kindliche Liebe zu bewundern, die einem alten, durch Hunger entkräfteten Manne das Leben rettet. Von dem allen aber kann schlechterdings in einer Vorstellung des eben erwähnten Zuges aus St. Bernhards Legende nichts ausgedrückt werden, weil die Erfindung gar zu abgeschmackt ist. Sobald man die weibliche Figur ins Auge faßt, verliert sie bei jedem Manne von Gefühl ihre Ansprüche auf Jungfräulichkeit und Weiblichkeit. So lächerlich es auch ist, wenn van Dyk in seinem Gemälde vom heiligen Antonius bei den hiesigen Barfüßermönchen, einen Esel vor der Hostie knieen läßt, so ist es doch immer noch erträglicher; man wird nicht indignirt, man lächelt nur, weil alles was zur innern Vortreflichkeit des Menschen gehört, unabänderlich bleibt, hingegen konventionelle Begriffe, die man mit gewissen Dingen verbindet, der Veränderung unterworfen sind. Wem indeß das größte Kompliment dabei gebührt, den Erfindern dieses plumpen Scherzes, oder dem Volke, das sich daran erbaut, ist nicht leicht ausgemacht. Unserer Logik klingt es absurd, wenn jemand behaupten will, der Gegenstand, vor welchem ein unvernünftiger Esel knieet, verdiene die Anbetung des vernünftigen Menschen; aber es hat einmal einen Grad von Einsicht gegeben und in Brabant existirt er noch, dem dieser Schluß die stärkste Beweiskraft zu haben scheint. Bündigere und anständigere Beweisarten für die Heiligkeit des Altarsakraments können für einen höheren Grad der Vernunft berechnet seyn; wiewohl keine Vernunft das Übernatürliche richten darf, und es folglich ein überflüßiges und widersinniges Bemühen ist, Dinge bei ihr rechtfertigen zu wollen, welche nur durch die Gabe des Glaubens erkannt werden können.

Die ganze Volksmenge von Mecheln gab man uns auf zwanzigtausend Menschen an, und dieses auffallende Mißverhältniß der Bevölkerung zum Umfange der Stadt erklärte besser als alles andere, die ausgestorbene Leere, die wir überall bemerkten; denn nimmt man an, daß die Welt- und Ordensgeistlichen, die Nonnen und Beguinen, nach einer sehr gemäßigten Berechnung, zusammen den fünften Theil dieser Anzahl ausmachen, so begreift man leicht, wie nur so wenig Menschen übrig bleiben, die ihre Geschäfte zwingen, sich auf den Straßen sehen zu lassen. Wollte man fragen, wie es möglich ist, daß das berühmte, mächtige Mecheln so tief herabgesunken seyn könne; so würde ich auf eben diese ungeheure Anzahl von Geistlichen verweisen, die allmälig alle Bewegung gehemmt haben, und, indem sie sich auf Kosten der Einwohner erhielten, fast allein übrig geblieben sind. Außer den sechs Pfarrkirchen giebt es sechs Mannsklöster, zwölf Nonnenklöster und zwei Beguinenhöfe, in welchen letzteren allein nah an tausend Beguinen wohnen. Die Einkünfte dieser Geistlichkeit belaufen sich auf ungeheure Summen; die des Erzbischofs schlägt man auf hunderttausend Gulden an. Mich wunderte es daher nicht, daß auf unser wiederholtes Anfragen nach den Sehenswürdigkeiten von Mecheln, ein jeder uns an die Kirchen und Klöster verwies, und wir zuletzt bei dieser allgemeinen Armuth an Gegenständen, welche die Aufmerksamkeit des Reisenden verdienen, in eine Sägemühle an der Dyle geführt wurden. Nunmehr war es wirklich Zeit, unsern Schauplatz zu verändern. Wir eilten also in unser Quartier zurück, und nachdem wir noch zuvor in einigen Buchläden die fliegenden Blätter des Tages, deren jetzt eine ungeheure Menge ununterbrochen herauskommen, gekauft hatten, stiegen wir in einen Wagen und fuhren in starkem Trab auf dem schönsten Steindamm, durch Alleen von hohen Bäumen, die hier jedes Feld und jeden Rain begränzen, nach Brüssel.

Von Vilvoorden, einem kleinen, an dem Kanal zwischen Antwerpen und Brüssel gelegenen Städtchen, fuhren wir längs diesem Kanal in gerader Linie nach der Residenzstadt fort. Zu beiden Seiten erblickt man Landsitze mit prachtvollen Gebäuden, Gärten und dazu gehörigen Tempeln und Lusthäusern. Alles verkündigt die Annäherung zu einem reichen, großen Orte, dem Wohnsitze eines zahlreichen, begüterten Adels und eines für den Genuß des Lebens empfänglichen Volks. Kurz vor der Stadt geht der Weg über den Kanal, durch eine Pflanzung von hohen Bäumen, die zugleich als öffentliche Promenade dienen kann. Die Gegend um Brüssel fängt wieder an, sich in kleinen Anhöhen angenehm zu erheben, deren einige sich den Mauern so sehr nähern, daß die zur Befestigung der Stadt nöthigen Außenwerke zum Theil darauf angelegt sind. Wir hätten gern gewünscht, diese Gegend in ihrem Sommerschmuck zu sehen, wo sie wahrscheinlich für den Freund des Schattens höchst anmuthig seyn muß. Um die Wälle läuft ein herrlicher Gang mit hohen Espen beschattet, und innerhalb der Thore öfnet sich dem Anblick eine Stadt, die den großen Residenzen Deutschlands, was Umfang, Volksmenge und, im Durchschnitt gerechnet, auch Pracht und Schönheit der Architektur betrift, vollkommen an die Seite gesetzt zu werden verdient. Wir fuhren lange durch breite und enge, reine und schmutzige Straßen, über große und kleine Plätze, bei stattlichen, öffentlichen Gebäuden und schönen Privathäusern vorbei, und kamen endlich über den großen Markt, wo das Rathhaus, eins der bewundernswürdigsten gothischen Gebäude steht, vor welchem wir die Freiwilligen von Brüssel und die neuerrichteten Dragoner sich eben versammeln sahen. Die brabantische Kokarde, die jedermann bis hinab auf die gemeinsten Tagelöhner aufgesteckt hatte, und dieses Militair, welches sich link genug bei seinen Waffenübungen benahm, nebst der Menge von Zuschauern, die uns zu erkennen gaben, daß dieses Schauspiel ihnen noch neu seyn müßte, waren die einzigen Kennzeichen, an denen sich die Revolution allenfalls errathen ließ.

Unser Gasthof war voll von Engländern; auch ging ziemlich allgemein die Sage, daß man im Begrif sei ein englisches Hülfskorps zu errichten, womit es jedoch wohl zu keiner Zeit Ernst gewesen seyn mag. Die Anwesenheit des Herzogs und der Herzogin von Devonshire schien auf die politische Lage von Brabant keine Beziehung zu haben. Wir hörten hie und dort, daß dies eine gewöhnliche englische Reise aufs feste Land sei, wodurch man Zeit zu ökonomisiren gewinnt; denn allzugroßer Aufwand erschöpft zuletzt auch die ungeheuersten Einkünfte. Allein schwerlich konnte dieser Fall hier eintreten, weil der Herzog bei einer solchen Reise eben nicht spart. Diesen Zoll müssen indeß die Großen jederzeit von ihren disproportionirten Reichthümern und Besitzungen an das Publikum zahlen; ich meine, daß man, wegen der Höhe, die sie bestiegen haben, und von welcher sie auf das übrige Menschengeschlecht herabsehen, die Augen unaufhörlich auf sie gerichtet hält, ihre Bewegungen, eben weil sie sich nicht verbergen lassen, stets bewacht und ihnen allerlei Motive andichtet, von denen sie selbst sich oft nichts träumen ließen. Ein jeder allzureicher Privatmann, wird schon durch die Mittel zu wirken, die er in Händen hat, ein wichtiger Mensch im Staate, und in so fern muß er sich billig dem Urtheile seiner Mitbürger in dem Grade, wie die in öffentlichen Ämtern stehenden Personen, stellen und unterziehen. Die Natur verübt auch hierin die ihr eigene Gerechtigkeit. Das wahre, ächte, einzige Eigenthum ist in unserm Herzen und Verstande. Auf alle anderen erworbenen äußerlichen Güter behält der Nebenmensch immerfort einen natürlichen Anspruch, der, wenn man sich auch vermittelst des bürgerlichen Vertrags dessen begiebt, sich dennoch in der Freiheit und Unausbleiblichkeit des Urtheils über seine Anwendung immer wieder äußert. Je überwiegender der Einfluß ist, den ein Wesen in die Schicksale der Menschen hat, desto allgemeiner wird dieses Wesen für Alle ein Gegenstand des Nachdenkens, des Lobes und des Tadels. Daher giebt es nichts in der Welt, worüber täglich und stündlich so viele, und zugleich so schiefe Urtheile gefällt werden, als über die Sonne, die Natur und Gott.

XIV

Brüssel

Wir sind einige Tage nach einander ausgewesen, um die Stadt zu besehen. Sie ist sehr unregelmäßig gebauet: die Straßen laufen krumm, kreuz und queer durcheinander; viele sind indeß ziemlich breit, und fast durchgehends sieht man schöne oder wenigstens solide Häuser, die ein gutes Ansehen haben. Die meisten Privathäuser sind nach der Straße hin sehr schmal, und mit Giebeln, welche sich stufenweise zuspitzen, versehen. Fast alles, die großen, massiven Gebäude ausgenommen, ist wie in den übrigen Brabantischen Städten, mit weißer Tünche überzogen. Die Gegend um den Park ist eine der schönsten, und würde in jeder großen Stadt dafür gelten. Massive, große Gebäude, von einfacher aber geschmackvoller Bauart zieren sie. Der Königsplatz, wo eine kolossalische Bildsäule des Prinzen Karl von Lothringen in Erz, vor der St. Jakobskirche, in einer Linie mit dem kühnen, leichten Spitzthurm des Rathhauses steht, ist mit eben solchen Gebäuden umringt. Der Gerichtshof von Brabant, oder das sogenannte Conseil, hält in einem neuen, von den Ständen errichteten Pallast, der nach dem Park hinsieht, seine Sitzungen. Die Hotels des Herzogs von Aremberg, des Vicomte von Walkiers, des englischen Gesandten, imgleichen das Wappenhaus u.a.m. stehen sämmtlich in dieser Gegend.

Seit sechzehn oder achtzehn Jahren hat Brüssel, zumal um den Park herum, eine neue Gestalt gewonnen. Die alten Gebäude, die man hier noch sieht, wie zum Beispiel die Reitbahn, stehen beinah unter der Erde; die neuen hingegen haben zwei oft drei Keller oder Souterrains über einander, indem man das Erdreich bis zu einer Höhe von dreißig Fuß und drüber aufgeschüttet hat, um die ehedem vorhandenen Unebenheiten auszufüllen. Der Park ist daher jetzt schon vollkommen geebnet, bis auf zwei Vertiefungen, welche noch vor kurzem Sümpfe waren, jetzt aber mit schönem, hohem Gebüsch bekleidet und mit festen Sandgängen ausgelegt sind. In einem dieser Gründe sahen wir eine Grotte mit einem Springbrunnen, der aber jetzt nicht floß. Das viereckte Becken von Stein unter der Nische, (worin eine lesende weibliche Figur von Marmor liegt) hat auf seinem Rande folgende merkwürdige Inschrift: Petrus Alexiowitz Czar Moscoviae Magnus Dux margini huius fontis insidens illius aquam nobilitavit libato vino hora post meridiem tertia die XVI. Aprilis anni 1717. Der große Stifter des russischen Kaiserthums hatte nämlich bei einem Gastmal, welches man ihm zu Ehren gab, ein wenig zu tief ins Glas gesehen. Indem er nun hieher spatzierte, um in der frischen Luft die Dünste des Weins verrauchen zu lassen, fiel er in das Wasserbecken, und es geschah, was die Inschrift sehr zierlich und fein mit dem libato vino ausdrückt.

Der sogenannte große Markt ist wirklich nicht so groß, wie man ihn sich nach diesem Beinamen vorstellen möchte; allein das Rathhaus mit seinem hohen gothischen Thurme ziert diesen Platz und giebt ihm Ansehen. Das Einfache pflegt selten die stärkste Seite der gothischen Bauart auszumachen; bei diesem Thurme halten jedoch die vielen kleinen Spitzen und einzelnen Theile den Beobachter nicht ab, Einen großen Eindruck von kühn und leicht emporstrebender Höhe zu empfangen. Es wird immer den Gebäuden in diesem Geschmack zum Vorwurf gereichen, daß ihre Gestalten stachlicht und gleichsam zersplittert scheinen, zu scharfe, eckige, in die Länge gezerrte Verhältnisse und Formen darbieten und dem Auge keine Ruhe lassen. St. Michael steht nicht übel auf der Spitze dieses Thurms in kolossalischer Größe, die jedoch von unten immer noch klein genug erscheint, und mit dem besiegten Feinde zu seinen Füßen. Auf dem benachbarten Giebel des Brauerhauses steht des Prinzen Karl von Lothringen vergoldete Bildsäule zu Pferde lange nicht so schön, und gewiß nicht an ihrem Orte; allein die Brüsseler scheinen diesen Fürsten so lieb gehabt zu haben, daß sie ihn gern über ihren Köpfen reiten ließen.

Zu den Veränderungen in Brüssel muß man noch die seit der Aufhebung der Klöster angebauten Plätze rechnen, auf denen jetzt schon eine große Anzahl neuer Häuser stehen. Eins von diesen Klöstern, welches innerhalb der Stadt ansehnliche Gärten besaß, brachte durch seine Aufhebung zum erstenmal den Einwohnern und ihrem Handel einen wichtigen Vortheil, indem der Kaiser daselbst einen schönen, geräumigen Platz zum Kornmarkte einrichten ließ, auf welchem jeder Gattung von Getreide ihr besonderer Ort angewiesen ist; es stehen Pfähle errichtet, mit Brettern daran, worauf man »Bohnen, Buchweizen, Weizen, Roggen, Hafer, Gerste«, u.s.w. liest. In einer andern Gegend baute man nur noch im vorigen Jahre mehr als zwanzig neue Häuser auf den Schutthaufen eines Klosters. Diese Veränderungen und Verschönerungen einer Stadt, die, wenn man einzelne Gebäude ausnimmt, im Ganzen bereits an Schönheit mit Berlin verglichen werden darf, werden jetzt eine Zeitlang ins Stecken gerathen; wenigstens werden die noch übrigen Klöster vor der Hand wohl mit dem Schicksal, das Joseph der Zweite ihnen drohete, verschont bleiben. Das fromme, katholische Volk von Brabant hängt mit ganzer Seele an seinem Herkommen in der Religion wie in der Politik, und wenn man es aufmerksam beobachtet, so begreift man nicht, wie es möglich und wirklich geworden ist, daß dieses Volk mit der Anstrengung eines Augenblicks seinen Oberherrn vertrieben hat.

Die große Masse des Volks in Brüssel ist, so viel ich nach dem Haufen urtheilen kann, der sich in den Straßen sehen läßt, nichts weniger als eine schöne Race. Sei es verderbte Lebensart, Eigenheit des hiesigen Bodens, oder Einwirkung der Verfassung und anderer zu wenig bekannter Umstände; aber gewiß ist es, daß das gemeine Volk eher unter, als über der mittleren Statur gerechnet werden muß. Besonders ist dies an dem andern Geschlechte auffallend sichtbar, das überdies noch im Verhältniß des Körpers kurze Arme und Beine hat. Ihre Gesichtszüge kann man nicht eigentlich häßlich nennen; allein bei einer ziemlich regelmäßigen Bildung ist etwas Schlaffes und Grobfleischiges zugleich bemerklich, welches das physiognostische Urtheil von gutmüthiger Schwäche und uninteressanter Leere nach sich zieht. Jene schönen vollwangigen Gesichter mit hoher Stirne und schöngebogener Nase, mit Feuer im großen Auge, starken Augenbraun und scharfgeschnittenem weitem Munde, die uns im Limburgischen und selbst noch in dem an Lüttich gränzenden Tirlemont gefielen, sahen wir hier nicht wieder. Es scheint, als hätte auf dem niederländischen Grunde der französische Firniß die Züge nur mehr verwischt, nicht charakteristischer gemacht. Dies kann vielleicht paradox, vielleicht gar unrichtig klingen; allein ich bin für mein Theil überzeugt, daß auch ohne wirkliche Vermischung der Racen, bloß durch das Allgemeinwerden einer andern als der Landessprache, durch die vermittelst derselben in Umlauf gekommenen Vorstellungsarten und Ideenverbindungen, endlich durch den Einfluß, den diese auf die Handlungen und auf die ganze Wirksamkeit der Menschen äußern, eine Modifikation der Organe bewirkt werden kann. Rechnen wir hinzu, daß von alten Zeiten her Ausländer über Brabant herrschten; daß Brüssel lange der Sitz einer großen, glänzenden Hofstatt war; daß auch mancher ausländische Blutstropfe sich in die Volksmasse mischte; daß der Luxus und die Ausschweifungen, die von demselben unzertrennlich sind, hier in einem hohen Grade, unter einem reichen, üppigen und müßigen Volke seit mehreren Jahrhunderten im Schwange gingen: so kann die besondere Abspannung, die wir hier bemerken, sich gar wohl aus natürlichen Ursachen erklären lassen. Es ist indeß nicht der niedrige Pöbel allein, dessen Gestalt zu jener Skizze paßt; das ganze Corps der freiwilligen Bürger, das wir täglich auf dem Markte sehen, und dessen Glieder wenigstens bemittelt genug sind, um auf eigene Kosten alles, was zu ihrer Equipirung gehört, sich anzuschaffen, ja, unter denen viele ein reichliches Einkommen haben; dieses Corps, sage ich, so schön es gekleidet ist, so eine kriegerische Mine es macht, und so viel Standhaftigkeit und Edelmuth es wirklich beseelen mag, besteht gleichwohl durchgängig aus kleinen, schmächtigen Menschen, auf deren Wange selten einmal etwas von einer martialischen Farbe glüht.

Die Hauptkirche zu St. Gudula ist ein ungeheures, altes Gebäude von ehrwürdigem Ansehen, inwendig mit einer sehr großen Anzahl von Kapellen ausgeschmückt. Die vornehmste, des wunderthätigen Sakraments, bot uns den schönsten Rubens dar, den wir bis jetzt gesehen hatten, den schönsten, ich sage es dreist heraus, den ich von seiner Hand nicht übertroffen zu sehen erwarte. Das Süjet, welches er sich gewählt hat, ist Christus, indem er Petro die Himmelsschlüssel übergiebt. Es herrscht eine erhabene, göttliche Ruhe in dieser schönen Gruppe von Köpfen, deren Kraft und Glanz so frisch ist, als wären sie gestern gemalt. Die Farben haben einige Härte, die man über den Eindruck des Ganzen nicht merkt. Der Christuskopf ist schön und sanft, nur diesmal gar zu still und unbeseelt. Die Künstler scheinen mannichmal zu wähnen, daß die Sanftmuth des Dulders sich nicht zu innerem Feuer gesellen dürfe, durch welches sie doch erst ihren größten Werth erhalten muß; denn sanft sind ja auch die frommen Thiere, die einen hier, am unrechten Orte angebracht, um das allegorische: *weide meine Schafe!* anzudeuten, wirklich ärgern. Die linke Hand des Heilands ist von großer Schönheit, wie jene berühmte Hand von Carlo Dolce in Düsseldorf. Petrus, der sich über die rechte Hand seines Herrn beugt, ist ein Kopf voll Hingebung, Vertrauen, Glauben und Festigkeit. Jakobus ist alt und ehrwürdig; die andern beiden Köpfe, von weniger Bedeutung, dienen jedoch zur Verschönerung der so groß gedachten Gruppe. Das Bild ist nur ein Kniestück. Von den vielen Gemälden von Crayer, Coxis, van Cleef, Champagne, Otto Venius und Andern, welche die zahlreichen Kapellen dieser Kirche zieren;

von den Statüen der Heiligen, den kostbaren Altären, den gemalten Fenstern, und den Mausoleen kann ich nach dem Anblick eines solchen ächten Kunstwerks nicht sprechen. Das wahrhaft Vollendete der Kunst füllt die Seele so vollkommen, daß es für geringere Gegenstände keinen Platz darin läßt.

In der zum großen Beguinenhofe gehörigen Kirche sahen wir an dem Altar zur Rechten ein schönes Gemälde von Crayer; es war eine Kreuzigung Christi. Der Kopf des Erlösers war edel und sogar erhaben; Johannes nicht schön, aber von bewunderswürdigem Ausdruck. Den Blick auf den Gekreuzigten gerichtet, scheint er fast noch mehr als dieser zu leiden. Die Muttergottes ist nicht so glücklich gefaßt, aber dennoch von unverzüglicher Kraft, und schön drappirt, zumal um den Kopf. Die Magdalene zu den Füßen des Kreuzes ist ebenfalls ihres Platzes in diesem Stücke würdig, wiewohl sie mit dem Johannes nicht verglichen werden kann. Die Farbe des Stücks ist wahr, und der Ton in schöner Harmonie. Die Gruppe ist einfach und natürlich; kurz, so wenig es mir gegeben ist, mit Enthusiasmus und Liebe an einer der Kunst so heterogenen Wahl zu hangen, so unverkennbar ist Crayers Verdienst in der Behandlung. Unmöglich konnte man einen Gegenstand, der an sich das Gefühl so fürchterlich verletzt, wie die Marter des menschlichen Körpers, auf eine interessantere Weise darstellen, so daß man über den Geist und den Adel der Charaktere beinahe die Gräßlichkeit des körperlichen Leidens und der vom Henker verzerrten Gestalt vergißt.

Die St. Jakobskirche am Königsplatz, sonst auch die Kirche vom Kaudenberg genannt, überraschte uns nach so vielen theils gothischen, theils in einem barbarischen Geschmack mit Kleinigkeiten und Spielereien überladenen Kirchen, auf eine sehr angenehme Art. Ihre äußere Facciate ist edel und groß, und hat nur den Fehler, daß sie zu beiden Seiten zwischen Häusern steckt, die zwar nicht übel gebaut, aber doch keinesweges an ihrem Platze sind, und den übrigen Bau der Kirche verstecken. Die Basreliefs im Fronton und über der Thüre sind unbedeutend; aber in der schönen korinthischen Architektur ist Reichthum mit Simplicität auf die glücklichste Art verbunden. Noch mehr gefiel mir der Anblick des Inneren von diesem höchst regelmäßigen Tempel. Die Proportionen der korinthischen Säulen sind untadelhaft, ihre Kapitäler schön geschnitzt, und die Dekorationen der Kuppel, der Bogen und der Soffiten von ausgesuchter Schönheit und Eleganz. Die ganze

Form des Schiffs, und die Verhältnisse des Kreuzes entzücken das Auge, und diese durch keine kleinliche, unnütze Zierrathen verunstaltete, durch nichts Heterogenes gestörte Harmonie wird durch die weiße Farbe, womit die ganze Kirche überzogen ist, noch erhöht. Hier ruhet das Auge und der Geist; hier fühlt man sich wie zu Hause, und glaubt an die Verwandtschaft des Bewohners mit unserm Geiste; hier ist nichts Finsteres, nichts Schauerlicherhabenes. Größe ist es, mit gefälliger Grazie, mit Schönheit und Liebe umflossen. Die Verschwendung der köstlichsten Marmorarten in den hiesigen Kirchen beklagten wir erst recht lebhaft, nachdem wir dieses schöne Gebäude betrachtet, und uns vorgestellt hatten, welch einen herrlichen Effekt es machen würde, wenn man sie hier angewendet und die Vollkommenheit der Form durch die Pracht und Vortreflichkeit des Stoffs erhöht hätte. Aber, daß sich nur niemand in Zukunft auf den Geschmack der vermeinten Kunstkenner verlasse! Diese Kirche und Crayers Gemälde bei den Beguinen hatte man uns mit Achselzucken genannt. Dafür loben sie uns das Portal der Augustinerkirche und Landschaften von Breughel!

Der Abbé Mann, ein alter Engländer, verschaffte uns Gelegenheit, das Gemäldekabinet des hiesigen Banquiers, Herrn Danhot, zu sehen, und ich kann nicht zu früh von dieser vortreflichen Sammlung sprechen, die mich mitten in Brüssel so angenehm an italienische Kunst und ihre Vollkommenheit erinnerte. Ich sage Dir nichts von dem schönen Lukas van Leyden, dessen Verdienst in seinem Alterthum besteht; von den kleinen Stücken, worunter ein Miris befindlich ist, der dem Eigenthümer viertausend Gulden gekostet hat; von den meisterhaften Landschaften des wackern van Goyen; von dem Salvator Rosa, dem Bassano, den Teniers groß und klein, fünf an der Zahl, so schön ich sie je gesehen habe; von dem S. Franziskus von Guido, und einer Jungfrau, angeblich von demselben Meister, die ich aber beide für Kopien halte; von den zwei Obst naschenden Knaben des Murillo, die, wie alles von diesem Künstler, aus der Natur leibhaft ergriffen sind; ich mag nicht von van Dyk's schönen Skizzen sprechen, worunter besonders die Abnehmung vom Kreuze so lieblich gedacht ist, daß man den Tod des Adonis zu sehen glaubte, wenn nicht ein Priester im Meßgewande vorn die Illusion zerstörte; nicht von Rembrandts zwey unnachahmlichen Porträten, dem Maler und dem Philosophen; nicht von dem vermeintlichen Raphael, der diesen Namen nicht verdient; nicht von Rubens Sabinerraub, von seiner Bürgerschaft von Antwerpen vor Karln dem Fünften; nicht einmal von seiner Rückkehr aus Ägypten, mit Figuren in Lebensgröße, wo Gott der Vater sehr gemächlich in den Wolken sitzt, der Christusknabe hingegen mit einem lieblichen Kopf, eine vorzügliche Leichtigkeit im Gange hat. Was konnte ich von diesem Reichthum noch sehen, nachdem ich eine Danaë von Tizian, und ein Porträt der Frau des Malers Joconde, von Leonardo da Vinci's Hand gesehen und verschlungen hatte? Die Danaë ist eine köstliche Figur; sie liegt da und lebt. Mehr wird kein Mensch zu ihrem Lobe sagen können. Farbe, Gestalt der Muskeln, Frische und Sammetweiche der Haut, sind wahr bis zum Angreifen, und in der Fülle der Reize. Es ist nur Schade, daß der große Meister diesem schönen Körper keine Seele schuf; der leere Kopf mit den geschlossenen Augen ist auszeichnend häßlich; man möchte ihn aus dem Bilde herausschneiden, damit er dessen Harmonie nicht störte. Frau Joconde erinnerte mich augenblicklich an mein Lieblingsbild in der Landgräflichen Galerie zu Cassel, wo dem Künstler genau dasselbe Gesicht zu einer himmlischen Madonna gedient haben muß. Das Kolorit des hiesigen Stücks hat indeß vor jenem einen entschiedenen Vorzug. Sie hält die eine Hand mit einer Aglaienblume ein wenig steif nach Art der älteren Maler empor; in der andern hat sie blühenden Jasmin, und im Schooße liegen noch einige Blumen. Ein wenig Härte und Trockenheit mag immer der Pinsel beibehalten haben; es ist doch unmöglich eher daran zu denken, als bis man an den Wundern der Zeichnung geschwelgt hat, und einen Vorwand sucht, um endlich sich loszureißen. Umsonst! diese kleinen Unvollkommenheiten, die so innig in der Schönheit und dem Seelenadel des Weibes verwebt sind, werden bei ihr zu neuen Fesseln für unser Auge und für das Herz. Man überredet sich gern, daß etwas so Vortrefliches nicht anders, als wie es ist, vortreflich seyn könne, und liebt den Flecken um des Platzes willen, den man ihm beneidet. Die Natur hat die Talente nicht vereinigen können, nicht Tizian's Sinn für den zarten Hauch des Lebens, mit unseres Leonardo's leiser Ahndung des Seelenausdrucks! Sie gehen also wohl nicht beisammen, und wir begnügen uns, – begnügen? so vermessen dürften wir vom Genusse der edelsten Schöpfungen des Genius sprechen? – wir sind überglücklich, uns in den Gesichtspunkt eines jeden einzeln zu versetzen, und ihre Seele in einer Sprache von unaussprechlichen Ausdrücken mit der unsrigen in Gemeinschaft treten zu lassen. Ein jeder wähle, was ihm frommt! ich halte mich hier an den Zauberer, der *Geister* vor mir erscheinen läßt; wohlthätige Erscheinungen, die, einmal gesehen, ewig unvertilgbare Spuren ihres Daseyns im Innern des Schauenden hinterlassen. Ist das eines Malers Frau? dann werft eure Palletten weg, ihr anderen Maler, wenn ihr Madonnen und Engel, die seligen Bewohner des reinen Äthers, malen sollt. Sie hat in sich die Fülle alles dessen, was Andern Regel und Muster ist; ihr selbst unbewußt, denn sie kennt weder Regel noch Muster. Ihr Sinn ist Jungfräulichkeit, ihr Thun lauter, wie das Element, in dem eure Götter athmen; Sanftmuth und die äußerste Feinheit umschweben ihren wahren, zarten Mund; unbeschreiblich leise sinnt es nach in ihr, im Eindruck des Kopfs um die Gegend der Schläfe; heilig und rein ist das große niedergeschlagene Augenpaar, das die Welt in sich aufnimmt, und sie schöner wiedergiebt. Wer möchte nicht unsichtbar sie umschweben, in ihrer dunklen Grotte, deren Grund fast nicht zu erkennen ist, wo sie einsam und in stiller Ruhe die Natur der Blüthen ergründet, sie selbst die zarteste und schönste der Blüthen! Die Mauerraute wuchert in den Ritzen der feuchten Felsenwand, und die Ranken des Zimbelkrauts hangen üppig daran herunter und wollen gedrückt seyn von Ihr! Alles ist vollendet, und bis auf die zartesten Merkzeichen ausgemalt, alles in seinen unbedeutendsten Umrissen wahr und bestimmt. O Carlo Dolce! wehe dem, der von einem solchen Meister wie Leonardo da Vinci nicht lernte, die Sorgfalt der Natur von der ekelhaften Pinselei der Manier unterscheiden!

Zweiter Theil

XV

Brüssel

Niemand soll mir wieder mit dem elenden Gemeinplatze kommen, den jetzt so mancher Apostel des Despotismus umherträgt, und den ich schon zum Ekel von Nachbetern wiederholen hörte: daß die Aufklärung Schuld an politischen Revolutionen sei. Hier in Brüssel sollen sie mir ihren Satz einmal anwenden! Ja, wahrlich, vollkommner war keine Unwissenheit, dicker keine Finsterniß, bleierner drückte nie das Joch des Glaubens die Vernunft in den Staub. Hier hat der Fanatismus Aufruhr gestiftet; Aberglaube, Dummheit und erschlaffte Denkkraft sind seine Werkzeuge gewesen.

Was Revolutionen im Staat hervorbringt, ist gänzlich unabhängig von dem jedesmaligen Grade der Einsicht des revoltirenden Volkes. Wenn seine Leidenschaften aufgeregt sind, (das geschehe nun durch den unerträglichen Druck der Tyrannei oder durch die Aufwieglungskünste boshafter und herrschsüchtiger Menschen:) dann ist die Revolution zur Reife gediehen; nur mit dem Unterschiede, daß jene besteht, weil sie einen wesentlichen Grund, eine materielle Veranlassung hat, diese hingegen wieder in ihr Nichts zurücksinkt, sobald die Täuschung aufhört.

Die Kirchen und Klöster in Brüssel sind zu allen Stunden des Tages mit Betenden angefüllt – und an den Thoren der Tempel lauert der Geist der Empörung ihnen auf. Hier läßt der Congreß seine Mandate und Verordnungen anschlagen; hier lesen wir die täglich herauskommenden Aufforderungen an das Volk, gegen die so genannten Verräther des Vaterlandes, nämlich gegen die Demokraten, mit Feuer und Schwert zu wüthen; hier lästert die Zunge der Verläumdung den braven Van der Mersch; hier stößt man Verwünschungen aus gegen die Holländischen Flüchtlinge, denen man die Freiheitsliebe zum Verbrechen macht; hier erdreistet man sich sogar, den heftigsten Ausbrüchen der Wuth, womit die aristokratische Partei die andere verfolgt, den Anstrich frommer Handlungen zu geben und die rechtgläubigen Einwohner im Namen ihrer Religionspflichten dazu anzuspornen! Unverkennbar ist der Geist, der in diesen Anschlagzetteln spukt; es giebt nur Eine Klasse von Menschen, die auf solche Weise Menschliches und Göttliches unter einander wirft, um die blöden Augen der Menge zu blenden und ihre schwache Vernunft durch kasuistische Cirkelschlüsse zu hintergehen.

Das Siegel eines weit ärgeren Despotismus, als derjenige war, dem die Niederländer entronnen sind, klebt noch an ihrer Stirn, und ein Jahrhundert wird es nicht abwaschen können. Mit ihrer neuerlangten Freiheit wußten sie nichts anzufangen; sie war ihnen lästig: sie können ohne Beherrscher nicht bestehen. Nous ne voulons pas être libres, »wir wollen nicht frei seyn«, antworten sie uns, wenn wir sie um ihrer Freiheit willen glücklich preisen; ohne doch vermögend zu seyn, uns nur etwas, das einem Grunde ähnlich gesehen hätte, zur Rechtfertigung dieses im Munde der Empörer so paradoxen Satzes vorzubringen. Nous ne voulons pas être libres! Schon der Klang dieser Worte hat etwas so Unnatürliches, daß nur die lange Gewohnheit nicht frei zu seyn, die Möglichkeit erklärt, wie man seinen tückischen Führern so etwas nachsprechen könne. Nous ne voulons pas être libres! Arme, betrogene Brabanter! das sagt ihr ohne Bedenken hin; und indem ihr noch mit Entzücken euren Sieg über die weltliche Tyrannei erzählt, fühlt ihr nicht, wessen Sklaven ihr waret und noch seid? Schon recht! ihr könnt auch nicht mehr frei seyn; ihr seid geborene Knechte: Einem Herrn entlauft ihr; aber des andern Zeichen ist euch eingebrannt, an welchem es jedem Klügeren spottleicht wird, euch wieder zu kennen und einzufangen, wähntet ihr gleich, ihr wäret frei!

> Wie der Vogel, der den Faden bricht,
> und zum Walde kehrt:
> er schleppt des Gefängnisses Schmach,
> noch ein Stückchen des Fadens nach;
> er ist der alte, freigeborne Vogel nicht –!

Aberglaube heißt der Faden, der allerdings nur gar zu oft auch vom weltlichen Despoten ergriffen wird, und an dem er die gefesselten Nationen lenkt. Ein gefährliches Unterfangen! denn es darf sich nur die Hierarchie an den Faden hängen, so schwingt sie das Volk und den Herrscher nach ihrer Willkühr umher.

Brabant ist seines Aberglaubens wegen berühmt, Dank sei es Philipps grausamer Politik, die das Schwert in den Eingeweiden seiner selbstdenkenden Unterthanen wühlen ließ und jedem Andersgesinnten den Scheiterhaufen zuerkannte. Die Rechtgläubigen, die allein in dem entvölkerten Lande übrig blieben, mochten wohl erblassen über ihrer eigenen Hände Werk. Triefend vom Blut ihrer Brüder, flohen sie vor dem grellen Lichte ihrer strafenden Vernunft und den Qualen einer vergeblichen Reue. Sie eilten, die Bürde des verwundeten Gewissens im mütterlichen Schooße der Kirche abzuwerfen, und die Zauberin verwandelte den Brudermord in ein gottgefälliges Opfer. So ziemte es ihr, Verbrechen zu heiligen, die sie zuerst gebot. Zitternd vor ihr, die *damals* das Menschengeschlecht eher vertilgen als ihrem Herrscherrecht entsagen wollte, huldigten sie der unerforschlichen Weisheit, womit die Kirche alle Widersprüche vereinigte, und schrieben der lästigen Zweiflerin *Vernunft* einen ewigen Scheidebrief.

Das schöne Vorrecht einer Religion des Friedens, dem Verbrecher im Namen der versöhnten Gottheit Verzeihung und Gnade darzubieten, erstreckt sich nicht bis zur Aufhebung der *natürlichen* Folgen des Übels. *Geistliche* Zurechnung mag sie dem Sünder erlassen; aber weder Reue noch Seligsprechung können ungeschehen machen, was geschehen ist, können aus der Kette der Dinge ein einziges Glied reißen, das hier Wirkung war und dort wieder Ursache wird. In Brabant, wo die vorgeblichen Vertrauten der Götter nicht bloß zu verzeihen, sondern zu billigen, ja zu gebieten wagten, was die Natur als Verbrechen verabscheuet – werden hier allein die Verirrungen der wider sich selbst wüthenden Menschheit ohne Folgen geblieben seyn? Nimmermehr! Lieber läugne man allen Zusammenhang und jede Beziehung in der Natur; man lästre die unverbrüchliche Treue, womit sie an ihren Gesetzen bekleibt, ehe man zweifelt, ob das Verzichtthun auf den Gebrauch der Vernunft, und ob die Betäubung des moralischen Gefühls eine andere Wirkung haben könne, als immer zunehmende Entartung!

Seit jener unglücklichen Epoche, da hier die Philippe und die Albas mordeten, da das Blut der freien Edlen auf dem Richtplatze floß, erwähnt die Geschichte dieser Provinzen nur dann, wenn fremde Kriegesheere sie zum Kampfplatz wählten, oder wenn sie, als ein Erbgut, aus einem Fürstenhause in das andere übertragen wurden. Nie wieder erwachte in ihnen ein eigenthümlicher Geist, nie erhob sich aus ihrer Mitte ein großer Mann! In Unthätigkeit versunken, behaupteten sie nie die Rechte der Menschheit gegen die übermüthigen Nachbaren, die ihrem Oberherrn das harte Gesetz vorgeschrieben hatten, die Flüsse seines Landes zu verschließen, und seinen Städten mit dem Handel auf dem Meere Wohlstand, Volksmenge und Mittel zur Bildung des Geistes zu rauben. Bei Josephs Versuche, dieses widernatürliche Joch abzuwerfen, verhielten sich die Brabanter leidend, und die Flammänder sträubten sich; jene glaubten, am Speditionshandel hinlänglichen Ersatz für die gesperrte Schelde zu besitzen, oder hatten sich schon gewöhnt, in ihren angeerbten Schätzen unerschöpfliche Quellen des eingeschränkten, stillen müßigen Genusses zu finden; diese wollten ihr Ostende dem Flor von Antwerpen nicht opfern. Der Adel in beiden Provinzen befürchtete im vermehrten Wohlstande des Bürgers Verminderung seines Einflusses und Ansehens; und die Geistlichkeit, die in einigen Provinzen zum Besitz der Hälfte, und in Brabant voller zwei Drittheile von dem ganzen Landeigenthum gelangt war, begnügte sich an dem sichern Ertrage des fruchtbaren Bodens.

Eine Zeitlang hatte zwar aus den Schutthaufen der Freiheit die Kunst noch hervorgeblühet. Statt des Schwertes, das den Belgiern aus der Hand gesunken war, hatten sie den Pinsel ergriffen; denn plötzlich erlischt die Energie des menschlichen Geistes nicht: in ihrem Wirken unterbrochen, wirft sie sich gern erst in neue Kanäle. Der Luxus der Hauptstadt, der gehemmte Umlauf ungeheurer Kapitalien in den Handelsstädten, die Politik und die Hoffart der Klerisei und der geistlichen Orden gaben anfänglich den Künstlern Beschäftigung; allein auch diese Periode war bald verflossen, und alles neigte sich unter dem narkotischen Fittig der Pfaffenerziehung zum langen Geistesschlafe. Um Gestalten hinzaubern zu können als lebten sie, um Menschen handelnd darstellen, ja in Thaten groß auch nur ahnden zu können, müssen frühzeitig die Bilder des Mannichfaltigen den unbefangenen Geist zur Thätigkeit wecken und die Begierde zu *schaffen* in seinem Innern hervorrufen. Das träge Blut des Belgiers vermochte dies nie von selbst. Als der Rausch, den ihm die kriegerischen Zeiten zurückgelassen hatten, gänzlich verdünstet, als Van Dyk nach England verpflanzt und zu früh gestorben war, da welkte die Niederländische Kunst, und jene so genannten Malerakademien, welche noch jetzt in Mecheln und Antwerpen bestehen, sanken in eine Geringfügigkeit, die ärger als Vernichtung ist.

Die mechanischen Künste haben sich länger gehalten, weil die Art des Fleißes, welche kein Nachdenken erfordert, sondern das Werk der Übung und Gewöhnung ist, phlegmatischen Völkern zur andern Natur werden kann. Ihre Existenz in dieser, wie in jeder Rücksicht, ist maschinenmäßiger, als die Existenz der lebhafteren, geistreicheren Menschen, deren unstätes Wesen mehr von eigenen Antrieben abhängt und daher öfter die Erscheinung des Müßigganges bewirkt. Noch giebt es in allen Belgischen Provinzen ansehnliche Wollen- und Leinenfabriken, obwohl die ersteren im Vergleich mit ihrem Flor im vierzehnten Jahrhundert, als Löwen und Ipern jedes viertausend, Mecheln über dreitausend, und Gent vierzigtausend Weberstühle beschäftigen konnten, gleichsam nur armselige Trümmer der ehemaligen Wirksamkeit verrathen. Lange vor dem Ausbruche des Religionskrieges wanderten aber schon Tausende von Fabrikanten nach England, und während der Unruhen öffnete Elisabeth ihre Häfen den fleißigen Flüchtlingen, die um ihres Glaubens willen ihr Vaterland verließen. Andere Zweige des städtischen Fleißes sind durch das Emporkommen auswärtiger Fabriken in Verfall gerathen, wie die Seidenmanufakturen in Antwerpen; oder der Wankelmuth der Mode hat ihren Absatz vermindert, wie dies mit den Brabantischen Spitzen und mit den gestickten Teppichen von Brüssel der Fall ist, an deren Stelle die Blonden und Papiertapeten gekommen sind.

Der Landmann allein ist geblieben, was er war: der arbeitsame, geduldige Bauer des fetten ergiebigen Erdreichs. Seine Saaten füllen die Scheuren des Adels und der Klöster; seine Heerden bedecken unübersehbare Weiden, und seine Gespinnste, das Werk seiner Nebenstunden, beschäftigen sowohl die noch übriggebliebenen einheimischen, als auch die benachbarten auswärtigen Fabrikanten. Aus diesen Quellen des Reichthums, so schlecht man sie auch benutzte, flossen jährlich noch Millionen in die Schatzkammern des Hauses Östreich. Hätten weise Führer durch zweckmäßige Bildung der Jugend, hätten große Regenten durch Erweckung eines edlen Wetteifers, den Einflüssen der Sumpfluft und des nordischen Nebels entgegenarbeiten wollen; warum sollte es ihnen weniger geglückt seyn, als in dem benachbarten England? Allein die Vervollkommnung des dritten Standes war jederzeit, bis auf Joseph den Zweiten, dem stolzen Hofe zu klein, dem Adel und der Geistlichkeit ein Greuel.

Oft indessen zwecken die unberechneten Folgen der Leidenschaft mehr als absichtliche Vorkehrungen auf die Hervorbringung des Guten. Nirgends treibt die Habsucht mit weniger Zurückhaltung ihr Spiel, nirgends häuft sich die Zahl der Processe so ins Unendliche, als in Ländern, wo ein ungebildeter, zahlreicher Adel, und eine nicht minder rohe, nicht minder zahlreiche Geistlichkeit den Besitz des Landes unter sich theilen. In den katholischen Niederlanden, wie in Polen und Ungarn, nehmen diese Streitigkeiten, bei dem geschwächten moralischen Gefühl welches unausbleiblich die versäumte Entwickelung der Vernunft begleitet, unter den Begüterten kein Ende. Daher schwang sich endlich aus dem Bürgerstande die unentbehrlich gewordene Klasse der Rechtsgelehrten empor, und in diesem, allerdings nicht erlesenen Haufen, entwickelten sich gleichwohl die ersten Keime des Belgischen Patriotismus. Unter der furchtbaren Kohorte von drei- bis vierhundert Advokaten, die dem Geiste der Unverträglichkeit in Brüssel das tägliche Opfer bringen, fanden sich einige Männer, deren Studien und Amtsgeschäfte den glücklichen Erfolg für sie selbst hatten, ihre Begriffe von Recht und Pflicht jenseits des todten Buchstabens der Gesetze zu berichtigen und aufzuhellen. Mit dem Lichte, das ihnen plötzlich zuströmte, und das sie freilich weder in den Kreuzgängen der Jesuitenschulen noch in der finsteren Universität zu Löwen je erblicken konnten, prüften sie die Ansprüche des Fürsten, wenn er, selbst in guter Absicht, aus den Schranken heiliger Verträge trat, und sich nach seiner Überzeugung für berechtigt hielt, die Gemüther der Menschen eigenmächtig zu ihrem wahren Vortheil zu zwingen. Mit demselben Lichte erkannten sie das Verhältniß des Volkes zu seinen Repräsentanten, und vertheidigten die Rechte des Bürgers gegen die Eingriffe der Prälaten und Ritter. Der Enthusiasmus, das Kind des Druckes und der verkannten Wahrheit, goß Feuer in ihre Reden und Entwürfe; allein ihre Beredsamkeit und ihr Beispiel waren verschwendet an ein Volk, das sie nicht fassen konnte und gewohnt war, blindlings zu folgen. Joseph durfte die Joyeuse entrée vernichten und den Ständen ihre Vorrechte schmälern; das Volk hätte sich nicht geregt. Er nahm dem geweihten Müßiggänger seine überflüßigen Schätze – und das Volk stieß ihn vom Thron.

XVI

Brüssel

Seitdem das Haus Östreich in engere Verbindung mit Frankreich getreten war, hatten die schönen Belgischen Provinzen von den ehemaligen feindlichen Überzügen ausgeruhet, und, eingeschränkt wie ihr Handel blieb, bloß durch ihren inneren Reichthum einen hohen Wohlstand erreicht. Karl von Lothringen, der eine lange Reihe von Jahren als Generalgouverneur seinen Hof zu Brüssel hielt, ward von den Niederländern so enthusiastisch geliebt, wie es fast immer bei Fürsten der Fall ist, die sich an der Bereitwilligkeit der Nation zur Erlegung großer Subsidien genügen lassen, ohne sich durch Neuerung und Reform einen Namen erwerben zu wollen, ohne durch stetes Mißbilligen dessen, was Andere thaten, ihre Einsicht auf Kosten der Selbstachtung ganzer Millionen von Menschen geltend zu machen, ohne Macht und Gewalt blicken zu lassen, wo die Gesetze allein entscheiden sollten, oder wo Alles durch Güte auf dem gebahnten Wege zu erlangen war.

Der Minister Stahremberg theilte mit dem Prinzen die Zuneigung des Volkes, und beide wußten seine Vorurtheile zu schonen, seinem Geschmacke zu schmeicheln und seine Gutwilligkeit ohne Geräusch zu benutzen. Der glänzende Hof des Fürsten; seine Liebhabereien; der so leicht und um so geringen Preis zu erkaufende erhabene Name eines Beschützers der Wissenschaften und Künste; die von ihm angefangene Verschönerung der Stadt, und seine Sorgfalt für die Unterhaltung und die Vergnügungen des Volks: das waren seine Ansprüche auf eine Liebe, die ihm Bildsäulen zu Fuß und zu Pferde, an öffentlichen Plätzen und auf den Giebeln öffentlicher Gebäude, erwarb. Die Belgier zogen ruhig auf der breiten Heerstraße der Gewohnheit fort, und verrichteten willig und mechanisch ihr Tagewerk, ohne sich um die Verwaltung der öffentlichen Angelegenheiten zu kümmern. Ihr Vertrauen in die weise Führung der höhern Stände ging so weit, daß verschiedene Brabantische Städte von ihrem Recht, Abgeordnete zur Versammlung zu schicken, keinen Gebrauch machten und der dritte Stand folglich zuletzt wenig mehr als dem Namen nach existirte. Die Geistlichkeit hatte beinahe in allen Provinzen, als erster und zahlreichster Landstand, ein entschiedenes Übergewicht. Ihre treue Ergebenheit gegen den Hof beruhete auf einem gemeinschaftlichen Interesse. Die süße Herrschaft über die Gemüther, in deren Besitze man sie nicht störte, war immer einige dem Landesherrn gezollte Millionen werth. Man versichert, daß Maria Theresia während des siebenjährigen Krieges an wirklich bewilligten Subsidien und an negoziirten Darlehen gegen hundert Millionen Gulden aus den Niederlanden gezogen habe; und noch kurz vor dem Ausbruche der Unruhen schätzte man den jährlichen Ertrag der kaiserlichen Einkünfte aus diesen Provinzen auf die unglaubliche Summe von sieben Millionen.

Der Kaiser hatte seine Niederlande selbst besucht und mit seinem Kennerblicke die tief eingewurzelten Mißbräuche ergründet, die sich dem größeren Flor derselben widersetzten. Er fand das Volk ungebildet, in Aberglauben versunken, träge und ungelehrig im Gebrauche seiner Geisteskräfte; übrigens aber mit physischen Vorzügen ausgestattet, stark und arbeitsam, und geneigt zum frohen, groben Sinnengenusse. Dem angeborenen Phlegma war Gutmüthigkeit zugesellt, eine glückliche Eigenschaft, durch die sich auf den Charakter noch wirken ließ; gleichsam wie ein schwerer Körper Beweglichkeit bekommt, wenn man ihn mit einem leichteren verbindet. Allein die bisherigen Erzieher dieses Volkes bedurften selbst einer sorgfältigeren Bildung. Mit dem Deutschen und Französischen Klerus war der Belgische nicht fortgeschritten; er war um mehr als ein Jahrhundert zurück, und der Abstich auffallend zwischen seinen, auf die Blindheit des Volkes berechneten Anmaßungen und der Lichtmasse in dem übrigen Europa, vor welcher kein erkünstelter oder unächter Heiligenschein bestehen kann.

Hier war indeß Beides, die hierarchische und die politische Macht des Staates, in den Händen der Geistlichkeit. Ihre Häupter herrschten in den Versammlungen der Stände; ihre Schlauköpfe wußten in Schulen und Akademien die Dummheit methodisch fortzupflanzen, und Alle, vom Höchsten bis zum Geringsten, lenkten das Gewissen der Einwohner nach ihrer Willkühr. Es forderte Josephs ganze Thatkraft und seinen Herrschergeist, um hier nicht an Läuterung zu verzweifeln, sondern sie wirklich anfangen und durchsetzen zu wollen.

Er fing zuerst mit Ersparnissen an, auf welche man unter der vorigen allzumilden Regierung nicht geachtet hatte. Durch seine Bündnisse mit Frankreich gesichert, und durch den Augenschein überzeugt, daß der Verfall der Gränzfestungen den Barrierentraktat von 1715 *wesentlich* schon aufgehoben habe, vermochte er im Jahr 1781 die Republik der vereinigten Niederlande dahin, diesen Traktat auch *förmlich* aufzuheben und ihre Besatzungen aus allen darin benannten Festungen zurückzuziehen. Sobald er diesen Punkt gewonnen hatte, der die Generalstaaten im Grunde nur von einer unnützen und lästigen Ausgabe befreite, wurden alle niederländische Festungswerke, ausgenommen die von Luxemburg, geschleift und die Summen, die ihr angeblicher Unterhalt dem Staate jährlich gekostet hatte, in Zukunft für das Ärarium gewonnen. Ähnliche Reformen bedurften und erhielten jetzt alle Theile der Administration, und selbst die Gouvernantin der Niederlande, eine Schwester des Kaisers, wurde nebst ihrem Gemahl, dem Herzoge von Teschen, in ihren Einkünften auf eine bestimmte Summe eingeschränkt.

Von dem Charakter des Volkes ließen sich vortheilhafte Veränderungen hoffen, wenn man es in neue Thätigkeit versetzte; es war vielleicht nur eine äußere Veranlassung nöthig, um in demselben schlummernde Kräfte zur Wirksamkeit zu berufen. Schon die Eröffnung der Schelde allein hätte diesen Erfolg haben müssen, da die Erscheinungen, die ihre Verschließung hervorbrachte, für ganz Europa so wichtig gewesen sind. Aber die eifersüchtige Politik der Nachbaren vereitelte diese glänzende Aussicht um so viel leichter, da die Belgische Nation nicht einen Funken der Begeisterung blicken ließ, womit jedes andere Volk, das fähig gewesen wäre seinen eigenen Vortheil zu erkennen, bei einer solchen Veranlassung dem Landesherrn alle Kräfte dargeboten hätte.

Diese Fühllosigkeit mußte der Kaiser tief empfinden; sie mußte ihn auf die Wurzel des Übels zurückführen und ihn in der ihm nur allzugegenwärtigen Überzeugung befestigen, daß seiner höheren Einsicht das große Werk, seine Unterthanen wieder zu beseelen, allein aufbehalten sei. Wenn er wenig Achtung für die Vernunft des großen Haufens besaß; wenn er den Beruf in sich fühlte, seine Unterthanen, die ihm unmündige Kinder schienen, mit der ganzen Authorität des Vaters zu ihrem Besten anzuführen: wer findet den Irrthum nach solchen Beispielen nicht verzeihlich? wer bedauert nicht den Monarchen, dessen Volk so weit hinter ihm zurückgeblieben war, daß er sich zu seinen Bedürfnissen nicht mehr herablassen konnte? Die Gleichgültigkeit der Belgier gegen die Maaßregeln des Kaisers, die keinen andern Zweck als den größeren Flor ihres Vaterlandes hatten, und bald hernach die störrige Widersetzlichkeit, die sie gegen seine vorgenommenen Neuerungen äußerten, erklären auch ein anderes Phänomen, welches sonst bei einem Fürsten, der so strenge Begriffe von Regentenpflicht hatte, befremdend scheinen möchte; ich meine das bekannte Projekt von einem Ländertausche, wodurch er diese so sehr verwahrloseten Menschen ihrem Schicksal überlassen wollte. Wenigstens ist es einleuchtend, daß einem Monarchen, der die unüberwindlichen Hindernisse, welche sich der Ausführung seiner Vervollkommnungsplane in den Weg legen würden, jetzt schon anfing zu ahnden, der Gedanke nahe liegen mußte, diese Bürde von sich zu werfen, um seine unermüdete Thätigkeit mit mehrerem Vortheil, und vielleicht mit glücklicherem Erfolge, anderen, ihm näher liegenden Provinzen zu widmen. Erst als dieser große Plan vereitelt ward, und der Deutsche Bund sogar in Zukunft seine Ausführung unwahrscheinlich machte, gewannen die Reformen des Kaisers in den Niederlanden ein ernstlicheres Ansehen.

Wie weit ging denn nun des Kaisers Befugniß und Recht, seine Neuerungen durchzusetzen? Ober diese Frage ward bereits lange und wird auch noch gestritten. Du weißt, was ich von solchen Fragen halte, wobei jede Partei gewisse Positionen, als ausgemacht, zum Grunde legt, und keine bis auf die letzten Vernunftgründe zurückgeht. Denkende Männer, nicht bloß die maschinenmäßigen Aktenleser, denkende Männer, die sich sonst von den Fesseln des Vorurtheils frei zu erhalten wissen, können sich doch in einem solchen Falle, wo das Glück eines Volkes von den Maaßregeln eines Fürsten abhängt, vor einer kaltblütigen Erörterung scheuen und wohl gar verlangen, daß das Herkommen, die Gewohnheit, das Ansehen der Person, und die einmal bestehende Authorität als unantastbare Heiligthümer gelten sollen. Das Gefühl, welches sie zu dieser Forderung verleitet, macht ihrem Herzen Ehre; indeß freilich nur auf Kosten des Verstandes. Sie verwechseln nämlich *handeln* und *denken,* und ohne es selbst zu wollen, begünstigen sie dadurch einen ärgeren Despotismus, als denjenigen, den sie bestreiten. Die Folge der kaiserlichen Reformen war Widerstand, Aufruhr, Krieg; das Blut von Tausenden mußte fließen, die Ruhe von Millionen ward geopfert – für was? – für den Einfall eines Monarchen. Rühmlich und gut war seine Absicht; aber bei einem zweifelhaften Erfolg, und wenn so vieler Menschen Wohl auf dem Spiele steht, darf niemand selbst das Gute nicht durch gewaltsame Mittel erzwingen, dem Volke die gewissen oder eingebildeten Vortheile, die es schon genießt, nicht eigenmächtig entreißen, so lange es in demjenigen, was man ihm an ihrer Stelle darbietet, keinen Gewinn erkennt. Im Gegentheil, man soll die goldene Regel des frommen Bonafides befolgen:

Wenn an das Gute,
das ich zu thun vermeine, gar zu nah
was gar zu Schlimmes gränzt: so thu' ich lieber
das Gute nicht; weil wir das Schlimme zwar
so ziemlich zuverläßig kennen, aber
bei weitem nicht das Gute. –

Noch mehr: der Thron schützt so wenig vor Irrthum, daß er unter gleichen Umständen oft eine Quelle desselben wird. Der Kaiser konnte wirklich irren, er konnte wohl gar in guter Absicht etwas wollen, das an sich ungerecht und in allen seinen Folgen schädlich war. Wohlan! jene Maximen wollen wir einstweilen gutheißen, diese Möglichkeit zugestehen. Allein, wenn gleich der Kaiser in den Niederlanden nichts hätte ändern sollen, so durfte er darum doch *einsehen*, was recht und gut, was der Bestimmung des Menschen und seiner ganzen Natur gemäß sei oder nicht. Mehr fordern wir auch nicht für uns; aber dies Wenige darf man uns nicht verweigern, wenn man nicht allen Fortschritt der Erkenntniß hemmen und uns dem Rechte des Stärkeren unterwerfen will. Ein anderes ist es, erkennen und öffentlich bekennen, was wahr, gut und recht genannt zu werden verdient, die Vernunft dort anwenden, wo sie am unentbehrlichsten ist, zur Prüfung der wichtigsten Verhältnisse des Lebens; ein anderes, die Welt nach dieser Erkenntniß, die sich nur allmälig einimpfen, nur langsam mittheilen und verbreiten läßt, plötzlich umschaffen und mit Gewalt vervollkommnen wollen.

Überdieß ließe sich auch noch Manches gegen die Allgemeinheit der Regel des guten Klosterbruders in Lessings Nathan einwenden. Sie ist an ihrer Stelle in der Sittenlehre des einfachguten, stillen, beschränkten Menschen, der sich vom Geräusche der Welt zurückgezogen hat, in ihre Händel sich nicht mischen mag und den Rest des Lebens frommen Übungen widmen will. Allein, wer darf behaupten, daß diese Regel für alle Klassen von Menschen, nach der jetzigen Lage der Sachen, zur Richtschnur tauge? Andere Kräfte, andere Gaben, andere Erfahrungen und Ausbildungen haben auch eine andere Sittenlehre, wie einen ganz verschiedenen Beruf. Lessing sagt an einem andern

Orte sehr schön, sehr wahr und edel: *was Blut kostet, ist gewiß kein Blut werth;* allein man würde seinem Geiste unrecht thun, wenn man ihm die Folgerung andichten wollte, daß er alles Blutvergießen für entbehrlich gehalten habe. Sein durchdringender Verstand wußte zu wohl, daß alles, was geschehen ist, hat seyn müssen. Für Meinungen ward ja von jeher Blut vergossen; und können wir läugnen, daß ohne die gewaltsamen Mittel sie fortzupflanzen, wir vielleicht in unsern Wäldern noch Eicheln fräßen und Menschen, wie die Thiere, jagten? Der sanftmüthige Stifter des Christenthums sah voraus, daß er nicht den Frieden, sondern das Schwert und die Zwietracht brächte; und dennoch folgte er seinem inneren Berufe. Wer wollte auch eines Luthers Feuereifer nach Bonafides Sanftmuth richten! Allerdings giebt es Fälle, wo man den Blick über die etwanigen Nachtheile hinaus, die im gegenwärtigen Augenblick aus einer Reform entspringen können, auf die guten Folgen richten darf, welche die Zukunft erst reifen und offenbaren wird. Allerdings darf man säen auf Hoffnung der zukünftigen Erndte. Die Frage ist nur, welches sind die privilegirten Menschen, die es wagen dürfen, sich über die vorhin erwähnte Einschränkung hinwegzusetzen und ihrem eigenen Blick in die Zukunft zu trauen? Wer darf die jetzige Ruhe in Erwartung der zukünftigen Wohlfahrt stören? Giebt es Merkmale, an welchen sich diese überlegenen Geister im voraus erkennen lassen? oder bleibt es nicht immer in der Welt bei der alten Einrichtung, daß ein jeder nach seiner Einsicht und seinem Gefühle handeln müsse, *auf seine Gefahr?*

Wenn die Speculation einen Grundsatz aufstellt, so giebt sie ihm eine Allgemeinheit, die er in der Anwendung nicht behalten kann, wo unaufhörlich entgegengesetzte Tendenzen von Principien, die an sich gleich richtig, gleich gut und gleich allgemein sind, den Handelnden wo nicht in Verlegenheit setzen, doch zu Rücksichten nöthigen, die seine absolute Wirksamkeit einschränken. So mag es denn auch mit dem Begriffe von Volksglückseligkeit beschaffen seyn, den man zuweilen so fest an die Erhaltung einer ruhigen Existenz zu knüpfen pflegt. Kein Bewegungsgrund – so will man behaupten – soll stark genug seyn, den Vortheil zu überwiegen, der aus dem ungestörten Genusse der physischen Befriedigung entspringt. Auf die Gefahr, den Menschen in seiner einförmigen Lebensweise zu stören, soll es nicht erlaubt seyn, ihn in neue Verhältnisse zu versetzen, die er bloß der Neuheit wegen haßt. Wie aber, wenn jemand einsähe, daß, indem alles jetzt beim

Alten sein Bewenden hätte, das Mißverhältniß bald zu einer Höhe steigen müßte, wodurch die Bande des Staats gewaltsam aufgelöset würden? Wie, wenn das ungestörte Beharren in einem Zustande der unvollkommenen Bildung, die den Menschen der Thierheit näher läßt als jenem Ziele, welches ihm in der Perfektibilität seiner Geisteskräfte gesteckt ist; wenn dieses schläfrige, träge Vegetiren endlich Unfähigkeit zur Vervollkommnung bewirkte; eine solche Erstarrung der Organe, die zur Vervollkommnung dienen, zuwege brächte, daß die sinnliche Maschine keinen sittlichen Werth mehr erlangen, keiner subjektiven Ausbildung mehr fähig seyn, sondern bloß zu thierischen Funktionen tauglich bleiben könnte? Dann dürfte doch einem Manne, der große Macht in Händen hat, und den Beruf in sich fühlt, mächtig in die Schicksale der Menschheit zu wirken, die Pflicht näher liegen, den Menschen Fähigkeit und Würdigkeit zum Genuß ihres Daseyns zu verschaffen, als jene, ihnen einen Genuß zu sichern, der ihnen den Weg zum Ziel ihrer höheren Bestimmung abschneidet. Wer den Zweck will, muß auch die Mittel wollen. Ist die *innere, sittliche* Freiheit die wahre Grundlage menschlicher Glückseligkeit; ist alles Glück unsicher, außer demjenigen, welches in dem Bewußtseyn der moralischen Unabhängigkeit besteht: so hintergeht man uns, wenn man in *allen* Fällen auf die Erhaltung des gegenwärtigen Zustandes dringt und den hohen Genius anfeindet, der vielen Menschen Veranlassung gab, durch ungehemmte Wirksamkeit der Geisteskräfte sich zu jenem Bewußtseyn emporzuschwingen.

Die aristokratische Partei schreiet über Entweihung ihrer Rechte. Allein, »in einem Staate, wo das Volk nicht wirklich repräsentirt wird«, erwidert die Gegenpartei, »dort existirt, strenge genommen, keine rechtmäßige Gewalt; alles ist Usurpation, und selbst die freiwillige Ergebung des Volkes in den höchsten Willen der Aristokraten setzt eine schon früher an seinem Verstande verübte Gewaltthätigkeit voraus, ist ein Beweis von gekränkter Menschenwürde und verletztem Menschenrecht.« Alle so genannte Souverainitätsrechte, behaupten die Demokraten ferner, sind ihrer Natur zufolge allen Menschen unveräußerlich eigen, und jede unwiderrufliche Übertragung derselben, wann und wo sie auch erschlichen ward, ist nur ein Kennzeichen von menschlicher Ohnmacht und Unwissenheit. Diese beiden Eigenschaften sind allerdings so allgemein durch unsere Gattung verbreitet, daß sie gleichsam ihre charakteristische Bezeichnung ausmachen und allen

Herrschern der Erde, statt des wirklichen Rechtes, welches sie nimmermehr erweisen können, ein im verjährten Besitz und in fortdauernder Schwäche der Völker gegründetes, der Vernunft sogar furchtbar gewordenes Scheinrecht ertheilen. So lange die große Masse des Menschengeschlechts in einem Zustande der Unmündigkeit bleibt – und es hatte noch unlängst den Anschein, daß sie es ewig bleiben würde – so lange kann dieser Unterschied subtil und überflüßig scheinen; für denkende Menschen aber und für Völker, welche anfangen sich zu fühlen, ist er ohne Zweifel sehr gegründet und sehr erheblich zugleich. Nach diesen Voraussetzungen wäre es demnach offenbar: wer Josephs Recht, in den Niederlanden nach seiner Erkenntniß des Bessern zu herrschen, in Zweifel zieht, und seine Reform gewaltthätig nennt, der darf ihm wenigstens nicht das usurpirte, im Stumpfsinn und im Aberglauben des Volkes geschöpfte Recht der Stände entgegensetzen.

Doch die Frage von Recht bei Seite, so läßt sich allerdings noch bezweifeln, ob es der Klugheit des Regenten gerathen war, im gegenwärtigen Falle den Despotismus der Aristokratie entgegen zu stellen und es darauf ankommen zu lassen, auf wessen Seite das Volk sich neigen würde. – Das Volk? Trägt es nicht überall die Fesseln der Gewohnheit als einen angeerbten Schmuck, den zu veräußern oder gegen eine schönere und nützlichere Zierde zu vertauschen, es für ein Verbrechen hält! War es nicht in den Niederlanden insbesondere gleichgültig gegen jede Neuerung, auch wenn sie ihm, wie die Eröffnung der Schelde, mit keinem Umsturz seiner Verfassungen drohete, und vielmehr reinen Gewinn zu bringen versprach? Konnte man vergessen, daß es in der Hand seiner Beichtväter ein bloß leidendes Werkzeug ist? Vielleicht verachtete der Kaiser die wirklich auffallende Erschlaffung selbst dieser Theokraten, die dicke Finsterniß, in welcher ihre Geisteskräfte schlummern, die Feigheit, die so oft die Gefährtin eines bösen Gewissens ist; er glaubte vielleicht, die Sybaritenseelen würden zittern vor dem Ernst eines Mannes. Diese Überzeugung wäre dann ein neuer Beweis des Scharfblicks, womit Joseph die Menschen durchschaute. Wirklich zitterten sie, so oft er ihnen in furchtbarer Herrschergestalt erschien. Erst nach dem unglücklichen Feldzuge wider die Türken im Jahr 1788 wuchs ihr Muth gegen den sterbenden Kaiser, und selbst dann bedurfte es genau des ganzen Zusammenflusses von Begünstigungen des Schicksals, um ihnen das Zeichen zum Aufruhr zu entlocken.

Die Lieblingsidee des Kaisers, eine völlige Gleichförmigkeit des Administrationswesens und der Gesetzgebung in allen seinen Staaten einzuführen, ist ebenfalls nicht frei von Tadel geblieben. Es scheint in der That natürlicher, die Formen nach dem verschiedenen Genie der Völker abzuändern, als alle Völker in Eine Form zu zwängen. In Italien, Deutschland, Böhmen, Ungarn und Belgien sind die Menschen viel zu weit von einander verschieden in physischen und moralischen Anlagen, in Sitten und Gewohnheiten, um gleichen Handlungen denselben Werth oder Unwerth beizumessen. Die Verschiedenheit des Bodens, der Lage, des Himmelstrichs bestimmt diese Mannichfaltigkeit im Menschengeschlechte, wie in der ganzen organischen Schöpfung, die nur durch sie desto reicher und schöner unseren Augen und unserem Verstande entgegenglänzt. Sie durch irgend einen Mechanismus einschränken wollen, scheint beinah eine Versündigung an der Natur. Allein zur Rechtfertigung des Kaisers muß man sich erinnern, daß er am Rhein und an der Donau, am Po wie an der Maas und Schelde, eine weit unbegreiflichere Gleichförmigkeit als die war, die er einführen wollte, wirklich errungen sah: eine Gleichförmigkeit des Glaubens an unsichtbare, die Vernunft und ihre Formen weit übersteigende Dinge, eine allgemeine, unbedingte Gleichförmigkeit, die sich bis auf die individuellsten Bestimmungen erstreckt, die sich ein Recht der unumschränkten Herrschaft über alle Gemüther des Erdkreises anmaßt und keinen Widerspruch erträgt. Die Entstehung eines ähnlichen Systems in politischer Hinsicht, in dem Verstande eines Monarchen, ist also leicht begreiflich, wenn man gleich bedauert, daß er es für so wichtig halten konnte. Ein solches Maschinenwerk hätte seinen Stolz beleidigen, es hätte seinem Geiste zu klein seyn müssen. Der große Mann nimmt die Menschen wie sie sind, und indem er ihnen den Glauben an ihre Spontaneität und Selbstbestimmung läßt, weiß er sie, unfühlbar wie die Gottheit, nach seinem Willen und zu seinem Zwecke zu lenken.

Bereits im Jahre 1785 fing der Kaiser an, dieses System, welches er in seinen Deutschen Staaten zum Theil schon gegründet hatte, auch in den Niederlanden einzuführen. Das Verbot der Einfuhr fremder Fabrikate und der Ausfuhr der rohen inländischen Produkte fiel dem Speditionshandel dieser Provinzen sehr zur Last, indem es die Transportkosten durch die Erhebung starker Transitozölle um ein merkliches erhöhte. Die Eintheilung des Landes in neun Kreise, nach dem Muster der Östreichischen, die Ernennung der Intendanten in den Kreishauptmannschaften, die Einführung des neuen Gerichtssystems durch den Freiherrn von Martini, der dieses Geschäft in den Italienischen Besitzungen des Kaisers bereits glücklich beendigt hatte, und die Abstellung verschiedener in den Privilegien zwar gegründeten, aber durch die Länge der Zeit in Mißbräuche ausgearteten Einrichtungen, bedrohete den Adel und die höheren Stände überhaupt mit einer großen Schmälerung ihrer bisher genossenen Vorrechte und des überwiegenden Einflusses, den sie seit undenklichen Zeiten im Lande behauptet hatten. Es war des Kaisers Absicht, allen seinen Unterthanen, ohne Ansehen des Ranges, des Standes und der Person, gleichen Schutz des Gesetzes angedeihen zu lassen und von allen einen gleichförmigen Beitrag zu den Bedürfnissen des Staates zu fordern. Diesen gerechten und billigen Vorsatz konnte er aber nicht anders bewerkstelligen, als indem er den bisherigen Gang der Geschäfte in den Gerichtshöfen abänderte; wo derselbe zu verwickelt war und ihm gar zu viele Schwierigkeiten in den Weg legte, die Tribunale selbst aufhob, und zur Erhebung der neuen Steuern andere Beamten, mit anderen Vorschriften und Vollmachten als die vorigen, einsetzte.

Beinahe noch wichtiger war derjenige Theil seiner Reform, welcher die Diener der Religion betraf. In ihrer Person wollte er dem Volke bessere Erzieher und Führer bereiten, und stiftete zu dem Ende überall in seinen Landen, mithin auch in den Belgischen Provinzen, ein *Generalseminarium,* ein Erziehungsinstitut für künftige Priester und Pfarrer, wo sie nach besseren Grundsätzen als bisher gebildet, und in den Pflichten nicht bloß des hierarchischen Systems, sondern auch der Menschheit und des Bürgers, zweckmäßig unterrichtet werden sollten. Löwen, diese alte, einst berühmte, durch die Freigebigkeit ihrer Stifter vor allen andern begüterte Universität, die jetzt in den Pfuhl des ultramontanischen Verderbens gesunken war, erheischte die ganze Aufmerksamkeit und Sorgfalt des Monarchen und seiner Studiencommission. Die beinah uneingeschränkten Gerechtsame dieser hohen Schule hatten daselbst in den Händen herrschsüchtiger Priester ein System von Mißbräuchen, eine Verschwörung wider die Menschheit und was sie adelt, die Denkkraft, erzeugt, dessen schauderhafte Wirkungen ohne gänzliche Umschmelzung der Universität nicht vertilgt werden konnten. Es wurden anfänglich vier Direktoren in den vier Fakultäten ernannt, um die Studien nach einem neuen Plan daselbst einzurichten; allein diese Vorkehrung, welche bei einem von der Geistlichkeit und dem päbstlichen Nuntius unter den Studenten angezettelten Tumult, und in der Folge bei jeder Veranlassung, den heftigsten Widerspruch erlitt, ward zuletzt unzulänglich befunden.

Die Erziehung des Volkes, der Hauptgegenstand von Josephs väterlicher Fürsorge, konnte nicht ohne große Kosten auf einen besseren Fuß gesetzt werden; die neuen Besoldungen der Schullehrer und Seelsorger beliefen sich auf ansehnliche Summen, zu deren Bestreitung der Fond erst ausgemittelt werden mußte. Den Kaiser führte sein Plan hier, wie in Östreich, Ungarn und der Lombardei, zu den todtliegenden oder gemißbrauchten Schätzen der Klöster. Die frommen Gaben und Stiftungen, womit die Vorzeit der Heiligkeit des monastischen Lebens fröhnte, zugleich aber sie wahrscheinlich auf die Zukunft hin untergrub und in wollüstigen Müßiggang verwandelte, sollten nunmehr ihre bisher verfehlte Bestimmung erreichen und, in einen allgemeinen Religionsfond gesammelt, dem Bedürfnisse des Volkes, geläuterte, einfache Begriffe von Gottesdienst und Christuslehre zu empfangen, heilig seyn. Die Klöster erhielten also den Befehl, den Betrag ihres Vermögens anzugeben; zugleich bestimmte man die Dörfer, wo neue Pfarren angelegt werden sollten: und um den Anfang der Rückkehr zur ursprünglichen Einfalt und Reinheit des Christenthums zu begründen, erschien das Verbot der Processionen und Wallfahrten, die den Müßiggang, den Aberglauben und die Immoralität im Volk unterhielten; die Andächtelei der Brüderschaften verschwand; die überflüssigen Feiertage wurden abgestellt, und solchergestalt ward mancher Faden zerschnitten, durch welchen es der Römischen Seelentyrannei vor Zeiten gelungen war, ihr weites Reich auch in den Niederlanden zu begründen. Endlich schritt der Kaiser zur Aufhebung der entbehrlichsten Klöster, und ließ die Güter der erledigten Prälaturen für Rechnung des Religionsfonds administriren. Alle diese Neuerungen brachten die Geistlichkeit in den Niederlanden mehr als in allen übrigen Provinzen seines Reiches wider ihn auf; und da sich alle Stände und alle Volksklassen zu gleicher Zeit für gekränkt und in ihren Rechten angegriffen hielten, alle nur erst das Unbequeme und die Last der Reformen empfanden, ohne in die Zukunft, wo ihnen wahre Vortheile winkten, hinausblicken zu wollen oder zu können, so erhob sich hier gleichsam eine allgemeine Stimme der Mißbilligung, der Weigerung und des Unwillens.

Diese Übereinstimmung gab den Vorstellungen, welche die Stände gegen die Verordnungen ihres Landesherrn einschickten, einen kühnen, zuversichtlichen, trotzigen Ton. Geduld und Güte waren die Beruhigungsmittel, deren sich der Kaiser anfänglich dagegen bediente. Den Nuntius Zondadari, als den Urheber der Unruhen in Löwen, hatte man aus dem Lande gejagt; aber den Kardinal von Frankenberg, der sich dabei nicht minder thätig bewiesen, behandelte Joseph, nachdem er ihn vor sich nach Wien hatte berufen lassen, mit ausgezeichneter Langmuth, und dem Bischofe von Namur verzieh er sein noch gröberes Vergehen. Die neue gerichtliche und politische Verfassung nahm mit dem ersten Januar 1787 ihren Anfang; der Staatsrath, der geheime und der Finanzrath wurden abgeschafft, und an ihre Stelle ein einziges Generalgouvernement mit einem dazu gehörigen Rath eingesetzt, worin der bevollmächtigte Minister des Kaisers den Vorsitz führte und über die sämmtlichen politischen und ökonomischen Angelegenheiten des Landes entschied. Alle Deputationen oder immerwährende Ausschüsse der Stände in den Niederlanden hob der Kaiser mit einem Federstrich auf, und ließ dagegen einige Abgeordnete von den Ständen als Beisitzer in den Gouvernementsrath eintreten. Alle bis dahin subsistirende Gerichtshöfe, den hohen Rath von Brabant mit einbegriffen, alle Gerichtsbarkeiten der Gutsbesitzer auf dem platten Lande, alle geistliche Tribunale und nicht minder die Gerichte der Universität Löwen annullirte er zu gleicher Zeit, um einem souverainen Justizhofe (conseil souverain de justice) Platz zu machen, der in Brüssel residiren, und als höchste Instanz in erforderlichem Falle die Revision der ebenfalls zu Brüssel oder zu Luxemburg, in den dortigen Appellationsgerichten entschiedenen Processe übernehmen sollte. Die Eintheilung der sämmtlichen Östreichischen Niederlande in neun Kreise war mit der Aufhebung aller bisherigen Grands-Baillis, Kastellane und anderer Beamten verbunden, und schien berechnet, um die vorige Eintheilung nach den Provinzen gänzlich aufzulösen. Die Gubernialräthe oder Intendanten und ihre Kommissarien erhielten die Oberaufsicht über alle Magistratspersonen und alle Administratoren der öffentlichen Einkünfte, nebst einer Jurisdiktion, welche ihnen die summarische Justiz anvertraute.

Dieses furchtbare Heer von neuen Verfügungen drohete den Ständen augenscheinlich mit dem Verlust ihrer ganzen Authorität; einer Authorität, die, so sehr sie mit dem wahren Interesse des Belgischen Volkes stritt, ihnen gleichwohl durch langwierigen Besitz und durch die feierliche eidliche Bekräftigung aller ihrer Privilegien, von jedem neuen

Thronbesteiger, und namentlich auch von Joseph dem Zweiten im Jahr 1781, zugesichert worden war. Der Adel, nebst dem dritten Stande, dessen Zustimmung unter den jetzigen Umständen leicht gewonnen ward, verbanden sich mit der Geistlichkeit zu gegenseitigem Beistande; sie wurden einig, zuerst das politische und gerichtliche System des Kaisers anzugreifen, und sobald ihnen dieses gelungen seyn würde, mit vereinigten Kräften von neuem auf die Zurücknahme aller Verordnungen zu dringen, welche die geistliche Reform zum Ziele hatten.

Eine betrügliche Ruhe ging dem Ausbruch dieser verabredeten Bewegungen vorher. Der Kaiser hatte seinen Entschluß bekannt gemacht, seine erhabene Freundin, Katharina die Große, auf ihrem Zuge nach Taurien zu besuchen, und die Niederländer warteten den Zeitpunkt seiner Entfernung ab, um ihr Vorhaben auszuführen. Am 11ten April hatte der Kaiser seine Residenz verlassen; am 17ten versammelten sich die Brabantischen Stände, und am 26sten weigerten sie sich die gewöhnlichen Subsidien zu bewilligen, es sei denn, daß alle neue Einrichtungen, als unverträglich mit ihren Vorrechten, wieder aufgehoben würden. Das vom Kaiser abgesetzte Conseil von Brabant erklärte am 8ten Mai die neuen Gerichte für verfassungswidrig und alle ihre Proceduren für nichtig. In Flandern, Hennegau, Tournesis, Mecheln und Geldern folgte man diesem Beispiele; nur Limburg und Luxemburg blieben ruhig und äußerten ihre Zufriedenheit mit der neuen Verfassung. Das Vorrecht der Niederländer, nur in ihrem Vaterlande gerichtet zu werden, war in der Person eines Seifensieders, de Hont, verletzt worden. Er sollte Betrug an einer landesherrlichen Kasse verübt haben; man hatte ihn in Verhaft genommen und nach Wien geliefert. Das Volk, gestimmt und gereizt durch die Widersetzlichkeit der Stände gegen das Gouvernement, bediente sich dieses Vorwandes, um mit einem allgemeinen Aufruhr zu drohen. Schon umringte es das Rathhaus, und schickte zu den versammelten Ständen hinauf, um anzufragen, ob es zu den Waffen greifen solle; schon sah man Vornehme und Geringe, ohne Unterschied des Geschlechts, sich unter diesen Pöbel mischen, um ihn zu Gewaltthätigkeiten anzufeuern; schon schleppte man Strohmänner, mit dem daran befestigten Namen »Kreishauptmann« durch die Straßen, und verbrannte sie auf öffentlichem Markt; man warf dem Minister, Grafen von Belgiojoso, und anderen Kaiserlichen Beamten die Fenster ein, und bewog dadurch den Präsidenten des souverainen Justizhofes, von Crumpipen, seinen Posten zu resigniren. Die Concessionen, wozu sich die Erzherzogin Christine nebst ihrem Gemahl genöthigt sah, schienen das Volk und die Stände nur beherzter zu machen. Am 30sten Mai erfolgte in Brüssel ein neuer Auflauf, der mit den fürchterlichsten Symptomen ungezügelter Wuth im Pöbel, und mit einer ungestümen Forderung von Seiten der Stände an die Generalgouverneurs begleitet war. Die peremptorisch verlangte und noch denselben Abend erfolgte Entschließung, von der man schwerlich erfahren wird, wie viel davon erzwungen, und wie viel freiwillig oder absichtlich zugestanden war, enthielt die Versicherung, die Privilegien, Freiheiten, Herkommen und Gebräuche, wie sie seit zweihundert Jahren bestanden hätten, unverändert aufrecht zu erhalten und alles zu annulliren, was dawider geschehen sei. Das Volk ging am andern Morgen von einem Extrem zum andern über, von aufrührerischer Wuth zu ausgelassener Freude. Sechshundert junge Brabanter, aufs prächtigste gekleidet, zogen die Generalgouverneurs in ihrem Wagen unter Begleitung der Musik in die Komödie; die Stadt war erleuchtet, man lösete die Kanonen und läutete mit allen Glocken.

Des Kaisers beschleunigte Rückkehr nach Wien verwandelte die schönen Hoffnungen, womit man sich schon wiegte, in Trauren und Zagen. Er berief die Generalgouverneurs und den Minister Belgiojoso zurück, und forderte von den Ständen eine Deputation, die ihm ihre Beschwerden vorlegen sollte. Die Stände sowohl als auch der Magistrat von Brüssel machten Mine, die Erzherzogin und den Herzog zurückzuhalten; sie weigerten sich sogar die Deputirten abzuschicken. Der Kaiser erneuerte seinen Befehl, und man gehorchte. Nach der Abreise der Generalgouverneurs und des Ministers vereinigte Graf Murray auf Verfügung des Kaisers in seiner Person die Befehlshaberstelle über die Truppen mit der Würde eines Interimsgouverneurs. Er ließ die Besatzungen der verschiedenen Städte ausmarschiren, Lager im Felde beziehen und sich mit Munitionen und Artillerie versehen. Diese Maaßregeln hielten die Bürgercorps, die sich hier und dort zu formiren und zu bewaffnen angefangen hatten, in einiger Furcht, welche sich auf die gewisse Nachricht, daß der Kaiser ein beträchtliches Kriegesheer nach den Niederlanden beordert habe, noch um ein Merkliches vermehrte. Die von Wien zurückgekommenen Deputirten bewogen endlich die Stände, sich dem Willen des Kaisers zu unterwerfen und alles wieder auf den Fuß herzustellen, wie es vor dem ersten April gewesen war. Alle Provinzen fügten sich einer Verordnung, welche die beleidigte Monarchenehre als Genugthuung befolgt wissen wollte, und bewilligten endlich die noch immer vorenthaltenen Subsidien. Die Bürgerschaft in Brüssel allein hatte sich in ihre Uniformen und Kokarden verliebt, und weigerte sich sie abzulegen. Murray ließ am 19ten September Truppen einmarschiren, und der Schwindel der Einwohner ging wirklich so weit, daß sie sich zur Gegenwehr setzten. Die ganze Stadt war eine Scene des wüthendsten Aufruhrs. In diesem schrecklichen Augenblick entwarf ein kaiserlicher General den Plan einer allgemeinen Plünderung und Verheerung der Stadt. Das Schwert würde Joseph den Zweiten fürchterlich an den Einwohnern von Brüssel gerächt haben, fürchterlicher, als sein im Grunde menschliches Herz es je ertragen hätte, wenn nicht der Herzog von Ursel, schon damals der eifrigste Gegner despotischer Maaßregeln, ins Mittel getreten wäre. Sein Ansehen und seine Geistesgegenwart retteten die Stadt. Nachdem der Auflauf zwei Personen das Leben gekostet hatte, gelang es dem Herzog am 20sten, die Bürgerschaft zu ruhiger Folgeleistung zu bereden.

Die Nachgiebigkeit der Generalgouverneurs hatte jedoch den Kaiser zu sehr komprommittirt, als daß er im Ernst daran hätte denken können, seinen Reformationsplan durchsetzen zu wollen. Kaum war also jeder Widerstand besiegt und der Nacken der Sträubenden unter das Joch gebeugt, als bereits am 21sten September, vermöge einer zu diesem Behuf schon fertig liegenden Depesche, den Ständen alle ihre Forderungen zugestanden wurden, und die alte Landesverfassung, bis auf wenige, zu näherer Verständigung aufgehobene Punkte, in ihre ehemaligen Rechte trat. Ohne Zweifel hatte der zwischen Rußland und der Pforte jetzt ausgebrochene Krieg, woran der Kaiser thätigen Antheil nehmen mußte, einen nicht geringen Einfluß auf diese Entschließung. Damit indeß künftighin die Güte und Sanftmuth der Generalgouverneurs vor ähnlichem Mißbrauch gesichert werden möchte, schickte der Kaiser den Grafen von Trautmannsdorf, mit einer erweiterten Vollmacht, als seinen Minister nach den Niederlanden; und wie der Erfolg zeigte, so lag ein Theil dieser Sicherung in der Art des Verhältnisses, welches der Kaiser zwischen seiner Schwester, ihrem Gemahl und diesem Minister festgesetzt hatte. Der General d'Alton erhielt zu gleicher Zeit das Kommando aller in den Niederlanden befindlichen Truppen, an der Stelle des zurückberufenen Grafen von Murray. Gegen das Ende Januars 1788 kehrten der Herzog Albert und die Erzherzogin Christine in ihr Generalgouvernement nach Brüssel zurück.

Die Stände der Belgischen Provinzen hatten nunmehr in politischer Rücksicht ihren Endzweck völlig erreicht, und es wäre ungerecht, ihnen so viel Einsicht abzusprechen, als dazu gehörte, sich an diesen Vortheilen zu begnügen und die vorbehaltenen Punkte, nämlich die Einrichtung des Generalseminariums und die Angelegenheiten der Universität Löwen, des Kaisers Willkühr zu überlassen. Unter den edlen Familien in Brabant und Flandern gab es unstreitig auch einzelne gebildete und aufgeklärte Personen, denen die Reformen des Kaisers im geistlichen Fache in ihrem wahren, wohlthätigen Licht erschienen, und die es folglich gern sahen, daß das Erziehungswesen eine bessere Einrichtung bekam. Allein die Geistlichkeit erinnerte jetzt ihre Verbündeten an den vorhin mit ihnen abgeschlossenen Vertrag; sie forderte von ihnen unbedingte Unterstützung zur Wiedererlangung aller ihrer Privilegien, und wußte es dahin zu bringen, daß man sich verpflichtet glaubte, diese treue Bundesgenossin, die sich zur Aufwiegelung des Volkes so geschäftig erwiesen hatte, nicht zu verlassen.

Auf diesen Beistand trotzten die Bischöfe, indem sie auf die Erhaltung ihrer Priesterseminarien drangen und sich jeder Neuerung, die der Kaiser zu Löwen vornehmen wollte, muthig widersetzten. Bei der Eröffnung seines Generalseminariums am 15. Januar 1788 fanden sich keine Zuhörer ein, um die Vorlesungen der neuen Professoren zu hören. Das Gouvernement ließ hierauf die bischöflichen Seminarien verschließen und den Lehrern bei Strafe verbieten, daselbst Vorlesungen zu halten; allein der Kardinal-Erzbischof von Mecheln wagte es, gegen dieses Verbot einen förmlichen Proceß anhängig zu machen. Schon einige Zeit vorher hatte auch der Universitätsmagistrat versucht, sich als einen unmittelbaren Landstand anerkennen zu lassen, eine Anmaßung, welche in den Privilegien keinen Grund hatte und daher auch bald durch ernste Maaßregeln zurückgewiesen ward. Dessen ungeachtet äußerten viele der vorigen Universitätsglieder eine so halsstarrige Widersetzlichkeit, daß man sie in Verhaft nehmen mußte; andere entfernten sich, um diesem Schicksal zu entgehen, und die Studenten zogen haufenweise fort. Dies bewog den Kaiser, am 17ten Julius eine neue Verordnung ergehen zu lassen, vermöge deren er die medicinische, juristische und philosophische Fakultäten nach Brüssel verlegte, die theologische hingegen sammt dem Generalseminarium zu Löwen ließ, und dem Kardinal, der seinen Proceß mittlerweile verloren hatte, nebst den anderen Bischöfen anbefahl, sich dorthin zu begeben und die daselbst vorgetragene Lehre zu prüfen, um sich von ihrer Orthodoxie zu überzeugen. Die allgemeine Bewegung, welche diese Verfügungen in Brabant verursachten, ließ sich leicht auf ihre Quelle zurückführen, und die militairische Gewalt dämpfte die Unruhen, welche darüber in Brüssel, Mecheln und Antwerpen entstanden.

Diese Tumulte waren indeß nur das Vorspiel zu wichtigeren Auftritten. In Hennegau und Brabant hatte die Geistlichkeit alle Gemüther gestimmt, mit dem Adel und den Ständen alles gekartet. Wenige Monate zuvor hatten diese letzteren dem Kaiser in den unterwürfigsten Ausdrücken ihre gänzliche Rückkehr zu seiner väterlichen Huld bezeugt, und ihn angeflehet, die Spur aller vorhergegangenen Irrungen durch die Wiederkehr seines Zutrauens zu vernichten. Jetzt bewilligten die beiden höheren Stände die Subsidien, von denen sie jedoch voraus wußten, daß der so genannte dritte Stand, der nur aus den Abgeordneten der drei Städte Brüssel, Mecheln und Antwerpen besteht, der Abrede gemäß, die Zahlung verweigern würde. Den Vorwand zu dieser Verweigerung schämte man sich nicht von der unterbliebenen Herstellung der Processionen und Brüderschaften zu entlehnen; man forderte die Zurückgabe aller aufgehobenen Klöster, und die unbedingte Zurücknahme aller Neuerungen im geistlichen Erziehungswesen. Der Kaiser setzte dieser muthwilligen Forderung am 26. Januar 1789 eine sehr ernsthafte Erklärung entgegen, wodurch er sich von allen seinen übernommenen Verpflichtungen, wegen der ohne Grund verweigerten Subsidien, loszusagen drohte. Die Stände von Brabant, denen es noch nicht Ernst war, den Klerus bei einer so frivolen Veranlassung in Schutz zu nehmen, beugten sich von neuem unter den Zepter, bewilligten die Steuern, und fleheten um Verzeihung und Gnade. Zu Mons hingegen im Hennegau, wo die Entlassung des Herzogs von Aremberg von seinem Ehrenposten als Grand-Bailli und die Wiederbesetzung dieser Stelle durch einen Ausländer, den verhaßten General von Arberg, die Erbitterung schon weiter getrieben hatte, beharrten die Stände auf ihrer Weigerung, und es blieb kein anderes Mittel übrig, als die Cassation ihrer Versammlung und ihrer Privilegien, und die Gefangennehmung der vornehmsten Mißvergnügten.

Bei dem Kreislauf der Kenntnisse, welcher seinen Einfluß über alle Gegenden von Europa erstreckt, bei der Menge von statistischen Begriffen, welche durch die fortwährenden Mißverständnisse von mehreren Jahren zwischen dem Volk und dem Monarchen immer genauer entwickelt werden mußten, wäre es in der That eine beispiellose, unbegreifliche Höhe und Allgemeinheit der Unvernunft gewesen, wenn unter zwei Millionen Menschen die gute Seite der kaiserlichen Reformen *keinem* eingeleuchtet hätte. So wenig Nachdenken im Allgemeinen unter den Niederländern Statt finden mochte, so tief sie auch gebeugt waren unter das Joch der Vorurtheile und des Aberglaubens, so gewiß mußten sich dennoch einzelne Menschen finden, die in eigener Thätigkeit des Geistes zu reinen, unumstößlichen Resultaten gelangten, und Andere, die einer besseren Überzeugung, sobald sie sich ihnen darbot, offen und empfänglich waren. Solche Einzelne fanden sich wirklich, wie ich schon erwähnt habe, unter dem zahlreichen Heere der Niederländischen Rechtsgelehrten. Die Bürger, wenigstens die wohlhabendsten unter dieser Klasse, blieben nicht durchgehends ohne Empfänglichkeit für ihren Unterricht. In den Maaßregeln des Kaisers – so sehr sie einen despotischen Geist verriethen, und aus der Voraussetzung zu fließen schienen, daß der Zweck in des Monarchen Hand die Mittel heiligen könne – erkannte man dennoch ein Bestreben, den aristokratischen sowohl, als den hierarchischen Einfluß einzuschränken und dem Volk ein größeres Gewicht beizulegen, mithin eine gewisse Annäherung zu dem Ziele der kleinen Anzahl von Patrioten, die eine vollkommnere Repräsentation für die einzige Grundfeste der Volksfreiheit hielten. Man hatte sich geschmeichelt, daß der Kampf zwischen dem Kaiser und den Ständen diese vortheilhafte Wendung nehmen würde; allein durch die plötzliche Wiederherstellung der alten Verfassung ging diese Aussicht verloren und es blieb nur noch der schwache Schimmer einer Möglichkeit, jene demokratischen Grundsätze im Stillen unter dem Volke zu verbreiten. So entstanden von jener Zeit an die patriotischen Versammlungen, wo die Advokaten Vonk, Verlooy und verschiedene andere auf ihre Mitbürger zu wirken suchten. Es gab sogar einzelne Personen vom höchsten Adel aus den ersten und berühmtesten Häusern, denen die Absichten dieser Demokraten nicht unbekannt blieben, und die sie unter der Hand begünstigten; entweder, weil sie selbst, von einem viel zu richtigen Gefühle geleitet, den Gedanken verwarfen, Theilnehmer an der aristokratischen Tyrannei zu werden, oder weil ihr Ehrgeiz bei der Demagogenrolle besser seine Nahrung fand.

Das Schicksal arbeitete indessen für diese Partei noch früher, als sie es erwarten konnte. Die Unterwürfigkeit der Stände bei der letzten Veranlassung war so weit gegangen, daß sie sich sogar zu einiger Abänderung der Grundverfassung geneigt erklärt hatten. Dem Kaiser blieb es noch in frischem Andenken, daß die fehlerhafte Constitution des dritten Standes Schuld an der neulichen Verweigerung der Subsidien gewesen war. Er benutzte daher den günstigen Augenblick, um eine neue Verfassung dieses Standes in Vorschlag zu bringen, die ihn vor dem überwiegenden Einflusse der beiden andern sicher stellen und den Stolz der drei bisher allein repräsentirten Städte herabstimmen sollte. Einen Vorschlag von dieser Art hatte man nur erwartet, um das vorige Mißtrauen in seiner ganzen Stärke zu äußern und die Larve des guten Vernehmens mit dem Monarchen wieder abzuwerfen. Da der Kaiser zu gleicher Zeit die Absicht zu erkennen gab, die Bewilligung der Subsidien auf ewige Zeiten, wie man sie bereits im Jahr 1754 in Flandern ein- für allemal zugestanden hatte, auch in Brabant durchzusetzen; und da er sich für berechtigt hielt, von dem hohen Rath (Conseil) oder Justizhofe von Brabant die Promulgation seiner Edikte, wenn sie nicht mit den beschwornen Privilegien stritten, unverweigerlich fordern zu können: so versagten die versammelten Stände ihre Einwilligung zu allen diesen Zumuthungen, und beharrten auf ihrem Entschlusse, selbst nachdem der Kaiser, zum höchsten Zorn gereizt, das Conseil von Brabant und die Deputationen der Stände kassirt und alle Rechte und Privilegien der so genannten Joyeuse Entrée oder des Grundvertrags zwischen ihm und den Belgiern, förmlich widerrufen und vernichtet hatte. Hierauf erfolgte noch am 18. Junius (1789) die Aufhebung der Stände selbst, wie im Hennegau.

Eine so schnelle, so plötzliche Umstimmung der Gemüther konnte nicht bloß einem Anfall von übler Laune beigemessen werden; vielmehr mußte sie schon von fernher vorbereitet gewesen seyn. In der That hatte die Priesterschaft seit der Verschließung der bischöflichen Seminarien das Volk zur Aufkündigung alles Gehorsams unabläßig angefeuert. Überall hörte man jetzt gegen die Person des Kaisers die gehäßigsten Beschuldigungen des Unglaubens und der Ketzerei. Der Erzbischof und Kardinal von Mecheln fuhr fort, das Generalseminarium als irrgläubig zu verdammen und den Professoren verfängliche Fragen vorzulegen. Diesem Trotz folgte endlich die vom Minister dem Prälaten angedrohte Strafe, ihn von allen seinen Würden zu entsetzen, und die Zurückforderung der Ordenszeichen, womit die verstorbene Kaiserin ihn beschenkt hatte. Noch ungleich gefährlicher und ahndungswerther mußte dem Generalgouvernement das Betragen des Bischofs von Antwerpen erscheinen, indem es diesem sogar Hausarrest ankündigte. Wie kräftig die Ermahnungen dieser Friedensapostel gewesen seyn müssen, zeigt die fast unmittelbar darauf im Volk hervorgebrachte Gährung. Der Pöbel in Tirlemont, Löwen und Diest rottete sich zusammen, plünderte die Häuser der Kaiserlichgesinnten nebst den landesherrlichen Kassen, und feuerte, unter Anführung der Mönche, die ihnen das Beispiel gaben, auf die daselbst in Besatzung liegenden Truppen. Unstreitig trug die Fortdauer des Krieges gegen die Türken, die den Kaiser nöthigte, seine ganze Macht an den östlichen Gränzen der Monarchie zusammenzuziehen, nicht wenig dazu bei, die Niederländer so beherzt zu machen. Der unvermuthete Umsturz der monarchischen Verfassung in Frankreich, welcher genau in diesen Zeitpunkt traf, vermehrte ebenfalls den Schwindel dieses mißgeleiteten Volkes. Endlich hatte auch die Eifersucht gewisser Europäischen Mächte gegen Joseph und seine große Bundesgenossin sichtbaren Antheil an der Verwegenheit, womit die Unterthanen des Kaisers in allen seinen Staaten sich gegen seine Verordnungen auflehnten. Der Advokat Heinrich van der Noot negociirte heimlich im Namen des Belgischen Volkes, dessen bevollmächtigten Agenten er sich nannte, an einigen benachbarten Höfen, und körnte seine angeblichen Committenten mit erdichteten oder auch wirklich erhaltenen Versprechungen.

Unter allen diesen mitwirkenden Ursachen, die das Feuer der Empörung heimlich anfachten, war keine dem Kaiser so wichtig und so bedenklich, als die unbedingte Macht der Geistlichkeit über die Meinungen des Volkes. Er erkannte jetzt zu spät, daß, die Zeit allein etwa ausgenommen, nichts vermögend sei, den nachtheiligen Eindruck auszulöschen, den der Fanatismus in einem abergläubischen Volke gegen ihn heraufzaubern konnte. So lange die Reformen nur die bürgerlichen Verhältnisse des Staats und seiner Glieder betrafen, hatte man sich zwar widersetzt, jedoch nicht aufgehört, den Landesherrn zu ehren und alle Pflichten gegen ihn zu erfüllen. Hingegen von dem Augenblick an, wo die Priesterschaft seinen Glauben verdächtig machen und seinen Einrichtungen den Anstrich gotteslästerlicher Eingriffe in die Mysterien der Religion geben konnte, verwandelte sich die Achtung seiner Unterthanen in Abscheu und Haß. Die furchtbare Beschuldigung der Ketzerei hatte noch jetzt in den Niederlanden dieselbe Kraft, wie vor dreihundert Jahren im übrigen Europa; sie lösete alle Bande der Pflicht und der Menschheit, und raubte dem Beschuldigten alle Rechte. Joseph empfand also noch am Schlusse des achtzehnten Jahrhunderts die ganze unwiderstehliche Gewalt der theologischen Zauberformeln, die vor Alters seine Vorfahren auf dem Kaiserthrone so tief gedemüthigt hatten. Er empfand vielleicht noch mehr; vielleicht schmerzte ihn wirklich, in dem zerrütteten Zustande worin sich seine ganze Organisation so kurze Zeit vor ihrer Auflösung befand, die verlorne Liebe dieses verblendeten Volkes. Das Glück der Unterthanen hatte ihm bei allen seinen Reformen am Herzen gelegen; sie hatten dieses Ziel verfehlt, und er nahm sie zurück. Am 14ten August erschien wirklich ein neues Edikt, wodurch die Universität zu Löwen in alle ihre Gerechtsame wieder eingesetzt und die bischöflichen Seminarien von neuem eröffnet wurden. Allein der Zeitpunkt, worin diese Handlung die Gemüther hätte besänftigen können, war verstrichen; das Zutrauen des Volkes war dem Monarchen entrissen; eine leidenschaftliche Erbitterung hatte sich aller Klassen bemächtigt und sie alle gegen ihn unempfindlich gemacht. Man schrieb der Ohnmacht, der Furcht, der Verstellung eine Nachgiebigkeit zu, woran diesesmal die Güte wirklich Theil gehabt haben konnte; und im Taumel der Freude über diesen Triumph fing man an zu glauben, das Volk dürfe nur wollen, um von seinem Herzog unabhängig zu seyn.

Die demokratische Partei blieb bei dieser Lage der Sachen nicht unthätig. Der Advokat Vonk entwarf den berühmten Plan einer Association, die er pro aris et focis nannte, und wozu er sich nur mit sieben anderen Verschwornen (Verlooy, Torfs, Kint, Wenmals, Daubremez, Fisco und Hardi) verband. Diese beeidigten jeder anfänglich sieben bis zehn neue Mitglieder, welche wieder andere aufnahmen, und so ging es fort ins Unendliche. Jeder Verschworne gab sich einen Namen, den er auf eine Karte schrieb; derjenige, der ihn aufgenommen hatte, schrieb den seinigen dazu, und ließ die Karte auf diese Art an die ursprünglichen Häupter des Bundes gelangen. Solchergestalt übersahen diese auf einen Blick die Anzahl der Verbündeten, und außer ihnen wußte niemand den ganzen Zusammenhang der Verschwörung. Städte und Dörfer wurden auf diesem Wege zu einem gemeinschaftlichen Zwecke vereinigt; man leitete alles dahin ein, zu gleicher Zeit im ganzen Lande durch eine gewaltsame und plötzliche Anstrengung die

Macht des Kaisers zu bezwingen, ohne zuvor das geringste von diesem Vorhaben ahnden zu lassen. So wurden zu Mecheln dreitausend Menschen in drei Tagen für die Association gewonnen; ganz Löwen gehörte in acht Tagen dazu; in den anderen Städten von Brabant und Hennegau warb man ebenfalls die Majorität der Einwohner an.

Fast zu gleicher Zeit beschloß die patriotische Versammlung in Brüssel, an den Gränzen der Niederlande ein kleines Heer zu versammlen. Wer für das Vaterland die Waffen ergreifen wollte, ward heimlich in die Gegend von Hasselt im Lütticher Gebiete geschickt und dort aus einer Kasse, wozu die reichen Klöster und Abteien, die Kaufleute von Antwerpen und andere Privatpersonen große Summen gaben, bis zur gelegenen Zeit unterhalten. In der Holländischen Gränzstadt Breda und ihrer Nachbarschaft versammelte sich ein zweiter Haufe von Flüchtlingen, den die patriotische Versammlung zu Brüssel in der Folge ebenfalls in Sold nahm. Van der Noot, dessen Vollmacht einige Mitglieder des Prälaten- und des Bürgerstandes unterzeichnet hatten, fuhr noch lange fort, sich zu schmeicheln, daß eine auswärtige Macht den Niederländern Hülfstruppen bewilligen würde; doch endlich verschwand sowohl diese Hoffnung, als die noch weniger gegründete auf Französischen Beistand.

So kühn und wohl ersonnen diese Maaßregeln scheinen mögen, so wenig hätten sie gleichwohl gegen sechzehntausend Mann regulärer Truppen vermocht, welche d'Alton in den Niederlanden kommandirte. Allein zu den Unglücksfällen, welche die letzten Monate von Josephs Regierung bezeichneten, gehörte vorzüglich auch dieser, daß unter seinen Bevollmächtigten der Geist der Zwietracht herrschte. Die unumschränkte Macht des Ministers Trautmannsdorf mußte ihn bei denen verhaßt machen, die sich durch ihn von einem wirksamen Antheil an der Regierung ausgeschlossen fühlten; es konnte sogar das Interesse einiger Mitglieder des Gouvernements geworden seyn, den Unternehmungen der Niederländer den glücklichsten Erfolg zu wünschen, so lange nicht die gänzliche Unabhängigkeit, sowohl der Sache als dem Namen nach, der letzte Endzweck der Insurgenten war. Das Mißverständniß zwischen dem General und dem Minister hatte den Punkt erreicht, wo man so leicht die Pflichten gegen den Staat und den Landesherrn aus den Augen setzt, um den Eingebungen des Hasses und der Privatrache zu folgen. Trautmannsdorf erhielt beständig die freundschaftlichsten Ministerialversicherungen von dem Gesandten der Generalstaaten, daß seine Souveraine keinen Antheil an den Bewegungen der Niederländer nähmen, und affektirte daher, die bedenklichen Nachrichten, die ihm d'Alton von Zeit zu Zeit einschickte, für unbedeutend zu halten. Es war indeß nicht zu läugnen, daß die Belgischen Flüchtlinge zu Breda unter der Hand allen Vorschub erhielten, der nicht für einen offenbaren Friedensbruch gelten konnte. Die Generalstaaten weigerten sich auch, den Niederländischen Emissar van der Noot, der sich im Haag aufhielt, auf Ansuchen des Kaiserlichen Gesandten, auszuliefern. Allein so lange die ganze Gefahr eines Angrifs nur von einem so kleinen, so schlecht gekleideten und bewaffneten, so gänzlich undisciplinirten Haufen, wie der zu Breda, herrühren sollte, war der Minister zu entschuldigen, daß sie ihm verächtlich schien. Vielleicht schmeichelte auch seinem Selbstgefühl der Gedanke, alles noch ohne Zuthun des Feldherrn beilegen und beruhigen zu können. So begreift man wenigstens, warum er den Kaiser von dieser Möglichkeit bis auf den letzten Augenblick zu überzeugen und ihn zu gütigen Maaßregeln zu stimmen suchte, indeß er die kritische Lage der Sachen entweder verhehlte oder selbst nicht in ihrem ganzen gefahrvollen Umfang übersah. Der Mann, der, im Gefühl seiner ihm anvertrauten Vollmacht, zu seinen eigenen Kräften leicht ein großes Zutrauen fassen mochte, gab auch wohl eine Seite seines Charakters Preis, die man benutzen konnte, um ihn in seiner Täuschung zu erhalten. Die doppelte und schwer zu vereinigende Absicht, dem Kaiser seine Provinzen und sich selbst den ganzen Einfluß seines Postens zu sichern, ward unausbleiblich eine Quelle schwankender, unzusammenhängender, widersprechender Handlungen, welche nur dazu dienten, der Nation die Schwäche und innere Zerrüttung des Gouvernements noch deutlicher zu verrathen.

Die Auswanderungen wurden indessen immer häufiger, und erregten endlich die Aufmerksamkeit der Regierung. Am 30sten September wurden sie bei Strafe des Todes und der Einziehung der Güter verboten. Bald darauf marschirte der General Schröder mit einem ansehnlichen Detaschement nach Hasselt, um die daselbst versammelten Insurgenten zu zerstreuen; allein bereits am 6. Oktober hatten sich diese nach den Städten und Dörfern des Holländischen Brabants gezogen und machten nunmehr mit dem zwischen Breda und Herzogenbusch entstandenen Haufen ein Heer von vier- bis fünftausend Mann aus. Um die Geistlichkeit außer Stand zu setzen, diese Truppen fernerhin zu besolden und mit Kriegesmunitionen zu versehen, erschien am 13. Oktober ein Edikt, welches die Einkünfte von zwölf begüterten Abteien, Tongerloo, St. Bernhard, Affligem, Gembloux, Villers, Vlierbeck, St. Gertrud, St. Michael, Diligem, Grimbergen, Everboden und Heylissem, sequestrirte und einer kaiserlichen Administration unterwarf. Von allen Seiten liefen jetzt Denunciationen gegen viele verdächtige Personen von allen Ständen bei der Regierung ein. Vonk und Verlooy entkamen aus Brüssel in dem Augenblick, da man sich ihrer bemächtigen wollte; einige von ihren Verbündeten waren nicht so glücklich und geriethen in die Hände ihrer Verfolger. Allmälig wurden sogar die ersten Familien im Lande verdächtig gemacht. Fünf Mitglieder der Staaten von Brabant, die Grafen von Spangen, Lannoy, Duras, Coloma und Prudhomme d'Hailly, kamen in Verhaft; man bewachte die Herzoginnen von Aremberg und von Ursel in ihren Pallästen, und warf sowohl den Schriftsteller Linguet, als den kaiserlichen Fiskal le Coq und den Schweizer Secretan, Hofmeister der Söhne des Herzogs von Ursel, ins Gefängniß. Ganz Brüssel erbebte von dem Gerüchte einer Verschwörung, welche in ihren Wirkungen der Sicilianischen Vesper geglichen hätte; eine Anzahl Häuser, hieß es, sollten in die Luft gesprengt, die Officiere der Besatzung, die Glieder der Regierung und der Rechnungskammer zu gleicher Zeit ermordet werden. Wie viel Wahres oder Erdichtetes in dieser Beschuldigung lag, könnten nur die Protokolle jener Zeit erweisen; allein was auch immer die Ursache gewesen seyn mag – dem Schweizer Secretan ward die Todesstrafe zuerkannt; man schleppte ihn in das finstere Behältniß, wo überwiesene Missethäter die Vollziehung ihres Urtheils abwarten müssen, und erst nach einer zweimonatlichen Gefangenschaft rettete ihn endlich die Revolution. Alle Gefängnisse in Brüssel waren jetzt mit Personen aus allen Ständen, mit Priestern, Kaufleuten und Adelichen angefüllt, die man insgesammt irgend eines Verbrechens wider den Staat beschuldigte. Alles verkündigte die allgemeine Gährung, das gänzlich verlorne gegenseitige Zutrauen und die nahe Entscheidung.

Die patriotische Armee setzte sich nun den 20. Oktober wirklich in Bewegung. Vonk hatte ihr in der Person seines Freundes, des ehemaligen kaiserlichen Obristen van der Mersch, einen geprüften Führer erworben. Ihre ersten Unternehmungen waren gegen Turnhout und die unbesetzten Schanzen Lillo und Liefkenshoek an der Schelde gerichtet. Der General Schröder, der ihnen am 27. nach Turnhout entgegenkam, hatte anfänglich einigen Vortheil; als er aber in die Stadt einrückte, empfing man seine Truppen mit einem heftigen Feuer aus den Fenstern und von den Dächern, welches ihn nach einem blutigen Gefechte zum Rückzug nöthigte. Die Insurgenten verließen jedoch freiwillig alle diese Postirungen wieder, um von einer andern Seite, jenseits der Schelde, einen Versuch auf Flandern zu wagen. Überall, wo sie erschienen, verbreiteten sie ein kühnes Manifest, welches van der Noot entworfen und unterzeichnet hatte, worin sie den Kaiser der Herzogswürde verlustig erklärten und ihm allen Gehorsam förmlich aufkündigten. Um diese Zeit hatte sich ein Ausschuß oder Comité der Stände von Brabant nach Breda begeben und dirigirte von dort aus die Operationen des Patriotenheers. Hieher hatte eine streifende Partei auch den Kanzler von Crumpipen gefangen geführt, den jedoch die Generalstaaten, auf Ansuchen des kaiserlichen Chargé d'Affaires, wieder in Freiheit setzen ließen.

Am 13. November ward Gent von den Insurgenten besetzt, die sich nach einem fürchterlichen viertägigen Kampfe, wobei ein Theil der Stadt eingeäschert ward, in dieser Hauptstadt von Flandern behaupteten. Zu gleicher Zeit erklärten sich alle Städte dieser Provinz gegen den Kaiser. Die Wirkungen der Vonkischen Verbrüderung äußerten sich plötzlich in allen Gegenden von Flandern, Brabant und Hennegau; Bürger und Bauern griffen zu den Waffen, und vertrieben oder vertilgten die kaiserlichen Besatzungen. Van der Mersch rückte jetzt zum zweitenmal an der Spitze von fünftausend Mann aus den Holländischen Gränzen bei Hoogstraaten in Brabant ein. Die Bestürzung über die von allen Seiten drohende Gefahr war bei den Anhängern der kaiserlichen Partei in Brüssel so groß, daß die Generalgouverneurs bereits am 18. November die Stadt verließen und sich über Namur und Luxemburg nach Koblenz flüchteten. Verschiedene kaiserliche Beamte, nebst einigen Personen vom hohen Adel, folgten diesem Beispiel. Der Minister ließ alle Gefängnisse in Brüssel, Antwerpen, Löwen und Mecheln öffnen, und die Verhafteten, die sich in die Hunderte beliefen, von welchem Range und Stande sie auch waren, ohne alle Bedingung in Freiheit setzen; er vernichtete am 20. das Generalseminarium zu Löwen, den Stein des Anstoßes der Niederländischen Geistlichkeit; er widerrief am 21. im Namen des Kaisers das Edikt vom 18. Junius, stellte am 25. alle Privilegien von Brabant in ihrem ganzen Umfange wieder her, versprach eine allgemeine Amnestie, dehnte sie am 26. auf alle Provinzen der Niederlande aus, und verbürgte sich mit seiner Ehre, daß der Kaiser den ganzen Inhalt aller dieser Deklarationen genehmigen würde. Allein diese Maaßregeln brachten jetzt auch nicht die geringste Wirkung hervor, und änderten nichts in dem entschlossenen Gange der Gegenpartei. Schon am 23. November versammleten sich zu Gent die Stände von Flandern, und am 25sten beschlossen sie vor allen übrigen Provinzen, daß der Kaiser aller Hoheitsrechte über die Grafschaft Flandern verlustig sei, und daß den sämmtlichen Provinzen der Vorschlag zu einer Niederländischen Union gethan werden solle.

Nachdem van der Mersch über Diest und Tirlemont gegen Löwen vorgerückt war und den General d'Alton genöthigt hatte, daselbst Vertheidigungsanstalten zu treffen, nahm er am 29sten seine Stellung bei Leau, woselbst noch an eben dem Tage der Oberste de Brou mit Friedensvorschlägen eintraf. Am 2. December ward auf zehn Tage ein Waffenstillstand geschlossen, den van der Mersch auf zwei Monate zu verlängern versprach, wofern die Stände von Brabant zu Breda diese Verlängerung genehmigen würden. Der Minister schmeichelte sich umsonst, auf diese Art zu neuen Unterhandlungen Zeit zu gewinnen; weder die Stände von Flandern, noch der Committé von Breda wollte seine Vorschläge hören. Der ganze Vortheil des Waffenstillstandes blieb auf der Seite der *Patrioten;* sie hatte man dadurch gleichsam förmlich anerkannt, man hatte ihnen in dem deshalb aufgesetzten schriftlichen Vergleiche diesen ehrenvollen Namen zugestanden, und man ließ ihnen Zeit, ihre Armee durch Freiwillige und vor allem durch die schaarenweise einkommenden Überläufer aus dem kaiserlichen Lager zu verstärken.

Die Entfernung der Generalgouverneurs, die Nähe der patriotischen Armee, die Wichtigkeit die man ihr durch einen erbetenen Waffenstillstand gegeben hatte, endlich die täglich auf einander folgenden Concessionen des Ministers mußten der Gegenpartei Muth machen, alles zu unternehmen. Selbst die Vorkehrungen, welche d'Alton zur Erhaltung der Ruhe in der Stadt getroffen hatte, dienten den Patrioten zur Erreichung ihres Endzweckes.

Die Klöster, in denen die Truppen einquartiert lagen, boten die beste Gelegenheit dar, sie zum Überlaufen zu gewinnen; man drückte sogar den Schildwachen Geldstücke in die Hand, nahm ihnen ihre Waffen ab, und schaffte sie heimlich zur Stadt hinaus. Das Mißverständniß zwischen ihrem General und dem Minister ward den Östreichischen Kriegern ein dringender Bewegungsgrund, ihre Fahnen zu verlassen, und dahin überzugehen, wo die Freigebigkeit der Patrioten ihnen außerordentliche Vortheile, und die Klugheit der Maaßregeln größere Sicherheit für ihr Leben bot. Am 7. December hatte Trautmannsdorf den Einwohnern die Außenwerke Preis gegeben, welche d'Alton kurz zuvor hatte aufwerfen lassen, um die Stadt vertheidigen und zugleich in Furcht halten zu können. Von diesem Augenblick an verwandelte sich die Feigheit des Pöbels in das entgegengesetzte Extrem des tollkühnen Muths. Am 10. December ward in der Hauptkirche zu St. Gudula für das Glück der patriotischen Waffen eine feierliche Messe celebrirt. Gegen das Ende des Gottesdienstes steckte jemand die Nationalkokarde an seinen Hut, und hob ihn, allen Anwesenden zum Signal, auf seinem Stock in die Höhe. In wenigen Minuten trug Alles in der Kirche, in wenigen Stunden Alles in der Stadt die Kokarde.

In diesem furchtbaren Zeitpunkt der allgemeinen Ungebundenheit konnte nur Ein Gegenstand die Vorsorge des Gouvernements erheischen; man mußte Brüssel vor seinem eigenen Pöbel retten. Dahin war es aber zwischen d'Alton und dem Minister gekommen, daß dieser die Stadt in den Händen der Bürger sicherer glaubte, als unter dem Schutz eines Militairs, dessen Treue durch wiederholte Desertion von einer Stunde zur andern verdächtiger, dessen Macht auch aus demselben Grunde immer unzulänglicher ward. Am Abend gab daher Trautmannsdorf den Bürgern ihre Waffen wieder; die Bürgerkompagnien zogen noch in derselben Nacht auf die Wache, und am folgenden Tage verlegte der General, nach einigen unbedeutenden Scharmützeln, alle seine Truppen in die höhere Gegend der Stadt. Der Waffenstillstand war jetzt verstrichen; der Ausschuß zu Breda hatte sich standhaft geweigert, die vorgeschlagene Verlängerung zuzugestehen, und d'Alton mußte befürchten, wenn er noch länger in Brüssel zögerte, dem General van der Mersch in die Hände zu fallen. Ein schneller Abzug rettete ihn vor einem allgemeinen Aufstand und Angriffe des Volkes. Er eilte so sehr, daß seine Kriegeskasse und drei Millionen an baarem Gelde im königlichen Schatze zurückblieben. Die Flucht des Ministers verrieth dieselben Symptome der Übereilung; erst als er schon zwei Meilen von Brüssel entfernt war, erinnerte er sich seines Versprechens an die auswärtigen Minister, ihnen den Tag seiner Abreise zu notificiren. Der Abend dieses merkwürdigen Tages, des 12. Decembers, ward in Brüssel mit Freudenfeuern, Erleuchtungen und andern Feierlichkeiten begangen, und bereits am folgenden Morgen stellte man den hohen Justizhof von Brabant wieder her. An eben diesem Tage räumten die Kaiserlichen die Stadt Mecheln, und am 14ten zog van der Mersch wie im Triumph zu Löwen ein. Namur ward von den Patrioten besetzt und das sehr verminderte Heer des Kaisers concentrirte sich, nachdem es alle zerstreute Kommandos und alle Besatzungen an sich gezogen hatte, in Luxemburg und der umliegenden Gegend. Die mißlungenen Versuche der Patrioten, etwas in freiem Felde gegen diese geübten und disciplinirten Veteranen auszurichten, bestätigten die Vermuthung, daß die bisherigen Fortschritte der Niederländer nicht sowohl ihrer Tapferkeit als vielmehr der Uneinigkeit unter den kaiserlichen Anführern, und ihren widersprechenden Maaßregeln zugeschrieben werden müßten.

Am 18. December intonirte der Kardinal-Erzbischof von Mecheln, der während der letzten Unruhen, indeß man ihn in Frankreich glaubte, bei einem Krämer in Brüssel versteckt geblieben war, ein feierliches Te Deum in der Gudulakirche. Die Stände von Brabant waren zugegen; der Advokat van der Noot ward überall, als Befreier des Vaterlandes, vom Pöbel im Triumph umher geführt und bald hernach zum Minister der Brabantischen Stände ernannt. In allen Städten der abgefallenen Provinzen publicirte man sein Manifest, und der ehrwürdigste Name, den das achtzehnte Jahrhundert ausgesprochen hat, der Name Franklin, ward entheiligt, indem man diesen Priestersklaven damit schmückte. Jetzt eilten Deputirte aus allen Provinzen nach Brüssel, um einen allgemeinen Niederländischen Congreß zu bilden, welcher sich an die Stelle des Souverains setzte und das große Werk der Union am 11ten Januar 1790 vollendete. Die Vorschläge, die der Graf von Cobenzl vom Kaiser mitbrachte, wurden ungehört verworfen, und die neue Macht der *vereinigten Belgischen Staaten* schien einen Augenblick ihre Unabhängigkeit vom Habsburgischen Stamme behaupten zu können.

XVII

Brüssel

In Paris, wo das Bedürfniß mit dem Publikum zu sprechen so allgemein, und der leidige Autortrieb so unüberwindlich ist, wird nach Verhältniß der Größe des Orts kaum mehr geschrieben, als während der jetzigen Periode in den Niederlanden. Die Pressen überschwemmen täglich die Stadt mit einer Ladung von Pamphlets und fliegenden Blättern, die man, so lange das Revolutionsfieber währt, in allen öffentlichen Häusern begierig verschlingt; und obgleich die herrschende Partei nur solche Schriften duldet, die ihrer eigenen Sache das Wort reden, so werden dennoch unter der Hand von den Colporteurs auch die Aufsätze der so genannten Vonkisten verbreitet. Seitdem wir uns in Brüssel aufhalten, ist kein Tag hingegangen, der nicht etwas Neues in dieser Art hervorgebracht hätte; allein unter dem ungeheuren Wuste von neuen politischen Controversschriften, den wir in den Buchläden ansehen müssen, giebt es auch nicht ein einziges Blatt, das den Stempel eines höheren, über das Gemeine und Alltägliche auch nur wenig erhabenen Geistes trüge. Plumpheit im Ausdruck, der gewöhnlich bis zu Schimpfwörtern hinuntersteigt, ein schiefer oder vollends eingeschränkter Blick, ein mattes, oberflächliches, einseitiges, abgenutztes Raisonnement, und auf der aristokratischen Seite noch zu diesem allem ein blinder Fanatismus, der seine Blöße schamlos zur Schau trägt – das ist die gemeinschaftliche Bezeichnung aller Niederländischen Hefte des Tages. Der Stil dieser Schriften ist unter aller Kritik; ein Franzose würde in dem Schwall von Barbarismen kaum seine Sprache wiedererkennen. Ich wüßte nicht, was hier eine Ausnahme verdiente; gewiß nicht das Manifest der Stände von Hennegau, das immer noch vor anderen gerühmt zu werden verdient; nicht Linguets Vertheidigung der Aristokratie, die so schal und dürftig ist, wie der Gegenstand es mit sich bringt; nicht die unzähligen Addressen an das Volk, und die Briefe der verschiedenen Demagogen, endlich auch nicht die Manifeste, Edikte und Staatsschriften des Congresses, der Stände und ihrer Minister.

Unter dem Neuen von dieser Art, das mir eben in die Hände fällt, ist aber eine sehr ernsthafte Vorstellung bemerkenswerth, wodurch man bei dem Congreß auf die Wiederherstellung des Jesuiten-Ordens in den Niederlanden anträgt. (Mémoire à leurs hautes et souveraines Puissances, Nosseigneurs les Etats-unis des Pays Bas Catholiques, sur le rétablissement des Jésuites. 1790. 8. 48 S.) Ihr Verfasser rügt die Illegalität der Proceduren bei der Aufhebung des Ordens, und erklärt das päbstliche Breve für nichtig und null, sowohl was das göttliche, als das natürliche, peinliche und geistliche Recht betrift. Diesen Satz führt er sehr weitläuftig und bündig aus; denn im Grunde ist wohl nichts leichter, als der Beweis, daß Macht und Gewalt in diesem Falle die Stelle des Rechts vertreten haben, wie wohlthätig auch immer die Folgen für die Fortschritte der Erkenntniß gewesen sind. Merkwürdig ist die Stelle, wo der Verfasser diesen Ausspruch von Pius VI anführt: »indem man die Jesuiten zerstörte, hat man alles zerstört; diese *umgestürzte Säule* ist die Hauptstütze des heiligen Stuhls gewesen.« (S. 41.) Wenn diese Äußerung so gegründet wäre, als sie auffallend ist, so hat der heilige Stuhl in der That schon lange sehr unsicher gestanden; denn dieser Orden, so viel Verdienst auch einzelne bessere Mitglieder desselben besaßen, war doch im Grunde, wie alle übrige Mönchsorden, einzig und allein auf die Dummheit der Nationen berechnet, und sein Sturz selbst ist der überzeugendste Beweis von der Geringfügigkeit der in ihm vereinigten *moralischen* Kräfte, von dem Mangel an Geist und an Ausbildung im großen Haufen seiner Glieder. Nichts kann daher den traurigen Zustand der Gemüthskräfte in den Niederlanden anschaulicher und nachdrücklicher schildern, als dieses so lebhaft und dringend geäußerte Bedürfniß des Jesuitischen Unterrichts. Man möchte hier wirklich mit einem biblischen Ausdruck ausrufen: »wenn das Licht, das in euch ist, finster ist, wie groß wird denn die Finsterniß seyn!«

Hier habe ich noch einen ähnlichen Fang gethan. Ein gewisser Abbé Ghesquière hat eben eine Notion succincte de l'ancienne constitution des Provinces Belgiques drucken lassen, die ich Dir doch bekannt machen muß. Er ist in der That einzig, dieser Abbé; denn er findet die Vorrechte der Niederländischen Klerisei ganz klar im Tacitus aufgezeichnet. Tacitus sagt im siebenten Kapitel seines Aufsatzes *über die Sitten der Deutschen,* daß ihre Könige nicht unumschränkte Herrscher waren (nec regibus infinita aut libera potestas.) *Also* hatten die Belgier damals einen geistlichen, adelichen und dritten Stand, deren Repräsentanten die königliche Macht in Schranken hielten! Wer wollte die Bündigkeit dieses Schlusses antasten? Wer wollte noch in Zweifel ziehen, was ein gelehrtes Mitglied der Seeländischen Akademie, vermöge seiner seltenen Gewandheit in der Auslegungskunst, ergründet hat? Den Unglauben hat er indeß vorausgesehen, und tritt mit einem zweiten Citat auf, hinter welchem er unüberwindlich ist. Nicht erst im Tacitus, im Julius Cäsar steht schon der Beweis, daß die Staaten von Brabant die rechtmäßigen Souverains dieses Landes sind. Der König der Eburonen, Ambiorix, sagt der erhabene Überwinder des

Pompejus, hatte nicht mehr Antheil an den öffentlichen Entschlüssen und Unternehmungen, als die Menge des Volkes. (Suaque ejusmodi esse imperia, ut non minus haberet in se juris multitudo, quam ipse in multitudinem.) Die Eburonen waren bekanntlich Belgier; die Belgier haben jetzt Bischöfe und Prälaten; *also* hatten die Eburonen einen Klerus, der zugleich erster Landstand war! Das ist klar wie die Sonne! Und wer es nicht glaubt, der sei Anathema zu Löwen und Douai und überall, wo man Beweise führt, wie der fromme Bollandus!

Wenn es wahr wäre, daß die Bataven und Eburonen bereits *vor* Christi Geburt so christliche Zuchtmeister hatten, so müßte man aufhören sich über ihren treuherzigen Glauben zu wundern, und vielmehr erstaunen, daß ihnen doch noch mancher Zug von Menschlichkeit geblieben ist. In Ernst, je mehr ich die Brabanter kennen lerne, desto mehr söhne ich mich auch mit ihrer indolenten Gutmüthigkeit aus. Was Gutes an ihnen ist, könnte man mit dem Dichter sagen, ist ihnen eigen; ihre Fehler und Mängel fallen ihren Erziehern zur Last. Das Volk ist bescheiden, gefällig, höflich, und selbst dann, wenn es gereizt wird, in seinen leidenschaftlichen Ausbrüchen noch menschlich und schonend. Die Revolution hat diesen Charakter in vielfältigen Beispielen bewährt. Als die Generalgouverneurs flohen, der Minister und der Feldherr des Kaisers durch bewaffnete Bürger vertrieben wurden, blieben ihre Häuser unberührt; niemand versuchte, niemand drohete, sie zu zerstören, oder auch nur auszuplündern. So oft man es auch dahin zu bringen wußte, daß die niedrigsten Volksklassen in der furchtbaren Gestalt von Aufrührern erschienen und mit allgemeiner Zerstörung droheten; so selten sind gleichwohl die Fälle, wo ihrer Wuth ein Mensch geopfert ward. In dem Aufruhr vom 16. März dieses Jahres erbrach der Pöbel fünf Häuser von der demokratischen Partei, und plünderte sie; dies war das einzige Beispiel von Zügellosigkeit seit dem Anfange der Belgischen Unruhen. Allein dies veranstaltete ein geringer Haufe von etwa dreihundert zusammengerafften Menschen aus den Hefen der Stadt; keinen von ihnen trieb ein lebhaftes Gefühl von vermeintlichem Unrecht dazu an, sondern listige Anführer hatten sie durch Bestechungen und Verheißungen bewogen, eine Plünderung zu unternehmen, wobei für sie sehr viel zu gewinnen und wenig oder nichts aufs Spiel zu setzen war. Dieser verworfene Haufe hätte dennoch die Wohnung des Kaufmanns Chapel gänzlich verschont, wenn nicht in dem Augenblick, da eine beredte Stimme sich zu seinem Vortheil hören ließ, an sein Verdienst um seine Mitbürger erinnerte und bereits Eindruck zu machen anfing, drei Franciskanermönche, die sich in der Mitte des Tumults befanden, die Umstehenden angefeuert hätten, den Mann, der ihre Partei nicht hielt, zu bestürmen. Ein Ältester von einer der neun Gilden, Chapels Nachbar, fiel jetzt über dessen Vertheidiger her, warf ihn zu Boden, und ließ das Volk, nach seinem Beispiel, ihn zertreten.

Vor den Schreckbildern des gegenwärtigen Zeitpunkts verfärben sich allerdings die Sitten; sie bekommen einen Anstrich von Mißtrauen, Zurückhaltung und Strenge. Die Unsicherheit der politischen und bürgerlichen Existenz bringt diese Erscheinungen da hervor, wo sonst die Üppigkeit ihren Wohnsitz aufgeschlagen zu haben schien. Die Freuden der Tafel sind verschwunden, alle Arten von Pracht und Aufwand eingestellt; genau, als ob man zu wichtigeren Bedürfnissen Mittel aufsparen müßte oder durch eitles Gepränge die Augen des Volkes jetzt nicht auf sich ziehen möchte. Nur Ein Artikel der hier im Schwange gehenden Ausschweifungen konnte keine Verminderung leiden, weil die einzige Subsistenz einer allzu zahlreichen Klasse von Unglücklichen darauf beruhet. Auch die Folgen der gar zu ungleichen Vertheilung der Güter, Armuth und Bettelei, mußten in ihrer ganzen Widrigkeit sichtbar bleiben; die Zahl der Bettler steigt, wie die Zahl der Mädchen, die ihre Reize feil bieten, bis in die Tausende. Wahrscheinlich auch in Beziehung auf jene despotischen Naturtriebe, die sich durch eine politische Revolution nicht so leicht, wie andere Gattungen des Luxus, bannen lassen, ist die Zahl der Modehändlerinnen hier so außerordentlich groß; ich erinnere mich nicht, einen Ort gesehen zu haben, Paris nicht ausgenommen, wo die zum Verkauf und zur Verfertigung des Putzes dienenden Kramläden in allen Straßen so zahlreich wären. Das schöne Geschlecht in Brüssel verdient vielleicht auch den Vorwurf, daß es sich durch öffentliche Unruhen und Calamitäten in den wichtigen Angelegenheiten der Toilette und des Putzes nicht irre machen läßt. Allein ich fange jetzt an, unter der wohlhabenden Klasse einige hübsche Gesichtchen zu entdecken, denen man diese Schwachheit verzeiht; ich sehe einige schlankere Taillen, einige Blondinen von höherem Wuchs. Nur vermißt man den Prometheischen Feuerfunken in ihrem Blick; diese schönen Automaten können nur sündigen und beten.

Phlegma und überall Phlegma! Ich behaupte sogar, daß sich dieses charakteristische Phlegma in den Spielen der Kinder auf den Straßen wahrnehmen läßt. Wenigstens ist es merkwürdig, daß wir bisher in allen Brabantischen Städten, wo wir gewesen sind, ohne Ausnahme, die Mädchen von sieben bis dreizehn Jahren jeden Abend denselben Zeitvertreib vornehmen sahen; es war das bekannte Hüpfen über ein Seil, welches man sich im Kreise über den Kopf und unter den Füßen wegschwingt. Bald schwang jede ihr Seil für sich allein; bald waren es zwei, die ein längeres Seil um eine dritte bewegten. Diese lebhafte Bewegung ist vermuthlich eine Wirkung des Instinkts, der für die Erhaltung eines Körpers wacht, in welchem sonst die Spontaneität fast gar nicht bemerklich ist. Eine weit allgemeinere Erfahrung lehrt, daß gerade die trägsten Kinder, wenn sie einmal in Bewegung sind, am längsten und heftigsten toben. Ich erinnere mich nicht, in Brabant einen Knaben bei diesem Spiele gesehen zu haben, und auch das ist eine Bestätigung meiner Hypothese.

Bei den Erwachsenen ist diese Langsamkeit des Temperaments nicht zweifelhaft; allein sie äußert sich am stärksten in Absicht auf den Gebrauch der Vernunft. Oft haben wir uns über die gleichgültige Ruhe gewundert, womit die Brabanter in die Zukunft sehen. Die Möglichkeit eines Östreichischen Angrifs scheint ihnen verborgen zu seyn, und fast durchgehends werfen sie jetzt den Gedanken von der Unentbehrlichkeit eines auswärtigen Beistandes sehr weit weg. Vorgestern, als ein Gerücht sich verbreitete, daß Preußische Truppen von Lüttich nach Huy marschirten, in der scheinbaren Absicht, sich Luxemburg zu nähern, entstand eine allgemeine Mißbilligung dieses Schrittes; so wenig Begrif hatte man von der Wichtigkeit einer Cooperation dieses mächtigen Nachbars mit ihnen gegen ihren ehemaligen Landesherrn. Von den politischen Gesprächen der hiesigen gesellschaftlichen Kreise läßt sich, nach dem bisher Gesagten, wenig mehr als Ungereimtheit erwarten. Die Französische Dreistigkeit, über solche Gegenstände ein eignes Urtheil zu fällen, zeugt wenigstens, auch wenn es ungehirnt genug klingen sollte, von einer gewissen eigenthümlichen Beweglichkeit der Geisteskräfte. Hier hingegen merkt man es jedem Wort und jeder Wendung an, daß diese Kräfte bisher brach gelegen haben. Könnte man die verschiedenen Urtheile jedesmal bis an ihre Quelle verfolgen, so würde sichs ausweisen, daß sie alle in drei oder vier Köpfen von der einen oder der andern Partei, ja, was noch merkwürdiger ist, zum

Theil in *fremden* Köpfen entstanden sind. Die gewöhnliche Gewandheit in Vertheidigung, selbst angenommener Meinungen, die von einigem Nachdenken unzertrennlich ist, vermissen wir hier in einem kaum glaublichen Grade. Die Eingebungen sind so kenntlich, daß man den Hauch zu bemerken glaubt, mit dem sie aus einem Kopf in den andern übergingen. Die Verfechter der Stände, bei weitem die zahlreichste Partei, führen nur die alte Verfassung und die Joyeuse Entrée im Munde; sie sträuben sich heftig gegen die Freiheit, und kennen kein größeres Übel, als eine Nationalversammlung. Umsonst versucht man es, ihnen begreiflich zu machen, daß zwischen einer oligarchischen Tyrannei und einer Französischen Demokratie noch ein drittes, eine verbesserte Repräsentation des Volkes, möglich sei: sie denken nichts bei den Ausdrücken, auf welche sie geschworen haben, und desto gewissenhafter beharren sie darauf. Allein, man glaube ja nicht, daß es der blinden Nachbeter in der andern Partei wenigere giebt. Neulich hörte ich einen eifrigen Demokraten sehr ernsthaft behaupten: die neuen Belgischen Staaten könnten das aristokratische System nicht behalten, – weil es schon in Holland angenommen sei. Also hätte sein Vaterland nach dieser Logik am Ende gar keine Regierungsform bekommen müssen; denn unter den angränzenden Staaten giebt es auch schon Demokratien und Despotien! In dem heftigen Wortstreit, den man fast täglich an öffentlichen Orten hören kann, werfen die Parteien einander, und wie es scheint mit Recht, gänzlichen Mangel an Grundbegriffen vor; das heißt: aus Erfahrung kennen sie einander genau; doch damit ist dem Übel nicht abgeholfen. Es ist indeß unläugbar ein gewisser Enthusiasmus vorhanden, der nur darum fremden Impulsionen folgt, weil er mit einer so ungewöhnlichen Leere der Phantasie, und einer gänzlichen Unfähigkeit, sich nach eigener Einsicht zu bestimmen, verbunden ist.

Dieser Mangel an Spontaneität ist nirgends offenbarer, als in dem entschiedenen Siege der Aristokraten über die demokratische Partei. Van der Noot, der auch in Brabant den Ruf eines mittelmäßigen Kopfes hat, war gleichwohl schlau genug, gleich bei der Gründung der Belgischen Unabhängigkeit diese Wendung vorauszusehen. Seine Talente machten ihn dort unentbehrlich, wo sie, wie er wußte, immer noch ohne Rivalität hervorleuchteten; allein sie hätten ihn nicht gerettet, wenn er es gewagt hätte, sich dem alles hinreißenden Strome des geistlichen Einflusses zu widersetzen. Um an der Spitze zu stehen, und alles, wenn nicht dem Namen nach, doch in der That zu lenken, mußte er also zu dieser Fahne schwören. Der Großpönitenziar von Antwerpen, der so berüchtigte van Eupen, ein Bonze vom gemeinsten Schlage, dessen ganze Superiorität in niedriger Verschmitztheit und heimlichen Ränken besteht, ward sein Vertrauter und Gehülfe. Der schwache Kardinal war alles was man wollte in jedermanns, und blieb es folglich auch in ihren Händen. Die einzelne Stimme des Bischofs von Antwerpen, eines Prälaten, dem man Einsicht und Festigkeit des Charakters zuerkennt, verhallt ungehört im Fauxbourdon einer Majorität von Mönchen, die im Gefühl ihrer Talentlosigkeit Alles der Anordnung ihrer Minister überlassen und nur dafür sorgen, daß ihr heiliges Interesse auf jedem Votum zuoberst schwimmt.

Bei allen Vortheilen, in deren Besitz die Partei der Stände sich behauptet hat, bietet indeß dieses unglückliche Land, und vorzüglich die Hauptstadt, dennoch das Schauspiel der innerlichen Zerrüttung dar. Das mannichfaltig verschiedene Interesse der Einwohner; die Verbitterung, die bei den Siegern vom Widerstand, bei den Besiegten vom Gefühl des erlittenen Unrechts herrührt; die Eifersucht, womit ein Nachbar den andern belauscht; die Hinterlist, wovon die Stände selbst das Beispiel geben; die Hoffnung endlich, welche den Bedrückten noch immer neuen Zunder giebt und sie auf eine glücklichere Zukunft vertröstet: – dies Alles wirkt zusammen, um den Niederländern die Früchte ihrer Anstrengung zu rauben und vielleicht in kurzem wieder den Schatten einer Unabhängigkeit zu entreißen, dessen Wesen sie noch nicht besitzen. So empörend auch die Anmaßung der Brabantischen Stände scheinen mußte, die sich die gesetzgebende und die ausübende Macht zugleich zugeeignet haben, so unglücklich scheint der Zeitpunkt gewählt, die Rechtmäßigkeit ihrer Forderungen zu untersuchen oder die Verfassung neu zu organisiren. Innere Einigkeit und festes Zusammenstimmen zum gemeinschaftlichen Zwecke der Erhaltung konnte ganz allein das Zutrauen der auswärtigen Mächte gewinnen, und die Anerkennung ihrer Unabhängigkeit beschleunigen. Trennung und Zwietracht können allein dem Östreichischen Hofe den Weg zur Wiedereroberung der Niederlande bahnen. Nicht umsonst bemerkt man hier noch geheime Emissarien von verschiedenen mächtigen Höfen, statt der öffentlich akkreditirten Gesandten, die mit den Generalgouverneuren fast zu gleicher Zeit verschwunden sind. Von einigen Mächten gehen sogar mehrere Personen mit verschiedenen und zum Theil entgegengesetzten Aufträgen herum; Kanzellisten, Kaufleute, Juden korrespondiren auf verschiedenen Wegen mit demselben Minister, in so fern er hier die aristokratische Partei, dort die Patrioten, und noch an einem dritten Orte eine dritte Klasse von politischen Sektirern sondiren läßt. Die Vereinbarung der Moral mit der Politik der Kabinette, deren Möglichkeit ich nicht bezweifeln will, ist wenigstens bis jetzt noch immer Spekulation geblieben, wenn man nicht etwa in dem hohen Grade Neuling ist, die öffentlichen Protestationen von Redlichkeit der Absichten, und die Lobsprüche, die mancher Hof, mancher Fürst, manches Departement sich selbst ertheilt, für baare Münze zu nehmen. Thöricht wäre es also, glauben zu wollen, daß irgend ein Europäisches Kabinet die Ausnahme machen, und allein in einem Spiele, wo es darauf ankommt nach der Regel zu gewinnen, eine zwecklose und ihm selbst nachtheilige Großmuth ausüben werde. Ich erhalte hier Winke und Aufklärungen, die es außer allem Zweifel setzen, daß sowohl von einem auswärtigen Erbstatthalter des katholischen Belgiens, als auch von einem unabhängigen Belgischen Herzoge, aus der Mitte des Niederländischen Adels, zu seiner Zeit sehr ernsthaft die Rede gewesen ist. Allein die Auftritte vom 15. bis 19. März, zusammengenommen mit dem, was eben jetzt bei der Armee in Namur vorgeht, müssen, für den gegenwärtigen Zeitpunkt wenigstens, den Eifer der Nachbarn, sich in die Belgischen Angelegenheiten zu mischen, bis zur Gleichgültigkeit abkühlen.

Außer den Anhängern der Stände und der Geistlichkeit, außer den Freunden der Demokratie, die aber durch die vorgestern erfolgte Entwafnung des Generals van der Mersch den empfindlichsten Stoß erlitten haben, giebt es hier noch eine starke kaiserliche Partei, wozu besonders die reichsten Banquiers und Handlungshäuser gehören. Bisher blieben sie hinter der Larve der Demokratie versteckt; allein jetzt ist es gar nicht unwahrscheinlich, daß selbst die eifrigsten Freunde der Volksfreiheit lieber mit den Royalisten die Wiederkehr des alten Systems zu befördern suchen, als unter dem eisernen Zepter der Stände länger geduldig leiden werden. Diese Gesinnung ist wenigstens bei allen Freunden der hohen Häuser Aremberg und Ursel offenbar; sie geben sich kaum noch die Mühe, sie zu verhehlen. Diese beiden Häupter des Niederländischen Adels haben sich jederzeit standhaft gegen die Usurpation der Stände erklärt und die Volkspartei mit Enthusiasmus ergriffen; nie haben sie den Ständen den Huldigungseid, wozu man sie bereden wollte, abgelegt, und der flüchtige Gedanke einiger Patrioten, dieser Familie den Belgischen Fürstenhut zu ertheilen, so fern er auch von der Ausführung war, beruhte wenigstens auf einer wirklichen Anerkennung ihrer persönlichen sowohl, als ihrer angestammten Vorzüge.

Der Herzog von Ursel diente im kaiserlichen Heere vor Belgrad und Orsova. Als die Revolution ausbrach, suchte der Kaiser ihn durch die schmeichelhafteste Begegnung zu gewinnen; allein umsonst. Der Herzog schlug alle Gnadenbezeigungen aus, eilte nach Brüssel, entsagte allen seinen militärischen Verhältnissen, und schickte seinen Kammerherrnschlüssel zurück. Die Stände übergaben ihm das Kriegsdepartement, indem sie ihm den Vorsitz darin ertheilten; sobald er aber merkte, daß ihre Minister es sich anmaßten, auch hier ohne sein Vorwissen Verfügungen zu treffen und ihn von aller eigenen Wirksamkeit auszuschließen, (wovon die Ernennung des Generals von Schönfeld zum zweiten Befehlshaber der Armee das auffallendste Beispiel war;) resignirte er sogleich seinen Posten, und erklärte sich bald hernach, wie sein Schwager der Herzog von Aremberg, für die demokratische Partei. Am 8. März, bei der Ablegung des Eides, dessen Abfassung die Parteien heftig erbittert hatte, bis endlich eine von beiden Seiten gebilligte Formel angenommen ward, erwählten die Freiwilligen von Brüssel den Herzog von Ursel mit einstimmiger Akklamation zu ihrem Generalissimus, und zum Zeichen des Friedens umarmte ihn van der Noot auf öffentlichem Markte. Allein am 16ten, als der Herzog in die Versammlung der Stände ging und Vollmacht forderte, um die Ruhe in Brüssel wieder herzustellen, erhielt er die stolze Antwort, es würde schon ohne sein Zuthun geschehen; und als er vor etlichen Tagen mit dem Grafen la Marck nach Namur reisete, um die Armee unter van der Mersch zu besänftigen, wurden beide in Verhaft genommen, sobald es dem General von Schönfeld gelungen war, sich Namurs zu bemeistern. Man ist noch ungewiß, ob er sie mit dem General van der Mersch hieher nach Brüssel schicken werde, oder nicht.

Dies ist ein Beispiel der Eifersucht, die es den beiden Freunden, van der Noot und van Eupen, zur wichtigsten Angelegenheit macht, jeden größeren Mann, es koste was es wolle, vom Ruder entfernt zu halten. Der Wettstreit mit der demokratischen Partei, in welchem sie die Oberhand behielten, giebt hiervon noch einen vollständigeren Begrif, und beweiset zugleich, wie tief das Volk gesunken seyn muß, dem bei einer allgemein bekannten Ruchlosigkeit in der Wahl der Mittel, die Augen über das Betragen dieser herrschsüchtigen Menschen dennoch nicht aufgegangen sind. Die Unionsakte war kaum unterschrieben, die Unabhängigkeit der Provinzen kaum feierlich angekündigt worden, als der Ausschuß der Stände schon die Versammlungen der patriotischen Gesellschaft, der man den glücklichen Erfolg der Revolution fast einzig verdankte, unter dem Vorwande der Gehäßigkeit und Gefahr geheimer Zusammenkünfte verbieten wollte. Allein damals trotzte die Gesellschaft auf ihre gute Sache: »*Den* Tag und *die* Stunde«, ließ man dem Committé zur Antwort sagen, »wird *öffentliche* Sitzung gehalten; alle ruhige Bürger, alle Freunde des Vaterlandes dürfen zugegen seyn und die Berathschlagungen mit anhören, die nur das allgemeine Wohl zum Ziele haben.« Der Vorwurf des Geheimnisses traf also nicht eine Gesellschaft, welche aus den Banquiers und reichen Kaufleuten, aus dem ganzen nicht repräsentirten Adel, aus den Bürgern mehrerer Städte, verschiedenen Mitgliedern des dritten Standes von Brüssel, und den vornehmsten Advokaten dieser Stadt bestand.

Allerdings hatte die Aristokratie wohl Ursache, gegen diese Gesellschaft die heftigsten Maaßregeln zu ergreifen, wenn sie sich in ihrer angemaßten Oberherrschaft behaupten wollte. Den Patrioten genügte es nicht, den Kaiser vertrieben zu haben; sie wollten Freiheit in den Niederlanden, nicht die alte Tyrannei unter einem neuen Namen. In dieser Absicht entwarfen sie eine Bittschrift an die Stände, welche bald von zwölfhundert der angesehensten Männer in der Provinz unterzeichnet ward. Sie stellten ihnen darin die Nothwendigkeit vor, nach dem Beispiele der Stände von Flandern die Souverainität des Volkes feierlich anzuerkennen, die Finanzadministration zu verbessern und die Lasten des Volkes zu erleichtern, das Kommerz zu beleben, die Armee zu organisiren, die Preßfreiheit zu bewilligen, und alle Stellen und Ämter nur ad interim, bis zur Versammlung der Nation, zu besetzen.

Nie hatten die Forderungen Josephs des Zweiten dem Ansehen der Stände furchtbarer gedroht, als diese Bitten jetzt zu drohen schienen, denen Vonk in seinen Considérations impartiales sur la position actuelle du Brabant durch unumstößliche, mit Bescheidenheit und Mäßigung vorgetragene Gründe, den größten Nachdruck verlieh. Der erste und fruchtbarste Gedanke, den van der Noot und seine Gehülfen diesem patriotischen Vorhaben entgegensetzten, war natürlicherweise der, daß man suchen müßte, den Eindruck jener billigen und vernünftigen Vorstellungen durch den Einfluß der Geistlichkeit auf die Gemüther zu verwischen, indem man jede Neuerung unter den jetzigen Umständen als gefährlich und feindselig gegen das Vaterland schildern ließe. Es ward sogleich ein Cirkularschreiben an alle Pfarrer im ganzen Lande erlassen, worin man ihnen anbefahl, eine Gegenaddresse an die Stände, welche auf Bestrafung der Neuerer und Störer der öffentlichen Ruhe drang, in ihren Kirchspielen unterzeichnen zu lassen. Zwei Brabantische Officiere reiseten mit dieser Addresse im ganzen Lande umher, und bedienten sich allerlei unerlaubter Mittel, und sogar der Gewalt, um Unterschriften zu erzwingen. Der Kanonikus du Vivier, Sekretär des Kardinals, arbeitete mit einem frommen Eifer zu demselben Zweck; und solchergestalt brachte man in kurzer Zeit die Namen von viermal hunderttausend Brabantern zusammen, welche diese Gegenaddresse unterstützten.

Durch diese Spiegelfechterei ließ sich indeß die patriotische Gesellschaft nicht irre machen; vielmehr setzte sie ihre Versammlungen fort, und bemühte sich, ihre republikanischen Grundsätze in ein helles Licht zu stellen. Die sechs Kompagnien von Freiwilligen, welche zu den fünf so genannten Sermens oder Bürgerinnungen von Brüssel gehörten, und keinesweges die Oberherrschaft der Stände begünstigten, waren vielleicht den Aristokraten vor allen übrigen Einwohnern furchtbar, weil sie die Waffen trugen und die Sicherheit der Stadt ihnen allein anvertrauet war. Sie durften nur wollen, und die ganze oligarchische Tyrannei verschwand. Um sich ihrer zu versichern, ward ihnen am 6. Februar ein Eid deferirt, den sie den Ständen, als ihrem rechtmäßigen Landesherrn, leisten sollten. Eduard von Walkiers, ein reicher Banquier, der unter der vorigen Regierung den Titel eines Vicomte erhalten hatte, widersetzte sich dieser Zumuthung als Ältester (doyen) der Innung von St. Sebastian und Chef der einen zu dieser Innung gehörigen Compagnie von Freiwilligen. Auch die übrigen Compagnien weigerten sich, diese Eidesformel anzunehmen, die ihre Absicht gar zu deutlich an der Stirne trug. Van der Noot sah sich also genöthigt, einen günstigeren Zeitpunkt abzuwarten.

Mittlerweile kehrte der Herzog von Aremberg aus dem südlichen Frankreich in sein Vaterland zurück, und nahm am 10ten von den sämmtlichen Freiwilligen, die auf dem großen Platze vor dem Rathhause versammelt waren, den Ehrennamen ihres Élu des élus (Erwählten der Erwählten) unter lauten Freudensbezeugungen des Volkes an. Am folgenden Tage leistete er in dieser Eigenschaft den Bürgerinnungen einen Eid, aber nicht, wie man auch von *ihm* gefordert hatte, den Ständen, deren Rechtmäßigkeit er zu gleicher Zeit in Zweifel zog. Ohne der patriotischen Gesellschaft förmlich beizutreten, billigte er nebst seinem Bruder, dem Grafen de la Marck, nicht nur alle ihre Schritte, sondern äußerte auch bei mehreren Gelegenheiten seine ausgezeichnete Hochachtung für verschiedene Mitglieder dieses demokratischen Bundes und namentlich für den Advokaten Vonk, den eifrigen Verfechter der Volksfreiheit.

Von diesem Augenblick an erhob die demokratische Partei das Haupt, und schien sich mit großen Hofnungen zu schmeicheln. Die patriotische Gesellschaft wählte Herrn Vonk zu ihrem Präsidenten, sie wählte einen Sekretär, sie führte nach dem Beispiel ähnlicher Clubs in England und Frankreich eine gewisse Ordnung ein, nach welcher ihre Versammlungen gehalten wurden, sie entschied über die vorkommenden wichtigen politischen Fragen durch Mehrheit der Stimmen, und ließ die Generale van der Mersch, de Rosières und Kleinberg durch eine Deputation feierlich zum Beitritt einladen. Alles schien zu erkennen zu geben, daß sie sich für eine Kopie der Französischen Nationalversammlung und vielleicht sogar für das Vorbild einer Niederländischen angesehen wissen wollte. Desto unglücklicher war es für sie, wenn ihre Absichten wirklich rein und auf das wahre Wohl des Vaterlandes gerichtet waren, daß ein unreifer Enthusiasmus in einigen Köpfen brauste, und am 25. Februar, an dem Tage nachdem der General van der Mersch ganz unverhoft in Brüssel von der Armee eingetroffen war, einen Auflauf bewirkte, wobei es auf nichts geringeres als eine Gegenrevolution angesehen schien. Ein dunkles Gerücht verbreitete sich am Abend des 21sten durch die ganze Stadt, daß man eine neue Kokarde – die *Kokarde der Freiheit* wurde sie emphatisch genannt – in der Kirche zu St. Gudula aufstecken wolle, und dabei sagte man sich die Absicht ins Ohr, – die Stände müsse man vom Ruder des Staats entfernen. Am folgenden Morgen strömte alles nach St. Gudula, und Eduard Walkiers versammelte, auf allen Fall, seine Compagnie. Diesmal zitterten die neuen Minister für ihre politische Existenz. Die ehrwürdige Stimme des Priesters war nochmals ihre einzige Zuflucht; sie schickten dem Pfarrer der Hauptkirche diese schriftlich abgefaßte Erklärung: »Wir Unterzeichneten versichern, daß das Manifest des Brabantischen Volkes nach allen Stücken seines Inhaltes befolgt werden soll; daß alles, was vorgeht, im Namen des Volkes geschieht, in welchem die Souverainität inwohnend ist, und wogegen die Stände sich nie etwas haben anmaßen wollen.« Van der Noot und van Eupen hatten diesen Aufsatz eigenhändig unterschrieben, und der Pfarrer las ihn von der Kanzel ab. Eine so unerwartete Nachgiebigkeit von Seiten der Stände veränderte plötzlich die Stimmung des zusammengerotteten Volkes, und beim Weggehen aus der Messe, anstatt die Aristokratie zu bestürmen, fielen einige fanatische Köpfe über einen demokratischgesinnten Officier her, den Walkiers aber mit seinen Freiwilligen sogleich aus ihren Händen riß. In der Kirche hatte hier und dort einer versucht, die neue Kokarde aufzustecken, und einige wurden in Verhaft genommen, bei denen man sie in der Tasche fand. Noch jetzt ist es daher gefährlich, sich mit einer andern, als der ächten Brabantischen dreifarbigen Kokarde sehen zu lassen; und es ist uns selbst widerfahren, daß ein Freiwilliger uns höflich anredete: wir wären vermuthlich Fremde und wüßten nicht, daß das weiße Bändchen an unserer Kokarde verboten sei.

Niemand in Brüssel wollte etwas um diesen Auflauf gewußt haben; man setzte ihn auf Rechnung der Royalisten, denen man die Absicht beimaß, sie hätten dadurch alles in Verwirrung bringen wollen; als ob durch diese Verwirrung, zu einer Zeit, wo keine Östreichische Truppen sie benutzen konnten, etwas für die Sache des Kaisers wäre gewonnen worden? Den Ständen und ihren Ministern schien der Schlag von einer ganz andern Seite her zu kommen; allein ohne die deutlichsten Beweise war jetzt eine öffentliche Beschuldigung von dieser gehässigen Art nicht rathsam. Zudem stand ihnen Walkiers mit seinen Freiwilligen und seinem thätigen, unternehmenden Geist überall im Wege. Gern hätte man ihm diesen Auftritt vom 25. Februar Schuld gegeben; es wurden sogar in dieser Absicht Briefe zwischen dem Kriegsdepartement und ihm gewechselt; allein diese Korrespondenz schlug ganz zu seinem Vortheil aus, indem er den Winken und Anspielungen der Ministerialpartei den Ton eines beleidigten Mannes, der seiner guten Sache gewiß ist, mit allem Trotze dieses Bewußtseyns entgegensetzte. Die eben bekannt gewordene nachdrucksvolle Remonstranz der demokratischen Partei an die Stände, worin man ihnen nochmals vorhält, daß die gesetzgebende und die vollziehende Macht ohne Gefahr für den Staat nicht länger in einer Hand vereinigt bleiben dürfen, gestattete jetzt keine andere als indirekte Maaßregeln gegen einen so mächtigen Feind. Man wußte den Stadtmagistrat dahin zu bewegen, daß er am 28. Februar die Compagnie von Walkiers aufhob, unter dem Vorwande, daß jeder Serment deren nur Eine haben könne; allein die Freiwilligen eilten am folgenden Morgen mit Ungestüm auf das Rathhaus, und auf ihre Vorstellung nahm der Magistrat seine Verordnung zurück. Walkiers, an dem die Reihe war, zog mit den Seinen auf die Wache, und triumphirte im lauten Beifall des Volkes.

Es war nunmehr nöthiger als jemals, die Freiwilligen beeidigen zu lassen. Man berathschlagte sich über die zu adoptirende Formel, und van der Noot bot die Hände zu einem Vergleiche mit der patriotischen Societät. So wichtig schien diese Ceremonie in den Augen Aller, daß man nicht Behutsamkeit genug anwenden zu können glaubte, um keine Zweideutigkeit übrig zu lassen, hinter welche sich die eine oder die andere Partei flüchten könnte. Endlich, nachdem man mehr als Einen Vorschlag verworfen, nachdem van der Noot vergebens die versammelten Freiwilligen auf dem großen Platze haranguirt hatte, ward eine ganz kurze Formel in allgemeinen Ausdrücken adoptirt, die Alles so unbestimmt ließ, wie beide Parteien es wünschen konnten, um bei einer scheinbaren Übereinkunft sich zu überreden, man habe auf keinen Anspruch Verzicht gethan. Diese Feierlichkeit, wobei sich, wie ich Dir schon erzählt habe, der Herzog von Ursel und van der Noot zum Zeichen der Versöhnung beider Parteien umarmten, ward am 9. März vollzogen, und gleich darauf wies auch der hohe Rath oder Justizhof von Brabant die Bitte um Aufhebung der patriotischen Gesellschaft als unstatthaft zurück. Dagegen aber kassirte der Congreß, als Souverain der Niederlande, bereits am 13. März ein Regiment von besoldeten Truppen, welches den Einfall gehabt hatte, nach dem Beispiele der Freiwilligen, *dem Volke* den Eid der Treue schwören zu wollen.

Walkiers hatte indessen den Ehrgeiz der Minister und der Stände zu tief beleidigt, und sein hochfliegender Patriotismus war ihnen zu furchtbar geworden, als daß sie nicht vor allem seinen Sturz hätten beschließen sollen. Man grif ihn von der einzigen Seite an, wo er verletzbar blieb, das ist: man wirkte durch eine Überschwemmung von fliegenden Blättern, und durch öffentlich ausgestreute Beschuldigungen auf die Leichtgläubigkeit des unwissenden und immer noch von Priestern beherrschten Volkes. Es gelang den Emissarien der Geistlichkeit und der Aristokratie, den Saamen des Mißtrauens unter die Bürger von Brüssel und sogar unter die Freiwilligen auszustreuen; es gelang ihnen, sie zu trennen, indem man den Grund einer verabscheuungswürdigen Verschwörung aufdeckte, einer Verschwörung, wodurch eine geringe Anzahl von Ehrgeizigen, unter dem Vorwande das Volk in seine Souverainitätsrechte einzusetzen, sich selbst der Regierung zu bemächtigen gedächten. Walkiers, sagte man, sei das Haupt des Komplots; die Officiere der Freiwilligen wären seine Verbündeten, und eine Nationalversammlung, die man berufen wolle, würde nur als Werkzeug ihrer Tyrannei, nach dem Beispiel der Französischen, alle Rechte der Bürger umstoßen, die Altäre berauben und die heiligen Diener der Religion mißhandeln.

Hatte denn, wirst Du fragen, das Volk von Brüssel in einer so langen Periode von politischer Gährung noch nicht gelernt, gegen Verläumdungen auf seiner Hut zu seyn, und seinen Verdacht aus reineren Quellen als den Brochüren des Tages zu schöpfen? hatte es noch nicht Gelegenheit genug gehabt, den Charakter der verschiedenen Häupter der Parteien zu ergründen, und ein Urtheil über sie zu fällen, welches nicht von jedem Hauche verändert werden konnte? Unstreitig muß sich jedem Unparteiischen bei einer so plötzlichen Umstimmung der Gemüther der Gedanke lebhaft vergegenwärtigen, daß gerade die Wahrscheinlichkeit der Beschuldigung diese große Wirkung hervorgebracht habe. Auch ohne etwas von wirklich vorhandenen geheimen Absichten, von einem trüglichen dessous des cartes zu ahnden oder zu glauben, konnte gleichwohl die Schilderung wahr und treffend seyn, die man im voraus von einer Niederländischen Nationalversammlung entwarf. Sie mußte, wenn sie Gutes bewirken wollte, die bisherige Verfassung vernichten und die Mißbräuche ausrotten, welche der moralischen Freiheit, dieser einzig wahren Quelle der bürgerlichen, entgegen wirkten; sie wäre folglich dem Klerus und besonders der Ordensgeistlichkeit furchtbar geworden. Nach dem Zustande der Aufklärung in den Belgischen Provinzen, und nach der Seltenheit gründlicher Einsichten und großer Talente zu urtheilen, war endlich auch, ohne dem Patriotismus der Demokraten zu nahe zu treten, die Prophezeihung, daß die Nationalversammlung nur ein Instrument in den Händen weniger Demagogen werden könne, die unverdächtigste Lobrede aus des Feindes Mund auf das Verdienst und die Fähigkeiten eines Walkiers, eines Vonk und der übrigen Häupter der patriotischen Gesellschaft.

Unter den jetzigen Umständen war die ausgestreute Besorgniß, daß die Religion in Gefahr sei, gleichsam eine Losung für die Majorität der Bürger von Brüssel, die demokratische Partei zu verlassen und für die Erhaltung des einmal bestehenden Regierungssystems zu eifern. Kaum war van der Noot dieser Stimmung gewiß, so sprang die Mine, die er seinen Nebenbuhlern bereitet hatte. Es kam jetzt darauf an, welche Partei der andern zuvorkommen würde, und er hatte seine Maaßregeln so gut berechnet, daß er sein Vorhaben ausführte, ehe die Armee die Bewegungen in Brüssel unterstützen konnte. Am 15. März überreichte die patriotische Gesellschaft den Ständen eine Bittschrift, worin sie zwar sehr bescheiden, jedoch mit Ernst, auf eine neue Organisation der Verfassung antrug und den Ständen gleichwohl, wegen ihres bekannten Widerwillens gegen eine Nationalversammlung, die Art der Zusammenberufung der Volksrepräsentanten gänzlich anheimstellte. Diese Bittschrift war kaum überreicht und gelesen, so verbreitete man im Publikum ein Verzeichniß der Störer der öffentlichen Ruhe, deren ganzes Verbrechen in der Unterzeichnung jenes Aufsatzes bestand, welchen man sich indeß wohl hütete, durch den Druck bekannt zu machen. Dagegen aber las man an den Kirchthüren überall einen Anschlagszettel, worin man das Volk aufforderte, sich am folgenden Morgen um neun Uhr zu versammeln, indem eine Verschwörung wider den Staat und die Religion im Werke sei. Ähnliche Zettel verurtheilten die Herzoge von Aremberg und Ursel, den Grafen la Marck, Eduard Walkiers, Vonk, Herries und Godin zum Laternenpfahl. Früh am 16ten erschien der Pöbel und insbesondere die Bootsknechte, Träger und anderes Gesindel, welches sich in der Nähe des so genannten Hafens aufhält, und unter dem Namen capons du rivage bekannt ist, vor dem Rathhause, unter Anführung der beiden Ehrenmänner, die vor einiger Zeit so viele Unterschriften für die berüchtigte Gegenaddresse eingetrieben hatten. Die Gildemeister standen auf den Stufen, und schwenkten dem Haufen, der den Staaten und van der Noot ein Vivat über das andere brachte, mit Hüten und Schnupftüchern Beifall zu. Auf dieses Signal ging die Plünderung der Häuser an, welche man zuvor zu dem Ende gezeichnet hatte. Der Kaufmann Chapel kam mit eingeworfenen Fenstern und Thüren davon; hingegen fünf andere Häuser wurden nicht nur erbrochen und gänzlich verwüstet, sondern auch in einem der Besitzer tödlich verwundet. Walkiers mit seinen Freiwilligen gab verschiedentlich Feuer auf diese Banditen; allein die anderen Compagnien, anstatt ihn zu unterstützen, droheten vielmehr, ihre Waffen gegen ihn zu kehren.

Am 17ten erkaufte van der Noot die Ruhe der Stadt von den Plünderern mit einem Versprechen von dreitausend Gulden, die ihnen richtig ausgezahlt wurden; allein noch nicht zufrieden mit diesem Opfer, und ihrer Instruktion getreu, forderten sie den Kopf ihres Widersachers, Walkiers. Man lud ihn in der Dämmerung vor die versammelten Stände, stellte ihm vor, seine Compagnie habe den Haß des Volkes auf sich gezogen, und bewog ihn durch diese bloße Vorstellung, sie abzudanken. Van der Noot geleitete ihn mitten durch den aufgebrachten Pöbel nach Hause. In derselben Nacht verließ er Brüssel, und mit seiner Abreise erlosch die letzte Hofnung der Demokraten. Der hohe Rath von Brabant publicirte noch an demselben Tage das Aufhebungsdekret der patriotischen Gesellschaft, und ihre Häupter entflohen theils zur Armee in Namur, theils nach Lille im Französischen Flandern. – So gewaltsam dieses Mittel auch war, wodurch die Stände über die Freunde der Volksfreiheit den Sieg behielten, so hätte man es ihnen dennoch in einer solchen Krise verziehen, wenn nur auch ihre Regierung von nun an die wohlthätigen Wirkungen geäußert hätte, um derentwillen es sich verlohnte, dem Kaiser die Oberherrschaft zu entreißen. Allein von einer so übel organisirten Versammlung durfte man sich keinen edlen Gebrauch der Kräfte versprechen. Sie benutzte den ersten Augenblick, in welchem sie sich ohne Nebenbuhler fühlte, um vermittelst tyrannischer Maaßregeln die Möglichkeit eines abermaligen republikanischen Kampfes zu verhüten. Die Preßfreiheit, das Palladium freier Völker, ward unverzüglich abgeschaft; eine strenge Büchercensur wachte für die Erhaltung politischer und geistlicher Finsternisse, und das Verbot aller auswärtigen Zeitungen, welche demokratische Grundsätze begünstigten, krönte diese des achtzehnten Jahrhunderts unwürdige Verordnungen. Der Schleier des Geheimnisses deckt alle Berathschlagungen der gesetzgebenden Macht; feindseliger Haß verfolgt die Überreste der patriotischen Gesellschaft; aus Furcht vor strenger Ahndung werden die Namen Vonk, Walkiers, Ursel und la Marck an öffentlichen Orten nicht ausgesprochen, und der Enthusiasmus der noch glühet, und noch zuweilen ein paar hitzige Disputanten an einander bringt, wird allmälich erkalten und in jene todte Gleichgültigkeit gegen das gemeine Beste ausarten, welche überall herrschen muß, wo nicht von den Gesetzen, sondern von der Willkühr und den Leidenschaften der Regenten das Leben und das Eigenthum des Bürgers abhängt.

XVIII

Brüssel

Gewöhnlich bedaure ich nicht die unterjochten Völker; ihre Sklaverei sei auf ihrem eigenen Haupte! Gegen die Löwenkräfte des freien Menschen, der seine Freiheit über alles liebt, sind alle Höllenkünste der Tyrannei unwirksam. Der Übermuth der Römischen Eroberungssucht konnte ja nicht einmal das kleine Saguntum bezwingen. Heldentod in den Flammen und unter den Schutthaufen ihrer einstürzenden Gebäude war der letzte und edelste Sieg dieser ächten Republikaner!

Heute dauert mich gleichwohl das Schicksal der Brabanter. Unter besseren Führern wären Menschen aus ihnen geworden; der Stoff liegt da in ihrem Wesen, roh, vom Gift einer allzu üppigen Kultur noch nicht durchdrungen, sondern nur das Opfer des unüberwindlichen Betrugs. Heute haben wir sie in einer Aufwallung von republikanischem Geiste gesehen, die gänzlich unvorbereitet und nur desto rührender war. Wir kamen von Schooneberg, dem Landhause der Generalgouverneurs, zurück, und in allen Straßen sahen wir ganze Schaaren von Menschen in die Buchläden stürzen, und mit unbeschreiblicher Ungeduld nach einem Blatte greifen, das eben jetzt die Presse verließ. Es war ein Brief des Generals van der Mersch an die Staaten von Flandern, worin er ihnen seine Ankunft in Brüssel meldet, und auf die strengste Untersuchung seines Betragens dringt. Die Neugier des Publikums spannte um so mehr auf dieses Blatt, da seit einigen Tagen die wüthendsten anonymischen Affichen und Handbillets gegen den General ausgestreuet werden, worin er ein Verräther des Vaterlandes genannt und absichtlich zum Gegenstande der allgemeinen Indignation aufgestellt wird. Die lebhafte Theilnahme an seinem Schicksal, die, so verschieden auch der Beweggrund seyn mochte, durch alle Klassen der Einwohner zu gehen schien, hatte wenigstens mehr als Neugier zum Grunde, und verrieth einen Funken des Freiheitsgefühls, wovon man sich in Despotien so gar keine Vorstellung machen kann. Es war ein erfreulicher Anblick Alles, Alt und Jung, Männer, Weiber, Kinder, Vornehme und Geringe hinzu strömen zu sehen, um die erste Sylbe der Rechtfertigung eines Angeklagten zu lesen! Diese Bewegung dauerte mehrere Stunden; die Druckerei konnte nicht schnell genug die hinlängliche Anzahl Exemplare liefern; man riß einander den Brief aus der Hand, man stritt sich, wer das erste von dem neuankommenden Vorrathe besitzen sollte, man drang den Buchhändlern das Geld im Voraus auf, man bot doppelte, zehnfache Zahlung, und wartete, wie dies unter andern unser eigener Fall war, Stundenlang auf einen Abdruck. So ging es fort bis spät in die Nacht.

Van der Mersch ist gestern Abend hier eingetroffen; dies ist der vollendende Schlag, welcher das Gebäude der Aristokratie in den Niederlanden befestigt. Die Armee in Namur war bisher noch immer eine Stütze der Volkspartei geblieben; mit den Waffen in der Hand hatte sie die Bittschrift der patriotischen Gesellschaft gebilligt. Sie war in ihrem Eifer noch weiter gegangen. Eine unbegreifliche Gleichgültigkeit der Brabantischen Stände sowohl, als des mit ihnen einstimmigen, ebenfalls von van der Noot inspirirten Congresses, hatte die Armee an allen Bedürfnissen, an Pferden und Geschütz, an Geld, an Lebensmitteln und Kleidungsstücken den äußersten Mangel leiden lassen; ein großer Theil der in Namur liegenden Truppen hatte weder Uniformen, noch Schuhe. Vielleicht empfanden die vereinigten Provinzen schon jetzt die große Schwierigkeit, zu den Vertheidigungsanstalten, die ihre Lage erforderte, die nöthigen Summen herbeizuschaffen; vielleicht war auch die verdächtige Treue dieses Heeres die Ursache, daß die Stände säumten und zögerten, um es nicht wider sich selbst zu bewaffnen. Wahr ist es indessen, daß ein allgemeines Mißvergnügen unter den Truppen zu Namur ausgebrochen war, daß der Mangel häufige Veranlassung zu den größten Unordnungen und zur Desertion gab, und daß van der Mersch, nachdem seine wiederholten Vorstellungen an den Congreß nichts gefruchtet, den Entschluß gefaßt hatte, seine Befehlshaberstelle niederzulegen. Bei diesen Umständen versammelten sich am 31. März alle Officiere der dortigen Besatzung, und äußerten einmüthig das Verlangen, daß van der Mersch den Oberbefehl der Armee behalten, der Herzog von Ursel wieder an die Spitze des Kriegesdepartements gesetzt werden, und der Graf la Marck zum zweiten Befehlshaber ernannt werden möchte. Zugleich schrieben sie an alle Provinzen um ihre Mitwirkung zur Abschaffung der Mißbräuche und Wiederherstellung der guten Ordnung. Diese Wünsche mit der am 1. April von dem General erhaltenen schriftlichen Zustimmung, überschickten die Officiere dem Congreß in einem Briefe, worin sie ohne Umschweif behaupten, das einzige Rettungsmittel für den kranken Staat darin gefunden zu haben, daß sie einigen Ehrgeizigen ihre über die ganze Nation usurpirte Macht zu entreißen beschlossen hätten. Um zu gleicher Zeit das Schreckbild einer Nationalversammlung zu entfernen, erschien am folgenden Tage eine Erklärung, welche die nach Namur geflüchteten Patrioten Vonk, Verlooy, Daubremez und Weemaels unterzeichnet hatten, worin sie nochmals versicherten, daß sie in der Bittschrift vom 15. März auf eine Versammlung dieser Art keinesweges angetragen hätten, sondern im Gegentheil auf die Verfassung der drei Stände fest zu halten gesonnen wären, und lediglich eine mehr befriedigende Repräsentation als die jetzige, nach dem Beispiele von Flandern, verlangten. Dieser Erklärung ertheilte die Armee am 3. April ihre Zustimmung. Sie war um so merkwürdiger, da das Projekt des Congresses, oder, wie er sich selbst nannte, der *Belgischen Generalstaaten,* vom 31. März mit ihr gleichen Inhalt hatte, den einzigen Umstand ausgenommen, daß der Congreß behauptete: noch sei es zu früh, an eine verbesserte Repräsentation zu denken, indem auf die Vertheidigung gegen den auswärtigen Feind alle Kräfte und alle Sorgen gerichtet werden müßten; wenn aber der Zeitpunkt gekommen seyn würde, wolle man selbst die Nation dazu auffordern, und mittlerweile wünsche man die Zustimmung und Garantie aller Provinzen zu diesem Entwurfe. Die Stände von Flandern säumten nicht, diesem Vorschlag ihren Beifall zu ertheilen, indem sie sich zugleich vorbehielten, in ihrer Provinz mit der bereits angefangenen Verbesserung der Konstitution fortzufahren und sie zu vollenden, ohne die Aufforderung des Congresses abzuwarten. Diese Äußerung war um so schicklicher, da es mit dem ganzen Vorschlage des Congresses nur darauf angesehen war, dem Volke Staub in die Augen zu werfen, und die Stände von Brabant nicht die geringste Rücksicht darauf nahmen, sondern fortfuhren, ihre vermeinten Ansprüche auf die Souverainität dieser Provinz geltend zu machen.

Die Nachricht von den demokratischen Gesinnungen der Armee erschütterte nicht nur die Stände von Brabant, sondern auch die bisher so eifrigen Freunde des Generals van der Mersch, die Stände von Flandern. Sie forderten den Congreß auf, alle Kräfte anzustrengen, um die Gefahr abzuwenden, die von dorther dem Vaterlande drohte, und sie waren es auch, welche den Vorschlag thaten, den General nach Brüssel vor den Congreß fordern zu lassen, damit er von seiner Aufführung Rechenschaft gäbe. Im Weigerungsfalle wollten sie ihm die noch kürzlich bewilligte Zulage von zweitausend Gulden zu seiner Besoldung entziehen.[4] Von einer andern Seite erboten sich die beiden patriotischen Freunde, der Herzog von Ursel und der Graf de la Marck, in einem Schreiben an den Congreß, sich nach Namur zu begeben, und vermittelst des Vertrauens, welches ihnen die Armee bezeigt habe, den Ausbruch des Unglücks zu verhüten. Da sie gleich bei ihrer Ankunft das vorhin erwähnte Projekt des Congresses vom 31. März der Armee bekannt machten, so gelang es ihnen, eine Erklärung unter dem 5. April von derselben und von dem General van der Mersch zu erhalten, worin sie ihre völlige Zufriedenheit mit dem Inhalt dieses Projekts in Absicht auf die künftige Reform der Verfassung zu erkennen gaben. Allein van der Noot wußte ein zuverläßigeres Mittel, für die Erhaltung seiner Partei zu sorgen. Er ließ ein Korps von fünftausend Mann, welches bisher in Löwen gestanden hatte und den Ständen von Brabant ergeben war, unter Anführung des Generals von Schönfeld nach Namur marschiren. Van der Mersch, der von dieser Maaßregel keine Nachricht aus Brüssel erhalten hatte, rückte mit seiner in drittehalbtausend Mann bestehenden Besatzung dem andern Korps entgegen. Bald erfuhr er indeß durch die an ihn geschickten Adjutanten, daß der Congreß nicht nur diese Truppen beordert habe, sondern daß sich auch deputirte Mitglieder des Congresses an ihrer Spitze befänden, vor denen er sich stellen müsse. Er begab sich sogleich zu ihnen, und da er inne ward, daß der ganze Anschlag hauptsächlich auf seine Person gemünzt war, so beschloß er auf der Stelle, vor dem Congreß in Brüssel zu erscheinen. So vermied er den Ausbruch eines Bürgerkrieges, in welchem Brüder gegen Brüder hätten fechten müssen. Der Herzog von Ursel und der Garf la Marck haben nur wenige Stunden lang Arrest gehabt und sind wieder auf freien Fuß gestellt. Das ist die Geschichte jenes merkwürdigen Tages, die heute die ganze Stadt beschäftiget. Gestern und vorgestern waren die Nachrichten über dieses Ereigniß noch zu unbestimmt und widersprechend.

Ich kann es der demokratischen Partei nicht verdenken, daß sie hier noch einen Versuch wagte, sich wieder emporzuschwingen. In dem leidenschaftlichen Zustande, den der Parteigeist voraussetzt, den die

---

4 Die Provinzen hatten ihm ein jährliches Gehalt von funfzehntausend Gulden nebst zehntausend Gulden Tafelgeldern zugestanden.

Treulosigkeit der Gegner unterhält und den die getäuschte Hofnung so leicht bis zur Wuth erhöhet, wäre es unbillig, ganz überlegte, mit kalter Besonnenheit nach dem richtigen Maaßstabe der Bürgerpflicht abgemessene Handlungen, selbst von edleren und besseren Menschen zu erwarten. Im Gegentheil, je reiner und herzerhebender das Bewußtseyn der Demokratenhäupter war; je inniger sie ihre moralische Überlegenheit über einen van der Noot und einen van Eupen fühlten: desto flammender mußte ihr Eifer sie begeistern, das bethörte Volk von Brabant aus den Händen solcher Anführer zu erretten. Dies vorausgesetzt, lassen sich auch gewisse Unregelmäßigkeiten leichter entschuldigen, die bei dieser Gelegenheit vorfielen, und deren Verhütung nicht allemal in der Gewalt der Gutmeinenden ist, die sich an die Spitze einer Partei stellen. Unstreitig wagte die Armee einen dreisten Schritt, als sie einige Mitglieder des Congresses, die mit Depeschen nach Namur gekommen waren, gefänglich einzog, ihre Briefe las und sie öffentlich im Druck erscheinen ließ, wenn es gleich die Absicht dieser Emissarien war, ihnen eine Eidesformel hinterlistigerweise aufzudringen, welche die Freiwilligen in Brüssel längst verworfen hatten. Van der Mersch selbst, im Vertrauen auf den Beistand seiner Truppen, sprach am 3. April aus einem Tone, der den Ständen von Brabant feindselig klingen mußte; und es ist noch die Frage, ob er nicht am 5ten das Schwert zur Entscheidung gezogen haben würde, wenn nicht van der Noots Emissarien den Augenblick seines Auszuges aus Namur benutzt hätten, um den Magistrat dieser Stadt umzustimmen und den Pöbel mit einer ansehnlichen Summe, die Einige auf funfzigtausend Gulden angeben, zu erkaufen. Daher fand der General, als er wieder in die Stadt ziehen wollte, die Thore gegen sich und seine Truppen verschlossen, und dieser Umstand, sagt man, bewog ihn zum gütlichen Vergleich. Eben so wenig läßt es sich läugnen, daß die Reise des Herzogs von Ursel und seines Freundes, in einem Zeitpunkte, wo Vonk und seine Verbündeten sich wirklich schon zu Namur aufhielten, den Anschein hatte, daß es ihnen mehr darum zu thun war, die Gährung der dortigen Armee zu benutzen, als sie stillen zu helfen. Nehmen wir aber an, daß sie gegen die Usurpation der Stände die gute und gerechte Sache zu haben wähnten, wer könnte sie tadeln, wenn sie sich der Mittel bedienten, welche das Schicksal ihnen darbot, um sie geltend zu machen?

Weit schwerer, ich glaube sogar unmöglich, wird es seyn, sie in einer andern Rücksicht zu entschuldigen. Das Vorurtheil des Volkes mußte ihnen ehrwürdig seyn, wenn es unheilbar war, wenn sie voraussehen konnten, daß seine Anhänglichkeit an die Stände sich weder durch Gründe noch durch Gewalt bezwingen ließ; in diesem Falle war folglich ihre Widersetzlichkeit zwecklos und ungerecht. Hatten sie hingegen die Möglichkeit in Händen, durch eine große Anstrengung die aristokratische Tyrannei zu stürzen, so bleibt ihnen ewig die Reue, aus Kleinmuth die Gelegenheit verfehlt zu haben, das Vaterland zum zweitenmal zu befreien. Alle absolute Bestimmungen sind Werke der Spekulation, und nicht von dieser Welt; hier hängt alles von Verhältnissen und Umständen ab; das Wahre und Gute entlehnt, wie Recht und Gerechtigkeit, seine Farbe von der Zeit und den Dingen. Die Beistimmung der Welt zu unseren *Grundsätzen* können wir daher nicht erzwingen; allein die Schuld ist an uns, wenn sie unserm *Charakter* keine Hochachtung zollt. Besser ist es, die Waffen für eine gute Sache nicht ergreifen, als wenn man sie einmal ergriffen hat, nicht lieber mit den Waffen in der Hand zu siegen oder zu sterben.

Wenn uns da noch Unvollkommenheiten betrüben, wo größere und edlere Menschheit uns anzieht, wie werden wir den Blick mit Widerwillen wegwenden von jenen Unglücklichen, deren sittliche Mißgestalt kein Zug von guter Bedeutung mildert? Der glückliche Erfolg ihrer Unternehmungen kann aus ihrem Namen die Brandmale nicht tilgen, womit die Wahl der niedrigsten Mittel, Doppelzunge, Arglist, Bestechung, Verrath, Aufwiegelung und Mißbrauch der Gottesfurcht des Pöbels, Plünderung und Mord der Bürger, sie gezeichnet hat. Gewiß, die Brabanter sind bedaurenswerth, daß Menschen von dieser Gattung ihre Führer geworden sind und ihr ganzes Vertrauen besitzen! Sie waren es, die dem Volk einen so tödtlichen Haß gegen die ganze Verwandtschaft seines ehemaligen Fürsten einflößten, daß Josephs Tod und Leopolds strenge Mißbilligung aller seiner Neuerungen noch keinen Eindruck auf die Herzen haben machen können, so empfänglich sonst die unverdorbene Natur des Menschen für sanftere Empfindungen zu seyn pflegt, wenn der Tod des Beleidigers Genugthuung giebt und alle seine Schulden tilgt. Die großen Anerbietungen des Königs von Ungarn und Böhmen haben zwar hier in Brüssel und noch mehr in Flandern die Partei der so genannten Royalisten verstärkt; allein die Masse des Volkes hat von seinen Seelsorgern gelernt, den Namen

Leopold mit Abscheu zu nennen und mit demselben, wie mit Josephs Namen, den furchtbaren, dunklen Begrif der Irrgläubigkeit zu verbinden. Diese Schreckbilder mögen hinreichend seyn, um den Ständen den Gehorsam der Brabanter zuzusichern; werden sie ihnen aber auch einst Kraft und Muth einflößen, Leopolds Krieger zurückzuschlagen? In der That, der Anblick der Freiwilligen, die wir hier täglich aufziehen sehen, und was wir von dem Zustande der Disciplin und der Taktik bei der Armee vernehmen können, läßt diese Vermuthung nicht aufkommen. Die einzige gegründete Hofnung der Stände von Brabant und der übrigen Provinzen auf die Erhaltung ihrer Unabhängigkeit, liegt in der Eifersucht der Mächte Europens gegen das Haus Östreich.

Auf eine oder die andre Art ist diesem zerrütteten Lande die Wiederkehr der Ruhe zu wünschen. Es ist betrübt zu sehen, wie verscheucht und verwildert alles in wissenschaftlicher Hinsicht hier aussieht. Zwar hatte der fromme Eifer von jeher gesorgt, daß des Guten in diesem Fache nicht zu viel werden möchte; allein unter dem Prinzen Karl hatten wenigstens die Erfahrungswissenschaften ihre ersten unverdächtigen Blüthen gezeigt. Man hatte wohl etwas von wunderbaren Bastarten zwischen Kaninchen und Hühnern gefabelt; indeß war doch die Menagerie vorhanden, wo dieses Monstrum, das im Grunde nur das bekannte Japanische, frisirte Huhn war, unter vielen andern Thieren vorgezeigt ward. Diese Menagerie, das Naturalienkabinet des Prinzen, seine Gemäldesammlung, sein physikalischer Apparat, seine Bibliothek; von dem allem ist kaum noch eine Spur geblieben. Wir besuchten eine so genannte königliche Bibliothek unter Aufsicht des Abbé Chevalier, die höchstens in zwölftausend Bänden besteht. Die Eintheilung in Theologia, Humaniora, Jurisprudentia, Historia, Scientiae et Artes, mag zur Beurtheilung der Ordnung und selbst des Inhalts dienen. In demselben Hause zeigt man auch ein öffentliches Naturalienkabinet, in einem dunklen, einäugigen Zimmer. Es besteht in etlichen Petrefakten und Krystalldrusen, einigen ausgestopften Schlangen und Vögeln, einigen Schubkasten voll Konchylien, Schmetterlingen und Mineralien ohne Ordnung und Auswahl, einem Scharlachrock mit Gold, den einst ein König getragen hat, und einem Grönländischen Kanot. Dies und einige physikalische Instrumente, die wir in des Abbé Manns Behausung fanden, sind die Reste der großen Sammlung, die Prinz Karl hier angelegt hatte. Die Akademie der Wissenschaften, bei welcher derselbe Abbé Mann der Sekretär ist, verhält sich bei den jetzigen Zeitläuften ganz still, wie es Philosophen geziemt; allein sie war immer von friedliebender Natur und hat wenig Aufsehen in der Welt machen, am wenigsten durch ein zu schnell verbreitetes Licht der Vernunft den Glauben gefährden wollen. Herr Mann ist ein Mitglied der erloschenen Gesellschaft, um deren Wiederherstellung man sich in den Belgischen Staaten schon so viele Mühe gegeben hat, und außer seinen physikalischen Arbeiten auch durch die Bekehrung des Lord Montague berühmt.

Von dem Verfall der hiesigen Manufakturen habe ich schon bei einer andern Gelegenheit etwas erwähnt. Die Englischen und Französischen Kamelotte haben dem Absatz der hiesigen, die ehemals so berühmt waren, so starken Abbruch gethan, daß es jetzt keine große Unternehmungen in dieser Gattung von Waaren mehr giebt. Die Quantität der Kamelotte, die jährlich fabrizirt werden, ist daher nicht mehr so beträchtlich wie ehedem. Von den nicht minder berühmten Brüsseler gewirkten Tapeten existirten vor wenigen Jahren noch fünf Fabriken; jetzt ist die des Herrn van der Borght nur noch allein im Gange, und es arbeiten nur noch fünf Fabrikanten darin. Dennoch klagt man über die großen Vorräthe, die dem Eigenthümer auf den Händen bleiben. Die Arbeiter sitzen zwei und zwei an einem Stuhl, wie es bei der Basselisse gewöhnlich ist. Die Tapeten waren schön gezeichnet und mit ungemeiner Präcision ausgeführt. Man zeigte ein vortrefliches Stück nach Teniers, ein anderes nach le Brün, u.s.f. Die Elle von solchen Tapeten kostet zwei Karolin. Von den zwei großen Zuckerraffinerien der Herren Rowis und Danhot, die in ihrer Art gut eingerichtet sind, will ich nichts sagen; aber eine in Europa wahrscheinlich einzige Kutschenfabrik verdient, daß ich sie Dir näher beschreibe. Herr Simon, ihr Eigenthümer, hat gewöhnlich hundert bis hundert und zwanzig Arbeiter, die in weitläuftigen, durch große Fenster schön erleuchteten Sälen sitzen und einander in die Hand arbeiten. Die Höhe des Saals erlaubte ihm, eine Galerie oben rund herum zu führen, auf welcher, so wie unten, die Arbeiter um ihre Tische sitzen. Die gegenwärtigen Unruhen haben indessen die Zahl der Arbeiter bis auf die Hälfte vermindert. Alles was zu einer Kutsche gehört, das Eisenwerk, Leder, Holz, der Lak, die Vergoldung, und Farbe, alles wird hier innerhalb des Bezirks dieser Einen Fabrik verfertigt. In den Sälen hangen Tafeln, auf welchen die Gesetze geschrieben stehen, denen sich jeder Handwerker, wenn er hier arbeiten will, unterwerfen muß. Es wird darin bestimmt, wenn man sich einfinden, wie lange man arbeiten soll; auf das Ausbleiben, auf überlautes Plaudern bei der Arbeit, u.s.w. stehen Geldstrafen; aber dem gesetzmäßigen Betragen wird dagegen auch eine Belohnung zu Theil. Der Holzvorrath, den wir hier sahen, ward allein auf achtzigtausend Gulden geschätzt; er bestand unter andern in einer großen Menge Ahorn aus der Schweiz, und einer ansehnlichen Quantität Mahogany, welches Herr Simon schon deswegen so stark verbraucht, weil er seinen guten Lak auf kein anderes Holz setzt. Die Fasern unseres Büchen- und Rüsterholzes werden unter dem Lak immer wieder sichtbar und machen ihn rissig. Die Schmiede hatte sechs Essen, wovon jetzt aber nur zwei noch brannten. Mit diesen Vorkehrungen verbindet der Eigenthümer die höchste Solidität und Eleganz, ja, was mehr als alles mit Bewunderung erfüllt, einen erfinderischen Scharfsinn, einen mechanischen Instinkt möcht' ich es nennen, entwickelt und vervollkommnet durch wirkliches Studium der Naturgesetze und der angewandten Mathematik, wodurch die Vertheilung der Lasten zu einem hohen Grade der Vollkommenheit getrieben und der enge Raum einer Kutsche auf eine fast unglaubliche Weise benutzt wird. Für einen Mann, der öfters lange Reisen machen muß, wüßte ich nichts Unentbehrlicheres als einen Reisewagen, wie ich ihn hier gesehen habe, worin man Tisch und Bett und alle ersinnliche Bequemlichkeiten vereinigt hat. Wenn der arme Li-Bu aus den Pelew-Inseln sich schon über eine Londoner Miethskutsche extasiiren und sie ein *Haus zum Fahren* nennen konnte – was hätte er nicht beim Anblick dieses Wunderdinges gesagt! Es ist in der That ein angenehmes Schauspiel, den menschlichen Geist auch auf diese Art glücklich gegen Schwierigkeiten kämpfen und sie besiegen zu sehen! Herr Simon pflegt zwanzig bis dreißig Wagen vorräthig zu haben, und alle Europäische Höfe bestellen ihre Gallawagen bei ihm. Sein Name stand auf der berüchtigten Proskriptionsliste vom 15. März; denn auch er hatte die Addresse an die Staaten unterzeichnet und war ein so eifriges Mitglied der patriotischen Gesellschaft, daß er bereits unter des Kaisers Regierung hatte die Flucht ergreifen müssen. Die Zerstörung seines Hauses und seiner Fabrik war ihm zugedacht; allein er machte die ernstlichsten Vertheidigungsanstalten, und ließ in der Stadt bekannt werden, er habe Pulverminen gelegt, und wolle, auf den Fall eines Angrifs, seine Feuerspritzen mit Scheidewasser laden. Diese schreckliche Drohung war hinreichend, van der Noots Myrmidonen die Lust zum Plündern hier zu vertreiben. Gleichwohl ist Herr Simon, um seiner persönlichen Sicherheit willen, vor einigen Tagen, nach dem Beispiel anderer Demokraten, aus dem Lande gegangen.

Es kann nicht fehlen, daß nicht auch der Handel unter der gegenwärtigen Tyrannei der Stände und der gewaltsamen Anstrengung, wozu die Selbsterhaltung sie zwingt, wesentliche Einschränkungen leiden sollte. Die Entfernung eines Partikuliers wie Eduard Walkiers, dessen Vermögen man auf dreißig Millionen Gulden schätzt, muß auf die Aktivität seiner Handelsgeschäfte, mithin auf die ganze Cirkulation in den Niederlanden, einen nachtheiligen Einfluß haben. Man rechnet, daß Walkiers, um die Revolution in Brüssel am 11. und 12. December vorigen Jahres zu bewirken und d'Altons Truppen durch Bestechung zu entwafnen, beinahe eine halbe Million verwendet haben soll. Nächst ihm sind die Herren Overmann und Schumaker die reichsten Kaufleute in Brüssel. Sie bewiesen dem Kaiser, daß sie ihm jährlich gegen funfzigtausend Gulden Abgaben zahlten und den inländischen Fuhrleuten beinahe sechzigtausend Gulden zu verdienen gäben. Romberg, der den Speditionshandel von Brüssel nach Löwen zu verlegen suchte, besteht noch ebenfalls als einer der vermögendsten Niederländischen Banquiers. Unser Aufenthalt ist viel zu kurz gewesen, als daß er uns gestattet hätte, in diese merkantilischen Verhältnisse und ihre Verwickelung mit dem politischen Interesse einen tieferen und mehr ins Detail dringenden Blick zu thun. Morgen verlassen wir Brüssel; doch zuvor will ich Dir, so müde ich auch bin, von unserer heutigen Spatzierfahrt ein paar Worte sagen.

Eine halbe Stunde vor der Stadt, an dem Kanal von Mecheln, liegt das Lustschloß Schooneberg, bei Laken, welches wir heute in Augenschein nahmen. Vor acht Jahren erndtete man auf dem Platze, den jetzt ein Pallast und ein Park mit hohen Bäumen und geschmackvollen Tempeln zieren, noch den herrlichsten Waizen. Der Herzog Albert von Teschen und seine Gemahlin, die Gouvernantin der Niederlande, die Lieblingstochter der Kaiserin Maria Theresia, kauften gleich nach ihrer Ankunft das Landgut, welches diesen Platz okkupirt, mit dem alten darauf befindlichen Schlosse, das ihnen zum Absteigequartier diente, so oft sie herauskamen um den Bau zu dirigiren. Die ganze neue Anlage ist ein Werk des Herzogs, ein herrliches Denkmal seines Geschmacks, seines Kunstgefühls und seines ordnenden Geistes. Nach seinen eigenen Handzeichnungen ward das Schloß in allen seinen

Theilen aufgeführt. Es ist ein schön proportionirtes Gebäude mit einer Kupole in der Mitte, die über einem prächtigen Peristyl von zwölf Korinthischen Säulen steht. Dieser schöne Saal ist ganz von weißem Stein erbauet, mit Verzierungen nicht überladen, wohl aber reich geschmückt und von den entzückendsten Verhältnissen. Der Fußboden ist mit vielfarbigem Marmor ausgelegt, und die Kamine von Karrarischem Marmor, mit Basreliefs nach den schönsten antiken Mustern, meisterhaft verziert. Die Einrichtung und das Ameublement der übrigen Zimmer ist eben so schön als prächtig und geschmackvoll; besonders sind die Spiegel aus den Pariser Gobelins von ungeheurer Größe. Was mir am meisten gefiel, war die edle, elegante Simplicität der kleinen Privatkapelle; sie ist ein Viereck mit einer halben Kuppel zur Nische, worin eine mit sehr viel Geist gearbeitete und sehr sorgfältig nach einem Römischen Original vollendete Muse oder Göttin von Karrarischem Marmor, mit Krone und Zepter zu ihren Füßen, unter dem Namen der heiligen Christina, die Hausgottheit vorstellt. Der Bildhauer le Roy in Namur ist der Urheber dieses schönen Kunstwerkes. Über ihrem Haupte ist ein leuchtender Triangel im Plafond angebracht; und in der Mitte des Zimmers schwebt eine Taube an der Decke, schön gearbeitet und den übrigen reichen Palmyrenischen Verzierungen gar nicht heterogen. Man glaubt wirklich in einem Tempel des Alterthums zu seyn, und die Illusion wird noch vollkommener werden, wenn erst statt des hölzernen, angemalten Sarkophags, der den Altar vorstellt, einer von Porphyr da stehen wird. Die Stühle und Schirme in mehreren Zimmern hat die Erzherzogin selbst mit reicher Stickerei geschmückt. Nie sah ich eine glücklichere Anwendung der Japanischen oder Chinesischen Porzellantöpfe, die man gewöhnlich in fürstlichen Pallästen antrifft, als hier. Eine große Urne war in herrlich vergoldetes Bronze gefaßt, das sich in ein antikes dreifüßiges Untergestell vom schönsten Geschmack endigte. Über derselben stand ein langes, cylindrisches Porzellangefäß, mit dem unteren durch die Einfassung verbunden, welche sodann als ein prächtiger Leuchter mit vielen Armen empor stieg und in der Mitte sich in ein Bündel Thyrsusstäbe endigte.

Der Park hat schöne Partien und gab uns einen angenehmen Vorschmack des Vergnügens, welches wir in England, dem Vaterlande der wahren Gartenkunst zu genießen hoffen. Ein gegrabener Kanal, der mit dem schifbaren Kanal von Vilvoorden zusammenhängt, hat völlig das täuschende Ansehen eines sich schlängelnden Flusses. Die

Kaskade, die freilich nur vermittelst einer Feuermaschine von der neuen Boltonschen Erfindung spielt, ist kühn und wild, und steht mit einer eben so schönen unterirdischen Felsengrotte in Verbindung. Der Cylinder der Feuermaschine hat vier und vierzig Zoll im Durchmesser, und wenn die Kaskade anderthalb Stunden laufen soll, werden sechzig Centner Steinkohlen verbrannt. Die botanischen Anlagen zeichnen sich durch Kostbarkeit, vollkommene Erreichung des Zweckes, und Seltenheit der exotischen Pflanzen aus. Ein Botaniker würde davon urtheilen können, wenn ich ihm nur einige nennte, die ich in den Treibhäusern sah.[5] Die Orangerie, die Blumenbeete, die Officen, die Menagerie, der Chinesische Thurm, sind in ihrer Art zweckmäßig und

5 Unter andern bemerkte ich im Grünhause: Cycas circinalis, Yucca filamentosa, Dracaena Draco, Phyllis Nobla, Gardenia Thunbergia, Cerbera Manghas, Aucuba japonica, Myrtus pimentosa et Pimenta (latifolia), Taxus elongata, Ficus racemosa, Mesembryanthemum Aitonis, Plumbago undulata, Illicium anisatum, Elate sylvestris, Chamaerops humilis, Tamarindus indica, Ficus benghalensis, Melia Azedarach, Cassia occidentalis, Jatropha urens et Manihot, Sterculia platanifolia, Aletris uvaria et hyacinthoides, Camellia japonica, Ilex asiatica, Achras Sapota, Arum pictum, Columnea scandens, Agave foetida, Crescentia Cujete, Carica Papaya, Polypodium aureum et lusitanicum. – Im heißesten Treibhause: Mimosa nilotica, glauca, farnesiana, Hura crepitans, Bixa orellana, Ficus indica, maxima, religiosa, lucida, pumila et malabarica, Passiflora maliformis, quadrangularis, et suberosa, Erythrina Corallodendron, Cassia Fistula, Annona muricata et squamosa, Hibiscus Rosa sinensis, Dracaena terminalis, ferrea et Störkia, Costus arabicus, Phyllanthus Epiphyllanthus, Hernandia sonora, Hamellia coccinea, Solanum verbascifolium, Tradescantia discolor, Guaiacum officinale, Cestrum nocturnum et vespertinum, Plumeria alba, Ehretia tinifolia, Bignonia scandens, Nyctanthes Sambac, Juglans baccata, Duranta Ellisia, Heliocarpus americana, Portlandia hexandra, Plumbago rosea, Trollius asiaticus, Malpighia glabra, Spigelia marilandica, Psidium pyriferum, Callicarpa americana, Grewia americana, Laurus Borbonia, Murraya exotica, Petiveria alliacea, Vinca rosea, Justicia hyssopifolia, Asclepias nivea et fruticosa, Calophyllum Calaba, Thea viridis et Bohea, Alströmeria peregrina, Geranium laevigatum, Senecio populifolius, Iberis gibraltaria, Arum seguinum, Olea fragrans, Atragena indica, Lycium japonicum, Crinum americanum et zeylanicum, Pancratium amboinense et caribaeum, Amaryllis Belladonna, aurea, radicans, regina, crispa e vittata, Lychnis coccinea, Abrus precatorius, Smilax Sarsaparilla, Columnea humilis, Nerium gardenifolium.

schön. Der Thurm hat in elf Etagen zweihundert ein und dreißig Stufen, und ist über hundert und zwanzig Fuß hoch. Die Aussicht auf dem obersten Gipfel ist unermeßlich: wir sahen den Thurm von St. Romuald in Mecheln, so trübe auch das Wetter war; wenn aber der Horizont heiter ist, sieht man Antwerpen.

Alles in dieser Anlage verräth nicht bloß das Kunstgefühl und den Geschmack der erhabenen Besitzer, sondern auch ihre besondere Liebe für dieses Werk ihrer schönsten Stunden, wo sie ausruheten von der traurigen Geschäftigkeit eines politischen Verhältnisses, welches sie großentheils zu blinden Werkzeugen eines fremden und von ihren Herzen wie von ihrer Einsicht nicht immer gebilligten Willens herabwürdigte. So manche Eigenthümlichkeit in dem Detail der hiesigen Gärten führt ganz natürlich den Gedanken herbei, daß je mehrere von ihren Ideen sich hier realisirten, desto werther auch dieser ländliche Aufenthalt ihnen werden mußte, desto vollkommener und inniger der Genuß eines von den Fesseln der Etikette und der falschen Freundschaft entbundenen Lebens, das ihrem edleren Sinne angemessen war. Ich läugne daher nicht, daß es mich schmerzte, hier sowohl, als im Schlosse zu Brüssel, die Dienerschaft der ehemaligen Generalgouverneurs in voller Arbeit anzutreffen, um alle Mobilien, mit Inbegrif der Tapeten, einzupacken und zufolge einer von den Ständen erhaltenen Erlaubniß außer Landes zu schicken. Der Lieblingswissenschaft der Erzherzogin, der Kräuterkunde, der sie hier mit so großer Freigebigkeit ihre Pflege hatte angedeihen lassen, sollte nun auch dieser Schutz entzogen werden; dergestalt, daß in kurzem keine Spur von dem schöpferischen Geiste übrig seyn wird, auf dessen Geheiß diese Steinmassen sich im schönsten Ebenmaaße der Griechischen Baukunst erhoben, und tausendfaches Leben aus allen Welttheilen in diesen Gärten blühte! – Dies ist das Schicksal der allzuzarten Blume der Geisteskultur; die Sorgfalt und Mühe von ganzen Menschenaltern sie groß zu ziehen, zerstört ein Hauch der Unwissenheit! Wie viele Jahrhunderte würden wohl hingehen müssen, ehe diese feisten Mönche von Sankt Michel, von Tongerloo und Everbude, von Gembloux, Grimbergen, Sankt Bernard, Vlierbeck und wie die dreizehn Abteien heißen, den ächten Menschensinn wieder erlangten, daß es etwas mehr in der Welt zu thun giebt, als den Leib zu pflegen und das Gebet der Lippen zu opfern? Ehe sie erkennen lernten, daß – ... Nein! wozu sollt' ich die Danaidenarbeit fortsetzen und berechnen, wenn die Unmöglichkeit möglich werden kann? Wer den Genuß kennt, wo Gefühl und Verstand, durch täglichen Kampf und täglichen Sieg bereichert, einander unaufhörlich berichtigen, der darf nicht rechten mit dem Schicksal, welches oft die Völker mitten in ihrer Laufbahn aufhält und ihre Entwickelung zu höheren Zwecken des Daseyns eigenmächtig verspätet. Die Menschheit scheint hier nicht reif zu seyn zu dieser Entwickelung. Sie ist nicht unempfänglich für das Gute; allein ihr Wille wankt, und ihr Geist ist gebunden. Ganz Brabant vergötterte den Herzog Albert; es war nur Eine Stimme über seine Tugend; mitten in den heftigsten Ausbrüchen des Aufruhrs blieb die Liebe des Volkes ihm treu und äußerte sich im lauten Zuruf: Albert lebe! Aber nie dachte dieses Volk ohne eigene Energie den Gedanken, sich den Fürsten, den es liebte, statt der Tyrannen zu wählen, die seine Priester ihm gaben.

XIX

Lille

In ein paar regnichten Tagen sind wir von Brüssel durch das Hennegau nach dieser Hauptstadt des Französischen Flanderns gekommen. Einige unbedeutende, wogichte Erhöhungen des Erdreichs abgerechnet, läuft die Heerstraße überall in einer schönen ebenen Gegend fort, und ist auch überall so vortreflich und dauerhaft, wie jenseits Brüssel gebauet; der Boden hat völlig dasselbe Ansehen von Ergiebigkeit, und der Anbau verräth eben den Fleiß. Mehrentheils sind die Wege mit hohen Espen bepflanzt; stellenweise zeigen sich ziemlich große Waldungen und verschönern den Aufputz der Landschaft. Die kleinen Städte folgen so nahe auf einander, als wenn sie hingesäet wären, und wir freueten uns des Anscheins von Wohlstand, der darin herrschte.

Wenige Stunden brachten uns nach Enghien, wo der Herzog von Aremberg sich jetzt aufhält. Sein Schloß ist alt und baufällig, aber mit weitläuftigen Nebengebäuden versehen und mit einem Park von sehr großem Umfang umgeben, der zum Theil im Geschmack von Le Notre, zum Theil im Englischen Geschmack angelegt ist, und einen schönen Fluß oder eigentlich einen Kanal enthält, der zu Lustschiffahrten dient. Auf einer von diesem Wasser gebildeten Insel überraschte uns eine Kolonnade mit einer Menge Bildsäulen und Brustbilder von Marmor. Die Treibhäuser, wohin uns der Herzog selbst führte, sind ebenfalls von der neuesten Englischen Einrichtung. Wir wanderten lange Zeit unter schönen Kirschbäumen, die mit ihren reifen Früchten prangten und neben denen die Erdbeerbeete ihren Überfluß zur Schau legten. Ein Englischer Gärtner, ein Schüler des allgemein berühmten Browne, war der Zauberer, der hier im April den Reichthum des Julius hervorzubringen gewußt hatte. Fast noch vollkommener in ihrer Art sind die Ställe des Herzogs, wo wir eine Anzahl vorzüglich schöner Reitpferde sahen, die ihr Eigenthümer mit Namen kannte, und deren besondere Plätze er zu finden wußte, obgleich ein unglücklicher Schuß auf der Jagd ihn vor mehreren Jahren beider Augen beraubt hat.

Dieses harte Schicksal dünkt einen zehnfach härter, wenn man den liebenswürdigen Mann persönlich kennt, den es betroffen hat. Seine Gesichtsbildung gehört zu den seltneren, wo Zartheit und Harmonie des Edlen den Ausdruck einer höheren Empfänglichkeit hervorbringen; er ist noch jetzt ein schöner Mann. Die Moralität seines Charakters entspricht, wie es sich von selbst versteht, diesen Zügen. Was man schon so oft an Blinden bemerkte, jene innere Ruhe und eine Fähigkeit zum frohen Genusse des Lebens, fand ich in ihm wieder bis zur Vollkommenheit erhöhet; man möchte sagen, die Einbildungskraft der Blinden sei unablässig so geschäftig, wie es die unsrige nur in den Augenblicken ist, wo wir die Augen freiwillig schließen, um, von äußeren Eindrücken ungestört, die Bildervorräthe des inneren Sinnes schärfer zu fassen. Dieser glückliche Blinde hat mich wiederholt versichert, daß ihn keine Langeweile und kein Unmuth verfolgt, er ist immer von der heitersten Laune und hat seine übrigen Sinne gewöhnt, ihm den Verlust des zartesten und edelsten erträglich zu machen. Ohne ihn genau anzusehen, wird man in seinen Handlungen nicht leicht gewahr, daß er seines Gesichtes beraubt ist; er spielt alle Kartenspiele, er reitet sogar auf die Jagd, und seine Phantasie scheint ihm Gestalten und Farben mit ihrem ganzen mannichfachen Spiel so lebhaft zu malen, daß er mit Wärme, als von einem gegenwärtigen Genusse, davon sprechen kann. Ich glaube, man thut dem Manne unrecht, dessen Geistesauge so hell sieht und alles mit einem so heitern Strale beleuchtet, wenn man ihm einen Ehrgeiz andichtet, der nur mit einer allzuschlechten oder allzuguten Meinung von den Menschen bestehen kann. Erst müßte man ihm seine Augen wiedergeben; dann dürfte es verzeihlicher scheinen, zu zweifeln, ob er eine angebotene Krone ausschlagen könne? Allein die meisten Köpfe finden es unbegreiflich, wie man eine Krone ausschlägt; so fern ist man noch in unseren vermeintlich erleuchteten Zeiten von einer richtigen Schätzung der Dinge. Sollen wir es den Völkern verdenken, daß sie sich von der Fürstenwürde verkehrte Begriffe machen? Die Geschichte ist Schuld daran. Sie lehrt, daß, bis auf wenige seltene Ausnahmen, Mißbrauch und Nichtgebrauch der Sinne das begleitende Kennzeichen gekrönter Häupter war. Wie unvermeidlich führt nicht diese Thatsache auf die Folgerung, daß man auch *ohne* Sinne gar wohl eine Krone tragen könne!

Wir fanden hier den Bruder des Herzogs, Grafen la Marck, und verschiedene eifrige Anhänger der demokratischen Partei; insbesondere den feinen, besonnenen und zugleich kühnen Secretan, der beinahe das Opfer seines Patriotismus geworden wäre. Der feurige Graf la Marck, der im vorigen Kriege an der Küste Koromandel gegen die Engländer gefochten hatte, weckte durch seine Erzählungen manches ruhende Bild von meiner Reise mit Cook. In diesem geistvollen Cirkel, wo jeder so viel galt, als er seinem innern Gehalte nach werth ist, eilten die Stunden schnell vorüber; es war Mitternacht, ehe wir das gastfreie Schloß verließen.

Die Einwohner des Hennegaus gefielen uns auf den ersten Blick, zumal die Männer, mit ihren gesunden, festen, muskulösen Gesichtern und der starkgezeichneten Nase und Mund, die wir im Limburgischen schon gesehen hatten, die uns aber in Brabant wieder verschwunden waren. Ihr Charakter ist lebhaft, gutmüthig und fest; so lautete das einstimmige Zeugniß des Herzogs und seiner Gesellschaft. Allein woran mag es liegen, daß wir auch in dieser Provinz noch keine schöne Weiber sahen? Überall herrscht die vollkommenste Ruhe, und der Landmann, wie der Städter, läßt sich in der Ausübung seines gewohnten Fleißes nicht stören. Das kleine Städtchen Ath und das noch kleinere Leuze, durch welche wir kamen, handeln mit Leinwand und Wollenzeugen von ihrer eigenen Arbeit. Leinwand ist auch das Hauptprodukt des Städtchens Enghien, wo der Herzog von Aremberg, wie er uns selbst erzählte, von jeder Elle Leinwand, die dort verkauft wird, eine Abgabe erhebt, die in einem halben gigot, das ist, dem Sechzehntheil eines sol, besteht. Diese Abgabe ist für jährliche funfzehnhundert Gulden verpachtet, wobei der Pächter wahrscheinlich noch eben so viel wie der Herzog gewinnt. Nach dieser Berechnung würden aus Enghien allein 960,000 Ellen Leinwand verkauft, welches wirklich übertrieben zu seyn scheint. Die Flandrische Leinwand, sowohl die grobe als die feine (toile au lait) wird wenig oder gar nicht kalandert; sie ist fester und dichter als die Schlesische, und geht hauptsächlich nach Spanien. Die Wollenzeuge, die man in Leuze verfertigt, sind meistentheils Kamlotte; auch werden daselbst viele wollene Strümpfe gewebt, und in der umliegenden Gegend von dem fleißigen Landmanne in seinen Nebenstunden gestrickt.

Durch die Ruinen der weitläuftigen Festungswerke von Tournai, kamen wir um Mittag in diese große, aber wenig bevölkerte Hauptstadt des Ländchens Tournesis, welches eine eigene Belgische Provinz ausmacht. Die Gegend hier herum schien uns nicht so sorgfältig angebaut, wie es gewöhnlich in den Niederlanden der Fall ist; und selbst die Demolition der Festungswerke trug etwas dazu bei, das Bild der Verwüstung greller zu zeichnen. Wenn man sich freuen soll, daß diese unnatürlichen Denkmäler der zügellosen Leidenschaft unserer barbarischen Vorältern endlich als unnütz abgeschaft werden, so muß wenigstens das schöne Schauspiel des Fleißes und der emsigen Betriebsamkeit uns für den angenehmen Eindruck entschädigen, den der Anblick aller großen durch Menschenhände ausgeführten Werke uns gewährt. Lieber lasse man uns die alten Bastionen und Gräben, als diese öden Schutthaufen, welche die Ohnmacht und das Phlegma der Nation so widrig bezeichnen. Diese Eigenschaften drangen sich uns indeß in einer noch ungleich verächtlicheren Gestalt auf, als wir in Erwartung unseres Mittagsmahls einen Spaziergang in der Stadt machten und auf dem großen Markte die Freiwilligen exerciren sahen. Es ist nicht möglich, das Lächerliche dieser grotesken Gruppe mit Worten zu schildern; selbst Hogarths Talent hätte verzweifeln müssen bei dieser trägen, charakterlosen Unordnung. Was ich sah, war eine übelgewählte, buntscheckige, und zum Theil wirklich abentheuerlich gekleidete Wachtparade, aber ohne alle Einheit, ohne diese Anziehungskraft, diesen Geist des Ganzen, der die Bestandtheile bindet und zu einem lebendigen Körper beseelt. Man sah augenscheinlich, nicht nur, daß Soldat und Soldat nichts gemein hatten, sondern daß der Mensch, sein Rock und sein Gewehr heterogene Theile waren, die bloß der Zufall zusammengehäuft, nicht das Gesetz der inneren Nothwendigkeit zu einer unzertrennlichen Individualität erhoben hatte. Die Officiere waren so unansehnlich wie die Gemeinen, und trieben ihr Handwerk mit einer Lässigkeit und Lauigkeit, die uns vom Lachen bis zum Unmuth brachte. Unter vier bis fünfhundert Menschen sahen wir nicht Einen von ansehnlicher Statur; dagegen eine Menge Knaben von funfzehn Jahren. Der einzige Mensch, der einen Begrif von seiner Pflicht zu haben schien, und folglich der einzige, der diese todte Masse noch ein wenig zu beleben vermochte, war der Regimentstambour.

Tournai hat einige schöne Plätze und Gebäude, aber nicht über 24,000 Einwohner, bei einem Umfange, der eine ungleich größere Volksmenge verspricht. Die vortheilhafte Lage der Stadt an der schifbaren Schelde hat ihren Handel dennoch nicht empor bringen können; dagegen gedeihen hier die Priester, Mönche und Nonnen von allen Benennungen und Farben, und geben das bekannte gute Beispiel ihrer nützlichen Thätigkeit. Auch wimmelte hier alles von Bettlern, bis Joseph der Zweite ihr einträgliches und dem Staate so *vortheilhaftes* Gewerbe verbot. Verhältnißmäßig ist indeß mehr Leben auf den Straßen von Tournai, als in Mecheln und in den Brabantischen Städten, durch welche wir gekommen sind, wenn gleich der größte Theil der Einwohner sich von Fabrikarbeiten nährt. Die hier verfertigten Kamelotte und Berkane sieht man überall; die Weiber gehen nie ohne einen langen Mantel von diesem Zeuge aus, der bis an die Knöchel hinunter geht, mit einem großen Capüchon versehen ist und in Schmutz und Regen so gute Dienste leistet, wie im Sommer gegen den Staub. Diese graue Tracht hat zwar nichts Zierliches; sie ist aber viel erträglicher, als die schwarzen Kappen, womit man die Weiber in Brüssel gespensterähnlich umherschleichen sieht. Ich glaubte mich an die Ufer des Kokytus versetzt, als ich zum erstenmal diese scheußlichen schwarzen Hüllen auf dem Markt erblickte, wo sie in allen Graden der Vortreflichkeit, ganz abgenutzt und zerlumpt oder ganz neu, von wollenem oder halbseidenem Stoffe oder gar vom besten Gros de Tours neben mir hinzogen. Ein solcher Anblick läßt wenigstens für den Kunstsinn des Landes, wo man damit überrascht wird, nicht viel hoffen.

Zu Pont à Tressan, auf dem halben Wege zwischen Tournai (Doornik) und Lille, betritt man die Französische Gränze und vertauscht das Niederländische Phlegma mit Französischer Leichtigkeit. Unser Postillion schwatzte unaufhörlich und brachte uns in Einem Jagen nach der Stadt. Vor drei Tagen war hier alles in der fürchterlichsten Unordnung. Die Besatzung in der Citadelle, die aus den Dragonern von Colonel-Général und den Chasseurs à cheval de Normandie besteht, hatte mit den beiden Infanterieregimentern in der Stadt, Royal Vaisseaux und la Couronne, einen heftigen Streit angefangen, wobei es zu offenbaren Feindseligkeiten gekommen war. Den 8ten und 9ten April waren wirklich einige Dragoner auf dem Platze geblieben, und die Infanterie hatte wegen der engen Gassen augenscheinlich den Vortheil. Die Reiter zogen sich in die Citadelle zurück und ließen durch einen Anschlagszettel vom 11ten April, der jetzt an allen Ecken der Straßen zu lesen ist, den Bürgern kund thun: sie würden sich ruhig verhalten, aber ohne Befehl vom König und der Nation die Citadelle an niemand, am wenigsten an Truppen von der Miliz, abliefern. Die Bürgerschaft, die am ganzen Handel keinen Antheil genommen, sondern nur sorgfältig ihre Kramläden und Thüren verschlossen hatte, schickt jetzt Deputirte nach Paris, um Verhaltungsbefehle einzuholen, und vermuthlich werden die verdächtigen Dragoner an einen andern Ort verlegt werden müssen. Die Officiere von Colonel-Général sind als Feinde der neuen Constitution bekannt, und man versichert allgemein, daß sie nichts unversucht gelassen hätten, um ihre Leute zum Streit mit der Infanterie, die sich entschieden für die Volkspartei erklärt hatte, zu reizen. In allen Vierteln von Lille waren die Schenken offen, und die Dragoner konnten darin unentgeldlich zechen. Ein Infanterist fiel einem Haufen der Betrunkenen in die Hände, und ward von ihnen ermordet. Dies brachte die andern Regimenter auf. Wo sich Dragoner blicken ließen, gab man Feuer auf sie; und da diese zuletzt mit Wuth gegen die Infanterie anrückten, so entstand ein ordentliches Scharmützel. Ein Garde national soll ums Leben gekommen seyn, weil seine Uniform ihn einem Dragoner ähnlich machte. Nunmehr aber sind zwölftausend Bürger in den Waffen und auf viele Meilen weit ist keinem Hahn eine Feder übrig geblieben, denn man hat die panache mit drei Livres bezahlt.

Das Gerücht hatte diese Schlägerei so ungeheuer vergrößert, daß niemand in den Niederlanden uns rathen wollte, die Reise nach Lille fortzusetzen. Wenn man den muthvollen Anhängern der Brabantischen Stände hätte Glauben beimessen wollen, so war es nichts Geringeres, als die offenbare Gegenrevolution, die in jener Gränzfestung zuerst ausgebrochen seyn sollte; man malte uns ganz Frankreich in Flammen, und Paris in einen Schutthaufen verwandelt. Wir versicherten, es sei uns darum zu thun, das Schauspiel großer Begebenheiten mitzunehmen, wo es sich auf unserm Wege fände, und eine Gegenrevolution sei nun eben unsere Sache. Je näher wir Lille kamen, desto unbedeutender wurden die Berichte, die wir von dem Tumult einziehen konnten; und als wir uns nun hier innerhalb der Thore befanden, hatte alles das Ansehen der tiefsten, bürgerlichen Ruhe: alle Läden waren offen, alle Straßen wimmelten, des Regenwetters ungeachtet, von geschäftigen Menschen, und nur das Schauspielhaus blieb heute noch verschlossen, um nicht zu neuen Händeln Veranlassung zu geben. Du wirst also wissen, woran Du Dich zu halten hast, wenn die Zeitungen, wie gewöhnlich, von einem schrecklichen Blutbade schreiben, und die politischen Kannengießer von Verwirrung und Anarchie sprudeln werden. Es ist der Mühe nicht werth, die Armseligkeit zu widerlegen, womit einige verworfene Schriftsteller unter uns die wenigen unvermeidlichen Unglücksfälle, die eine große Revolution nothwendig mit sich bringen mußte, als Enormitäten der ersten Größe und als Schandflecken der Geschichte darzustellen bemühet sind, indeß sie den systematischen Mord von Tausenden, durch den Ehrgeiz kriegführender Despoten, und die langsame Vergiftung der Freuden von Hunderttausenden, durch die Erpressung unerschwinglicher Abgaben für nichts achten, oder wohl gar als ruhmvolle Thaten mit ihrem feilen Lobe vor dem Fluch der gegenwärtigen und kommenden Generationen zu sichern hoffen.

Es war schon spät, als wir hier eintrafen; wir haben aber doch noch einen Gang durch die Stadt gemacht und uns ihres schönen, wohlhabenden Anblickes erfreuet. Ganze Straßen haben ein regelmäßiges Ansehen, als wären alle Häuser Theile eines Ganzen. Die Häuser sind durchgehends drei und mehr Stockwerke hoch und von massiver Bauart. Die öffentlichen Gebäude, wie das Hôtel oder Bureau des Comptes, und selbst das große, ganz isolirte Theater, sind neu und schön, wenn gleich nicht fehlerfrei. An der Esplanade zwischen der Stadt und der Citadelle läuft eine sehr schöne, breite Allee längs der Stadt hin, und bietet den Einwohnern einen herrlichen Spazierweg dar. Das Gewühl auf den Straßen war uns nach dem todten Brabant ein erfreulicher Anblick; allein man rechnet auch, daß Lille hunderttausend Einwohner hat, und es ist bekannt, daß es einen starken Handel treibt. Auch die Vorstadt (Fauxbourg aux malades) ist weitläuftig und die Gegend ohne Erhöhungen dennoch bewundernswürdig schön, und gleichsam einem Garten ähnlich. Außerhalb dieser Vorstadt zählten wir gegen hundert Windmühlen, und vielleicht verbarg uns der Wald eben so viele andere. Der Rübsamen, den wir hier und schon durchgehends in Brabant und Hennegau mit seinen goldgelben Blüthen große Strecken Landes prächtig schmücken sahen, wird auf diesen Mühlen gepreßt, und das Öl ist ein wichtiger Handelsartikel für Lille, indem es sowohl zum Essen, als zum Brennen in Lampen gebraucht wird. Die frühzeitigen Blüthen dieser Ölpflanze beweisen schon die Anwesenheit ihres innerlichen Wärmestoffs, der sich noch deutlicher im Öl offenbart. Diese Eigenschaft sichert die Pflanze gegen den Frost.

Auf unserm schnellen Fluge haben wir nicht Zeit, die hiesigen Kirchen zu besehen, wo noch manche gute Stücke von Flammändischer Kunst aufbewahrt werden. Eben so wenig können wir uns aufhalten, die Spiegelfabriken, die Tabaksfabriken, u.s.f. zu untersuchen, die hier nebst so manchen andern viele tausend Arbeiter beschäftigen. Merkwürdig ist es indeß, daß in der hiesigen Gegend fast gar kein Tabak gebauet wird, so geschickt auch der Boden dazu zu seyn scheint, und so zahlreich auch die Fabrikorte hier herum, nämlich Lille, Dünkirchen, St. Omer, Tournai, Ath, Leuze u.s.f. sind, wo man diese Pflanze verarbeitet. – Morgen eilen wir weiter.

XX

Antwerpen

Endlich haben wir erfreuliche Sonnenblicke statt des ewigen Nebels und Regens, der uns das Vergnügen unserer Küstenfahrt ein wenig schmälerte. Nur in Dünkirchen lächelte die Sonne einmal zwischen den Wolken hervor, und diesen heitern Zwischenraum ließen wir nicht unbenutzt. In den fünf Tagen, die wir auf der Reise von Lille hierher zugebracht haben, sind uns indeß so viele Gegenstände von mancherlei Art vor dem äußern und innern Sinne vorübergegangen, daß Du Dich auf einen langen Bericht gefaßt halten mußt. Wir ruhen hier aus, ehe wir von neuem unsere Augen und unsern Geist zur Beobachtung dieser großen Stadt anstrengen, die ihren Ruhm überlebt hat. Es giebt vielleicht keine Arbeit, welche so die Kräfte erschöpft, als dieses unaufhörliche, mit aufmerksamer Spannung verbundene Sehen und Hören; allein, wenn es wahr ist, daß die Dauer unseres Daseyns nur nach der Zahl der erhaltenen Sensationen berechnet werden muß, so haben wir in diesen wenigen Tagen mehrere Jahre von Leben gewonnen.

Der Weg von Lille nach Dünkirchen führte uns über Armentieres, Bailleul, Cassel und Bergen. Es regnete beinah unablässig den ganzen Tag; allein ob uns gleich die Aussicht dadurch benommen ward, bemerkten wir doch, daß sie im Durchschnitt denen im Hennegau ähnlich bleibt. In Armentieres hielten wir uns nicht auf, so gern wir auch die dortigen Leinwandbleichen in Augenschein genommen hätten, wo man bereits die wichtige Erfindung des Französischen Chemikers Bertholet, mit dephlogisticirter Salzsäure schnell, sicher und unübertreflich schön zu bleichen, in Ausübung gebracht haben soll. Die Preußischen Bleichanstalten im Westphälischen folgen bereits diesem Beispiel, und selbst in Spanien wird diese Methode schon angewendet.

In Bailleul hörten wir das Volk auf dem Markte schon wieder Flämisch sprechen, und diese Sprache geht bis Dünkirchen fort. Das Französische in dieser Gegend ist ein erbärmliches patois oder Kauderwelsch; es ist nicht sowohl ein Provinzialdialekt als eine Sprache des Pöbels, der nicht seine eigene Muttersprache, sondern eine erlernte spricht. Die hiesige Menschenrace ist groß und wohlgebildet; vielleicht bezieht sich die Französische Redensart, un grand flandrin, auf diese Größe, wiewohl sie auch den Nebenbegriff des Tölpischen oder Ungeschickten mit sich führt. In allen diesen Städtchen tragen die Weiber jene langen Kamelottmäntel, wie im Hennegau; nur daß wir unter vielen grauen auch einige scharlachfarbene sahen.

Wir hielten unsere Mittagsmahlzeit zu Cassel, (Mont-Cassel) das wegen seiner romantischen Lage auf einem Berge so berühmt, übrigens aber ein unbedeutender kleiner Ort ist. Im Sommer, an einem hellen Tage, wäre es fast nicht möglich, sich von diesem Anblick loszureißen. Die nächsten Hügel haben malerische Formen und sind ganz mit Wald gekrönt. Die unabsehlichen Gefilde von Flandern, Hennegau und Artois liegen ausgebreitet da, und verlaufen sich in die dunkelblaue Ferne, wo nur die hohen Kirchthürme von Bergen, Dünkirchen, Fürne, Ipern und anderen Städten wunderbar hinausragen und ein Gefühl von Sicherheit und ruhiger Wohnung in dieser schattigen, mit unendlichem Reichthum abwechselnder Formen geschmückten Gegend einflößen. O dies ist das Land der lieblichen, der kühlen Schatten! Hier begränzen die hochbewipfelten, schlanken Ulmen, Espen, Pappeln, Linden, Eichen und Weiden jedes Feld und jeden Weg, jeden Graben und jeden Kanal; hier laufen sie meilenweit fort in majestätischen Alleen, bekleiden die Heerstraßen, oder sammeln sich in Gruppen auf den weiten Ebenen und den Anhöhen, um die zerstreuten Hütten und um die stillen Dörfer. Die Anmuth, die Mannigfaltigkeit und Pracht dieser hohen, schön gestalteten Bäume verleiht den hiesigen Landschaften einen eigenthümlichen Charakter. Der Teppich der Wiesen ist in diesen nassen Tagen herrlich grün geworden; die Weizenäcker schimmern mit einer wahrhaften Smaragdfarbe; die Knospen der Bäume wollen trotz dem kalten Hauch der Nordwinde ihren Reichthum nicht länger verschließen; die Kirsch- und Birn- und Äpfelbäume in den Gärten, die Pfirsich- und Aprikosenbäume an den Mauern öffnen mitten im Regen ihre Blüthen. Bei dieser üppigen Pracht des Frühlings entbehrten wir dennoch den Anblick der Dünen und des Meeres, den uns der Nebel neidisch verhüllte. Jener unermeßliche blaue Horizont, der sich an die Wölbung des azurnen Himmels anschließt, muß der hiesigen Aussicht eine erhabene Vollkommenheit geben, die nur in wenigen Punkten unserer Erde erreicht werden kann. – Der Hügel, von welchem wir diesen Anblick genossen, scheint ein bloßer Sandhügel zu seyn, deren es hier mehrere giebt, die weiter durch das Artois in die Picardie hinein fortsetzen und vermuthlich auf Kalk stehen. Vor Lille und in der dortigen Gegend findet man sehr weißen Kalkstein, und in der Picardie bekanntlich, wie in England, Kreide.

Die Schönheit der Landschaft war plötzlich, wie durch einen Zauber, verschwunden, sobald wir die kleine Festung Bergen (oder St. Winoxbergen) hinter uns gelassen hatten. Wir befanden uns auf einer niedrigen, offenen Fläche, wo, außer einigen Reihen von abgekappten Weiden in allerlei Richtungen, sonst kein Baum und keine Hecke zu sehen war. Die ganze ungeheure Ebene bestand aus Wiesen und Viehtriften, und war längs dem Seeufer, von nackten weißen Sandhügeln, den so genannten *Dünen*, umgeben. An einigen Stellen stach man Lehm zu Ziegeln, die sich gelb brennen lassen; übrigens aber schien uns alles öde und leer, zumal nach dem Anblick einer solchen Gegend, wie wir eben verlassen hatten. Der Steindamm, auf welchem wir fuhren, war indeß unverbesserlich, und bald erreichten wir das kleine geschäftige Dünkirchen, welches, wie sein Name deutlich zu erkennen giebt, in den Dünen angelegt worden ist. Durch die Länge der Zeit und durch den Anbau ist aber alles dergestalt weggeebnet und abgetragen worden, daß man keine Erhöhung mehr gewahr wird und nur in einiger Entfernung zu beiden Seiten der Stadt die Hügel fortstreichen sieht.

Die unregelmäßige Gestalt dieser Sandhaufen, die sich wie die stürmischen Wellen des Meeres, das sie bildete, dem Auge darstellen, höchstens aber vierzig Fuß in senkrechter Linie über die Wasserfläche hinausragen, und mit einigen Pflänzchen spärlich bewachsen sind, giebt der Gegend etwas Befremdliches, Verödetes, Abschreckendes. Ihre Veränderlichkeit verursacht den Einwohnern dieser Küsten manche Besorgniß; die Winde können den Flugsand, woraus die Dünen bestehen, stellenweis ganz verwehen und eine Lücke machen, wo das Meer bei außerordentlichen Fluthen leicht durchbricht, sich in die niedrige Fläche ergießt und den lebendigen Geschöpfen sowohl, als dem Lande selbst das Daseyn raubt. Wo diese fürchterlichen Katastrophen auch nicht erfolgen, sind wenigstens die angränzenden Äcker und Wiesen dem Versanden ausgesetzt, welches sie auf ganze Jahrhunderte hinaus unbrauchbar macht. Nicht weit von Dünkirchen, auf der Flandrischen Gränze, zeigte man uns ein merkwürdiges Beispiel von der Wirkung der Stürme. Ein Kirchthurm stand im Sande vergraben und nur seine Spitze ragte noch hervor. Das Pfarrhaus war gänzlich verschwunden, und man hatte sich genöthigt gesehen, weiter östlich von den Dünen das ganze Dorf neu anzulegen. Auch die Kaninchen, die in diesen Sandhügeln häufig graben und wühlen, tragen zur Schwächung dieser Vormauer gegen die See das ihrige bei.

Wir hofften vergebens, beim ersten Anblick von Dünkirchen, den Gegenstand der Eifersucht einer großen Nation an irgend einem auffallenden Zuge zu erkennen. Die Stadt ist nichts weniger als glänzend, ob sie gleich dreißigtausend Einwohner zählt, die mehrentheils von der Schiffahrt leben. Allein die Nähe der Englischen Küste begünstigt hier den Schleichhandel, und in Kriegeszeiten die Kaperei so sehr, daß England mehr als Einmal auf die Vernichtung des Ortes bedacht gewesen ist, und in seinen Friedenstraktaten mit Frankreich die Demolition des Hafens und der Festungswerke bedungen hat. Von Seiten Frankreichs aber hat man diese Bedingung jederzeit unerfüllt gelassen; und im Grunde giebt es auch kein wirksames Mittel gegen den Schleichhandel, das einzige ausgenommen, dessen sich der Minister Pitt durch den Commerztraktat bedient hat, die Herabsetzung der Zölle, wodurch der rechtmäßige Kaufmann einen reichlicheren Absatz gewinnt, indem das Risico des Contrebandiers zu groß wird.

Dieser Traktat scheint wirklich schon auf den Wohlstand von Dünkirchen einige nachtheilige Wirkungen zu äußern, wiewohl die vielen Fabrikanstalten es noch aufrecht erhalten. Es sind hier verschiedene ansehnliche Englische Handlungshäuser etablirt, und das reichste Comptoir im ganzen Orte gehört der Irländischen Familie Conolly.

Auch sieht man mehrere Englische Kaffeehäuser, wo alles nach der in England üblichen Art eingerichtet ist, und nichts als Englisch gesprochen wird. Eine der größten Fabriken, die Gärberei vor der Stadt, ist ebenfalls eines Engländers Eigenthum. Gleich daneben liegt ein großes Glashaus, welches Flaschen von grünem Glase liefert.

Einer von den wichtigsten Handelsartikeln in Dünkirchen ist der Wachholderbranntwein (genièvre), wovon ansehnliche Quantitäten nach England gehen, und, weil noch immer eine sehr schwere Abgabe darauf haftet, mehrentheils auf verbotenem Wege hineingeführt werden. Dort, wie in den Niederlanden, hält man dieses Getränk für eine Panacee in Magenbeschwerden; ein Vorurtheil, das schon manches Leben verkürzt hat. Vor diesem zog man allen Wachholderbranntwein aus Holland; jetzt destilliren ihn die Einwohner von Dünkirchen selbst, seitdem sie einige Holländer, die sich darauf verstanden, zu sich herüber gelockt haben.

Nicht minder wichtig für Dünkirchen ist die Raffinerie des Kochsalzes, welche gegen zwanzig Siedereien beschäftigt. Eine übelverstandene Geheimnißkrämerei scheint jedoch bei den Eigenthümern obzuwalten; denn man wies uns von zweien, sogar mit einiger Ungefälligkeit, zurück, wiewohl das ganze hiesige Geheimniß vermuthlich nur darin besteht, daß man statt der viereckigen Pfannen runde braucht. Das Salz wird aus Französischem Steinsalz bereitet und ist verhältnismäßig sehr wohlfeil. Man leitet das Seewasser unmittelbar in die Behälter, wo jenes Salz aufgelöset wird; allein diese Bequemlichkeit der Lage wird durch das Ungemach, an gutem Trinkwasser Mangel zu leiden, gar zu theuer erkauft. Keiner von den Brunnen ist nur erträglich, und die Einwohner müssen sich kümmerlich genug mit Regenwasser behelfen. Im Sommer ist daher Dünkirchen ein ungesunder Aufenthalt.

Das Portal der Pfarrkirche hat mir dort gefallen. Ein schönes Fronton von richtigen Verhältnissen ruht auf einer Reihe prächtiger, korinthischer Säulen; und wäre nicht die Füllung mit häßlichen, pausbackigen Engelsköpfen und steinernen Wolken verunstaltet, und ständen nicht über den Ecken des Frontons ein paar verunglückte pastetenähnliche Thürmchen, so wäre es wirklich, mit dem einfachen: Deo S. statt aller Aufschrift, eins der schönsten, die ich gesehen habe. Die Gemälde von Reyns, Porbus, Elias, Leys und Claaßens, die das Innere der Kirche verzieren, kann ich füglich mit Stillschweigen übergehen. Daß aber eine Stadt mit dreißigtausend Einwohnern nur Eine Pfarrkirche hat, ist ein trauriger Beweis von dem verkehrten Einfluß der Mönche, denen es hier an Klöstern nicht gebricht.

Seit zwölf Jahren zum erstenmal begrüßte ich hier wieder das Meer. Ich werde Dir nicht schildern können, was dabei in mir vorging. Dem Eindrucke ganz überlassen, den dieser Anblick auf mich machte, sank ich gleichsam unwillkührlich in mich selbst zurück, und das Bild jener drei Jahre, die ich auf dem Ocean zubrachte, und die mein ganzes Schicksal bestimmten, stand vor meiner Seele. Die Unermeßlichkeit des Meeres ergreift den Schauenden finstrer und tiefer, als die des gestirnten Himmels. Dort an der stillen, unbeweglichen Bühne funkeln ewig unauslöschliche Lichter. Hier hingegen ist nichts wesentlich getrennt; ein großes Ganze, und die Wellen nur vergängliche Phänomene. Ihr Spiel läßt nicht den Eindruck der Selbständigkeit des Mannichfaltigen zurück; sie entstehen und thürmen sich, sie schäumen und verschwinden; das Unermeßliche verschlingt sie wieder. Nirgends ist die Natur furchtbarer, als hier in der unerbittlichen Strenge ihrer Gesetze; nirgends fühlt man anschaulicher, daß, gegen die gesammte Gattung gehalten, das Einzelne nur die Welle ist, die aus dem Nichtseyn durch einen Punkt des abgesonderten Daseyns wieder in das Nichtseyn übergeht, indeß das Ganze in unwandelbarer Einheit sich fortwälzt.--

Der Hafen von Dünkirchen ist klein, beinahe gänzlich durch Menschenhände gebildet und so seicht, daß er nur kleine Schiffe aufnehmen kann. Innerhalb desselben ist ein vortreflich eingerichtetes Bassin, wo die Schiffe ausgebessert und neue vom Werft hineingelassen werden. Wir sahen und bewunderten die mechanischen Kräfte, wodurch man eine von diesen großen Holzmassen auf die Seite legte und ihr einen neuen Boden statt des ganz vermoderten gab. Die Sandbänke vor dem Eingang des Hafens, und seine Krümmungen zwischen den Steindämmen (jetées) zu beiden Seiten, gewähren den Schiffen vollkommene Sicherheit, so sehr sie ihnen auch das Ein- und Auslaufen erschweren. Die Dämme erstrecken sich weit ins Meer hinaus und bestehen aus eingerammelten Pfosten, die mit verflochtenem Strauchwerk oder so genannten Faschinen verbunden sind und zwischen deren Reihen man alles mit Granit- und schwarzen Jaspisblöcken ausgefüllt hat. Auf jeder Seite des Hafens liegt eine kleine Schanze, welche den Eingang bestreicht. Es war jetzt Ebbezeit, und auf dem entblößten Sande lagen Seesterne, Meernesseln, Korallinen, Madreporen, Muscheln, Seetang, kleine Krebse, kurz allerlei, was in den Fluthen Leben hat, in Menge angeschwemmt. Insbesondere erstaunten wir über die vielen viereckigen, gehörnten kleinen Beutelchen, von einer glatten, schwarzen, faserigen, lederartigen Substanz, die man Seemäuse nennt, ob sie gleich eigentlich die Hülsen oder Eierschalen der jungen Rochen sind. Wir beschäftigten uns einige Zeit mit der Einsammlung dieser Naturalien. Plötzlich umleuchtete uns die Sonne. Die düstre graue Farbe des Wassers verwandelte sich in durchsichtiges, dunkelbläuliches, auf den Untiefen blasseres Grün; die Brandung an den äußersten Sandbänken schien uns näher gerückt und brauste schäumend daher wie eine Schneelavine; große Strecken des Meeres glänzten silberähnlich im zurückgeworfenen Licht, und am fernen Horizonte blinkten Segel, wie weiße Punkte. Eine neue Welt ging uns auf. Wir ahndeten in Gedanken das gegenüber liegende Ufer und die entfernten Küsten, die der Ocean dem kühnen Fleiße des Menschen zugänglich macht. Wie heilig ist das Element, das Welttheile verbindet!

Die wiederkehrende Fluth, die allmählig alle Sandbänke bedeckte, rief uns von unserm Staunen in den engern Kreis der menschlichen Geschäftigkeit zurück. Wir trockneten unsere eingesammelten Schätze am Feuer, und machten uns zur Abfahrt nach Fürnen (Veurne) fertig. Ehe ich aber mit meiner Erzählung weiter eile, will ich Dir mit zwei Worten das Theater beschreiben, das wir noch am Abend unserer Ankunft in Dünkirchen besuchten. Truppe, Orchester und Publikum – alles schien uns Karrikatur. Das Parkett, der Balkon und fast alle Logen waren mit Officieren angefüllt; denn es liegen hier zwei Regimenter in Besatzung. Von der lärmenden Konversation, die uns in den Ohren gellte, hat man keinen Begriff; man hätte denken sollen, morgen würde den Herren ewiges Stillschweigen auferlegt und hier bedienten sie sich zum letztenmal der Ungebundenheit ihrer Zunge. Sobald die Vorstellung anging, ward es noch ärger; der ganze Schwarm sang oder heulte alle Arien der Operette nach. Zum Glück waren die Schauspieler so schlecht, daß es ziemlich gleichgültig seyn konnte, *wer* uns die Zeit verliebe. So urtheilte aber das hiesige Publikum nicht; vielmehr schien es an dem Geplärr, den Gestikulationen und dem ziemlich derben Scherz seiner Histrionen großes Wohlbehagen zu finden. Ich glaube, dieser ungebildete Geschmack bezeichnet nicht bloß den Unterschied zwischen der Provinz und der Hauptstadt; die Verschiedenheit der Abstammung trägt gewiß auch das ihrige dazu bei. Die Flämischen Organe sind um einige Grade gröber als die

Französischen, und bekanntlich je roher der Mensch, desto plumper muß die Erschütterung sein, die seine Sinne befriedigt. Mozart's und Paesiello's Kunst wird an die Midasohren verschwendet, die nur für Ditters Gassenhauer offen sind. Eben so unempfänglich bleibt ein schlaffes, ungebildetes Publikum für das Talent des Schauspielers, der die Natur in ihren zartesten, verborgensten Bewegungen erforscht und ihre Bescheidenheit nie überschreitet; wenn hingegen der Kasperl mit lautem Beifall Possen reißt, oder, was noch ärger ist, ein mittelmäßiger Akteur die abentheuerlichsten Verzerrungen und die schwülstigsten Deklamationen als ächte dramatische Begeisterung geltend macht. Irre ich indeß nicht, so sind die hiesigen Einwohner von manchem Französischen Nationalfehler frei, ob sie gleich in Gesellschaft weniger glänzen; die ungezwungene Artigkeit ihrer südlichen Nachbarn gattet sich sehr angenehm zu ihrer eigenen Simplicität und Bonhommie, und bildet zwischen den Flämingern und Franzosen eine Zwitterrace, der man leicht die gute Seite abgewinnt. – Die Barke nach Fürnen geht täglich um drei Uhr Nachmittags auf dem Kanal von hier ab, durch eine ärmliche, wenig bebaute und fast gar nicht beschattete Fläche, über welche diesmal ein scharfer, kalter Wind hinstrich, der uns, trotz unseren Mänteln, ganz durchdrang. Dazu trug freilich die Gebrechlichkeit des Fahrzeuges viel bei. Der innere Raum desselben stand voll Wassers, und erhielt den Fußboden beständig angefeuchtet; auch waren in der Kajüte alle Fenster zerschlagen und der Wind hatte überall freies Spiel. Desto mehr bewunderten wir den Fleiß unserer Gesellschafterinnen, einer reichen Kaufmannsfrau aus Dünkirchen und ihrer achtzehnjährigen Tochter, die in einem fort strickten. Bei dem Dorfe Hoyenkerken befanden wir uns wieder auf Flandrischem Boden, und wurden von den Zollbedienten visitirt. Abends gegen neun Uhr traten wir zu Fürnen im Stadthaus oder vielmehr in der Conciergerie ab, welche fast durchgehends in allen Flandrischen Landstädten ein Wirthshaus vorstellt. Wir hatten diesmal Ursache, mit unserer Bewirthung vollkommen zufrieden zu seyn, und bezahlten die Ehre, auf dem Schlafzimmer unserer Reisegefährtinnen zu speisen, bloß mit der geduldigen Aufmerksamkeit, die wir ihrer Familiengeschichte widmen mußten.

Das kleine Städtchen hatte am Morgen ein freundliches Ansehen; die Häuser verkündigten, ihrer altmodigen Bauart ungeachtet, einen gewissen Wohlstand, und die Straßen waren so breit und so reinlich gehalten, daß man es ihnen nicht anmerkte, welcher Handelszweig die Einwohner bereichert. Fürnen ist der größte Viehmarkt in Flandern, der die angränzenden Provinzen von Frankreich mit fetten Ochsen versieht, und die Kastellanei, der dieser Ort seinen Namen giebt, hat die vortreflichsten Weiden im ganzen Lande. Die umliegende Gegend wird von Kanälen nach allen Richtungen durchschnitten, und auf einem derselben schiften wir uns wieder nach Nieuport ein. Unsere Barke war jedoch nicht besser, als die von Dünkirchen, und selbst der Kanal hatte ein vernachlässigtes Ansehen, woraus man ziemlich sicher schließen darf, daß diese Reiseroute nur selten besucht wird.

Der ärmliche Anblick von Nieuport führte uns nicht in die Versuchung, so lange da zu bleiben, bis die Barke nach Ostende abginge; wir mietheten lieber ein kleines Fuhrwerk mit einem Pferde, das unbehülflichste Ding, in dem ich je gefahren bin, und setzten unsere Reise zu Lande fort. In dem kleinen Hafen zählten wir nur funfzehn Fahrzeuge von ganz unbedeutender Größe, die jetzt während der Ebbe insgesammt auf dem Sande trocken lagen. Der hiesige Handel ist übrigens so geringfügig, daß sich mitten am Tage fast niemand auf der Straße regte. Unter den Fischerhütten, aus denen das kleine Städtchen besteht, bemerkten wir kaum ein gutes Gebäude. Jetzt fuhren wir also über eine weite, kahle Ebene, wo die Viehtriften, die Gräsereien und Wiesen mit einigen Äckern abwechselten. Die große Anzahl der umherliegenden, mit Gemüs- und Obstgärten umgebenen Dörfer bezeugte gleichwohl die starke Bevölkerung dieser Gegend von Flandern. Allein so nahe an den unfruchtbaren Dünen waren die Kühe auf der Weide sehr mager und klein, die Pferde kurzbeinig und von plumper Gestalt. Die kümmerliche Nahrung dieses Sandbodens scheint dem genügsamen Esel angemessener zu seyn; auch sahen wir diese Tiere überall haufenweis am Wege, und zu mehreren Hunderten auf den Marktplätzen in Dünkirchen und Ostende, mit den Erzeugnissen des Landes beladen.

Wir hatten gelacht, als man uns in Brüssel erzählte, daß, wenn die Niederländer ihre Unabhängigkeit nicht mit Würde behaupten könnten, sowohl England, als ein anderer Nachbar die Gelegenheit wahrnehmen dürfte, um ihnen das Schicksal ohnmächtiger und uneiniger Republiken zu bereiten, wovon dieses Jahrhundert schon mehr als Ein Beispiel sah. Bei unserer Ankunft in Ostende aber schien uns der Anfang zur Ausführung schon gemacht und dieser Ort in eine Englische Seestadt verwandelt. Das dritte oder vierte Haus ist immer von Engländern bewohnt, und nicht etwa nur Kaufleute und Mäkler, sondern auch Krämer und Professionisten von dieser Nation haben sich hier in großer Anzahl niedergelassen. Daher bemerkt man auch in den Sitten und der Lebensart der hiesigen Einwohner eine sichtbare Übereinstimmung mit denen der Brittischen Inseln, die sich bis auf den Hausrath, die Zubereitung der Speisen und die Lebensmittel selbst erstreckt. So wahr ist es, daß diese unternehmende Nation, die bereits den Handel der halben Welt besitzt, keine Gelegenheit unbenutzt lassen kann, um sich eines jeden neuen Zweiges, der etwa hervorsproßt, zu bemächtigen. Wo ihre Schiffe nicht unter ihrer eigenen Flagge fahren, müssen fremde Namen sie decken. Mit ihren Kapitalen und unter ihrem Einfluß handelt Schweden nach Indien und China, und indeß Holland durch die Auswanderung so vieler reichen Familien, durch die nachtheilige Verbindung mit Frankreich und eine Reihe von zusammentreffenden Unglücksfällen einen unheilbaren Stoß erlitten hat, indeß Frankreichs Handel wegen seiner inneren Gährung danieder liegt, indeß Dännemark ungeachtet eines funfzigjährigen Friedens von seinen Administratoren zu Grunde gerichtet ist, und Spanien und Portugal durch Piastern und Diamanten weder reich noch mächtig werden können, blüht Englands Handel überall, umfaßt alle Welttheile und hat seit dem heilsamen Verlust der Kolonien einen unglaublich großen Zuwachs erhalten. Diese bewundernswürdige Thätigkeit ist so augenscheinlich das Resultat der bürgerlichen Freiheit und der durch sie allein errungenen Entwickelung der Vernunft, daß selbst die äußerste Anstrengung der Regierungen in anderen Ländern, dem Handel aufzuhelfen, bloß an den Gebrechen der Verfassungen hat scheitern müssen. Was ein Monarch für die Aufnahme des Handels thun kann, hat Joseph der Zweite hier großmüthig geleistet. Der Hafen von Ostende ist ein Denkmal seiner thätigen Verwendung für die Wohlfahrt der Niederlande. Doch Vernunft und vernünftige Bildung konnte die Regentenallmacht nicht schaffen; das Gefühl von eigener Kraft und eigenem Werth, das nur dem freien Menschen werden kann, vermochte selbst Joseph nicht herauf zu zaubern.

Ostende ist übrigens nur ein schlechter Ersatz für die geschlossene Schelde. Die Küste läuft in gerader Richtung, ohne Einbucht fort, und der Zugang zu dem Hafen wird durch viele Untiefen erschwert und unsicher gemacht. Zwischen zwei Dämmen sieht man die kleine, enge, unbequeme Öffnung, die nur bei gewissen Winden und nur mit der

Fluth zugänglich ist. Daher steht am Eingang, auf der Batterie, die ihn bestreicht, ein hoher Flaggestock errichtet, wo man eine Flagge ganz zu oberst wehen läßt, so lange es hohes Wasser ist; bei halber Ebbe läßt man sie am halben Stocke herunter, und sobald das Wasser den niedrigsten Standpunkt erreicht, wird sie ganz eingezogen. Alsdann liegen die Schiffe beinahe trocken im Hafen. Wir zählten in allem nur vierzig Fahrzeuge, obgleich der Hafen eine weit größere Anzahl aufnehmen kann. Eigentlich ist er nur ein tief ausgegrabener Kanal, mit einem dauerhaften pilotis zu beiden Seiten, zwischen welchem ein festes Geflecht von Strauchzäunen in vielen Reihen über einander fortläuft. Dadurch sucht man zu verhindern, daß die Ebbe und Fluth den Hafen nicht versande, indem sie den Sand vom Ufer mit sich fortreißt. Über jeder jetée stehen Baaken aufgepflanzt, und links an der Mündung des Hafens dient eine Säule mit großen, klaren Laternen den Schiffenden des Nachts zum Merkzeichen. In den Hafen öffnen sich mehrere geräumige Bassins; allein bei allen diesen kostbaren Einrichtungen kämpft man vergebens mit den Schwierigkeiten der Lage, mit der geringen Tiefe, mit der unvermeidlichen Verschlemmung und mit der Veränderlichkeit der Sandbänke längs der Küste.

Ostende hatte nur einen glänzenden Augenblick; den nämlich, als es der einzige neutrale Hafen an der Küste war, als während des Amerikanischen Krieges England, Frankreich und Holland wechselseitig ihren Handel der feindlichen Kaperei Preis geben mußten und des Kaisers Flagge allein unangefochten den Ocean beschiffte. Die Geschäftigkeit und der Wohlstand jenes Zeitpunkts verschwanden aber mit dem Friedensschlusse um so plötzlicher, da sie nicht sowohl Wirkungen der eigenen Belgischen Betriebsamkeit, als vielmehr täuschende Erscheinungen waren, welche fremde Kaufleute hier zuwege gebracht hatten. Auch die freie Schiffahrt nach Ostindien, welche Joseph der Zweite diesem von ihm so sehr begünstigten Hafen trotz der Holländischen Reklamation zusicherte, blieb so unbedeutend, daß sie auf den Flor von Ostende keinen Einfluß hatte.

Ist es nicht erlaubt, bei jener widersinnigen Einschränkung des Belgischen Handels, bei dem Verbot nach Indien zu schiffen, bei der Verschließung der Schelde, über den Ton mancher Publicisten zu lächeln, die das heilige Wort *Recht* noch auszusprechen wagen? Diese unnatürliche Forderung der Holländer an ihre Nachbarn ist der siegreichste Beweis, daß die Eifersucht der Staaten, wo sie sich zur Übermacht gesellen kann, ohne Bedenken alle, selbst die evidentesten Rechte der Menschheit, verletzt und alle Gränzen des Völkerrechts willkührlich überschreitet. Josephs Vorfahren mußten sich diese, durch keinen Vorwand zu beschönigende Gewaltthätigkeit gefallen lassen, weil das Schicksal es so wollte. Und wer forderte dieses unbillige Opfer? wer verbot den Brabantern auf ihren eigenen Flüssen in See zu fahren? Dasselbe Volk, das über Ungerechtigkeit schrie, als Englands Häfen ihm nicht offen blieben, das über Cromwells berühmte Navigationsakte, dieses Bollwerk des Englischen Seehandels, die Welt mit seinen Wehklagen erfüllte. Die Geschichte ist ein Gewebe von ähnlichen Inkonsequenzen und Widersprüchen; die Verträge der Nationen unter einander, wie die der Fürsten mit ihren Untergebenen, sind fast nirgends auf natürliches Recht, auf Billigkeit, die der Augenschein und der gerade Verstand zu erkennen geben, gegründet; überall zwingt der Übermuth des Mächtigern dem Schwachen eine Aufopferung ab, die kein Mensch von dem andern zu fordern berechtigt ist und die dann auch nicht länger gelten kann, als die Gewalt fortdauert, welche sie ertrotzte. Wir wundern oder ärgern uns, daß jedes Jahrzehend uns immer wieder dasselbe Schauspiel giebt, welches bereits seit Jahrtausenden die Völker entzweite; daß die Gränzstreitigkeiten, die man längst beigelegt glaubte, immer von neuem ausbrechen; daß die Federn der Diplomatiker und Staatsmänner unaufhörlich mit Deduktionen beschäftigt sind, worin man sich auf beschworene Verträge, auf anerkannte Vergleichspunkte und darin gegründete Ansprüche beruft; daß die streitenden Höfe zu einer subtilen Auslegungskunst, zu bequemen Reticenzen, zu schwankenden, vieldeutigen Ausdrücken ihre Zuflucht nehmen und endlich doch den verworrenen Knoten mit dem Schwerte lösen. Allein die fruchtbare Quelle ihrer Mißhelligkeiten strömt unvermindert fort; und wer begreift nicht, daß sie nie versiegen kann, so lange man von Friedenstraktaten, Verfassungen und Gesetzen ausgeht, die, weil sie nicht auf dem unerschütterlichen Grunde der allgemeinen vernünftigen Natur des Menschen ruhen, sondern Convenienzen des Augenblicks oder Blendwerke politischer Sophismen sind, die Feuerprobe der Wahrheit nicht bestehen können? Keiner Nation, keiner Macht, keinem Stande wird tausendjähriger Besitz ein unveräußerliches Recht übertragen; die Ansprüche der Vernunft auf alle Menschenrechte dauren ewig und werden durch gewaltthätige Übertäubung eher verstärkt als verjährt. Nach tausend und zehntausend

Siegen der räuberischen Übermacht, die nur das Maaß ihrer Ungerechtigkeit häufen, kehrt der wahre, dauernde Friede dann erst zurück, wenn jeder Usurpation gesteuert worden und jeder Mensch in seine Rechte getreten ist.

Wir würden den Tyrannen verwünschen hören, der dem einzelnen Menschen das freie Verkehr auf offener Heerstraße, außer den Mauern seines Hauses oder den Gränzen seines Erbstückes, untersagte; unser Gefühl empört sich wirklich, wenn wir nur von Verboten dieser Art lesen, die ein Asiatischer Herrscher ergehen läßt, so oft es ihm gefällt, seine Heerde von Beischläferinnen frische Luft schöpfen zu lassen. Wer indeß zugeben will, daß eine despotische Gewalt rechtmäßig seyn könne, dem ließe sich auch diese willkührliche Anwendung derselben als gesetzmäßig erweisen. Die Verordnungen der Japanischen und Chinesischen Kaiser, die von ihren Reichen alle Fremden entfernen, scheinen uns zwar elende Verwahrungsmittel einer feigen, mißtrauischen, kurzsichtigen Politik; allein wir bestreiten nicht das Recht dieser Despoten, innerhalb der Gränzen ihres Landes jedem Ausländer den Zutritt zu wehren oder zu gestatten. Hingegen das ausschließende Eigenthumsrecht irgend eines Volkes zum Ocean ist eine so lächerliche Absurdität, daß der Übermuth gewisser Seemächte, statt einer Anerkennung ihrer Anmaßungen, nur den Haß, den Neid und Groll der Nebenbuhler hat erregen können. Wo bleibt also nun der Schatten des Rechts, kraft dessen die Holländer ihren Nachbarn die Schelde verschließen und den Handel auf dem Meere verweigern durften? Der allgemeine Kongreß des Menschengeschlechtes müßte allenfalls einstimmig beschlossen haben, daß die Belgier ihre Flüsse von der Natur umsonst empfangen, daß der Ocean vergebens ihre Küsten bespühlt -- doch, was sage ich? auch dieser Ausspruch würde noch ungerecht seyn, wenn nicht zugleich ein *Nationalverbrechen* erwiesen werden könnte, das jene Ausschließung als Strafe oder vielmehr als Nothwehr nach sich zöge. Ein solches Verbrechen aber, einer ganzen Nation gegen die gesammte Menschengattung – worin anders könnte es bestehen, als in einer gänzlichen Verkennung aller Rechte der Nachbarn? Das strafbare Volk müßte selbst, entweder aus eigener Willkühr oder im gemißbrauchten Namen der Gottheit, die Welt unterjochen und ihre Bewohner unumschränkt beherrschen wollen – es müßte ein Volk von *Eroberern* oder von *Priestern* seyn. Wie man einen Rasenden bindet, um nicht das Opfer seiner Wuth zu werden, so sind auch alle Maaßregeln erlaubt, welche die Selbsterhaltung gegen eine Gesellschaft von solchen Grundsätzen heischt; sobald sie fremdes Recht mit Füßen tritt, ist sie alles eigenen verlustig.

Gegen die Römer, als sie nach der Alleinherrschaft über die bekannte Erde dürsteten, gegen Philipp den Zweiten, gegen die Hildebrande und die Borgia sollte der allgemeine Völkerbund aufgestanden seyn, ihre Schwerter und Zepter zerbrochen und ihren Mörderhänden Fesseln angelegt haben. Spaniens Ohnmacht zur Zeit des Münsterischen Friedens drohte ja den Europäischen Mächten mit keiner Universalmonarchie; die schwache Seele Philipps des Vierten durfte und konnte diesen Riesengedanken nicht denken. Allein das Schlimmste vorausgesetzt, so hatten doch die Belgier nicht verdient, statt ihres Herrschers zu büßen. Wenn also die unerbittliche Nothwendigkeit ihnen damals eine stillschweigende Einwilligung in die Verschließung ihrer Flüsse abdrang – wird heute etwas anderes, als dieselbe Furcht vor feindlicher Überlegenheit, ihre Enkel abhalten können, ihr angebornes, nie zu veräußerndes Recht zurückzufordern und den schimpflichen Vergleich zu zerreißen? Ein zerrissener Vergleich! ein Riß im Westphälischen Frieden! Das sind freilich gräßliche Worte am Ohr des Aktenlesers, der über dieses Lesen seine Menschheit verwelken und verdorren ließ; allein wie mancher Schwertstich hat nicht schon das alte Pergament durchlöchert? Was die Potentaten von Europa einander garantirten, sollte freilich ewig dauern müssen; nur Schade, daß die Erfahrung hier die Theorie so bündig widerlegt, und jedem Fürstenvertrage keine längere Dauer verspricht, als bis zur nächsten Gelegenheit, wo er mit Vortheil gebrochen werden kann. In der Seele der Politik ist ein Friedenstraktat vom Augenblick der Unterzeichnung an vernichtet; denn in diesem Augenblick hatte sie ihren Endzweck durch ihn erreicht.

Gegen die Theorie selbst möchte der gesunde Verstand auch wohl erhebliche Einwendungen machen. Wie? es hätte nur der Übereinkunft etlicher hohlen oder schiefen Köpfe bedurft, um einem Volke den Gebrauch eines untheilbaren Elements einzuräumen und ihn dem andern abzusprechen? Dann könnte es wohl auch einem Friedenskongreß einfallen, diesem oder jenem Volke Luft und Feuer zu verbieten, oder ihm vorzuschreiben, wo und wenn es athmen solle? Doch es ist unmöglich, die Anmaßungen der Politiker hypothetisch weiter zu treiben, als sie wirklich in der Ausübung getrieben worden sind. Hat man sich doch, allem, was der Menschheit heilig ist, zum Hohn, nicht entblödet, in Friedensschlüssen vorzuschreiben, welche Modifikationen des Denkens und Glaubens erlaubt seyn sollen! Es mag ein köstliches Ding um das Bündniß von 1648 seyn, das doch bekanntlich den Ausbruch von zehn oder mehr blutigen Kriegen nicht verhindert hat; es mag einer gewissen Klasse von Menschen bequemer seyn, den Krüppelbau der Politik auf seinem morschen Grunde fortzusetzen, als die ewigen Pfeiler, *Natur* und *Vernunft,* zu Stützen eines unerschütterlichen Friedenstempels zu wählen; einträglicher, den Stoff zu neuem Zwist und Kriege beizubehalten und die Beschlüsse der Unwissenheit und der Despotenarroganz für Quellen des Rechtes und Gesetzes auszuschreien, als jenes unselige Joch der Autoritäten abzuschütteln: nur hoffe man nicht, daß eine Gesetzgebung, der es an innerer Gerechtigkeit gebricht, aus Überzeugung befolgt werden könne; nur beschuldige man die Völker nicht des Mangels an Moralität, wenn sie Traktaten verletzen, deren Erhaltung einzig und allein auf Furcht und Eifersucht beruhte. Der Ocean ist keines Menschen Eigenthum; er ist und bleibt allen gemein, die ihn benutzen wollen. Mit diesem refrain will ich Ostende verlassen.

Wir fuhren zu Lande nach Brügge. Bis an das Dorf Gessel sieht man immerfort jene kahle Fläche, die mit wenig Abwechselung für das Auge von den Dünen bis an die etwas höher gelegene Ebene von Flandern reicht. Zwischen Gessel und Jabick wechseln große Strecken Heide mit Eichen- und Buchengebüsch, nebst einigen Fichten und einem reichlichen Vorrath von Pfriemen (Spartium scoparium); näher hin nach Brügge verdichtet sich der Eichenwald. Die Stadt ist von mittlerer Größe und nach altflämischer Art zum Theil sehr gut gebauet. Allein umsonst bemühten wir uns, in ihr die Spur des berühmten Handels-Emporiums zu erblicken, das im vierzehnten Jahrhundert alle nordischen Nationen mit Waaren des Luxus versorgte. Wir bestiegen die mit Recht gepriesene Barke, welche die Staaten von Flandern für die Fahrt nach Gent unterhalten. Hier vergaßen wir das Ungemach der bisherigen Reise; denn bequemer ist Kleopatra auf dem Cydnus, und Katharina auf dem Dnepr nicht gefahren. Sowohl im Hintertheil als im Vordertheil dieses sehr geräumigen Fahrzeuges findet man eine schön getäfelte Kajüte mit großen Fenstern und weich gepolsterten Bänken. Die Reinlichkeit gränzt hier überall an Pracht und Eleganz. Eine dritte noch geräumigere Abtheilung in der Mitte diente den Reisenden aus der geringen Volksklasse zum Aufenthalt; daneben sind

Küchen, Vorrathskammern und Bequemlichkeiten aller Art zur Verpflegung der Passagiere angebracht. Das Kaminfeuer in unserer Kajüte verbreitete eine wohlthätige Wärme, bei welcher wir in Erwartung der Mittagsmahlzeit unsere Anzeichnungen über das am vorigen Tage Gesehene ins Reine brachten.

Die Tafel wurde sehr gut und um billigen Preis servirt. Die Gesellschaft, die zuweilen funfzig Personen stark seyn soll, war diesmal zufälligerweise sehr klein, und bestand aus einem Priester, einem Officier der Freiwilligen von Brügge, einem Französischen Nationalgardisten und Kaufmann aus Lille, und einer Spitzenhändlerin aus Gent. Am Ton des Flämischen Officiers konnten wir sogleich abnehmen, daß er nicht zur aristokratischen Partei gehörte, die überhaupt in Flandern weder so viele, noch so eifrige Anhänger, als in Brabant, haben soll. Die Ungezogenheit seiner Ausfälle gegen die Geistlichkeit, in Gegenwart eines dem Anschein nach bescheidenen Mannes von diesem Stande, konnte nur durch die Erbitterungen des Parteigeistes entschuldigt werden. Der Franzose hinterbrachte uns die Neuigkeit, daß der König von England nach Deutschland reisen würde, um seine Güter unweit Straßburg zu besehen. Wir versuchten es ihm begreiflich zu machen, daß vom Kurfürstenthum Hannover die Rede sei; allein es war verlorne Mühe, seine geographischen Kenntnisse berichtigen zu wollen: Hamburg und Straßburg galten ihm gleich; genug, beide lagen jenseits der Allemagne françoise. Diese Unempfänglichkeit darf man indessen nicht geradezu Beschränktheit nennen; vielmehr ist sie nur die Folge jenes, Alles vor sich hinwerfenden Leichtsinnes, dem es so lächerlich scheint, in der Bestimmtheit gewisser, für den jetzigen Augenblick nicht interessirender Begriffe ein Verdienst zu suchen, als wir die Verwirrung finden, die aus solchen Vernachlässigungen entspringt. Wir wissen freilich mehr, und thun uns viel darauf zu gute; allein ist es wohl eine Frage, wer von beiden an dem, was er hat, durch schnelle Verarbeitung und mannichfaltige Verbindung, der reichste ist?

Der Kanal ist sehr breit und wohl unterhalten; seine Ausgrabung zwischen den hohen Ufern muß große Summen gekostet haben. Anstalten dieser Art, die zuerst die Erhaltung des trocknen, dem Ocean abgewonnenen Landes, demnächst den Handel und zuletzt die Bequemlichkeit zur Absicht hatten, können nur nach und nach zu ihrer jetzigen Vollkommenheit gediehen seyn. Fünf Pferde zogen uns in den stillen Gewässern dieses Kanals, ohne daß wir die leiseste Bewegung spürten.

Der Wind begünstigte uns überdies, so daß wir ein großes Segel führten und in etwas mehr als sechs Stunden Gent erreichten. Hier standen schon mehrere Miethskutschen in Bereitschaft, um die Reisenden in ihr Quartier zu bringen.

Gent ist eine große, schöne, alte Stadt. Ihre Straßen sind ziemlich breit; die Häuser massiv, zum Theil von guter Bauart; die Kirchen zahlreich und mit großer Pracht geschmückt. Alles scheint hier den ehemaligen Wohlstand der Einwohner, und Spuren von dem jetzigen zu verrathen; doch ist die Volksmenge, wie in allen Niederländischen Städten, nach Verhältniß des Umfanges zu gering und es fehlt überall an Betrieb. Der erste Anblick einer Stadt, wobei man so lebendig in verflossene Jahrhunderte und ihre Begebenheiten versetzt wird, hat gleichwohl etwas Einnehmendes, das zuweilen bis zur Erschütterung gehen kann. Ich wurde recht lebhaft an den Stolz Karls des Fünften auf sein blühendes Gent, und zugleich an die Tyrannenleidenschaft erinnert, womit er selbst dem Wohlstande desselben den tödtlichsten Streich versetzte, als ich sein Standbild auf einer hohen Säule am Marktplatz erblickte. Als Kunstwerk betrachtet, macht es keinen vortheilhaften Eindruck. Der Kaiser steht wirklich sehr unsicher auf dieser gefährlichen Höhe; das Zepter und der Reichsapfel von ungeheurer Größe scheinen ihn völlig aus dem Gleichgewichte zu bringen; seine Knie sind gebogen, und bald möchte ich fürchten, er sei in Begriff herabzugleiten. Im Glanz der Abendsonne, welche diesen vergoldeten Koloß bestralte, konnte ich mich einer Reminiscenz aus Blumauers travestirter Äneis nicht erwehren; ich dachte an jenes Backwerk wo der fromme Held zuoberst »ganz von Butter« stand. Es hat schon etwas Unnatürliches, Statuen auf den Dächern unserer Häuser anzubringen, die nicht, wie im Orient, zum Aufenthalt der Menschen eingerichtet sind; allein noch ungleich widersinniger scheint es, einen Menschen auf den Gipfel einer Säule zu stellen, den nur ein Verrückter oder ein Phantast, wie Simeon Stylites, bewohnen kann. Wenn gleich die Alten uns das Beispiel solcher Denkmäler gegeben haben, so bin ich doch nicht der Meinung, daß wir ihrem Muster jederzeit blindlings folgen sollen. Auch war bereits der gute Geschmack in Verfall gerathen, als man z.B. in Alexandrien auf die schöne Porphyrsäule die Statue des Kaisers Severus stellte. Die Aufmerksamkeit, die ein großer Mann bloß durch die Höhe seines Standorts erregen kann, ist sicherlich seiner nicht werth. Allerdings giebt es aber auch Fürsten in Menge, die man nicht hoch genug stellen kann, damit sich nur jemand ihrer erinnere. Die Nachwelt vergißt die Wohlthaten, sie vergißt aber auch die Ungerechtigkeit der Regenten; wie wäre es sonst möglich, daß Kaiser Karl auf dieser Säule noch über den Köpfen einer so tief beleidigten Gesammtheit sicher steht? Für den philosophischen Geschichtsforscher verwandeln sich freilich unter solchen Umständen die Ehrensäulen in Denkmälder der Schande.

Der Brand vom 14. und 15. November des vorigen Jahres hat in der Gegend des Schlosses fürchterlich gewüthet. Viele der schönsten und prächtigsten Gebäude sind ein Raub der Flammen geworden, womit die Kaiserlichen damals die Stadt in einen Schutthaufen zu verwandeln drohten und ihren Vorsatz auch ausgeführt hätten, wenn das Regenwetter ihnen nicht so ungünstig gewesen wäre. Wenn es im Kriege erlaubt ist, sich aller Mittel ohne Unterschied gegen den Feind zu bedienen; (ein Satz, der doch auch seine vielfältige Einschränkung leidet) so gehörte es gleichwohl zu den unglücklichen Verkettungen des Schicksals, welches den verstorbenen Kaiser so rastlos verfolgte, daß sich unter den Befehlshabern seines Niederländischen Heeres ein Mann befinden mußte, der eine entschiedene Neigung äußerte, die härtesten Maaßregeln zu ergreifen, und dem das Blut seiner Mitbürger ziemlich feil zu seyn schien. Jene schauderhafte Vernichtung von Brüssel, welche der Herzog von Ursel am zwanzigsten September 1787 so glücklich verhütet hatte, wollte jetzt der Erfinder dieses grausamen Anschlags mit Gent wirklich beginnen. Es war nicht etwa ein zügelloser Pöbel, wie der Parisische, der sich einen Augenblick vergaß und an einzelnen Opfern die tausendjährige Schuld seiner Unterdrücker rächte; Deutsche Soldaten, denen die Flammänder noch vor kurzem die gastfreieste Pflege hatten angedeihen lassen, wurden hier von ihren Officieren angeführt zur Plünderung ihrer Wohlthäter, zur Einäscherung der Stadt und zum nächtlichen Kindermord. Die Ereignisse jener zwei schrecklichen Nächte sind von der gräßlichen Art, daß sie in die Geschichte der feudalischen Zerrüttungen, nicht in das achtzehnte Jahrhundert, zu gehören scheinen, daß sie neben den übrigen Atrocitäten, welche das Ungeheuer der willkührlichen Gewalt ausgebrütet hat, ihre Stelle verdienen.[6] Neun und siebzig Kinder und Erwachsene

6   Ich habe vor mir das Bulletin officiel van wege het Comité-Generael aengesteld binnen de stad Gant, unterzeichnet G.B. Schellekens, Greffier van het Comité-Generael der Nederlanden, d. 25. November 1789. 15

wurden von den Soldaten theils getödtet, theils mit ihren Häusern verbrannt. Die Unmenschlichkeiten, die dabei vorgingen, mag ich nicht nachschreiben; aber sie gehören der Geschichte, welche der Nachwelt die folgenschwere Wahrheit beurkunden muß, daß, wenn gleich die Aufwallungen der Ungebundenheit in einem lange gemißbrauchten Volke zuweilen in blutige Rache ausarten können, sie gleichwohl von der barbarischen Fühllosigkeit des rohen Söldners weit übertroffen werden. Traurig ist die Wahl zwischen zwei großen Übeln; allein es liegt schon in der Natur der Sache, daß die Folgen der Anarchie, wie schwarz die Miethlinge des Despotismus sie auch schildern mögen, nur Kinderspiele sind gegen die Schandthaten beleidigter Sklaventreiber. Ihre Erbitterung wird giftiger durch die vermeinte Kränkung ihrer Herrscherrechte; ihr Zweck ist nicht bloß Unterjochung, sondern zugleich Rache und Strafe; sie sind immer Krieger und Henker zugleich; sie zerstören und verwüsten aus Grundsatz und nach einem vorher bedachten Plan.

Ich begreife jetzt, wie der Anblick solcher Greuel den Muth der Bürger und Freiwilligen bis zur Tollkühnheit entflammen mußte. Arberg verfehlte gänzlich seinen Endzweck, und sah sich genöthigt, unter Begünstigung der Nacht das Schloß zu räumen und seinen Rückzug anzutreten. Das kleine Patriotenheer, verstärkt durch die junge Mannschaft, die aus Courtray den Gentern zu Hülfe gekommen war und die Kaiserlichen von einem Thore vertrieben hatte, stürzte am sechzehnten, nachdem es, unter den Waffen stehend, dem im Portal der Nikolauskirche gefeierten Hochamte beigewohnt und sich durch die allgemeine Absolution zu seinem Unternehmen gestärkt hatte, mit unwiderstehlicher Gewalt auf die Kasernen los, und erstieg die dort befindlichen Batterien. Buben von siebzehn Jahren stachen die Kanoniere über den Haufen, die mit brennender Lunte in der Hand das Geschütz gegen sie lösen wollten. Schon hatten sie das Thor erreicht und schleppten Stroh zusammen, um die Kasernen in Brand zu stecken, als die Östreichischen Officiere unbewaffnet und mit entblößtem Haupt ihnen entgegen gingen und sich zu Kriegesgefangenen ergaben. Die Flammänder waren in diesem leidenschaftlichen Augenblick besonnen

S. in Oktav, welches über die verschiedenen Vorgänge bei der Einnahme von Gent und der Vertreibung der Kaiserlichen einen umständlichen Bericht abstattet.

genug, ihrem Umwillen, der so hoch gereitzt worden war, zu gebieten. Sie nahmen ihre Feinde in Schutz, als hätten diese mit *erlaubten* Waffen und *nur gegen Männer* gefochten.

Die Einwohner haben das Schloß demolirt, weil es nicht länger haltbar war; dagegen erfreute uns der Anblick vieler neuen Häuser, die bereits überall aus den Ruinen hoch emporstiegen und vom Reichthum der hiesigen Bürgerschaft ein gutes Vorurtheil bei uns erweckten. Ich weiß nicht, war es diese zufällige Scene der Geschäftigkeit, oder lag es vielmehr wirklich im Charakter der Flammänder, daß wir uns gleich auf den ersten Blick einen günstigeren Begriff von ihnen als von ihren Brabantischen Nachbarn abstrahirten. So viel ist wenigstens gewiß, daß diese Provinz, ob sie gleich weit später als Brabant gegen die Bedrückungen der Regierung reklamirte, dennoch früher und mit mehr Entschlossenheit zu entscheidenden Maaßregeln griff; daß sie zuerst sich zu Gunsten des Comité von Breda und der Unabhängigkeit öffentlich erklärte, bei der Errichtung der freiwilligen Corps den größten Eifer bewies und an der völligen Vertreibung der Östreichischen Armee den stärksten Antheil hatte. Eine Spur von Seelenadel konnte wirklich den Flammändern ihre freiere Verfassung aufbewahrt haben. In der Versammlung ihrer Stände sind der Geistlichkeit zwei, dem Adel zwei, den Städten drei, und dem platten Lande ebenfalls drei Stimmen zugetheilt; dergestalt, daß der dritte Stand allemal sicher auf die Mehrheit rechnen kann, sobald es ihm ein Ernst ist, sich dem aristokratischen Einfluß zu entziehen. Die Wiederherstellung des Adels, als eines votirenden Standes, in der Staatenversammlung, ist ein Werk der Revolution. Seit dem Anfange des siebzehnten Jahrhunderts hatte der Flandrische Adel Sitz und Stimme verloren, weil er eine Zeitlang die ganze Macht der Stände usurpirt hatte. Da es ihm nicht gelungen war, unter der Östreichischen Regierung seine Rechte wieder zu erlangen, so hatte er sich auf einem andern Wege zu behaupten und sein Interesse dadurch zu sichern gesucht, daß er so viele seiner Mitglieder als nur möglich war, zu Deputirten der größeren und kleineren Städte wählen ließ. Diese Einrichtung dauert noch fort, und erklärt die eifrige Theilnahme der Staaten von Flandern an der in Brabant gegen die demokratische Partei so glücklich ausgeführten Verfolgung.

Das Volk und die Bürger murren indessen über die Gefangensetzung des Generals van der Mersch, und fordern laut von ihren Ständen, daß sie sich seiner gegen den Kongreß annehmen sollen.

Das Raschere, das Entschiednere im Charakter dieses Volkes ist auch in den Gesichtszügen ausgedrückt, und wohlgebildete Männer sind uns in diesem Theile von Flandern häufiger als in Brabant vorgekommen; allein ihre Erziehung ist der Brabantischen zu ähnlich, um uns hoffen zu lassen, daß sie mit ihrem Jahrhundert weiter als jene Nachbarn vorgerückt seyn könnten. Auch hier giebt es keinen Namen, den man im übrigen Europa mit Achtung oder mit Bewunderung nennt. Zwar können ganze Völker bei dieser Mittelmäßigkeit glücklich seyn, so lange sie ruhig bleiben; doch wehe den Empörern, an deren Spitze kein größerer Mensch einhergeht!

Auch unter dem hiesigen Frauenzimmer habe ich manches hübsche Flämische Gesicht bemerkt und in einem Buchladen glaubte ich an der Frau vom Hause das Ebenbild einer von Rubens Frauen zu sehen; nur Schade, daß diese schönen und zum Theil auch feinen Züge, dieses völlige Gesicht mit den großen, offenen braunen Augen, den starken Augenbrauen, der kleinen, geraden Nase, den zarten rosenrothen Lippen und der durchschimmernden Röthe auf dem lebendigen Weiß des Teints – so stumm und seelenlos erscheinen und von jener Empfänglichkeit, die überall das Erbe des Weibes seyn sollte, nichts verrathen. Ferne sei es, daß ich hier die ausgebildeten Reize des ideenreichen Wesens fordern sollte, die nach den Umständen unmöglich hier anzutreffen sind; aber Seele könnte doch das Auge stralen, leise, sanft und innig könnten auch ungebildete Mädchen empfinden. Von diesem allem zeigt das Äußere der Flammänderinnen keine Spur. Eine Schlaffheit des Geistes, die sich in Europa kaum abgespannter denken läßt, scheint sie für jeden Eindruck, der außer dem Bezirk des mechanischen Hausregiments und der eben so mechanischen Religionsübungen liegt, durchaus unempfindlich zu machen. Wenn nicht die Nähe von England und Frankreich, der Handel von Ostende und die Fabriken, die aus jener besseren Zeit im Lande noch übrig geblieben sind, Französische und Englische Moden einführten, würde man es hier kaum merken, daß der Begrif des Putzes auf den Begrif des Schönen eine Beziehung hat.

Die Beschreibung der öffentlichen Gebäude und Kirchen, die man aus so vielen Reisebeschreibungen kennt, wirst Du mir gern erlassen; ich schweige also von dem ungeheuren Rathhause, von den dreihundert Brücken, die alle Theile dieser von Kanälen durchschnittenen Stadt verbinden, und selbst von der großen Gothischen Masse der Kathedralkirche zu St. Bavo, mit den daran geklebten Stücken von Griechischer Architektur, die den Eindruck ihrer Größe stören. Die Verschwendung von weißem und von schwarzem Marmor in dem Innern dieses Tempels würde mir indeß aufgefallen seyn, wenn mich nicht auf eine weit angenehmere Art die Kunst beschäftigt hätte. Die zahlreichen Kapellen enthalten einen Schatz von Flämischen Gemälden der ersten Klasse, von denen ich Dir wenigstens ein Paar bekannt machen muß, die für mich etwas Merkwürdiges hatten. Zuerst nenne ich die Auferstehung Lazari, ein Meisterwerk von Otto Venius, einem Lehrer des gepriesenen Rubens. Dieses in Absicht auf die Composition sehr fehlerhafte Stück, dessen Umrisse zum Theil verzehrt, dessen Schatten schon ein wenig schwarz geworden und dessen Farben trocken sind, hat dennoch einzelne schöne Partien. Die Hauptfigur, der in der Mitte stehende Christus, ist wie gewöhnlich verfehlt; er ist kalt, jüdisch und uninteressant; seine Draperie ist schwer und ungeschickt geworfen, seine aufgehobene Hand ruft nicht, winkt nicht, segnet nicht. Lazarus liegt halb im Schatten, wirklich schön von Angesicht und Gestalt; er blickt edel und seelenvoll zu seinem Retter auf und ist ungleich besser als alles übrige kolorirt. Seine Schwester Maria sitzt an seiner Gruft im Vordergrunde. Ihr Gesicht und die ganze Figur machen mit dem übrigen Bilde den merkwürdigsten Kontrast; denn ihre Züge, ihre Kleidung und das ganze Kostume sind gänzlich aus der Römischen Schule entlehnt. Man glaubt eine Madonna von Raphael kopirt zu sehen, so ruhig und doch so edel gerührt ist dieser schöne Kopf. Martha und Magdalena sind dagegen hübsche Flammänderinnen im kurzen buntseidenen Korsett. Petrus bückt sich, um dem Lazarus heraus zu helfen; sein blaues Gewand über dem breiten Rücken thut vortrefliche Wirkung. Die übrige Gruppe von Köpfen ist gar zu gedrängt voll und geht zu hoch in dem Bilde hinauf; auch fehlt es ihr an Auswahl.

Du erinnerst Dich des schönen Sebastian von van Dyk in Düsseldorf. Hier ist einer von Hondhorst, der viel Verdienst hat. Aus dem schönen Körper zieht eine schwarz gekleidete weibliche Figur die Pfeile aus. Sehr leicht ruht ihre Hand auf dem zarten, verwundeten Körper; aber ihr Gesicht ist ohne Ausdruck, und mit eben den Zügen würde sie Spitzen waschen. Die Alte, ebenfalls ein gemeines Gesicht, empfiehlt Behutsamkeit mit Blick, Stellung und Hand. Das leidende Gesicht Sebastians ist edel und voll unbeschreiblicher Milde; seine Auge ist schön, sanft redend und voll Vertrauen. Die Farbengebung ist zwar nicht ganz natürlich, aber weich und von einem harmonischen, modesten Ton. Doch die Stellung des angebundenen, aus einander gedehnten Körpers zieht zuerst den Blick des Zuschauers auf sich, und man muß in der That unparteiisch das Verdienst hervorsuchen wollen, wenn dieser erste Eindruck nicht wegscheuchen und alle nähere Untersuchung verhindern soll. Daß die Künstler es nicht fühlen, wie diese Marter den Zuschauer leiden läßt, und wie unmöglich es ist, mit einigem Gefühl ein solches Kunstwerk lieb zu gewinnen! Übrigens hat es mir wohl gethan, hier das Studium Italienischer Meister und Hondhorsts langen Aufenthalt in Italien zu erkennen; wo ich nicht irre, habe ich schon etwas von Michel Angelo gesehen, woran mich die frei und fest gezeichnete Figur dieses Sebastians erinnerte.

Der St. Bavo von Rubens hat mir ungleich weniger gefallen; das Stück ist in zwei Gruppen über einander getheilt, wovon die unterste aus vielen ziemlich ekelhaft durch einander gewundenen Figuren besteht. Links im Vordergrunde stehen ein Paar plumpe Dirnen von Fleisch und Blut. Auch der Zeitgenosse von Rubens, der um den Ruhm eines großen Künstlers mit ihm wetteifernde Crayer, leistete mir hier kein Genüge. Die Kreuzigung, die man von ihm in der Bischofskapelle bewundert, ist schön kolorirt; aber der Körper ist verzeichnet. Sein Hiob ist interessanter: er blickt auf voll Vertrauen, das sogar an Extase und Freude gränzt; dagegen hört er auch nicht, was sein Weib, eine sehr gemeine Hexe, ihm sagt. Von den drei Freunden sitzen zwei mit niedergebücktem Haupte, und träumen, indeß der dritte mit den Fingern spricht. Noch ein gepriesenes Gemälde dieses Meisters ist hier die Enthauptung des Täufers Johannes; aber welch ein Anblick! Eine zerrissene, unzusammenhangende Composition, verwischte Farben, ein scheußlicher Rumpf und ein Bologneser Hündchen, welches Blut leckt! Solch ein Gegenstand und solch eine Phantasie schicken sich für einander, und um alles zu vollenden, gehört nur noch der Zuschauer dazu, der mit uns zugleich vor dem Bilde stand und voll Entzücken ausrief: ah quelle superbe effusion de sang!

Unter einer großen Anzahl von Gemälden, wovon die besten von Seghers, van Cleef, Roose und Porbus gemalt sind, keines aber hervorstechende Vorzüge besitzt, halte ich ein uraltes Stück von den Gebrüdern van Eyk noch für nennenswerth, weil es vielleicht das erste war, das in den Niederlanden mit Ölfarben gemalt wurde. Der Gegenstand ist aus der Offenbarung Johannis entlehnt: die Anbetung des Lammes.

Der Composition fehlt es, wie man es sich von jener Zeit vorstellen kann, sowohl an Ordnung und Klarheit, als an Wirkung und Größe. Bei aller Verschwendung des Fleißes bleibt die Zeichnung steif und inkorrekt; Perspektive und Haltung fehlen ganz und gar; die Farben sind grell und bunt und ohne Schatten. So malte man aber auch in Italien vor Perugino's Zeiten, und was uns dieses Gemälde merkwürdig macht, ist daher nicht der Geist, womit es ersonnen und ausgeführt worden ist, sondern die wichtige Erfindung der Ölmalerei, die damals in den Niederlanden zuerst an die Stelle des so lange üblich gewesenen al Fresco trat, wenn sie auch in Deutschland bereits weit länger bekannt gewesen seyn mag. Ich bin zwar weit entfernt, den Koloristen einen Vorzug vor den richtigen Zeichnern einräumen zu wollen; allein ich halte es wenigstens im Angesicht der Meisterwerke des Flämischen Pinsels für ein gar zu hartes Urtheil, die Erfindung, worauf der ganze Ruhm dieser Schule beruht, mit Lessing um des Mißbrauchs willen, der damit getrieben worden ist, lieber ganz aus der Welt hinweg zu wünschen. Der Vorwurf einer üblen Anwendung, selbst einer solchen, welche völlig zweckwidrig ist, trift wohl mehr oder weniger eine jede menschliche Erfindung; und wenn es nicht geläugnet werden kann, daß die Erlernung der beim Ölmalen erforderlichen Kunstgriffe manchen wackern Künstler mitten in seiner Laufbahn aufgehalten und in die Klasse der Mittelmäßigkeit geworfen oder gar vom rechten Ziel der Kunst entfernt hat, so bleibt es doch auch unbestritten, daß mit Ölfarben manches unnachahmliche Bild auf die Leinwand hingezaubert worden ist, dessen Schönheiten bei jeder andern Behandlung verloren gegangen wären. Am Kolorit, als solchem, ist freilich so viel nicht gelegen; aber durch die Verschmelzung der Farbenschattirungen, welche nur ihre Vermischung mit Öl möglich machte, sind feine Nüancen des Ausdrucks erreicht worden, wodurch die Kunst selbst an Würde gewonnen hat und für den Psychologen lehrreich geworden ist.

Der Wunsch, in den übrigen Kirchen, Klöstern, Prälaturen, auf dem Rathhause und in den Privatsammlungen zu Gent den Denkmälern der Flämischen Kunstepoche nachzuspüren, mußte für itzt der Nothwendigkeit unseres Reiseplans weichen. Mit Tagesanbruch eilten wir durch die reichste Gegend von Flandern hieher nach Antwerpen. Der Weg ging über eine herrlich bebaute Ebene. Triften, Wiesen, Äcker und Heerstraßen waren mit hohen Bäumen und Gebüschen eingefaßt; der Steindamm war den größten Theil des Weges so gut, wie im übrigen Brabant und Flandern. Die Vegetation schien indeß kaum noch weiter vorgerückt, als wir sie in unserer milden Mainzer Gegend verlassen hatten; die Saaten allein prangten mit ihrem frischen Grün, und des Ölrettigs dichte, goldgelbe Blüthen bedeckten oft unabsehliche Strecken. Das Erdreich war an vielen Stellen leicht und mit Sand gemischt, mithin gewissen Gattungen von Getreide vorzüglich angemessen. Überall sahen wir den Anbau zu derjenigen Vollkommenheit getrieben, wo bereits der Wohlstand der Einwohner durch ihren Fleiß hervorschimmert. Wie leicht müßte nicht hier, bei einer bessern Erziehung des Landvolkes und gehöriger Anleitung von Seiten der Gutsbesitzer, die Landwirthschaft mit der Schwedischen und Englischen wetteifern können! Allein es ist ja alles hier gleichsam darauf angelegt, den alten Vorurtheilen einen Charakter heiliger Unfehlbarkeit aufzuprägen. Mit Erstaunen und Freude mußten wir indeß einander bekennen, daß wir solche Flecken und solche Dörfer, als womit dieser Weg und die ganze Gegend gleichsam besäet ist, auf dem festen Lande noch nicht angetroffen hätten. Lockeren, St. Nikolas, u.a.m. beschämen die Städte vom dritten und vierten Range, die man in anderen Ländern über ihres gleichen rühmt. Sie sind beinahe Viertelmeilen lang, durchaus von Backsteinen sauber erbaut, mit breiten Straßen, gutem Pflaster und Reihen von Bäumen wohl versehen. Ordnung und Reinlichkeit, die unverkennbaren Begleiter des Wohlstandes, herrschten im Innern der Häuser, und der treuherzige Ton der Bewillkommung, den wir von den Einwohnern vernahmen, bestätigte uns in der guten Meinung von ihrer Wohlhabenheit. Wir fanden alle Hände mit der Verfertigung von grober Leinwand zu Segeltuch, Gezelten u.d. gl. aus selbst gezogenem Hanf und Flachs beschäftigt. Dieser Anbau, nebst den darauf beruhenden Manufakturen und dem reichlichen Ertrage des Getreidebaues, scheint die Hauptquelle des hiesigen Reichthumes zu seyn.

Eine halbe Meile vor Antwerpen verschwanden die Bäume, Gebüsche und eingezäunten Felder; die Gegend verwandelte sich in eine weit ausgebreitete *Lande,* eine kahle Ebene, wo Viehweiden und Wiesen an einander gränzten, und an deren Horizont wir ringsum beschattete Dörfer, in der Mitte aber Antwerpen in seiner imposanten Größe liegen sahen. Ein Wald von Thürmen, und vorzüglich der ungeheure Gothische, wie Filigran gearbeitete Spitzthurm der Kathedralkirche, ragte hoch empor; die Citadelle auf einer kleinen Erhöhung vergrößerte und verschönerte diesen Anblick, und die Bewegung auf- und absegelnder Barken auf der Schelde, die wir zwischen ihren Ufern noch nicht sehen konnten, hatte etwas Zauberähnliches. Bald erblickten wir ihre gedemüthigten Gewässer, und seufzten von neuem über Europäische Politik und Europäisches Völkerrecht. Der schöne, herrliche Fluß ist, wie die Themse, zum Handel gleichsam geschaffen; die Fluth steigt darin zwanzig Fuß hoch vor den Mauern der Stadt, und verdoppelt alsdann seine Tiefe. Hier ist er nicht so breit, wie der Rhein vor Mainz; aber er trägt wegen des beträchtlichen Steigens und Fallens keine Brücke. Etliche Meilen weiter hinabwärts breitet er sich aus zu eines Meerbusens Weite.

Wir sahen einen Hafen, wo zweitausend Schiffe Raum finden würden, mit einigen kleinen Fahrzeugen besetzt. In wenigen Minuten führte uns ein kleiner Nachen von dem so genannten Haupt (oder der Spitze) von Flandern hinüber in die Stadt.

XXI

Antwerpen

Es kostet eben keine große Mühe, in einer Stadt, die Raum für zweimal hundert tausend Menschen enthält, zwischen den übrig gebliebenen vierzig tausend Einwohnern sich hindurch zu drängen; das bloße Sehen ist es, was uns am Abend ermüdet auf unser Zimmer zurück treibt, wo ich Dir heute noch erzählen will, welche Schätze der Flammändischen Kunst in diesen Paar Tagen vor uns die Schau und Musterung haben aushalten müssen. Was wir gesehen haben, ist nur ein sehr geringer Theil der in Antwerpen noch vorhandenen Gemälde; alle Kirchen, Abteien und Klöster, deren es hier mehr als dreißig giebt, sind über und über mit den Meisterwerken Niederländischer Maler behängt; das weitläuftige Rathhaus, die Säle der Bürgerkompagnien, und die Börse, enthalten manches große und von Kennern gepriesene Werk, und außerdem zählt man verschiedene erlesene Privatsammlungen von kleineren Stücken. Wenn die Menge dieser Kunstgebilde mit ihrem Werth in einem direkten Verhältniß stände, so müßten sowohl Maler als Liebhaber der Malerei nach Antwerpen wie nach Rom wallfahrten und Jahre lang sich an dem Fleiße, der Geschicklichkeit und der Erfindungskraft der Niederländischen Meister weiden; doch daß es wirklich nur zu selten geschieht, das setzt die hiesigen Schulen tiefer unter die Italienischen herab, als meine Lobsprüche sie wieder heben können.

Die Malerei umfaßt einen so großen Kreis von Fertigkeiten und Kenntnissen, daß unter Hunderten, die sich ihr widmen, kaum Einer zu irgend einer auszeichnenden Stufe gelangt, und folglich wahre Künstlergröße auf diesem Wege so schwer zu erringen ist, wie in jener von Homer und Pindar betretenen Laufbahn. Ob ein Marmorblock, oder zerriebene Farben, oder die Elemente der Sprache den rohen Stoff ausmachen, den der Künstler bilden soll: dies kann in so weit gleichgültig seyn, als nur die Arbeit den Werth des Kunstwerks bestimmt; und diese Arbeit nun – nach welchem andern Verhältnisse läßt sie sich schätzen, als dem *gedoppelten,* des innern Werthes und Reichthumes der schaffenden Seele, und des Grades der Vollkommenheit, in welchem sie sich mit ihrer Schöpfung identificirte? Oder sollte es hier wirklich nicht auf das erstere, nicht auf die Humanität des Künstlers ankommen? sollte nur die Gabe darzustellen, gleichviel was dargestellt würde, den Meister bezeichnen? Dann freilich giebt es keine größeren Maler als Douw und Miris und Metsü; dann könnte es sich treffen, daß ein Harlekin der größte Schauspieler genannt zu werden verdiente; dann hieße das Geklingel und Geklapper der Sylben, und die, wie Paul Denners Köpfe, bis auf jedes Härchen mühsam, ekelhaft und geschwätzig nach dem Leben kopirten Sittengemälde unserer Idyllenschmiede das non plus ultra der Dichtkunst.

Unstreitig hat die bloße Nachahmung der Natur schon ihr großes Verdienst; sie ist die unnachläßliche Bedingung zu weiteren Fortschritten. Es setzt sogar in allen drei Künsten, die ich eben erwähnte, ein weit getriebenes Studium, einen gewissen Umfang der Kenntnisse, der Erfahrung und Übung voraus, um nur den Mechanismus, so der Farbenmischung und Farbengebung, wie der metrischen Bewegungen und ihrer Anwendung, oder endlich der Mimik und Deklamation, auf die höchste Stufe der Vollkommenheit zu bringen. Vielleicht aber liegt es schon in der Natur menschlicher Anlagen, daß gemeinhin bei der Concentration aller Kräfte auf diese mechanischen Vorübungen, die Fähigkeit zu den höheren Zwecken der Kunst hinanzusteigen, verloren geht oder wohl gar von Grund aus schon fehlt. In der Mechanik der Kunst konnten die Niederländer selbst einen Raphael übertreffen; allein wer seine Formen sieht, in seinen Gemälden Gedanken liest und Gefühle ahndet, den umfassenden, erschöpfenden wählenden Sinn darin erkennt, womit der hohe Künstler den Menschen und sein Treiben durchschaute – wird ihm der nicht die kleinen Mängel seiner Palette gern erlassen? Ich möchte fast noch weiter gehen, ich möchte mich überreden, daß den größten Meistern so viel von diesem Machwerk zu Gebote gestanden, als sie gerade zur Vollkommenheit *ihrer* Darstellung bedurften, daß die üppige, wollüstige Vollendung eines Tizian den Eindruck hätte stören können, den Raphaels erhabener Ernst hervorbringen sollte. So viel ist wenigstens gewiß, daß die Darstellung der Griechischen Gottheiten darum bereits außerhalb der Gränzen der Malerei zu liegen und ein ausschließendes Eigenthum der Bildhauerei zu seyn scheint, weil das irdische Kolorit großentheils die Täuschung vernichtet, welche das idealisirte Ebenmaaß allein bewirken kann; die vortreflichsten *gemalten* Göttinnen und Götter sind weiter nichts, und machen keinen andern Eindruck, als schöne Frauen und Männer. Wenn ich diese Bemerkung auf solche Gegenstände anwende, die der Malerei vorzüglich angemessen sind und in deren Bearbeitung sie eigentlich ihre höchste Vollkommenheit erreicht, so dünkt es mich auch hier, daß der heroischen Natur, der idealischen Schönheit der ästhetischen und sittlichen Größe eine gewisse Täuschung, nicht nur der Formen, sondern auch der Farbengebung, nothwendig zugestanden werden müsse, welche mit dieser Einschränkung noch gedenkbar, und gleichwohl über jede gewöhnliche und bekannte Natur hinwegschwebend, den Charakter des Erhabenen ausdrückt. Würde nicht, zum Beispiel, die Wärme, womit es erlaubt ist eine Danaë, eine Leda oder eine Kleopatra zu malen, dem Bildniß einer Heiligen übel anstehen? Oder dürfte sich der Maler schmeicheln, wenn er die Himmelfahrt der Jungfrau schildert, die Phantasie des Zuschauers befriedigen und bestechen zu können, wofern er nicht die Vorstellung eines schweren, materiellen Körpers von Fleisch und Blut so viel als möglich durch die Illusion des Kolorits zu entfernen suchte?[7]

Den Künstlern kann man es nicht oft genug wiederholen, daß die treue Nachahmung der Natur keinesweges der Zweck der Kunst, sondern nur Mittel ist; daß Wahrscheinlichkeit ihr mehr als Wahrheit gilt, weil ihre Werke nicht zu den Wesen der Natur gehören, sondern

---

[7] Hiermit wäre also die Frage, welche Lessing im Anhang zum Laokoon S. 380 aufwirft, vorläufig beantwortet und Richardsons Hofnung, daß Raphael übertroffen werden könne, vereitelt.

Schöpfungen des menschlichen Verstandes, Dichtungen sind; daß die Vollkommenheit dieser Geistesgeburten desto inniger empfunden wird, je unauflösbarer die Einheit und je lebendiger die Individualität ihres Ganzen ist; endlich, daß Schönheit ihr vollendendes äußerliches Gepräge und zugleich ihre inwohnende Seele bleiben muß. Vermittelst dieser Bestimmungen erklärt man sich leicht, warum in ächten Kunstwerken die Darstellung zuweilen so treu und wahr seyn kann, wie in bloßen Kopien nach der Natur; da hingegen umgekehrt der genielose Fleiß, auch wenn er täuschend genau darstellt, auf den Namen der Kunst, im höheren Verstande, keinen Anspruch machen darf. So würde es ebenfalls die Scheidung des Wesentlichen in der Kunst von dem Zufälligen sehr erleichtern, wenn man erwöge, daß sogar die rohesten Völker, die entweder einen höchst unvollkommnen oder noch gar keinen Trieb zu materiellen Kunstgebilden äußern, bereits wahre Poësien besitzen, welche, verglichen mit den geglätteten und künstlich in einander gefügten dichterischen Produkten der verfeinerten Kultur, diesen oft den Preis der Gedankenfülle, der Stärke und Wahrheit des Gefühls, der Zartheit und Schönheit der Bilder abgewinnen. Man begreift, wie diese Eigenschaften das einfache Hirtenlied, die Klagen und das Frohlocken der Liebe, den wilden Schlachtgesang, das Skolion beim Freudenmale und den rauschenden Götterhymnus eines Halbwilden bezeichnen können; denn sie gehen aus der schöpferischen Energie des Menschen unmittelbar hervor und sind unabhängig von dem Vehikel ihrer Mittheilung, der mehr oder minder gebildeten Sprache. Spröder ist der todte, körperliche Stoff, welchen der bildende Künstler außer sich selbst suchen muß, um seine Einbildungskraft daran zu offenbaren. Statt des conventionellen Zeichens, des leicht hervorzubringenden Tones, muß er die Sache selbst, die er sich denkt, den Sinnen so darzustellen suchen, wie sie sich im Raum geberdet, und hiermit werden alle Einschränkungen seiner Kunst offenbar. Die mechanischen Vortheile in der Behandlung des rohen Materials, die aus dem innern Sinne zur äußern Wirklichkeit zu bringende, richtige Anschauung der Formen, die Erfahrung, welche den Künstler lehren muß, seinen Tiefblick durch die Veränderungen der äußern Gestalt bis in die Modifikationen der Empfindung zu senken, und jene sinnlichen Erscheinungen als Zeichen dieser inneren nachzubilden – dies alles fordert einen ungeheuren Aufwand von Zeit und vorbereitender Anstrengung, wovon der Dichter, der sich selbst Organ ist, nichts zu wissen braucht.

Je schwerer also die Darstellung und je längere Zeit sie erfordert, desto strenger bindet sie den Künstler an Einfalt und Einheit; je einfacher aber irgend eine Geburt des Geistes, desto mächtiger muß sie durch die Erhabenheit und Größe des Gedankens auf den Schauenden wirken. Daher ist die lebendige Ruhe eines Gottes der erhabenste Gegenstand des Meißels, und ein Augenblick, wo die Regungen der menschlichen Seele schön hervorschimmern durch ihre körperliche Hülle, ist vor allen des Pinsels großer Meister würdig.

Wenn ich mit diesen Vorbegriffen die Werke der Niederländischen Schulen betrachte, so hält es, wie mich dünkt, nicht schwer, das rechte Maaß ihres Verdienstes anzugeben. Ich sehe große Anlagen, Riesenkräfte, die unter einem glücklichern Himmel, in einem größern Wirkungskreise, bei einer andern Erziehung und anderen bestimmenden Verhältnissen Wunder der Kunst hervorgebracht hätten. Hier verzehren sie sich im Kampfe mit den Schwierigkeiten des Mechanismus, und wenn sie diese ganz besiegt haben, ist der Gedanke, den sie darstellen wollen, des Sieges nicht werth. Als Trophäen können wir indeß diese Werke nicht nur gelten lassen, sondern auch mit Dank und Bewunderung annehmen; Trophäen nämlich, wie der Mensch sie auf seinen Zügen bis an die äußerste Gränze seiner Herrschaft über die sinnliche Welt erbeuten kann. Das Gesetz der Mannichfaltigkeit scheint eine Zusammenschmelzung aller Gattungen der Vollkommenheit in einem Menschen so wenig wie in einem Werke zu gestatten; wo Licht und Schatten, Haltung, Effekt, wahre Färbung, treue Nachahmung gegeben werden, dort müssen wir nicht allein Verzicht thun auf die hohe ästhetische Begeisterung, die sich bis zur Darstellung der Harmonien zwischen dem sinnlichen und dem sittlichen Schönen emporschwingt, sondern wir müssen uns auch zufrieden geben, wenn das sehr löbliche Bemühen Effekt herauszubringen, zu dem sehr anstößigen Fehler falscher Umrisse verleitet, der gerade dann am unverzeihlichsten ist, wenn er nicht durch Schönheiten einer höhern Ordnung vergütet wird. Die Niederländer haben gezeigt, was sich mit Farben machen läßt, aber freilich nur mit Niederländischem Geiste und an Niederländischer Natur. Ist es nicht Rechtfertigung genug für sie, daß auch unter den Italienern die Meister in der Farbengebung weder in der Composition, noch in der Zeichnung, noch in der Erfindung, und am wenigsten im Erhabenen Meister waren? Was können sie dazu, daß eine reizende Venezianerin in der Cyprischen Rangordnung so hoch über einer handfesten Flämischen Dirne zu stehen kommt? – Jetzt, dünkt mich, wären wir in der rechten Stimmung, um Niederländische Bilderkabinette zu besuchen.

Man führte uns zuerst in die Privatsammlung des Herrn Huybrechts, der uns aber den Genuß seiner vaterländischen Kunst beinahe verleidet hätte, indem er mit einem Correggio prunkte. Zwar er selbst ahndete nichts von der gefährlichen Überlegenheit des Italieners; denn er besaß gewiß *eben so theure* Stücke von Niederländischen Meistern! Zum Glück hatte dieses Gemälde so wenig von der belobten Anmuth des zarten Allegri, die Yorick in seiner Laune durch ein patronymisches Wort, the *Correggiescity* of Correggio, so schön individualisirt, daß die Flammänder noch mit heiler Haut davon kamen. Wenn das Stück ein Original ist, wofür ich es doch nicht halte, so hat es sich vortreflich conservirt. Es stellt eine Mutter vor, mit dem schlafenden Kinde. Sie scheint nach der Natur gezeichnet; allein vielleicht eben darum sind die Züge so plump und haben die zurückstoßende Bezeichnung der Dummheit. Auch dem Maler des seelenvollen Reizes ist es also nicht immer gelungen, ihn zu haschen im flüchtigen Augenblick der Beobachtung, oder, daß ich es wahrer sage, ihn einem Körper einzuhauchen, dem die Natur ihn versagte. Das Kind hingegen ist ein schlafender Amor, so schön und lächelnd im Schlafe, mit der Gesundheit Frische auf den Wangen.

Unter den Niederländischen Gemälden in dieser Sammlung haben die Seestücke ein ausgezeichnetes Verdienst. Backhuisen entwarf die segelnden Fahrzeuge mit vieler Wahrheit, und Bonaventura Pieters war vor andern glücklich, wenn er die durchsichtigen Wellen des aufgeregten Elements in ihrer großen Verbindung, gleichsam als belebte Theile eines unermeßlichen Ganzen, schilderte. Die schöne Aussicht der Stadt Briel hatte vorzüglich diese Erhabenheit, welche mit der Idee von Leben und Bewegung in den Fluthen verbunden ist. Die Darstellung architektonischer Perspektiven im Innern Gothischer Kirchen ist ebenfalls ein besonderes Niederländisches Talent, und obwohl die Gebäude selbst, die hier so zahlreich sind, nur treu kopirt werden durften, so erhöht es doch den Werth der Gemälde und gereicht der künstlerischen Phantasie zum Ruhme, daß sie den Gesichtspunkt der Diagonallinie wählte, um die Einförmigkeit der parallel laufenden Pfeiler brechen und malerische Kontraste hineinzaubern zu können.

Insbesondere gefiel mir hier ein kleines Stück in dieser Gattung, von Flinck, wegen der vortreflichen Vertheilung des Lichtes.

Von dem sorgfältigen Gabriel Metsü zeigte man uns eine Violinspielerin, an welcher außer ihrem Atlasrocke nichts Bewundernswürdiges war; der Rock hatte freilich die täuschendste Ähnlichkeit mit dem schönsten ächten Atlas. Wie gefährlich hätte der Künstler mit diesem Talent zum Nachahmen seinen berühmtesten Mitbrüdern werden können, wenn er es auf edlere Gegenstände angewendet hätte! Allein das Schicksal, welches ihm diesen beneidenswerthen Pinsel verlieh, fesselte seine Einbildungskraft an einen Kleiderschrank, oder legte den malerischen Bildungstrieb in die Seele eines Schneiders. – Die Kenner sagen, daß die Holländische Schule keinen größeren Künstler als Franz Miris, den ältern, hervorgebracht hat. Ein altes Weib mit einer halb ausgeleerten Weinflasche rühmte hier die Kunsterfahrenheit dieses Meisters. Man könnte an diesem Bilde die Transsubstantiation ad oculum demonstriren und im Gesicht der Alten genau angeben, wohin der fehlende Wein aus der Flasche gekommen sei. Die größte Empfänglichkeit, verbunden mit dem seltensten Beobachtungsgeiste und einer großen Kraft im Darstellen, können folglich ohne alle Feinheit des Geschmackes und der Empfindung bestehen. An diesem ekelhaften Gemälde ist vorzüglich die sichere Nachahmung der Natur zu bewundern, wobei sich Miris so ganz auf sein richtiges Auffassen und festes Zeichnen verläßt, und keinen Effekt, obwohl in einem so kleinen Stücke, durch Manier hat erzwingen wollen. Das Gegentheil bemerke ich hier an einem Bauerngelage von Cuylenburg, das zwar in Teniers Geschmack gemalt ist, aber weder seine Leichtigkeit noch seine Wahrheit hat.

Zu den größeren Stücken in dieser Sammlung gehört eine nackte, weibliche Figur, von schöner Farbengebung, von Peter van der Werff, einem Bruder des Ritters Adrian. Eine Königin von England und ein kühn skizzirtes Porträt des Bildhauers Feuherbe verdienen als Werke van Dyks genannt zu werden. Auch leuchtete uns hier ein Stral aus Rembrandts Phantasie, in Gestalt eines prächtigen Sultans, entgegen. Die Tochter des Blumenmalers Seghers und eine Nonne (hospitalière) von Rubens, hatten seine bekannte Kraft im Porträt. Die Frische der Farben in dem letztern Bildniß war unübertreflich; man möchte glauben, es käme nur eben von der Staffelei. Daß dieser wichtige Theil der Vorkenntnisse, welche die Malerei voraussetzt, die Wahl dauerhafter

Farben, heutiges Tages so sehr vernachlässigt wird, gereicht unsern Künstlern schon jetzt zum Vorwurf, und bringt sie einst um den Ruhm, den sie von der Nachwelt ärndten könnten.

Das Kabinet des Herrn van Lancker enthält einen noch ungleich größeren Schatz von Niederländischen Schildereien. Die Landschaften von Both, van Goyen, Cuyp, Berghem, Wynants, Roos und anderen, eine reicher, niedlicher, vollendeter als die andere und jede mit dem eigenthümlichen Verdienst ihrer Urheber bezeichnet, buhlen hier um den Beifall des Kenners. Unstreitig hat die Phantasie des Landschaftsmalers ein großes, weites Feld; die allgemeine Lebenskraft des Weltalls, die regen Elemente des Lichtes, des Äthers, des Wassers und der allgebärenden Erde geben ihr das begeisternde Schauspiel jenes größten, anbetungswürdigsten Wunders, einer immer jungen, aus ihrer Zerstörung stets wieder erstehenden Schöpfung. Das Verhältniß aber zwischen der Landschaftsmalerei und ihrer älteren Schwester, der Menschenbildnerin, scheint mir am besten dadurch bezeichnet zu werden, daß in der einen alles schon deutlicher, umgränzter Gedanke ist, was in der andern noch unbestimmbares, zartes, ergreifendes Gefühl bleiben muß. In der Landschaft wirken allgemeine Harmonie, durchgeführte Einheit des Ganzen, große Kontraste, zarte Verschmelzungen, alles aber zu einem unnennbaren Effekt, ohne abgeschnittenen, bleibenden Umriß. Weder Lichtmassen noch Wolken, Luft und Gewässer, noch Felsen, Gebirge und Unebenheiten des Bodens haben beständige, ihnen angeeignete Formen; selbst Bäume und Pflanzen sind in unendlich höherem Grad als die Thiere der Veränderlichkeit des Wuchses und der Gestalt unterworfen, und ihre Theile, Blüthen und Laub, verlieren sich mit ihren bestimmteren Formen in der Entfernung, aus welcher sie dem Auge begegnen, und fließen zusammen zu Gruppen und Massen, denen der Künstler kaum auf dem Vordergrunde die Bestimmtheit der Natur mittheilen darf. In dämmernder Ferne hingestellt, kommen die Urbilder schon hieroglyphisch bezeichnet an unsere Sehorgane; um so viel mehr ist die Bezeichnung, womit wir sie nachahmen können, in unserer Willkühr, wofern sie nur ihren Zweck, nämlich den täuschenden Effekt jener schönen Verwirrung der Umrisse und jenes lieblichen Licht- und Schattenspiels, hervorbringt. Auch in dieser Gattung von Kunstgebilden kann indeß die Phantasie des Malers ihre Größe und Stärke zeigen; auch sie ist einer edlen, dichterischen Behandlung fähig, wenn nur das wesentliche Ziel der Kunst, die Zusammenstellung des Schönen und die Belebung des gesammelten oder erfundenen Mannichfaltigen zur unauflösbaren Einheit, dem Künstler immerfort vor Augen schwebt. Der Mangel unabänderlicher Formen hat zwar die Folge, daß es für die Landschaft kein bestimmtes Ideal geben kann; allein dagegen ist die Freiheit des Künstlers desto unumschränkter; das weite Reich des Natürlichen und Wahrscheinlichen liegt vor ihm, und es hängt von seiner Willkühr ab, gefällige Bilder, sanfte Harmonien, erhabene Phänomene, mächtige Bewegungen, erschütternde Wirkungen daraus zu schöpfen. Etwas von diesem unbestimmten Schönen der Natur findet man in den Werken aller vorhin genannten Landschaftsmaler; aber wenn es auf die Feuerprobe der Kritik ankommt, haben wir nur Einen Claude.

Diese Sammlung enthält auch einen unvergleichlich schönen Wouwermanns, den ich aber nicht mit der ekstatischen Bewunderung ansehen kann, die ihm der Kenner zollen mag. Ist das Getümmel einer Schlacht, das Gewühl der Kämpfenden durch einander, der Anblick entseelter Leichname, sind die unbändigen Rosse, die durch den Dampf des Geschützes hervorstürzen – sind diese gewaltigen Bilder nicht fähig, die Einbildungskraft zu spannen und ihr den schauervollen Gegenstand, der dem Künstler vorschwebte, zu vergegenwärtigen? Dies alles gebe ich zu, und dennoch, auf die Gefahr der Verwöhnung beschuldigt zu werden, verweile ich mich bei keinem Kunstwerk, das nur Verwirrung schildert. Was soll ich denn in diesem Gedränge? Für wen wird hier gestritten? Wer ist der Sieger und wessen die fliehende Fahne? Eine Schlacht kann uns interessiren, wenn wir um ihre Veranlassung wissen, wenn wir der einen Partei den Sieg wünschen, oder wenn sich etwas dabei ereignet hat, was mitten in dem unmenschlichsten Geschäft an edlere Empfindungen, an die bessere Seele im Menschen, erinnert. Daher wählen alle große Meister, wenn sie eine Schlacht vorstellen sollen, eine historische Episode, wodurch sie sich von andern unterscheiden läßt, und, was noch wichtiger ist, wodurch sie den Zuschauer in Anspruch nehmen kann. Ohne diese Charakteristik ist die Schilderung des wilden Gemetzels so uninteressant wie ein Zeitungsartikel, und ich sehe nicht ein, warum die Künstler mehr als andere Leute gegen die Conventionen der guten Gesellschaft sollen verstoßen dürfen. Dem wahren, schöpferischen Geiste gnügt es nicht, alles bilden zu können, was ihm einfällt; er will darstellen, was Anderen zu denken giebt und womit sich ihre Phantasie vorzugsweise beschäftigt. Könnte man doch auch unseren Dichterlingen so etwas begreiflich machen!

Herr van Lancker besitzt einen sehr schönen Teniers. Wenn die Malerei die magische Kraft hätte, die man ihr wohl eher angedichtet hat, nicht bloß ästhetisch, sondern auch moralisch zu wirken, so möchte man jedem Fürsten den täglichen Anblick dieses Gemäldes wünschen; es sollte ihn erinnern an das Bedürfniß des Volkes, nach vollbrachter Arbeit zu genießen und des Lebens froh zu werden, an den Beruf des Herrschers, den Sinn für Freude zu erwecken und rege zu halten, an die große Erfahrung, daß die Menschen mit leichten Ketten spielen, die schweren aber zerbrechen oder unter ihrer Last hinsinken. Außerdem nähmen sich freilich die Belustigungen der zahlreichsten Klasse des Menschengeschlechts im Leben besser aus als auf der Leinwand, wenn der Künstler (wie es hier der Fall ist) nur Karrikaturen einer tölpischen Fröhlichkeit schaffen kann. – Ostadens Bauern sind noch plumper, noch grotesker ungeschickt, als die von Teniers; in einem von seinen Gemälden zeigte man uns sogar, als etwas Verdienstliches, eine kleine menschenähnliche Figur im Hintergrunde, die, ihrer Unförmlichkeit ungeachtet, den Kennern ihren Urheber verräth.

Das vorhin erwähnte Weib mit der Weinflasche soll nicht den zehnten Theil so viel werth seyn, als hier der eingeschlafene Leiermann von demselben Meister. Er schläft so fest, so süß über seinem Instrument, und alles um ihn und an ihm ist mit ermüdender, ärgerlicher Treue, die nicht des kleinsten Striches vergißt, nicht mit englischer, sondern was zum Glück etwas anderes bedeutet, mit *Holländischer* Geduld vollendet. Wer noch mehr von diesem Bilde wissen wollte, würde mich in Verlegenheit setzen; denn ich habe Dir in der That alles gesagt: es ist ein schlafender Leiermann. In allen Künsten des Schönen bleibt es das unverkennbare Zeichen von Kleinlichkeit des Geistes, wenn ihr Gebilde so beschaffen ist, daß die Phantasie nichts mehr hinzusetzen, nichts weiter darin suchen und ahnden, ihr luftiges Spiel damit nicht treiben kann. Ich beneide den ehrlichen Franz Miris nur um seine Zeit.

Was mag man wohl zu loben finden an diesen kleinen nackten Figürchen von Poelenburg, mit ihren eckigen, breiten Schatten, ihren bunten Gewändern und der todten Kälte, womit sie die uninteressantesten Handlungen begehen, sich baden oder nach dem Bade sich ankleiden? Ich habe so wenig mit ihnen zu schaffen, wie mit dieser Magdalene von Paul Veronese, deren Ächtheit ich nicht untersuchen will, weil sie der Untersuchung nicht werth ist. Lieber betrachte ich daneben das schöne Porträt von van Dyks vortreflicher Arbeit; Du weißt, welch ein Lob dieser Name einem Porträt geben kann.

Von Rubens ist in dieser Sammlung eine Madonna mit dem Kinde, genau dieselbe, die auch in der Galerie zu Düsseldorf befindlich ist und die mein Freund Hesse so schön gestochen hat; nur sind im hiesigen Gemälde noch einige Nebenfiguren und die Ausführung ist schlecht gerathen. Es waren noch ein Paar andere Stücke von Rubens im Zimmer, nicht ohne das ihm eigenthümliche Verdienst; allein ich hatte nur Augen für seine kleine, niedliche Skizze von Mariens Himmelfahrt. Die Stellung der zum christlichen Olymp hinauffahrenden Göttin ist wirklich schön; sie hält die rechte Hand empor und senkt die linke halb, gleichsam bereit mit Entzücken zu umfangen. Ihr Blick ist Wonne, ohne die Bescheidenheit der Demuth, aber auch ohne die Arroganz der Selbstsucht. Die Gruppe wäre gut gedacht, wenn nur die Engel fliegen könnten. Daß doch immer etwas Unvollkommenes oder Unpassendes die Freude verderben muß, die Rubens geben kann!

Die Ausnahme von dieser Regel fanden wir bei Herrn van Haveren; die drei unvergleichlichen Porträte von Rubens Hand, die er besitzt, gewähren in der That den reinsten Genuß des ganzen Umfanges seiner Kunst. Zwei davon sind die Frauen, das dritte, wenn ich recht verstand, die Geliebte des Künstlers. Unmöglich kann man der Natur mit mehr Gewandtheit ihre gefälligsten Züge ablauschen und wieder geben. Diese drei wohlbeleibten Flämischen Schönen ließen sich mit dieser durchschimmernden Sinnlichkeit die Liebkosungen des feurigen Künstlers gefallen, und ihm gnügten diese materiellen Reize, wenn er die Spannung vor der Staffelei durch eine andere ablösen wollte. Die täuschende Wahrheit der Kunst, die ganz etwas anderes ist, als die knechtische Treue eines Denner, eines bloßen Abschreibers der Natur, hat Rubens hier zur höchsten Vollkommenheit gebracht, es sei im Kolorit oder besonders in dem Farbenspiel des Gesichtes oder in der bestimmten Gestalt einzelner Züge und ihrer zarten Verschmelzung.

Der wunderschöne Schatten, den der Strohhut[8] auf das schönste von den drei Gesichtern wirft und die küssenswerthen Hände der beiden anderen Huldinnen des Künstlers haben ihres Gleichen nicht, und beweisen unwidersprechlich, daß er sie mit Liebe malte.

Man brachte uns von hier zu Herrn Lambrechts, der nicht bloß Liebhaber, sondern zugleich Künstler seyn will, indem er seine Muße damit hinbringt, die alten Stücke seines Kabinets mit einem glänzenden Firniß zu bepinseln, welches oft die schlimmste Wirkung thut. Er besitzt einige gute Porträte von van Dyk, Rubens, Rembrandt und Jordaens; von dem Letztern insbesondere den Kopf einer alten Frau, mit mehr Ausdruck und feineren Details, als man ihm zugetraut hätte. Auch sahen wir einen Italienischen, alten Kopf von Spagnoletto, ein Paar große, köstliche Berghems, einige Poelenburgs, Ostaden und Teniers; eine Menge Landschaften von verschiedenen Meistern, eine Aussicht von Antwerpen und der Schelde, das schönste, was ich von Bonaventura Pieters noch gesehen habe, und ich weiß nicht wie viel Herrlichkeiten mehr, die man angafft, um sie gleich wieder zu vergessen. Auf einem großen Gemälde hafteten unwillkührlich unsere Blicke; es war nicht nur den Stücken dieser Sammlung, sondern überhaupt allem, was man uns in Antwerpen zeigen konnte, gänzlich fremd. Kein Niederländer konnte den weiblichen Körper so denken, denn keine Niederländerin war je so gebaut; in meinem Leben sah ich nichts Schöneres als diese unbegreifliche Leda, bei einer so gewaltigen Figur; so denke ich mir die Gespielin eines Gottes. Der unselige Firniß hätte uns diesmal unwillig machen können; gern hätten wir uns die etwas schwärzeren Schatten gefallen lassen, und der Schnee des Schwans wäre uns weiß genug geblieben, hätte man nur dem elastischen Leben dieses Wunderwerkes seine ursprüngliche Weiche und den reinen Ton der Tizianischen Carnationen gelassen. Eine andere Unvollkommenheit mußte mich über diese ästhetische Sünde trösten: der häßliche Kopf von widriger, zurückstoßender Gemeinheit; derselbe, den wir schon in Brüssel an Tizians Danaë so abscheulich gefunden hatten. Wie mag es wohl möglich seyn, die Vorliebe für ein Modell so weit zu treiben? Wenn die Reize des Körpers blind machen können gegen die Mißge-

---

8 Kunstliebhaber kennen den chapeau de paille von Rubens; es bedarf aber kaum des Erinnerns, daß auf dergleichen zunftgerechte Benennungen hier weiter keine Rücksicht genommen wird.

stalt des Gesichts, darf man denn nicht wenigstens vom Künstler fordern, daß er den Augenblick seiner Illusion nicht zum Augenblick der Beurtheilung mache? Doch die wahre Ursache dieses Gebrechens liegt wohl darin, daß Tizians Phantasie mit seiner Darstellungsgabe in umgekehrtem Verhältnisse stand.

In der reichen Prämonstratenserabtei St. Michael, wo wir das Thor zum Zeichen des Hohns über den verstorbenen Kaiser, der sie hatte einziehen wollen, mit den drei Brabantischen Revolutionsfarben neu angestrichen fanden, zeigte man uns eine Menge Gemälde, die ich Dir nicht alle herzählen mag. In den Wohnzimmern des Abts hangen die kleineren Stücke; doch hat der Segen Melchisedeks, von Rubens, Figuren in Lebensgröße. Abraham steht seltsam mit einem Stück Teppich über dem Kopf verhüllt und gebückt vor dem Priester zu Salem. Könnte das Süjet diesem bunten Stück einen Werth verleihen, so müßte diesmal die Kunst wirklich bei der Religion darum betteln. Van Dyks Taufe Christi hat etwas mehr Anziehendes; Johannes wenigstens ist eine schöne, männliche Figur und in seine Jüdische Physiognomie hat der Künstler etwas Feines und Großes gelegt. Die Stellung ist graziös, und der braune Farbenton treflich behandelt, um den von der Sonne verbrannten Asceten in der Wüste zu bezeichnen. Für den Maler hat auch das Mechanische der Ausführung in diesem Gemälde, die Arbeit des Pinsels, einen unschätzbaren Werth. Der Christus hingegen ist, wie gewöhnlich, verfehlt. Der Kopf wäre noch schön genug; allein seine Demuth ist geistlos und ohne Würde; die Stellung hat etwas kläglich Zusammengekrochenes und der ganze Körper ist platt, ohne Haltung und Ründung. Die Nebenfiguren verdienen, wie die Anordnung des Ganzen, keine Erwähnung. Eine Abnahme vom Kreuz, ebenfalls von van Dyk, und die Ehebrecherin von Tintoret wollen wir übergehen, weil sich nichts Gutes von ihnen sagen läßt. Aber ein Paar Blumensträuße muß ich noch bewundern, die in ihrer Art vollkommen sind. Der Meister, der sie verfertigte, Peter Faes, ist ein jetzt lebender Maler in Antwerpen. Ich sage nicht zu viel, wenn ich behaupte, daß er sein Muster, den berühmten van Huysum, vollkommen erreicht, wo nicht gar noch übertrift.

Das ungeheure Refektorium ist mit fünf ungeheuer großen Schildereien von Erasmus Quellinus dem Jüngern tapezirt. Diese Stücke haben in einer gewissen Ferne erstaunlich viel Effekt; die Figuren springen gleichsam aus der Wand hervor und scheinen zu leben. In jedem Stück ist ein Aufwand von prächtigen Portalen, Hallen, Säulen, Treppen, und in jedem wird geschmauset, vermuthlich um den Mönchen ein gutes Beispiel zu geben. Warum Quellin den reichen Mann des Evangeliums als Kardinal geschildert hat, wird sich wohl aus irgend einem Privathaß erklären lassen. Mit diesen gemeinen Figuren dürfte indeß wohl nur ein Heißhungriger sympathisiren, wenn ihm nicht Lazarus die Lust zum Essen benimmt, der hier so ekelhaft erscheint, wie die Parabel ihn beschreibt. In der zur Abtei gehörigen Kirche hängt noch ein Bild von diesem Meister, in demselben Geschmack und von gleichem Verdienst. Es stellt die Heilung des Gichtbrüchigen vor; allein die Figuren verlieren sich in einer prächtigen Masse von Architektur, denn das Stück ist vierzig Fuß hoch und nach Verhältniß breit. Einem Maler, der nach diesem Maaßstabe arbeitet, fehlt es wenigstens nicht an Feuer und gutem Muth; von Feinheit und Ausbildung wollen wir schweigen.

Unser Führer ließ uns in der Augustinerkirche drei Stücken huldigen, weil sie von van Dyk, Rubens und Jordaens gemalt worden sind. Das Gemälde des erstern prangt mit schönen Engeln und einem heiligen Augustin, der in seiner Ekstase den Himmel offen sieht; ich glaube indeß, ein so kläglicher Christus, wie der über ihm sitzende, hätte den stolzen Bischof von Hippo bei aller seiner politischen Demuth außer Fassung bringen können. Das große Altarblatt von Rubens sagt mit allen seinen Figuren nichts, und könnte eine Olla potrida von Heiligen heißen. Jordaens, im Märtyrerthum der heiligen Apollonia, ist abscheulich, ekelhaft und verworren. Im Vorbeigehen besuchten wir noch die Begräbnißkapelle von Rubens in der St. Jakobskirche; sie ist wegen des Gemäldes berühmt, wo er sich selbst und seine Familie als Heilige und Andächtige travestirt hat. Er selbst ist ein heiliger Georg und seine beiden Frauen stehen ihm zur Seite. Die Erfindung mag ihn nicht viel Kopfbrechens gekostet haben; man kann aber nichts Meisterhafteres von Ausführung sehen.

Ich komme endlich zur Kathedralkirche, deren Schätze, an Zahl und Werth der Gemälde, diesseits der Alpen mit nichts verglichen werden können. Der Kapellen und Altäre in diesem Einen Tempel ist eine ungeheuer große Anzahl, und alle sind mehr oder weniger mit Schnitzwerk, Bildhauerei und Gemälden ausgeschmückt, an denen man die Geschichte und den Fortgang der Kunst in den Niederlanden studiren kann. Hier sieht man die Werke der älteren Maler, eines

Franz de Vrindt oder Floris und des in de Vrindts Tochter verliebten Grobschmiedes Quintin Matsys, den diese Liebe zum Maler schuf, des ältern und des jüngern Franck, des Martin de Vos, des Quillins, des Otto van Veene (Venius), der Rubens Lehrmeister war, und einer großen Menge anderer aus späteren Zeiten. Das Verdienst der älteren Stücke ist mehrentheils ihr Alterthum; denn an Composition, Gruppirung, Haltung, Perspektive, Licht und Schatten, Stellung, Leben, Schönheit der Formen und Umrisse, Wahl der Gegenstände u. dgl. ist nicht zu denken. Bei Martin de Vos fängt indeß schon eine gute Periode an; er wußte von allem diesem etwas in seine Gemälde zu bringen, ob mir gleich seine witzige Erfindung, sich selbst als den Maler und Evangelisten Lukas vorzustellen, wie er die vor ihm sitzende Madonna mit dem Kinde malt, indeß sein Ochse hinter der Staffelei wiederkäuet, eben nicht gefallen wollte. Coebergers Sebastian hat schon mehr Interesse; er wird eben erst angebunden und seine Figur ist nicht übel gerathen, so fehlerhaft auch das Ganze ist.

Von Rubens Arbeit sieht man hier die schönsten Stücke sorgfältig hinter Vorhängen oder auch hinter übermalten Flügelthüren verwahrt. Wir drängten uns während der Messe vor den Hochaltar, und knieten mit dem Haufen andächtiger Antwerper hin, um das große Altarblatt, welches die Himmelfahrt der Jungfrau vorstellt, mit Muße anzusehen, ohne Ärgerniß zu geben. Ich rathe indeß jedem, der seinen Glauben lieb hat, diesen Vorwitz nicht nachzuahmen, und vielmehr nach dem Beispiel der frommen Gemeine, die uns umgab, sich an die Brust zu schlagen und den Blick auf die Erde zu heften, als den Gegenstand seiner Andacht verwegen ins Auge zu fassen. So lange man nicht weiß, was man anbetet kann man sich seine Gottheit so göttlich träumen wie man will; ein Blick in dieses Empyräum, und es ist um alle Täuschung geschehen. Die dicke Lady Rubens sitzt zum Skandal der Christenheit leibhaftig in den Wolken, so gemächlich und so fest wie in ihrem Lehnstuhl. Ob sie sich nicht schämen sollte, eine Göttin vorzustellen – und eine Jungfrau dazu? Es scheint in der That nicht, als ob etwas vermögend wäre sie aus ihrer gleichgültigen, phlegmatischen Ruhe zu bringen und in Entzücken oder wenigstens in Erstaunen zu versetzen; eine Himmelfahrt oder eine Fahrt auf der Treckschuit, alles ist ihr gleich. Was könnte denn auch Lady Rubens auf einer solchen Luftreise Merkwürdiges sehen? Nichts als das blaue Firmament und einige Wolken, deren nähere Bekanntschaft sie nicht interessiren kann; sodann eine Menge runder Kinderköpfe mit Flügeln und eine große Schaar von kleinen fliegenden Jungen in allerlei Posituren, die am liebsten eine ungeheure, nicht allzu präsentable partie zum besten geben, womit die Dame wohl eher in der Kinderstube bekannt wurde, die aber leider zum Fliegen gar nicht gemacht ist. In Italien, sagt man, hätten die Weiber Augen zu mehr als Einem Gebrauch: dort sind es die schönen Fenster der Natur, hinter denen man die Seele lieblich oder göttlich hervorstralen sieht; aber in Antwerpen! hier ist das Auge ja nur ein œil de bœuf am Gewölbe des Schedels, um ein wenig Licht hineinzulassen!

Unter dieser lieben Frau, die allen Gesetzen der Physik spottet, steht eine Gruppe von bärtigen, ernsthaften Männern, die mit der äußersten Anstrengung ihrer Augen auf ein weißes Tuch sehen, das vor ihnen liegt. Von dem, was über ihnen, in den Lüften vorgeht, scheinen sie gar keine Ahndung zu haben; sonst hätte doch wohl einer hinaufgeguckt und noch größere Augen gemacht. Kein Mensch begreift, was sie wollen; hätte man nur die Legende darunter geschrieben, so wäre nichts in der Welt so leicht zu verstehen gewesen. War es etwa ein politischer Kunstgrif des Malers, die Geschichte nur denen zu verrathen, die das Geheimniß schon wissen?

Dieses prunkende Gemälde wird von allen Kennern bewundert, von allen Künstlern mit tiefer Ehrfurcht angestaunt, von allen Reisenden begafft und auf das Wort ihres Miethslakaien gepriesen. Ich setze noch hinzu: sie haben alle Recht. Nicht nur die Ausführung eines Kunstwerkes von solchen Dimensionen ist etwas werth, sondern man verkennt auch an diesem Meisterwerke nicht den Genius des Künstlers. Alles, was hier vorgestellt wird, findet man einzeln in der Natur: solche Menschen, solche Kinder, solche Gestalten und solche Farben. Die Wahrheit, Leichtigkeit und Zuverlässigkeit, womit Rubens sie, aus der Natur aufgefaßt, durch seine Hand verewigen konnte, bilden eine künstlerische Größe, worin er keinen Nebenbuhler hat. Auf diesem ungeheuren Altarblatte umschweben nicht etwa nur ein halbes Dutzend Engel, wie in Guido's Gemälde, die Jungfrau; sie bleiben nicht halb im Schatten, nicht halb hinter ihr verborgen, um die einfache Größe des Eindruckes nicht zu stören; hier ist sie von einem ganzen himmlischen Hofstaat umringt; unzählige Kinderfiguren, immer in anderen Stellungen und Gruppen, Köpfe mit und ohne Körper, flattern auf allen Seiten um sie her und verlieren sich in einem Meer von Glorie. In der zweiten, irdischen Gruppe sieht man wieder eine Menge Figuren in Lebensgröße zu einem schönen Ganzen verbunden; und welche Varietät der Stellungen, welche Harmonie der Farbenschattirungen, vor allem, welche Wahrheit und welcher Ausdruck herrschen auch hier in allen Köpfen! Doch die größte Überlegenheit des Künstlers besteht darin, daß er zur Verfertigung dieses großen Gemäldes nur sechzehn Tage bedurfte. Erwägt man den Grad der Thätigkeit und des Feuers, der zu dieser erstaunlichen Schöpfung gehört, so fühlt man sich geneigt, ihr alle ihre Gebrechen und Mängel zu verzeihen.

In der Kapelle der Schützengilde wird die berühmte Abnehmung vom Kreuz aufbewahrt, die so allgemein für das höchste Kunstwerk von Rubens anerkannt und um zwölf Jahre älter als die Himmelfahrt ist. Ich kann mich auf keine detaillirte Beschreibung dieses so oft beschriebenen, ohne Einschränkung und mit so großem Rechte gepriesenen Gemäldes einlassen; doch Du kennst es schon aus dem schönen Kupferstich. In Absicht auf lebendige Darstellung bleibt es ein Wunder; alles, was ich je gesehen habe, weicht zurück, um diesem Ausdruck Ehre zu geben. Die Zeichnung ist korrekter, als Rubens gewöhnlich zu zeichnen pflegte; die Composition einfach und groß; die Gruppe schön, so schön, daß man darüber das Kreuz vergißt, dessen unbezwingbare Steifigkeit sonst aller malerischen Grazie so nachtheilig zu seyn pflegt. Die Stellungen, die Gewänder, die Falten, das Licht, der Farbenton und die Carnationen – alles ist bis auf Kleinigkeiten meisterhaft ersonnen und ausgeführt. Die Mutter und der Johannes sind wahrhafte Italienische Studien oder Reminiscenzen; bei dieser edleren Natur wird man den Übelstand kaum gewahr, daß Petrus, zu oberst auf dem Kreuze, im Eifer seiner Geschäftigkeit, den Zipfel des Tuches, worin der Leichnam ruht, *in seinen Zähnen* hält. Vielleicht ist die kalte Bewunderung, die der Anblick dieses Bildes mir abnöthigte, ein größeres Lob für den Künstler, als der Enthusiasmus, der darüber bei andern durch Nebenideen entstehen kann. Der Begrif des Erbaulichen darf schlechterdings bei der Beurtheilung eines Kunstwerkes von keinem Gewichte seyn. Vergißt man aber einen Augenblick die Beziehung des vorgestellten Gegenstandes auf die Religion, so wird man mir zugeben müssen, daß die Wahl nicht übler hätte getroffen werden können. Die Hauptfigur ist ein todter Leichnam, und die Verzerrung seiner Glieder, die keiner willkührlichen Bewegung mehr fähig sind, sondern der Behandlung der Umstehenden gehorchen, ist mit dem ersten Augenmerk des Malers, der Darstellung des Schönen, schlechterdings nicht zu reimen. Doppelt ungünstig ist der Augenblick, wenn der Leichnam einen gekreuzigten Christus vorstellen soll; denn es ist eben derselbe, wo alles Göttliche von ihm gewichen seyn und der entseelte Überrest der menschlichen Natur in seiner ganzen Dürftigkeit erscheinen muß. Es giebt Momente in der Mythologie des Christenthums, die dem Maler freie Hände lassen: Scenen, die eines großen, erhabenen Styls, ohne Verletzung des Schönheitssinnes, fähig sind und zu der zartesten Empfänglichkeit unseres Herzens reden; allein wessen mag die Schuld seyn, daß die Flämischen Künstler sie nicht wählten? Liegt sie an ihnen selbst, oder an den Aufbewahrern dieser Mysterien? Haben jene den feinen Sinn nicht mitgebracht, der zu einer solchen Behandlung nöthig ist? oder haben diese den Gegenständen eine so plumpe Einkleidung gegeben, daß jedes Bemühen der Kunst daran scheitern muß? Bloß in dieser einen Kathedralkirche habe ich zweimal die Visitation der Jungfrau durch einen unverschämten Fingerzeig der alten Elisabeth bezeichnet gesehen, und eins von diesen sauberen Stücken war übrigens ein gutes Bild von Rubens. O der Niederländischen Feinheit!

Hier breche ich ab. Es giebt noch unzählige Gemälde, sowohl in Kirchen als in Privatsammlungen, wovon ich nichts gesagt, es giebt sogar viele, die ich nicht gesehen habe. Allein von dieser Probe läßt sich ein allgemeines Urtheil über den Geist und Geschmack der Flämischen Schule abstrahiren.

XXII

Antwerpen

Wie froh ich bin, daß unsere Pferde nach Rotterdam nun endlich auf morgen früh bestellt sind! Ein längerer Aufenthalt unter diesen Andächtlern könnte wirklich die heiterste Laune vergiften. Noch nie habe ich die Armuth unserer Sprachen so tief empfunden, als seitdem ich hier von den Menschen um mich her mit den bekanntesten Wörtern eine mir ganz fremde Bedeutung verbinden höre. Man liefe Gefahr gesteinigt zu werden, wenn man sich merken ließe, daß die Freiheit noch in etwas anderem bestehen müsse, als van der Noots Bildniß im Knopfloche zu tragen, daß Religion etwas mehr sey, als das gedankenlose Gemurmel der Rosenkranzbeter. Die traurigste Abstumpfung, die je ein Volk erleiden konnte, ist hier die Folge des verlornen Handels. Selbst im Äußern zeigt die hiesige Race nichts Empfehlendes mehr. Am Sonntage sah ich in den verschiedenen Kirchen über die Hälfte der Einwohner versammelt, ohne nur ein Gesicht zu finden, auf dem das Auge mit Wohlgefallen geruhet hätte. Leere und Charakterlosigkeit, die in Brabant überhaupt so durchgehends herrschen, äußern sich hier in einer noch unschmackhafteren Gestalt als anderwärts, und nicht einmal eine Varietät in der Kleidertracht zieht die Aufmerksamkeit von dieser Ausartung der menschlichen Natur hinweg. Mit dem gehemmten Geldumlauf mußte die Industrie zugleich ins Stocken gerathen, und außer einigen Salz- und Zuckerraffinerien, einer Sammetfabrik und ein paar Baumwollenmanufakturen, enthält diese große Stadt keine hinreichende Anstalt, um die Hände der geringen Volksklasse zu beschäftigen. Die schönen breiten Straßen sind leer und öde, wie die zum Theil sehr prächtigen, massiven Gebäude; nur an Sonn- und Festtagen kriecht die träge Menge aus ihren Schlupfwinkeln hervor, um an den zahlreichen Altären die Sünde des Müßiganges durch einen neuen abzubüßen. Die Klerisei beherrscht dieses erschlaffte Volk mit ihren einschläfernden Zauberformeln; denn nur die Andacht füllt die vielen müßigen Stunden aus, die nach dem Verlust des Handels ihm übrig blieben. Die Wissenschaften, die einst in Antwerpen blühten, sind bis auf die letzte Spur verschwunden. Die Niederländischen Künste, deren goldenes Zeitalter in die Periode der gehemmten merkantilischen Thätigkeit fiel, wurden nur auf kurze Zeit von dem brachliegenden Reichthum zu ihrer größten Anstrengung gereizt; es währte nicht lange, so fand der Kapitalist, der seine Gelder nicht an auswärtige Spekulationen wagte, die Fortsetzung eines Aufwandes mißlich, der zwar, gegen seine Millionen gerechnet, mäßig scheinen konnte, aber gleichwohl ein todtes Kapital allmälig aufzehrte. Antwerpen also ist nicht bloß erstorben in Absicht des Handels, sondern auch der ungeheure Reichthum, den einzelne Familien noch daselbst besitzen, verursacht nicht einmal die kleine Cirkulation des Luxus. Der reichste Mann bringt seine Nachmittage, von Mönchen und Pfaffen umgeben, bei einer Flasche von Löwenschem Biere zu, und bleibt jedem andern Zuge der Geselligkeit verschlossen. Die Privatsammlungen von Gemälden schmelzen je länger je mehr zusammen, indem viele der vorzüglichsten Meisterwerke an auswärtige Besitzer gekommen sind, und selbst der Überfluß an Diamanten und anderen Juweelen, weswegen Antwerpen so berühmt ist, wird in Kurzem nicht mehr bedeutend seyn; denn man fängt an, auch diese Kostbarkeiten zu Gelde zu machen.

Was der Eigennutz nicht mehr vermochte, das hat die Geistlichkeit noch bewirken können; sie hat diesen Klötzen Leben und Bewegung eingehaucht und sie bis zur Wuth und Tollkühnheit für das Hirngespinst ihrer Freiheit begeistert. Ein Hirngespinst nenn' ich es; nicht, daß ich vergessen könnte, im Empörer das Gefühl der beleidigten Menschheit zu ehren, sondern weil Josephs Alleinherrschaft menschlicher noch war, als die Oligarchie der Stände, und weil seit der Revolution die Befreiung des Volkes unmöglicher als zuvor geworden ist. Wer die Räthsel des Schicksals lösen mag, der sage mir nun, warum dieser furchtbare Gährungsstoff von unübertreflicher Wirksamkeit, warum die Religion, in den Händen der hiesigen Priester das Wohl und die Bestimmung ihrer Brüder immer nur hat vereiteln sollen? Welch eine wohlthätige Flamme hätte man nicht durch dieses Zaubermittel anzünden und nähren können im Busen empfänglicher, lehrbegieriger, folgsamer Menschen! Wie reizend wäre das Schauspiel geworden, wo Beispiel und Lehre zugleich gewirkt und in reiner Herzenseinfalt die zarten Keime des Glaubens gereift hätten zu vollendeten Früchten menschlicher Sittlichkeit! Daß der Mißbrauch jener an Stärke alles übertreffenden Triebfeder, indem er endlich der Humanität mit gänzlicher Vernichtung droht, die hartnäckigste Gegenwehr veranlassen, daß in diesem Kampfe die kalte, unbestechliche Vernunft sich aus ihren Banden freiwickeln, und den menschlichen Geist auf ihrer Kometenbahn mit sich fortreißen muß, wo er nach langem Umherkreisen zuletzt im Bewußtseyn seiner Beschränktheit, durch neue Resignation sich seinem Ziele wieder zu nähern strebt – das rechne man den Priestern nirgends zum Verdienst. Das Gute, was ihren Handlungen folgte, das wirkten sie von jeher als blinde Werkzeuge einer höheren Ordnung der Dinge; ihre eigenen Absichten, ihre Plane, alle Äußerungen ihres freien Willens waren immer gegen die moralische Veredlung und Vervollkommnung ihrer Brüder gerichtet. Hier, wo ihr Werk ihnen über Erwartung gelungen ist, wo der Aberglaube in dem zähen, trägen Belgischen Temperament so tiefe Wurzel geschlagen und jedem Reis der sittlichen Bildung den Nahrungssaft ausgesogen hat, hier wird man einst desto kräftiger dem hierarchischen Geiste fluchen. Je länger sich die Erschütterung verspätet, um so viel zerrüttender dürfte sie werden, sobald die Sonne der Wahrheit auch über Brabant aufgeht. Die Hartnäckigkeit der Phlegmatiker bezwingt nur ein gewaltsamer Schlag, wo die Beweglichkeit eines leichter gemischten Blutes gelinderen Berührungen schon gehorcht.

Mit geweiheten Hostien, mit Sündenerlassungen und Verheißungen jenseits des Grabes, mit der ganzen Übermacht ihres Einflusses auf die Gewissen, und, um ihrer Sache sicher zu seyn, auch mit jenem vor Oczakow erprobten Begeisterungsmittel, mit reichlich gespendetem Branntwein, haben die Mönche von Antwerpen ihre Beichtkinder zur Freiheitswuth berauscht. Der Ausschuß von Breda ward von hier aus mit großen Geldsummen unterstützt, wozu theils die Kapitalisten und Kaufleute, theils die reichen Prälaten selbst das Ihrige beitrugen. Schon dieser Eifer giebt den Maaßstab für die Größe des Gegenstandes, den sie sich erkämpfen wollten; einen noch bestimmteren haben wir an der Summe, die sonst jeder neu ernannte Prälat bei seinem Antritt dem Kaiser erlegen mußte: der Abt zu St. Michael, hier in der Stadt, opferte achtzigtausend, der zu Tongerloo hundert und dreißigtausend, und der zu Everbude hundert und funfzigtausend Gulden. Diesen Tribut hat die neue Regierung der Stände abgeschafft; dem so eben erwähnten Abt zu St. Michael ist bereits dieses Ersparniß zu Gute gekommen, und wie er es anzuwenden wisse, beweiset die prachtvolle, wollüstige Meublirung seiner Apartements. Der königliche Schatz, den man in Brüssel bei Trautmannsdorfs Flucht erbeutete, und die Abgaben des Volkes, die seit der Revolution um nichts erleichtert worden sind, haben den Prälaten ihre Vorschüsse mit Wucher ersetzt. Wenn also das Land von der neuen Staatsveränderung einigen Vortheil genießt, so kann er nur darin bestehen, daß die sieben, oder, nach anderen Nachrichten, gar zwölf Millionen Gulden, die sonst jährlich nach Wien geschleppt wurden, nun hier bleiben und wegen der Kriegsrüstungen in Umlauf kommen müssen. Wie viel indeß von diesem Gelde auch noch jetzt auf Schleifwegen ins Ausland geht, wo diejenigen, die es sich zuzueignen wissen, ihrem Patriotismus unbeschadet, es sicherer als in Brabant glauben, wage ich nicht so nachzusprechen, wie ich es hier erzählen hörte. Schon allein die Einnahme der Citadelle von Antwerpen soll ungeheure Summen gekostet haben, die in Gestalt eines goldenen Regens den Belagerten zu Theil geworden sind.

Der Macht der Belgischen Klerisei hat diese Eroberung die Krone aufgesetzt. Die Festung war mit allen Kriegsbedürfnissen und mit Lebensmitteln auf Jahre lang reichlich versehen, und was ihre Mauern nicht in sich faßten, hätte sie zu allen Zeiten durch angedrohte Einäscherung der Stadt erhalten können; denn ihre Batterien bestrichen alle Quartiere, und sachkundige Männer von beiden Parteien kommen darin überein, daß sie nicht anders als durch eine regelmäßige Belagerung bezwungen werden konnte. Bei der allgemeinen Überzeugung von ihrer Unbezwingbarkeit war die Übergabe ein Wunder in den Augen des Volkes; Vornehme sowohl als Geringe glaubten hier deutlich Gottes Finger und seine Begünstigung der Revolution zu sehen. Ihre Priester hatten sie zu diesem Glauben vorbereitet und gestimmt; sie bestärkten ihn jetzt und fachten ihn an zur lodernden Flamme. Vom Tage der Capitulation an, bemächtigte sich ein Schwindel, der zum Theil noch fortdauert, aller Köpfe, und am Tage der Übergabe liefen aus den umliegenden Dörfern mehr als zehntausend bewaffnete Bauern zusammen, um Augenzeugen des neuen Wunders zu seyn. Noch jetzt sehen wir auf allen Straßen von Antwerpen hohe Mastbäume stehen, mit den drei Farben der Unabhängigkeit, roth, gelb und schwarz angestrichen; von ihrer Spitze wehen Wimpel und Flaggen mit allerlei geistlichen Devisen und biblischen Sprüchen, und ganz zu oberst hängt der große, schirmende Freiheitshut. Im Taumel der Freude über den glücklichen Erfolg der Belgischen Waffen hatten die Antwerper diese Siegeszeichen errichtet und ausgelassen um sie herumgetanzt; allein, was halfen ihnen ihr Wunderglaube und ihr sinnbildernder Rausch? Statt des edlen Selbstgefühls, statt des Bewußtseyns angeborner Rechte, womit die Herzen freier Menschen hoch emporschlagen müssen, regte sich in ihnen nur blinde Vergötterung ihrer neuen Regenten; wo andere Völker aus eigenem innerem Triebe, kühn, stolz und freudig riefen: »es lebe *die Nation!*« da lernten sie erst von Mönchen ihre Losung: »es lebe *van der Noot!*«

Unsern Wunsch, die Citadelle selbst in Augenschein zu nehmen, konnte man für diesesmal nicht befriedigen; ein Verbot der Stände macht sie jetzt, wegen des dahin geführten Staatsgefangenen, van der Mersch, allen Fremden unzugänglich. Zwar versprach uns ein hiesiger Kaufmann, der zugleich eine wichtige Demagogenrolle spielte, uns den Eingang zu gestatten, wenn wir noch einige Tage länger bleiben wollten, bis er nämlich die Wache dort hätte; allein die Befriedigung der bloßen Neugier war ein so großes Opfer nicht werth. Uns hatte vielmehr alles, was wir bisher in den Niederlanden gesehn und gehört und die Hunderte von politischen Zeitschriften, die wir hier gelesen hatten, bereits die feste Überzeugung eingeflößt, daß in dieser gährenden Masse, statt aller Belehrung für den Menschenforscher, nur Ekel und Unmuth zu gewinnen sei, und wir beneideten diejenigen nicht, die, um den Kreis ihres Wissens zu erweitern, (mit einem apokalyptischen Ausdruck) des Satans Tiefen ergründen mögen. Wenn in irgend einem Lande der Geist der Zwietracht ausgebrochen ist, dann richtet die Vernunft, ohne alles Ansehen der Person, nach ihren ewig unumstößlichen Gesetzen, auf wessen Seite Recht, und was die gute Sache sei; es darf sie dann nicht irre machen, daß die erhitzten Parteien gemeiniglich ein verzerrtes Bild des moralischen Charakters ihrer Gegner mit ihren Gründen zugleich in ihre Schale werfen. Auf einem weit größeren Schauplatz, im aufgeklärten Frankreich selbst, ist dieser schlaue Unterschleif nicht immer vermeidlich, obwohl auch dort die scheinheilige Verläumdung, der Meuchelmord des guten Namens, die allgemeine, schwankende Beschuldigung der Unsittlichkeit und des Unglaubens, die leidenschaftliche Wehklage über Entweihung der Heiligthümer, Zernichtung der Vorrechte, Raub des Eigenthums, nur von der Einen Seite kommen, die jederzeit den strengen, kaltblütigen Erörterungen der Vernunft durch diese Wendung ausgewichen ist. Allein unter den Vorwürfen und Rekriminationen der Belgischen Parteien verschwindet sogar die Frage von Recht. Die augenscheinliche Unfähigkeit sowohl der Kaiserlich als der Ständisch Gesinnten, mit ruhiger Darlegung der Gründe ihre Sache zu führen, erhellt aus ihren gegenseitigen, größtentheils bis zur Evidenz dokumentirten, persönlichen Invektiven, und zeugt von jenem allgemeinen Gräuel der Pfaffenerziehung, die hier alle Gemüther tief hinunter in den Pfuhl der Unwissenheit stürzte und in ihnen durch Sündentaxen alles moralische Gefühl erstickte. Wo Verbrechen und Laster nur so lange das Gewissen drücken, bis eine mechanische Büßung und das absolvo te es rein gewaschen haben, da scheinen sie nur schwarz, wenn man sie an der Seele des Nächsten kleben sieht; wo man durch jene, allen feil gebotene Mittel die Gottheit leicht versöhnen kann, da nimmt man auf die *beleidigte Menschheit* beim Sündigen keine Rücksicht; Ehre folglich und Schande hören dort auf, die Triebfedern des Handelns zu seyn, und bald verliert sich sogar jede richtige Bestimmung dieser Begriffe. Was diese Menschen einander seyn können, lasse ich dahingestellt; aber ohne Geisteskräfte, die man bewundern, ohne Ausbildung, die man schätzen, ohne Herzen, die man lieben darf, sind sie dem Wanderer todt, der traurend eilt aus ihren Gränzen zu treten.

XXIII

Haag

Wir verließen Antwerpen, wie wir hineingekommen waren, ohne daß man uns die gewöhnlichen Fragen im Thore vorgelegt hätte; auch hatte man uns auf der ganzen Reise durch Brabant, Hennegau und Flandern nur Einmal nach unseren Pässen gefragt. Ich will glauben, daß diese Sorglosigkeit unserm unverdächtigen Aufzug Ehre macht; denn man hat Beispiele genug, daß die neuen Souveraine von Belgien gegen den Charakter der durchreisenden Fremden nicht gleichgültig geblieben sind.

Kaum waren wir eine Strecke gefahren, so befanden wir uns schon auf einer traurigen, weit ausgebreiteten Heide, wo das Auge nur am Horizont und in sehr großen Entfernungen von einander etliche Kirchthürme entdeckte. Harte, dürre Gräser, Heidekraut, einzelne zerstreute Birken und kleine Gruppen von jungen Fichten waren die einzigen Pflanzenarten dieser öden, sumpfigen, versandeten Ebene, die uns lebhaft an gewisse Gegenden des nördlichen Deutschlands und Preußens erinnerte. In Zeit von sieben Stunden befanden wir uns auf Holländischem Gebiet. Die Einwohner eines Dörfchens, wo man unsere Pferde füttern ließ, hatten häßliche, scharfgeschnittene Physiognomien, die aber viel Munterkeit und Thätigkeit verriethen; insbesondere bemerkten wir einige flinke, rasche Dirnen, die sich des Kutschers und der Pferde mit gleichem Eifer annahmen und mit der Brabantischen Schlaffheit sehr zu ihrem Vortheile kontrastirten.

Der sandige Weg ging auf dem Rücken eines hohen Dammes bis nach dem kleinen Städtchen Zevenbergen, welches unweit des Busens liegt, der hier den Namen Hollands Diep erhält. Nach allen Seiten hin öffnete sich uns jetzt eine freundliche Aussicht: an einer Stelle war der Horizont seewärts unbegränzt; die Menge der hin und her segelnden kleineren und größeren Fahrzeuge, die Fischerleute in ihren Kähnen, die Seevögel, die in großen Zügen über der Fläche des Wassers kreuzten, die langen Weidenalleen, die darüber hinaus ragenden Kirchthurmspitzen und rothen Dächer in der Ferne, machten zusammen einen angenehmen Effekt. Zu Moerdyk, das nur aus wenigen

Häusern besteht, fuhren wir über den Hollands Diep und erinnerten uns an die furchtbare Überschwemmung im funfzehnten Jahrhundert, (1421) die hier einen Bezirk von zwei und siebenzig Dörfern verschlang, ein Meer an ihrer Stelle zurück ließ und Dordrecht vom festen Lande trennte. Auch an den jungen Prinzen von Oranien, Johann Wilhelm Friso, erinnerten wir uns, der (1711) im vier und zwanzigsten Lebensjahr auf eben der Fahrt, die wir jetzt glücklich zurücklegten, ertrunken ist.

Jenseits des Busens zerstreute der Anblick des ersten saubern Holländischen Dorfes diese trüben Erinnerungen. Reinliche, nette Häuserchen, Straßen mit Kanälen durchschnitten, an den Seiten mit Linden bepflanzt und überall mit *Klinkern* oder kleinen Backsteinen gleichförmig und niedlich, wie bei uns zuweilen der Boden des Vorsaals, gepflastert, und was diesem Äußern entsprach, gesunde, gut gekleidete, wohlhabende Einwohner, gaben uns in Stryen das Zeugniß, daß wir auf dem Boden der wahren, nicht der eingebildeten Freiheit, und im Lande des Fleißes angekommen wären. Drei starke, wohlgenährte Pferde waren nöthig, uns auf dem schweren Wege fortzubringen, der an manchen Stellen so tiefe Geleise hatte, daß wir dem Umwerfen nahe waren. Als wir aber hernach durch das Dorf Haaringsdyk fuhren, das wenigstens eine halbe Stunde lang und wie eine Tenne mit Klinkern gepflastert ist, freueten wir uns wieder des reizenden Wohlstandes, der uns auf allen Seiten anlachte, und des Landes, wo der Mensch seine Bestimmung, des Lebens froh zu werden, erreicht, wo der gemeinste Bauer die Vortheile einer gesunden und bequemen Wohnung genießt, wo er auf dem beneidenswerthen Mittelpunkte zwischen Noth und Überfluß steht. Kann man diese Menschen sehen und fragen, ob es besser sei, daß mit dem Blut und Schweiße des Landmannes, der in elenden Hütten sein kümmerliches Leben hinbringt, die stolzen Palläste der Tyrannen zusammengekittet werden?

Nachdem wir über die so genannte alte Maas, vermuthlich ihr ehemaliges einziges, jetzt aber zu einem schmalen Arm geschwundenes Bett, gekommen waren, befanden wir uns gegen zehn Uhr Abends an dem Ufer der eigentlichen Maas, zu Kattendrecht, wo wir die Stätte von Rotterdam durch eine unendliche Reihe von Laternen längs dem jenseitigen Ufer bezeichnen sahen. Die späte Stunde bewog uns indeß, diesseits in einem kleinen, ländlichen Gasthofe zu bleiben, wo die einfache aber gesunde Bewirthung unserm müden, hungrigen und vom Nordostwinde beinahe vor Kälte starrenden Körper wohl zu Statten kam. Hier setzten wir uns um den gemeinschaftlichen Feuerherd, und freueten uns der altmodigen Simplicität des Hausherrn und seiner Tischgenossen. Man bewillkommte uns mit Herzlichkeit, zog uns die Stiefeln ab und präsentirte jedem ein Paar Pantoffeln, die wenigstens dreimal schwerer als die Stiefeln waren. Die treuherzige Güte des Wirtes bewog ihn, mir die besondere Gefälligkeit zu erweisen, seine Pantoffeln, weil sie schon ausgewärmt wären, von den Füßen zu ziehen, um sie meinem Gebrauch zu überlassen. Das geringste, was ich thun konnte, war wohl, mich zu hüten, daß ich ihn nicht merken ließe, seine gut gemeinte Höflichkeit könne nach den Satzungen der feinen Welt ihm vielleicht gar zum Verstoß ausgelegt werden. Was hatte ich auch zu befürchten in diesem Wohnort der Gesundheit und Reinlichkeit? Unsere ekeln Sitten zeugen oft nur von ihrem gränzenlosen Verderben. Die für lecker gehaltenen Kibitzeier, nebst Seefischen und Kartoffeln, machten unsere Abendmahlzeit aus, wozu wir den Wirth seine Flasche Wein, die übrige Familie aber gutes Bier trinken sahen. Das Schlafzimmer, welches man uns einräumte, war zugleich das Prunkzimmer dieser Leute. Auf allen Seiten und insbesondere über dem Kamin, waren eine Menge zierlich geschnitzter und bemalter Brettchen über einander befestigt, worauf die irdene Waare von Delft, sauber und zierlich in Reihen geordnet, die Stelle der schlechten Kupferstiche vertrat, womit man bei uns die Wirthsstuben zu verzieren pflegt.

Daß ich den ersten schönen, warmen Frühlingsmorgen nicht vergesse, den wir auf unserer Reise noch genossen haben, bedarf keiner Entschuldigung bei den Vertrauten der heiligen Frühe. Könnte ich nur auch den Reichthum der Aussicht beschreiben, die wir, von der Morgensonne beleuchtet, aus unserm Fenster, über das kleine Gärtchen des Wirthes hinaus, erblickten. Der lebendige Strom, fast eine Englische Meile breit, floß sanft vorbei in leichten, versilberten Wellen, und trug auf seiner Azurfläche das hundertfältige Leben der Schiffe, der Brigantinen, der Schnauen, der kleineren Fahrzeuge von aller Art, die hinauf- und hinabwärts, oder hinüber und herüber segelten und ruderten, mit mannichfaltiger Richtung, Schnitt und Anzahl ihrer Segel, langsam gegen die Fluth an, oder pfeilschnell mit Wind und Strom und Fluth zugleich sich bewegten, oder auch mit eingezogenen Segeln und schwanken Masten, malerisch gebrochen durch die Horizontallinie der Raaen und den Wald von Tauwerk, in des Flusses Mitte vor Anker lagen. Jenseits, im Sonnenglanze, hoben sich nah und deutlich die Gebäude von Rotterdam über dem Wasser; der große, viereckige Pfarrthurm, die weitläuftigen Admiralitätsgebäude, der herrliche, mit hohen Linden auf eine Stunde Weges besetzte Damm, der das Ufer begränzt, die Menge zwischen den Häusern hervor ragender Schiffsmasten, die unzähligen Windmühlen in und neben und jenseits der Stadt, zum Theil auf hohen thurmähnlichen Untersätzen errichtet, um den Wind besser zu fangen; endlich, die Vorstädte von Landhäusern und Gärten, die links und rechts in langer Reihe längs dem Strome sich erstrecken!

Wir eilten, uns über den Fluß setzen zu lassen, und brachten den Tag damit zu, die Stadt kennen zu lernen und sie ganz zu umgehen, welches einer der angenehmsten Spaziergänge ist, die man sich denken kann. Der Umfang von Rotterdam ist mittelmäßig, und seiner reinlichen Schönheit und Niedlichkeit haben die Reisenden nur Gerechtigkeit widerfahren lassen. Wenn man sich seinen Wohnort wählen könnte, so käme die Straße am Hafen und längs der Maas, die so breit und mit majestätischen Ulmen und Linden so köstlich beschattet ist, gewiß unter die Zahl der Competenten, die mir die Wahl erschweren würden. Die Aussicht auf den Fluß ist wirklich so anlockend, daß man sich kaum daran satt sehen kann. Nach der Landseite hin bemerkten wir eine Menge Leinwandbleichen, eine größer und schöner als die andere, und in der Stadt selbst freute uns das Gewühl am Hafen, auf den Straßen und in den Kanälen; abgehende, ankommende Schiffe, Hunderte von befrachteten Kähnen, große so genannte Prahmen, reihenweis gestellt, um den Schlamm der Kanäle aufzunehmen und sie schiffbar zu erhalten; Karren, Schleifen, Schiebkarren, Träger, rollende Fässer, Ballen von Waaren, das Zeichen des Betriebes und der Handelsgeschäftigkeit; dann auf der kleinen, netten Börse und in den Kaffeehäusern umher, die ein- und ausströmenden Schaaren von Kaufleuten, Mäklern, Schiffskapitainen und Fremdlingen aus allen Welttheilen, ein Bild der friedlichen Vereinigung des Menschengeschlechtes zu gemeinsamen Zwecken des frohen, thätigen Lebensgenusses!

Hier war es nicht leicht möglich, an äußeren Merkmalen den tiefen, unheilbaren Verfall des Holländischen Handels zu erkennen, der gleichwohl seit dem Jahre 1779 durch eine in ihrer Art einzige Reihe von Unglücksfällen beschleunigt worden ist. In den hundert Jahren, die seit der Ermordung der beiden großen de Wits (1672) verflossen sind, hatten die wiederholten Kriege mit Ludwig dem Vierzehnten, und die unter Wilhelm dem Dritten und seinen Nachfolgern so schnell empor wachsende Handelsgröße von England, die Einschränkung des Holländischen Handels allmälich bewirkt und seinen jetzigen Verfall unmerklich vorbereitet. Die Neutralität der Niederlande während des siebenjährigen Krieges eröffnete ihnen eine Zeitlang vortheilhaftere Aussichten, die sich mit noch größeren Hoffnungen beim Ausbruch der Streitigkeiten zwischen England und seinen Kolonien erneuerten. Als Frankreich und Spanien sich für die Unabhängigkeit von Nordamerika erklärten und Rußland seine bewaffnete Neutralität ersann, der die Mächte des Europäischen Nordens so folgsam beitraten, stieg der Handelsflor der vereinigten Provinzen plötzlich auf eine Höhe, wo sie das Maaß ihrer politischen Kräfte verkennen lernten. Die unvorsichtigen Verbindungen mit Frankreich reizten die Englische Nation zu einem Kriege, wobei für sie augenscheinlich mehr zu gewinnen als zu verlieren war. Der Erfolg rechtfertigte die politische Nothwendigkeit dieser Maaßregeln. Funfzig Millionen Gulden an Werth, das Eigenthum der Republik, waren in unbewaffneten Kauffahrern auf dem Meere, und die größere Hälfte dieser reichen Beute ward den Englischen Kapern und Kriegesschiffen zu Theil. St. Eustathius, Essequebo und Demerary fielen in Amerika, so wie Negapatnam in Ostindien, den Engländern in die Hände, und das Brittische Kabinet hatte noch überdies einen so entschiedenen Einfluß in die Administration der Niederländischen Affairen, daß die nach Brest bestimmte Holländische Hülfsflotte zum offenbaren Nachtheil des Staates nicht auslaufen durfte. Kaum war der demüthigende Friede mit England wieder hergestellt, so mußte man dem Kaiser noch größere Opfer bringen, um ihm das reklamirte Recht der freien Scheldefahrt von neuem abzukaufen. Die Millionen, womit man ihn für seine Forderung entschädigte; die Millionen, welche die Zurüstung zu einem Landkriege verschlungen hatte; die lange Gewohnheit der reichen Kapitalisten, ihr baares Geld außer Landes zu verleihen, anstatt es im vaterländischen Kommerz in Umlauf zu bringen; und mehr als alles noch, der verderbliche Nothbehelf während des Krieges mit England, unter fremder Flagge zu fahren, wodurch ein großer Theil des Zwischenhandels in andere Kanäle kam und auf immer für Holland verloren ging: alles vereinigte sich, um nicht nur in den Schatzkammern des Staates eine gänzliche Erschöpfung zu verursachen, sondern auch den Stillstand der Geschäfte zu bewirken, und in der allgemeinen Trauer, in der erzwungenen Ruhe, die Erbitterung der Parteien, die einander die Schuld beimaßen, aufs Höchste zu spannen. Auf der einen Seite die hartnäckige Verblendung der Handelsstädte, womit sie auf ihrem Bündniß mit Frankreich bestanden, ohne dessen nahen Sturz, durch die gänzliche Zerrüttung seiner Finanzen, vorher zu sehen; auf der andern die strafbare Anmaßung gewisser Staatsbeamten, die Allianz, die sie nicht mehr verhindern konnten, durch Ungehorsam gegen ihren Souverain, Verrath des nun einmal zum Staatsinteresse angenommenen Systems und widerrechtliche Versuche gegen die Freiheit der Verfassung selbst, allmälich zu untergraben: dies waren die Extreme, deren Wiedervereinigung sich ohne Blutvergießen nicht länger vermitteln ließ. Der Ausbruch des Bürgerkrieges und die bewaffnete Dazwischenkunft des Königes von Preußen füllten das Maaß der Leiden, welche über die Republik verhängt zu seyn schienen, und raubten ihr, was die Versehen einer kurzsichtigen Staatskunst noch verschont hatten: den häuslichen Wohlstand und den innern Frieden der Familien. Selbst nach dem Abzuge der Preußen verschlang die Überschwemmung vom Jahre 1788, welche von den im vorigen Jahre durchstochenen Dämmen nicht länger abgewehrt werden konnte, in vielen Gegenden von Holland die aus den Verwüstungen eines feindlichen Überzuges mit Noth gerettete Habe; zwei andere Überschwemmungen, die auf jene noch im Jahre 1789 folgten, verursachten bei Gorkum und an anderen Orten einen Schaden von einer halben Million; und endlich forderte die Zerrüttung der öffentlichen Finanzen eine außerordentliche Hülfe, welche durch die auferlegte Schatzung des fünf und zwanzigsten Pfennigs erzwungen ward und wovon ein nicht geringer Theil in die Privatkassen der Partei geflossen ist, welche in diesem für Hollands Flor so unglücklichen Kampfe die Oberhand behalten hat. Die unweise Rache einer unvollkommenen Amnestie und die darauf erfolgten häufigen Auswanderungen vieler begüterten Familien vollenden dieses Gemälde der Zerstörung, dessen Folgen schon im nahen Untergange der Westindischen und dem fast eben so hülflosen Zustande der Ostindischen Kompagnie am Tage liegen.[9] Aber dem geduldigen, beharrlichen Fleiße

9 Hierzu kam noch seit 1790 die Überschwemmung bei Rotterdam, und der Brand der Admiralitätsmagazine zu Amsterdam, imgleichen die

voriger Generationen, ihrer Mäßigkeit und Sparsamkeit, ihrem freien Sinne, ihrem tapfern Muthe, ihren kühnen Unternehmungen und ihrer rastlosen Thätigkeit ist es gelungen, eine solche Masse von Reichthümern in ihrem selbst geschaffenen Vaterlande zu häufen und unsern Welttheil so sehr an ihren Waarentausch zu gewöhnen, daß noch jetzt, nachdem man überall mit dem in Holland erborgten Gelde einen eigenen Aktivhandel zu begründen versucht hat, jenes bewundernswürdige Phänomen der Handelsindustrie nicht aus den größeren Städten gewichen ist. Noch sind die Holländer, wenn gleich in geringerem Maaße als sonst, die Mäkler von ganz Europa, und bestimmen die Gesetze des Geldhandels; noch schreibt Amsterdam den handeltreibenden Nationen den Wechselkurs vor!

Wir verließen Rotterdam den folgenden Morgen, nachdem wir der Bildsäule des vortreflichen Erasmus unsere Andacht gezollt hatten. Wenn sie gleich auf künstlerisches Verdienst keinen Anspruch machen kann, so freute sie uns doch als ein Beweis der Dankbarkeit, womit Rotterdam die Größe seines gelehrten Mitbürgers erkannte und ehrte. Wir fuhren auf dem Kanal nach Delft, und sahen an demselben eine Boltonische Feuermaschine erbaut, um das Wasser aus den niedrigen Wiesen in den Kanal zu heben. Es sollten zwei solche Maschinen hier errichtet werden; aber nur Eine ist zu Stande gekommen, und hat ungefähr hunderttausend Gulden gekostet. Linker Hand ließen wir das Städtchen Schiedam mit seinen zahlreichen Geneuwer- (oder Wachholderbranntwein-) Brennereien liegen. Man wollte uns versichern, daß gegen zweihundert Brennereien dort eingerichtet wären, welche täglich fünfhundert Oxhoft dieses Getränkes versendeten. So übertrieben diese Angabe scheint, so gewiß ist es doch, daß die Fabrikation und Consumtion dieses Artikels sehr beträchtlich bleibt, und den Reichthum von Schiedam, als des einzigen ächten Brauorts, ausmacht. Das Verhältniß der Wachholderbeeren zur übrigen Gahre ist nicht bekannt; sie geben aber unstreitig dem Fruchtbranntwein beides, Geschmack und Geist. Der Genuß dieses Branntweins, wovon der gemeine Mann in Holland so große Quantitäten verbraucht, muß auf die Leibeskonstitution zurückwirken; wie er aber wirke, können nur

Gefahr der Ostindischen Kompagnie und die Ernennung zweier fürstlichen Kommissarien nach Batavia.

einheimische Ärzte nach einer durch viele Jahre fortgesetzten Beobachtung entscheiden.

In dem netten, freilich aber etwas stillen und erstorbenen Delft besuchten wir eine Fayencefabrik, deren die Stadt gegenwärtig nur acht besitzt, indem das Englische gelbe Steingut dem schon längst verminderten Absatz dieser Waare den letzten Stoß gegeben hat. Der Thon, sagte man uns, käme aus Brabant über Brüssel, ob man gleich den Ort nicht bestimmt anzugeben wußte. Der Ofen, als das Wichtigste, weil er dem Porzellanofen vollkommen ähnlich seyn soll, besteht aus drei Kammern über einander. In die mittlere wird das Geschirr in Muffeln eingesetzt, und in der untersten das Feuer angemacht. Die Flamme schlägt durch Löcher zwischen den Muffeln durch, und die oberste Kammer bleibt für den Rauch. So geschmacklos die Mahlerei und selbst die Form an dieser Fayence ist, verdient sie doch manchen so genannten Porzellanfabriken in Deutschland vorgezogen zu werden, die oft die elendeste Waare um theuren Preis verkaufen und gewöhnlich zum Nachtheil der herrschaftlichen Kammern bestehen.

Es blieb uns noch so viel Zeit übrig, daß wir die beiden Kirchen besehen konnten. In der einen dienen die Grabmäler der Admirale Tromp und Pieter Hein zur Erinnerung an die Heldentugenden dieser wackern Republikaner. Des Naturforschers Leuwenhoeks Porträt in einem schönen einfachen Basrelief von Marmor, ihm zum Andenken von seiner Tochter gesetzt, gefiel mir in Absicht auf die Kunst ungleich besser. In der andern Kirche prunkt das kostbare, aber geschmacklose Monument des Prinzen Wilhelm des Ersten von Nassau, unter welchem zugleich die Gruft der Erbstatthalter befindlich ist. Schön ist jedoch eine Viktorie von Erz, die auf einer Fußspitze schwebt. Vor wenigen Jahren hat man auch dem edlen Hugo de Groot (oder Grotius) hier ein Denkmal errichtet.

Wir kamen zur Mittagszeit im Haag an, und benutzten das Inkognito, wozu das Ausbleiben unseres Gepäckes uns nöthigte, um das am Meere gelegene Dorf Scheveningen nach Tische zu besuchen. Sobald man zum Thore hinaus ist, – denn der Haag ist eine Stadt, und hat seine Barrieren, so wie seine Municipalität, wenn gleich die Reisenden einander beständig nachbeten, es sei das schönste Dorf in Europa, – also, wenn man zum Thor hinaus ist, befindet man sich in einer schönen, schnurgeraden Allee von großen schattigen Linden und Eichen, die durch ein Wäldchen bis nach Scheveningen geht, und wo die Kühlung im Sommer köstlich seyn muß. Der Anblick des Meeres war diesmal sehr schön; so still, und unermeßlich zugleich! Am Strande suchten wir jedoch vergebens nach naturhistorischen Seltenheiten; die Sandhügel waren leer und öde. Wir konnten uns nicht einmal von der Behauptung einiger Geologen vergewissern, der zufolge ein Thonlager unter dem Sande liegen soll. Das Meer, welches in Holland überhaupt nichts mehr ansetzt, hat im Gegentheil hier einen Theil vom Strande weggenommen, und die Kirche, die sonst mitten im Dorfe lag, liegt itzt außerhalb desselben unweit des Meeres. Die vier Reihen von Dünen, etwa eine halbe Viertelmeile weit hinter einander, die man hier deutlich bemerkt, unterscheiden sich durch verschiedene Grade der Vegetation, welche sich in dem Maaße ihrer Entfernung vom Meere und des verringerten Einflusses der Seeluft vermehrt. Auf den vordersten Dünen wächst fast nichts als Schilf und Rietgras, nebst einigen Moosen und der gemeinen Stechpalme; da hingegen die entfernteren schon Birken, Pfriemen, den Sanddorn (Hippophaë) und mehrere andere, freilich aus Mangel der Nahrung immer noch zwergartige Pflanzen hervorbringen. Der Nähe der Seeluft glaube ich es auch zuschreiben zu müssen, daß hier (im Haag) noch alle Bäume mit völlig verschlossenen Knospen nackt da standen, indeß wir sie in Flandern und selbst in Rotterdam schon im Ausschlagen begriffen gefunden hatten. Die Argumente also, welche man von den verschiedenen Stufen des Pflanzenwachsthumes zu entlehnen pflegt, um die Entstehung der Dünen aus dem Meere selbst, das ihnen jetzt zu drohen scheint, darzuthun, fanden diesmal bei uns wenig Eingang, und wir fühlten uns geneigt, die Bildung dieser Sandhaufen so unentschieden zu lassen, wie die Frage, ob ihr Sand bei Kattwyk, wo sich der Rhein verliert, so viel Gold enthalte, um die Kosten einer Wäsche für Rechnung des Staates, wie man behauptet hat, mit einigem Gewinn zu vergüten? Unter diesen und ähnlichen Betrachtungen wanderten wir zur Stadt zurück, ohne ein anderes Abentheuer, als den Anblick der heimkehrenden Fischweiber, die uns begegneten und die unmöglich irgendwo verwünschter oder hexenmäßig häßlicher und unfläthiger aussehen können.

XXIV

Haag

Was man von der anmuthigen Lage dieses Ortes und den übrigen Vorzügen sagt, die ihn zum angenehmsten Aufenthalt in den vereinigten Provinzen machen, ist keinesweges übertrieben. Die Gegend um die Esplanade und unweit derselben zeichnet sich durch große, bequeme und zum Theil prächtige Wohnhäuser aus, wovon einige beinahe den Namen Palläste verdienen. Die Reinlichkeit und eine gewisse, bis auf die kleinsten Bequemlichkeiten sich erstreckende Vollständigkeit der äußern und innern Einrichtung, welche jederzeit den sichersten Beweis von Wohlhabenheit, verbunden mit einem feinen Sinn für Eleganz und Genuß des Lebens giebt, verschönern selbst die einfacheren Gebäude. Unter den hochbewipfelten Linden, die oft in mehreren Reihen neben einander stehen und der Stadt einen ländlichen Schmuck verleihen, geht man fast zu allen Jahreszeiten trocknes Fußes spazieren, und die Aussicht von der Straße nach dem freien Felde, wo gewöhnlich die hiesige Garnison ihre kriegerischen Frühlingsübungen hält, erquickt besonders jetzt das Auge durch das frisch hervorkeimende Grün der fetten Wiesen, die von allen Seiten ein hochstämmiger, reizender Lustwald umfängt. Rings umher ist die Natur so schön, wie ein vollkommen flaches Land sie darbieten kann, und selbst mit dem verwöhnten Geschmack, den ich aus unseren Rheinländern mitgebracht habe, muß ich bekennen, daß die hiesige Landschaft einen eigenthümlichen, großen, wenn gleich keinesweges romantischen Charakter hat.

Die Volksmasse im Haag ist so gemischt, daß man es kaum wagen darf, den Schluß von ihrer Lebensweise, ihren Sitten und ihren Anlagen auf die Holländische Nation zu machen. Zu meinem großen Vergnügen bemerkte ich jetzt fast gar keine Bettler auf den Straßen, die vor zwölf Jahren so stark damit besetzt waren, daß ein Fußgänger sich des Unwillens über ihre Zudringlichkeit kaum erwehren konnte. Desto auffallender ist gegenwärtig das zahlreiche Militaire; den ganzen Morgen manoeuvriren die verschiedenen Regimenter unter unsern Fenstern; den ganzen Tag über hat man sie beständig vor Augen, und man kommt in keine Gesellschaft, wo man nicht Officiere sieht. Solchergestalt ist wenigstens die neuerdings befestigte *Freiheit* sehr gut bewacht! Auch trägt man hier allgemein ihr Siegeszeichen, die Orangekokarde, oder ein Band von dieser Farbe im Knopfloch, und der Pöbel duldet keinen Menschen ohne dieses Symbol der Conformität auf der Straße.

In den Sitten und der Lebensweise herrscht, ungeachtet der Residenz eines Hofes, noch manche Spur der alten republikanischen Einfalt und Tugend. Die späte Stunde der Mittagsmahlzeit scheint durch die Verbindungen und Beziehungen der vornehmeren Einwohner mit dem Prinzen, den Versammlungen der Generalstaaten und der höheren Dikasterien allmählig Sitte geworden zu seyn. In den meisten Häusern ißt man nicht vor drei Uhr, in den vornehmeren erst um vier; die arbeitende Klasse der Bürger macht indeß hier, wie überall, eine Ausnahme, weil sie fester am alten Brauche hängt und im Grunde auch die Zwischenräume ihrer Mahlzeiten nach der Erschöpfung des Körpers abmessen muß. Die Tafel wird in den besten Häusern mit wenigen, gut zubereiteten Speisen besetzt, und, so viel ich höre, hat das Beispiel der auswärtigen Gesandten und einzelner Familien des begüterten Adels den prassenden Aufwand und die leckere Gefräßigkeit unseres Jahrhunderts noch nicht eingeführt. Das gewöhnliche Getränk bei Tische ist rother Wein von Bordeaux, dessen man sich doch mit großer Mäßigkeit bedient, theils weil man mehrere Stunden bei der Mahlzeit zubringt, theils auch, weil zwischen den Mahlzeiten bei der Pfeife Wein getrunken wird; denn diese behält durchgehends ihre Rechte und ist kaum noch aus einigen der ersten Häuser verbannt. Vielleicht wird sie bei der hiesigen feuchten, nebeligen Seeluft nöthiger und zuträglicher oder wenigstens unschädlicher als anderwärts, so sehr sie auch die Zähne verdirbt. Schwarze Zähne sieht man aber auch bei dem Frauenzimmer; sie werden vielleicht mit Unrecht auf Rechnung des täglich zweimaligen Theetrinkens gesetzt, da die hiesige alkalescirende Diät mir weit eher die Schuld zu tragen scheint.

Nun ich einmal des Frauenzimmers erwähnt habe, erwartest Du wohl ein Wort zur näheren Bezeichnung desselben; allein ich beziehe mich auf meine vorige Bemerkung: die gemischte Race im Haag gestattet mir kein allgemeines Urtheil. Die vielen, durch die Verbindungen des Hofes hieher gebrachten fremden Familien, die Französische reformirte Kolonie und die Mischungen der Niederländer selbst aus allen Provinzen tragen auf eine fast nicht zu berechnende Art dazu bei, den hiesigen Einwohnern eine mehrentheils angenehme, wenn auch nicht charakteristisch nationale Gesichtsbildung zu geben. Die Französische Mode herrscht übrigens, wie bei uns, mit unumschränkter Gewalt, und bestimmt die Bestandtheile, die Form und den Stoff des Anzuges. Bei der Mittelklasse scheint der Luxus nach Verhältniß des Ortes und der Umstände sich noch ziemlich in Schranken zu halten; hier sah ich die Englischen großen Baumwollentücher oder Shawls in allgemeinem Gebrauch. Die Weiber aus der geringen Volksklasse und die Mägde erscheinen dagegen in einem den Fremden äußerst mißfälligen Costume. Ein kurzes, öfters weißes Mieder, dessen Schöße, wenn es deren hat, nicht zum Vorschein kommen, bezeichnet ungefähr die Holländische, zum Umspannen nicht gemachte Taille; allein die Anzahl der Röcke und ihre Substanz geben diesem Anzug etwas Ungeheures, so daß die untere Hälfte des Körpers, von den Hüften bis an die Waden, in einer Art von kurzer, dicker Tonne zu stecken scheint. Auf dem Kopfe eine dicht anschließende Haube und bei den Landleuten darüber ein Strohhut, der um Rotterdam hinten gar keinen Rand, im Haag hingegen rundum einen gleich breiten Rand hat, aber jederzeit mit dunkelfarbigem bunten Kattun gefüttert ist, vollenden diesen Anzug. Die Tracht der Mannspersonen ist weniger ausgezeichnet und fast allgemein von der größten Simplicität. Das Volk hat eine Vorliebe für die braune Farbe; fast alle Schifferjacken und Schifferhosen sind von braunem Tuch oder Boy. In der Klasse der Handwerker und Krämer sind große Perücken noch sehr gebräuchlich, und man sieht oftmals einen ehrbaren Bürger, der mit einem spitzen dreieckigen Hut auf der großen, runden Perücke und in einer bloßen Weste mit Ärmeln gravitätisch über die Straße geht.

Es wird uns schwer werden, wieder von hier wegzukommen; die Stunden gehen uns schnell wie Minuten hin, theils indem wir alle Sehenswürdigkeiten der Natur und Kunst in Augenschein nehmen, theils indem wir aus einer Gesellschaft in die andere gerathen, wo zwanglose Gastfreundschaft herrscht und die Forderungen eines an Geistesgenuß gewöhnten Reisenden in vollem Maaße befriedigt werden. Die Annehmlichkeit und Leichtigkeit der Haager im Umgang verräth den Einfluß des Auslandes und des Hofes; allein der gebildete, lehrreiche Ton des Gespräches versetzt sie auf eine höhere Stufe sowohl der Anlagen als der Bildung, und giebt ihren Zirkeln gleichen Rang mit den gebildetsten in England und Frankreich. In gewisser Rücksicht haben sie vielleicht vor beiden einigen Vorzug; man wird weder durch Leichtsinn und sprudelnden Witz, noch durch düstere Zurückhaltung und Taciturnität in Verlegenheit gesetzt. Ein großer Reichthum von Ideen aller Art, hauptsächlich der statistischen und politischen, doch auch zugleich der im engern Verstande wissenschaftlichen, ist in beständigem Umlauf; vorzüglich sind hier, und überhaupt in Holland, naturhistorische Kenntnisse nebst klassischer und humanistischer Gelehrsamkeit allgemeiner als in manchen anderen Ländern verbreitet.

Den Plato, nicht etwa nur der hiesigen akademischen Schattengänge, sondern unseres Jahrhunderts, den eleganten und gelehrten Hemsterhuis, fanden wir sterbend und konnten ihn nicht mehr besuchen.[10] Wenn es noch eines Beweises bedürfte, daß Feinheit der Empfindung, Reichthum und Wahl der Ideen, Politur des Geschmackes, verbunden mit der Fertigkeit und den subtilen Stacheln des ächten Witzes, mit der lichtvollen Ordnung einer herzlichen Philosophie und dem Dichterschmuck einer Alles verjüngenden Einbildungskraft, nicht an irgend eine Erdscholle gebunden sind, so würde wenigstens ein Mann, wie dieser, beweisen, daß Holland nicht aus der Zahl der Länder ausgeschlossen ist, wo die edelsten Kräfte und die zartesten Empfänglichkeiten der menschlichen Natur den höchsten Punkt ihrer Entwickelung erlangen und die reifsten Früchte bringen können. Der Geist, der in diesem schwachen Körper wohnt, ist so empfindlich für Harmonien aller Art, und leidet so im eigentlichen Verstande bei jedem Mißverhältniß in der sinnlichen, wie in der sittlichen Natur, daß er sich sogar seiner vaterländischen Mundart nicht zum Vehikel seiner Gedanken bedienen konnte, sondern alle seine Werke Französisch schrieb und auch diese Sprache zu seinen Zwecken gleichsam umbildete, indem er ihr seinen eigenen Styl aufdrang. Seine Schriften sind unter uns weniger bekannt, als sie es verdienen; allein man muß sie in der Ursprache lesen, wenn man von ihrer Attischen Eleganz, die oft nur ein unnachahmlicher Lebenshauch ist, nichts verlieren will.

Petrus Camper, einer der merkwürdigsten Männer, welche die Niederlande hervorgebracht haben, war durch einen unzeitigen Tod wenige Wochen vor unserer Ankunft seinem Freunde Hemsterhuis vorangegangen. Seine ausnehmenden Verdienste um die Naturgeschichte, die Anatomie und Wundarzneikunst sind allgemein bekannt; die Universalität seiner Kenntnisse und Fähigkeiten, und insbesondere sein richtiger Sinn für das Schöne der Kunst, sind es schon weniger. Er bossirte, wußte den Bildhauermeißel zu führen, malte in Ölfarben

---

10 Er ist kurz nach unserer Abreise gestorben.

und zeichnete außerordentlich fertig mit der Feder. Er schrieb in vier Sprachen und arbeitete nicht nur mit unermüdeter Thätigkeit, sondern auch mit einem Feuer, dessen nur wahres Genie fähig ist. An seinem Beispiele konnte man abnehmen, was sich für die Wissenschaften ausrichten läßt, sobald eifriger Wille und hinreichende Mittel zusammentreffen. Ihm verdankt man in Holland die Einführung der Blatternimpfung und der in jenem Lande nicht minder wichtigen Impfung der ansteckenden Krankheit, die das Hornvieh hinwegrafft; sein rastloser Eifer bestritt und seine Kuren besiegten das thörichte Vorurtheil, welches die Vorsorge für die Gesundheit für einen Eingrif in die Rechte der Vorsehung hielt, wie man in der Türkei vor Zeiten das Löschen bei einem Brande anzusehen pflegte, bis die Erfahrung gelehrt hatte, daß die Vorsehung in allen diesen Fällen auf die Anwendung der gesunden Vernunft mitgerechnet habe, und eben sowohl den Menschen, wie die Elemente und die Krankheitsmiasmen, zu ihren Werkzeugen gebrauche. Wenn Camper in irgend einer wichtigen Untersuchung begriffen war, konnte nur die Unmöglichkeit ihn hindern, sie durchzuführen; weder kleine noch große Hindernisse, wenn sie nicht unübersteiglich waren, schreckten ihn zurück, und wenn es ihm darauf ankam, ein Paar Gerippe von Thieren mit einander zu vergleichen, achtete er die Entfernung von London und Paris für nichts. Reisen überhaupt, diese große, unvergleichbare Quelle der sichersten Belehrung durch die eigenen Sinne, suchte er, so weit es anging, mit seinen Geschäften zu vereinbaren. Bei der brennenden Begierde das Gute, oder was er dafür hielt, zu wirken, war ihm die wissenschaftliche und selbst die praktisch medizinische Laufbahn zu enge. Er besaß ein eigenes Vermögen von einer halben Million, und konnte folglich in dieser Rücksicht den Hof entbehren; allein er opferte dem Ruhm und der Ehre, mit einem Geiste, der freilich auch diese Leidenschaft adeln kann; und sowohl seine Bekanntschaft mit den inneren Angelegenheiten seines Vaterlandes, als seine auswärtigen Verbindungen, empfahlen ihn zu wichtigen Ämtern im Staate. In seiner Provinz Friesland hatte er Sitz und Stimme im Admiralitätskollegio, und gleich nach der Rückkehr des Erbstatthalters, dessen Rechte er eifrig verfochten hatte, ward er zum Mitglied des hohen Staatsrathes (Raad van Staaten) ernannt. Diese Anhänglichkeit an die Oranische Partei hätte indeß für die Wissenschaften eine sehr nachtheilige Folge haben können. Schon wollte man in Franeker sein Haus zu Klein Lankum, wo er die unschätzbarste Präparaten- und Naturaliensammlung besaß, mit Kanonen in den Grund schießen. In der Eile wurden die kostbarsten Stücke in Kisten gepackt oder vielmehr geworfen und fortgeschafft oder auch zum Theil vergraben. Als die Gefahr vorüber und die Ruhe wieder hergestellt war, strafte er seine Landsleute dadurch, daß er ihnen seine Gegenwart und sein berühmtes Kabinet entzog.

Diese lehrreiche Sammlung haben wir hier mehrere Tage nach einander mit Bewilligung seines jüngsten Sohnes, des jetzigen würdigen Besitzers, sehr fleißig studirt, ob sie gleich für den Zergliederer, den Arzt, Wundarzt und Naturforscher Beschäftigung und Belehrung auf viele Wochen gewähren kann. Sie ist vorzüglich reich an solchen seltenen Stücken und Präparaten, welche die Funktionen der Theile des menschlichen Körpers durch die Vergleichung mit ähnlichen, aber anders proportionirten Theilen verschiedener Thiere erläutern. So manche Einrichtung in der menschlichen Organisation mußte unerklärbar bleiben, bis ihr Nutzen an irgend einem Thiere, welches sie etwa in einem eminenteren Grade besaß oder wo sich deutlicher die übrige Gestalt und Beschaffenheit des Körpers darauf zu beziehen schien, endlich offenbar ward und somit in der Behandlung gewisser Krankheiten ein neues Licht aufging. Zur Geschichte der Krankheiten, so fern ihre materielle Veranlassung an gewissen Theilen der Eingeweide sichtbar ist, hatte Camper viele der seltensten Präparate aufbewahrt, und mit nicht geringerem Fleiß und Glück auch die Abarten der Menschengattung durch die abweichende Bildung ihrer Schedel zu erläutern gesucht[11], wiewohl seine Sammlung in diesem Betracht weder so zahlreich ist, noch so viele Nationen in sich faßt, wie das Museum der Göttingischen Universität. Die Aufmerksamkeit auf den Knochenbau der Thiere, den man bisher zu sehr vernachlässigt hatte, ist seit kurzem fruchtbar an Entdeckungen gewesen. Zum erstenmal bewunderte ich hier die große Verschiedenheit des kleinen Orangutangs von dem großen, dessen Ankunft aus Borneo mir der selige Camper selbst

---

11 Den Beweis hiervon giebt die so eben herausgekommene Schrift: Peter Camper über den natürlichen Unterschied der Gesichtszüge in Menschen verschiedener Gegenden und verschiedenen Alters; über das Schöne antiker Bildsäulen und geschnittener Steine; nebst Darstellung einer neuen Art, allerlei Menschenköpfe mit Sicherheit zu zeichnen. Nach des Verfassers Tode herausgegeben von seinem Sohne, Adrian Gilles Camper. Übersetzt von S. Th. Sömmerring. Mit zehn Kupfertafeln. 4. Berlin, 1792.

vor mehreren Jahren mit Frohlocken gemeldet hatte. Dieses Thier, das über vier Fuß hoch wird, kommt in einigen Stücken dem Menschen noch näher, als der kleine, gewöhnliche Orangutang; hingegen weicht es in andern wieder mehr ab und geht in die Paviansgestalt über. Alles an seinem ungeheuren Schedel zeugt von Riesenstärke: der aufstehende Rand auf der Scheitel und über den Augenhöhlen, woran die Schläfemuskeln gesessen haben, das furchtbare Gebiß und die gewaltigen Kinnbacken, welche zur Vertheidigung gegen die größten Tiger völlig hinreichend zu seyn scheinen. Das Schaltbein des Oberkiefers, (os intermaxillare) welches keinem Thiere fehlt, war hier so verwachsen, daß man es schlechterdings nicht erkennen konnte. Neben dieser Asiatischen Seltenheit will ich nur noch einer Afrikanischen erwähnen, nämlich eines Affen oder eigentlich einer Meerkatze mit einer langen Nase; zum Belage der Behauptung, daß auch dort, wo die Analogie und die Bildung des Schedels eine solche Conformation dieses Theiles höchst unwahrscheinlich machen, die Natur dennoch eine Gestalt ausprägen kann, deren Möglichkeit wir erst zugleich mit ihrer Wirklichkeit aus der Erfahrung lernen müssen. Ich übergehe den Unterschied zwischen dem Asiatischen einhörnigen und dem Afrikanischen zweihörnigen Nashorn, der hier an den beiden Schedeln, unter andern auch darin so auffallend ist, daß diesem die Schneidezähne gänzlich fehlen, die jenes besitzt. Eben so wenig will ich Dich mit dem so offenbaren specifischen Unterschiede zwischen dem Asiatischen und Afrikanischen Elephanten, zwischen den Bären, die wir jetzt kennen, und jenen wenigstens viermal so großen, deren Gerippe man aus den Höhlen im Bayreuthischen aufgegraben hat, zwischen dem furchtbaren, unbekannten Thier, das ehemals am Ohio in Nordamerika existirte, und von dessen Knochen man in diesem Kabinet einige schöne Stücke antrifft, und dem kaum halb so großen Elephanten, länger aufhalten. Der jüngere Camper hat diesem Kabinet noch eine prächtige, zum Theil auf seinen eigenen Reisen zusammengebrachte Mineraliensammlung einverleibt; auch besitzt er noch den unschätzbaren Nachlaß von seines Vaters Handschriften, Zeichnungen, Kupferplatten und zum Drucke fertig liegenden Schriften, die der wahrhaft große Mann aus keiner andern Absicht zurücklegte, als um seiner Arbeit immer noch größere Vollständigkeit zu geben. Der jetzige Besitzer des Kabinettes geht in wenigen Wochen damit nach Friesland auf sein Landgut zurück, weil ihm der Aufenthalt im Haag zu kostbar scheint; ein Umstand, der zugleich den Maaßstab der hiesigen Theurung und des hiesigen Aufwandes giebt.

Lyonnets vortrefliches Conchylienkabinet hatte ich schon vor zwölf Jahren gesehen; jetzt hatte es seinen größten Werth für uns verloren, denn der Sammler selbst, der unnachahmliche Zergliederer der Weidenraupe, der ihre drittehalbtausend Muskeln zählte und das Werk vieler Jahre, die vollständige, bis an die äußersten Gränzen sowohl der menschlichen Sehkraft als des geduldigen Fleißes getriebene Untersuchung dieses Insekts, mit eigener Hand in Kupfer ätzte, der berühmte Lyonnet, ist nicht mehr. Seine bewundernswürdigen Arbeiten waren nur die Frucht seiner Nebenstunden; den Generalstaaten diente er als geheimer Sekretair und Déchiffreur. Allein man respektirt in republikanischen Verfassungen den individuellen Charakter der Menschen und ihr freies Beginnen, anstatt mit dem Despotismus von dem falschen Grundsatz auszugehen, daß die Menschen nur für den Staat geschaffen und als Räder in der Maschine anzusehen sind, die ein Einziger bewegt. Daher ist dort dem Staate selbst die Muße der Beamten heilig, während man in Despotien so viele traurige Beispiele sieht, daß sie ohne Rast, und mit Aufopferung ihrer Individualität, ihrer Nachtruhe und ihrer Gesundheit das schwere Joch der Staatsgeschäfte tragen und als bloße Werkzeuge ihren Verstand, ihr Herz und ihren Willen verläugnen müssen.

Wenn die wissenschaftliche Aufklärung hier große Fortschritte gemacht hat und einige wissenschaftliche Begriffe mehr als anderwärts in Umlauf gekommen sind, so darf man nicht vergessen, wie viel das Beispiel einzelner Männer dazu beitragen kann, wenn entweder ihr Charakter Achtung einflößt oder ihr Standpunkt die Augen Aller auf sie richtet. Außer dem Einfluß, welchen Hemsterhuis, Camper und Lyonnet auf ihre Landsleute behaupteten, hat der Eifer, womit der ehemalige Russische Gesandte, Fürst Dimitri Gallizin, sich mehrere Jahre lang in allen Zweigen der Physik und neuerdings in der Mineralogie die gründlichsten Kenntnisse erwarb, unstreitig viel gewirkt, um sowohl diesen Wissenschaften selbst als denen, die sich ihnen widmeten, in den Augen des hiesigen Publikums einen günstigen Anstrich zu geben. Das Mineralienkabinet des Fürsten enthält die Sammlung eines Kenners, der hauptsächlich dasjenige aufbewahrt, was in seiner Art selten und seiner Beziehungen wegen lehrreich ist. Wir bewunderten darin ein anderthalb Fuß langes Stück von dem seit kurzem erst wieder bekannt gewordenen beugsamen Sandstein des Peiresk, der aus Brasilien gebracht wird, und wurden durch die Experimente des Fürsten überzeugt, daß die decomponirten Granitarten des Siebengebirges bei Bonn, noch stärker als Basalte vom Magnet gezogen werden. In der Mineraliensammlung der Herren Voet, Vater und Sohn, überraschte uns nicht nur die Schönheit und Auswahl der Stufen, sondern auch die hier ganz unerwartete Vollständigkeit.

Ich nenne zuletzt ein Museum, welches in jeder Rücksicht die oberste Stelle verdient, und in der Welt kaum zwei oder drei Nebenbuhler hat, die man ihm mit einigem Recht an die Seite setzen kann: das wahrhaft fürstliche Naturalienkabinet des Prinzen von Oranien. Wenn man bedenkt, wie weit die Anlegung einer Sammlung von dieser Art die Kräfte des reichsten Privatmannes übersteigt, wie leicht hingegen ein Fürst, auch nur mit mäßigen Einkünften, sich statt eines andern Vergnügens dieses Verdienst um die Wissenschaften erwerben kann, und endlich, wie unentbehrlich diese Anhäufungen aller bekannten Erzeugnisse des Erdbodens, zur allgemeinen Übersicht, zur zweckmäßigen Anordnung, zur speciellen Geschichte der einzelnen Naturkörper und folglich zur Vervollkommnung der ersten, unentbehrlichsten unserer Kenntnisse sind; so erstaunt man, wie es möglich ist, daß so viele Privatpersonen den Versuch gewagt haben, sich ein Naturalienkabinet zu sammeln, und daß im Ganzen genommen die Potentaten gegen diesen wichtigen Zweig ihrer Pflichten so gleichgültig haben bleiben können. Freilich mag die widersinnige, oder, daß ich richtiger schreibe, die negative Erziehung, die man den meisten Fürsten giebt, wohl Schuld daran seyn, daß ihre Begriffe von der Wichtigkeit, dem Nutzen und der Nothwendigkeit der Dinge sehr oft mit denen, die andere vernünftige Menschen darüber hegen, in offenbarem Gegensatz stehen. Wie dem auch sei, so trift der Vorwurf jener Sorglosigkeit keineswegs den hiesigen Hof. Die Pracht, die Seltenheit, die Auswahl, der Aufputz und die sorgfältige Unterhaltung der Naturalien des Erbstatthalterischen Kabinets fallen nicht nur beim ersten Anblick auf, sondern die Bewunderung steigt, je länger und genauer man es untersucht. Die Geschenke, welche der Prinz zuweilen von den Gouverneuren der verschiedenen Holländischen Besitzungen in Indien erhält, so ansehnlich sie auch sind, verschwinden in der Menge und Mannigfaltigkeit dessen, was für seine Rechnung aus allen Welttheilen hinzugekauft worden ist. Das mühsame Geschäft, ein so berühmt gewordenes

Museum an einem von Reisenden so frequentirten Orte täglich vorzuzeigen, würde bald, da es ganz auf Einem Manne ruht, dem überdies die Sorge für die Erhaltung und Vermehrung des Ganzen übertragen ist, die Kräfte dieses Einen erschöpfen, wenn man nicht zwischen dem großen gaffenden Haufen und dem Naturforscher von Profession einen Unterschied machte. Die gewöhnlichen Neugierigen eilen hier, wie im Brittischen Museum zu London, in Zeit von zwei Stunden durch die ganze Enfilade von Zimmern. Gelehrte hingegen haben freien Zutritt, so oft und so lange sie wollen: eine Erlaubniß, die man zuweilen mit Unbescheidenheit gemißbraucht hat, der wir aber auch schon die wichtigsten Aufschlüsse, zumal im Fache der Thiergeschichte, verdanken. Hier war es, wo Pallas zuerst den Grund zu seinem nachmaligen Ruhm als Naturforscher legte. Herr Vosmaer führte uns freundschaftlich zu verschiedenenmalen in diesem reichen Tempel der Naturwissenschaft umher, und zeigte uns auch die neu hinzu gekommenen Stücke, die noch nicht an ihrem bestimmten Orte aufgestellt waren, wie z.B. das Skelet eines der größten Krokodile aus dem Nil, und auf dem Boden das Gerippe des Camelopardalis der Alten oder der Giraffe der Neuern, dieses seltsamen Thieres, das mehr einem Traum der Einbildungskraft, als einem Glied in der Naturkette ähnlich sieht, und von dessen Trab, wie man sagt, der Springer im Schachspiel seinen Gang entlehnt. Sein ungeheuer langer Hals, der vorzüglich dazu beiträgt, ihm eine Höhe von achtzehn Fuß zu geben, besteht doch nur, wie bei allen vierfüßigen, säugenden Thieren, aus sieben Wirbeln; so streng beobachtet die Natur selbst in ihren excentrischen Gestalten das Gesetz der Analogie. Von dem großen Orangutang, wovon Camper bloß den Schedel besitzt, enthält das fürstliche Museum das vollständige Gerippe mit ungeheuer langen Armen, wie der bekanntere langarmige Affe, (Gibbon, Golok oder Lar.) Es wäre thöricht, in Ernst das Merkwürdigste aus einem Kabinet ausheben zu wollen, wo dem Naturforscher *alles* merkwürdig ist, und wo man dem Nichtkenner mit leichter Mühe jedes einzelne Naturprodukt von einer wichtigen und interessanten Seite darstellen kann; es wäre unmöglich und ermüdend zugleich, das lange Verzeichniß des ganzen Vorraths abzuschreiben. Genug, das Kabinet, wo man mit Vergnügen die Nashörner und Flußpferde neben dem kleinsten Spitzmäuschen und Kolibritchen bemerkt, und wo, des großen, schon vorhandenen Reichthums ungeachtet, noch immer für neue Vermehrungen gesorgt wird, verdient in jeder

Rücksicht die Aufmerksamkeit des Dilettanten und des Kenners. Die Menagerie des Prinzen im Loo hat den Fehler einer ungesunden Lage, und dient daher zu wenig mehr, als zur Pflanzschule für das Naturalienkabinet.

Ich könnte Dir jetzt noch etwas von den Versammlungszimmern der Generalstaaten und der hohen Dikasterien, im alten Schloß, im Oraniensaal, u.a.O. sagen, wenn ich nicht Vorkehrungen zu unserer Abreise treffen müßte, die noch diese Nacht vor sich gehen soll. Ein wahrer Deus ex machina ist herabgefahren, um die Bande zu lösen, die uns an den Haag gefesselt hielten. Morgen um zwölf Uhr stehen wir auf dem Admiralitätswerft in Amsterdam, und sehen den neuen Triton vom Stapel laufen; kaum bleibt uns so viel Zeit, daß wir von jedermann Abschied nehmen und uns über den Schmerz der allzu frühen Trennung beklagen können.

XXV

Amsterdam

In einer Nacht hat sich unser Schauplatz so sehr verändert, daß nichts gegenwärtig Vorhandenes eine Spur des gestrigen in unserm Gedächtnis weckt. Wir leben in einer andern Welt mit Menschen einer andern Art. Wir haben zwei Schauspiele gesehen, die ich Dir zu schildern wünschte, um Deiner Einbildungskraft den Stoff zu einigen Vorstellungen von Amsterdam zu liefern. So spät es ist, will ich es noch diesen Abend versuchen; die Gespenster des Gesehenen sind noch wach in meinem Kopf, und gönnen mir keine Ruhe.

Wir standen auf dem Werft der Admiralität; uns zur Seite stand das prächtige Arsenal, ein Quadrat von mehr als zweihundert Fuß, auf achtzehntausend Pfählen ruhend, und ganz mit Wasser umflossen. Schon waren wir durch seine drei Stockwerke gestiegen und hatten die aufgespeicherten Vorräthe für ganze Flotten gesehen. In bewundernswürdiger Ordnung lagen hier, mit den Zeichen jedes besondern Kriegesschiffs, in vielen Kammern die Ankertaue und kleineren Seile, die Schiffblöcke und Segel, das grobe Geschütz mit seinen Munitionen, die Flinten, Pistolen und kurzen Waffen, die Laternen, Kompasse, Flaggen, mit Einem Worte *alles*, bis auf die geringsten Bedürfnisse der

Ausrüstung.[12] Vor uns breitete sich die unermeßliche Wasserfläche des Hafens aus, und in dämmernder Ferne blinkte der Sand des flachen, jenseitigen Ufers. Weit hinabwärts zur Linken hob sich der Wald von vielen tausend Mastbäumen der Kauffahrer; die Sonnenstralen spielten auf ihrem glänzenden Firniß. Am Ufer und nah und fern auf der Rhede lagen theils abgetakelt und ohne Masten, theils im stolzesten Aufputz mit der Flagge, die im Winde flatterte, und dem langen, schmalen Wimpel am obersten Gipfel der Stengen, die größeren und kleineren Schiffe der Holländischen Seemacht. Wir ehrten das Bewußtseyn, womit uns der Hafenmeister die schwimmenden Schlösser zeigte und mit Namen nannte, deren Donner noch zuletzt so rühmlich für Holland auf Doggersbank erscholl. Mit ihm bestiegen wir den Moritz von vier und siebenzig Kanonen, ein neues Schiff, das schon im Wasser lag, und staunend durchsuchten wir alle Räume, wandelten umher auf den Verdecken, und betrachteten den Wunderbau dieser ungeheuren Maschine. Zur Rechten lagen die Schiffe der Ostindischen Kompagnie bis nach der Insel Osterburg, wo ihre Werfte sind. Die ankommenden und auslaufenden Fahrzeuge, sammt den kleinen rudernden Booten belebten die Scene. Um uns her auf dem geräumigen Werfte feierten die Tausende von Kattenburgern[13] von ihrer Arbeit; in mehreren großen und kleinen Gruppen ging und stand die zehntausendköpfige Menge von Zuschauern; ein buntes Gewühl von See- und Landofficieren in ihren Uniformen, von Zimmerleuten in ihrem schmutzigen Schifferkostume, von müßigen, umhertobenden Knaben, von ehrsamen Amsterdammer Bürgern und Frauen, von Fremden endlich, die aus allen Ländern hier zusammen treffen und einander oft so sehr überraschen, wie uns hier eben jetzt die Erscheinung unseres R. aus Göttingen.

Endlich naht der entscheidende Augenblick heran. Man stellt uns vorn an den Kiel der neuen Fregatte, so nah daran, daß der getheerte Bauch über unseren Köpfen schwebt. Völlig sicher stehen wir da und bewundern diese Kunst der Menschen, die jeden Gedanken von Gefahr

12 Dieses ganze Gebäude mit allen seinen Vorräthen brannte im Jahr 1791 ab, wodurch dem Staat ein Verlust von etlichen Millionen verursacht worden ist.
13 Die Einwohner der Insel Kattenburg, worauf die Admiralitätswerfte liegen, sind mehrentheils Arbeiter in denselben.

entfernt. Könnte das Schif umwerfen, statt abzulaufen, so lägen hier Hunderte von uns zerschellt. Jetzt werden die Blöcke weggeschlagen, worauf es noch ruht; jetzt treibt man hinten einen Keil unter, um es dort höher zu heben; man kappt das Tau, woran es noch befestigt war – und nun, als fühlte der ungeheure Körper ein eigenes Leben, nun fängt er an, erst langsam und unmerklich, bald aber schneller sich zu bewegen; schon krachen unter ihm die kleinen, untergelegten Bretter, und sieh! jetzt gleitet er mit immer zunehmender Geschwindigkeit ins Meer! Tief taucht sich der Schnabel ein, bis das Wasser die ganze Masse trägt; eben so tief versinkt jetzt wieder das Hintertheil; die Fluthen laufen hoch am Ufer hinauf, und die umliegenden Schiffe schanken hin und her. Es jauchzt und frohlockt die Menge der Waghälse, die auf dem neuen Triton über unseren Köpfen wegfahren; sie schwenken ihre Hüte und ein lauteres Jubelgeschrei vom Lande übertönt ihre Stimmen. So hebt sich himmelan das Herz von stolzer Freude über das Wollen und Vollbringen des menschlichen Geistes!

Ich weile noch einen Augenblick auf diesem Schauplatz der umfassendsten Geschäftigkeit; denn sie ist es, der die Stadt und selbst die Republik ihr Daseyn und ihre Größe verdanken, und in der Betrachtung dieses Phänomens werden zugleich die Hauptzüge des Nationalcharakters offenbar. Welches andere Volk in Europa hätte den ausdauernden Muth gehabt, mit Philipp dem Tyrannen, dem mächtigen Beherrscher beider Indien und seinen Nachfolgern den achtzigjährigen Krieg zu führen? Welches Volk hätte nicht in dem unglücklichen Jahr 1672 als Ludwig der Vierzehnte schon bis Muiden vorgedrungen war, ich will nicht sagen, sich ergeben, sondern zu zahlen aufgehört? Nur mit ihren durch den Handel erworbenen und concentrirten Kräften, mit ihren vorsichtig aufgehäuften Materialien zum Schiffbau und zur Ausrüstung ihrer ungeheuren Flotten, konnten die Niederländer so lange der vereinigten Seemacht von Frankreich und England die Spitze bieten; allein ohne die freiwillige Einschränkung auf die ersten Bedürfnisse des Lebens, diese hohe Republikanertugend, die hier wenigstens in eben dem Maaße raisonnirt als klimatisch und körperlich war, hätten sie zu einem solchen langwierigen Wettstreit weder physische Kräfte noch Stärke der Seele gehabt. Wahrlich, die Besonnenheit, die mit unermüdetem Fleiße, mit dem redlichen Bestreben nach einem Vermögen, welches der Erwerb ihrer eigenen Hände sei, mit Geschicklichkeit in den mechanischen Künsten und Talent zu ihrer Vervollkommnung, mit Kühnheit auf dem Meere, mit Tapferkeit im Kampfe, mit Standhaftigkeit in Gefahr, mit Beharren in Widerwärtigkeit, mit Enthaltsamkeit im Überfluß, und, was über dieses alles geht, mit unauslöschlicher Freiheits- und Vaterlandsliebe verbunden ist – die darf man wohl etwas mehr als bloßes Phlegma nennen!

Also, nicht dem Auge allein, sondern auch dem Verstand erscheint Amsterdam von der Wasserseite in seinem höchsten Glanze. Ich stelle mich in Gedanken in die Mitte des Hafens, und betrachte links und rechts die Gruppen von vielen hundert Schiffen aus allen Gegenden von Europa; ich folge mit einem flüchtigen Blick den Küsten, die sich nach Alkmaar und Enkhuisen erstrecken und auf der andern Seite hin, den Busen des Texels bilden. Die Stadt mit ihren Werften, Docken, Lagerhäusern und Fabrikgebäuden; das Gewühl des fleißigen Bienenschwarmes längs dem unabsehlichen Ufer, auf den Straßen und den Kanälen; die zauberähnliche Bewegung so vieler segelnden Schiffe und Boote auf dem Südersee, und der rastlose Umschwung der Tausende von Windmühlen um mich her – welch ein unbeschreibliches Leben, welche Gränzenlosigkeit in diesem Anblick! Handel und Schiffahrt umfassen und benutzen zu ihren Zwecken so manche Wissenschaft; aber dankbar bieten sie ihr auch wieder Hülfe zu ihrer Vervollkommnung. Der Eifer der Gewinnsucht schuf die Anfangsgründe der Mathematik, Mechanik, Physik, Astronomie und Geographie; die Vernunft bezahlte mit Wucher die Mühe, die man sich um ihre Ausbildung gab; sie knüpfte ferne Welttheile an einander, führte Nationen zusammen, häufte die Produkte aller verschiedenen Zonen – und immerfort vermehrte sich dabei ihr Reichthum von Begriffen; immer schneller ward ihr Umlauf, immer schärfer ihre Läuterung. Was von neuen Ideen allenfalls nicht hier zur Stelle verarbeitet ward, kam doch als roher Stoff in die benachbarten Länder; dort verwebte man es in die Masse der bereits vorhandenen und angewandten Kenntnisse, und früher oder später kommt das neue Fabrikat der Vernunft an die Ufer der Amstel zurück. – Dies ist mir der Totaleindruck aller dieser unendlich mannigfaltigen, zu Einem Ganzen vereinigten Gegenstände, die vereinzelt und zergliedert so klein und unbedeutend erscheinen. Das Ganze freilich bildet und wirkt sich ins Daseyn aus, ohne daß die Weisesten und Geschäftigsten es sich träumen ließen; sie sind nur kleine Triebfedern in der Maschine und nur Stückwerk ist ihre Arbeit. Das Ganze ist nur da für die Phantasie, die es aus einer gewissen

Entfernung unbefangen beobachtet und die größeren Resultate mit künstlerischer Einheit begabt; die allzu große Nähe des besonderen Gegenstandes, worauf die Seele jedes Einzelnen, als auf ihren Zweck, sich concentrirt, verbirgt ihr auch des Ganzen Zusammenhang und Gestalt. –

Nachmittags machten wir nach unserer Gewohnheit einen Spaziergang durch die Stadt. Die Aussicht von der Amstelbrücke hält den Vergleich mit der Maas bei Rotterdam nicht aus; dagegen sind die Hauptstraßen an den großen Kanälen (Heerengraft, Printzengraft, Keyzersgraft u.a.m.) weit länger und breiter als selbst der schöne Boompaes, und ihre Häuser sind großentheils Palläste. In einer kleinen Stadt fällt das Gewühl mehr auf, als hier, wo man Raum hat, einander auszuweichen; allein es giebt auch in Amsterdam Gegenden, wo man sich nur mit Mühe durch das Gewimmel in den engen Gassen durchdrängen kann. Den ganzen Tag herrscht überall ein unaufhörliches Getöse; die unzähligen Equipagen der Bürgermeister und Rathsherren, Staatsbeamten, Direktoren der Ostindischen Kompagnie, Ärzte und üppig gewordenen Reichen, der ununterbrochene Waarentransport und die deshalb so oft aufgezogenen Zugbrücken sperren den Weg und verursachen ein beständiges Rufen und Gerassel; vom frühen Morgen an schreien Männer und Weiber auf allen Straßen mancherlei Sachen zu verkaufen aus; die Kirchthürme haben Glockenspiele, und des Abends wandern Leiermänner und singende Weiber umher.

Im Rathhause, diesem großen, prächtigen, mit architektonischen Zierrathen und Fehlern überhäuften Gebäude, welches gleichwohl einige sehr schöne Säle und Zimmer enthält, sahen wir unter vielen Gemälden eins von Rembrandt, und eins von van Dyk, die als Porträtsammlungen einen hohen Rang behaupten. Es ist auffallend, wie die besten Stücke von Backer, Flinck, van der Helst, Sandraert und andern guten Malern wegfallen, wenn man den van Dyk gesehen hat. Composition ist indeß in keinem; denn es sind lauter an einander gedrängte Bildnisse von bekannten Männern, manchmal vierzig, funfzig und noch mehr auf Einem Gemälde. Die allegorischen Schildereien und Bildsäulen, sowohl im Gerichtssaal als im großen Bürgersaal und in der Bürgermeisterkammer, sind leider! keine Ausnahmen von der allgemeinen Regel, die der modernen Allegorie eben nicht zum Ruhm gereicht.

Den Beschluß unseres heutigen Tagewerkes machte die Holländische Komödie. Man gab Merciers Zoë, ein Drama, (Toneelspel) in gereimte Verse übersetzt. – Wie ich den ganzen Tag auf die physische Bildung und die Gesichtszüge des Volkes aufmerksam gewesen war, so ließ ich mir auch auf diesem Sammelplatz der Amsterdammer Bürgerwelt die Fortsetzung meiner Beobachtungen angelegen seyn. In der That hält es schwer, die charakteristischen Umrisse bestimmt anzugeben, worin das Unterscheidende der Holländischen Nationalgestalt liegt. Der ganze Körper ist gewöhnlich sehr robust, und man wird selten eine Figur von feinen, eleganten Proportionen und zartem Knochenbau gewahr. Das Überfütterte aber, das Schlaffe, Abgespannte, wodurch die Brabanter uns so zuwider wurden, habe ich hier nur als seltene Ausnahme bemerkt; gewöhnlich ist hier alles feste Faser und derbes Fleisch. Der blonde Teint hat die starke Kirschenröthe der blutreichsten Gesundheit, wobei die Haut nur selten so zart zu seyn pflegt, wie unsere Weichlinge sie verlangen und unsere Mädchen, diesem Geschmacke zu gefallen, sie sich wünschen und durch tausend fruchtlose Künste zu schaffen suchen. Das blaue oder graue Auge hat unter den dichten Augenbrauen einen festen, kalten Blick. Lange Nasen und gerade Profile sind nicht ungewöhnlich, und die Mundwinkel laufen selten scharf zu, sondern bleiben gutmüthig breit, womit zuweilen ein Ausdruck von Beschränktheit verbunden ist. Wie verschieden aber auch der Schnitt der Lippen sei, (denn es giebt deren, die allerdings sonderbar geschnitten sind und zumal unter dem Pöbel etwas Keckes, oft auch etwas Hartes verrathen,) so scheint mir doch um den Mund und an dem Halse das allgemeine physiognostische Wahrzeichen, welches die Holländer kenntlich machen kann, am deutlichsten ausgeprägt. Ohne Scherz, ich glaube, daß die Theile, welche die Sprache bilden, wieder von ihr und für sie gebildet werden, und die hiesige ganz eigene vokalenreiche Mundart, mit ihren vielen breiten Doppellauten, ihren Gurgeltönen und ihrem weichen Gezisch, ertheilt der Kehle, der Zunge, den Mundmuskeln, Halsmuskeln und Wangen die eigenthümliche Bewegung, die mit der Zeit auf die Gestalt dieser Theile wirkt. Man hat, wenn ich mich recht erinnere, die Bemerkung schon eher gemacht, daß die republikanische Verfassung den Sitten und zugleich dem Ausdruck der Gesichtszüge etwas Einförmiges giebt; ich finde hier das Phänomen bestätigt, was es auch für eine Bewandniß mit der Ursache haben mag. Indeß herrscht doch in den hiesigen

Physiognomien ein bestimmter Charakter, der mit der Erziehung und Lebensweise, mit der Denkungsart und der Ausbildung im engsten Verhältnisse steht. Man sage nicht, weil überall nur eine kleine Anzahl von Begriffen unter den geringeren Volksklassen in Umlauf kommt, daß es gleichviel sei, worin diese bestehen und von welcher Art sie seyn mögen. Die überwiegende Stärke, womit hier gewisse moralische Grundsätze auf die Handlungen des großen Haufens einfließen, die ebenfalls in Gefühl übergegangenen Ideen von Freiheit, die davon unzertrennliche Selbstachtung und die gefürchtete Gerechtigkeit der öffentlichen Meinung oder der allgemeinen Stimme des Publikums, wirken, nebst vielen anderen Ursachen, um diese Menschen auf eine Stufe der Humanität zu heben, welche vielleicht von anderen Völkern mit glänzenderen Eigenschaften nicht immer erreicht wird und über den Standpunkt der faden Racen unendlich erhaben ist, die, gegen den Sporn der Ehre und der Schande unempfindlich, ihre Leere und moralische Nullität nur *mit* dem Firniß der Nachahmung und eines aberwitzigen Leichtsinnes übertünchen. Es ist wahr, man vermißt hier ziemlich allgemein jene leichte, spielende Flamme des Geistes, die aus dem Sterne der Augen leuchtet, im Aufschlag der Wimper proteusähnlich sich verändert, in den feinen Fältchen der Stirne lauscht und des Mundes gedankenreiche Stille umgaukelt; jenen leisen Lebensathem, der alles durchhaucht, jene Empfindung, die *nur* empfunden werden kann, jenen Blitz, der in einem Augenblick zehn entfernte Ideen zündet und in die Feuerkette des Gedankens knüpft! Hier ist der Geist in der Masse gebunden und mit ihr verkörpert; roh, schwerfällig und einseitig ist der Volkssinn, aber nicht ohne Originalität und Energie. Das Vertrauen in eigene Kräfte, die selbstzufriedene Behaglichkeit, gewinnt oft das Ansehen von kalter Unempfindlichkeit; die langsame bedächtige Gleichmüthigkeit kann zuweilen in Trägheit und Amphibienzähigkeit ausarten; das entschiedene Wollen geht über in Starrsinn, und die nüchterne Sparsamkeit in Habsucht und Geiz. Solche Karrikaturen dringen sich durch ihre eckigen Züge dem Gedächtniß am leichtesten auf, und darüber vergißt nicht selten der Beobachter die Tugenden anzumerken, aus denen sie entspringen.

Diese unvollkommenen Entwürfe sind von den geringeren und mittleren Volksklassen entlehnt, aus denen im Holländischen Theater der größte Theil der Zuschauer besteht. Was reich ist und vornehm thut, besucht die Französische oder auch die Deutsche Truppe. Eine so unpatriotische Lauigkeit gegen die vaterländische Bühne hat die natürlichen Folgen der Vernachlässigung gehabt und dieses Schauspiel zu einer plumpen Volksbelustigung herab gewürdigt. Die einzige Entschuldigung, die man vorbringen könnte, liegt in dem Dilemma: ob es besser sei, dem Volke auf die Gefahr seiner Sittlichkeit, etwas mehr ästhetisches Gefühl einzuflößen, oder ihm mit seiner Unmanierlichkeit seinen fest ausgesprochenen Charakter zu lassen? Die ungebildete Sinnlichkeit bedarf jederzeit eines kräftigen Stachels, womit sie aufgeregt und gekitzelt werden muß; es gehören in der That nicht nur gesunde, sondern auch dicke Nerven dazu, um das Gebrüll und Geheul der hiesigen Schauspieler zu ertragen und so fürchterlich zu beklatschen. In meinem Leben habe ich nichts Entsetzlicheres als ihre Deklamation gehört. Deklamation war es vom Anfang bis zum Ende des Stückes, ohne einen Moment von wahrem Ausdruck der Empfindung, ohne einen Zug von Natur – und dennoch war augenscheinlich dieses Geplärr ein Kunstwerk, dessen Erlernung den Schauspielern unglaubliche Anstrengung gekostet haben muß, ehe sie ihre brutale Vollkommenheit darin erlangten. In der Sprache liegt wenigstens Eine Veranlassung, wiewohl gewiß keine Rechtfertigung, dieser beleidigenden Art des dramatischen Vortrages; die häufigen, stets wiederkehrenden Vokale und Doppellaute (a, aa, ae, ai, o, au, oo, ou, ow u.s.f.) verursachen eine Monotonie, welcher man nicht anders abzuhelfen wußte, als vermittelst einer Modulation, die in lauter Dissonanzen forthüpft; ein Ohr, das Harmonie gewohnt ist, hat dabei völlig die Empfindung, wie wenn mit der größten Wuth ein Contrebaß unaufhörlich gestimmt wird. Die Mimik entsprach genau dieser Deklamation. Wären die Holländischen Schauspieler so ehrlich, wie die Kamtschadalen, die ohne Hehl die Bären für ihre Tanzmeister erkennen, so würden sie gestehen, daß sie von den Windmühlen gestikuliren gelernt haben. Ihre Arme waren unaufhörlich in der Luft, und die Hände flatterten mit einem krampfhaften Zittern und ausgespreizten Fingern in einer Diagonallinie vor dem Körper vorbei. Die Stellung der Herren ließ mich oft besorgen, daß ein heftiges Bauchgrimmen sie plagte; so bog sich mit eingekniffenem Unterleib der ganze obere Theil des Körpers vorwärts, indeß die Arme senkrecht den Schenkeln parallel, herabhingen. Geriethen sie aber in Affekt, so warfen sie sich auf den ersten besten, der ihnen nahe stand, gleichviel von welchem Geschlecht; und hatten sie etwas zu bitten, so wälzten sie sich im Staube, umfaßten –

nicht die Kniee – sondern die Waden und Knöchel und berührten fast mit der Stirne die Erde. Die Heldin des Stückes stieg auch wieder einmal eben so mit dem Kopf und den Händen, in bestimmten tempi, an den Beinen und Schenkeln ihres Vaters hinan, bis bald in seine Umarmung; unglücklicher Weise konnten sie damals noch nicht einig werden, und er stieß sie endlich mit beiden Händen zur Erde, daß sie wie ein Sack liegen blieb. Diese Schauspielerin besaß gleichwohl noch die meiste Kunst und, wenn ich das Wort nicht entweihe, sogar einigen Sinn für die Kunst; allein sie blieb doch mit den andern auf Einen Ton gestimmt. Sie hatte eine hübsche Figur und wußte sie vortheilhaft zu zeigen; ihre Stimme, wie ich fast durchgehends an den Holländerinnen bemerke, war ein tiefer Tenor. Die Mannspersonen hatten, nach Holländischer Sitte, den Hut beständig auf dem Kopf, welches jedoch im Parterre weit unerträglicher als auf der Bühne war. Von der Feinheit des Betragens im Parterre ließe sich ein artiger Nachtrag zum Grobianus schreiben; ein unaufhörliches Plaudern war das geringste, worüber ein Fremder hier in Erstaunen gerathen konnte. Die unbequeme Einrichtung der Sitze veranlaßt manchen Auftritt, der anderwärts genau wie eine Indecenz aussehen würde; denn an Gefälligkeit und Achtung, die ohne persönliche Rücksicht ihrem Geschlecht erzeigt werden müßte, dürfen die hiesigen Frauenzimmer nicht denken.

Ich habe über diese Erinnerungen an die mannigfaltigen Auftritte, die wir heute mit angesehen, nicht daran gedacht, Dir zu erzählen, wie wir hergekommen sind; Du wirst es nicht mehr so wunderbar finden, daß ich hier schon in die dritte Stunde schreibe, wenn Du erfährst, daß wir die vorige Nacht ganz ruhig geschlafen haben, während der Genius dieses wasserreichen Landes, in Gestalt eines wackern Schiffers, uns sanft vom Haag nach Harlem führte. Der Graf B. von R. hatte uns die prächtige Jacht verschafft, die den Bürgermeistern vom Haag gehört. Wir fanden beim Einsteigen zwei saubere Betten, mit allem versehen, was die verwöhntesten Sinne von Eleganz und Bequemlichkeit verlangen können. Kaum hatten wir uns ausgekleidet, (es war gleich nach Mitternacht) so ertönte überall in den Gebüschen längs dem Kanal das Lied der Nachtigallen, und sang uns in den Schlaf. Am folgenden Morgen erwachten wir eben, indem die Barke bei Hartekamp vorbeifuhr, jenem Garten des reichen Clifford, wo der große Linné sich so manche botanische Kenntnisse erwarb. Es kostete einen Wink, so ließ unser Palinurus die Betten verschwinden. Wir blickten auf die umliegende Gegend durch zehn Fenster, deren jedes in einer überaus großen Scheibe, von prächtigem geschliffenem Spiegelglase bestand, und fast schien sie uns dadurch einen besondern Grad von Anmuth zu erhalten. Der Morgen hatte Thränen im Auge; doch kamen auch Sonnenblicke und beleuchteten die Wiesen und Triften, die Dünen, die Meierhöfe und die Lustgärten, zwischen denen wir mit unmerklicher Bewegung hinschlüpften. An den Ufern bald auf dieser, bald auf jener Seite lagen ruhig wiederkäuend die schönen Niederländischen Kühe. Schon zeigten sich die Thürme von Harlem, als der Capitain auf einem zierlichen Bord von Mahagoni das silberne Theegeschirr der Herren Bürgermeister hereinbrachte; nie hat man wollüstiger auf weich gepolsterten Sitzen im Angesicht einer lachenden Landschaft gefrühstückt. Vor den Thoren von Harlem stand, unsrer harrend, ein schönes Kabriolet, mit ein Paar unvergleichlichen Harttrabern bespannt; denn B – wollte nichts zur Hälfte gethan haben. Wir verließen also unsern lieblichen Käfig und fuhren oder flogen zwei Stunden lang auf einem vortreflichen Wege. Von Zeit zu Zeit sahen wir Leute mit Schaufeln stehen, womit sie die fast unmerklichen Fahrgeleise zuwarfen; andere schöpften Wasser aus dem Kanal und besprizten den Weg, damit der wenige Staub sich legte. So eilten wir längs dem Harlemer Meer bis an den Punkt, wo nichts als der Straßendamm es von dem größeren Y scheidet. Auf dieser Stelle hat die Aussicht eine erhabene Größe; beide Gewässer sind von so weitem Umfange, daß man ihre entfernten Gränzen am Horizont nicht erkennen kann; man glaubt auf einem kleinen Eiland im unermeßlichen Meere zu stehen. Indeß näherten wir uns dem geschäftigen, volk- und geldreichen Amsterdam; eine Menge Windmühlen zeichneten uns am Horizont seinen Umfang vor; in einer katholischen Stadt von dieser Größe hätten hundert Kirchen mit ihren stolzen Thürmen den Anblick aus der Ferne verschönert. – Aus der Ferne! –

XXVI

Amsterdam

In dem entnervenden Klima von Indien gewöhnen sich die Europäischen Eroberer nur gar zu leicht an Asiatische, weichliche Üppigkeit und Pracht. Treibt sie hernach das unruhige Gefühl, womit sie dort vergebens Glück und Zufriedenheit suchten, mit ihrem Golde wieder nach Europa zurück, so verpflanzen sie die Orientalischen Sitten in ihr Vaterland. Man sträubt sich zwar in Republiken eine Zeitlang gegen die Einführung des Luxus; allein der übermäßige Reichthum bringt ihn unfehlbar in seinem Gefolge. Wenn gleich nüchterne Enthaltsamkeit mehrere Generationen hindurch die Ersparnisse des Fleißes vervielfältigte, so kommt doch zuletzt das aufgehäufte Kapital an einen lachenden Erben, der über die Besorgniß hinaus, es nur vermindern zu können, die Forderungen der Gewinnsucht mit der Befriedigung seiner Sinne reimen lernt. Unglücklicherweise pflegt dieser Aufwand selten anders als barbarisch und geschmacklos zu seyn, da der Sinn des Schönen, wodurch der Luxus allein erträglich wird, eine frühzeitige Bildung voraussetzt, die dem Sohn eines kargen Reichen nicht zu Theil werden kann. Von dieser Seite hat die Ämsigkeit, wovon man hier so viele Beispiele sieht, der das Sammeln, statt bloßes Mittel zu bleiben, alleiniger engherziger Zweck geworden ist, etwas Empörendes; man erkennt an ihr zu deutlich den Übergang einer vereinzelten tugendhaften Gewohnheit durch ihr Extrem in das verwandte Laster, die Metamorphose der schönen, edlen Sparsamkeit in niedrigen, verächtlichen Geiz. In dieser traurigen Abgestorbenheit, die alle Verhältnisse des Menschen, bis auf das Eine mit seinem Mammon, gänzlich vernichtet, geht nicht nur die Möglichkeit der individuellen Ausbildung verloren sondern auch die Erziehung des künftigen Besitzers wird so sehr vernachlässigt oder verschroben, daß, wenn Temperament und Beispiel ihn in der Folge zum Prasser machen, sein Mißbrauch der ererbten Schätze genau so unmoralisch bleibt, wie es des Vaters Nichtgebrauch derselben war.

Ich mache diese Betrachtung, indem ich erwäge, welche unzählige Verbindungen von nie vorherzusehenden Ursachen zur Entstehung eines Volkscharakters mitwirken können, und wie sehr man Unrecht hat, den späten Enkeln eine Schuld beizumessen oder auch ein Lob zu ertheilen, wovon der Grund vor Jahrhunderten in einer nothwendigen Verkettung der Umstände gelegt worden ist. Die Widerwärtigkeiten, womit die Holländer in früheren Zeiten zu kämpfen hatten, stärkten in ihnen den hartnäckigen Geist der Unabhängigkeit. Ihre Freiheitsliebe führte sie zu großen Aufopferungen; ihre Enthaltsamkeit ward ihnen zur andern Natur. Indeß alle Nationen Europens bereits einer Üppigkeit fröhnten, die, gleich einer ansteckenden Seuche, weder Geschlecht, noch Alter, noch Stand verschone, blieben sie allein unangefochten von ihrem verführerischen Reiz, in rauher, unzierlicher, republikanischer Einfalt. Aber ihr Muth, der ihnen das reiche Batavia schenkte, ihr Handelsfleiß, dem alles Gold von Asien und Europa in der Hand zurückblieb, ihre Sparsamkeit selbst, die ihnen wehrte, die gesammelten Schätze wieder zu zerstreuen, bereiteten die jetzige Anwendung derselben vor. Jetzt befinden sich die Holländer in der Lage aller spät reifenden Völker; indem sie aus jenem vegetirenden Leben erwachen, sehen sie ihre Vorgänger in der Laufbahn des Genusses als Muster an, denen sie mit verdoppelten Schritten, oder vielmehr mit einem Sprunge, nacheilen wollen, und diese unglückliche Nachahmung stört sie in dem ruhigen Gange der ihnen angeeigneten Entwicklung.

Dem physischen und klimatischen Naturell der Holländer wie ihrem besonnenen Gemüthscharakter, ziemte die äußerste Simplicität; ihre Kultur durfte sich nie von dieser Grundlage entfernen; sie mußte lediglich darauf gerichtet seyn, dem Einfachen Eleganz und Größe beizugesellen. Der bunte, kleinliche Luxus der Mode, der glatte Firniß herzloser Sitten die wortreiche Leere der Ideen des Tages, stehen ihnen wie erborgte Kleider. Witz, Laune und Geist können unsere Aufmerksamkeit von diesen Mißverhältnissen des Welttons abziehen; ihr munteres Spiel kann wenigstens auf einige Augenblicke ergötzen, wenn schon nicht entschädigen für den Mangel an Schönheit und Harmonie; Französische Leichtigkeit endlich, scheint zu diesem Flitterstaate zu passen, wie Schmetterlingsflügel zum Schmelz der brennendsten Farbenkontraste.

Bei anderen Nationen können zwar diese flüchtigen Blüthen des Französischen Charakters als einzelne Erscheinungen hervorsprossen; sie gehören aber nie zu dem specifischen Gepräge, womit die Natur und das Schiksal sie von einander ausgezeichnet haben. Allen Deutschen und Nordischen Völkern (fast möchte ich auch die Engländer mit einschließen) macht daher ihre Organisation und ihre ganze Geistesanlage einen edleren Ernst und eine überlegte Einheit des Betragens zur natürlichen Pflicht; jede Abweichung von dieser Norm bestraft sich selbst durch die davon unzertrennliche Lächerlichkeit, die niemanden so komisch auffällt, wie dem leichtsinnigen Volke, dessen Tracht und Manieren man ungeschickt nachahmen will. Selten wird ein Franzose sich die Zeit nehmen, den eigenthümlichen Werth des Deutschen, Holländischen und Englischen Nationalcharakters auszuforschen und anzuerkennen; kein Wunder also, wenn ihm auf den ersten Blick die meisten fremden Gesellschaften eine Ähnlichkeit mit einem Abderitischen Maskenball zu verrathen scheinen, wo niemand Talent und Versatilität genug besitzt, um dem gewählten Charakter gemäß seine Rolle zu spielen, sondern jeder treuherzig den ganzen Scherz darin sucht, hinter einer bedeutenden Larve ein Schafsgesicht zu verstecken.

Es ist nicht etwa eine neue Ketzerei, die ich da predige; von allem unserm Beginnen gilt die Regel, daß eigene Empfindung sich damit gleichsam identificiren muß, um es mit einer gewissen Würde zu stempeln. Die Religion selbst ist eben darum so tief herabgesunken, weil sie bei den meisten Menschen als ein bloß überkommenes Erbstück im Gedächtniß haftet und nicht bis ins Herz und aus dem Herzen wieder, als eine schöne Blume der individuellen Menschheit, an das Licht gedrungen ist. Die Wissenschaften werden verächtlich im Munde des Lehrers, der sie mechanisch erlernte, um sie mechanisch herzuleiern. Die Formeln des gesitteten Umganges ekeln uns an, wenn kein Gefühl des Schicklichen, keine wahre Achtung für die eigene und die fremde Moralität sie länger würzt, ob sie gleich ursprünglich daraus entstanden. Der nachgeahmte Luxus, der nicht mit originellem Kunstsinn bezeichnet ist, kann eben so wenig einen angenehmen Eindruck machen, wie jene Papageien- und Pudelkünste; er erscheint nie an seiner rechten Stelle, und bleibt dort immer fremd, wo man ihn nicht erfand. Ich trete nur an den Putztisch des Frauenzimmers, um mir noch einen Belag zu dieser Wahrheit zu holen. Unsere Kleidermoden entlehnen wir von Frankreich, allein wer dieses Land je betreten hat, wird mir bekennen müssen, daß ihre Extravaganz und Unnatürlichkeit dort lange nicht so unerträglich scheinen, wie außerhalb seiner Gränzen. Wie wenig Sinn für das ächte, Einfachschöne der Natur man immer den Französinnen zugestehen mag – einen Sinn für das Passende und Gefällige des Anzuges wird man ihnen schwerlich abstreiten können. Sie sind gleichsam Eins mit ihrem Putz, und die Erfindung des Tages erhält unter ihren Händen das richtige Verhältniß zu ihren pesönlichen Reizen. Wenn hingegen eine fremde Tracht zu ihren Nachbarinnen herüberkommt, bringt sie fast immer das empörende Schauspiel einer unbedingten Nachahmung zuwege; im Theater, in den Assembleen, in den Concert- und Tanzsälen sieht man nur lebendige Puppen, die ohne die mindeste Rücksicht auf ihren verschiedenen Körperbau und ihre Gesichtszüge, mit völlig gleichförmigem Putz *behangen* sind.

Dieser Kontrast zwischen der erborgten Kleidung und der Gestalt so wie dem Charakter des Frauenzimmers, scheint mir hier noch auffallender als bei uns zu seyn und zuweilen an Karrikatur zu gränzen. Wir haben die schöne Welt von Amsterdam im Französischen Theater versammelt gesehen, welches hier auf Subskription von einigen der vornehmsten Häuser unterhalten wird, und wo niemand Zutritt haben kann, der nicht von den Theilnehmern Billets bekommt. Der Unterschied der Sitten zwischen diesem Publikum und jenem in dem Holländischen Schauspielhause zeigte schon, daß hier die erlesenste Gesellschaft versammelt war. Alle Mannspersonen waren sauber gekleidet, zum Theil reich geputzt, und niemand ließ es sich einfallen, den Hut aufzusetzen. Unter den Damen zeigte sich manches hübsche Gesicht, dem nur etwas von jener allgemeineren Belebung fehlte, die eine zarte, rege Empfänglichkeit verräth. In Amsterdam mag wohl nicht der Geist auf den Wassern schweben; er schwebte nicht einmal in dem Walde von Strauß- und Hahnenfedern, nicht in den Bändern, nicht in den Halstüchern, worin sich diese schöne Nixen, wie in Wolken, hüllten. Ihre Schuld ist es indeß auch nicht, wenn sich überall der Ixion findet, der die *Wolke* für *Juno* selbst ansieht.

Zum Abstich laß Dir eine Erscheinung einer andern Art beschreiben: ein Mädchen, jung und schön, mit einem Teint von Lilien und Rosen, Lippen von Korall, gesunden schönen Zähnen und feinen, regelmäßigen Zügen des kleinen Mediceischen Kopfes; kurz, ein Geschöpf, als hätt' es Prometheus geschaffen – und *seinen* gestohlenen Feuerfunken mocht' es auch schon empfinden. Ihr Haar verbarg sie unter einer dicht anliegenden Kappe von feiner Gaze. Drei längliche, gebogene, goldene Spangen von getriebener Arbeit, die sich durch ihre Elasticität fest anschlossen, schienen diese Kappe am Gesicht fest zu halten; die eine ging über die Stirn hin und drückte sich nicht weit vom linken Schlaf ein; die beiden anderen lagen über den Ohren und knippen die vollen Wangen. In den Ohrläppchen hingen kleine viereckige Zierathen von Metall, wie kleine Vorhängeschlösser, und über beiden Schläfen, an den Augen hinab, spielten feine, spiralförmig gewundene Schlängelchen von Silberdrath. Um den Hals ging eine dicke Schnur von rothen Korallen, vorn mit einem goldenen Schlosse. Eine unförmliche Juppe von Kattun mit langen abstehenden Schößen und an den Ärmeln einem kleinen zusammen genähten Flügel; sodann die häßlichen, bauschigen Unterröcke und ein Paar Pantoffeln ohne Hackenstücke dazu, vollendeten den ganzen Anzug. Nicht wahr? man muß außerordentlich schön seyn, um es in diesem Wildenschmuck noch zu bleiben? Wäre diese Dirne einem Reisenden in Ost- oder Westindien begegnet, so hätte er ihren barbarischen Kopfputz einer Abbildung werth geachtet und über das Ungeheure und Abentheuerliche im Geschmack der ungebildeten Völker lang und breit disserirt; denn wir bedenken nie, wie ähnlich wir den Wilden sind, und geben diesen Namen sehr uneigentlich allem, was in einem anderen Welttheile nicht Parisisch gekleidet ist. In Alkmaar und Enkhuisen, und überhaupt in Nordholland, ist die Tracht dieses Mädchens allgemein üblich. Wir sahen sie in dem durch Peter den Großen so berühmt gewordenen Sardam, wo sonst die Weiber über die gewöhnliche Holländische Kleidung mit schwarz seidenen Nonnenkappen erscheinen, die hinten und vorn den Hals und die Schultern bedecken und wunderhäßlich aussehen.

Sardam oder Zaandam, wie es sonst eigentlich heißt, verdienet so wenig wie der Haag ein Dorf genannt zu werden; es ist ein großer Flecken, der allmälig zur Größe einer Stadt herangewachsen ist und seine eigene Regierung hat. Die Einwohner sind auch nichts weniger als Bauern, wofür man sie gewöhnlich auszugeben pflegt, sondern reiche Kapitalisten, Schiffbaumeister, Handwerker aller Art und Arbeiter in den unzähligen Fabriken, Werften und Mühlen. Der Ort ist überaus niedlich und reinlich; fast ein jedes Haus mit seinem Gärtchen ist eine Insel und wird von einem Kanal umflossen. Da indeß das Wasser in diesen Kanälen jederzeit mehr oder weniger stockt, so halte ich die Luft hier keinesweges für gesund. Die Straßen sind äußerst sauber und regelmäßig mit kleinen Backsteinen gepflastert; es ist aber dessen ungeachtet von der übertriebenen Reinlichkeit keine Spur, worin, wie man uns versichert hatte, Sardam mit dem schönen Dorfe Broek übereinkommen soll. Broek wird von reichen Kaufleuten aus Amsterdam bewohnt, die dort der ländlichen Ruhe genießen und nur – noch täglich auf der Börse erscheinen. So ein Holländischer Alfius hat also, wie Du siehst, noch über den Römischen zu raffiniren gewußt und verbindet das Landleben mit dem Aktienhandel, da Horaz dem seinigen nur die Wahl läßt:

jamjam futurus rusticus,
omnem redegit Idibus pecuniam;
quaerit Calendis ponere.

Dort soll man wirklich die Schuhe ausziehen müssen, ehe man durch die Hinterthür in den Tempel der Holländischen Reinlichkeit eingelassen wird; dort sind die Häuser und die Bäume mit bunten Farben bemalt; die Eigenthümer selbst genießen die altmodigen Herrlichkeiten nicht, die sie dort angehäuft haben, und – sonderbar genug! – sie wissen nicht einmal von jenem Genusse der Ostentation, die so gern mit ihren Schätzen prunkt; das Bewußtseyn, sich einen solchen Raritätenkasten erbaut zu haben, genügt ihnen so vollkommen, daß ein Fremder selten Erlaubniß erhalten kann, seine Neugier darin zu befriedigen. Um sie her herrscht eine Todtenstille; kein lebendiges Geschöpf darf sich dem Dorfe nähern, aus Furcht es zu verunreinigen; alle Thüren sind verschlossen, die kostbaren Vorhänge tief herab gesenkt, und nichts regt sich, außer dem Wucherer, der im verborgensten Kämmerchen in seinem Golde scharrt.

Wir nehmen diese Beschreibung auf Treu' und Glauben; denn es bleibt uns keine Zeit übrig, uns durch eigene Erfahrung von ihrer Richtigkeit zu überzeugen. In Sardam, wie gesagt, geht es mit Menschen und Thieren so natürlich zu, wie in der übrigen Welt. Die Häuser sind nach Maaßgabe der Bewohner sehr verschieden; ich habe sehr ärmliche, hölzerne Hütten und große steinerne Häuser gesehen; breite Straßen und enge Gäßchen; einfache und mit Farben angestrichene Bäume, und einen Wald, oder, mit dem Ritter von la Mancha zu reden, eine Armee von beinahe zweitausend Windmühlen, worin alles, was nur durch diese Vorrichtung bereitet werden kann, bis zur Übersättigung der Wißbegierde fabricirt wird. Der Schiffbau ist noch jetzt ein wichtiger Zweig der hiesigen Betriebsamkeit, wiewohl er seit einiger Zeit sehr abgenommen hat. Die Einwohner, oder eigentlich der Pöbel von Sardam, besteht großentheils aus so genannten Patrioten, die sich während der letzten Unruhen geweigert haben, für die Prinzlichgesinnten zu arbeiten und jetzt, zur Strafe, von diesen keine Arbeit bekommen. Das Häuschen, wo der Schöpfer der Russischen Despotie gewohnt hat, ist winzig klein und mit einem ärmlichen Hausrath versehen. Seine Schlafstelle ist in der Wand angebracht, und ich glaube nicht, daß seine lange Figur darin hat ausgestreckt liegen können. Man zeigt den Fremden sein éloge historique, Französisch gedruckt, sein Bildniß in Kupferstich, das jemand aus Paris hieher geschenkt hat, und eine kleine goldene Denkmünze, etwa funfzehn Dukaten schwer, ein Geschenk der jetzigen Russischen Kaiserin. Es ist merkwürdig genug, daß dieser außerordentliche Mann gerade das aus seinem Staate gemacht hat, was er hat machen können und wollen. Eine andere Frage ist wohl, ob es nicht zu wünschen wäre, er hätte etwas anderes gewollt und gekonnt? Rußland hat nun eine Marine – aber hat es auch Sitten? Damals war vielleicht so etwas zu versuchen; jetzt dürfte selbst Peters große Nachfolgerin die Aufgabe nicht mehr ausführbar finden; denn die feine Verderbniß der neuesten Kultur auf den rohen Stamm der Barbarei geimpft, ist nur ein Hinderniß mehr. –

Wenn auf der einen Seite die Verminderung des Holländischen Handels, die Stockung des Geldumlaufes, die Einführung des Luxus und die Erschlaffung der vaterländischen Sitten ein trauriges Bild der Vergänglichkeit menschlicher Einrichtungen und des unausbleiblichen Verfalles der Reiche im Gemüth des Beobachters zurücklassen; so giebt es doch auch Gegenstände in Amsterdam, die zu erfreulicheren Betrachtungen Anlaß geben und den Zeitpunkt der gänzlichen Auflösung so weit in die dunkle Zukunft hinauszurücken scheinen, daß die Einbildungskraft wieder Feld gewinnt, sich noch ein blühendes Zeitalter der Republik, wenn auch nicht in politischer Hinsicht, so doch mit Beziehung auf die Privatglückseligkeit der Einwohner, als Resultat einer höheren Kultur und eines geläuterten Geschmackes, mit frischen Farben auszumalen. An Mitteln zur Erreichung dieses Endzweckes wird es nicht fehlen, wenn auch der Handel noch ungleich größere Einschränkungen leiden sollte; die Zinsen der bereits angelegten Kapitalien sind fast allein hinreichend, die Einwohner zu ernähren. Im Jahr 1781 hatten sie nicht weniger als achthundert Millionen Gulden in Europa ausgeliehen. Die ungleich größeren Summen, die im Waarenhandel oder in den kostbaren Anlagen unzähliger Fabriken sich verinteressiren die Fonds, womit die Wallfisch- und Heringsfischereien betrieben werden, die der Ost- und Westindischen Compagnien die eigenen Staatsschulden der vereinigten Niederlande, endlich der Ertrag des Erdreiches, wovon ich nur beispielsweise anführen will, daß Nordholland allein auf den drei Märkten von Alkmaar, Hoorn und Purmerend, in einem Durchschnitt von sieben Jahren, jährlich an Käse vierzehn Millionen Pfunde verkauft hat, – machen zusammen eine Masse von

Reichthum aus, wobei es den Niederländern, und sollte sich ihre Anzahl auch auf drittehalb Millionen belaufen, um ihre Existenz nicht bange werden kann.

Es fällt aber auch in die Augen, daß seit einigen Jahren die Wissenschaften und Künste in Holland und insbesondere in Amsterdam merkliche Fortschritte gemacht und von den reichen Kaufleuten außerordentliche Unterstützung genossen haben. Die öffentliche Lehranstalt, das so genannte Athenäum, welches seit anderthalb Jahrhunderten mit verdienstvollen Männern besetzt gewesen ist und dem Staate manchen vortreflichen Kopf gezogen hat, zeichnet sich noch gegenwärtig sowohl durch seine nützlichen Institute, als durch geschickte Lehrer in allen Fächern aus. Das schöne anatomische Kabinet, welches Hovius sammelte, steht jetzt unter der Aufsicht des gelehrten Professors Bonn. Der botanische Garten, wo ehedem Commelin die Wissenschaft so sehr bereicherte, ist gegenwärtig dem nicht minder berühmten Burmann anvertraut, der sein thätiges Leben gänzlich der Erhaltung seiner Mitbürger weiht und vom frühen Morgen an, bis in die Nacht, die einzige Stunde des Mittagsessens ausgenommen, seine Kranken besucht. Dies ist das Loos aller hiesigen Ärzte von einigem Ruf und insbesondere des als Physiker so allgemein geschätzten Dr. Deiman, dem man die neuerlichen pneumatisch-elektrischen Experimente verdankt. Die ungesunde Lage von Amsterdam und die starke Bevölkerung kommen zusammen, um die Zahl der Kranken, zumal in den Sommermonaten, hier so stark heranwachsen zu lassen, daß ein Arzt, der sehr en vogue ist, mehrmal im Tage Pferde wechseln muß. Unter den Gelehrten, die wir hier kennen lernten, nenne ich mit wahrer Achtung einen Wyttenbach, dessen philologische Verdienste man auch bei uns und in England zu schätzen weiß, einen Nieuwland, dessen Bescheidenheit noch größer ist, als das auszeichnende Genie, womit er sich selbst zum Mathematiker und Sternkundigen gebildet hat, endlich den würdigen Cras, der mit der Jurisprudenz eine so ausgebreitete als gründliche Belesenheit in vielen anderen Zweigen der Litteratur, eine allgemeine humane Theilnahme an allem, was unserer Gattung frommen kann mit dem gebildetsten Ton, und wahre Gastfreundschaft mit dem Wohlstand, der sie möglich macht, ohne Anmaßung verbindet. Ich könnte Dir noch den wackern Hieronymus de Bos rühmen, dem die ernsthaften Beschäftigungen eines Geheimschreibers (Clerk) der sechs und dreißig Rathsherren den feinen Sinn für Römische Dichtkunst nicht benommen haben; ich könnte lange bei dem wunderschönen Kabinet des Schatzmeisters der Ostindischen Compagnie, Herrn Temminck, verweilen und Dir die unnachahmliche, anderwärts noch nie erreichte Vollkommenheit in der Kunst die Vögel auszustopfen, anschaulich zu machen suchen; ich könnte Dir die Menge und Schönheit der neuen Gattungen von Vögeln rühmen, womit der edle Sonderling, le Vaillant, diese Sammlung seines ersten Wohlthäters und Beschützers bereichert hat; allein es ist Zeit, daß ich noch mit einigen Zeilen eines Instituts erwähne, welches vielleicht nur in Amsterdam so schnell entstehen und zur Reife gedeihen konnte, – ich meine das prachtvolle Felix meritis.[14]

Vor ein paar Jahren hatten einige der reichsten Einwohner von Amsterdam den Gedanken, für die wissenschaftliche Bildung und die Erweckung des Kunstsinnes unter ihren Mitbürgern zu sorgen. Jene Leere, welche dem Kaufmann, nach vollbrachter Arbeit, in seinen Nebenstunden bleibt, sollte nun ausgefüllt und sein Kopf mit Ideen bereichert werden, die zum Glück des Lebens so viel mehr als todte Schätze beitragen können und um deren Erwerb die vorige Generation sich gleichwohl so wenig bekümmert hatte, daß auch die jetzige ihren Mangel noch nicht hinlänglich fühlte. Die Beschaffenheit des Unterrichtes sollte zu gleicher Zeit für das Bedürfniß des schönen Geschlechtes berechnet seyn, und indem man dieser empfänglicheren Hälfte unserer Gattung die Quellen der Erkenntniß eröffnete, glaubte man mit Recht auf eine dreifache Art für die Männer zu sorgen, theils durch Erweckung eines edlen Wetteifers zwischen beiden Geschlechtern, theils weil man ihrem häuslichen Glück durch die Vervollkommnung ihrer Gattinnen und Töchter zu vernünftigen und wohlunterrichteten Gesellschafterinnen einen wesentlichen Zuwachs verschaffte, theils aber auch, indem man die ersten Erzieherinnen der künftigen Generation mit zweckmäßigen Kenntnissen ausrüstete und ihre Urtheilskraft schärfte und übte. Man umfaßte die ganze Masse der Belehrung, deren man zu bedürfen glaubte, in den fünf Klassen der Philosophie, der Mathematik, der schönen Wissenschaften, der Tonkunst und der Zeichenkunst. Zur Philosophie rechnete man Naturkunde,

---

14 Der Sinnspruch, der die Interessenten dieses Unternehmens vereinigte und womit sie auf das Glück anspielten, welches wissenschaftliche Verdienste gewähren, ist zugleich der Name des Instituts geworden.

Physik und Chemie, so wie zur Mathematik noch die Sternkunde. Die Ausführung dieses Planes war dem Umfange und der Bestimmung desselben, so wie der Stadt und des Publikums würdig. Eine Million Gulden – ich sage noch einmal: *eine Million Gulden!* – wurden zusammengeschossen, und an der Heerengraft, der vornehmsten Straße in der Stadt, erhob sich ein prächtiger Bau, durchaus zu diesem Endzweck eingerichtet, an dessen Fronton der Sinnspruch der Gesellschaft: Felix meritis, in großen goldenen Buchstaben prangt. Jede Klasse hat hier ihre eigenen Säle und Zimmer, ihre Instrumente und anderweitigen Erfordernisse. Der Concertsaal ist eine schöne Rotunde, die beinahe neunhundert Menschen enthalten kann und wo das Orchestra nebst den Öfen und Luftzügen dem Baumeister vorzüglich Ehre macht. Der Saal, wo man nach lebendigen Modellen zeichnet, hat ebenfalls eine zweckmäßige Einrichtung und Beleuchtung. Das physikalische Kabinet und die Sternwarte im obersten Stock waren noch nicht fertig; überall aber herrschte Vollständigkeit, Eleganz und reiner Geschmack. Die gelehrten Mitglieder bezeigen ihren Eifer durch die Vorlesungen, die sie zur Belehrung der anderen halten. Einen schöneren Bund der Menschen als diesen kann man sich nicht denken, wo jeder in die gemeinschaftliche Masse bringt, was er auf seinem Wege fand, es sei nun Gold oder Wissenschaft. Die Anzahl der Interessenten soll sich gegenwärtig beinahe auf eintausend belaufen.

Wie ungeduldig oder wie spöttisch würde man bei dieser Erzählung in vielen Gesellschaften fragen, ob denn dieses Institut gar keine Mängel habe? Es ist so leicht, indem man tadelt, einige Kenntnisse geltend zu machen, daß man gewöhnlich zuerst an allen Dingen das Fehlerhafte hervorsucht und darüber oft ihre wesentlichen Vorzüge vergißt; recensiren und tadeln sind daher im Wörterbuche manches jungen Gelehrten vollkommene Synonymen. Ich gebe zu, daß eine strenge Prüfung auch hier verschiedene Gebrechen entdecken würde; allein ich kann mir jetzt den Genuß nicht schmälern lassen, den ein so lebhafter Enthusiasmus für das Gute gewährt. Man nannte uns einige demokratisch gesinnte Kaufleute als die Hauptstützen dieses Unternehmens. Die heitere Aussicht in die Zukunft, welche diese Anwendung ihrer Kapitalien ihnen eröffnet, sollte ihnen das traurige Andenken an ihre mißlungenen politischen Plane aus dem Sinne schlagen helfen. Es kann nun gleichgelten, welche Partei das Recht auf ihrer Seite hatte: das erste Bedürfniß des Staates ist die Aufhellung der Begriffe und Läuterung des Geschmackes; denn nur auf diesem Wege wird ein richtiges Urtheil über das wahre Interesse des Bürgers möglich. Unwissenheit ist der große allgemeine Unterdrücker aller gesellschaftlichen Verträge, und diesen zu stürzen durch sanfte, wohlthätige Verbreitung des Lichtes der Vernunft, ist fürwahr die edelste Rache.

Reine Vaterlandsliebe kann überall nur das Eigenthum einer geringen Anzahl von Auserwählten seyn und in unseren Zeiten, wo auf der einen Seite blinde Anhänglichkeit an altes Herkommen, auf der andern tiefes Sittenverderbniß und vermessene Neuerungssucht herrschen, wäre es kein Wunder, wenn diese erhabene Tugend beinahe gänzlich ausgestorben schiene. Der Kampf des unvernünftigen Vorurtheils mit aufgeblasenem Halbwissen bringt überall der wahren Bildung der Nationen mehr Schaden als Gewinn, und hält die Menschheit vom Ziele ihrer Vervollkommnung entfernt. Ohne die zarteste Reizbarkeit des moralischen Gefühls kann die Entwickelung der übrigen Geisteskräfte genau so gefährlich werden, als ihre Vernachlässigung es bis dahin gewesen ist, die Ertödtung aber jenes Gefühls, diese unverzeihliche Sünde des religiösen und politischen Despotismus, der die Menschheit in den Ketten der mechanischen Gewöhnung gefangen hält, bereitet jene furchtbaren Zerrüttungen vor, die von der jetzigen Art der Fortschritte im Denken unzertrennlich sind. In Holland hält die Orthodoxie gebunden, was die freiere Staatsverfasung vor weltlicher Übermacht beschützte. Natürlicherweise ging daher das Bestreben der wenigen redlich gesinnten Patrioten auf die Befreiung des Volkes vom schweren Joche der Meinungen; sie wünschten den Einfluß der orthodoxen Geistlichkeit zu vermindern und den Zeloten unter ihnen Schranken zu setzen. Allein diesen uneigennützigen Charakter konnte die Partei nicht beibehalten, sobald sie das Süße der Herrscherrolle gekostet hatte; um die Oberhand, um das Ruder im Staate, galt der Kampf, und *eine* Aristokratie wollte die andere vertreiben. Im Taumel des Sieges hätte man die Stimme der Mäßigung nicht gehört und manchen willkührlichen Schritt gethan, die Herrschaft der Vernunft zu erweitern, die gleichwohl nur über freiwillige Untergebene gebieten kann. Der Hof kannte die Macht der Geistlichkeit über die Majorität der Gemüther; er wußte sich diese Stütze zu sichern und gab dadurch einen Beweis von Regentenklugheit, den man nur deshalb weniger achtet, weil er nicht ungewöhnlich ist. Thörichter kann in der That kaum eine Forderung seyn, als diese, die man jetzt so oft machen hört, daß in einem

Zeitpunkt, wo Eigennutz und Privatinteresse mehr als jemals die Götter des Erdenrundes geworden sind, gerade die Fürsten der Lieblingsneigung des menschlichen Herzens, der Herrschsucht, und den Mitteln, wodurch sie ihrer Befriedigung sicher bleiben, freiwillig entsagen sollen.

Die Vernunft der Wenigen, die ein Herz sie zu wärmen hatten, ist auch hier zu der edlen Reife gediehen, die sich selbst genügt, still und ruhig wirkt, auf Hoffnung säet und mit Vertrauen harrt. In schwächeren Köpfen gährt und braust der Reichthum neuer und heller Begriffe mit den ungezähmten Leidenschaften, und gebiert riesenhafte Entwürfe, wilde Schwärmerei, ungeduldigen Eifer. Das Volk ist nirgends, mithin auch hier nicht, reif zu einer dauerhaften Revolution weder der kirchlichen noch der politischen Verfassung; überall fehlt das Organ, wodurch der Geist der Gährung in dasselbe übergehen, sich mit ihm verbinden und eine gemeinschaftliche, vorbereitende Stimmung bewirken soll; überall scheitern die Versuche, sowohl der namenlosen Ehrgeizigen, als der größten Menschen, eine neue Ordnung der Dinge einzuführen. In Holland herrscht noch die intolerante Synode von Dordrecht, und ein Hofstede darf ungestraft verfolgen, verurtheilen und verfluchen. Selbst in England wagt es die gesetzgebende Macht nicht mehr, seit Gordons Aufruhr zu Gunsten der bedrückten Religionsparteien etwas zu unternehmen. Was Friedrich der Große und Joseph der Zweite in ihren Staaten der Vernunft einräumen wollten, wird entweder von ihren Nachfolgern vorsichtig zurückgenommen oder von ihren Unterthanen ungestüm vernichtet. Hier müssen allmälig Religionsedikte und Katechismusvorschriften erscheinen; dort (in Brabant) wiegelt der Clerus das Volk zur Empörung auf und usurpirt die Rechte des Regenten. In Italien versinkt die Synode von Pistoja in ihr voriges Nichts; am Rhein wird an Josephs Sterbetage die Emser Punktation zerrissen. Spanien und Portugal schlafen noch den Todesschlaf der betäubten Vernunft; und ob in Frankreich die Heiligkeit der Hierarchie versinken wird vor der größern Heiligkeit des Staatskredits, liegt noch vom Schleier der Zukunft tief verhüllt. Diese allgemeine Übereinstimmung ist nicht das Werk des Zufalls: eine allgemeine Ursache bringt sie hervor; und warum wollten wir der Politik den Sinn absprechen, die Zeichen der Zeit zu erkennen? Warum wollten wir von der Weisheit der Kabinette verlangen, daß sie eher das unmündige Menschengeschlecht sich selbst überlassen sollte, als jene unverkennbare Majestät der Wahrheit hervorleuchtet, gegen welche die Willkühr ohnmächtig und ihr Widerstand eitel ist?

Eine ganz andere Frage ist es aber, ob die herrschende Partei in allen Ländern und von allen Sekten weise handelt, ihre Übermacht noch jetzt in ihrem äußersten Umfange geltend zu machen, oder ob es nicht räthlicher wäre, zu einer Zeit, wo sie noch mit guter Art Concessionen machen kann, dem Genius der Vernunft ein Opfer zu bringen? Es sei die Bewegung, die einmal entstanden ist, auch noch so schwach, so ist sie doch durch keine Macht mehr vertilgbar. Vom Druck erhalten Parteien und Sekten ihre Spannkraft; der Widerstand erhärtet ihren Sinn, die Absonderung giebt ihnen Einseitigkeit und Strenge; Mißhandlung macht sie ehrwürdig; ihre Standhaftigkeit im Leiden flößt Enthusiasmus für sie ein; ihre Kräfte, extensiver Wirksamkeit beraubt, wirken in ihnen selbst subjektive, romantische Tugend. Alsdann bricht plötzlich ihr Feuer unaufhaltsam hervor und verzehrt alles, was sich ihm widersetzt. Die Revolutionen, welche gewaltsamer Druck veranlaßt, sind heftige, schnelle, von Grund aus umwälzende Krämpfe, wie in der äußern Natur, so im Menschen. Es ist unmöglich, dem Zeitpunkt einer solchen Veränderung zu entgehen; allein ihn weit hinaus zu rücken, bleibt das Werk menschlicher Klugheit, welche die Gemüther durch Nachgiebigkeit besänftigt und, wo sie nicht überreden kann, wenigstens den Zwist vermeidet, der die unausbleibliche Folge einer unbilligen Behandlung der Andersgesinnten ist.

Die in Holland wieder hergestellte Ruhe hat unläugbare, wohlthätige Folgen für seine innere und äußere Betriebsamkeit hervorgebracht; man hat einem zerrüttenden Bürgerkriege vorgebeugt, dessen Ausgang ungewiß war, der aber in dem jetzigen Zeitpunkt, wo England ohnehin schon allen Aktivhandel an sich reißt, unheilbare Wunden geschlagen hätte. Wie sehr ist es nicht bei dieser guten Wendung der Sache zu bedauern, daß die siegende Partei keine Schonung kannte, sondern sich vielmehr für berechtigt hielt, die beleidigte zu spielen und die Hälfte der Nation für ihre – Meinungen zu bestrafen! Meinungen, in so gleichen Schalen gewogen, daß eine Nation sich ihrentwegen in zwei beinahe gleich starke Hälften theilt, können ohne Ungerechtigkeit keiner von beiden zum Verbrechen gedeutet werden. Man hatte nun einmal auf beiden Seiten das Schwert gezogen für etwas – wie chimärisch es immer sei – was man für Freiheit hielt. Besiegt zu werden und den Irrthum eingestehen zu müssen, ist unter solchen Umständen schon Strafe genug; hier eine desto empfindlichere Strafe, je gewisser die besiegte Partei durch ihre entschiedene Mehrheit ihren Endzweck zu erreichen hoffen durfte, wenn eine fremde Dazwischenkunft nicht der Schale gegen sie den Ausschlag gegeben hätte. Allein die Rachsucht der Sieger hat in Holland dreihundert der angesehensten Familien zu einer freiwilligen Verbannung aus ihrem Vaterlande gezwungen; fünfhundert andere hat die Entsetzung von den Ämtern, die sie bisher bekleideten, zu Grunde gerichtet. In Friesland geht die Verbitterung noch ungleich weiter und die häufigen Confiscationen, wären sie auch nur Wiedervergeltungen für den von den Patrioten zuvor verübten Mißbrauch ihrer Übermacht, erhalten doch dadurch, daß sie nach geschlossenem Frieden, gleichsam mit kaltem Blute vorgenommen werden, einen gehässigeren Anstrich. Auch ist das Feuer, das vorhin auflöderte, noch keinesweges gedämpft; es glimmt überall unter der Asche und wird durch jede neue Mißhandlung der Patrioten genährt. Das Andenken an empfangene Beleidigungen ist im Busen des Niederländers beinahe unvertilgbar; der tiefe, mit ihm alternde Groll ist von seinem Charakter unzertrennlich und, wie schon andere mit Recht erinnert haben, in seiner ganzen Organisation gegründet. So tief wird schwerlich ein anderer Europäer gekränkt, wie man einen Holländer kränken kann. Diese Kränkungen sind die unzerstörbaren Keime einer neuen Revolution, die nach einem Jahrhundert vielleicht erst reifen wird; allein auch alsdann noch wird die Rache den Kindern der Unterdrückten zurufen: »*man schonte eurer Väter nicht!*«

XXVII

Helvoetsluis

In wenigen Stunden gehen wir zu Schiffe; aus dem Fenster, wo ich schreibe, kann ich unser Packetboot liegen und sich durch seinen schlankeren Bau von den kleinen Holländischen Fahrzeugen auszeichnen sehn. Während daß die Reisegesellschaft sich hier versammelt, will ich unsere Abschiedsbemerkungen über Holland, auf der Fahrt von Amsterdam hierher, so im Flug' aufzeichnen, wie wir sie im Fluge angestellt haben.

In Amsterdam, wie im Haag, nahte die Abschiedsstunde zu früh für unsere Wünsche heran. Kaum hatten wir die Hälfte der Merkwürdigkeiten besehen, welche man in dieser großen Stadt den Fremden zu zeigen pflegt, kaum fingen wir an, eine Menge der interessantesten Bekanntschaften zu machen, so erwachte der Maimorgen, auf den unsere Abreise unwiderruflich festgesetzt war. Von allen Regeln, deren Beobachtung dem Reisenden oft unmöglich wird, ist keine so leicht übertreten, als diese gewissenhafte Eintheilung der Zeit, und keine, wobei die Standhaftigkeit der Entschlüsse sich selbst besser belohnt. Wir fuhren um fünf Uhr Morgens mit der Barke nach Harlem. Hier war unser erster Gang zum Landhause des in allen Welttheilen bekannten Herrn Henry Hope, der uns in Amsterdam den Erlaubnißschein dazu gegeben hatte, einen Talisman, ohne welchen man in Holland selten ein Privathaus besehen darf. Ein angenehmer Spaziergang durch ein Gehölz führte uns bis an das Gebäude, dessen Äußeres weniger verspricht, als man im Innern findet. Die winkelige Form verräth noch den seltsamen Geschmack des ehemaligen Besitzers, und das feuchte Klima löset unaufhörlich den Gipsüberzug ab, womit die Mauern beworfen sind. Inwendig fällt sogleich eine prächtige Treppe vom schönsten, weißen Marmor ins Auge, die in der That alle Forderungen der Kunst befriedigt. Die Zimmer sind sehr reich meublirt und mit Zierathen fast überladen. Ein Parquet von kostbaren Ost- und Westindischen Hölzern, und Kamine von gelbem, Parischem Marmor verriethen uns den königlichen Reichthum des Besitzers. Auf einigen großen Tischen ahmte der feinste Lackfirniß den Parischen Marmor so vollkommen nach, daß wir mit den Augen allein den Unterschied nicht entdeckt hätten.

Drei prächtige Säle, die größtentheils von obenher erleuchtet werden, bilden eine Gemäldegalerie, die wir eigentlich, zu sehen, hergekommen waren, und die uns dennoch sehr überraschte. Die Stücke sind nicht nur zahlreich und erlesen, sondern auch großentheils aus der Italienischen Schule. Zwar kann nicht alles in einer so großen Sammlung von gleicher Vortreflichkeit seyn; Mannichfaltigkeit gehört zu einer Galerie, und um einen Künstlernamen mehr darin nennen zu können, räumt man oft einem Bilde einen Platz ein, das die Forderungen des Kenners und des Malers befriedigt, wenn es auch den Kunstliebhaber gleichgültig läßt. Indessen bleibt immer so viel zu bewundern, daß Du bei den folgenden Anzeichnungen wohl inne werden wirst, welch ein Fest der Augen und des innern Sinnes ich in einem Lande genoß, wo ich seit langer Zeit nur Flämische und Holländische Kunstwerke gesehen hatte.

Im ersten Zimmer ruhte ich vor allem auf drei großen Landschaften des großen Poussin, den schönsten, die ich noch von ihm gesehen hatte. Sein so gänzlich von dem sanften Claude verschiedener Styl, das Riesenhafte, Einfache und Erhabene seiner Phantasie, war dunkel genug, um sich mit ihr zu vertiefen, und doch klar und göttlich genug, um sich nie ganz zu verlieren! Das Blau des Ultramarins, welches in dem einen Stück zu sehr hervorsticht, giebt ihm jetzt eine Härte und etwas Trocknes, womit es sicherlich nicht aus der Hand des Meisters kam.

Von einem ganz verschiedenen Werth, doch in ihrer Art auch treflich behandelt, ist Backhuisens Aussicht von Rotterdam und der Maas, mit herrlichen Wellen und Schiffen und einem meisterhaften Effekt des zwischen trüben Wolken hervorbrechenden Lichtes. In einem Paar von Rubens skizzirten Landschaften herrscht sein wildes Feuer; die Menschen und Thiere darin sind übrigens unförmlich, und von der Ausführung läßt sich gar nicht sprechen. Seine Ehebrecherin im Tempel, ein großes Kniestück, hat das Verdienst, welches man seinen guten Werken nicht absprechen kann, Ausdruck und Wahrheit in den Köpfen, aber ein livides Kolorit und viel häßliche Natur.

Im zweiten Zimmer fand ich eine Susanna von – oder nach – Dominichino, sehr frisch und wohlbehalten, von jener in Düsseldorf ganz verschieden, aber nichts edler gedacht; eine fleischige, Rubensische Dirne, ohne alle Jungfräulichkeit. Es ist wahr, diese Masse von Fleisch und Blut scheint zu leben, und die Maler glauben oft, man dürfe weiter nichts an sie fordern. Ist es denn gleichviel, ob Gibbon und Schiller eine Geschichte erzählen oder der Zeitungsschreiber? Ariost und Wieland oder Grecour?

Wie reich ist dagegen für die Empfindung und den Verstand diese schöne, einzelne Figur, die stehend oder wankend, ihren rechten Arm auf einem Kissen ruhen und das göttliche Haupt voll Leiden und Liebe zurücksinken läßt! Ihr Auge bricht von einem brennendern Schmerz, als dem des Schlangenbisses an ihrer Brust. Sie steht da in vollendetem Ebenmaaß, in unverbesserlichen Umrissen, ein Wesen höherer Art. Eine andere Stellung konnte sie nicht wählen; diese reine, zwanglose Grazie, diese einfach wahre Natur ist edel und schön zugleich. Sie ist ganz unverhüllt, ein wenig marmorn von Substanz und Farbe; doch was ist Farbe gegen Form, und was ist Bekleidung gegen Blöße, wenn diese Form sie heiligt? Malen für den denkenden Geist und malen für den thierischen Sinn, Zampieri's Susanna und Guido's Kleopatra schaffen – wem das einerlei seyn kann, wer wohl lieber dort zugreifen, als hier von Seele zu Seele empfinden mag, – den wollen wir doch freundlich bitten, an dieser heiligen Magdalena unseres Guido schnell vorüber zu gehen. Es ist eine ganze, sitzende Figur in Lebensgröße, mit einem Kopf, der schöner wird, je länger man ihn ansieht. Im Kolorit ist der Künstler hier ungewöhnlich glücklich gewesen; der ganze, milde Farbenton des Stückes ist gut gewählt. Diese Gestalt mußte drappirt werden, denn sie hat sinnlichen Reiz; der zart unterscheidende Meister empfand dieses Gesetz der höheren Kunst; nur ist das Gewand nicht glücklich geworfen. Im Gesicht ist alles ausgedruckt, was man von einer reuevollen Magdalena erwartet; doch wird es nicht durch Leidenschaft entstellt, wodurch die Stümper in der Malerei gewöhnlich den Affekt bezeichnen müssen. Für die Menge der Beobachter geht der zartere Ausdruck des Seelenzustandes gänzlich verloren; sie merken nicht, daß man traurig ist, wenn man nicht heult und schluchzt oder sich wüthend zur Erde niederwirft; sie kennen keine Freude, ohne das Grinzen des Satyrs, und so geht es durch alle Modificationen des Gemüthes. – Mit Vergnügen betrachtete ich hier noch einen schönen Engelskopf von Guido, und damit ich alle seine Bilder zusammenstelle, im dritten Zimmer einen kolossalischen Christuskopf, mit einem Adel angethan, den nur das Studium der Antike geben konnte, und ein wunderschönes, schlafendes Kind im Arm der Mutter, die so ganz liebende Mutter ist.

Der Eid des Brutus bei Lukreziens entseeltem Körper, von Hamilton, hat richtige Zeichnung und schöne Farbengebung; das weiche Fleisch des eben erst durchbohrten Leichnams ist gut gehalten; das Ganze, wie solche Geschichten, wenn nicht der höhere Genius der Malerei hinzukommt, immer behandelt zu werden pflegen, eine kalte Deklamation. Carlo Maratti's schlafende Venus verdiente wohl ein gutes Wort. Es ist nicht möglich, einen schönern weiblichen Kopf zu bilden, und schön ist auch die ganze Gestalt, so daß der Adonis gänzlich vor ihr verschwindet. Männliche Schönheit glückt überhaupt den Künstlern seltner, vielleicht weil sie wirklich seltner ist. Winkelmann würde sagen, die vollkommenste Form muß auch die seltenste seyn. Das Kolorit dieses Stückes hat übrigens etwas gelitten; ein Unfall, der auch einer Venus mit dem Amor, von Tizian, widerfahren ist. Schöner ist von diesem Meister die Tocher Cymons erhalten, die ihren alten Vater im

Gefängniß aus ihren Brüsten tränkt; leider ist diese Geschichte kein schicklicher Gegenstand für die Malerei. In der Nähe hängt ein kleines Brustbild einer Lukrezie, die sich ersticht; sie ist nicht schön, sie ist nicht edel, mit Einem Worte: es ist die wahre Lukrezie nicht; aber sie lebt und ersticht sich. An dem Busen dieses Weibes sollten sich die Maler blind studiren, bis sie von Tizian lernten, wo Natur und Wahrheit sich scheiden von Manier.

Der sterbende Gladiator mit einem Antinouskopf, der wild aufblickt, mit offenem Munde, und den linken Arm hinter sich ausstreckt, ist eine schöne, riesenhafte Figur, deren Härte übrigens trotz dem dunkelbraunen Kolorit ihr marmornes Urbild verräth. Ich hätte es nicht errathen, daß dieses aus Antiken zusammengesetzte Bild einen Johannes in der Wüste vorstellen soll, und möchte den großen Caracci gern gefragt haben, was nun ein solches Machwerk zum Johannes charakterisirt? Bei einem andern großen, gräßlichen Gemälde, das den Herkules und Kakus vorstellen soll, müßte ich eine ähnliche Frage an den Künstler thun. Vom Kakus sieht man den blutenden Hinterkopf, nicht das Gesicht; woher soll man erfahren, ob er ein Bösewicht ist, der sein Schicksal verdient? Kein Zug auf Herkules Gesicht bezeichnet den Rächer der beleidigten Menschheit. Was unterscheidet hier den Halbgott von einem Banditen? Ich sehe nur einen wilden Kerl, der mit beiden Händen eine Keule über dem Kopfe schwingt, um einem Unglücklichen, dem er den Fuß in den Nacken setzt, den letzten Streich zu geben. Wahrlich, wenn ich Heldenthaten verrichtet hätte, ich würde mir Meister Annibal's Biographie verbitten.

Der alte Perin del Vaga gefällt mir besser in seiner santa famiglia; das schönste Kind küßt eine holde, gute, sanft duldende Mutter; Elisabeth ist alt, aber nicht widrig, und der kleine Johannes von untergeordneter Schönheit. Welch ein Abstich dieses Bildes aus der ältesten Italienischen Kunstepoche, gegen die geschmacklosen, hölzernen Gruppen der ersten Niederländischen Künstler! – Hier ist übrigens noch eine Madonna mit dem Kinde, angeblich von Raphael.

Zwei Landschaften von Claude le Lorrain, vereinigen mit Ägyptischen und Orientalischen Gebäuden seine Wärme, seinen Reichthum, seine Klarheit und sein Vermögen für die Phantasie des Zuschauers zu malen. Das eine Stück, wo Pharao's Tochter den kleinen Moses findet, ist köstlich; das andere aber noch viel vortreflicher. Die Palläste sind wahre Feenpalläste.

Ein kolossalischer Mannskopf, von Mengs, mit einem Ausdruck von heftigem Schmerz im offenen Munde, ist brav gemalt, aber kalt. Ich eile weg von ein paar großen Bildern, welche die Venus bei dem erschlagenen Adonis vorstellen sollen. Was nur die Venus des Trevisano an ihrem getödteten Freunde so ängstlich zu untersuchen haben kann? Die von Paul Veronese scheint aus einem Amsterdammer Müsiko entlaufen zu seyn.

Zum Beschlusse noch ein erotisches Gedicht. Amor spielt mit einer reizenden Nymphe, die ihr Gesicht zur Hälfte mit der Hand verbirgt, aber den lieben, schalkhaften Blick des schönen Glanzauges so hervorstralen läßt, wie Sonnenstralen hinter dem Wolkensaum. Hingegossen ist die ganze Figur, Grazie ihre Stellung und all' ihr Regen. Das Gewand, woran Amor zupft, ist nymphenhaft, phantastisch und von den Charitinnen angelegt. Ein Kolorit, so frisch, wie von der Staffelei! Das lose Mädchen erröthet nicht bloß auf der Wange. Im Grase vor ihr, hebt ein buntes Schlängelchen den Kopf in die Höhe: latet anguis in herba! Eine feine Allegorie und desto unnachahmlicher, weil der Zuschauer schon sie denkt, eh' er noch den Wink des Künstlers gewahr wird. Dieses Gemälde ist modern; aber seines Platzes unter den Werken des Italienischen Pinsels würdig. Es ist von Sir Joshua Reynolds.

Wir spazierten hierauf in die Gegend, wo die berühmten Harlemer Blumengärten liegen. Wohl mag es wahr seyn, daß der Wind ganze Tagereisen weit die würzhaften Wohlgerüche des glücklichen Arabiens den Schiffenden im Ocean zuführt, da wir in diesem nördlichen Klima schon von fern den Duft der Hyacinthen und Aurikeln verspürten. Es war ein warmer Vormittag; die Sonne schien am heitern Himmel, und in ihrem Lichte bewunderten wir die Faben der Natur, deren Pracht und Glanz alle Nachahmung und allen Ausdruck so weit übersteigen. Wir übersahen die ganze Fläche eines großen Blumengartens, wo Tulpen von verschiedenen Farben in langen Beeten mit einander abwechselten und ein streifiges Band von Feuerfarb, Citronengelb, Schneeweiß, Karminroth und vielen andern Schattirungen darstellten. Die minder glänzende Hyacinthenflor befriedigte das Auge fast noch mehr bei einer näheren Untersuchung der Größe, Zahl und Gestalt ihrer Glocken, und ihrer mannichfaltigen Farbenstufung. Wie man sonst einen zu großen Werth auf diesen Zweig der Gartenkunst legte, so wird er jetzt beinahe zu sehr verachtet. Es ist doch keine Kleinigkeit, daß der Mensch die Wesen der Natur modificiren kann, ohne sie bloß zu verunstalten! Das ehemalige Aktienspiel, wozu die seltenen Tulpenzwiebeln nur die eingebildete Veranlassung oder eigentlich nur die Form und Einkleidung hergaben, hat gänzlich aufgehört.

Jetzt wollten wir noch die typographischen Instrumente in Augenschein nehmen, womit man hier vor der Erfindung der beweglichen Lettern druckte; allein der jetzige Eigenthümer des Kosterschen Apparats, Herr Enschede, war entweder nicht zu Hause, oder ließ sich verläugnen. Nach Tische besuchten wir das so genannte Teylerische Institut. Peter Teyler van der Hulst, ein reicher Kaufmann, der in seinem Leben keine besondere Neigung für die Wissenschaften geäußert hatte, vermachte sein ganzes Vermögen den Armen und der Physik. Zu diesem doppelten Endzweck haben die Curatoren des Vermächtnisses beinahe hunderttausend Gulden jährlicher Einkünfte zu verwenden. Wir sahen die Bibliothek, eine Kupferstichsammlung, einen unvergleichlichen Apparat von physikalischen Instrumenten und ein bereits sehr ansehnliches und prächtiges Naturalienkabinet. Die große Elektrisirmaschine, die in ihrer Art einzig ist, kennt man aus dem treflichen Bericht des D. van Marum, der über das Kabinet die Aufsicht führt. Sie steht in einem großen, mit Geschmack dekorirten Saal, und ihre Scheiben haben gegen sechs Fuß im Durchmesser. Mit solchen Werkzeugen lassen sich Erscheinungen hervorrufen, die bei jedem schwächern Apparat unmöglich sind. Die Anwendung der Elektricität auf die Schmelzung und Verkalchung der Metalle und auf die Scheidung der Luftarten liefert hiervon mehr als Einen Beweis, und mit der Zeit, wenn wir dem Himmel seine Geheimnisse nicht ablernen, wozu es freilich nicht viel Anschein hat, werden unsere Wissenschaften doch überall den Punkt genauer treffen, wo das Sinnliche in das Übersinnliche, das Materielle in das Immaterielle, Effekt in Ursach und Kraft übergeht. Die neuesten Versuche, die Herr van Marum hier angestellt hat, liefern den Beweis, daß eine gänzliche Beraubung der Reizbarkeit mit der Tödtung der Thiere durch den Blitz allemal verbunden ist. Der Aal, zum Beispiel, dessen abgesonderte Stücke, wenn man ihn zerschnitten hat, sich nach langer Zeit noch krümmen und bewegen, blieb steif und an allen den Theilen unregsam, durch welche der tödtende Stral seinen Weg genommen hatte.

Die Administratoren dieses Vermächtnisses könnten ohne Zweifel, wenn wahrer Eifer um die Wissenschaft sie beseelte, noch weit größere Ausgaben in dem Geiste des Stifters bestreiten, ohne Besorgniß, sich von Mitteln entblößt zu sehen, oder auch nur die jährlichen Zinsen des ungeheuren Kapitals zu erschöpfen. Allein die Versuchung bei einer solchen Geldmasse ist zu groß zum Vermehren und Anhäufen, als daß man ihr widerstehen könnte; wenn aber einmal ein Fond zu einer disproportionirten Größe herangewachsen ist, wer sichert ihn dann vor jener räuberischen Staatsnothwendigkeit, der in einem Augenblick des öffentlichen Mißkredits alle Bedenklichkeiten weichen müssen? Hatte nicht die Universität Leiden bereits eine halbe Million erspart, womit sie während der neulichen Unruhen den Entschluß faßte, ein neues akademisches Gebäude zu errichten? Würde der Großpensionar van Bleiswyk diesen der Universität so unentbehrlich gewordenen Bau nicht durchgesetzt haben, wenn er aus dem Schiffbruche seines Einflusses bei dem Siege der Oranischen Partei mehr als den bloßen Ehrentitel eines Curators gerettet hätte? Jene ungeheure Contribution von achtzig Millionen verschlang die kleinen Ersparnisse der Wissenschaften, und keine Stimme klagt in Europa über diesen – mehr als Kirchenraub. Wie darf man es wagen, nach einer solchen That noch von den eingezogenen Gütern müßiger Prälaten und Mönche in Frankreich zu sprechen?

Zuletzt führte uns Herr van Marum, der uns sehr freundschaftlich aufnahm, auch in das Naturalienkabinet der Harlemer Societät der Wissenschaften, welches zwar minder glänzend, aber durch seine zweckmäßige Einrichtung und die genau befolgte Linnäische Methode vorzüglich lehrreich ist. Der zoologische Theil enthält besonders viele seltene Stücke und ist in den Klassen der Säugthiere, der Vögel und der Zoophyten ziemlich vollständig. So verstrich uns die Zeit bis zum Abend, da wir ein leichtes Fuhrwerk bestiegen, das uns in drei Stunden unter beständigem Wetterleuchten und Blitzen nach Leiden brachte. Wir eilten so schnell davon, daß uns der heftige Patriotismus der Harlemer während der letzten Unruhen kaum eingefallen wäre, wenn uns nicht das Symbol desselben, die Menge der Spitzhunde (Holländisch: Keeßen) auf allen Straßen daran erinnert hätte. In allen Volksbewegungen scheint es gefährlich zu seyn, gegen die Partei, die der Pöbel begünstigt, zu viel Verachtung blicken zu lassen. Die Spottnamen, womit man sie zu erniedrigen meint, verwandeln sich leicht in ehrenvolle Benennungen, wodurch das Band der Vereinigung nur noch fester wird. Die Mehrheit behauptet unwiderlegbar das Recht, den Sprachgebrauch zu bestimmen. Als die von Philipp dem Zweiten unterdrückte

Partei freiwillig den Namen *Geusen* (gueux, Bettler) adoptirte, ward sie dem Tyrannen furchtbar; als die Neuengländer nach den Gefechten bei Lexington und auf Bunkershill mit ihrem und mit Brittischem Blute den Vorwurf der Feigheit abgewaschen hatten, der auf dem Namen Yankies haftete, setzten sie ihren Stolz darin, sich ihre Feinde von Yankies besiegt und durch diesen Namen noch tiefer gedemüthigt zu denken. So kannten auch bald die Holländischen Patrioten kein Wort, das sie stärker begeistern konnte, als das Anfangs gehässige Kees; als eine Anspielung darauf, trugen die Weiber ein goldenes oder porzellanenes Hündchen an ihrem Halsgeschmeide; die Männer trugen es als Brelocque an der Uhrkette, und so ward es ein Abzeichen, woran man sich einander zu erkennen gab.

Mit der Besichtigung der Sehenswürdigkeiten in Leiden und im Umgange mit den dortigen Gelehrten haben wir ein paar vergnügte Tage zugebracht. Wer mit allen Vorurtheilen gegen die Niederländer, die man zumal in Deutschland bis zum Überdruß wiederholt, plötzlich hieher verschlagen würde, dem könnte wohl ein Zweifel aufsteigen, ob er sich auch auf Holländischem Boden befände; so vereinigen sich hier die gründlichsten Kenntnisse mit ächter Urbanität und milden Sitten, vor allem aber mit der Bescheidenheit und der aufmerksamen Achtung gegen Fremde, die sich auf ein Gefühl vom eigenen Werthe gründen und nie zur kleinlichen Eitelkeit des Pedanten herabsinken. Der gute Ton unter den hiesigen Professoren ist eine natürliche Folge dieser Selbstachtung, verbunden mit der willigen Anerkennung ihrer gegenseitigen Verdienste. Vielleicht trägt auch der Umstand, daß die meisten eigenes Vermögen besitzen und einige zu den wohlhabendsten Einwohnern des Ortes gezählt werden, etwas dazu bei, den kleinlichen Neid und die Scheelsucht zu verbannen, die bei einer größeren Ungleichheit sowohl der Talente als der Glücksgüter beinahe unvermeidlich sind. Die Universität ist wirklich noch mit Männern besetzt, die ihrem alten Ruhm Ehre machen. Pestel, Ruhnken, Schultens, Luzac, sind Namen, die unter Gelehrten keiner Empfehlung bedürfen; sie würden sich in jeder Gesellschaft Aufmerksamkeit und Achtung erwerben, und wir ehrten in ihnen allen noch mehr den Menschen als den Professor. Es freute mich besonders, meinen alten Bekannten, den am Vorgebirge der guten Hofnung geborenen D. Voltelen, einen geschickten Chemiker, als Rektor der Universität wiederzusehen; dagegen mußten wir auf die Bekanntschaft des treflichen Naturforschers

Brugmans, der eben nach dem Haag gereiset war, für itzt Verzicht thun. Sandifort, der thätige Nachfolger des großen Albinus, zeigte uns freundschaftlich seines Vorgängers und seine eigenen anatomischen Schätze, seine reiche Bibliothek und sein großes osteologisches Werk, wozu er bereits eine beträchtliche Anzahl Kupfertafeln fertig liegen hat. Den feinen Genuß, den die höchste Ausbildung des Geistes und die zarteste Empfänglichkeit des Gefühls gewährt, durften wir uns vom Zufall und einem Aufenthalt von wenigen Stunden nicht versprechen; desto schöner war die Überraschung, die uns in Herrn M-s Wohnung erwartete. Ich wage es nicht, die Empfindung zu beschreiben, womit wir gewisse Saiten berühren und erbeben fühlten, die während unserer ganzen Reise kaum aus ihrer Ruhe gekommen waren. Unserm Vergnügen fehlte diesmal nichts; wir gingen berauscht von unserm Glücke davon, das uns mit einem so wohlthätigen Eindruck von der in diesem Hause herrschenden Harmonie, aus Holland entließ. Wir hatten nun in diesem Lande an der Seite eines mit Kenntnissen reichlich ausgerüsteten, an Kopf und Herz gleich schätzbaren Mannes, auch das gefunden, was in allen Ländern so selten ist: eine Gefährtin von Gefühl und Verstand, von gebildetem Urtheil, ohne Anmaßung, mit sanfter Weiblichkeit und jener glücklichen, mit sich selbst einigen Ruhe der besseren Menschheit!

Einen frohen, geselligen Abend brachten wir bei Herrn van G-, einem jungen Manne von vortreflichem Charakter zu, der hier der Mennonitischen Gemeine als Prediger vorsteht. Diese Mennoniten sind nicht mehr die alten fanatischen Wiedertäufer; es giebt in den Niederlanden keine aufgeklärtere und vernünftigere Menschen. Überhaupt macht man in freien Staaten oft die Bemerkung, daß die schwärmerischsten Sekten, indem man ihnen Zeit zum Gähren läßt, sich endlich in stille, weise, nützliche Bürger verwandeln. Die Wohlfahrt des Staates hat keine herzlicheren Freunde, die Freiheit der Verfassung und der Vernunft keine eifrigeren Verfechter, die Wissenschaft keine thätigeren Beförderer als diese, jetzt in ihrer Kleidung von den anderen Einwohnern nicht mehr zu unterscheidenden Mennoniten. Sie zählen viele der reichsten Familien in Holland zu ihrer Gemeinschaft, deren jetziges religiöses Band wohl eher in einem bescheidenen und schüchternen Gebrauche der Vernunft bei allen unauflösbaren Zweifeln des Übernatürlichen, als in dem ehemaligen Mysticismus besteht.

Des starken Regens ungeachtet, der gleich nach unserer Ankunft fiel, war doch am folgenden Morgen das Pflaster so rein, wie es nur in Holland und in einer Stadt möglich ist, wo die Reinlichkeit und die stille Handthierung der Einwohner zusammentreffen. Wirklich ist in Leiden wenig Bewegung auf den Straßen; die vielen Fabriken beschäftigen die für ihren Umfang ziemlich beträchtliche Volksmenge, und die Zahl der Studirenden ist verhältnißmäßig nur gering. Wir konnten also gleich unsere Gänge durch die schönen, mit Bäumen bepflanzten und mit Kanälen durchschnittenen Straßen vornehmen. Wir besahen das alte, baufällige akademische Gebäude, die Universitätsbibliothek, den botanischen Garten und das Naturalienkabinet; lauter Institute, die einer kräftigen Unterstützung bedürfen, ehe sie einigermaßen ihrem Endzwecke werden entsprechen können.

An einem schönen Abend machten wir endlich nach unserer Gewohnheit einen Spaziergang rund um die Stadt. Die Sorgfalt, womit der breite Weg, bloß für Fußgänger, wie eine Gartenallee unterhalten wird; die überall willkommene, nirgends ängstlich erkünstelte Reinlichkeit; die heiligen Schatten ehrwürdiger Linden und Ulmen, unter denen wir wandelten; die Pracht der Blüthen in den Obstgärten rund umher; die balsamische, mit Wohlgerüchen erfüllte Luft, in welcher kein Blättchen sich bewegte und kaum die Nachtigallen zu flöten wagten; die gut und einfach gekleideten Bürger, die uns einzeln oder paarweis begegneten und uns zuletzt in der Dämmerung ganz allein ließen; der unverhoffte Anblick des Rheins, der hier ein stiller, kaum merklich fließender Kanal von unansehnlicher Breite geworden ist; das Heer der Gedanken, das sich bei diesem Genuß in uns regte; die Heiterkeit des traulichen, einsamen Gespräches, der kühne Flügelschlag der Phantasie, von dieser zauberischen Gegenwart hinüber in die Gefilde der Erinnerung, und nun, heilige, beglückende Schauer der sanftesten Schwermuth – wer vermag das Bewußtseyn zu beschreiben, das so ergriffen wird?

Um sechs Uhr Morgens verließen wir Leiden. Von allen Seiten um uns her ertönte ununterbrochener Gesang der erwachenden Vögel. Die Sonne vergoldete die Thürme hinter uns. Unsere Barke umflatterten die Kibitze, die Brachvögel, die Schnepfen, die Meerschwalben, und alles jauchzte und jubelte in der Luft und auf den Wiesen. Das bunte Vieh, in hundert kleinen, zerstreuten Heerden bedeckte die unermeßliche Ebene, die mit frischem smaragdfarbenem Grün dem reinen blauen Himmel entgegen lachte; ein leichtes Lüftchen liebkosete die spiegelglatte Fläche des Kanals, worauf wir hinglitten, und ein Spiegel in der Kajüte malte uns immer wieder zum zweitenmal die Aussichten, die in entgegengesetzter Richtung vor unserm Auge vorüberflogen. Sogar die wortkargen Schiffer fühlten den Einfluß des belebenden Frühlings und glückwünschten einander naiv und energisch zum köstlichen Wetter.

Diese Schiffer auf den Kanälen, die ich sorgfältig von den Schiffenden zur See unterscheide, dürften leicht die langsamsten, phlegmatischsten unter allen Einwohnern von Holland seyn, und weil die meisten Reisenden sie beständig vor Augen, vielleicht auch von ihrer Indolenz am meisten zu dulden haben, ist vermuthlich auch von ihnen der so allgemein bekannte Nationalcharakter abstrahirt, der keinesweges so genau auf die übrigen Volksklassen paßt. Ihnen begegnet nie etwas Ungewöhnliches auf ihren Fahrten; ruhig sitzen sie da, lassen sich und ihren Nachen vom Pferde ziehen, und fühlen kaum, daß sich das Fahrzeug unter ihnen bewegt. Alle Gegenstände sind ihnen unterweges bekannt, alle kehren zur gesetzten Minute wieder vor ihr Auge zurück; sie sehen auf dem Hin- und Herwege von einer Stadt zur andern nichts Neues, die Passagiere ausgenommen, die ihnen so gleichgültig sind, wie die Bäume am Rain der Kanäle. Ihr ganzes Geschäft heischt nicht die mindeste Anstrengung; der eine führt das Ruder, der andere vorn giebt Acht auf das Seil, löset es ab, wenn die Barke unter einer Brücke hinzieht, und greift es, sobald sie hindurch ist, auf der andern Seite wieder auf. Einige Augenblicke vor der Ankunft sammelt der Steuermann die Bezahlung von den Passagieren ein. So treibt er es den ganzen Tag und am folgenden Morgen geht es wieder so fort. Hieraus entspringt jene Gemessenheit und Langsamkeit in allen Bewegungen, die einen lebhaften Menschen oft in Verzweiflung bringen möchte. Alles geschieht zu seiner Minute, aber gewiß auch keine Sekunde früher. Kein Muskel verzieht sich in dem festen, dicken, ruhigen, rothen Gesicht, wenn auch auf der Wange des Fremden die Farbe zehnmal geht und kommt. Eine bei uns ganz ungewöhnliche Höflichkeit, ohne die mindeste Affektation oder Ziererei, kann man indeß diesen Menschen so wenig, wie ihren Landsleuten überhaupt, absprechen. Sie grüßen die Vorübergehenden sehr herzlich und freundlich, ziehen vor dem Geringsten den Hut ab, antworten mit Gefälligkeit und Bereitwilligkeit auf alle Fragen, weisen einen gern zurecht und äußern also in ihrem Betragen, wie in ihrer Kleidung und in allen anderen Verhältnissen, die Art von *Rechtlichkeit,* die nur wohlhabenden Nationen eigen ist. Die Politik ist ihr liebstes Gespräch, ihre einzige Lektüre die Zeitungen, ihr Zeitvertreib die Tabakspfeife, und ihr Labsal ein Glas Wachholderbranntwein. Auf ihre Ehrlichkeit kann man sich vollkommen verlassen; mit der größten Aufmerksamkeit sorgen sie, daß man alles aus dem Schiffe mitnimmt und nichts vergißt. –

Ohne in Delft anzuhalten, gingen wir zu Fuß um die Stadt, und setzten uns auf der andern Seite in die Barke, die nach Maas-Sluis abgeht, woselbst wir zu Mittag eintrafen. Dort waren wir von Helvoet noch drei Stunden Weges entfernt; weil aber die hiesige Bewirthung nicht die beste und billigste ist und das Packetboot erst heute abgehen sollte, entschlossen wir uns, daselbst in einem sehr bequemen Gasthofe zu übernachten. Maas-Sluis ist ein niedlicher kleiner Flecken, dessen Hafen mit Fischerfahrzeugen angefüllt war, indem von hier aus und dem benachbarten Vlaardingen der Kabeliau- und Heringsfang betrieben wird. Nichts giebt einen so klaren Begrif von Holländischer Reinlichkeit als der Umstand, daß man sie auch in einem Fischerstädtchen, ungeachtet der von den Beschäftigungen der Einwohner fast unzertrennlichen Unsauberkeit, in einem hohen Grade noch antrift. Das Schauspiel der Arbeitsamkeit unterhielt uns eine geraume Zeit, indem wir hier umhergingen. Wir bemerkten unter andern, was man uns bereits in dem Admiralitätswerfte zu Amsterdam gelehrt hatte, daß der Theer, der aus Steinkohlen geschwehlt wird, allmälig an der Stelle des aus dem Tannenharz bereiteten in Gebrauch kommt, indem er vor diesem letztern wesentliche Vorzüge hat. Von zwei Kriegsschiffen, die man nach Ostindien geschickt hatte, kam das mit Holztheer bestrichene von Würmern ganz zerfressen nach Holland zurück, da hingegen das andere, welches man mit Steinkohlentheer überzogen hatte, fast gar nicht angegriffen war. England bereitet gegenwärtig noch allein diesen Theer, und von dort aus wird er nach Holland ausgeführt.

Nach dem Essen machten wir einen langen Spaziergang durch die Wiesen und Viehweiden an der Maas, und lagerten uns auf dem üppig hervorgrünenden Klee an einem Damme, um die Sonne im Strom sich spiegeln zu sehen. Seine ganze Oberfläche war wie der Sternhimmel, nur unendlich dichter, mit funkelnden und flimmernden Punkten besäet, indem der leichte Wind die Oberfläche des Wassers kräuselte und in jedem Rändchen, das sich erhob, ein Stral zurückgeworfen ward. Dichter und dichter gesäet, verschränkten sich in Reihen und Glieder die Funken, bis sie senkrecht unter der Sonne zusammenflossen in ein Silbermeer von Licht, das blendend vor uns lag. Die zarten Blüthen unseres Rasenbettes hielten wir über uns in das Licht, gegen den Azur des Himmels; da schien uns ihr Rosenroth in das unermeßliche Blau hineingehaucht; von der Sonne durchschimmert, schien ihr Wesen von ätherischer Substanz; so rein und zart sind die Farben und die Gewebe der Tausendkünstlerin Natur!

Auf diesen schönen Abend folgte ein trüber, neblichter Morgen. Wir ließen uns über die Maas setzen, und fuhren in einem offenen Wagen über die Insel Rosenburg an den südlicheren Arm desselben Flusses, wo wir nochmals übersetzen mußten, um unsern Einzug in die nette kleine Festung Briel zu halten, den ersten festen Platz, den die Niederländer den Spaniern entrissen. Ein anmuthiger Weg von wenig mehr als zwei Stunden, durch frische Saaten, fette Wiesen und unabsehliche Felder von Ölrettig, führte uns endlich hierher nach Helvoetsluis, wo wir eine Anzahl der schönsten Holländischen Kriegesschiffe theils im Hafen vor Anker, theils im Werfte abgetakelt liegen sahen. Die niedrige Gewinnsucht, die sich hier den Zeitpunkt zu Nutze macht, wo die Reisenden, indem sie den guten Wind oder die Abfertigung des Packetbootes abwarten müssen, ohne Rettung in ihren Krallen liegen, scheint in der That das moralische Gefühl der hiesigen Einwohner fast ganz erstickt zu haben; indeß sind es nicht die Einheimischen allein, sondern auch Ausländer, die jene verächtliche Rolle spielen und ihre kleine Tyrannei ungeahndet an den Vorüberziehenden ausüben. Wir sind von dem allgemeinen Loose der Reisenden an diesem Orte nicht verschont geblieben; aber keine Mißhandlung, die uns noch begegnen kann, wird den guten Eindruck schwächen, den unsere Reise durch Holland in unserm Gedächtnisse zurückläßt. Das Bild einer freien und arbeitsamen, gesunden und wohlgekleideten, genügsamen und reinlichen, gutgearteten und durch Erziehung zu einer auf Grundsatz ruhenden Tugend gebildeten Nation – sei auch mit ihrer Ruhe Gleichgültigkeit und Kälte, mit ihrer Einfalt Einseitigkeit und Beschränktheit, mit ihrer Ämsigkeit kleinliche Liebe des todten Eigenthumes zuweilen unvermeidlich verbunden – bleibt uns dennoch ein erfreuliches, versöhnendes Exemplar der Menschheit, das uns zumal für jenen scheußlichen Anblick belohnt, den die erschlaffte, zur herz-

und geisttödtenden Sklaverei unter dem Joche der papistischen Hierarchie so tief herabgesunkene menschliche Natur in Brabant, bei so viel mehr versprechenden Anlagen, uns gewährte.

Dritter Theil

Reisenotizen aus dem Nachlass

I. London

1. Ausstellung der königlichen Akademie

Die Überschrift des Verzeichnisses scheint anzudeuten, daß die Akademisten selbst wohl gefühlt haben, wie gering die Anzahl großer Stücke in der diesjährigen Ausstellung ist. Das: In tenui labor, ist in so fern richtig, wie hier eine große Menge kleiner, unbedeutender Sachen hangen, die freilich auch ihren Antheil von *Arbeit* kosteten. Aber ist auch mehr als *Arbeit* darin? Vor dieser Frage fürchteten sich die Brittischen Künstler wohl selbst, als sie ihr zweideutiges Motto aufdruckten. Es ist wahr, die Zimmer sind voll; aber, so schönes Licht sie auch, insbesondere das Hauptzimmer, von oben erhalten, sehr klein, und der Indolenz der Herren Akademiker angemessen. Eine sehr kleine Anzahl von großen Gemälden würde sie ausfüllen; daher exhibieren die großen Meister nichts, und lassen dem kleinen Troß mit seinen Staffelei- und Kabinetstückchen den Platz.

Reynolds Fleiß ist vor den übrigen doch bemerkenswerth. Wenigstens hangen verschiedene Porträte von seiner Meisterhand da, die seine reiche, mannigfaltige Phantasie, seinen gebildeten Geist, seinen Sinn für das Idealischschöne, und seine Grazie verrathen. Mistriß Billington's Apotheose hat großes Verdienst. Die ganze schöne Figur steht da in zauberischer Einfalt; und was hat er nicht alles aus dem Leben gehascht, was nicht alles in dieses Gesicht gelegt, das *sie selbst* ist, und doch auch sie, in jenen Augenblicken, wo sie *mehr als sie selbst* ist! Ihr Gewand ist so ganz ohne alle Koketterie des Pinsels einfach schön, daß es nicht das Auge wegzieht von dem schönen seelenvollen Kopfe; und selbst die Hände können, meint man, das Notenbuch nicht anders halten. Es ist so recht; und man denkt nicht weiter dran, sondern hängt mit Ruhe und Genuß an diesem Auge, diesen Lippen, diesen

Harmonieen himmlischer Gestalten, welche sich auf ihrem Antlitze zu einem hohen Einklange verschmelzen. Die kleinen Genien, die ihr Haupt umschweben, mögen nur plärren und gestikuliren; ich sehe sie nicht und höre sie nicht: und wer könnte das vor einem solchen Wesen!

Die sechs andern Porträte haben eigne Kraft im Ausdruck, Mannigfaltigkeit in der Darstellung, und Kennzeichen der festen, geübten Hand des erfahrnen Meisters. –

Rigauds Werke verdienen hier die nächste Stelle. Simson, der seine Bande zerreißt, ist eine vortreffliche *Akademie;* es ist mehr: ein sehr edles *Gemälde.* Simsons Kopf ist schön gedacht, der Kopf eines schönen Mannes, der hohe Indignation haucht, indem er sich von den Folgen einer niedrigen Überlistung befreiet. Die Nebenfigur ist nicht so interessant, und wohl nicht erschrocken genug, wenn es die Verrätherin seyn soll. Doch in diesen Fällen verzeihet man dem Künstler immer lieber zu wenig als zu viel Ausdruck, wenn er nur Schönheitssinn blicken läßt.

Ein schöner Kopf nach der Natur, von ebendemselben, ist mit Guido's Engeln verwandt; aber er hat mehr *rosige* Wärme als sie. Des Künstlers eigene Familie ist sehr brav gemalt.

Hodges. Auch der Landschaftsmaler kann phantasiren, dichten, und aus den schönen Zügen der Natur das Vollkommenste erlesen und vereinigen, das Erhabene fassen, und den Zuschauer mit sich fortreißen in idealische Welten. Wer wird diesem Künstler Genie absprechen können? Seine Figuren sind indeß nicht mit seinen Landschaftsmalereien zu vergleichen.

Marlow. Außerordentlich schön und treu nach der Natur kopirt. Aussichten! Man möchte bei diesen Bildern oft fragen: ist dies von diesem Meister, jenes von jenem? so unähnlich sehen sie sich, und so wahr ist jedes in seiner Art. –

Hamilton. Salomons Bewirthung der Königin von Saba! Dieses Stück gehört zu denen, von welchen der Künstler zu urtheilen pflegt: sie haben Verdienst. Allein dieses Verdienst ist Machwerk, und sonst nichts. Was läßt sich auch von einem Gastmahl Interessantes erwarten? Man sitzt bei Tisch und ißt, oder sieht einander an. Warum wählen aber die Maler solche Süjets? Je nun! Sie *müssen* wohl, wenn sie historische Stücke malen wollen. Der Lord, der dieses bestellte, that es aus Eitelkeit. Es ist gleichsam nur Carton zu einem Gemälde auf Glas, welches Se. Lordship in dem Fenster der Kirche auf seinem Landsitze anbringen läßt. – Mylord hat das Vergnügen, seiner Eitelkeit zu fröhnen, indem er die Kirche beschenkt; und er selbst sitzt da porträtirt als der weiseste König. Die Königin von Saba ist seine Nichte, Mistriß Howard; und eine dritte Figur ist ebenfalls aus seiner weiblichen Verwandtschaft. Das giebt denn freilich einen Salomon und eine Königin, die der Kunstliebhaber nicht bewundern kann! –

2. Shakspear Gallery

Von außen hat sie eine hohe schmale Front, mit einem auf zwei Palmyrenisch-Ionischen Pilastern ruhenden Fronton. Die große Füllung zwischen den Pilastern bleibt noch für die Gruppe von Banks. Unter den Pfeilern zu beiden Seiten sieht man eine Leier en Basrelief, in einem dicken Lorbeerkranze. Der Eingang ist bogenförmig mit Glasthüren. Unten befindet sich ein Kupferstichladen, wo ein unermesslicher Vorrath von Kupferstichen in Portefeuillen, oder an den Wänden in Rahmen, nebst Kopieen von Gemählden u.s.w. umher hangen, an denen zum Theil die Preise bemerkt sind. Man geht eine Treppe hinauf, und kommt in das mittelste Zimmer. Die Enfilade besteht aus dreyen von ziemlich gleicher Grösse; sie erhalten ihr Licht von oben. Die oberen Gemälde hangen schief, um es besser aufzufassen.

Erstes Zimmer wenn man herauf kommt

König Heinrich der Achte, Akt V. Scene 4.
Opie. Nr. 52
Die Taufe der Prinzessin Elisabeth.

Ein großes Stück mit Figuren in Lebensgrösse. Cranmer ist die Hauptfigur; sie hat viel Anstand und Ausdruck, doch ist sie ein wenig zu sehr gewunden. Seine schöne Kleidung gab dem Künstler vielen Vortheil. Das Gesicht ist sprechend und beseelt, aber nicht edel; Rembrandtisch. Heinrichs Portrait, wie er war: *fühllos,* mit der linken Hand über die Brust ausgespreitzt. *Dumm* hätte Opie ihn doch nicht machen sollen. Die Herzogin ist zwar hübsch, aber leer – wie die andern Figuren alle. Die Gruppe ist hinter einander geschichtet, breit, die Farben bunt, Licht und Schatten wenig verstanden, die Draperieen fleißig, und, so viel das Costume erlaubt, gut geworfen. –

Jaques, as you like it.
Akt II. Scene I. Nr. 13. *Hodges.* Eine schöne romantische Landschaft. Ein Waldstrom kommt aus dunkel beschatteter Tiefe des Waldes fern herab. Vorn an einem Absturz, wo die Fluthen die Erde von den Wurzeln einer knotichten Eiche weggespühlt haben, liegt Jaques mürrisch und melancholisch. Der verwundete Hirsch geht ins Wasser; jenseits steht noch einer, in der Ferne mehrere. Laub, Licht und Schatten und Wasser sind vollkommen gut behandelt, in großen Massen. Das Ganze hat Einfalt und schauerliche Einsamkeit. Hinter der Eiche blickt noch eine Figur hervor. Die Thiere sind schön charakterisirt: das verwundete matt und leidend; das gesunde leichtfüßig, horchend, und furchtsam umherblickend. Jaques ist ein roher Entwurf, doch gut harmonierend mit dem andern. Er hebt den Kopf von dem Arme, der ihn stützt, und denkt nach über das Schauspiel, das er eben betrachtete.

Beaufort.
Reynolds. Viel läßt sich für des Künstlers Arbeit sagen, wenn man sich mit seiner Wahl aussöhnen kann. Der zähneblökende Kardinal ist meisterhaft, aber abscheulich. Die Hände im Krampf sind gut gezeichnet, aber der Arm schlecht verkürzt. Der König steht so, daß er, indem er den Arm gerade in die Höhe hebt, sein Gesicht ganz bedekt. Die zwei andern Köpfe haben viel Ausdruck. Der eine ist gerührt, und sucht ein Auge, dem er sein Gefühl des mitleidsvollen Entsetzens mittheilen kann; der andre blickt unverwandt hin, und scheint zu denken: er stirbt wie er gelebt hat. Im Schatten zwischen den Bettvorhängen über dem Kopfe des Kardinals sieht ein Teufelskopf mit zwei langen Zähnen und Satyrsohren, nebst einer Kralle auf dem Kopfküssen, hervor. Ich gestehe gern, dass er mich in diesem grässlichen Bilde nicht so skandalisirt, als Andere. Er gehört gewissermassen dazu; und da ihn die christliche Mythologie einmal hat, und selbst die Künstler verleitet, solche Süjets zu wählen, so mag er die Geschichte erzählen helfen. Vorn auf einem Tabouret liegt der Kardinalshut. Farbe, Licht und Schatten sind einfach und Rembrandtisch.

Hubert und Arthur.
Nr. 20. Das Schöne dieses Stückes ist Huberts Gesicht, das wirklich spricht, wie der Dichter ihn bezeichnete: ein für den Knaben schmelzendes Herz; die rechte Hand greift voll Schmerz die Stirn, die linke mit geballter Faust stützt sich auf den Tisch, wo Crucifix, Gebetbuch und Stundenglas schön erzählen. – Die Thür des Gewölbes ist halb offen; vorn das Feuerbecken, und die zwei Kerle, von denen einer das glühende Eisen hält. Der Knabe knieet, umfaßt Huberts Knie, und zeigt mit der Linken auf das Eisen, weint, ist aber nicht erschrocken und nicht so agitirt, wie es die Scene fordert. Daß der Kerl mit dem Eisen knieet, ist der Gruppirung wegen gut, sonst aber ein wenig gezwungen. Die Geschichte ist übrigens sehr gut behandelt, das Costume gut beobachtet, Licht, Schatten und Farbenton sehr gut, und verständig. Eine edle Natur, gut nüancirt durch die verschiednen Klassen von Ständen. Vandyk fällt einem doch ein. – Johanns Brief liegt auf der Erde mit dem Namen.

Troilus und Cressida.
Von der *Angelika*: in ihrer bekannten antiken Manier, mit allen ihren Vorzügen und Fehlern. Das Stück hat schlechte Zeichnung des Nackten. Die Wahl ist nicht gut gerathen; die gute Angelika konnte diese buhlerische Scene nicht darstellen. Diomedes ist ganz verfehlt.

All's well that ends well.
Wheatley. Mit Figuren in halber Größe. Gar zu flüchtig, gar zu manierirt und theatralisch; eine bloße Skizze.

Loves labour's lost.
Nr. 9. *Hamilton*. Auch sehr leicht traktirt und skizzenähnlich; alle Figuren im Tanzschritt, mit einem Fuß auf der Fußspitze zurückstehend, Puppengesichter ohne Ausdruck: wahre moderne Schönheit.

As you like it.
Nr. 38. Von der *Angelika*. Kalt. Celia in Mannskleidern, ein wahrer Jüngling mit einem Weibergesicht, ein Hermaphrodit.

Romeo and Juliet.

Nr. 56 *Northcote.* Es war unmöglich, diese Scene ganz zu verfehlen; doch bei allen Mängeln ist hier viel, was den Beobachter freuet. Die Geschichte ist gut erzählt. Der Mönch steigt die Stufen hinab in die Gruft, stützt die Rechte auf den Spaten, und hält mit der Linken die Fackel in die Höhe, deren brennendes Ende aus dem Bilde hinaus geht. Voll ängstlicher Besorgniss scheint er Julien sanft zu rufen. – Julie ist eben erwacht; sie liegt halb aufgerichtet auf dem linken Arm, und streckt den rechten dem Mönch entgegen. Die Todten, Romeo und Paris, hat sie noch nicht gesehen. Der letztere liegt halb im Schatten längs den Füßen ihres Lagers. Romeo ist hingestürzt auf seine Knie; ein Arm hängt über ihrem Lager, die Hand krampfhaft geschlossen, der Kopf hinabgesunken, todt. Die Rechte hält noch das leere Giftglas; er ist also kaum erst gestorben. Julie liest im Auge des Mönches ahndend, und ist dem Künstler sehr geglückt. Hinter ihr geht ein großes Grab in die Höhe, und darauf liegt in völliger Rüstung mit gefalteten Händen eine Ritterfigur. Dieses Bild ist noch schöner als das von Hubert und Arthur; und so wenig auch alles ausgeführt ist, so guten Effekt thut es doch. Die Figuren (in ganzer Lebensgröße) haben ziemliche Zeichnung; die Composition ist untadelhaft, das Colorit warm, die Draperie in einem edlen Styl. Eine Laterne auf den Stufen, (vermuthlich ließ Romeo sie da) ist sehr gut angebracht, um Licht dahin zu bringen. Reynolds ist der Meister, zu dem Northcote aufblickte: das sieht man.

Nr. 48. *Josiah Boydell.* Heinrich der Fünfte nimmt die Krone. Aber mich dünkt, er ist ein Dieb. Ich sehe nicht, daß er mit ihr spricht. Sonst ist das Gemälde nicht übel behandelt.

Nr. 22. Skizzenhafte Figuren in halber Größe, in der Art wie Hamilton.

Julia.
Opie. Besser als sein Heinrich der Achte. Julie ist schön, aber elend gezeichnet; die Arme hölzern, die Draperie schlecht, das Bett ein Gesudel von Farben. Die Mutter wäre sehr gut, wenn sie nicht so wunderlich ummäntelt wäre, und so schlecht verkürzte Arme hätte; sonst ist der Ausdruck gut getroffen, wahr. Sie ist nur nicht alt genug: ein verzeihlicher Fehler; zumal bei Opie, der nicht schmeicheln kann. Die Ausführung hält in der That keine Kritik aus, und erwartet auch wohl

keine. Aber wie Shakespear erzählt, so kann es ihm auch ein Stümper nachsagen, und es bleibt noch etwas vom ursprünglichen Gehalt.

Nr. 37. *Ferdinand and Miranda. Tempest.*
Wheatley. Angelika's Art und Kunst.

Nr. 29. *Lear.*
Fueßly. Es sind nicht Menschen, die dieser Künstler phantasiert, sondern Ungeheuer in halbmenschlicher Gestalt, mit einzelnen sehr groß gezeichneten und sehr verzerrten, verunstalteten Theilen und Proportionen: ausgerenkte Handgelenke, aus dem Kopfe springende Augen, Bocksphysionomien u.s.f. Die Draperien sind nach dem Marmor kopiert, naß, schön, aber hart, und das Nackte entweder eben so sklavisch von der Bildhauerei entlehnt, oder verfehlt.

Lear hat einen Jupiters-Bart; es ist aber Jupiter Ammon, der Kretensische, der die Ziegenbocksgestalt hat.

Nr. 34. *Hamlet.*
Fueßly. Eine einfache Composition, aber eben so übertrieben. Der Geist macht Eindruck; wäre er nur besser gezeichnet, und nähme er nicht so ungeheure Schritte. Das Mondlicht hinter ihm ist gut; sein Blick vortrefflich, das vorwärts weg gestreckte Scepter sprechend. Aber der Bart wird nicht zerwühlt vom Winde, sondern der Wind geht aus ihm hervor, und weht ihn nach allen Richtungen.

Hamlet sträubt sich brav, und sein Freund hält ihn brav. Michel Angelo hätte in dieser Art gearbeitet und ein Meisterstück geliefert; Füßly ist zu extravagant, um Ausdruck, Kraft und Feuer zu erzwingen.

Nr. 3. *Merry Wives of Windsor.* Akt. 1. Sc. 2.

Nr. 21. *2. Part of Henry IV.* Akt III. Sc. 2.
Durno. In Rom gemahlt. Battoni's kalte, trockne Manier nachgeahmt, die Draperien Italienisch, so mühsam gefältet, oder mit so gesuchter Eleganz gezeichnet, daß sie steif sind.

Nr. 10. *Measure for Measure.*
Smirke. Karrikatur.

Zweites oder Mittel-Zimmer

Nr. 16. *Winters-tale.*
Opie. Die Köpfe haben viel Wärme und Charakter.

Nr. 28. *Titus Andronicus.*
Kirk. Gut gruppirt, mit vielem Studium der Antike. Der Kopf des Markus ist wie ein Periander, oder Plato; Titus mit dem Helm auch antik. Laviniens Kopf ist eine Baccha, und daher der Ausdruck ganz verfehlt. Die Verstümmelung ist verhüllt; aber nun weiß man auch nicht, was es seyn soll.

Nr. 42. *Midsummernights dream.*
Reynolds. Ein Knabe mit Faunsohren sitzt auf einer großen Cypräe oder Schildkrötenschale, (welcher, weiß ich nicht) und hält Viola tricolor in einer Hand, und hebt die andere hoch. Ein häßlicher Einfall, das zu wählen!

Nr. 36. *Tempest.*
Fuessly. Miranda ist Kordelia; Prospero Lear; Kaliban die Grundfigur für Füßly's Imagination.

Nr. 17. *Winter-tale.*
Hodges. Nicht sein bestes Stück. Die Figur des von Bären Gefreßnen ist häßlich.

Nr. 12. *As you like it.*
Downman. Nichts Besonderes. Gemein.

Nr. 5. *Comedy of Errors.*
Rigaud. Schöne Figuren, schönes Costume, sehr edle Komposition.

Nr. 2. *Merry wifes of Windsor.*
Peters. Schlecht. Ein Speelhuis.

Nr. 6. *Much ado about nothing.*
Peters. Unausgeführt; immer nur lockre Nymphchen.

Nr. 15. *Taming of a Shrew. Wheetley.* ut supra.

Nr. 18 *Winter-tale. Wheetley.* ut supra.

Nr. 46. *Twelfth night. Hamilton.* ut supra.

Nr. 39. *Merry wifes of Windsor. Smirke.* ut supra.

Nr. 93. *Antonius und Cleopatra.*
Tresham. Ein schönes edles Werk der Kunst. Die Karnation ein wenig zu hart; einfach schön; die Komposition im hohen Styl; die Köpfe meisterhaft; die Draperien groß, und mit einem verständigen Rückblick auf die Antike gemahlt. In einigen Jahren wird es ein vortreffliches Gemälde seyn. Kleopatra vom Schmerz überwunden sinkt in die Arme eines ihrer Mädchen in bittender Stellung. Markus Antonius sitzt, wendet den Kopf weg, legt die Hand an die Stirn, und blickt auf, voll Verzweiflung. Schade, daß das Auge fehlerhaft aus dem Kopfe starrt!

Nr. 50. *Boydell.* Eine Skizze, aber schwach erzählt. Quo musa tendis? desine pervicax referre sermones Deorum. –

Nr. 24. *Northcote.* Nichts besonders Sprechendes. Der Moment ist nicht gut gewählt. Hübsche Leute; Heinrich ist zu jung.

Nr. 10. *Fueßly.* Hier ist er in seinem Elemente. Wie kann ein Künstler über die Gränzen seiner Kunst so unwissend seyn? Sunt certi denique fines. Was der Dichter sagen kann, darf der Maler nicht darstellen!

Nr. 54. *Opie.* Wie gewöhnlich seine Komposition ist; doch nicht übertrieben: sie ist einfach und warm. Hier erzählt er schlecht; denn die Nüancen der Charaktere sind sehr fein.

Nr. 4. *Kirk.* Zerrissene Komposition.

Nr. 26. *Northcote.* Matt, bis auf den Richard, der über die vor ihm liegende Krone hin die Knaben ansieht.

Nr. 43. *Hodges.* Ein liebliches Gedicht. Stiller Abend in einem schönen Garten, mit Mondschein, der sich im Wasser spiegelt. Die Architektur des Hauses im Vordergrunde wird von einer Lampe erleuchtet. Im Hintergrunde stehen Lusttempel, Zypressen, Babylonische Weiden, Terebinten. Die beiden Liebenden sehen sich nur im Gespräch.

Nr. 30. *West.* Wunder konnte Shakespear wirken; denn nur er konnte diesen kalten West begeistern, bis er so dichtete. Unstreitig ist das Stück eins seiner besten Werke, sowohl was Gedanken, als was Komposition, Ausführung und Ausdruck betrifft. Die Köpfe Glosters und Lears sind voll eines edeln Feuers; Edgar blickt finster tiefsinnig hervor, in sich gehüllt; der Narr ist charakteristisch genug; Kent ist ein Schmerzenskopf, und leidet für seinen König, indem er ihn hält. Eine Art von Christuskopf.

Nr. 19. *Macbeth.*
Fueßly. Er wiederholt sich. – Die Figuren sind geschunden und in verzerrter Stellung. Banquo ist abscheulich verzeichnet. Die Hexen oben in der Luft verschwinden spottend.

Nr. 47. *Rigaud.* Der Prinz von Wales, ein edler Jüngling. Es ist le Bruns Alexander in einem etwas veränderten Costum, mit mehr Jugend und mehr Feuer; eine durchaus überlegte Dichtung. Die Stellung sehr edel, graziös ohne den Fuß so tanzen zu lassen, wie die Herren Hamilton und West.
Percy liegt und stirbt und blickt auf zum Sieger in seiner Agonie. Hinten deckt sich Falstaf mit seinem Schilde, und liegt auf der Erde. Heinrich ist schön, kühn, und mild wie ein Gott. In der Ferne Schlachtgetümmel, aber wie ich es mag: es stört nicht.

Nr. 51. *Stothard.* Heinrich hat hier mehr Bewegung und Leben als bei Opie; sonst ist nichts sehr Besonderes im Stück.
Aus dem mittleren Zimmer kommt man durch eine kleine Thür in einen Gang, der, so wie zwei grosse Zimmer, zu denen er führt, ganz mit Handzeichnungen behängt ist. Es sind Kopieen aller in England gewesenen und noch vorhandnen guten Stücke von fremden und einheimischen Künstlern.

3. Sir Ashton Liver's (Mr. Townley's) Museum

Dining-room

1) *Candelabrium.* Bas-relief. Ein Lotusstamm aus seinem Calix wiedersprossend, steht auf einem Tripodium mit Löwentatzen; oben bildet die Blume das Gefäß für das Feuer. Von den Griffen fallen emblematische Bänder. Es ist 2 Fuß hoch, 20 Zoll breit, und aus dem Frigidi Gabii, zwanzig Meilen von Rom.

2) *Griechische Inschrift* auf einem runden Schilde; 3 Fuß im Durchmesser. Sie enthält die Namen der Epheboi von Athen unter dem Alkamenes, nebst der Tribus, wohin sie gehörten. Dr. Ant. Askew brachte den Schild aus Athen nach England.

3) *Cippus sepulchralis.* 2 Fuß 1 Zoll.

4) *Terminus* mit dem Bilde eines jugendlichen Merkurs. Der Pegasus mit Flügeln; an den Seiten der Caduceus und Hahn. 5 Fuß hoch, in Frascati, 1770 gefunden.

5) *Hermaphrodit,* von der Mitte herabwärts Terme. In der rechten Hand hält er seine Traube, woran ein Ibis pickt, den er unter dem linken Arme hält. 3 Fuß, 6 Zoll; im Jahre 1774 am Lago di Nemi gefunden.

6) *Vase,* 3 Fuß hoch, mit Griffen. Darauf ein Bacchanal en Bas-relief, und Symbole der Eleusinischen Mysterien.

7) *Libera* oder *weiblicher Bacchus,* in natürlicher Größe. Ihr zur Seite springt der Leopard; der Thyrsus liegt auf der Schulter. Epheukranz, lange Tunica und kurzes Kleid darüber. Gürtel über die rechte Schulter zwischen den Brüsten hin. Zu Roma Vecchia 1774 gefunden.

8) *Pan.* Terme, drapirt, auf der Flöte spielend, mit langem spitzem Barte. 3 Fuß 6 Zoll. Aus der Villa Antonini Pii.

9) *Septimus Severus.* Eine Büste.

10) *Isis.* Semi-terme. Kopf, Arme, Körper verschleiert, nicht das Gesicht. 3 Fuß hoch. Im Jahre 1776 sieben Meilen von Tivoli am Wege nach Praeneste gefunden.

11) *Musa bacchans.* Nasse Draperie. Natürliche Grösse. Die linke Hand mit den meisten Fingern ganz, sehr weich. Ganz gekleidet. Schöner Kopf, mit einem Epheukranz.

12) *Bacchus barbatus.* Büste als Terme. Edel und groß. Offner Mund. Vitta. Krauser langlockiger Bart.

13) *2 item.* Mit längerem schlichterem Bart und langen Haarlocken, die vorn herüber kommen. Ältere Manier. Als Philosophen-Kopf in Plato's Charakter.

14) *Junger Bacchus,* mit Weinlaub gekrönt. Büste. Bandschleife des Haars, wovon die Enden nach vorn gehen.

15) *Paris,* schlafend. Sehr schön. Petasus mit einer Schnur.

16) *Sphynx,* sitzend, geflügelt; die Flügel gehen von der Brust zurück über die Schulterblätter.

17) Brunnen von Marmor, mit Bas-relief: *Hermaphroditen* und *Faunen.* 3 Fuß hoch, 3 Fuß im Durchmesser.

18) *Trunkner Faun.*

- tibi cum sine cornibus adstas

Virgineum caput est.

19) *Junger Bacchus,* mit Epheu bekränzt, auf den Androgynen Ampelus sich stützend, nehmlich einen alten Weinstockstamm mit Früchten und Laub, aus dessen Mitte eine weibliche Figur herauswächst. Ihre Brüste sind Trauben; in einer Hand hält sie an Bacchus Leib ihm eine

Traube dar. Seine Linke ruhet über ihrer Schulter auf ihrer linken Traube. Der Leopard springt an den Weinstock hinauf. Eine Vitta auf der Stirn. Schönes jungfräuliches Gesicht, mit vorwärts gesenktem Haupte. Schöne Jünglingsfigur. Das Pantherfell über die rechte Schulter geknüpft, deckt den linken Arm. Sandalen an den Füssen. 1500 bis 2000 Jahre alt.

20) *Libera* – oder *Ariadne*. 5 Fuß 10 Zoll. Nackt bis zur Mitte, unten bekleidet. Im Jahr 1775, in den Ruinen der Seebäder des Claudius zu Ostia gefunden. Ein wahrhaft göttlicher Körper und schöner Kopf, nicht abgebrochen. Hals und Schultern schön.

21) *Isis,* 6 Fuß 6 Zoll. Lotoskelch oder Topf auf dem Kopf: ihr Symbol. Rosenkränze, und andre Zeichen der Fortpflanzungskraft daran. Wie jene erste (kleinere) Libera drapirt. Zwei Meilen jenseits des Grabes der Cecilia Metella, an der Via Appia, unter dem Pontifikat Sixtus des Fünften, in dessen Villa gefunden; – vererbt auf die Negroni.

22) *Kleiner Bacchus-Knabe* von 3 Fuß. Epheukranz, Ziegenfell, die Beine davon in einem Knoten unter dem Bauch. Aus der Villa Antonini Pii.

23) *Hadrians Büste,* auf einem Theil seiner Villa bei Tivoli gefunden.

24) Bas-relief. *Castor,* das Pferd lenkend, hinter ihnen ein Hund. 3 Fuß ±. Aus Hadriani villa Tiburtina.

25) *Büste,* ähnlich der Medaille von Gordianus Africanus, pater. In der Toga, latus clavus. Im Jahre 1770 gefunden.

26) Gruppe. *Aktäon* von zwei Hunden angegriffen, 3 Fuß hoch. Im Jahre 1774 in der Villa Antonini Pii gefunden.

27) *Junger Bacchus.* Wie oben. Der obere Theil des Ampelus hat die Form eines Genius. Traube auf seiner Wange. Eidechse am Stamm. Der Leopard hat ein Epheuhalsband. Gefunden 1772, zu la Storta, erste Poststation von Rom nach Florenz.

28) *Alter trunkner Faun* oder *Silen,* ähnlich dem von Bronze im Mus. d'Ercolan. p. 161.

29) *Adonis,* weichlicher Jüngling, schlafend auf einem Felsen. Petasus unter dem Kinn zugebunden. Chlamys cum fibula, auf der Schulter befestigt, deckt zum Theil den Körper. Sandalen mit Binden, die bis auf das halbe Bein gehen. Gefunden zu Roma vecchia, 1774.

30) *Thaleia,* die Hirtenmuse. Reiche Draperie. Äusseres loses Gewand. Die Tunica so fein, daß die Gestalt durchscheint. Zu Ostia 1775 gefunden.

31) *Bacchantin,* oder *Mystes.* Bas-relief. In der Rechten, die sie über den Kopf hält, ein Dolch; in der Linken eine Hinterhälfte von einem Ziegenbock.

32) Bas-relief. *Bacchanalprocession.* Die Mystes voran, den Kopf zurückgeworfen, spielt auf dem tambour de basque. Ein Faun folgt ihr, spielt die doppelte Tibia, und dann ein betrunkner Faun, der den Thyrsus in der Rechten trägt, und die Linke mit einer Löwenhaut ausstreckt. Der Leopard zu seinen Füßen. Auch die beiden andern Figuren sind mit Löwenhäuten bedeckt. Im Jahre 1775 am Wege nach Frascati gefunden.

33) *Diana,* natürliche Größe. Den Spieß werfend, oder eine Fackel haltend (lucifera)? Ungewiß, weil der Arm restaurirt ist. Wahrscheinlicher das letzte, weil ihr Haar wie Flammen auf dem Scheitel gebunden ist, wie man es auf Medaillen sieht. Gefunden 1772 bei la Storta, wo der junge Bacchus war.

34) Kolossalischer Kopf des *Herkules,* von ältester, sehr ängstlich ausgeführter, harter Arbeit, die schon vor der siebzigsten Olympiade außer Gebrauch war, 500 Jahre vor Christi Geburt. Aus der Villa Hadriani. Vermuthlich hatte der Kaiser ihn dahin gestellt als Probe von alter Arbeit.

35) *Periander,* Tyrann von Korinth, einer der sieben Weisen. In der Villa Sixtus des Fünften. Unbekannt, bis man eben so einen mit dem Namen fand in der Pianura di Cassio bei Tivoli.

Street Drawing-room

1) *Apollo Musagetes Kopf.* Ähnlich einer Muse, im Haarputz und Charakter des Gesichts; gehörte zu einer Statüe, ähnlich der im Mus. Capitol. (Tom. III. tab. 15) gestochenen. Der verstorbne Mr. Lyder Browne brachte ihn von Rom.

2) *Apollo Philesias Kopf,* gehörte zu einer Statüe, ähnlich der im Mus. Capit. (T. III. tab. 13.) gestochenen. S. Winkelmann Monum. ined. Trattato prelimin. p. 52.

3) *Cupido* schlafend auf einer Löwenhaut. Gehörte sonst dem Kardinal Alexander Albani.

4) *Perikles-Kopf.* Die Inschrift auf dem Terminus giebt ihn zuerst an. Dieser Kopf, und ein schlechterer ihm ähnlicher wurden 1780 in der Pianura di Cassio unweit Tivoli gefunden.

5) *Antinous-Kopf,* über natürlicher Größe. Dieser Kopf mit dem größten Theile der Statüe, zu welcher er gehörte, wurde 1770 in einzelnen Stücken gefunden, die als Steine in einer, während der barbarischen Zeiten errichteten Mauer gebraucht waren, in den Gründen, die gegenwärtig Tenuta della Tedesca genannt werden, unweit der Villa Pamfili. Die alte Mauer lag zum Theil unter dem Wege, der zum S. Pankrazthore von Rom hinaus nach Palo führt.

6) Ein *Priapeischer Genius,* ruhet mit Brust und Händen auf dem Ichneumon, und hält die Beine gerade in die Höhe: der Ichneumonschwanz geht auch hinter ihm in die Höhe. Das Thier scheint halb Ichneumon, halb Krokodil, hat kleine Ohren, starkes Gebiss, gekerbten Schwanz.

7) *Amazon saucia.* Büste.

8) Kolossalische Büste einer *Roma*, mit Helm. Die Augäpfel fehlen.

9) *Faustina*. Büste.

10) *Genius des Schlafs*, mit Flügeln. Eine Keule liegt links neben ihm, eine Eidechse kommt unter seiner Löwenhaut an den Daum der linken Hand; eine andre auf dem Schwanze der Löwenhaut berührt seine rechte große Zehe. Neben ihm rechts ein Köcher.

Dressing-room

Die Wände mit Friesen und mit Bas-reliefs bedeckt; überall umher Köpfe, Büsten, Inschriften, ganze Statüen.
Büste der *Messalina*.

Lassata viris nec dum satiata recessit.

Hier kann man ästhetische Physiognomik und Pathognomik studieren. Wie soll man Leidenschaften und Spuren von lange gewohnten Lastern bilden ohne Verzerrung? Hoc opus hic labor.

Kleines Vorzimmer (hall) daneben; gleich an der Hausthüre

1) Schöner Sarkophag von graulich schwarzem Basalt, welcher ein Granit von unendlich zarten Theilchen scheint, so fein wie Sandstein, und von der schönsten Politur.

2) Herrliches Bas-relief. Bekleideter, bärtiger, fetter *Bacchus*, unterstützt von einem Faun, indess ein anderer etwas an seinen Sandalen macht. Hinter ihm trägt einer den ungeheuern Thyrsus. Vor ihnen Trimalcion auf einem Bett. Im Hintergrunde Gebäude. Aus der Villa Negroni. Findet sich bei Santo Bartolo und im Montfaucon.

Library

3) Zwei *Homers-Büsten*. Eine göttlich. Die Falten der Stirn gehen quer und schräg aufwärts vom rechten Schlaf. Der Bart voll Geist. Zwei große Büschel Locken über den Ohren. Schöner sprachreicher Mund.

Tiefe, doch sanfte Augen, scharfblickend. Falten tief hinab zwischen den Augenbraunen. Zu Bajä 1780 gefunden.

4) Schöne Büste von *Perikles* mit Helm.

5) Torso einer kleinen *Venus*. Wunderschön! Ohne Kopf, äußerst schöne Brüste, Arme, Schenkel. Sie bindet sich die Armilla am Fuß, und der andre Arm, so weit er vorhanden ist, scheint auf einer Priapus-Terme geruhet zu haben. Der Körper sowohl als der rechte Schenkel sind vorwärts gerichtet.

6) *Cupido,* den Bogen spannend. Der Kopf ganz, ein kleines Stück von den Füßen modern, und die Flügel halb restaurirt. Über seinem Köcher hängt eine Löwenhaut, und dient zur Stütze. Der Kopf, die Figur sind, wie nur die Antike sie bilden konnte. Er ward in einer grossen Vase gefunden, und Theile daneben, zu Castel Guido, ehemals Lorium, wo Antonius Pius starb, und Galeria Faustina, seine Gemahlin, eine Villa hatte, deren Andenken noch durch den Namen der dortigen Kirche, Madonna della Galeria erhalten wird.

7) *Faun,* ganze Statüe, klein, hält eine Syringa; ein Ziegenfell hängt über seiner Schulter. Linker Arm und beide Beine restaurirt. Trockner Körper, bocksartig.

8) *Faunskopf,* schön lächelnd, mit sprossenden Hörnchen.

9) *Faun und sträubende Nymphe,* von wunderschöner Arbeit. Der weibliche Körper über allen Begriff weich.

10) *Dianakopf.* Das Haar sehr schön, hinten gebunden, und das von der Seite auf die Scheitel. Längliches, kaltes, ernstes Gesicht, sehr schön.

11) Kopf einer *Baccha.*

12) *Marcellus?* Portrait gewiß. Ganz mit dem Piedestal. Decemviri Stlitibus judicandis. Büste.

13) *Diomedes?* Büste. Wildes straubiges Haar. Der Heros blickt so wild und trotzend auf; und so schön ist der Trotzkopf! so männlich groß! Aus der Villa Hadriani. Im Vatikan ist eine viel schlechtere Kopie.

14) *Lucius Verus.* Schöne Büste, cum paludamento. Aus der Villa Maffei. Vid. Mus. Maff.

15) *Musenkopf* mit Lorbeerkranz. Unterhalb Frascati gefunden.

16) *Isis oder Fortuna,* mit der rechten Hand auf dem Ruder; in der linken korrumpirt. Drei Fuß hoch. Weite Draperie. Zu Roma vecchia 1775 gefunden.

17) Zwei Windhunde.

18) *Dioskuruskopf.*

19) Schöne kleine Statüe der *Venus.* Nur die Arme restaurirt. Das Kinn etwas schadhaft. 4 Fuß hoch. Zu Ostia 1775 gefunden. – Die allgemeine Idee der Liebesgöttin; der Körper ruhet auf einem Fuß, der andre ist zurückgezogen, und die Schenkel schliessen dicht an einander: so fliessen die Linien göttlich rein zusammen. Am obigen Torso waren die Hüften weit stärker. Hier der Leib in der Nabelgegend etwas eingebogen, der Unterleib schön gewölbt, und die Umrisse des ganzen Körpers so weich, so zart, so symmetrisch, von so lieblichen Formen, daß man erstaunt, wie ein solches Gebilde unter der Hand des Meisters durch Meißel und Hammer entstehen konnte. Anmuth und Lieblichkeit der Gestalt ist sicher ganz etwas anders als Ebenmaß; wir haben nur *Sinn* dafür, und nicht *Begriff.* Wahrscheinlicher ist es eine Leda. Der Schnabel des Schwans berührte das Kinn, wovon noch die Spur zu sehen ist; er war vermuthlich klein, und sie hielt ihn mit beiden Händen. Die Sandalen sind auch der Leda mehr eigen, so wie die schmächtigere Figur.

20) Kleiner sitzender *Herkules.*

21) Bas-relief über dem Kamin. Der Centaur *Nessus* und *Dejanira.* Aus dem Pallast Verospi.

22) Gegenüber von Bronze ein kleiner *Herkules imberbis,* mit den Äpfeln. Hinter ihm der Baum mit der Drachenschlange. Gefunden zu Gebelet in Syrien, unweit Byblos. Dr. Swinney schickte die Stücke 1779 nach London; er hatte sie von einem Griechen in Konstantinopel gekauft. 2 Fuß 6 Zoll hoch.

Park Drawing-room

1) Kopf von *Decebalus,* kolossalisch. Vom Forum Trajani.

> What though the field be lost!
> All is not lost; th'unconquerable will
> And study of revenge, immortal hate
> And courage never to submit and yield,
> And what is else not to be overcome;
> That glory never shall his wrath or might
> Extort from me.

Has conditiones Decebalus deductus ad Trajanum invitus accepit. Dio Cassius.

2) *Astragalizon.* Eine Figur, ein Jüngling, der auf dem Boden sitzt, und das Überbleibsel eines Arms beißt. Ein Leder um seine Hüften ist ganz Leder in den Falten. Es scheint der Überrest einer Gruppe von zwei jungen Leuten, die sich bei dem Knöchelspiel zanken; ein Knöchel (talus) ist noch übrig in der Hand, die zu der fehlenden Figur gehört. Gefunden während des Pontifikats Urbans VIII in den Bädern des Titus, wo eine ähnliche Gruppe von Polyklet gestanden haben soll. Der Kardinal Franz Barberini, Neffe dieses Papstes, stellte es in seinem prächtigen Pallast auf, wo es blieb, bis 1768, da es nach England gebracht wurde. Es ist gemeine Natur, ein Strassenjunge – aber wie ausgesucht! Der ausgestreckte Fuß ist schön gezeichnet.

3) Kolossalische Büste von *Marc Aurel.* – Velato capite, mit Ähren gekrönt. Studium Philosophiae serium et gravem reddidit, non tamen prorsus abolita in eo comitate. Jul. Capitolin.

4) *Antinous,* als Bacchus, kolossalische Büste. Apotheosis. Epheu.

5) Göttlicher *Minervakopf,* von Marmor. Mr. Townley hat ihr Helm und Ägis von schöner Zeichnung von Bronze gegeben. Ihr Haar ist zurückgestrichen. Der Hals schön. Wunderbares Vorwärtsstreben des ganzen Kopfes, Halses und Blickes, und des sich öffnenden Mundes Aufmerken. Mehr ein Bild menschlichen Forschens, als göttlichen Wissens. Gefunden 1773 in der Villa Casali, vermuthlich den Bädern des Olympiodorus.

6) *Clytia,* Büste, aus einer Sommerblume hervorblühend. Kostet 1000 Pfund Sterling. Weiches, schön gescheiteltes Haar, schmachtendes, wunderschönes Gesicht.

7) Kolossalische Büste eines jungen *Herkules.* Sehr mächtig. Aus dem Pallast Barberini.

8) *Trajans* Büste. 1776 gefunden.

9) Eine *Isis,* aus dem Lotos hervorblühend. Aus dem Pallast Laurenzani in Neapel. Ich möchte Worte finden, die diesen Kopf, oder besser das ganze Brustbild, *malten;* denn gemalt müßte es werden, damit man es fühlte. Ich will erst am Äußeren verweilen. Ihr Haar, an der Stirne gescheitelt, fällt zurück, und über die Schläfe, nah an den Augbraunen vorbei, in nassen wellenförmigen Locken und Flechten, die auf dem Nacken sich schlängeln. Das Gewand von feiner Leinwand ist naß, und läßt die Gestalt durchscheinen; es deckt den rechten Arm und zum Theil die Schulter, und ist vorn den Arm hinab mit vier runden Spangen zugeheftet; dann fließt es in einer schrägen Wellenlinie über den reichen nährenden Busen, und schlüpft um die Mitte des linken Arms, wo wieder eine Spange zum Vorschein kommt. Die Blätter des Lotoskelches, unten fest vereinigt, gehen erst schräg breiter werdend hinauf, und biegen sich dann schon divergirend in lieblichen Formen um. Aus diesem Kelche steigt die Büste hervor. Bezaubernd ist die rechte Brust, durch das Gewand fühlbar; an der linken nackten vergehen die Sinne. Den Hals wollüstig emporhaltend, üppig, voll und weich, neigt sich ihr Haupt kaum merklich zur rechten Seite; schön und voll sind die Wangen; im Munde ist ein Reichthum der Affektsprache, der sich nicht ausdrücken läßt; sehen muß man diese dem Sinne entgegenkommende Oberlippe, wie viel Leben in ihr verborgen

ist, wie viel mannichfaltige Kraft der Bewegung in ihrer festen Wölbung, und welche Ruhe, welche sanfte, milde, nichts begehrende, aber mild empfindende Form der Schönheit in allen seinen Proportionen und Theilen! Die feine lange Nase ist noch Isisähnlich, ohne mehr Ägyptisch zu seyn; das Gesicht ist idealisirt: Ägyptische Schönheit mit dem schmachtendmelancholischen, sinnenden Ausdruck, mit einem Blick voll Liebe und wärmender Kraft zu trösten und zu beseelen.

10) *Clytia.*

11) Liegende *Diana,* mit nasser Draperie. Klein, sehr schöner Körper. Gefunden in der Villa Verospi, ungefähr in der Lage von Sallusts prächtigen Gärten.

12) Hand von der schönsten Arbeit, die einen noch nicht ganz entwickelten Schmetterling bei den Flügeln hält.

4. Westminster-Abtei. Mesias, am 3ten Junius

Ein Bild von der Beschäftigung der Seligen im Himmel. Das Chor der Sängerinnen sitzt sehr gedrängt: es ist wenig Platz im Himmel: daher muß man sich in Zeiten um Tickets bei den Geistlichen bemühen.

Über der Orgel im Fenster stehen die Patriarchen in Glasmalerei, welches die Ähnlichkeit mit dem Himmel noch vollständiger macht! Die hellen durchsichtigen Farben – So werden sie dort leuchten und zuhören; und da sie sonst nichts zu thun haben, so können sie eben so wohl aber nur in Glas gemalt da stehen.

Das Orchester ist an dem Amphitheater über dem westlichen Eingange. Zuoberst im Hintergrunde steht die Orgel; noch höher, auf einem schmalen Gange, mit dem Gipfel der Orgel gleich, die Heerpauken. Dann folgen die Instrumente, und vorn die Stimmen. Die Bänke sehr hoch über einander; die höchste Bank eine Reihe Knaben.

Um eilf Uhr war das Haus schon voll, und alle Bänke besetzt. Ich wurde in einen Gang gepreßt, wo ich anfangs verzweifelte, irgend etwas aufzeichnen zu können; und nur die leidige Wahrnehmung, daß immer mehr Zuhörer zuströmten, konnte mich überzeugen, es sey eine stärkere Kompression möglich. In einem Avertissement wird versprochen, daß man Sorge tragen will, nicht mehr Tickets auszutheilen, als es die Convenience der Gesellschaft erlaube. Mich schauderte, wenn ich bedachte, was Mr. John Ashley, der assistent conductor, einen ungemächlichen Zustand nennt, da er diesen noch gemächlich findet. Für den hohen Preis einer Guinee könnte man allerdings Bequemlichkeit verlangen; aber die menschenfreundliche Absicht, den Fonds für arme Tonkünstler, Söhne von Geistlichen, und das Middlesex-Hospital so viel als möglich zu vermehren, ist schon einer kleinen Aufopferung werth.

Über die Hüte ist hier ein Anathema gesprochen. No Ladies, heißt es in dem Reglement, will be admitted with hats. Aber die Damen wissen sich durch sehr hohen Kopfputz zu rächen, und das Übel ist eben so groß. Auch Federn sind verboten; doch, da man die Grausamkeit gegen die hoops nicht hat allzu weit treiben wollen, so erlaubt man wenigstens kleine Federn. Eine Dame, die zur royal Society of Musicians geht, ist also in allen Dimensionen, in der Länge und Breite, bestimmt. Man sollte sie durch ein ausgeschnittenes Loch durchschicken, und die, welche nicht das Maß hätten, zurückweisen. Dieses Verbot von Federn ist in einem Koncert, wo man Genuß für das Ohr sucht, sonderbar, da in allen andern Schauspielen so wenig für eine ungehinderte Aussicht gesorgt wird. Der Anblick so vieler tausend Menschen in full dreß ist sehr angenehm. Die Damen sind fast alle weiß gekleidet.

Ein Viertel vor Zwölf ward das Thor der Abtei geschlossen, und keiner mehr eingelassen. Zwei Yeomen mit großen Hellebarden wurden unter die königliche Loge, und zwei unter das Amphitheater gestellt. Die letztern mußten, um sich stattlicher auszunehmen, auf eine Bank steigen, wo sie so sehr gedrängt wurden, daß sie mit dem einen Fuße gewöhnlich in der Luft schwebten. Sie sind, wie wohl aller Hofstaat der Könige, geschmacklos gekleidet: in rothen Mänteln mit blauen Sammetstreifen besetzt, den Namen des Königs auf der Brust, und den Namen Gottes an einem Orte, wo er nicht schicklich verherrlicht werden kann. Da diese Yeomen of the guard ihre beschwerliche Stellung nicht lange aushalten können, so lösen sich mehrere ab.

Nur ein Theil der Abtei ist zur Musik bestimmt; der andere ist abgeschlagen: theils um die Monumente nicht beschädigen zu lassen, theils um mehr Eingänge zu gewinnen. Die Gänge sind mit Argantischen Lampen erleuchtet; für gewisse Bedürfnisse der Herren und Damen ist, da die Thüren verschlossen sind, sehr schicklich gesorgt.

Die königliche Loge ist mit rothem Taffent bekleidet, auf den das königliche Wapen und andere Verzierungen in Gold gestickt sind. Gerade um zwölf Uhr erschien der König von den Prinzessinnen begleitet, und der Herzog von Gloucester mit dem Prinzen William und seinem jüngeren Sohne. Der König war sehr steif geputzt in Französischer Kleidung, nicht in der Windsor-Uniform. Er scheint für die Musik wenig Ohr zu haben; denn er war immer beschäftigt, mit dem Fernglase seine königliche Neugierde zu befriedigen.

Die Musik war in der Ausführung weit vorzüglicher als die vorige, die wir hörten; auch in den Texten und in der Composition mehr Einheit. Bald nach der Ankunft des Königs fing die Musik mit einer prächtigen Ouverture an, gegen die das stille tröstende Recitativ der Mara: comfort ye, my people, saith your God, einen schönen Kontrast machte. Die Sängerin ging mit vieler Kunst von jenen milden wohlthätigen Tönen über, zu den befehlenden: prepare ye the way of the lord. Schade, daß in der darauf folgenden Arie der Dichter bei dem Bilde des Wegbaues bleibt, Thäler ausfüllen und Berge abtragen läßt, um dem Gotte einen – high way zu bahnen! Wie viel erhabener ist das Recitativ, das Herr Salle so meisterhaft ausführte: This saith the lord of Host ... In den Worten I will shake the heavens and the earth, the sea and the dry land sind alle Künste der musikalischen Malerei erschöpft; der Komponist bleibt bei der Handlung stehen. In der Handlung: a Virgin shall conceive, war dies unmöglich. Die Musik drückt die Freude über die Empfängniß aus; da aber gleich darauf die Jungfrau wieder selbst den Namen Emanuel ruft, so ist der Effekt zerrissen. Der Komponist durfte, wenn er der obigen Schwierigkeit so auswich, nicht auf dem shall call his name ruhen. Eben dieser Fehler ist auch in der Deklamation, der artikulirten Musik, nur allzu häufig. Die Schauspieler drücken im Erzählen erst ihre eigne Empfindung aus, und dann ahmen sie doch wieder die Stimme des Erschlagenen, des Fürchtenden, des Fröhlichen nach.

Die schönste Stelle in dem ersten Theile ist von dem Chore: For unto us a Child is born, bis zu der Arie: rejoice o daughter of Zion. Hier ist am meisten Gedachtes in der Komposition. Die Worte: *Wundervoll, Richter, Allmächtiger,* sind von ungemeiner Kraft; sie kündigen ein furchtbares Wesen an, bis die sanften Töne: everlasting

Father, daran erinnern, daß der Allmächtige auch ein gütiger Friedensfürst ist. Zwischen dem Recitativ und dem Chor ist eine lange Zwischenmusik, deren Wirkung auf den edleren Theil des Publikums sichtbar war. Alles Liebliche und Harmonische der Tonkunst ist aufgeboten, um die unschuldigen Freuden des Landlebens zu schildern. Endlich beginnen die Worte: there were shepherds abiding in the field ... Die Stimme einer Storace mit jenen Flötentönen verschmolzen: dieser Zauber läßt sich nur fühlen. – Der Engel erscheint; die Musik hebt sich nach und nach, und der Lobgesang Glory to God in the highest, and peace on earth, korrespondirt gleichsam mit dem obigen: for unto us a Child is born.

In dem zweiten Theile hat der Text wenig Zusammenhang. Dennoch ist die Musik im Einzelnen nicht minder schön. Miß Cautels erregte in der unpoetischen Arie: but thou didst not leave his soul in hell, allgemeine Bewunderung. Sie zeigte einen Umfang der Stimme, den ich ihr nicht zugetrauet hätte. Die darauf folgenden Doppelchöre verfehlen ihre Wirkung nie, besonders die Worte: Who is this King of Glory? The Lord strong and mighty, the Lord mighty in battle. Sie erinnerten mich an die Manier der Alten, die eben so ihre Strophen und Antistrophen sangen. Auch ist die Sprache des Dichters hier kräftig und edel. Mr. Griffiths konnte mit aller seiner Kunst dennoch nicht den Mißklang des thou hast led captivity captive vermeiden. Wie leicht könnte der Text geändert werden! Und die Ketzerei wäre nicht groß, da die Bibel doch nicht zum Gesange bestimmt ist.

In den zwei letzten Chören zeigen sich alle Vorzüge eines solchen vollstimmigen Koncerts. Das Chor let us break their bands asunder stürmte mit einer Gewalt ein, daß mehrere Damen vor Schrecken zusammenfuhren. Aber die Musik der Worte: Hallelujah, the lord God omnipotent reigneth, sind viel erhabener und tiefer empfunden. Die feierliche Pause bei der zweiten Wiederholung macht, nach dem Donner der Pauken, und dem Schmettern der Trompeten, einen wunderbaren Effekt.

Der dritte Theil drückt die Wirkung der Erlösung aus. Madame Mara wetteiferte in der Arie: I know that my redeemer lives. Sie schien einer so glänzenden Versammlung sich doch auch in ihrem Glanze zeigen zu wollen. Sie machte Läufe und Kadenzen, die nur sie unternehmen und ausführen konnte; und wenn alle glaubten, ihre Stimme sei erschöpft, so überraschte sie doch noch mit einem neuen Triller

– alles mit einer Leichtigkeit, einem scheinbaren Mangel an Anstrengung, als wenn nur diese Töne ihre Sprache wären.

Der Text zu diesem dritten Theil ist auffallend schlecht und zerrissen. Wenn es bei einer geistlichen Kantate einmal des Dichters Wille ist, sie aus biblischen Stellen zusammen zu flicken, so sollte er doch vorsichtiger in seiner Wahl seyn. Die Orientalischen Bilder: wie ein Topf zerschlagen, in den twinkling of a use verwandelt zu werden, die wiederholten Vergleichungen zwischen Gott und einem Schafe, und so fort, sind uns jetzt eben so widrig als das Italienische Concetto:

> The sting of death is sin
> and the strength of sin is the law.

Das letzte Chor: Worthy is the lamb, hält man für den schönsten Theil der Musik. Kunstreicher und kräftiger ist er freilich, als das Hallelujah for the Lord; ob es aber so tief und dauernd auf die Empfindung wirkt?

5. Erziehung und Theater der Engländer. Litteratur.

Beaux Stratagem.

Die Engländer haben Gutherzigkeit, Empfindsamkeit, Rohheit und Sinnlichkeit beisammen. Daher ist in ihren Schauspielen auch so viel Vortrefflichkeit, Naivetät, neben so vieler Indecenz. Die Franzosen nehmen Rücksicht auf die bienséances, und sagen öffentlich nichts, was eine honette Frau nicht wiederholen dürfte. Daher sind ihre Weiber wirklich frei im Ausdruck; denn sie sagen *alles*, was im Publikum gesagt wird.

Die Engländer nehmen auf dem Theater, wie in ihren Gesellschaften, keine Rücksicht auf die Weiblichkeit. Sie sind indecent; und die Weiber, die Dinge hören müssen, welche ihnen zu wiederholen nicht ziemt, werden ängstlich, steif, pretiös und prüde.

Die Erziehung raubt den Engländern die Gelegenheit, ihr Herz und ihren Geist *auszubilden* und reinen Geschmack zu erlangen. Sie sind daher alle geniemäßiger, und haben keine allgemeine Regel des Betragens: immer plump, unfein, unachtsam auf sich und andre, und oft embarassirt in honnetter Gesellschaft; ja fast durchgehends bei honnetten Frauenzimmern. – Denn ihr vieles Absondern, ihre vielen bloß männlichen Gesellschaften, in denen sie sich gar nicht genieren, gewöhnen sie an keine Egards. Hingegen, sobald das Herz spricht, sobald es auf das Empfinden von sinnlichen Eindrücken oder zarten Verhältnissen ankommt, sind sie oft auch wahr, naiv, empfindsam.

Die Siddons hatte London längst verlassen, ehe wir ankamen, weil ihr Engagement schon aus war; und mit ihr sind die schönsten Trauerspiele für dieses Jahr vorüber. Von neuen Stücken ist dies Jahr nichts von einiger Bedeutung erschienen. *The Crusade* ist eine Art Oper, die man doch selbst nur *dramatische Romanze* nennt. *The haunted Tower*, von Cobb, soll eben dasselbe seyn: artige Musik, aber kein Menschenverstand im Stücke. *No Song no Supper*, eine musikalische Farce, ist von eben der Art, und wird nur durch die Stimme und das Spiel der Storace, einer Italienischen Sängerin, die vortrefflich Englisch gelernt hat, interessant. Die Musik ist von ihrem Manne komponirt: aus Pleyel, Gretry, Giordani zusammen gestohlen, aber sehr hübsch. *The Dramatist,* von einem jungen Manne, Namens Reynolds, der sich selbst darin geschildert hat, ist voll Witz und Anspielungen auf hiesige Sitten, aber ohne Dialog. Auf guten Dialog wird gar nicht mehr gesehen; Effekt ist alles, was man verlangt. Man geht in die Komödie, um zu *sehen*, kaum mehr zu *hören*; und die Kotzebue, wenn sie sich eine Dosis Salz könnten eintrichtern lassen, würden auch hier Glück machen. *The rivals,* von Sheridan, die ich vor der Farce: No Song no Supper, spielen sah, gehört unter die ältern Stücke, und ist schon ins Deutsche übersetzt. Miß Farren spielte die Julie ganz gut; nur bewundert man sie zu viel: ein Fehler, den jetzt alle Zuschauer von allen Nationen gemein haben. In den mehr hochkomischen Rollen reicht sie nicht an die Abington, die aber jetzt nicht mehr spielt. Die Deklamation im Tragischen ist sehr vervollkommt, sehr präcis, rein und deutlich; aber bei Kemble, dem ersten hiesigen Schauspieler, zu monotonisch, und bei Holman (wie man versichert, denn ich habe ihn noch nicht gesehen) zu wild und ranting. Garrick und seine Schule hatten mehr wahres Feuer der Empfindung, oder wußten es besser zu *spielen;* hier ist zu viel Kälte, und zu viel gesuchter Nachdruck im Hersagen. Dennoch spielt Kemble verhältnißmäßig sehr gut, und was ihm, besonders wo es auf Würde ankommt, sehr nützt: er spricht langsam, wenn der Affekt keine schnelle Sprache fordert. Seine Deklamation ist nicht *Gesang*, aber mehr als gemeines *Reden*. Diese Würde, diesen Anstand in Königs- und Heldenrollen, sah ich auf den Deutschen Theatern nie, weil man dort bei diesen Gelegenheiten nicht natürlich genug, oder auch wohl *zu* natürlich ist; mit Einem Worte: weil man den Sinn eines großen Menschen nicht hat. Ich möchte fast glauben, daß die Familiarität des Umganges zwischen Menschen aus allen Ständen in England, und das Edle, welches bis in die letzte Klasse hinab hier in Bildung und Charakter so unverkennbar ist – mag es mit Einseitigkeit und Unwissenheit über gewisse Gegenstände auch noch so sehr versetzt seyn – den Schauspieler hier natürlich veredeln. Allein die allgemeine Klage, die wir über unsre Litteratur führen, höre ich auch hier im Munde der besten Köpfe: es fehlt im Publikum an Geschmack, und in den schönen Wissenschaften an einem kompetenten Tribunal. Mit Johnsons Tod, so einseitig und schneidend er auch war, hat man nichts mehr, und es geht drunter und drüber in den Gefilden der Litteratur. Wenn schon ein solches Tribunal zuweilen ein ungerechtes Urtheil fällt, so ist es doch sehr nützlich, daß etwas in terrorem da stehe, um die elenden Skribenten in Zügel zu halten. Anekdotenjagerei ist jetzt so allgemein, daß man von berühmten Männern jedes Visitenkärtchen drucken läßt, wie bei uns; und wenn man einem Gelehrten etwas Schlimmes nachsagen kann, so glaubt man, wie bei uns, daß er nun kein großer Mann mehr seyn könne. So einen elenden Begriff macht man sich von menschlicher Größe, daß man sie verkennt, wo sie wirklich vorhanden ist, und Friedrich für einen gewöhnlichen Menschen hält, sobald man weiß, daß er physische Bedürfnisse hatte, wie jeder Sterbliche. Muß man denn die großen Gegenstände so mit dem Mikroskop betrachten? Oder muß man von einem berühmten Manne sich nicht mit einem Konterfei seines Kopfes begnügen, sondern ein Konterfei von der ganzen nackten Figur verlangen, und alles, was an ihm mißgestaltet und ekelhaft ist, hervorsuchen? – –

An dem herrlichen Lustspiel *Beaux Stratagem* konnte ich recht augenscheinlich den Unterschied zwischen dem Styl der theatralischen Darstellung vor zwölf Jahren, und dem jetzigen wahrnehmen. Mr. Lewis als Archer, Mr. Quick als Scrub, und Mrs. Pope, die ehemalige Miß Younge, als Mrs. Sallen – gaben mir in der That einen sehr schwachen Begriff von Garrick, Weston und Mrs. Barry in eben diesen Rollen. Mr. Lewis war nicht, was er seyn sollte: ein als Bedienter verkleideter Gentleman; sondern ein Bedienter, der Gentlemans-Manieren affektirte. Scrub sollte ein dummer, unwissender Bauerlümmel seyn, dem zuweilen eine Idee bis in das Gehirn trifft; Quick hingegen spielte ihn so, daß er immer zu viel zu ahnden und zu errathen schien. Weston wußte gar wohl, daß man dieser Rolle nicht alle *Anlagen* nehmen müßte; allein er ließ sie leer an wirklich erworbenen Begriffen, an Übung der Geisteskräfte: und dies war die ächte Art, sie zu spielen. Mrs. Pope endlich, eine für mich sehr angenehme Schauspielerin, hat für die Rolle von Mrs. Sallen weder Lebhaftigkeit, noch Laune genug. Sie spielt sie mit Anstand, aber nicht mit komischem Nachdruck.

Die Farce: *Love in a camp,* war an Plattheit und Jämmerlichkeit unausstehlich.

6. Westminsterhall – Warren Hastings Prozeß

Die ganze Halle ist bekanntlich mit Sitzen eingerichtet: rothen für die Peers und ihre Tickets; grünen für das Unterhaus. Die Verschläge für die Managers heißen: Zimmer; sind aber ganz finster, und werden durch Lampen und Lichter erleuchtet. Das Zimmer für den Gefangenen (Prisonner's-room), wo Hastings sitzt, bis er gerufen und vom Blackrod vorgeführt wird, ist wirklich ein finsteres trauriges Loch, und nach vorn zu hat es zwei kleine Fensterchen mit eisernen Stangen davor. Im Managers-room sahen wir mehr als zwanzig große Folianten von Akten. Überall brannten große Feuerbecken. Jedesmal, bei jeder Sitzung, muß Hastings auf die Knie fallen, wenn er hineinkommt. Dann heißt ihn der Kanzler aufstehen, und erlaubt ihm zu sitzen. Die Größe eines Indischen Despoten so erniedrigt, das mag wohl schmerzen; aber jetzt ist er daran gewöhnt. So stumpft sich jedes Gefühl endlich ab! – Wohlthätige Natur, die für unsere Erhaltung sorgt auf Kosten unserer Reitzbarkeit! Aber noch unendlich wohlthätiger in jenen großen Seelen, die eine einzige Verletzung ihres Selbstgefühls nicht wieder ruhig werden läßt.

Den 5ten Junius. Ich möchte wohl zugegen gewesen seyn, wenn das heilige Volk von Athen so einen Aktus vorhatte, um einen Vergleich mit dem anstellen zu können, der hier vorgeht. So glänzend wie Westminsterhall, war freilich wohl die Versammlung dort nicht; es fehlten die Damen, die hier ungleich zahlreicher als die Mannspersonen sind. Welch ein Anblick! Die Hyacinthenflor in Harlem war nicht prachtvoller, und duftete nicht stärker! Fast alles ist weiß: wenigstens lauter weiße Enveloppen und Kopfzeuge, und beinahe kein anderes als rosenfarbenes und himmelblaues Band. Nirgends ist ein Hut zu sehen; denn hier ist alles full dreß'd, was den Kopf betrifft. Der Platz, den das Oberhaus selbst einnimmt, ist verhältnißmäßig klein. Die Zuschauer, auf vielen Reihen von Bänken umher und über einander, können vielleicht zweitausend ausmachen. Und wie oft haben nicht schon 2000 Menschen die Stelle von andern 2000 hier eingenommen! Es können wenigstens 500000 Britten Zeugen von dem Gerichte gewesen seyn, welches hier über ihren Mitbürger gehalten wird. Göttliche Publicität! erhabne Würde der Gerechtigkeit, die nicht das Licht scheuet! Daß kein Volk, kein Land, keine Stadt es wage, sich *frei* zu nennen, so lange ihre Richter bei verschlossenen Thüren über das Schicksal ihrer Mitmenschen entscheiden! Ich hasse das ewige Kreischen von Freiheit, das Gekrächz derer, die nicht wissen, was frei seyn heißt, und des goldenen Vorrechtes nicht werth sind; ich hasse die Sklaven, die nur *sprechen,* und nicht *handeln.* Aber kein Ausdruck ist zu hart, um Abscheu gegen den Tyrannen zu erwecken, der seines Volkes *Vater* zu seyn vorgiebt, und es im *Verborgenen* richtet. Im Verborgenen richten, ist *Meuchelmord;* und kein Zusatz von Umständen, keine Modifikation, kann dieses Verfahren je so weit entschuldigen, daß sie ihm diesen Namen wieder nehmen könnte. Jeder, den ein Rechtsurtheil traf, das im Verborgenen gefällt und motivirt wurde, ist ein Tyrannenopfer, gegen das man alle Gerechtigkeit aus den Augen setzte; mithin ist er zurückgestoßen aus dem Bunde der bürgerlichen Gesellschaft, in die Sphäre des natürlichen Lebens, wo jeder sein eigner Vertheidiger und Rächer ist.

Um 9 Uhr wurden die Thüren geöffnet, und um halb 12 Uhr fanden wir das Haus schon über die Hälfte voll. Und was machen denn die Damen in einem Hause, wo sie nicht recht hören können, was gesprochen wird; wo sie nicht verstehen, was sie hören; und bis zwei Uhr, also gegen vier Stunden, warten müssen, ehe es angeht? Kommen sie hin, um sich sehen zu lassen? Schwerlich; denn man erkennt und trifft einander nicht in diesem großen Saale, wo die Sitze nach verschiedenen Richtungen laufen, und nicht alle einander in's Gesicht sehen können. Kommen sie, um zu plaudern? Eine so große Versammlung so still zu finden, war vielleicht das Erstaunlichste am Ganzen. Man scheint einen Sinn für das Schickliche mitzubringen, der an dem Orte, wo wir uns befanden, kein Gespräch duldet. Wie soll man sich also das

Räthsel dieser Erscheinung erklären? Durch Langeweile, Neugier und guten Ton. In Hastings Verhör geht man, weil es *Sitte* ist, und weil man wenigstens auf eine entfernte Art zeigen kann, daß man mit eines Lords Familie bekannt ist, und Billets bekommen kann, – wiewohl wir die unsrigen für eine halbe Guinee erkauften, weil wir keinen Lord darum ansprechen mochten. *Neugier* – um doch davon sprechen zu können, um zu sehen, wie man sich heute kleidete; um das Schauspiel einmal genossen zu haben; um zu wissen, wie ein Kanzler auf seinem Wollsack, die Lords in ihren Mänteln, die Herolde in ihren buntgestickten Kleidern, die zwölf Richter und der Sprecher des Unterhauses in ihren Perücken sich ausnehmen; um den Mann, von dem alle Welt spricht, W. Hastings, oder die berühmten Volksredner Burke, Fox und Sheridan, einmal von Angesicht zu Angesicht zu schauen. *Langeweile* – doch, bedarf es hier noch einer Erklärung?

»Das wäre denn alles«, wird mir mancher Geck zurufen, der hier mit leichter Mühe zu der Ehre zu kommen hofft, auch einmal den Verdacht eines eigenen Gedankens auf sich zu ziehen – »alles, was die gepriesene Publicität wirkt? Ob Weiber hören oder gaffen – die Juristen machen, was sie wollen.« – Nicht also, mein feiner Herr! Es giebt unter diesen Damen auch verschiedene, die lebhaften Antheil an dem Processe nehmen. Man sieht sie allemal, so oft er fortgesetzt wird, mit Papier und Bleistift Bemerkungen aufzeichnen, und den Gang der Sache, die Beschuldigungen, Vertheidigungen, Gegenaussagen nie aus dem Gesichte verlieren. In England, in einer Republik, zumal in einer so blühenden, so thätigen, die alle individuellen Kräfte hervorruft und entwickelt, ist der Zusammenhang des Interesse tausendfältig, und wo man es nicht erwarten sollte, zeigt sich Theilnahme aus eigenem Bedürfnisse. Doch wozu dieser Beweis? Hat man denn vergessen, daß auch Mannspersonen Zuschauer und Zuhörer sind? daß die Freunde des Angeklagten und der Kläger sich anwesend befinden, und jedes Wort niederschreiben? daß das ganze Unterhaus mit anhört, wie seine Mitglieder den Proceß führen? daß endlich das ganze Oberhaus, der Adel des ersten Landes in der Welt – ein Adel, zu welchem Verdienst unfehlbar den Weg bahnt – hier sitzt, um zu hören, zu entscheiden, und zu richten?

Um zwei Uhr endlich erschien ein Theil der Mitglieder des Unterhauses auf ihren Sitzen; und bald kam auch das ganze Oberhaus in Procession: voran die zwölf Richter in ihren Perücken und Mänteln, dann die Lords, endlich die Herolde, der Siegel- und der Insignienträger, und der Kanzler. Jeder ohne Ausnahme, wie er dem Thron gegenüber kam, neigte sich gegen denselben, obgleich niemand da saß. Hierauf rief der Insignienträger (Mace-bearer) dreimal: Oyés, und befahl den Anwesenden bei Gefängnißstrafe, im Namen des Königs, Stillschweigen an. Hierauf citirte er Hastings, zu erscheinen; und nachdem der Usher of the blackrod gegangen war, ihn abzuholen, erschien Hastings an seiner Stelle, machte drei Verbeugungen, knieete nieder, stand aber sogleich wieder auf, und setzte sich in den für ihn bestimmten Lehnstuhl.

Der Kanzler eröffnete hierauf die Sitzung, indem er den Managers sagte, daß sie fortfahren möchten. Nun folgten Verhöre von Zeugen; ein Clerk mußte viel vorlesen, welches endlich manchen Zuhörern so viel Langeweile verursachte, daß sie sich entfernten. Die Lords sitzen nicht sehr still, verlassen ihre Plätze, sprechen mit einander und mit den Mitgliedern des Unterhauses und scheinen unter der Last ihrer Hermelinmäntel bei diesem Wetter nicht sehr beneidenswürdig zu seyn. Einer von den Managers (Mr. Anstruther) sprach sehr widrig; er stieß immer einige Worte aus, und hielt dann wieder inne, alles sehr monotonisch. Des Kanzlers deutliche, volle Baßstimme, ist überall vernehmlich.

7. Zünfte

In Deutschen Büchern steht bald, England *habe* Zünfte; bald, England habe *keine* Zünfte. Beides ist wahr, beides falsch. Man verstehe sich nur! Deutsches Zunftwesen herrscht in England freilich nicht. Warum? weil das Municipalwesen in England anders als auf dem festen Lande ist, weil England weniger als Deutschland und Frankreich das Unglück hatte, Italienisch-ägyptische Laster anzunehmen. – – Die Englischen Zünfte zielen wenig auf die vermeintliche Vervollkommnung der Künste ab, wie in Deutschland; sie haben bloß politische Zwecke: denn keiner braucht sich da einzunften zu lassen, wohin er seines Handwerks wegen gehört. Ein Buchdrucker kann sich zu den Malern, Bäckern etc. halten. In der city of London und in jeder Stadt, wo Incorporationen sind, darf keiner ein Gewerbe für sich treiben, der nicht zu einer Zunft gehört. In eine Zunft gelangt man, wenn man die Freiheit der

Stadt erwirbt, oder Freeman of the city wird. Diese Erwerbung der Freiheit geschieht entweder durch sieben Lehrjahre bei einem incorporirten Meister, oder durch Kauf. Die Freiheit der Stadt kostet im Durchschnitt dreißig Pfund Sterling. Bei einigen Incorporationen ist sie wohlfeiler, und kostet nur vier und zwanzig Pfund Sterling; deshalb hält man sich gewöhnlich zu einer wohlfeileren Zunft, zum Beispiel zu den Musicians, da es einem Schustergesellen frei steht, sich zu der Zunft zu halten, zu welcher er will. Dieses Einzunften als Freeman of the city geschieht durch Einschreiben in der Guildhall (dem Rathhause) und der Zunfthalle. Wer Freeman durch die sieben verflossenen Lehrjahre oder durch Erkaufung der Stadtfreiheit ist, kann für eigne Rechnung, wie wir sagen, als Meister sein Handwerk treiben. Ein Freeman, ob er gleich zu einer Zunft gehört (was Volkmann in seinem ersten Theil, Seite 225 fälschlich leugnet), nimmt noch keinen Theil an Parlamentswahlen; dazu gehört das Pelzkleid. Ein Freeman, der also auch diesen Vorzug genießen will, muß Liveryman werden, welches abermal einige Pfunde kostet. Besondere Geschicklichkeit aber, wie Volkmann wähnt, gehört gar nicht dazu; die Englischen Zünfte haben Vervollkommnung der Zünfte kaum zum Nebenzweck. Keine Zunft ist geschlossen, jeder Meister, er sey Freeman oder Liveryman, kann so viele Gesellen halten, als er will. Meisterstücke kennt man in England auch nicht. Zwischen Lehrjungen und Gesellen ist ebenfalls keine Scheidewand. Gesellen (ich nenne die Leute so, die nicht auf eigne Rechnung arbeiten) lassen sich, wenn sie außer Arbeit sind, in der Halle einschreiben. Ein Meister, der Gesellsen nimmt, muß gerade die nehmen, die zuerst eingeschrieben sind, er mag sie für geschickt halten oder nicht. Will er sich welche auswählen, so muß er ein gewisses Geld dafür erlegen. Das Gesellenlohn ist nur bei einigen Zünften, zum Beispiel bei den Schneidern, durch eine Parlamentsakte bestimmt; ein Meister, der mehr Lohn giebt als vorgeschrieben ist, kann gerichtlich belangt werden. Fast jede Innung hat ihre Armenhäuser. Das Geld dazu fließt aus der Zunftkasse, in welche jeder Geselle, Freeman und Liveryman jährlich einige Schillinge zahlen muß. Ein Geselle, der diese Schillinge nicht gezahlt hat, muß sie alle nachzahlen, wenn er Meister werden will, sei es nach Ablauf der sieben Dienstjahre oder durch Erkauf der Freiheit.

Die *Royal Society* eine *Zunft* zu nennen, wie einige Deutsche Schriften thaten, ist sehr lächerlich. Sie ist indeß allerdings eine durch

Charter incorporated Society, das heißt: sie gehört zu der allgemeinen Klasse von dem Staat untergeordneten Gesellschaften.

In allen Städten, wo keine Incorporationen sind, kann jeder nach Belieben jegliches Gewerbe treiben; zum Beispiel in ganz Westminster, und in den Liberties der corporirten Städte. Dieser Umstand macht allen auch in ungeschloßnen Zünften noch möglichen Schaden nichtig; denn die Waare des unzünftigen Meisters concurrirt immer mit der Waare des zünftigen. In Westminster zum Beispiel, kann jederman Schneider oder Schuster seyn, oder aus einem Schneider morgen ein Schuster werden, u.s.w. Hier ist auch keine politische Verbindung unter den Handwerkern; die Parlamentsglieder werden in Westminster bloß von den Hausbesitzern gewählt. Ein Jude kann in England alle Handwerke treiben, nehmlich die, welche von keiner Corporation sind. Daß das Mosaische Gesetz sich auch wohl damit verträgt, zeigen die vielen jüdischen Handwerker in Westminster, besonders die vielen jüdischen Schlächter in Goodmansfield. Man findet einen beschnittenen Schlächter nicht unreinlicher, als einen unbeschnittenen.

Auf dem platten Lande kann jegliches Gewerbe getrieben werden, und nur in der Gerichtsbarkeit corporirter Städte muß ein Handwerker sich zu einer Incorporation dieser Stadt halten.

Das Unwesen eines blauen Montags ist in England so arg als in Deutschland.

Warum ist genaue Kenntniß des Englischen Zunftwesens in Deutschland so nöthig? –

8. The Monster

Den 12. Mai

Wie sich die Neuigkeiten hier jagen! Wie immer frische Nahrung für das gefräßige Thier mit achtmal hunderttausend Schlünden herbeigeschafft werden muß! Gestern ist der König von Schweden an einem Gallenfieber gestorben; heute erstickt man die Kaiserin von Rußland; die Spanier haben Jamaika weggenommen; Frankreich rüstet zwanzig Linienschiffe aus. Bald erschallen wieder durch die ganze Stadt lauter Friedensgerüchte! Diese widersprechenden Erdichtungen sind auf den nächsten Kreis um die Londoner Börse berechnet; die öffentlichen Fonds steigen und fallen, je nachdem man dieses oder jenes Gerücht wahrscheinlich zu machen weiß; authentische Briefe, gerichtliche Aussagen von Schiffskapitainen, Ministerconfidencen, nichts wird dabei gespart, um *Wirkung* hervorzubringen; und wenn es endlich nun einmal gelingt, diejenigen, die sich die Weisesten und Vorsichtigsten dünken, zu übertölpeln, so ist der Gewinn schon entschieden. – Man fragt sich also schon immer bei jeder neuen Mähre, wohin sie zielt, und welchen Effekt auf die Barometer des öffentlichen Kredits sie haben könne; und wahrlich! künstlich muß der Mäkler seyn, der jetzt noch seinen Zweck erreichen will. – Allein der größere Kreis des Publikums, der zur bestimmten Stunde seines Frühstücks die Zeitung liest, und die Zeit theils mit dieser Lektüre, theils mit der Conversation, wozu sie den Stoff giebt, zu tödten sucht, hat noch einen ganz andern Heißhunger nach Neuigkeiten, und eine gesegnete Gabe der Verdauung, die mit dem Wunderglauben in eine Klasse gesetzt zu werden verdient. Seit vier Wochen spricht ganz London von dem *Ungeheuer*; die Zeitungen sind voll davon; die Theaterdichter unterhalten das Volk davon auf der Bühne; die Damen fürchten sich davor; der Pöbel sieht jeden Vorübergehenden schärfer darauf an, ob er nicht in ihm das Ungeheuer entdecken könne; alle Wände sind mit Ankündigungen und Darbietungen einer Belohnung für denjenigen, der das Ungeheuer greifen wird, beklebt; freiwillige Subskriptionen sind eröffnet worden, um es fangen zu lassen; Mrs. Smith, eine Dame du bon ton, hat es mit einem Pistol hinters Ohr geschossen, – es hat sich verkleidet, geht in vielerlei Gestalten umher, verwundet schöne Frauenzimmer mit einem eigends erfundenen Instrument, mit Haken in Blumensträußern verborgen, mit Packnadeln, u.s.f. – und dieses Ungeheuer ist nichts mehr und nichts weniger als – ein Unding, womit man die müßigen Einwohner von London amüsirt. Ein Taschendieb, der vermittelst eines Instruments die Taschen umzukehren und auszuleeren gelernt hatte, konnte vielleicht eine Dame verwundet haben, indem er dieses Kunststück an ihren Taschen probirte; dieser unbedeutende Zufall war hinreichend, um eine ganze Geschichte von einem Ungeheuer darauf zu gründen, welches gegen weibliche Schönheit wüthete, und eine Verschwörung zwischen mehreren Geschöpfen dieser Art wahrscheinlich zu machen, die aus Bosheit, oder Rache, oder verkehrtem Geschmack, das ganze Geschlecht, oder doch den schöneren Theil desselben, vernichten sollten.

9. Naturgeschichte. Banks

Außer der Botanik ist alles kläglich bestellt; die Mineralogie am schlechtesten. Es giebt fast gar keine Liebhaberei, und schlechthin keine Kenntniß. Hawkins ist der einzige Mineraloge. Mr. Greville zeigt acht oder vierzehn Tage lang an seinem Kabinet. Mr. Macie und die übrigen, studieren Mineralogie nur um der Luftchymie willen, und wissen von den neuen Entdeckungen nichts. Greville ist in der Opposition, und hat nichts zu leben. Raspe arbeitet in Schottland, ist aber auch nicht mit den neuen Entdeckungen, und überhaupt mit der heutigen Form der Wissenschaft bekannt. Zoologen giebt es sehr wenige. Pennant war nicht tief; Latham hat seine Vögel vollendet; Yeats hat ein Insektenkabinet.

Botanik hingegen ist en vogue. Martyn übersetzte Rousseau's Briefe, und that vier und zwanzig neue hinzu, zierte sein Werkchen mit Kupfern, und die Damen kauften es, so dürr auch der Inhalt ist. Curtis las den Damen Botanik, schrieb für sie ein botanisches Magazin, und gab seine Flora Londinensis heraus. Smith liest auch Botanik, und fährt fort, Linné's Kräuterbuch, welches er an sich gekauft hat, zu publicieren. Dickson giebt Moose, Farrn und Schwämme heraus. Bauer, der vortreffliche Zeichner, den der junge Jacquin nach England brachte, wird die seltenen Pflanzen des Hortus Kewensis herausgeben; sie sind herrlich gezeichnet: klar, richtig, deutlich und schön. Eine Mrs. Margaret Meen ist ihm indeß zuvorgeeilt, und hat auf dem allergrößten Atlasformat eine Nummer von vier Blättern herausgegeben, welche seltene und gemeine Pflanzen zugleich enthält, z.B. Strelitzia Regina, und die Solandra speciosa; dann aber auch Plumbago rosea und Cypripedium album. Die Ausführung ist nicht zu rühmen. Nichts ist botanischrichtig gezeichnet, und die vier Pflanzen kosten 16 Shilling.

Das große Werk von Banks ist noch immer ein Gegenstand, der die Konversation lebendig erhält. Er wird, sagt und schreibt er seinen Freunden, es nie verkaufen, sondern nur wenige Exemplare abziehen lassen, und sie verschenken. – Es sollen schon beinahe alle 17 bis 1800 Platten fertig seyn. Woran der fernere Aufschub liegt, weiß kein Mensch zu sagen; Dryander selbst scheint es nicht sagen zu können oder zu wollen.

10. Kapitain Bligh. Reisen nach Nordwest-Amerika

Cook gebrauchte den Kapitain Bligh bei seiner letzten Reise, um Landkarten zu machen und Aussichten aufzunehmen; und er hat fast alles, was während dieser langen Reise in diesem Fache gearbeitet worden ist, allein gethan. Nach seiner Rückkehr kamen seine Zeichnungen in die Hände der Admiralität. Roberts erhielt von dieser den Auftrag, die Karten für den gedruckten Bericht der Reise darnach auszusuchen und zusammenzutragen. Aber er hatte zu eben der Zeit das Kommando über einen Zollhaus-Kutter bekommen, und fand das Handwerk, Schleichhändler zu verfolgen, einträglicher, als das Kartenmachen. Durch seine Nachlässigkeit ward die Herausgabe des Werkes verzögert, und die Admiralität mußte ihm einen gemessenen Befehl zuschicken, heraufzukommen und seine Arbeit zu vollenden. Die elende Generalkarte ist die Frucht dieses übereilten Geschäfts, außer einer Menge Fehler in andern Karten. Kapitain Bligh hat versichert, daß zwischen den Originalzeichnungen und den herausgegebenen Karten ein sehr großer Unterschied sey.

Die Canadischen Kaufleute und die Hudsonsbay-Kompagnie sind einander entgegen. – Ein gewisser Turner ward von der letzteren ausgeschickt, um geographische Entdeckungen zu machen. Er war ein guter Astronom, nahm viele Längen und Breiten, und bestimmte unter andern die Lage von Hudsons house. Hernach brauchte ihn die Kompagnie in Handelsgeschäften; da hatte er über die Branntweinfässer zu befehlen, fing an zu trinken, und gerieth darüber mit seinen Rechnungen in Unordnung. Die Kompagnie hat ihn dessen ungeachtet nochmals ausgeschickt; und wenn er nur seinen Branntwein bald austrinkt, so kann er noch etwas leisten.

Die Canadier stahlen ihm das erstemal seine Journale; wenigstens will man wissen, daß ein ungetreuer Beamter diese Journale an die Canadier verkauft hat. Diese haben drei Leute nach Westen geschickt, wovon einer über den Slavelake (Sklavensee) bis nach Cooks River, und von da nach Kamtschatka gekommen ist.

11. Dr. Johnson. Warton

Als man Johnson fragte, was der König mit ihm gesprochen hätte, sagte er: The questions of His Majesty were *Multifarious*; (so sehr war er gewohnt, Lateinische Wörter in der Englischen Sprache zu adoptiren, und sogar im gemeinen Leben einzuflicken) but, thank God! he answered them all himself[15].

Warton spricht in seinem Buche über Englische Dichter lang und breit über ein Miniaturportrait von Milton, welches Sir Joshua Reynolds für 100 Guineen gekauft haben soll. T. Brand Hollis behauptet: es sei das Porträt von John Selden, und ärgert sich, daß Warton mit keinem Worte der vier Köpfe von Milton in den Memoirs of Mr. Hollis erwähnt, die doch ächt sind.

12. Etwas von den Sitten. Veränderung der Sitten. Nägel. Ranelagh. Boxing. Dr. Mayersbach

Die Verschiedenheit des Essens am östlichen und westlichen Ende der Stadt ist bemerkenswerth. Der ganz Fremde würde indeß wenig Unterschied finden; denn überall geht es gleich steif und unbeholfen zu. Man sitzt vor Tische unbeweglich im Stuhl, spricht wenig, schlägt die Arme über einander, und hat Langeweile, bis zur Tafel gerufen wird. Dann ziehen die Weiber wie die Kraniche ins Speisezimmer; niemand führt sie. Man fodert zu trinken, wie in einem Wirthshause, oder macht Partie mit jemand, um ein Glas zu trinken; und nach Tische werden Gesundheiten getrunken. Auch erscheint, so bald die Damen sich entfernt haben, überall der Nachttopf.

Suppe ist nirgends zu sehen. Man setzt noch immer Gläser mit Wasser auf den Tisch, und jedermann spült sich, Angesichts der ganzen Gesellschaft, den Mund und wäscht sich die Hände. Bis Thee und Kaffee im Nebenzimmer servirt werden, sitzt man am Tisch, und trinkt Wein. – Nur im Westen giebt es Servietten, die in der City durchge-

---

15 »Se. Majestät fragten mancherlei; aber, Gottlob! Sie beantworteten alles selbst.«

hends wegbleiben. Kleine Schüsseln findet man auch nur an dem vornehmen Ende der Stadt; am östlichen ißt man mancherlei durch einander und mit einander.

Die Engländer pflegen ihre Hospitalität zu rühmen, und nennen ihr Land das *gastfreieste* in der Welt. Ausländer hingegen beklagen sich, daß, wenn sie zu Hause den durchreisenden Engländern alle erdenkliche Höflichkeit erwiesen haben, diese, wenn man sie in England besucht, den Fremden zu einem Mittagsessen im Wirthshause bitten, und ihn alsdann seine Zeche mit einer halben, oder gar mit einer ganzen Guinee bezahlen lassen. Anfänglich lachte ich selbst über diesen, wie es mir vorkam, ganz verkehrten Begriff von Hospitalität. Allein ich habe der Sache nachgedacht, und finde manches zu erinnern, was sie in ein ganz anderes Licht stellen kann. Erstlich also, ist es wenigstens von den Einwohnern auf dem Lande sehr buchstäblich wahr, daß sie gegen Fremde, die ihnen empfohlen werden, die Gastfreiheit in einem hohen Grade ausüben. Zweitens sind die Veranlassungen zu einem Mittagsmahl in dem Wirthshause in London häufiger als anderwärts, indem so mancher daselbst kein Haus hält, sondern Jahr aus Jahr ein täglich in ein öffentliches Wirthshaus geht, um dort zu essen. Drittens glaubt mancher seinem Gaste mehr Freiheit zu lassen, wenn er ihn an eine Tafel führt, wo er seinen freien Willen behält, und fordern kann, was ihm beliebt, als wenn er ihn nöthigte, sich nach seinem Geschmacke zu richten. Endlich auch in London selbst, sind die Fälle gar nicht selten, daß Fremde in den Häusern ihrer Bekannten bewirthet werden, wie es mir selbst vielfältig widerfahren ist. – Mehr aber, als dies alles, ließe sich noch zur Entschuldigung oder Rechtfertigung des Englischen, mir sonst so paradox scheinenden Begriffes von Hospitalität sagen, der zuletzt auf die Definition hinausläuft, daß man in England für Geld haben kann, was man will. Schöne Gastfreundschaft! sagte ich, als ich diesen Ausdruck zum erstenmal hörte; und tausend Ausländer für Einen werden in Versuchung seyn, denselben Ausruf zu thun. Ich gestehe gern, daß ich nicht mehr so verächtlich von dieser Gastfreiheit urtheile, welche jedem für Geld verschafft, was er nur an Bequemlichkeit und Genuß verlangen kann. Es ist nichts Geringes, den Fremdling, den Reisenden, den Käufer, der im Laden etwas kaufen will, mit Freundlichkeit und Dienstfertigkeit aufzunehmen. Diese Attention ist aber in England recht eigentlich zu Hause. Kauft man für eine bloße Kleinigkeit, für zwei Schilling z.B., in einem Laden, so ist der Kaufmann erbötig, das Gekaufte selbst nach Hause zu schicken; gleichviel, ob in die nächste Straße, oder durch den ganzen Diameter der unermeßlichen Hauptstadt zu gehen ist. Kauft man für mehrere Pfund Sterling, so wird man fast unfehlbar von dem Kaufmann zu Tische gebeten. Im Laden präsentirt man dem Käufer einen Stuhl, ein Glas Wein, eine Tasse Chokolade, oder andere Erfrischungen. Um eine Kleinigkeit abzusetzen, läßt sich der reichste Kaufmann keine Mühe verdrießen; man mag hundert Stücke Zeug um- und durchwühlen: er wird nicht müde, immer wieder andere herbeizuschaffen. – In den Wirthshäusern ist alles Aufmerksamkeit, und der gewöhnlichste Passagier wird wie der erste Lord bewirthet. Die Aufwärter laufen an den Wagen, so bald sie jemand ankommen sehen; der Wirth selbst erscheint und bewillkommt seine Gäste. Er bedient sie bei Tisch, und das Kammermädchen sorgt bestens dafür, daß die Betten frisch und rein sind. Fährt man fort, so ist man wieder eben so mit dem Wirthe, der Wirthin, und den Aufwärtern umgeben. Jedes hat im Hause sein bestimmtes Amt. Boots ist bei der Hand, Schuh und Stiefeln abzuziehen, zu putzen, und dem Fremden Pantoffeln zu präsentiren. Kommt man zu Pferde an, so hat der Horseler, oder wie das Wort gewöhnlich ausgesprochen wird, Ostler, die Sorge für die Pferde. Will man ausfahren, so hat jeder Gastwirth mehrere nette Postchaisen und etliche Züge Pferde im Stall, deren sich ein Deutscher Edelmann nicht schämen dürfte. Fast Jahr aus Jahr ein brennt ein Feuer in dem Kamin; und die Wirthshäuser sind schon darauf eingerichtet, daß man, außer dem Schlafzimmer, für jede Gesellschaft ein besonderes Wohnzimmer hat, ohne daß die Kosten darum besonders erhöhet würden. – Tische und Stühle sind durchgehends vom schönsten Mahagonyholz, mit roßhaarnen Küssen; und der Teppich von der vortrefflichen Wollenmanufaktur in Wiltshire, oder wenigstens ein Schottischer, liegt den Winter hindurch in jedem Zimmer; so wie vor jedem Bette Jahr aus Jahr ein, und in den zierlichern Gasthöfen auf allen Treppen, ein schmaler Streif von eben diesem Tuche liegt. Des Silberzeugs, des Tafelgeschirrs ist kein Ende; nur Servietten muß man nicht erwarten. Wahrlich das Land ist gastfrei zu nennen, wo es Menschen sich so angelegen seyn lassen, andern das Leben bequem und angenehm zu machen, Reisende nach einem beschwerlichen Cahotage zu erquicken, und ihnen einigen Ersatz zu verschaffen für die liebe Heimath, von der sie sich entfernen müssen. Wer empfunden hat, wie der Reisende in andern Ländern in sich selbst zurückgetrieben wird; wie er so gar keine Theilnahme erweckt, so gar kein freundliches Gesicht ihn bewillkommen sieht, für sein Herz so gar keine Nahrung findet, wenn er sich einmal von den Seinigen entfernt; wie es den Gastwirthen gar nicht um seine Bequemlichkeit, sondern lediglich um ihren Gewinn zu thun ist: der muß den Vorzug des Reisens in England empfinden, wo ihn so manches freundliche Wort, so viel ächte Urbanität in den Sitten der Menschen, mit denen er auf der Reise umzugehen genöthigt ist, unaufhörlich mit dem ganzen Geschlechte versöhnt und in eine zufriedene Stimmung versetzt. Ein gutes Gesicht, und Bereitwilligkeit, jeden seiner Wünsche zu erfüllen, lassen sich wahrlich nicht mit dem Gelde erkaufen, das er für seine Zehrung zahlt. Allein die Begriffe, daß man als Gastwirth verbunden sei, für die Bequemlichkeit und das Wohl der Gäste zu sorgen, daß man wirklich die Rechte der Hospitalität an ihnen ausüben müsse, und ein schönes Gefühl von Unabhängigkeit und Gleichheit, womit man sich bewußt ist, daß man nicht bloß vom Fremden lebt, sondern ihm auch wirklich das geben kann, was seine Börse nicht bezahlt: – dies wird schon mit der Muttermilch eingesogen, und mit den Anfangsgründen der Erziehung in den Gemüthern entwickelt. Dazu kommt noch, daß hier nicht leicht ein hungriger Abentheurer einen Gasthof anlegt, sondern daß dieses Geschäft insgemein den Besitz eines ansehnlichen Vermögens voraussetzt; daß folglich die Gastwirthe selten so gröblich unwissend wie in andern Ländern sind, und im Gegentheil die Erziehung, die ihrem Vermögen angemessen war, genossen haben; mithin, daß die Überzeugung, Zufriedenheit und Glück müsse nur in einer bestimmten Geschäftigkeit gesucht werden, den Entschluß leitet, auf irgend eine Art das Vermögen anzulegen und zu einem gemeinnützigen Endzwecke damit zu wirthschaften. Dieser Geist der Thätigkeit unterscheidet den Engländer, wie mich dünkt, am meisten von allen andern Nationen. Ein Deutscher, ein Franzos, ein Italiener von gewöhnlichem Schlage, der dreißig- oder vierzigtausend Thaler hätte, würde sich erniedrigt glauben, wenn er ein Gewerbe oder eine Hantierung triebe; der Engländer fängt damit erst recht an, und hält das Geld nur für eine Federkraft in seinen Händen, wodurch er für seine Thätigkeit Platz gewinnen und in eigenem Wirken und Schaffen sich selbst gefallen kann. Ich weiß, es giebt auch auf dem festen Lande einige Ausnahmen; allein zu geschweigen, daß diese eigentlich, wie immer, die Regel bestätigen, so ist doch in den Gelenken unserer Gastwirthe eine natürliche Steifigkeit, die sich nur durch die Zauberkraft einer Equipage mit Sechsen, oder eines adlichen Wapenschildes vertreiben läßt. Die Huldigung, die sie dem Reichthum leisten, möchte man ihnen noch verzeihen: sie hat wenigstens einen Gegenstand; allein die Furcht vor der privilegirten Klasse der Nation ist ein Schandfleck von angestammter Niederträchtigkeit, der die menschliche Natur entehrt, am meisten da, wo der Adel durch keinen Zügel, weder durch Eigennutz, noch durch Begriffe von Ehre und Schande, sich gehalten fühlt, mithin, weil er die oberste Stelle ohne sein Verdienst besitzt, dem eigenthümlichen Werthe nach auf die allerunterste Stufe hinabgesunken ist, und die Verachtung aller übrigen, die alle *besser* und *edler* sind als er, in vollem Maße verdient.

Es sind nun zwölf Jahre verflossen, seitdem ich in England war. In diesem Zwischenraume kann eine wesentliche Veränderung der Sitten in einem Volke Statt finden, dessen Wirksamkeit einen so raschen Umschwung hat. – A priori läßt sie sich sogar erwarten, und a posteriori möchte man aus allerlei Auftritten in der neuesten Geschichte sich davon versichert halten. – Bei einer sehr genauen Untersuchung ließen sich unstreitig auch einige Abweichungsgrade bestimmen, die vielleicht in der Folge mit wachsender Geschwindigkeit zunehmen, und wesentlichere Umwandelungen auf die Bahn bringen können; allein für den allgemeinen Eindruck ist gleichwohl der Zwischenraum, den ich hier angegeben habe, noch zu unbedeutend, und England ist noch *das alte,* wie seine Einwohner es emphatisch zu nennen pflegen. Ich darf dieses mit desto größerer Zuversicht sagen, da ich wirklich eine merkliche Veränderung erwartet hatte, und mich in dieser Erwartung sehr getäuscht finde. Ich bin so wenig fremd in London, weder in Absicht auf die Phraseologie, noch im Punkte der Lebensart und Sittenstimmung, daß diese Identität der erneuerten Eindrücke mit den alten Vorstellungen mich gewissermaßen in der Eigenschaft des Beobachters stört, indem mir das gewohnt und alltäglich in der Erinnerung scheint, was ich mit Rücksicht auf Dich, da Du nie in England warst, als merkwürdig, und von unserer Art zu leben verschieden, anzeichnen sollte. Um mit der Sprache anzufangen, so ist es zwar gewiß, daß die Büchersprache epigrammatischer geworden ist, und daß auch im gemeinen Leben manche neue Wörter, zumal in Beziehung auf Indien, in Cours gekommen sind; allein die Aussprache ist völlig unverändert, und die große Masse der Redensarten, die Sprichwörter, die Benennungen der Dinge, bleiben dieselben. Fast ein wenig höflicher, als sonst, scheint mir der gemeine Mann zu sprechen, wie er auch in Absicht auf fremde Kleidertracht, ausländische Sitten und Sprachen, die sich seinen Sinnen auf den öffentlichen Straßen darstellen, toleranter geworden ist. Diese Ausbildung ist unstreitig eine Folge der in England so allgemeinen Zeitungslektüre, und ein Beweis für die Milde des ächtenglischen Charakters, der am Ende der Vernunft doch immer Gehör giebt, so laut auch seine Vorurtheile, seine üblen Gewohnheiten, und seine Leidenschaften zuweilen dagegen reden.

Die Toleranz gegen die Ausländer, und zumal die Franzosen, scheint auch mit einem größeren Umfange in Befolgung und Nichtbefolgung der Moden, als ehedem, in Verbindung zu stehen. So stark auch die Nachahmung wirkt, so sieht man doch unzählige Menschen in den Straßen, die sich in ihrer Kleidung nicht irre machen lassen, sondern ihren Rock noch so tragen, wie sie ihn vor zwanzig Jahren zu tragen gewohnt waren. Vielleicht ist auch die schnelle Succession der Moden schuld, daß sie nicht allgemein werden können, sondern sich bloß auf die höheren Kreise der verfeinerten Gesellschaft einschränken. Eine bekannte allgemeine Revolution in der Kleidung der Mannspersonen, ist die Abschaffung des Degens, den man sonst überall zu sehen gewohnt war, und jetzt nur noch bei Hofe sieht; die allgemeine Einführung der kurzen Westen, und jetzt die fast gänzliche Vertauschung der dreieckigen gegen runde Hüte. Das Militair und die Officiere von der Flotte tragen fast ganz allein ihre dreieckigen Uniformhüte. Kinder kleidet man noch, wie ehedem. Ihr rund geschnittenes, ins Gesicht gekämmtes Haar, wird in der Welt Mode bleiben, wo nur immer der Menschenverstand genug aufdämmert, um die Absurdität einer koëffirten Diminutivfigur zu empfinden. Ganz junge Kinder, bis ins vierte Jahr, erhalten aber hier noch immer keine Strümpfe, obgleich das Klima augenscheinlich diesen plötzlichen Übergang von Wärme zur Kälte verbietet. Es ist aller Erfahrung zuwider, daß der menschliche Körper diese Extreme zu gleicher Zeit ausstehen kann, ohne eine größere oder geringere Zerrüttung seiner Organisation zu erleiden. Von der Blutwärme, die das Kind vor der Geburt überall umschloß, ist der Übergang zur Temperatur der atmosphärischen Luft in England, zumal im Winter, so groß, daß ich mich nicht wundern würde, wofern künftige Physiologen in der plötzlichen Kälte, der man die zarte Organisation des Kindes aussetzt, die erste Veranlassung zu der in England so häufigen Gicht entdecken sollten. Allein in diesen Theil der Erziehung mischen sich die Ärzte; mithin die Theorie, die Systemsucht, und die gelehrte Rechthaberei. Gesunder Menschensinn läßt sich in dieser Gesellschaft nicht antreffen.

Die gewöhnlichste Haube der Frauenzimmer hat einen ungeheuer breiten *Strich,* und ist überhaupt so weitläuftig, daß ich eher alles von ihr sagen und glauben möchte, als daß sie schön sei, und ziere. Die vornehmste Frau und das gemeinste Mädchen tragen diese Haube; mit dem Unterschiede, daß diese nie ohne dieselbe gesehen wird, da sie hingegen bei jener nur das tiefste Negligé andeutet. Hohe Hüte von Filz, von allen Farben: weiß, rosenroth, braun, grün, himmelblau, und col de canard, – am meisten aber schwarz, mit einem runden schmalen Rand, und hohem spitzer zulaufenden Kopf, einer Bandkokarde oder einem Federbusch zuoberst, und einem goldenen, oder seidenen, farbigen und mit Gold gewirkten Bande unten, sind jetzt die allgemeine Tracht des Frauenzimmers, fast von allen Ständen. Zum vollen Anzuge gehört es aber noch jetzt, wie immer, daß man ohne Hut erscheint; und in diesem Falle ist eine sehr vollständige Frisur mit vielen Locken im Toupet, und einem Bande oder einer Agraffe von Juwelen im Haar, oder eine hohe, sich vorn über thürmende, turbanähnliche Haube, der Putz, womit Junge und Alte prangen. Die Hüte sind an Gestalt völlig denen ähnlich, die man auf Rubens und Vandyks Porträten bemerkt. Die Hauben sind äußerst verunstaltend; und es fehlt nicht viel, so werden sie den Fontangen ähnlich seyn, die man in Ludwigs XIV. Zeiten trug. – Viele, zumal junge Frauenzimmer, gehen ungepudert; es ist indeß keine allgemeine Mode, und am wenigsten zur vollen Kleidung anwendbar. – Eine Art Negligé ist es auch, wenn man vollständig frisirt ist, statt der Haube aber nur ein kleines Küssen oben auf dem Kopfe trägt, welches der Haube eigentlich zum point d'appui dient, und wie Vesta's oder Cybelens Thurm aussieht. Dabei trägt man noch immer die ekelhaft großen Halstücher, so zusammengeschlagen, daß die obersten Falten mit dem Munde in gleicher Höhe stehen, und es beinahe so viel Kunst erfordert, einen Bissen, ohne das Halsbollwerk zu beschmutzen, in den Mund zu steuern, als mit Chinesischen Stäbchen zu essen. Ein anderer Gräuel des hiesigen Anzuges sind die Schnürbrüste, die so allgemein wie jemals getragen werden, und jetzt nur wegen der fürchterlich hohen Florbusen eine Exkrescenz vor der Brust bilden, welche wenigstens diesen zarten Theil vor Beschädigung sichert, aber zur Schönheit der weiblichen Figur nichts beiträgt. Poschen gehören nur zum vollen Anzuge. Sonst hängt das Kleid so lang und schlank an den Schenkeln hinunter, wie nur etwas hangen kann. Große baumwollene Tücher tragen die mittleren Stände, und Shawls, in Nottingham, nach den Indischen verfertigt, die vornehmeren, gegen die kalte Luft. Diese Shawls werden jetzt weit länger gemacht als ehemals, weil man sie, nachdem sie über die Brust zusammengeschlagen worden sind, hinten in einen Knoten schlägt und die Zipfel wie eine Schärpe herabhangen läßt. Große Flortücher mit Blonden oder gehackten Spitzen gehören zum vollen Anzuge, der sehr oft aus Crepflor, oder überhaupt ganz weißen Zeugen besteht. Um die Taille schließt ein elastischer Gürtel, den die Erfindsamkeit der Englischen Putzhändler einen Cestus nennt, mit einem Schlosse, oder nach der neusten Mode, drei Schleifen und brillantirten Knöpfen von Stahl. Anstatt dieses Putzes tragen viele Frauenzimmer eine zur Taille passende ausgeschweifte Binde von seidenem Stoff, und ein breit seidnes Band als Schärpe. Unmöglich kann ich alle die eleganten oder doch prätensionsvollen Negligés und Karakos beschreiben, in denen die Petite-Maitressen auf der Schaubühne, in den Logen, und in Ranelagh und Vauxhall erscheinen. Genug, die unermüdete Anstrengung der Fabrikanten in Nottingham und Manchester erfindet immer neue Stoffe, und die Modehändlerinnen geben sich die Tortur, um nicht minder erfinderisch zu seyn, als ihre Französischen Nachbarinnen.

Die Schuhe der Engländerinnen haben das Besondere, daß die Absätze weiter nach hinten stehen, als an unsern Französisch – Deutschen Damenschuhen. Man trägt jetzt zierliche Rosetten von Stahl darauf, die sehr gut kleiden. Die Herren haben ihre Schnallen meistens mit Springfedern, so daß das Herz von dem Theile der Schnalle, der bloß für das Auge dient, gänzlich getrennt ist, und nur an Einem Charnier, und dann durch eine Feder, damit zusammen hängt.

Durchgehends bemerke ich, daß die Engländer jetzt die Nägel ungeheuer lang wachsen lassen; am längsten und spitzigsten die, welche in Ostindien gewesen sind, woher auch die Mode augenscheinlich nach Europa herüber gekommen ist. Man hat wenigstens eben so vornehm scheinen wollen, als ein vornehmer Indier, dessen Nägel die Stelle seines Stammbaums vertreten. Es ist aber eine häßliche Mode, und ein wahres Emblem der Faulheit, da man mit solchen Krallen unmöglich irgend ein Geschäft verrichten kann, das nur einige Anstrengung erfordert. Aber auf dem Sofa zu sitzen und dem lieben Himmel den Tag zu stehlen: dazu sind sie ersonnen.

Erst um 10 Uhr fängt jetzt die Gesellschaft an, sich in Ranelagh einzufinden. Das Coup d'oeil ist immer zauberisch. Die Vertheilung der Lichter gießt so etwas Festliches, Heiteres umher, daß die trübste Seele dadurch erhellet werden muß. Im Garten war mir so wohl zu Muth; es war so dunkelblau der Himmel, so niedlich das Blinkern der Lampen, so balsamisch erquickend der Duft von unzähligen Eglantin-Rosenhecken, herbeigewehet von einem mildsäuselnden West; die Töne des Orchesters in der Rotonde verhallten dort so gedämpft; – es war der erste ungetrübte Genuß, seitdem ich in England bin.

Mendoza, der nur durch Verabredung den Kampf mit Humphries als Sieger bestehen konnte, da ihn sonst Humphries in fünf Minuten zu Grunde richten würde, – begegnete neulich einem Bauerkerl, und schlug ihn. Der Bauer nahm es übel, und widerstand. Er schlug ihn nochmals nieder, weil er agiler, als der Bauer war. Hierauf entschloß sich der Bauer zu einem ordentlichen Kampf, zog seine Kleider aus, und drang auf seinen Gegner dergestalt ein, daß diesem seine Geschwindigkeit nichts half, sondern er eine gewaltige Tracht Schläge bekam.

Dr. Mayersbach, dieser Quacksalber ist wieder hier, wohnt in Red lion square, und hat noch immer Zulauf wie ehedem. Er war Postschreiber in –, und wußte nichts von der Medicin; allein er associirte sich mit einem gewissen Apothekergesellen, Namens Koch, der die Hallischen Medicamente zu bereiten gelernt hatte, und ward in England durch Lord Baltimore's Empfehlung als Arzt bekannt. Durch die elendesten Künste erwarb er sich die Reputation, aus dem Urin alle Krankheiten wissen zu können. Ein Londoner Arzt, Dr. Lettsom, schickte ihm etwas Urin von einer Kuh zu, worauf er sogleich die Patientin für eine schwangere Frau erklärte – wie er es von dem Bedienten des Doktors erfahren hatte. – Sein Zulauf war unglaublich. Nachdem er sich ein schönes Vermögen erworben hatte, ging er nach Deutschland zurück. Jetzt ist er wieder da, und das liebe London läßt sich aufs neue von ihm betrügen.

II. Reise nach Windsor. Slough. Richmond

1. Windsor

Eine schöne Lage, eine herrliche Aussicht, und immer nur die ewige Wiederholung des Schönen und Herrlichen, die es einem so begreiflich macht, daß der unvergeßliche Lessing sich die Langeweile so lebhaft mit der allgenugsamen Existenz in Verbindung denken konnte! Was ist es denn nun mehr, daß ich von dem Dach des Gefangenthurms in Windsor zwölf Grafschaften dieses Feenreichs überschaute? – Der blaue Strich da ist Bedfordshire; jener ist Sussex; diese kleine Erhabenheit liegt in Kent; dort neben Harrow könnte man an einem hellen Tage die Spitze der Paulskirche sehen! – Ich sehe beinahe rings um den Horizont einen dunkelblauen Kreis, worin ich keine Gegenstände mehr unterscheide; diesseits ist alles ein herrlicher Wald von schönem, dunkelgrünem Laube, mit lieblichen Gefilden von lichtem Grün durchwirkt. Zu meinen Füßen windet sich die Themse, ein wasserarmes, seichtes, schmales Flüßchen, über ihre halbtrockenen Kieselbetten hin. Jenseits, umringt von säulenförmigen Ulmengruppen, liegt das Gothische, klösterliche Eton, in dessen finstern Hallen die Blüthe der Brittischen Jugend ihre erste Erziehung erhält. Welch eine Erziehung! – Ist es möglich, daß dieses eiserne Joch von freigebornen Kindern getragen wird? Ich meine nicht das Joch des Unterrichts und der Disciplin; beide, so unzweckmäßig sie sind, so mechanisch sie den Menschen machen, lassen noch die Möglichkeit eines unbefleckten Charakters übrig. Nein, ich denke an die entsetzliche Tyrannei, welche die älteren Buben hier über die späteren Ankömmlinge ausübten. Dadurch gerathen sie unwiederbringlich in einen Abgrund von Niederträchtigkeit, aus welchem sie nur, vermöge eines günstigen Schicksals, sich zu tugendhaften Männern entwickeln; oder sie müssen ungewöhnlich reiche Anlage hineinbringen, um beim Selbstdenken zu edlen, großen Vorstellungen zu kommen. – – Wohin gerathe ich? – Windsors hohe Thürme liegen unter mir, und streben umsonst zu gleicher Höhe mit diesem, auf welchem ich stehe, hinan. Die Privatwohnung des königlichen Paars (Queen's Lodge) mit dem Nebengebäude, welches den zahlreichen Sprößlingen ihres gesegneten Ehebettes gewidmet ist (Royal Nursery), einfach und rein auf seinen Rasenplätzen, steht zwischen mir und dem dunklen Park, der sich über den nahen Hügel hinwegzieht. Hier senkt sich das kleine, nette Städtchen Windsor am Rücken des Hügels gegen die Themse hinab; und alles, alles lacht, grünt und lebt um mich her.

Etwa hundert Stufen tiefer kam ich auf die Terrasse des Schlosses. Eine auf dem Hügel erbauete Mauer läuft weit über den fernen Horizont hinaus; die ganze Gegend liegt unter mir und ihr, und neben dem schönen breiten Gange steigen nun die hohen Mauern des Schlosses, wie ein Feenpallast, in die Lüfte.

Die Zimmer

Das Bett der Königin ist schön mit Blumen gestickt. Eben so schöne und noch schönere Blumenstickerei sieht man auf dem Thron im Drawing-room.

Die alten Zimmer enthalten allerlei Gemälde von wenig Werth. Die zwei neuen Zimmer sind sehr geschmacklos bunt. Wests Gemälde bleiben weit unter meiner Erwartung. Nur zwei sind groß: die Schlachten von Crecy und Poitiers; beide stellen den Zeitpunkt nach geendigter Schlacht vor. Sie haben hölzerne Pferde, und überhaupt eine gewisse Steifigkeit, einen gänzlichen Mangel an Haltung. Die Stiftung des Ordens ist auch ein großes Gemälde. Es sind einige schöne Weiber in dem Gefolge der Königin; allein das Ganze sieht aus, als hätte der Künstler, um die Costümen der Zeit anzubringen, eine Menge Manequins gemalt. –

Die übrigen Stücke sind klein. Die Schlacht bei Nevils-croß finde ich schlecht erzählt. Das Pferd der Königin bäumt sich so, daß sie wahrscheinlich, anstatt so kerzengrade zu sitzen, herunter gefallen wäre. Und ein Pferd ist es – daß Gott erbarme! Hinter der Königin sieht man den Bischof zu Pferde im Harnisch. Es giebt keine heterogenere Figur in der moralischen so wohl als in der physischen Welt.

Die St. Georgs-Kapelle ist sehr schön. Prächtige Fascikel von Gothischen Pfeilern schießen auf in einer langen unabsehlichen Reihe, und breiten oben ihre Arme umher, dem schönen Gewölbe zur Stütze. Alles ist neu aufgeputzt; die ganze Kapelle neu gepflastert; auch die Orgel neu. – West hat sich am Altar übertroffen. Es ist unstreitig das Schönste, was er je malte. Sein Christus hat Leben, Geist und Ausdruck;

großer Adel, hoher Schwung, kühner Enthusiasmus und erhabene Ruhe liegen in diesem Kopfe. Johannes ist ein vollkommen glücklicher Schwärmer, in der Demuth und Hingebung; Judas ein Meisterstück von Größe und Kraft, bei seiner Bosheit: schön gedacht; edel mußte er seyn, wenn gleich nicht rein. – Die übrigen interessiren weniger.

Darüber, nach Wests Zeichnung, das Fenster von Jarvis gemalt, die Auferstehung: ein weit größeres Werk, was die Dimensionen betrifft; nur nicht so einfach in Gedanken und Größe des Dichters, als jenes, – doch immer mit vieler Besonnenheit gemalt. Man sieht, daß diese Gegenstände fähiger sind, diesen Künstler zu begeistern, als profane Geschichte. Seine Liebe für den König, sein vertrauter Umgang mit ihm, seine eigene Neigung vielleicht – und was sonst alles konnte zusammen wirken, um ihn für diese Scenen zu begeistern, und seinen Vorstellungen ungewöhnliche Energie zu verleihen! In der Flämischen Schule sucht man umsonst nach dem Edeln dieses Altarblattes. Es schadet ihm indeß, wenn man in eben jenen Zimmern, die ich vorhin erwähnte, die hohe Einfalt von Raphaels Cartons bewundert hat. Ich mag diese Bilder nicht; sie sind in Absicht des Gegenstandes zum Theil widrig, wie der Tod des Ananias, wo Petrus wirklich etwas vom Giftmischer hat, und der andere mit dem Finger drohende Apostel etwas vom gemeinen Pfaffen, – weil allerdings die Sache ziemlich pfäffisch ist – ferner die Heilung der Blinden und Lahmen im Tempel, von deren ekelhaften Gestalten ich noch jedesmal, so oft ich diese Cartons (nun zum drittenmal, und im Kupfer noch öfter) betrachte, den Kopf abwenden mußte. – Ich sage: ich mag sie nicht; allein ich bewundere sie wegen einer Kraft, die kein anderer Künstler erreicht. Paulus, dem die Griechen in Klein-Asien opfern, ist aber auch ein schönes Bild; und Paulus, der den Athenern vom unbekannten Gotte predigt, ist eine göttliche Figur. – Der Fischzug gehört zu den minder edlen. –

2. Slough. (Herschels Teleskop)

Das Herschelsche Teleskop sieht man von weitem, wenn man hierher kommt; denn das Gestell ist wenigstens so hoch, als der Tubus lang ist, also 40 Fuß. Balken streben gegen Balken in entgegengesetzter Richtung; und zwischen ihren Fugen bewegt sich das Seherohr, dessen

Durchmesser 4 Fuß 10 Zoll beträgt, von der wagrechten in die senkrechte Lage mit der Leichtigkeit, daß ein einziger Arm es heben und richten kann. Man hat Musik in dem Teleskop gemacht.

Das ganze Gestell liegt auf einigen Kreisen von Steinplatten, und rollt, vermittelst angebrachter Walzen, darüber hin.

Zwischen den Balken hängt noch zu jeder Seite des Rohrs ein hölzernes Haus. Eins heißt: the Observatory; hier sitzt Miß Herschel, und schreibt die Beobachtungen ihres Bruders auf. Das andere, the Workhouse, ist der Aufenthalt des Bedienten, der die Bewegung des Instruments verrichtet, und dazu, vermittelst eines 40 Fuß langen Sprachrohrs, von seinem vor der Öffnung des Tubus sitzenden Herrn die jedesmaligen Befehle erhält. Eine Gallerie ist vorn vor dieser Öffnung angebracht, und auf derselben ein Sitz für den Astronomen, welcher nun zu unterst an der obern Öffnung des Seherohrs mit seinem Okularglase die Gegenstände, die sich 40 Fuß tiefer in dem großen Hohlspiegel zeigen, wieder auffaßt und beobachtet. Die Gallerie mit dem Sitze des Beobachters wird durch einen leichten Mechanismus wagerecht erhalten.

Dies ganze Werk nun, welches mit den zwei Häuschen, den Balken, und der Vorrichtung, um es den ganzen Kreis des Horizonts beschreiben zu lassen, gegen 60000 Pfund wiegt, drehet ein Mensch, ein schwächliches Frauenzimmer sogar, mit einer Hand. Eine Scheibe mit Gradabtheilungen bestimmt dem Aufwärter, wie er alles stellen soll; ein Quadrant, unten am Rohr befestigt, und mit seiner Wasserwage versehen, mißt die Grade der Höhe über dem Horizont; Gegengewichte von Blei verursachen, daß in jeder Höhe das Instrument gleich leicht bewegt werden kann.

Der große Metallspiegel hat 4 Fuß 2 Zoll im Durchmesser, und wiegt über 2000 Pfund. Er ist in der Röhre mit einer Blechkappe bedeckt, welche abgenommen, und hierauf der Spiegel selbst mit Hülfe eines Krahns ausgehoben werden kann, um von neuem geputzt und polirt zu werden. Der vorige, dessen Politur ich sah, ist nicht zerbrochen, sondern nur nicht concav genug geschliffen: (ein Fehler, dem man noch abhelfen könnte) er war aber nicht so schwer.

Es ist zum Erstaunen, welche Kunst und wie viel Genie in den Erfindungen liegt, die Bewegungen des Instruments nicht nur möglich, sondern auch leicht zu machen, und wie glücklich der vortreffliche Erfinder alle Schwierigkeiten überwunden hat. Was man bei einem gewöhnlichen Instrumente mit eigner Hand bei dem Beobachten leicht verrichten kann, das hält hier so schwer, daß man daran beinahe verzweifeln möchte, wenn nicht Herschels mechanisches Genie so reich an Hülfsmitteln wäre. Man glaubt, am Rande eines Zauberkreises zu stehen, wenn man den Kieselgang an dem Cirkel von Stein betritt, und die Walzen sieht, auf denen sich von einer schwachen Hand 60000 Pfund umschwingen lassen! Der Tubus selbst ist ganz mit Eisenblech überzogen, eisengrau mit Ölfarbe angestrichen.

Bei kleinen Teleskopen hat man die Vorrichtung oft gemacht, daß das ganze Dach des Observatoriums, wo sie stehen (wie ich bei dem kleinen Instrument in Oxford bemerkte), umgedrehet werden kann, wodurch es denn möglich wird, in allen Gegenden des Himmels, durch die im Dache befindliche Öffnung zu beobachten. Allein ein Haus zu bauen, das ein Instrument von 40 Fuß Höhe in sich faßte, und Raum für dessen Beweglichkeit gäbe, wäre nicht leicht thunlich gewesen. Wie geschickt hat der Künstler nicht dieser Unbequemlichkeit abzuhelfen gewußt, indem er auf dem Gestelle des Instruments selbst die nöthigen Zimmer zur Beobachterswerkstatt anbrachte! Er konnte nicht das Haus über dem Instrument bewegen; wohlan! so versetzte er es auf das Instrument en miniature, und schob es mit demselben herum.

Große eiserne Barren liegen am Ende der Röhre unter dem Obiektivspiegel oder Reflektor; und hier bewegt sich auch der Tubus auf einer dicken eisernen Achse, die an jedem Ende auf einer kleinen Walze ruht. Vermöge der eigenthümlichen Bewegung, welche der Beobachter diesen Walzen mittheilen kann, ist er im Stande, ohne das Teleskop selbst durch den größeren Mechanismus fortrücken zu lassen, dem Rohr eine kleine Bewegung seitwärts oder aufwärts mitzutheilen, vermöge deren er ein Objekt vier bis fünf Minuten verfolgen kann, ehe er das Rohr stellen läßt. Dieser Vortheil ist von unbeschreiblicher Wichtigkeit bei dem Beobachten; denn das Stellen unterbricht jedesmal die Beobachtung, hingegen diese kleine unmerkliche Veränderung der Richtung hindert nicht, daß man fort betrachte.

Das zwanzigfüßige Teleskop ward früher als das vierzigfüßige aufgerichtet; und da es dieselbe Vorrichtung, nur im Kleinen, erheischte, so gab es dem Erfinder die Abänderungen und Zusätze zu dem Mechanismus des großen an die Hand. Ein zehnfüßiges, welches wir ebenfalls sahen, soll sehr scharf die Objekte darstellen. Ein ganz kleines drittehalbfüßiges, womit Miß Herschel neulich den Kometen entdeckte, ist sehr portativ; sie trägt es bald hier-, bald dorthin mit sich herum, auf den Boden, in den Garten, – und nennt es her little Sweeper, weil sie damit den Himmel kehrt. Herschel nennt seine Schwester: His little Comet-catcher. – Dr. Herschel macht noch immer dergleichen Teleskope, unter andern jetzt ein siebenfüßiges für den Herzog von Orleans. – Er läßt jetzt vermöge eines Mechanismus das Schleifen des Spiegels von zwei Arbeitern verrichten, wozu er sonst zwanzig brauchte. So simplificiren sich nach und nach die schwersten Operationen! Er kann mit dem großen Teleskop nicht in den Mond sehen, weil dieser ihn blendet, und fast eben so wie die Sonne Flimmern vor den Augen verursacht. Schon im zwanzigfüßigen ist der Mond sehr blendend, und länger als eilf Minuten hält man es nicht aus. Saturns Ring bleibt schon im zwanzigfüßigen immer sichtbar.

Die Bewegung des Teleskops geschieht auf dem Durchmesser des Gestells, in gerader Linie, dergestalt, daß es bei einem kleinen Winkel, den es mit dem Horizonte macht, mit seiner Achse nahe an der Peripherie des Gestelles liegt, hingegen dem Centro näher rückt, so wie es sich in die Höhe richtet.

3. Richmond

Richmond – fürwahr ein reicher Hügel! von dessen Höhe, über dieses Gärtchen mit weißen und rothen Rosen, mit Nelken überschüttet, und von weißem Geländer zierlich eingefaßt, das Auge hinunter streift durch das wilde blühende Rosen- und Holundergebüsch; dann längs den hohen Wänden von schlanken tausendförmigen Ulmen die abgemäheten Wiesen, die duftenden Heukegel besucht, und zwischen den mit Laub umwundenen Stämmen die halbversteckten Wohnungen erblickt, von deren Dächern über die dunkeln Wipfel der bläuliche Rauch hindampft. Höher jetzt und dichter, mit immer üppigerem Schatten, reihen sich die Bäume mit mannichfaltigem Grün, daß zwischen ihnen die fernen Wiesen kaum wie zarte Linien erscheinen. Und vor dem ganzen Hügel rechts her windet sich die Themse mit ihren Inseln, und hier und dort einem segelnden Kahn zwischen grasreichen Weiden, hinab nach Pope's Häuschen, Twickenham; und an ihren grünen Ufern, auf hervorspringenden Landspitzen, sehe ich durch die glatten reinen Stämme der rund bewipfelten Baumgruppen hin auf den smaragdfarbigen Sammetteppich, an dessen Rande sich aus dem Gesträuch in mancherlei Lagen und Gestalten die Hütten und Palläste glücklicher Bewohner – solcher, meine ich, die glücklich seyn könnten – erheben. Dann verliert sich das Auge in unabsehlichen Schatten und Reihen über Reihen von palmenähnlichen Ulmen, bis an den heiligen Kreis, wo die blauumnebelten Hügel den Horizont begränzen. – Daß es auch eben ein grauer Tag seyn muß, der mich in dieses Reichthums Fülle nicht vollkommen schwelgen läßt! Blickte wenigstens nur verstohlen die Sonne aus den Wolken, liebäugelte mit diesem Wasserspiegel, beleuchtete in blendendem Glanze diese jenseits der Themse so schön sich ausbreitende Ebene mit ihren Bäumen und Heerden, und zöge dann die dunkeln Schlagschatten über den Saum der glühenden Landschaft! – –

III. Reise in das Innere von England

1. Weg nach Birmingham

Der Weg von London nach Bath wird am häufigsten besucht; daher ist er allmählich mit vielen Häusern von netter Bauart besetzt worden. Mehrere fanden hier Nahrung, baueten und meublirten sich niedlich; andere ahmten nach, bekamen Geschmack an Gärtnerei, an zierlichem Ameublement u.s.w.

Bath ist eine artige Stadt, und ganz von Kalk (Free-stone) gebauet. Aspler-stone, eine kompakte Art, kann mit einer Axt gebrochen werden, härtet sich aber in der Luft. Er wird von 20 bis 30 Meilen hergeschafft; der gemeine Free-stone findet sich auf der Stelle, wie auch Backsteinthon. Der Sandstein (bläuliche), der zu Platten für die Fußbänke gebraucht wird, bricht unter dem Kalk (Free-stone), einem wahrem Hammit oder Rogenstein. Er ist sehr hart und kompakt; doch läßt sich das Korn erkennen. Im Hammit sind hier und da sehr schmale Spatklüfte, etwa 1/4 Zoll breit. Die Bauleute unterscheiden sehr die verschiedenen Arten nach Dichtigkeit und Zusammenhang, wo der Mineralog nur geringe Varietät sieht.

Der Luxus ist in Bath so groß, als in London. Man rechnet 800 neu erbauete Häuser, und Häuser, an denen noch gebauet wird. Man lebt hier übrigens bloß für Ergötzlichkeiten, nicht für Politik.

Miß Pulteney, eine Dame von zwanzig tausend Pfund Einkünften, hat eine große Besitzung, Laura-place, welche jetzt bebauet wird. Das Erdreich fing an nachzusinken von dem Absturze des Berges; daher bauet man jetzt mit Faschinen, rammt Pfähle ein, u.s.w., um zu verhindern, daß die Häuser nicht in Gefahr kommen.

Der Weg von Bath nach Bristol ist hügeliger, als der bisherige. Wir fanden an einem Orte in der Mauer eines Hauses große cornua Ammonis befestigt.

Bristol ist ein häßlicher, schmutziger, schlecht gebaueter Ort; hat aber eine sehr schöne Lage an der Avon. Längs diesem Flusse laufen die Quays eine ziemliche Strecke hinabwärts; und hier liegen die kleinen Fahrzeuge, deren jedoch keine große Anzahl vorhanden zu seyn scheint. Hier sind auch die Werfte, wo neue Schiffe erbauet, und alte ausgebessert werden. Unter andern sah ich hier einen so genannten dry Dock. Vermittelst einer Schleuse wird bei der Fluth das auszubessernde Schiff hineingelassen; dann läßt man das Wasser ablaufen, und schließt die Schleuse, so daß das Schiff auf dem Trockenen bleibt, und die Zimmerleute überall bequem beikommen können. Die Seiten dieses Bassins sind stufenweis ausgearbeitet, so daß man von einer Stufe zur andern bis auf den Boden hinab kommen kann.

Die Ebbe steigt und fällt hier in der Avon sehr ansehnlich, ob sie gleich erst mehrere Englische Meilen unterhalb der Stadt ihre Mündung in den großen Severnfluß hat. Dort gehört die Fluth zu den stärksten, die es in der bekannten Welt giebt. – Es ist indeß sehr merkwürdig, daß die weiten Mündungen der Englischen Flüsse mit ihrer inländischen Größe nicht in Verhältniß stehen; denn nur wenige Meilen hinaufwärts sind sie gemeiniglich sehr unbedeutend, so z.B. die Themse bei Maidenhead, die Severn bei Glocester, u.s.f. – Eigentlich kann es also wohl von ihnen heißen: sie ergießen sich in große Meerbusen, die wegen ihrer Tiefe und Weite der Schifffahrt viele Bequemlichkeiten verschaffen.

Der Handel von Bristol ist bekanntlich seit einigen Jahren sehr in Abnahme gerathen, fast in dem Verhältnisse, wie der von Liverpool gestiegen ist. Die Ursachen dieses Verfalles liegen tiefer, als daß ich sie hier entwickeln könnte. Vielleicht gehört die unbequeme Einfahrt in die Rhede, Kings road, vielleicht auch die Emancipation von Irland unter die wesentlichsten.

Wir übernachteten im white Lion, einem elenden Wirthshause, wo wir indeß doch eine Bristolsche Zeitung im Kaffeezimmer fanden, wie denn nicht bloß diese, dem Range nach zweite oder dritte Handelsstadt in England, sondern beinahe jedes kleine Landstädtchen mit dieser Bequemlichkeit versehen ist.

Den andern Morgen (8. Jun.) mußten wir schon um halb vier Uhr heraus und um vier Uhr ging der Postwagen nach Birmingham durch das schöne *Glocestershire* ab. – Einige Meilen von Bristol, in der Gegend von Stone, auf einer Anhöhe, zeigte sich uns plötzlich der ganze schöne lang ausgestreckte Meerbusen des Severnstroms, der Somerset und Glocestershire von dem Fürstenthum Wales trennt. Dieser Prospekt ist einer der reichsten in der Welt; und wäre es nicht trübe auf den Hügeln und am Horizont gewesen, so müßten wir hier einen Anblick ohne seines Gleichen gehabt haben: denn schon bei allem Nachtheiligen des bewölkten, halb in Nebel geschleierten Morgens entzückte er uns. Der Busen der Severn lag mehrere Deutsche Meilen lang, so weit das Auge reichte, vor uns da, und dehnte sich immer mehr aus, wie er sich dem Ocean nahte. Die Berge von Wales hüllten ihre Gipfel in die Wolken; aber die niedere Gegend blieb sichtbar, und auf ihr leuchteten in Sonnenblicken, welche verloren durch die Wolken schlüpften, einzelne Thürme, Landhäuser oder Städtchen. Das Wasser, wo es uns am nächsten war, verlor sich hinter einem schönbewachsenen Hügel, und kam wieder jenseits desselben als ein schöner See zum Vorschein. Der Rhein im Rheingau hat nirgends diese Breite. Diesseits war der Vordersaum eine zauberische mit hellbelaubten Eschen bepflanzte Anhöhe, und ein unendliches Thal, welches sich gegen den Severn hin in eine Ebene verflächte, ausgelegt in köstliche Wiesen, und umzäunt mit lebendigen Hecken, und hoch emporstrebenden Buchen, Ulmen und Eichen. Hätten wir dazu die Verzierung des Lichts und Schattens gehabt, so wäre dies der reitzendste Prospekt gewesen, den ich je gesehen.

Nun kamen wir durch das fette Glocestershire, das wegen seiner Viehzucht und wegen seiner Käse berühmt ist. Eine Frau aus der hiesigen Gegend, die mit uns reisete, zeigte uns mehrere Bauern von ihrer Bekanntschaft, die an dem Wege wohnten und vier- bis fünfhundert Pfund Sterling an jährlichen Einkünften haben. Sie gehen aber ganz bäurisch gekleidet, folgen ihrem Vieh, und füttern es; ihre Weiber und

Töchter melken und machen Käse. Mancher Bauerhof in dieser Gegend hat siebzig und mehr Kühe, und in einer Familie von zehn Kindern hält man nur Eine Magd. Die Wohnungen der Landleute in dieser Provinz haben ein schlechtes, vernachlässigtes Ansehen, und sind mit ihrem Reichthum in keinem Verhältniß. Mir ist es wahrscheinlich, daß Menschen, die sich beständig mit der Viehzucht beschäftigen, für die Annehmlichkeit einer netten, reinlichen, zierlich möblirten Wohnung wenig Sinn haben können, weil sie bei ihrer unreinlichen Beschäftigung theils nicht darauf verfallen, theils auch, wenn sie alle Bequemlichkeit hätten, sie nicht genießen, ihrer nicht froh werden könnten, ohne ihr Gewerbe zu vernachlässigen, und solchergestalt in eine Lebensart überzugehen, die von ihrer jetzigen Sparsamkeit das Widerspiel wäre. Wo es einmal Sitte geworden ist, den Vorzug eines Individuums vor dem andern in der Zahl seiner Heerden zu suchen, da wird nicht mehr der Endzweck, *weshalb* man überhaupt Viehzucht treibt, nämlich froher bequemer Genuß des Lebens, im Auge behalten, sondern das Mittel wird Zweck, und das Leben ist mehr nicht als ein emsiges Bemühen, durch frühe und späte Anstrengung und karge Frugalität, jeden Sohn und jede Tochter mit einer eben so großen Habe auszustatten, als der Hausvater ursprünglich hatte. Mich dünkt, diese Stimmung muß den Kreis der Ideen verengen, muß für den Kopf und das Gefühl nachtheilig wirken, und, wo nicht geradezu eine unmoralische Engherzigkeit, doch eine üble Einseitigkeit im Denken zuwege bringen, die vielleicht auch hier wirklich sichtbar genug ist. Ihr kann man es zuschreiben, daß der Anbau dieser schönen, reichen Provinz so sehr vernachlässigt wird; daß über das Bestreben reicher zu werden, der Landmann die Vortheile einer neuen, weisen, einträglichern Methode nicht einsehen will, lieber bei seinem alten Herkommen hartnäckig bleibt, und es ja nicht wagt, sein Vieh anders als er es bisher gewohnt war, zu füttern, aus Furcht, der Käse möchte schlechter ausfallen, oder was der albernen Einwendungen mehr sind. Wir sahen hier das schönste Rindvieh von der Welt bis an den Bauch in Blumen auf der Weide gehen, so daß einem Deutschen Ökonomen, wie z.B. dem Edlen Herrn vom Kleefelde, das Herz über diese Verschwendung der Grundstücke geblutet hätte. Bald möchte man glauben, daß auf dieser Insel alles, auch selbst das Vieh, im Genusse schwelgen soll; denn sicherlich könnte man, bei einer zweckmäßig eingerichteten Stallfütterung, von dem Ertrage derselben Oberfläche zwanzigmal so viel Kühe und Schafe ernähren, und der Landmann folglich zwanzigmal reicher seyn, als er ist.

Mir scheint indeß in dieser Unvollkommenheit der Englischen Landwirthschaft eine sehr glückliche Aussicht für die Zukunft zu liegen. Der Umlauf der Begriffe ist zu stark in diesem Lande, und die ökonomischen Schriftsteller schreien schon seit funfzig Jahren zu laut über die Vorurtheile, welche noch in diesem Fache der Englischen Staatswirthschaft obwalten, als daß man nicht, sobald die Veranlassung näher gelegt wird, auch hier eine Veränderung treffen sollte. Es kommt sicherlich ein Zeitpunkt, wo man den Ackerbau und die Viehzucht nach den Regeln einer gesunden Theorie einrichten, und in ein gehöriges Gleichgewicht mit den Kräften der Natur in diesem Lande bringen wird. Alsdann – welch eine glückliche Aussicht für England! – alsdann, wenn sein auswärtiger Handel (der, nach dem unabänderlichen Laufe der Dinge, einmal abnehmen und in mehrere Hände vertheilt werden muß), den Manufakturen keinen Absatz mehr darbietet, – alsdann wird der Reichthum des Landmannes und die Anzahl seiner Produkte in dem Maße zugenommen haben, daß er die Fabrikwaaren in einem ungleich größeren Verhältnisse verbraucht, und England wird in sich selbst, in seiner eignen Unabhängigkeit, schöner aufblühen, als es mit Hülfe seiner allumfassenden Schifffahrt und seines auswärtigen Debits je blühte!

Die Wiesen in Glocestershire sind für das Auge schön, was auch der Landwirth daran tadeln mag. Einen üppigeren Graswuchs wird man nirgends sehen: nirgends so schöne Abwechselung und Mannigfaltigkeit der Lagen, der Gestalt der Felder, und der hohen, prachtvollen Bäume, die sich um jedes Feld, mit lebendigen Hecken verbunden, erheben. Hügel und Thal sind mit dem anmuthigsten Grün bekleidet, und man fährt zwischen zwei Gebirgsreihen, der einen links jenseits der Severn, der andern rechts in Worcestershire; beide so schön und reich, als möglich. *Glocester* selbst ist ein ärmlicher, unansehnlicher Ort. – *Tewksbury,* das Vaterland des besten Englischen Senfs, ist, dem äußeren Ansehen nach, schon etwas besser, und *Worcester* ein sehr nettes Landstädtchen. Die Gothischen alten Kirchen in diesen Städten sehen sich sehr ähnlich; es sind lange einfache Gebäude, aus deren Mitte sich ein viereckiger, Gothisch verzierter Thurm erhebt. Das Landvolk spricht in diesen Gegenden einen groben, indeß noch ziemlich verständlichen Dialekt, und scheint mir etwas bäurischer, als auf der westlichen Route und um London zu seyn. Auch herrschte in den Physiognomieen weniger Schönheit, weniger Phantasie; besonders dünkte mich der Mangel bei dem andern Geschlechte auffallend sichtbar.

Nachdem wir in Worcester zu Mittage gegessen hatten, kamen wir durch *Droitwich* (wo beträchtliche Salzpfannen sind) nach *Bromsgrow,* einem niedlichen Landstädtchen, und von da über einen hohen Bergrücken, mit einer unabsehbaren öden Gemeintrift, – in Warwickshire und nach *Birmingham.* Diesen letzten Theil der Reise, von Droitwich an, hatten wir ein junges Frauenzimmer zur Gefährtin, deren Anzug keine gemeine Herkunft, wenigstens keinen Mangel verrieth, und die uns den Wagen mit Wohlgerüchen aller Art erfüllte. Sie war nicht uneben gebildet, und nicht kokett, aber mit einer vornehmen Anmaßung reichlich begabt, die nur durch ihre Liebe zur Konversation ein wenig gezügelt werden konnte. Ich war boshaft genug, so bald ich es merkte, mit meinen Worten äußerst sparsam zu seyn, ohne ins Unhöfliche zu verfallen; und diese Sprödigkeit gelang so gut, daß die schöne Dame wirklich ihr pretiöses Wesen um vieles herunter stimmte, und ihre Reisegesellschafter wohl beinahe für Geschöpfe von gleicher Natur mit sich selbst gelten ließ. Es zeigte sich, daß sie wirklich sehr wohl erzogen war, sehr viele Kenntnisse besaß, und ihre Wißbegierde auf nützliche Gegenstände gerichtet hatte. Wunderbar, daß bei solchen Vorzügen ein so lächerlicher Stolz sich in ihren Charakter mischen, und ihr einen kalten Egoismus eingießen konnte, der die Menschen von ihr entfernen mußte! Ich kann mir die Entstehung desselben indeß leicht erklären. Wenige Menschen wissen sich selbst Würde zu geben, ohne den Anstrich von Kälte und Geringschätzung gegen Andere zu bekommen; und in seiner Würde muß ja das Englische Frauenzimmer sich behaupten, wenn es auch darüber in die unerträglichste Prüderie verfallen sollte. Unser Dämchen nahm ihren Hut ab, warf ihn mit *Würde,* oder doch mit dem Etwas, das hier Würde vorstellen sollte, vor sich hin auf den Sitz, schüttelte ihre blonden Locken um sich her, daß sie, wie Jupiters Haar, die Atmosphäre mit Ambraduft erfüllten, und spielte mit dem Kutschfenster, welches sie ohne Unterlaß bald aufzog, bald niederließ, um ihre Alleinherrschaft im Wagen, die ihr niemand streitig machte, zu behaupten. Dann sprach sie von Bath, und versicherte: es sei, ohne gute Gesellschaft, der langweiligste Ort von der Welt; und im Sommer könne man es dort gar nicht aushalten.

Sie pries hierauf das Wetter, und den Weg als zum Reiten vortrefflich, weil es ein wenig geregnet und der Staub sich gelegt hatte. Reiten mußte bekanntlich ein so vornehmes Frauenzimmer! Einen jungen Menschen, der ihr Begleiter war, entdeckten wir erst bei dem Absteigen in Birmingham. Er hatte draußen auf der Kutsche gesessen, kam aber jetzt zu uns ins Zimmer, und trank mit seiner Schönen und uns einen Thee, worauf wir Abschied nahmen, und sie sich zu ihren Verwandten führen ließ.

Birmingham kündigt sich nicht sehr vortheilhaft an. Es wimmelte zwar von Menschen auf den Straßen; allein sie sahen alle so ungewaschen und zerlumpt aus, daß wir wohl merkten, wir kämen in eine große Fabrikenstadt. Die Straßen in einigen Quartieren der Stadt sind enge, kothig, und mit elenden Häusern bebauet, die den armen Handwerkern und Tagelöhnern zum Aufenthalte dienen. Mitten in der Stadt sieht man indeß ansehnlichere Häuser und schönere Straßen; unter andern giebt es hier, wie in andern Städten Englands, vortreffliche Wirthshäuser. Ich bemerkte insbesondere die Shakspear-Tavern, ein stattliches Gebäude, wo äußere und innere Eleganz vereinigt sind. Indeß fiel sie mir nicht so wohl wegen dieser Eleganz, als wegen ihrer Benennung auf. Wie schön, und in welchem vortheilhaften Lichte, erscheint nicht die allgemeine Kultur in diesem Lande selbst darin, daß die großen Männer, die es hervorgebracht hat, auf diese Art mit den Helden in eine Klasse gesetzt werden! Wann wird man es sich wohl in Deutschland einfallen lassen, einen Gasthof anzulegen, mit Lessings, Göthens, Schillers, Wielands Kopfe zum Schilde? – Dies ist gewiß keine so gleichgültige Sache, wie man denkt. Der Genius eines Volkes zeigt sich auch in diesen Dingen. Die Phantasie der Holländer erhebt sich nicht leicht über den Gaaper (Maulaffen): ein Lieblingsschild, das man auf allen Straßen sieht, und das einen Kopf mit schrecklich weit aufgerissenem Maule vorstellt. Das gekrönte Butterfaß ('t gekroonte botervat) und das goldene ABC sind ebenfalls Beweise von Holländischer Erfindungskraft. In England sieht man Pope und Dryden, Ben Johnson, Shakspeare, u.s.f.

2. Birmingham und Soho

Birmingham am Rea liegt unter 52° 33' N.B., hundert sechzig Meilen von London, fast in der Mitte von England, zwischen Lichfield, Coventry und Worcester. Ungeachtet des Kohlendampfes und der metallischen Ausdünstungen, ist Birmingham, selbst nach den Aussprüchen des unglückweissagenden Doktors Price, eine der gesundesten Städte in England, da es einen trockenen Boden hat, und auf Hügeln liegt, die vom Winde bestrichen werden. Dabei sind die Arbeiter nicht so zusammen gedrängt, wie in einigen Deutschen Manufakturstädten, zum Beispiel Aachen, Berlin und Schmalkalden, wo einer dem andern die Luft vergiftet. Vor 1676 war Birmingham noch keine Market town, während daß Wolverhampton längst dieses Privilegiums genoß. Im Jahre 1690 hatte es, nach der Anzahl der Gestorbenen und Gebornen zu rechnen, kaum viertausend Einwohner; 1778 waren, nach Thom. Hanson, schon siebentausend zweihundert Häuser, und zwei und vierzigtausend fünfhundert und funfzig Einwohner. 1789 zählte man gar sechzigtausend Einwohner und eilftausend Häuser. Also hat die Bevölkerung in einem Jahrhundert funfzehnmal zugenommen. Birmingham hatte vor dem Jahre 1690 allerdings schon Manufakturen, aber nur in groben Eisenarbeiten, Nägeln u.d.gl. Gleich nach der Revolution stieg die Industrie. Es wurden Gewehrfabriken angelegt. Die Regierung ließ sich die Waffen für die Armee aus Birmingham liefern, und gab Verbote gegen Französische Metallwaaren. Nun wurden Knöpfe, Schnallen, Uhrketten u.s.w. in England selbst verfertigt. Birmingham und London wetteiferten in der Fabrikation derselben. Aber die Hauptstadt, in der das Geld immer wohlfeiler, und der Arbeitslohn immer theurer wurde, mußte bald weichen. In der Mitte dieses Jahrhunderts war noch kein Kaufmann in Birmingham, der direkte Verbindung mit dem Auslande hatte. Die Londoner Negozianten trieben den commerce d'entrepôt mit Birminghamer Fabrikaten. Jetzt verschreiben Russische und Spanische Kaufleute ihre Bedürfnisse unmittelbar aus Birmingham. Bequemere Ausfuhr durch Verbindung schiffbarer Kanäle und Flüsse, ist für keine Art der Manufakturen so nothwendig, als für Metallfabriken, die eine Menge Brennmaterialien, und schwere, rohe, unverarbeitete Waaren bedürfen ... Birmingham hat seit 1768 eine bequeme Ausfuhr nach allen Meeren, welche die Insel umfließen.

Die Steinkohlen sind seit dem Abzuge des Old Canal (1786) nach den Kohlengruben von Wednesbury beinahe um die Hälfte wohlfeiler geworden. Gegenwärtig (1790) kosten 112 Pfund nur 5 Penny. Die Kohlenschiffe sind ungemein lang und schmal, die Kohlen selbst mürbe und stark mit Adern von Schwefelkies durchzogen. Die neu eröffnete Schifffahrt von Wednesbury nach London hat auch Gelegenheit zu einem Absatze jener Steinkohlen nach der Hauptstadt gegeben, wodurch die Newcastler gezwungen sind, ihren Kohlenpreis zu erniedrigen. (Zu einem ähnlichen Zwecke schlug der Berlinische Minister Heinitz einen Kanal im Forste Schweidnitz vor, um den großen Manufakturen eine wohlfeilere Feuerung zu verschaffen). Der Old Canal wurde 1772 bis Autherley verlängert, wodurch eine Verbindung mit der Savern, nach Shrewsbury, Glocester und Bristol, und mit der Trent nach Gainsborough, Hull und London, entstanden ist. Ein Arm dieses verlängerten Kanals führt auch in die Grand Line, die durch Staffordshire fließt, und nach Manchester und Liverpool geht. England hat den natürlichen Vorzug, daß nicht etwa, wie in Deutschland und selbst in Schottland, die Abdachung nach einer Seite geht, sondern daß es in der Mitte der Insel (Derbyshire) am höchsten (nach Bilkington, ungefähr 1500 bis 2500 Fuß über die Meeresfläche) erhoben ist. Daher laufen die Englischen Flüsse nach allen Weltgegenden aus. Die Kunst brauchte diese Ströme nur unter sich zu verbinden, um England auch von innen schiffbarer als alle anderen Europäischen Staaten zu machen.

Noch scheint eine direktere Schifffahrt nach London zu fehlen; aber auch dieser Mangel wird durch den new Canal ersetzt, der durch Tazely, Fishenwik, Tannworth, Polesworth, Atherstone, Nuncaton und Coventry nach Oxford, und von da durch die Themse nach London führt.

Da Birmingham keine chartred privileges hat, so schickt es auch keine Repräsentanten ins Parlament. Daß 60000 Menschen, deren Wohl in so manchen auswärtigen politischen Verhältnissen gegründet ist, und die wiederum einen so wesentlichen Einfluß auf den Reichthum Englands haben – daß diese 60000 keinen Antheil an den öffentlichen Berathschlagungen nehmen dürfen, während daß die armseligen Einwohner von Oldborough über die Herrschaft des Meeres entscheiden: dieses Recht, oder Unrecht, ist weder in dem republikanischen System des Plato, noch in andern klugen Träumereien neuerer Weisen gegründet. Der Fehler einer ungleichen Repräsentation ist der Englischen

Verfassung zu oft vorgeworfen, um ihn hier nochmals zu rügen. Nur die triviale Widerlegung, »daß England sich bei dieser Verfassung bisher wohl befunden habe«, verdient eine ebenso triviale Antwort: daß jedes endliche Gute kein höheres ausschließt, und daß es Unwissenheit verräth, Werke des Zufalls, wie doch alle Regierungsformen der bekannten Welt sind, für vollendete Werke menschlicher Überlegung zu halten. Der Verfasser des present state of Birmingham hält den Mangel der Repräsentation für einen der größten Vorzüge dieser Manufakturstadt, weil die Industrie der Arbeiter nie durch Partheigeist und Elektionen gestört wird. Nach einer gewissen Moral, die in allen Übeln einen Trost findet, mag dieses Raisonnement sehr philosophisch seyn; auch konnte ein Einwohner von Aachen, der Deutsche Zunftideen nach England überträgt, dazu verleitet werden. Wie unbeträchtlich aber im Ganzen diese nach sieben Jahren erst wiederkehrende Störung gegen den schöneren, edleren Gewinn an inneren Kräften ist, das kann nur der fühlen, den eigene Erfahrung gelehrt hat, wie sehr die Arbeit gewisser mechanischen Künste die Seele stumpf läßt; wie streng auch in den freiesten Ländern die Disciplin einer großen Manufaktur ist, und wie sehr der durch stete Nahrungssorgen gedrückte Geist es bedarf, wenigstens periodisch erweckt, auf größere Zwecke geleitet, und des wohlthätigen Gefühls von seinem eigenen Werthe kundig zu werden.

Soho, die kleine Manufakturstadt der Herren Bolton, Watt und Fothergill, liegt eine halbe Englische Meile von Birmingham in einer angenehmen Gegend, die durch Wasser und Hügel durchschnitten ist. Die Gebäude sind nicht prächtig, weniger schön als die Preußischen Seidenmanufakturen an der Oder bei Frankfurt, aber auch nicht so kleinlich als die Frankenthaler. Sie sind solid, geräumig, wohl erleuchtet, und ihrem Zwecke gemäß eingerichtet. An tausend Menschen werden hier beschäftigt, worunter viele Kinder, und zum Polieren auch Weiber sind. Der wöchentliche Gewinn eines gemeinen Arbeiters ist im Durchschnitt ungefähr vierzehn Schilling bis eine Guinee, folglich zwei- bis dreimal so groß als in Deutschland: ein Satz, dessen Nothwendigkeit sich nach der hiesigen Wohlfeilheit des Geldes, und der Theurung der Bedürfnisse gleichsam demonstriren läßt. Das Arbeitslohn muß in den verschiedensten Beschäftigungen der Menschen, sobald sie von keiner besondern Geschicklichkeit abhangen, gleich seyn. So weit ich es berechnen konnte, pflegte es im nördlichen Deutschland ungefähr sieben bis neun Groschen täglich zu betragen. Sobald eine

Art der Arbeit vortheilhafter als die andere wird, so zieht die Hoffnung größeren Gewinnstes mehrere Menschen an, und durch die Concurrenz der Arbeiter fällt unmittelbar darauf der Lohn für die Arbeit. Das ist der natürliche Gang der Dinge. In despotischen Regierungen, wo das Gesetz seinen einzigen Zweck, Hindernisse zu entfernen, verfehlt, und dadurch selbst Hindernisse verursacht, kann ein Zweig der Industrie bisweilen gewinnreicher seyn, als der andere. Aber auch dieser Vorzug ist gewöhnlich nur momentan.

Um sich von den mannichfaltigen Beschäftigungen in Soho einen Begriff zu machen, muß man die Manufakturen als aus zwei fast ganz abgesonderten Theilen bestehend, betrachten. Erstlich die Knopfmacherei. Diese Arbeit ist die einträglichste, und ernährt den größten Theil der Fabrikanten. Das rohe Materiale, das Kupfer, kommt aus Cornwall und aus den neuen unerschöpflichen Kupferwerken der Insel Anglesey. Es wird durch Walzen und Streckwerke zu Lamellen gezogen, und die einzelnen Knöpfe, wie bei Stückelung der Münzen, durch einen mit Schrauben und Schwungeisen niedergedrückten scharfen Stempel ausgeschlagen. Zu dem Glätten des Randes sind einige Menschen bestimmt, welche den ausgeschlagenen Knopf zwischen zwei bewegliche Wellen spannen, und indem sie - - - -

3. Theater in Birmingham

Es ist ein herrliches Ding um ein Theater für Reisende, die den langen Abend an einem fremden Orte, ohne Bekanntschaft, nicht besser hinzubringen wissen. Wir waren hier in diesem Falle; denn um 12 Uhr Mitternacht sollten wir abreisen, und der ganze Abend war noch vor uns. Zum Glück ward heute das Theater hier eröffnet. Ein schönes, mit vieler Zierlichkeit erbauetes Schauspielhaus, verkündigte von außen viel Unterhaltung. Wir gingen hinein, und fanden ein sehr artiges Amphitheater, fast ein wenig zu viel mit Zierathen im Geschmack von Wedgwoods terra cotta beladen, und mit einem scheußlichen Plafond-Gemälde verunziert, wo Terpsichore in einer verzerrten Stellung, mit einem Fuß in den Wolken, tanzte, Thalia auf beiden Knieen, und Melpomene, um sich leichter erstechen zu können, auf dem Rücken lag, ein geschundener Apoll, und eine Pallas Shakespeare's Brustbild en medaillon empor hielten, und ein Schiff, der Himmel weiß woher und zu welcher Absicht, in den Lüften segelte. – Als der Vorhang in die Höhe ging, zählten wir vierzehn Personen im Parterre; doch in der Folge erschienen mehrere, und füllten das Haus noch ziemlich. – Lange vorher hatte sich indeß das Krethi und Plethi auf der Gallerie des Privilegiums seine Ungeduld zu äußern, bedient, und uns hatte der Lärm von einer geringen Anzahl Menschen *lächerlich* geschienen, da der von den Theatern in London nur *widrig* ist. – Die Stücke, womit man debütirte, waren nicht die glänzendsten des Englischen Theaters: *the Country girl* und *the Romp;* jenes ist eine Farce in fünf Akten, dieses in einem Akt. Eine Madam Davis aus Manchester spielte die Rolle des unerzognen Landmädchens mit außerordentlicher Kraft und einer unerschöpflichen Beweglichkeit; sie kam fast nie aus dem Springen und Hüpfen, und ihre Stimme hatte eben so viel Modulation, als ihre Beine und Arme Schwung- und Schnellkraft. Ein wenig chargirt waren ihre Rollen allerdings; allein der Dichter mochte einen Theil der Schuld haben. Von den übrigen Schauspielern mag es hinreichendes Lob seyn, zu sagen, daß sie mich lebhaft an gewisse Truppen in Deutschland erinnerten; zum erstenmal seitdem ich Deutschland verließ!

4. Leasowes

Hoch in den Ulmenwipfeln sauste der Wind, rauh und kühl streifte er an uns vorüber, und die grauen Wolken von vielen Schattirungen jagten sich, stürzten sich schnell über einander her, ließen Sonnenblicke durchfallen, und das Blau des Himmels zeigte sich von Zeit zu Zeit durch zerrissne Öffnungen des Gewölkes. Da umfing uns ein dunkler Schattengang von allerlei Laubwerk. Noch sauste der Wind über uns; aber er berührte uns nicht mehr: wir vernahmen das sanfte Rieseln des Waldbachs, an dem unser Pfad sich hinschlängelte, und stiegen an mancherlei Gebüschen hinab in das Thal, bis wo sich der Bach zu einem stillen Flüßchen sammelte und leise dahin schlich im Gebüsche. Bald, zwischen den überhangenden Zweigen, öffnete es sich in einen stillen Wasserspiegel, dessen Gränze man nicht übersah. – Wenige Schritte brachten uns an den lieblichen See. Hinter uns war ein schöner Grashügel, vorn ein Dorfkirchthurm, und seitwärts blökende Lämmer mit ihren Müttern. Hier stürzte sich ein neues Gewässer ins Becken.

Eine Moosgrotte am Bach, der in unendlichen Kaskaden zwischen dem Gebüsch und grünen Kräutern silbern herabfällt.

Am Sitze steht die Inschrift:

>   GULIELMO SHENSTONE
>   QUI HUJUSCE RURIS AMOENITATES
>   NEC GRATAS OLIM NEC COGNITAS
>   INGENIO SUO INDACAVIT
>   LITTERIS EXORNAVIT
>   MORIBUS COMMENDAVIT
>   SEDEM CUM RIVO
>   DEDICAT
>   E.M.

Und gegenüber auf einer Anhöhe zwischen Taxus und hohen Eichen eine schöne Urne:

>   GENIO LOCI.

Weiter durch einen Kranz von Eichen, Buchen und Weißpappeln wand sich der Pfad hinan um eine Waldwiese, längs den Gränzen dieses Zaubergebiets, längs Hügeln mit Acker, Weide und Schatten gekrönt, bis wir an einen schönen Grashügel kamen, wo, umringt von hohen Fichten ein alter Krug auf einem hölzernen Gestelle steht. – Hier schwebte das Auge hin an die äußerste Gränze des Horizonts, und ruhete zuerst auf den Wrekin, dem fernen Gebirg' im blauen Nebelduft, und zog sich dann näher in die durcheinander kreuzenden Berge und Thäler. Diese zeigten in unbeschreiblicher Mannichfaltigkeit ihre Zierde von hundertfältig schattirtem Grün, und ihre stets abwechselnden Umzäunungen, ihre schönen Formen, ihre Waldungen, ihre hoch emporstrebenden schwarzen Thurmspitzen, ihre weißen von der Sonne beschienenen Kirchthürme, Windmühlen, große weit ausgebreitete, in den Thälern ruhende Dörfer, zerstreuete Wohnungen, und den unnennbaren Reichthum in ewig abgeänderter Schönheit des Wuchses, der Gruppirung und des Laubes emporstrebender Bäume. Näher endlich unter unsern Füßen das ganze liebe Dichterland, und große Hügelrücken prangend mit grünen Saaten, und der Bach, der sich breit um den Hügel windet, von Erlen beschattet, die ihre Zweige in das Wasser senken, und Reihen schlanker, junger, leichtbewipfelter Eichbäume, die den Umkreis in allerlei Richtungen durchschneiden, und blühendes Gebüsch, welches die Wohnung des Eigenthümers halb versteckt.

Einige Schritte weiter öffnet sich eine neue Aussicht. – Ein Sitz in einem Gothischen offenen Kapellchen, zu beiden Seiten mit hohen Eichbäumen, deren Äste sich gatten. Zwischen ihnen geht die Aussicht über eine beschränkte, aber nicht minder schöne Gegend von großem Reichthum.

Bei einer weit ausgebreiteten Wiese, wo man das Wasser im Gebüsche halb versteckt sieht, giebt ein kleines Wäldchen rechts, Lions walk, dichten Schatten. Das Wasser bildet einen Teich, der sich an den Gipfeln unter die Bäume zieht, und von mehreren Seiten kleine rieselnde Zuflüsse aus den Gebüschen erhält. Unter den verflochtenen Wurzeln einer schönen Buchengruppe, an einem moosigen Felsen, läuft ein silbernes Fädchen Wasser, und stürzt sich einige Schuhe tief plätschernd hinab. Über die Wurzeln der Bäume stiegen wir den Hügel hinan. Wie braust der Sturm, wie stürzt der Regen hinab! Kaum schützen uns hier die dichten Buchenschatten. Auf dem Sitze steht:

Hîc latius otia fundit
Speluncae vivique lacus, hîc frigida Tempe
Mugitusque boum mollesque sub arbore somni.

Hilf Himmel, welch ein Guß! Dieser dicht belaubte Gang schützt uns nicht mehr! Dort seh ich ein Sacellum. Wir wollen die Laren um Erlaubniß bitten, an ihrem Herde zu stehen. Es ist Pans Tempel.

Pan primus calamos cera conjungere plures
Edocuit; Pan curat oves, oviumque magistros.

Auf dieser moderndem Bank läßt es sich ruhen und verschnaufen, und den langen, langen geraden Pfad durchsehen, den wir so schnell hierher durchlaufen sind. Hier können wir uns trösten über die plötzliche schneidende Kälte in diesen Irrgängen. Ist es doch, als paßten sich Ort und Wetter und Benennung! Siehe da ein heller Sonnenblick! Wir eilen weiter.

Wir steigen herab an der Gränze, längs Wiesen und Schatten, die sich weit hinter den Wohnhäusern hin ziehen. Plötzlich ein Wald! Ein Pfad windet sich schnell hinab in die jähe Tiefe; unten rauscht kühner und mächtiger der klarste Waldstrom dieses Ortes; ein schäumender Sturz über die dickbemooste Felsenbank aus einer heiligen Grotte mit Epheu bekleidet, mit Stechpalmen umwunden, schleunigt seinen Lauf; und immer wieder stürzt die Welle mit neuer Jugendkraft die Bahn der Zeit sich hinab. Wer ist der Schutzgeist dieser Schatten? wem spielt die Najade? wen verkündigt diese feierliche Stille des Waldes? Ha! ein Obelisk!

> GENIO P. VIRGILII MARONIS
> LAPIS ISTE CUM LUCO
> SACER ESTO.

Und ein Sitz!

> CELEBERRIMO POETAE
> JACOBO THOMSON
> PROPE FONTIS ILLI NON FASTIDITI
> G.S.
> SEDEM HANC ORNAVIT.

> Quae tibi, quae tali reddam pro carmine dona?
> Nam neque me tantum venientis sibilus austri,
> Nec percussa juvant fluctu tam litora, nec quae
> Saxosas inter decurrunt flumina valles

Am Baum:

> Sweed Najad in this crystal wave
> Thy beauteous limbs with freedom lave,
> By friendly shades encompast, fly
> The rude approach of vulgar eye;
> Yet grant the courteous and the kind
> To trace thy footsteps unconfin'd,
> And grant the swain thy charms to see,
> Who formd these friendly shades for thee.
>   R. Dodsley

Diesen wunderschönen Hügel krönt eine Gruppe blühender, dickbelaubter Roßkastanien. Wir müssen uns ihren heiligen Schatten nahen. Wie? diese Schatten verbergen einen Tempel? Umhüllt mit blühendem Geisblatt, umpflanzt mit Kiefern und Tannen, steht hier eine alte Abtei in Gothischem Geschmack, deren Inneres zum Wohnhaus einer alten Dienerschaft eingerichtet ist. Ein Zimmerchen hat der Besitzer für sich. –

5. Hagleypark

Dieser prächtige Landsitz ist jetzt das Eigenthum des Lords Westcote, eines Bruders von dem berühmten Lord George Lyttelton der die Anlage machte. Es hält schwer, ihn mit den lieblichen Leasowes zu vergleichen; denn er ist in einem ganz andern Styl, und mußte es nach seiner Bestimmung, zum Aufenthalt der Dannhirsche, auch seyn. – Hier ist alles festlicher, geputzter, weitläuftiger, als in den Leasowes. Um das Wohnhaus des Lords (Hall) zieht sich ein sammetweicher Grasplatz (Lawn) weit hinauf an den Hügel, hier und dort durch einzelne Gruppen von Buchen mit üppigem Wuchs, von Laube strotzend, verziert. – In der Ferne auf einem hohen mit Gras bedeckten Berge steht ein prächtiger Obelisk, der in der ganzen Gegend sichtbar ist. Die Bäume im Walde stehen weitläuftig gepflanzt, und sind alle vom stolzesten Wuchse; königlich streben sie empor, ragen an den Gehängen der Hügel stufenweis über einander hinaus, und bilden gleichsam Wolken von grünem Laube, welche in unaussprechlicher Fülle über dem grünen Rasen sich thürmen. – Das Gras zwischen ihnen ist so sammetweich, als auf den Wiesen um das Haus, und mit Waldkräutern fast ganz unvermischt: das schönste Futter für die niedlichen Dannhirsche, die hier mit ihrem bunten Fell, ihren muntern Köpfchen, schlanken Körpern und schlankeren schnellen Füßen in Heerden von mehreren Hunderten den Fremden ganz nahe kommen lassen, ehe sie sich in leichten Sprüngen, als flögen sie dahin, von ihm entfernen. – Dieses festliche geputzte Ansehen giebt mir einen Vergleich an die Hand, den ich nicht vergessen will. Die Leasowes fand ich in einem reitzenden Negligé, wie eine Schöne, die ihrer natürlichen Grazie mit kaum merkbarer Kunst Einheit zu geben, und Blick und Gedanken auf sie beständig zurückzuführen weiß. Bei Hagleypark fiel mir der

Herr Ceremonienmeister in Bath wieder ein, der eine stattliche, wohlgewachsene Dame vom Lande in ein schweres Full-dreß Atlaskleid vom schönsten Gewebe und Dessein wohl eingepackt hat, und sie mit aller ihrer Herrlichkeit steif da sitzen und keuchen läßt. – Noch ein anderer Vergleich – denn eine Idee giebt die andere – läßt sich aus der Dichtkunst hernehmen, weil hier doch von Dichtern die Rede ist. Hagleypark ähnelt einer modernen Pindarischen Ode mit ihrer gemessenen Zahl von Strophen, Antistrophen und Epoden, die weiter nichts als diese Abtheilungen und der hochtrabende Gang ihrer Verse zu einem Gedichte machen; die Leasowes sind die schöne ungekünstelte Ergießung des kühnen Dichtergenies in einem glücklichen Augenblick. Jeder Schulmeister in einer Lateinischen Schule weiß ein Recept, nach welchem man eine Ode verfertigen kann; und in der That sind die Ingredienzien, bis auf das Eine, das Genie des Dichters, überall zu haben. Eben so läßt sich von jedem Gärtner lernen, daß zu einem schönen Englischen Park Bäume und blühendes Gebüsch, rieselnde Waldbäche, schlängelnde Pfade, Tempelchen, Moossitze, Inschriften, Denksäulen, Begräbnißurnen, und, so Gott will, auch Ruinen, gehören. Dies alles findet man denn in so manchem Garten in England, wie in so manchem auf dem festen Lande, der im Englischen Geschmacke seyn soll. Allein, daß dies Alles auch ein *Ganzes* bilden sollte, daran wird selten gedacht; weil man sicher glaubt, diese Absicht werde schon durch die Hecke, die das Grundstück vom nachbarlichen Gebiete trennt, vollkommen erreicht. Was ich hier sage, soll dem guten Lord Lyttelton zu keinem Vorwurfe gereichen. Friede sey mit seiner Asche! Nemo dat quod non habet. – Aber jetzt können wir wohl sagen, was uns besser gefällt, so wie er es sich selbst herausnehmen konnte, seinen Freund Alexander Pope den elegantesten, lieblichsten Englischen Dichter, den angenehmsten Lehrer der Weisheit, und wer weiß was alles, zu nennen. – Ich finde in seiner Anlage nicht die Einheit, die einen Zauber durch das Ganze haucht; wohl aber einzelne schöne Partieen, die, wenn sie schicklicher an ihrem Orte wären, wirklich Effekt haben, und entzücken würden. So z.B. ist die Urne zu Pope'ns Andenken die am Pfade steht, schön und in herrlichem Geschmack. Allein warum just dort? fragt man immer, und fragt umsonst. Liegt er etwa dort begraben, oder ward er dort erschlagen? Denn sonst hat die Stelle schlechterdings nichts Auszeichnendes, nichts das auf den elegantissimum dulcissimumque poëtam hindeutete. – Die Grotte des

Eremiten, mit der schönen Stelle aus Milton's Penseroso, sollte in tiefes heiliges Dunkel vergraben seyn, um die Schwermuth zu bezeichnen, die der herrschende Gedanke ist. Statt dessen steht sie an einem Orte, wo man aus dem Park ins freie Feld geht. – Die Inschrift: Omnia vanitas, findet man in einem Häuschen, welches in einer ganz beschränkten Gegend steht. Vielleicht wäre sie an dem schönen Thurm, wo man die halbe Welt überschaut, weit treffender gewesen. – Dieser Thurm ist in der That das Schönste im ganzen Garten. Er ist sehr hoch und auf einer Seite mit Epheu höchst malerisch bekleidet; es hängt mit dicht verflochtenen Zweigen wie ein Pelzmantel daran herab, und übersteigt seine höchsten Zinnen. Oben hat man eine Aussicht, deren Umfang wie ihr Reichthum unermeßlich ist. Die Mawbernhills in Worcestershire, die Blackmountains in Südwales, Radnorthump in Radnorshire, dreißig Englische Meilen entfernt, die Haberleyhills in Worcestershire, die Cleehills und der Wrekin in Shropshire, endlich Dudley und Rowley liegen alle umher; und ein unendlicher Garten Gottes zu den Füßen des Wanderers, der auf dieser Warte schaut, streckt sich weit und breit bis hin an jene Gebirge. Eine Rotonda, eine Säule, auf welcher eine Statue zu Fuß des verstorbenen Prinzen von Wales steht, ein bedeckter Sitz Thomson zu Ehren, eine Kaskade, die zwischen überhangenden Wipfeln der Bäume in ein Becken stürzt, sind liebliche Partieen dieses großen Lustgartens, den auch ein gutes anmaßungsloses, und gleichwohl der Würde des Besitzers angemessenes Wohnhaus ziert. Ein Leichenhof ist in diesem Garten angebracht; doch auch der steht nicht an seiner Stelle: die Idee ist nicht eingeleitet, nicht vorbereitet. Ein schönes Pfarrhaus, wie eine Kirche in Gothischem Geschmack, außerhalb des Parkes, doch daran stoßend und damit zusammenhangend, macht ebenfalls eine angenehme Verzierung. Das häufigere Wasser in den Leasowes ist dort auch besser benutzt worden, so wie die tieferen Gründe zwischen den Bergen vieles zur natürlichen Schönheit dieses Lieblingsplätzchens beitragen, was man daher von Hagley nicht einmal fordern kann.

6. Reise von Birmingham nach Derby

Um 12 Uhr Mitternacht, den 12. Junius, reisten wir in der Manchesterkutsche mit vier andern Passagieren ab. Es ward schon um 2 Uhr hell. Um 6 Uhr, Morgens, kamen wir in dem kleinen Städtchen *Uttoxeter* an, welches aber Utcheter, oder auch wohl Hutcheter ausgesprochen wird. Zwischen diesem Orte und *Cheadle* vermehrte sich die Kutschgesellschaft bis zu dreizehn Personen, indem fünf auf der Kutschimperiale, und einer neben dem Kutscher auf dem Bocke saß. In Cheadle, einem kleinen Orte, frühstückten wir. Es brechen daselbst Steinkohlen, deren es überhaupt in Staffordshire einen großen Überfluß giebt. Auch ist daselbst eine Schmelzhütte, wo Garkupfer gesotten wird, und eine Messingdrath-Fabrik. Zwischen diesem Orte und Litchfield, im Dorfe Tane, ist eine große Manufaktur von Linnenband (tape). Mitleid und ein wenig ausländische Artigkeit gegen ein Frauenzimmer, das weder schön, noch einnehmend war, bewogen mich hier, ihr meinen Platz im Wagen einzuräumen, und bis Leake, zehn Englische Meilen weit, oben auf der Imperiale zu sitzen. Dieser Sitz ist im Sommer bei gutem Wetter, wegen der freien Luft und der freien Aussicht, so angenehm, daß kein Mensch im Wagen würde sitzen wollen, wenn man Sorge trüge, die Sitze draußen so bequem einzurichten, als es mit leichter Mühe geschehen könnte. Geflissentlich läßt man also diese Sitze sehr ungemächlich; und ich fand sie so in dem Grade, daß ich es mir nicht leicht anders als aus Noth werde gefallen lassen, je wieder draußen Platz zu nehmen. Man sitzt zwar auf dem Kutschkasten erträglich, aber sehr hart, und hält sich an einem krummen Eisen, das wie ein Geländer am Rande befestigt ist; die Füße aber muß man gegen einen festen Punkt am Kutschbock stemmen, welches dem ganzen Körper eine sehr heftige Erschütterung mittheilt. Man sitzt keinen Augenblick fest, und, so bald man den eisernen Griff losläßt, keinen Augenblick sicher. Nie sitzt man bequem, und daher kann man kaum fünf Minuten in einerlei Stellung aushalten. Kurz, ich weiß nur die Pein eines Deutschen Postwagens, die damit zu vergleichen wäre. Die zehn Meilen wurden jedoch überstanden, und die Aussicht auf die Vorberge von Derbyshire entschädigte und zerstreuete mich. Die schöne reiche Gegend von Staffordshire fing an, hinter Cheadle allmählich zu verschwinden. Wir fuhren bergan, und sichtbarlich ward alles Laubholz und alles

Gesträuch krüppelhafter um uns her; es zeigten sich große Heiden, Sandsteinfelsen, und einzelne darauf umher irrende Schafe, mit ihrem Pelz in Lappen herabhangend. – In *Leak,* einem kleinen wohlgebaueten Landstädtchen, dem seine Manufakturen von gesponnenen Knöpfen und Bändern viel Aktivität geben, setzten wir uns in eine Postchaise, und fuhren nach *Buxton.* Gleich Anfangs ging es in einem fort bergan. Hecken von lebendigem Gesträuch hatten wir schon eine geraume Strecke Weges nicht gesehen; alle Befriedigungen und Abmarkungen des Eigenthums bestanden aus Mauern von lockern, bloß auf einander gepackten Steinen. Die ganze Gegend ward öde und traurig um uns her; die Bäume verschwanden ganz und gar, und die Oberfläche der Felsen war mit der verdorrten Heide des vorigen Jahres, in großen schwarzen Flecken, und dazwischen mit groben Gräsern bewachsen. Der röthlich graue Sandsteinfels, aus welchem das hiesige Gebirge besteht, ist ziemlich grobkörnig, und nicht allzufest von Gefüge, wenigstens an den Orten, wo er zu Tage aussteht und der Verwitterung ausgesetzt ist. In ein Paar Stückchen dieses Sandsteins wurden wir kleine Bläschen Bleiglanz gewahr. Er bildet hier sehr hohe und breite Bergrücken, zwischen denen an einigen Orten ein nicht minder hohes Kalkgebirge ruhet. Die Kühlung der Luft, und der Zustand des Pflanzenwachsthums, ließen uns auf eine sehr ansehnliche Höhe dieser Sandsteinberge schließen, und unser ununterbrochenes Berganfahren scheint die Sache außer Zweifel zu setzen. Etwa vier Englische Meilen von Leak, an einem Orte, der, glaub' ich, *Upper Hulme* heißt, stellte sich uns einer der bewundernswürdigen Anblicke dar, die man nur in hohen Gebirgsgegenden sehen kann. Das Sandsteingebirge zog sich hier als ein hoher Kamm von Mitternacht nach Mittag herab; drei bis vier hoch aufgethürmte bogenförmige, aber wie Messerrücken zusammengedrückte Gipfel standen furchtbar in einer Reihe da, und hoben ihre nackten, schwarzen, zerklüfteten Häupter in malerischen Formen der Zerstörung empor. Es waren so wohl wagrechte, etwas in die Teufe streichende Ablosungen, als senkrechte Spalten der Verwitterung an ihnen sichtbar, so daß der Fels, bald schiefrig, bald säulenähnlich zertrümmert, sich aus einander gab. Auf einander ruhende Gelenke von Felsen, von ungeheurer Größe; Zacken oder Zinken, die in schräger Richtung spitzig und kühn hinaufliefen, und leicht funfzig Fuß lang seyn mochten; überhangende Gewölbe von moderndem Stein, die den Einsturz drohten, und unter deren Obdach alle andere Gegenstände vor Kleinheit verschwanden; abgerissene, hinunter gestürzte Felsmassen, die in ihrem Fall einen Pallast zerschmettert hätten, und rings umher eine Saat von kleineren und größeren Steinen, die nicht von der belebenden Hand Deukalions und Pyrrhens geworfen, sondern von dem Genius der Unfruchtbarkeit und der Zwietracht, oder im Titanenkriege, herabgeschleudert schienen. Die herausstehenden schroffen Spitzen und Trümmer dieser Felsenkämme sind insgesammt nach Morgen gerichtet; gegen Abend hin verliert sich der Fels unter einer sumpfigen Decke von Torf, die an einigen anderen Stellen des Sandsteingebirges nur wenige Fuß dick ist, aber dennoch gestochen und zum Nutzen verwendet wird. Es ließe sich also muthmaßen, daß entweder plötzliche Revolutionen, oder allmähliches Anspühlen der Regengüsse, die von Morgen her kommen, hier das Phänomen, wovon wir eben sprachen, hervorgebracht haben müsse. Schrecklicher Zeitpunkt, den man ohne Schauder nicht denken kann! Wie sah es damals in der Welt um die Sicherheit des Menschengeschlechtes aus, als die Berge sich wälzten aus ihrer Stätte! – Ich stieg auf einen der höchsten hinaus ragenden Punkte dieses Gebirges. Die höchste Gegend umher war weit und breit in die Farben der erstorbenen Natur gekleidet; die Thäler und niedrigeren Bergrücken prangten noch mit grünenden Wiesen, aber ohne die schöne Zierde der Bäume, und überall mit todten Steinmauern, wie mit Lavagüssen, umzäunt. Von den Kalkbergen, die sich durch ein lebhafteres Grün und hervorstehende weiße Felspunkte verriethen, dampften hier und dort die Kalköfen. Näher um uns her weideten einzeln etliche Schafe, die jetzt ihr Winterkleid ablegten, und halb nackt, halb bepelzt, die Lappen hinter sich her schleppten; zwischen dem Heidekraute, das noch nicht wieder grünte, und dem häufigen harten Moose, fanden sie einige Grashalme und einige Futterkräuter. Fern wie das Auge hier reichte, unaufgehalten durch die zunächst umliegenden Berge, die insgesammt niedriger sind, sahen wir nach allen Seiten die langen Bergrücken reihenweis sich einander umgürten. Ihre Gehänge sind mehrentheils ziemlich gewölbt, und verflächen sich gelinde in die geräumigen flachen Thäler. Weit in Nordosten ragte die hohe Kuppe des Mam Tor bei Castleton über den umliegenden Horizont. Unten rollte unser Wagen einsam auf einem gebahnten Wege, durch die unermeßliche Leere. Wir stiegen wieder hinab, und blickten mit Staunen vom Fuß dieser hoch über unsern Häuptern furchtbar hinaus schwebenden Felsmassen nach ihren drohenden kühnen Gipfeln und Zacken. Wie still, wie ruhig ist alles in der Natur mitten unter diesen Schrecknissen! Tausendjähriges Moos wächst auf den Spitzen des Gebirges, wohin sich der verwegenste Fuß von Menschen und Thieren nicht wagt. Die kleine Tormentille, die Hyacinthe, das gelbe Veilchen, blühen zwischen den Klippen, die, von dem Gipfel abgerissen, einst donnernd hinunterstürzten. Das Vieh wandert friedlich und sicher über die Abgründe, und schwebt gleichsam in der Luft auf einem morschen Gewölbe. Wir selbst, hier unter der Wölbung, die jeden Augenblick zusammenstürzen und uns zerschmettern könnte, standen sorglos, und verließen uns auf die Baukunst der Natur; wir würden hier Schutz gegen den Gewittersturm gesucht haben, wenn er uns überrascht hätte.

Um 3 Uhr kamen wir endlich zu *Buxton* an, und stiegen im White Hart ab, wo eben die Gesellschaft zu Tische gehen wollte. Es ist hier gewöhnlich – zum erstenmal sah ich es in England – à table d'hôte zu speisen. Die Gesellschaft bestand aus etwa zwanzig Personen, Herren und Damen von Stande, die hierher kommen, theils um wirklich das Bad ihrer Gesundheit wegen zu brauchen, theils um dem Todfeinde der Reichen, der Langenweile, zu entfliehen, die sie von Bath nach London, von London nach Buxton, und von hier auf ihr Landgut verfolgt, und wie eine Harpye unablässig an ihnen zehrt. – Hier sind allerlei Mittel dieses immer wieder wachsende Ungeheuer zu tödten: öffentliche Zimmer, öffentliche und Privatbäder, gemeinschaftlicher Tisch, ein Schauspielhaus, Karten, Bälle, Promenaden, die Poolshöhle unter der Erde, und eine öde, nackte Gegend, welche die Anwesenden zu einiger Anstrengung nöthigt, um sich Unterhaltung zu ersinnen, und sie einander näher bringt, um das gemeinschaftliche Bedürfnis zu befriedigen und dem gemeinschaftlichen Peiniger mit vereinten Kräften Widerstand zu leisten. Im Julius und August ist es hier am vollsten; dann giebt es hier mehrere Hundert Badegäste. Auch jetzt wäre die Gesellschaft schon zahlreicher, wenn das Parlament nicht so lange Sitzungen hielte, wodurch eine müßige Menge in London zurückgehalten wird, die sonst früher dieses Bergthal, Bristol und Tunbridgewells, Brighton, Margate, Harrowgate, Cheltenham und noch einige andere Orte der Art, überschwemmen. – Der Herzog von Devonshire, Eigenthümer der meisten Grundstücke in dieser Gegend, hat vieles zur Verschönerung des Ortes und für die Bequemlichkeit der Badegäste gethan. Der Crescent, ein halb mondförmiges Gebäude von großer

Eleganz, welches lauter Arkaden, und oben eine Reihe gereifelter Dorischer Pilaster hat, enthält öffentliche und einzelne Bäder, Assemblee-, Tanz- und Spielzimmer, und Bequemlichkeiten aller Art. Dieses Gebäude ist zwar nicht so groß wie der Crescent in Bath, aber dem Endzwecke vollkommen angemessen, ob es gleich, wie die meisten modernen Gebäude in England, in den Verhältnissen gegen alle Regeln der Baukunst sündigt. Unweit dieses Gebäudes ist ein kleiner Spaziergang, von einigen hundert Bäumen und Sträuchen angenehm beschattet, und in der That desto angenehmer, je öder die umliegende Gegend ist. Etwas höher liegt ein kreisförmiges Gebäude von großer Pracht, ebenfalls vom Herzoge von Devonshire errichtet. Wer hätte, nach den schönen Dorischen Säulen, die rings um das erste Geschoß gehen, wohl erwartet, daß dieses Gebäude die Bestimmung hat, den Pferden der Badegäste (die etwa mit eignen Pferden herkommen) einen Aufenthalt zu verschaffen! Es ist hier Platz für 112 Pferde, und an zwei Seiten geht in einem halben Viereck eine Wagenremise um den Stall, in gehöriger Entfernung von dem Gebäude. Der Herzog verpachtet diesen Stall und die Remisen an einen Menschen, der wieder einzelne Stallungen vermiethet und zugleich eigne Lehnpferde hält. Auf diese Art wird allmählich der Zeitpunkt herannahen, wo das Kapital, welches der Bau kostete, sich ersetzt, und alsdann reine Interessen abwirft.

Buxton liegt in einem von den flachen Thälern des hiesigen Gebirges, und in einer traurigen Gegend, wo man weit und breit, außer dem angepflanzten Spaziergange, keine Bäume sieht. Man geht über ein paar Felder, die durch Mauern von auf einander gelegten Steinen abgesondert sind, nach dem Eingange einer Kalkhöhle, welche Pool's hole heißt. Drei alte Weiber standen hier schon bereit, uns in den unterirdischen Schlund zu führen, gaben jedem von uns ein Licht in die Hand, und gingen selbst mit brennenden Lichtern vor uns her. Ich dachte lebhaft an die Zauberschwestern im Makbeth; und die unterirdischen Stygischen Gewölbe, wohin sie uns führten, waren wahrlich gemacht, um dieser Idee ihren gehörigen Grad der Lebhaftigkeit zu geben. Man kommt durch einen engen, niedrigen Eingang in verschiedene Höhlen, die sich bis 669 Yards in den Felsen hinein winden, und an einigen Stellen eine beträchtliche Höhe haben. Die berühmte Baumannshöhle am Harz ist an Größe mit dieser nicht zu vergleichen; hingegen hat sie einen wesentlichen Vorzug in Absicht des Sinters, den die Wasser darin absetzen. Die dortigen Stalaktiten, auf hartem rothem Marmor abgesetzt, sind schneeweiß; die hiesigen überziehen einen groben, grauen, dichten Kalkstein, und sind von einer schmutzigen Farbe, ohne irgend etwas Auszeichnendes an Gestalt: denn die vorgeblichen Ähnlichkeiten mit einer Schildkröte, einer Speckseite, einem Löwen, einer Orgel, einem Sattel, u.s.f., gehören zu den Absurditäten, die man von unwissenden Menschen zu hören gewohnt ist. – Wir gingen, immer über Schutt und lockere Steine, die von den durchhin strömenden Fluthen irgendwo losgerissen, und in dem Boden der Höhle zurückgelassen, oder auch von oben hinabgestürzt waren, ungefähr 569 Yards tief hinein. Jenseits dieser Stelle kann man noch bis an den Bauch im Wasser 100 Yards weiter gehen, wo die Höhle sich schließt, oder wenigstens nicht weiter gangbar ist. – Von oben träufelt es beständig in allen Theilen der Höhle, folglich ist es auf dem Boden überall unbequem und feucht zu gehen. Nicht fern vom Eingange hat die Höhle einen Querschlag oder ein doppeltes Gewölbe. Man geht durch das höhere hinein, und kommt durch das unterste wieder heraus. Ein kleiner Bach rieselt aus der Höhle hervor, und führt das Wasser aus ihrem Hintergrunde ab. Es giebt in derselben weder Petrefakte noch Knochen; nur muß man sich nicht durch die Sprache der hiesigen Führer irren lassen, die den Sinter ein Petrefakt nennen, so wie unsere Megären, oder eigentlich die Hekate dieses Avernus selbst, nach der Analogie des Wortes icicle (Eiszapfen), ein neues Wort bildete, und die Stalaktiten watericles nannte. Beim Austritt aus dem unterirdischen Gange umringte uns eine Schaar von Weibern und Kindern, die so ungestüm bettelten, daß wir froh waren, mit dem Verlust einiger Shillings von ihnen loszukommen.

Die angenehme Tischgesellschaft im weißen Hirsch, konnte uns nicht verleiten, die Nacht hier zuzubringen, zumal da wir schlechthin gar keinen Bekannten unter diesen Herrschaften hatten, die doch den Nationalcharakter durch einen Trunk Wasser in Buxton nicht, so wie die Griechischen Helden und Halbgötter ihr Gedächtnis in einer Schale voll Lethe, ertränkt zu haben schienen. Sobald wir uns also mit einem Thee erfrischt hatten, den man in der Regel fast in allen Englischen Wirthshäusern vortrefflich und mit dem vortrefflichsten Rahm oder Sahne bekommt, fuhren wir zwölf Englische Meilen weiter nach *Castleton,* dem Hauptsitze der sogenannten Wunder des Piks in Derbyshire. Über die Anzahl dieser Wunder ist man nicht einig; man zählt ihrer in Büchern sieben, weil dies eine geheimnißvolle und wunderschwere Zahl ist, mithin der Wunder auch im Pik nicht weniger seyn dürfen. Allein die hiesigen Einwohner wissen nichts von dieser mystischen Sieben, und bringen bald sechs bald nur fünf Wunder heraus: nämlich die drei unterirdischen Höhlen, Peak's hole, Eldenhole und Poole's hole; den Brunnen, der in Zeit von ein paar Stunden steigt und fällt; und den höchsten Berg in dem ganzen Gebirge, dem seine Wallisische oder Kambrische Benennung Mam Tor, der Mutterberg, geblieben ist. Bei dieser Gelegenheit erinnert es sich am besten, daß das hiesige Gebirge sehr uneigentlich den Namen eines Piks (Peak) trägt, indem hier nirgends ein Spitzberg zu sehen ist, welcher, wie die von Teneriffa, Piko, u.s.f., den mit diesem Worte insgemein verknüpften Begriff erweckte. Allein ich vermuthe wohl, daß hier eine weit ältere und allgemeinere Bedeutung des Wortes peaked zum Grunde liegt, vermöge deren es alles was *hoch und steil* ist, bezeichnen kann. Das hiesige Gebirge ist gewissermaßen ein, dreitausend Fuß über die Meeresfläche erhöhtes plateau, worin zwar Berge und Thäler, aber gleichwohl keine sehr beträchtliche Unebenheiten bemerklich sind: eine einzige hohe Gebirgsmasse, in mehrere kleinere auf ihrer Oberfläche ausgespühlt.

Wir kamen bei dem Lustwäldchen von Buxton und hernach bei einigen in den Dörfern angepflanzten Bäumen vorbei. Es fiel äußerst auf, wie wenig die ganze Vegetation hier noch vorgerückt war. Die Büchen, und etliche andere Bäume, insbesondere aber die Eschen, kamen eben erst aus ihren Knospen hervor. Dieser Baum erinnerte uns hier herum durchgehends, daß der Frühling hier eben begönne. Der kalte Wind und der kalte Gewitterregen gaben ein bestätigendes Zeugniß. Unser Weg war indeß noch immer ziemlich gebahnt, und dicht vor Castleton zog er sich romantisch durch einen tiefen, tiefen Abgrund, wo ungeheure Felsmauern zu beiden Seiten furchtbar in der Höhe schwebten, und auf der einen Seite des Weges einen hervorspringenden Winkel bildeten, wo gegenüber ein hineingehender war. Die ungeheure Höhe dieser Riesenmauern, ihre malerische Gestalt, die Schafe die sich oben am Rande sehen ließen, der abschüssige Weg, den wir nur mit gehemmtem Rade zurücklegen durften, und das eintretende Dunkel des Abends machten diese Naturscene feierlich und eingreifend. Bald hernach langten wir zu Castleton an, und nahmen unser Quartier im Castle-inn, wo wir die beste Bedienung fanden, und nach einem so ermüdenden Tagewerke die Nachtruhe unser Hauptaugenmerk seyn ließen.

Den 13. Jun. Einen Tag wie den heutigen in dem unbeständigen Klima dieses Gebirges schenkt der Himmel den auserwähltesten Naturforschern nicht; allein wir sind gute Kinder, und hatten schon längst einen schönen Spieltag abverdient. Wenn Neuseeland, und das Feuerland, wenn die Eisfelder des Südpols, und vor allem die Ebenen von Taheiti mit den Lustgärten der Freundschaftsinseln ihre Eindrücke in der Einbildungskraft zurückgelassen haben: dann muß der Tag schon reich an Wundern seyn, der *unvergeßlich* genannt zu werden verdient. Was ich heute sah, hab' ich noch nie gesehen. Dies ist zu wenig gesagt. Ich will hinzusetzen, daß es alle meine Erwartungen und Vorstellungen weit überstieg; und auch dann spreche ich mehr zu meiner eigenen Erinnerung, als zur Belehrung Anderer, die nicht wissen können, was ich zu erwarten oder mir vorzustellen vermochte. Schon unser Erwachen war Genuß der romantischen Gegend. Aus dem kleinen Gärtchen unsers Gasthofes erblickten wir längs dem Gipfel des steilen daran stoßenden Berges, die ehrwürdigen Trümmer einer uralten Burg. Eine Mauer mit Überbleibseln von Thürmen an jeder Ecke, erstreckte sich längs dem jähen Gehänge; in der Mitte war sie eingestürzt, und über der Öffnung hatte sich ein Hügel von Schutt und Gräsern gebildet. Aus der Mitte des innern Bezirkes hob sich ein schöner viereckter Thurm, der einst mit Quadersteinen ganz bekleidet gewesen war, jetzt aber von unten hinaufwärts diese Bekleidung schon verloren hatte. An jeder Ecke ging ein zarter schlanker Pfeiler in die Höhe; über ihm sprang die Mauer einen Stein dick weiter hervor, und bildete ein etwas vorstehendes Viereck. Die Zinnen des Thurmes waren eingestürzt; aus seinen zerrissenen Wänden sproßten Bäume und Pflanzen. Epheu schlang sich üppig über seine Vormauern und längs den Ritzen und Spalten. Rechts öffnete sich hart an der Burgmauer selbst ein tiefer weiter Schlund, dessen senkrechter Absturz aus einer weißen Felsenwand bestand, auf welcher bogenförmig ein Hügel sich wölbte; und längs dem Rande desselben strebte malerisch ein schöner Hain von Buchen, Eschen und Fichten empor, und krönte mit seinen Schatten die ganze Bogenlinie des hinabgleitenden Hügels. In diesem Schlunde, dessen untere Gegend der Schloßberg uns hier verdeckte, sollten wir den Eingang zu der unermeßlichen Höhle des Piks antreffen.

7. ΟΙΣ ΘΕΜΙΣ ΕΣΤΙ. Castleton

Stille! heilige Stille umher! Auch ich bin der Geweiheten einer, und spreche von der unterirdischen Weihe, und schweige von den unaussprechlichen Dingen. Ich war im Reiche der Schatten, und durchwandelte die Nacht des Erebus. Die stygischen Vögel umflatterten mein Haupt mit furchtbarem Gekrächz. Die Erde öffnete ihren Schooß, und umfing mich. Felsen wölbten sich über mir, und der Abgrund stürzte hinab in schwindelnde jähe Tiefe, neben dem engen schlüpfrigen Pfade. Ich sah die furchtbaren Schwestern, mit allen Schrecken der Hölle, mit Macht und Mißgestalt gerüstet, die Fäden des Lebens spinnen und messen. Das Auge der Unterwelt liehen sie einander, und hoben es hoch empor, um mich zu schauen, – Parzen und Furien zugleich. In Charons Nachen ausgestreckt, schwamm ich unter dem tief hinabgesenkten Felsengewölbe an das jenseitige Ufer des schwarzen Kokytus. Ich ging durch alle Elemente des stets sich wandelnden Chaos. Ein Staubbach netzte mein Haupt. Kalte Lüfte weheten mich an, und immer, immer rauschte es neben mir und über mir und unter mir, wie der Sturz der Waldbäche über den zerklüfteten Felsen. Meine Lampe erlosch; ich versank in die ewige Finsterniß des Tartarus. Mir war es, als nähme mich ein Riese auf seine Schultern, und trüge mich durch die gähnenden Schlünde. Plötzlich durchleuchtete ein Blitz die schauerlichen Bogen des Felsens; ein krachender Donner betäubte mein Ohr; die Gewölbe wankten hin und her, und zitterten über mir, und dreimal kehrten die rollenden Donner durch die Schneckengänge des Gewölbes wieder. Da öffneten sich die Grüfte in der Höhe, und helles erquickendes Licht strömte durch die schwarzen Hallen; siebenfach war das Licht, sieben glänzende Funken wie Sterne: und der Chor der Wissenden stimmte nun an den hohen belehrenden Hymnus. Mir ward die Schale voll des schäumenden Göttertranks; ich kostete vom Quelle des Lebens, und mein Dankopfer floß den unterirdischen Mächten. Neue Kraft durchströmte die Adern des Ermatteten, und der Hierophant begann nun die Weihe. –

Fünf Tage, nachdem Lady Craven in die Höhle von Antiparos gestiegen war, kam Dr. Sibthorpe daselbst an. Sein Führer erzählte ihm: die Lady habe beim Hinabsteigen sehr gezittert; sobald sie aber in die herrliche Grotte mit den wunderschönen Stalaktiten gekommen sei, habe sich plötzlich eine so lebhafte Begeisterung ihrer bemächtigt, daß sie auf der Stelle die Feder ergriffen, und ein Gedicht auf dieses entzückende Schauspiel der Unterwelt verfertigt habe. Ich kann mir einen sehr lebendigen Begriff von diesem Übergange aus einem Extrem der Empfindung zum andern machen, und physisch ist die Spannung die natürlichste Reaktion, die auf jene gewaltsame Erschlaffung der Furcht unausbleiblich folgen muß. Daher sind die ärgsten Poltrons immer so viel tapfrer, als andere Leute, sobald die Gefahr überstanden ist.

8. Von Castleton bis Middleton

Steil geht der Weg von Castleton in einem Winkel von 38 Graden an dem Gehänge eines noch weit steilern Berges hinauf. Das schöne Thal von Castleton mit seinen unzähligen Wiesen und Weiden, die doch wieder durch lebendige Hecken begränzt sind, hat in der Mitte einen lieblichen runden Hügel, rechts von dem kleinen Dörfchen *Hope,* und windet sich dann nach Osten um den Berg, an der entgegengesetzten Seite von hohen Sandsteinrücken umgeben. – Sobald man oben ist, sieht man das ganze Kalkgebirge in einer erstaunlich großen Ausdehnung flach vor sich liegen, und wir fuhren gegen neun Englische Meilen auf dieser erhabenen Ebene, fast ohne eine bedeutende Vertiefung anzutreffen. Die Gebirgszüge umher gingen sichtbarlich von Abend nach Morgen; und wo wir schroff emporstehende Wände sahen, waren es, so viel wir aus der Farbe, und nach der Analogie von Mam Tor schließen konnten, Sandsteinmassen. – Die Gänge streichen meistens in derselben Richtung von Abend gegen Morgen, und setzen, wie es die Haldenzüge zu erkennen gaben, oft mehrere Englische Meilen über die Ebene fort. Weiter hin nach Middleton sahen wir jenseits des Thals auf der Morgenseite einen mitternächtigen Gang. Die Gänge gehen an den meisten Orten unter einem sehr wenig von der Perpendikularlinie abweichenden Winkel in die Teufe. Eine Englische Meile vor Middleton ging es endlich wieder bergab durch eine romantische Kluft, wo die Felsmassen von weißem Kalkstein, mit ihren regelmäßigen, zum Theil über mannshohen Schichten, bekleidet mit Epheu und Strauchwerk, Moos und blühenden Pflänzchen, wie Thürme auf einer langen Strecke zu beiden Seiten hervorragten. Augenscheinlich ward hier alles durch die Gewalt der Fluthen einst abgestürzt und durchgerissen; allein die öde Oberfläche des Kalkgebirges nährt keinen Bach; und wo ehedem die Wogen des Meeres wüthend hindurch strömten, da fuhren wir jetzt auf dürrem Boden und gebahntem Wege.

9. Matlock

Endlich ist sie hinabgesunken hinter die himmelan strebenden Berge im Westen, diese Sonne, die mich blendete, wärmte, bezauberte durch ihre vermannichfaltigte Beleuchtung dieses Wunderthals, seiner Felsen und seiner Haine. Sei mir gegrüßt, holde Dämmerung, und du blauer Abendhimmel, mit den Purpurstreifen im Westen, und willkommner als sie, göttliche Kühle, rauschend in dem wogenden Meere von Wipfeln, lauter als die lispelnden Fluthen der sanften Derwent, und überstimmt nur von einzelnen schmetternden Tönen der Nachtigallenchöre, die in jenem Schatten das Lied der glücklichen Liebe singen! Gebt mir stillen Genuß; umrauscht mich sanft zur nachsinnenden, nachempfindenden Ruhe! Ich bin des Schauens für heute satt, und erliege unter der Unerschöpflichkeit der Natur; ich sehne mich nach mir selbst. – Des heutigen Tages tausendfältige Bilder einen Augenblick nur im Vorübergehen aufzufassen, ohne sie festhalten zu können, ist Herabwürdigung zum leblosen Spiegel: sie alle zu verzehren, alle ins eigene Wesen verwandeln zu wollen, stürmisches Schwelgen, ohne Zweck, wie ohne Empfindung. Wie wohl ist mir in dieser Einsamkeit! Hier will ich nicht mehr mit umherspähendem Blick den Gegenständen nachjagen; nicht mit Anstrengung und Spannkraft haschen, was mir links und rechts entfliehen will; nein, ich entbinde meine Sinne ihres Dienstes, und überlasse mich leidend dem all-eindringenden Berühren der Natur. Ich will nicht mehr unterscheiden, nicht zergliedern die Gestalten, die Töne, die Farben ihres Himmels und ihrer Erde; Ein Lied, Ein unnennbares, untheilbares Bild ströme sie mir durch Aug' und Ohr, und fülle meine lechzende Seele mit der Wonne, die keine Zunge stammeln kann! Dies ist die allgemeine Zauberei der schönen Natur, Allen fühlbar, wenn gleich nicht von Allen erkannt; die wohlthätige Macht, die uns Alle hält und nährt und erfreuet, und deren Wirkungen die Vernunft nicht fassen kann; denn des Genusses Gränze ist Zergliederung des Eindrucks. Dennoch! – wunderbares Gesetz der Menschenform! – dennoch sind die Weiseren unter uns glücklich nur wie ein Kind, das, wenn es die Blume sieht, ihrer lieblichen Gestalt und Farbe einen Augenblick froh wird, sie dann bricht und zerpflückt. Heilige Pflegerin! mehr Blüthen als wir zerstören können, schufst du um uns her; und den Quell der ewig wiederkehrenden, ewig sich verjüngenden Wesen verbargst du vor unserm verzehrenden Geiste? O, ich wähne dir nachzuwandeln auf deinem verborgenen Pfade, und Absicht und Mittel, wie in dem Lebensgang eines Menschen, darauf zu erblicken. Er ist nicht ohne Zweck, dieser Trieb des Forschens und Sonderns, den du in uns legtest, der schon im Kinde sich regt, der bis ins Alter uns begleitet. Du durchbebst die Saiten der thierischen Bildung, du führst den Ätherstrom des Lebens in ihren Adern umher, und das ferne Geblöke, das jetzt aus den Triften emporsteigt und in den säuselnden Abendwind tönt, – und diese Jubelgesänge in den hochbelaubten Buchenästen, sind der Widerhall deiner alles erquickenden Freude. Aber ein anderer Genuß wartet des sinnenden, sondernden Menschen: im Labyrinthe der Gefühle sucht er das empfindende Wesen; im unendlichen Meere von Bildern den Seher; in der duldsamen Materie den gebietenden Willen; in Allem außer ihm, sich selbst.

Ich finde hier Ähnlichkeit mit dem Plauenschen Grunde bei Dresden. Die Partie der Brücke in Plauen ist romantischer, und fehlt hier; auch hat es einen schönen Effekt, daß die Felsenwände an einigen Orten bis ins Wasser senkrecht stehen, und folglich größere einfachere Wände bilden; der Kontrast des Lichtes wird durch die großen winklichten Brüche des Thales romantischer und lieblicher; die Mühlen sind dort angenehme ländliche Bilder. Die Aussicht nach Darand ist wegen des weißen Thurms und der malerischen Gipfel des Sonnen- und Königsteins, des weit durch das Thal sichtbaren sich schlängelnden Flüßchens, und vor allem des Reichthums der goldenen Saaten, von entzückender Schönheit.

Hingegen hat Matlock den Vorzug, daß es zwischen ungleich höheren Bergen liegt; daß in den schönen Partien das Thal noch enger zusammentritt, und daß die Vegetation ohne allen Vergleich reicher, üppiger, und eigentlich mit verschwenderischer Hand auf die Felsenmassen hingeworfen ist. Die Derwent läuft ruhig und auf ebenem Bette, außer wo sie über Kiesel in gelinden Fällen hinrieselt. Die Bäume mit dem dicksten Laube wölben sich über sie hinaus; ihre Zweige stehen wie Schirme über einander; die untersten tauchen ihre Spitzen in den Fluß, und der ganze mit Wald gekrönte Berg spiegelt sich im Wasser, wie man von der andern Seite die weißen Gebäude darin erblickte. Die weißen Felsmauern kommen nur hier und dort mit hervorspringenden Ecken durch das Gebüsch, welches aus ihren Klüften mit unbeschreiblicher Üppigkeit herauswächst, zum Vorschein. An andern Stellen zeigen sie sich von einer unermeßlichen Höhe. Die Gebirge im Westen sind einige der höchsten in Derbyshire. Die Abrahams-Höhe (nach der bei Quebek so genannt, wo Wolfe und Montcalm blieben) hinan, geht ein schlängelnder Pfad, dessen Länge zwar ermüdet, wofür man aber, wenn man ihn zurücklegt, mit einer herrlichen Aussicht über den ganzen Lauf der Derwent durch alle Windungen des Thals, über die schönen, reichen Hügel und Thäler mit ihren Heerden, u.s.f. über das nahe Dorf Matlock, belohnt wird. Die Natur ist hier so verschwenderisch mit den schönsten Formen der Landschaft, der Bäume, mit Licht und Grün, daß man sich umsonst nach einer ähnlichen Gegend im Gedächtniß umsieht. Die schönen Aussichten bei Münden im Hannöverischen haben den Vorzug der breiteren Weser und der am Zusammenflusse der Werre und Fulda malerisch liegenden Stadt mit ihren alten Thürmen; hingegen fehlen ihnen die hiesige endlose Abwechselung und die schönen Felswände, die sich zwar wieder bei Allendorf an der Werre, jedoch ohne die Begleitung des reichen, unbezahlbaren Schattens finden lassen. Die Badehäuser sind zum Empfange der Gäste sehr bequem angelegt, und eben nicht gar theuer. – Das Bad ist lau und sehr erfrischend; ich badete Nachmittags mit der besten Wirkung, und fühlte mich außerordentlich dadurch gestärkt. Das Wasser ist nur reines Quellwasser. – Die Haine sind insbesondere wegen der vielerlei Arten von Bäumen so wunderschön; Eichen, Eschen, Buchen, Hainbüchen, Tannen und Lärchen wechseln mit einander ab.

10. Chatsworth

Von Middleton an geht es im Thale der Derwent hinab, welches immer schöner und reicher wird. Der Kontrast, nachdem wir so geraume Zeit nichts als öde Gebirgsrücken gesehen hatten, war über alle Beschreibung erfreulich. – Wir hatten schöne Weiden, Saatfelder, herrliche malerische Umzäunungen und Raine, mit hochstämmigen Eichen,

Eschen und Buchen, Linden und Ahorn, auch hier und dort längs den Höhen ein Wäldchen. Ja näher an Chatsworth, desto reicher wird die Gegend. Die Waldung an beiden Seiten des Thals, so wohl hinter dem Hause als gegenüber, ist dicht und überschwänglich an Wuchs; zwischen dem Laubholze streben überall schlanke Tannen und pyramidische schwarze Fichten in die Höhe. Der herzogliche Park liegt auf einer Anhöhe am linken Ufer der Derwent, in welcher wir Gruppen von Kühen sich kühlen sahen, indeß die schönen Wiesen zu beiden Seiten mit diesen malerischen Heerden bedeckt waren. Man fährt auf einer steinernen Brücke über den Fluß durch den Park nach dem Schlosse. Beides, Park und Schloß, sind vor achtzig Jahren auf der Stelle, wo das alte Schloß Chatsworth stand, angelegt worden, und haben viel von der Pracht jener Zeit. Das Schloß ist ganz eines so großen Englischen Peers würdig. Auf die Architektur mag ich mich nicht einlassen; die ist nun einmal in England, auch da, wo sie Geld genug gekostet hat, nicht fehlerfrei. Die Zimmer sind reich, doch nicht mit dem Geschmack, den wir in Schooneberg bewunderten, möblirt; viele haben auch noch das alte Ameublement, von achtzig Jahren her. – Der Bau ist erst kürzlich ganz fertig geworden; denn man hat nach- und angebauet. – Ein Theil des Gebäudes heißt noch: the Queen of Scot's apartment. Die Zimmer der unglücklichen Marie sollen wirklich in dieser Gegend gestanden haben. Das Einzige, was man aus jenen Zeiten aufbewahrt hat, ist ihr Bett mit Vorhängen und Decke von rothem Sammet mit Gold. Wer kann sich entbrechen, bei dem Anblick eines Bettes, worin diese unglückliche Prinzessin so oft geschlafen, geruhet, gesonnen, geweint, gewacht, geträumt – und den ganzen Kreis ihrer regen Leidenschaften durchlaufen haben mag, in Gedanken zuweilen sich in jene Zeiten zu versetzen, und für die schöne Dulderin den Athem ein wenig gepreßt zu fühlen?

Der Garten hat eine schöne Kaskade, mit allerlei davon abhängigen Fontainen und Wasserkünsten. Die höchste Fontaine soll achtzig Fuß hoch springen; sechzig glaube ich selbst, daß sie bei stillem Wetter in die Höhe gehen kann. – Für die Phantasie ist hier keine außerordentliche Nahrung, wenig Sublimes, Romantisches, Poëtisches; aber eine reiche, geschmückte Natur, und ein Aufenthalt, wo man ein Vermögen von 40 bis 50000 Pfund Sterling wohl genießen kann. –

So schön als jenseits, ist auch das Thal unterhalb Chatsworth, welches sich immer weiter südostwärts zieht. Die Sandsteingebirge umschlingen es überall auf der östlichen und südlichen Seite. Innerhalb sieht man Kalkgebirge. Endlich öffnet sich eine Reihe Hügel gegen den Fluß, und ihre abgestürzten senkrechten Felswände stehen romantisch, mit Waldung bekleidet, an seinen Ufern. Vom Dorfe Matlock, zwei Englische Meilen weit bis nach Matlock Bath, zieht sich dieses verengte wunderschöne Kalkthal in verschiedenen Krümmungen, und läßt hier und da dreieckige Wiesen in den Zwischenräumen der Hügel. – Drosseln und Nachtigallen hielten hier ihr immerwährendes Koncert im Walde.

11. Fortsetzung der Reise

Den 15. Jun.
Von Matlock fuhren wir heute um 11/2 Uhr Nachmittags ab. Der Weg ging bis *Cromford,* wo ein neuer schiffbarer Kanal angelegt wird, in dem schönen Derwentthale fort. Gerade Cromford gegenüber, an einer sehr schön gewählten Stelle, bauet sich jetzt Sir Richard Arkwright ein neues Landhaus. Hinter Cromford kamen wir auf einen sehr hohen Bergrücken von Sandstein, von dem wir nicht nur rechts das nahe, in einem reichen Kessel gelegene niedliche Städtchen *Wirksworth,* sondern auch vor uns und links das ganze südliche Derbyshire, nebst Nottingham und Leicestershire, und einen Theil von Warwickshire übersahen. Jenseits dieses Berges kamen wir an verschiedenen Orten vorbei, wo man die Erdschollen mit einem Schälpfluge abstach, und zum Dünger verbrannte. Derbyshire hat in dieser Gegend schon viel angenehme Abwechselung, ob es gleich nicht so fett ist, als andere Provinzen. Die Stadt *Derby* (16 Meilen), die wir um 4 Uhr erreichten, ist von geringer Bedeutung. Man hatte eben heute die so genannte Canvaß vorgenommen, d.i. die Herren, welche Parlamentsglieder als Repräsentanten der Stadt werden wollen, waren zu allen Stimmgebenden herumgelaufen, sie um ihre Stimme zu bitten. Eine Formalität, der sie sich unterwerfen müssen.

Den 16. Jun. Um 8 Uhr Morgens reiseten wir von Derby ab, nach *Burton,* einem kleinen eilf Meilen entlegenen Städtchen. Der Weg ging noch über Gebirge von Sandstein, die also auch von der Südwestseite den Kalkdepot des Piks umgeben. An einigen Stellen bemerkten wir viel Sand. Zwischen *Atherstone* und Burton übersahen wir vom Gipfel eines nicht gar hohen Hügels wieder das schöne Warwickshire; allein wir blickten in die weite Ferne, weil eine Ebene vor uns lag. – Hier sind wir auf klassischem Grunde. Links blieb uns in einer Entfernung von drei bis vier Meilen Bosworth liegen, wo der Herzog von Richmond, hernach Heinrich VII, den König Richard den Dritten schlug, welcher auf der Wahlstatt blieb. – Von Derby nach Burton sind eilf Meilen; nach Atherstone zwanzig; nach *Coventry* vierzehn Meilen. Coventry mit seinen drei langen spitzen Thürmen, worunter die berühmte Kathedralkirche oder Coventrycroß die größte ist, hielt uns nur eine halbe Stunde Nachmittags auf, während daß wir aßen. Von da eilten wir durch eine, wie Berkshire angebaute und überaus schöne Gegend nach *Warwick*. Unterweges blieben uns rechts, in einer schönen schattenreichen Gegend, die Überreste von Kenilworth-Schloß in drei großen Thurmmassen liegen. Aber das Schloß von Warwick (zehn Meilen) verdiente näher gesehen zu werden. Wie erinnerte mich hier alles an die thatenreiche, charaktervolle Englische Geschichte: an den Warwick, der größer als ein König war, indem er Könige absetzte oder machte; und – vor allem – an den unsterblichen Dichter, der das Große dieser Idee so ganz zu fassen, und in seinem King Henry the Sixth so göttlich darzustellen gewußt hat! – Gleich bei dem Eingange in die Stadt über dem Stadtthor, erinnerte mich der wilde Eberskopf auf einem Speer (seit undenklichen Zeiten das Wapen der Warwicks) an den großen Ritter, der dieses siegreiche Panier so oft vor sich wehen ließ. Wir besahen das Schloß. Unter allen Überresten des zehnten Jahrhunderts hat keins in England sich so herrlich erhalten. – Der jetzige Graf wohnt sogar darin, und hat sich die Zimmer sehr schön einrichten lassen, auch einige Nebengebäude in demselben Geschmack, um der Gleichförmigkeit willen, aufgeführt. Die Mauern sind an einigen Orten vier Ellen dick. Eine Enfilade von Zimmern enthält etliche schöne, und etliche lehrreiche Porträts, z.B. die Königin Elisabeth, Essex, die Königin Marie von Schottland, die Gemahlin Karls I, und diesen unglücklichen König selbst; die Infantin von Parma, und viele andere mehr. Elisabeth sieht ihrem Vater doch sehr ähnlich, und dieser Zug ist ihrem Charakter nicht günstig. Essex hat eine fausse ressemblance von Herrn Koch, dem Schauspieler in Mainz. – Marie von Schottland ist entweder nicht getroffen, oder in einer sehr späten Periode ihres Lebens gemalt.

Die Aussicht aus den Fenstern ist sehr reich und lieblich.

Die Rüstkammer erinnert an den kriegerischen ritterlichen Genius der ehemaligen Bewohner dieser Burg. Wir sahen das lederne Wams, welches Robert Lord Brooke an hatte, als er bei Lichfield erschlagen ward. Auch Südsee-Sachen giebt es hier; ferner eine schöne Büste in Marmor von Edward dem schwarzen Prinzen, nach einem Gemälde; einen schönen Kopf der Pallas; Glasmalerei nach Rubens; Anna und Maria Boleyn von Holbein, vortrefflich erhalten.

Den Garten sahen wir nicht, denn wir eilten (acht Meilen) nach *Stratford,* wo wir um 7 Uhr ankamen, und die elende Hütte wo Shakespear geboren ward, den Stuhl in welchem er zu sitzen pflegte, und vermuthlich dichtete, das Stadthaus mit seiner Statue in einer Nische von außen, sein Porträt inwendig, von Garrick hin geschenkt, – und sein Grabmal in der Kirche besahen. Der Stuhl ist jetzt in die Wand gemauert, damit er nicht ganz zerfallen möge. Seit funfzehn Jahren, daß ich ihn nicht sah, ist er sehr beschädigt.

Den 17ten Jun., um halb 10 Uhr Vormittags, fuhren wir weiter durch *Shipston* und *Chapel* nach *Woodstock,* und – fast ermüde ich es zu schreiben – wieder durch eine schöne liebliche Gegend. England hat keine Waldungen, weiß jeder Schüler in der Geographie und Länderkunde zu erzählen; – aber daß beinahe ganz England wie Ein fortwährender Lustwald aussieht, wo Wiesen und Triften, Äcker und Anger, und die lieblichen Ufer der Flüsse mit dem herrlichsten blühenden Gebüsch und den schattenreichsten Bäumen in ewiger Abwechselung prangen, das sollte man dabei zu erinnern nie vergessen. Wie manchen schönen Landsitz Englischer Landedelleute fuhren wir nicht heute vorbei! wie manches in Haine gleichsam vergrabenes Dorf! Hier hatte einer sein niedliches Haus auf einen reichbeblümten Rasen gebauet. Dahinter zog sich ein kleiner Wald; seitwärts wölbte sich eine zierliche weiße Brücke über einen Graben; jenseits der Heerstraße stürzte sich ein Flüßchen einige Schuh tief über einen Damm; und auf dem schönen Teiche, der vor dem Rasenplatze seinen Spiegel ausbreitete, und um grasreiche Ufer, zwischen den Blumen der Wiese, erblickten wir manchen schönen Schwan, an dessen stolzer Form der Eigenthümer dieses Gütchens vermuthlich sein Vergnügen fand. – O Natur, was ist erquickender und zugleich erlaubter, als deine Werke zu lieben und ihrer froh zu werden! Was kann unschuldiger seyn, als die Freude an diesem schönen, in seiner Pracht des Gefieders stolz daher segelnden Vogel! Wenn es einen Genuß auf Erden giebt, den keine Macht verbieten, keine sich ausschließend zueignen darf, der allen ewig gemein bleiben muß, und zu dem man berechtigt ist, indem man Sinn dafür hat: – so ist es der Genuß dieses Anblicks. – Doch ich vergesse, daß der Schwan ein *königlicher* Vogel ist, und daß es Länder giebt, wo niemand einen Schwan halten darf, als der König, d.i. derjenige, der wahrscheinlicher Weise nicht zu empfinden weiß, wie liebenswürdig die Natur in diesem Thiere ist. – Ich gönne den Großen das Wild, das sie hegen: es ist billig, daß diejenigen unter ihnen, die nicht durch Wohlthaten des Herrscheramtes würdig sind, wenigstens zum Scheine fortfahren den Nutzen zu stiften, weshalb man sie zuerst als Beschützer der Wehrlosen über Andere erhob; und wenn es heutiges Tages keine Raubthiere mehr giebt, um derentwillen man Heroen oder Halbgötter zu Hülfe ruft, so mögen ihre Abkömmlinge meinetwegen Hirsche in ihren Parks einsperren, oder ihren Unterthanen verbieten einen wilden Eber zu tödten, damit sie an einem gesetzten Tage ihn vor ihrem Richterstuhl vorbei jagen lassen, und mit eignen Händen erlegen können, wie der Kaiser von China jährlich einmal den Pflug mit hoher Hand berührt, zum Zeichen, daß vor mehrern tausend Jahren ein Kaiser durch dieses Werkzeug den Namen eines Landesvaters verdiente. Aber, daß ein Mensch sich erfrecht, allen andern den Besitz eines zahmen Vogels zu verbieten: das scheint so arg, als wollte er ihnen die Fenster an den Häusern, oder die Augen im Kopfe verschließen; und daß Menschen dies von einem dulden, beweiset nur, wie tief die Menschheit sinken kann.

So kamen wir um drei Uhr nach *Woodstock,* wo die ganze Stadt in Bewegung war, weil die Wahl zweier Repräsentanten heute vor sich ging. Alles, bis auf die Straßenjungen, trug Kokarden, gleichviel von welcher Farbe; die Frauenzimmer, jung und alt, häßlich und schön, reich und dürftig, hatten ihre Feierkleider an, und von allen Seiten ertönte ein ewiges Huzzah! Vor unserm Gasthofe weheten hoch in der Luft drei große, weiß-seidne Fahnen, worin die Wapen der Bürgerschaft und der neuen Parlamentsherren, nebst allerlei emblematischen Verzierungen in Farben prangten; denn heute speiste die Bürgerschaft mit den Neugewählten in dem Gasthofe, nachdem man diese letztern, wie die Sitte es mit sich bringt, in große Armstühle gesetzt und herumgetragen hatte. Übrigens war hier keine Uneinigkeit, keine Gegenparthei; der Einfluß des Herzogs von Marlborough ist in Oxfordshire so unwiderstehlich, daß man die Parlamentsglieder, sowohl für

Woodstock als für die Grafschaft selbst, ohne Widerrede nach seinem Wunsche wählt. Sein ältester Sohn, der Marquis Blandford, wird in diesem Parlamente die Grafschaft Oxford, und ein jüngerer, Lord Henry Spencer, die Stadt Woodstock repräsentiren. Die Betrachtungen, die sich bei dieser Veranlassung über die Konstitution von England machen lassen, und die wir wirklich zu machen uns nicht enthalten konnten, will ich nicht alle hierher setzen. So viel ist indeß gewiß, daß die blinden Vertheidiger und übertriebnen Lobredner eben so weit vom Ziele sind, als die plumpen Tadler dieser berühmten und in der That merkwürdigen Verfassung. –

12. Blenheim

Wie mag dem großen Churchill zwischen diesen unaufhörlichen Apotheosen zu Muthe gewesen seyn! Etwa wie Ludwig XIV bei den ewigen Fêten und Vergötterungen in Versailles? Die menschliche Natur kann das nicht ertragen. Ludwigs Schicksal ist bekannt. Seine Imbecillität datirte von diesem Zeitpunkte. Marlborough ward aber auch kindisch und furchtsam vor seinem Ende; und ich möchte nicht dafür schwören, daß nicht die Tapeten das Ihrige dazu gethan haben. Wie aber, wenn er in dem Augenblicke, da er seiner Geisteskräfte noch nicht beraubt war, mitten unter diesen ungeheuren Bildern seiner Größe das Loos der Menschheit tragen, und in körperlichem Schmerz sich winden, von Gicht oder Kolik gequält werden mußte; wie klein und verächtlich mochte er sich da fühlen! Ich für mein Theil bin froh, daß ich nicht Marlborough bin, und seine Thaten gethan habe, um so zu Schanden gemacht zu werden mit der Geschwätzigkeit des Ruhmes. Ich gestehe, der üble Geschmack, womit man ihn in der großen Halle zwischen den kleinen lachenden Faun und die Mediceische Venus hingestellt hat, ist mir wegen der Lächerlichkeit noch die willkommenste von allen diesen Vergötterungen. Ich lache heute über diese Eitelkeit – indeß vielleicht morgen ein Recensent dafür meinen Leichtsinn und meine Fühllosigkeit straft –; allein, zwischen heute und morgen habe ich beides, gelacht und geweint: über mich selbst, über ihn, und über die ganze Welt. Ist es nicht Thorheit, die Schriftsteller richten zu wollen wegen einzelner Empfindungen eines Augenblicks, wo man vielmehr ihre Offenherzigkeit, das Herz des Menschen aufzudecken, bewundern sollte? Wenn sie einen Fehler dabei begehen, so ist es nur eine unschickliche Wahl in der Darstellung der Eindrücke, die ihr Gefühl bestürmten. Die schnellen tausendfachen Übergänge in einer empfänglichen Seele zählen zu wollen, die sich unaufhörlich jagen, wenn Gegenstände von außen, oder durch ihre lebhafte Phantasie hervorgerufen, auf sie wirken, wäre wirklich verlorne Mühe.

13. Oxford

Den 18. Jun.
Einen Englischen Musensitz erkennt man leicht an den schwarzen viereckten Biretten der Studierenden, und an ihren langen schwarzen Mänteln mit kurzen weiten, oder sehr langen engen Ermeln. Man glaubt, die Schüler eines Jesuiter-Kollegiums zu sehen; und in gewisser Rücksicht sieht man sie in der That. Ich wurde sehr lebhaft an Wilna in Litthauen erinnert, als ich diese possierlichen Gespenster an mir vorüber flattern sah.

Ich weiß wohl, die Kleidung allein thut nichts zur Sache; sie ist aber auch nicht so gleichgültig, als man denkt: sie steht in unmittelbarer Verbindung mit Gesetzen, Formalitäten und Zwangssystemen, welche eine Falte in den Charakter biegen, deren Spur auf Zeitlebens unauslöschlich bleibt.

Die monastische Ordnung, welche auf den Englischen Universitäten eingeführt ist, hat man oft in Deutschland als musterhaft gepriesen – weil man sie nicht kannte. Die Strenge geht hier so weit, daß man kein Gesetz mehr beobachten kann. Dieser Fall ist in England nicht selten. Die Gesetze gegen die Katholiken sind so drückend, daß man sie schlechterdings nicht mehr in Ausübung bringt; und dennoch hat man nicht den Muth, sie abzuändern. Kein Volk hängt so blindlings an alten Formen, wie das Englische; es knüpft den Begriff seiner politischen Existenz daran. Sagt ihm, die Abschaffung eines einzigen Gesetzes gegen die Katholiken sei gefährlich, so rottet sich der Pöbel noch heute zusammen, und Gordons Wahnsinn wirkt zum zweitenmal eine furchtbare Empörung. – Die Studenten in Oxford müssen sich so manchen Erbärmlichkeiten unterziehen, daß sie im Wesentlichen mehr Freiheit genießen, als andere Studenten auf Deutschen Universitäten; und wohl dem Lande, daß dem also ist! Zwischen dem blinden

Gehorsam des Schulknaben, und dem freien Willen des Mannes, muß es einen Mittelzustand geben, in welchem der Mißbrauch der Selbstherrschaft so wenig üble Folgen für das Gemeinwesen hat, als möglich. Sonst wird, wenn der Jüngling auch noch Sklav bleibt, erst der Mann im Amte sich seinen Ausschweifungen überlassen, und sein Toben wird von üblen Folgen für das gemeine Beste seyn. Wenn hingegen ein Student seine Freiheit mißbraucht, so schadet er höchstens sich selbst, und gewinnt unter seines Gleichen bald so viel Erfahrung, als er zur Lebensnothdurft bedarf.

Ich weiß zwar wohl, daß es theoretische und praktische Erzieher giebt, welche den Zögling nie genug einzuschränken und zu fesseln glauben: Menschen, die sich vorstellen, man dürfe die menschliche Seele im Erziehungsinstitute treiben, wie man Spargel im Lohbeete treibt, und die dann auch wirklich nur saft- und kraftlose, ekelhafte Geschöpfe in die Welt liefern, unfähig, sich auf einen Augenblick von ihren auswendig gelernten Regeln zu entfernen, und selbstständig zu denken, Maschinen in jeder Bedeutung des Wortes! An ihren Werken müssen wir sie erkennen. Es ist eine leichte Kunst, Maschinen aus Menschen zu schnitzen; aber die menschliche Natur in ihrer Würde zu lassen, und Kräften, die eine höhere Hand schuf und in die einzelnen Keime legte, zu ihrer freien vollkommenen Entwickelung behülflich zu seyn, anstatt ihnen unwürdige, verunstaltende Fesseln anzulegen: – das ist die große Kunst, wozu die wenigsten Erzieher Geduld, Billigkeit und Selbstverläugnung genug besitzen. Anstatt den Zögling den Gebrauch seiner Anlagen zu lehren, wollen sie immer nur, daß er sie *nach ihrer Art* gebrauchen soll, und machen ihn zur schlechten Kopie eines elenden Originals. Ihr kurzsichtiger, enger Egoismus ist nicht zufrieden, Menschen in verschiedenen Graden der Intension, ihrer verschiedenen Organisation und der damit verknüpften Kräfte genießen zu sehen, und sich des mannigfaltigen, unerschöpflichen Reichthums der Natur zu freuen; sondern es ist ihr armseliger Ehrgeiz, nach ihrem Bilde alles um sich her modeln zu wollen. Ich brauche nicht zu sagen, wie sehr diese Methode auf die Verewigung der Vorurtheile und Irrthümer abzwecken muß: denn ich behaupte sogar, daß, wenn ein solches Unding, wie ein *vollkommnes System,* möglich wäre, die Anwendung desselben bei der Pädagogik für den Gebrauch der Vernunft dennoch gefährlicher als jedes andere werden müßte. Die Idee des Unverbesserlichen zieht einen lähmenden Mechanismus nach sich, welcher mit dem Chinesischen Sittengesetz am besten exemplificirt wird und den Begriff von Tugend ganz aufhebt. Der Erzieher hätte meines Erachtens wenig Verdienst um die Menschheit, der die Jugend dahin gebracht hätte, alles zu thun oder zu lassen, je nachdem es dem gewohnten Herkommen gemäß ist oder nicht, oder, was auf Eins hinausläuft, nachdem es mit den Regeln, die er von seinem Lehrer lernte, übereinstimmt, oder ihnen widerspricht. Alle dogmatische, alle geistliche Erziehung hat mehr oder weniger diese Tendenz, und ihr nachtheiliger Einfluß, der allerdings hier durch viele andere Umstände gemildert wird, äußert sich doch wirklich noch kenntlich genug in der Denkart und den Handlungen der Engländer. Es ist ihnen freilich eben nicht anzusehen, daß sich alle nach dem Geläute des Tom richten müssen, so wenig es den jungen Edelleuten einen Adelstolz einflößt, daß sie bei den Mahlzeiten an einem eigenen Tische sitzen, und durch allerlei kleine Vorrechte, wie z.B. den Gebrauch der kollegialischen Bibliotheken, vor den Bürgerlichen ausgezeichnet werden. Unstreitig ist ihre Anzahl zu unbedeutend, als daß sie unter sich bleiben, und die große Masse der Studirenden ganz entbehren könnten; daher müssen sie ihre Vorrechte fahren lassen, und wenigstens im Umgange sich der Vorzüge entäußern, welche die monastisch-pfäffische Einrichtung ihnen mit Hinsicht auf einen möglichst zu unterstützenden Despotismus verlieh. Hingegen ist es sehr die Frage, ob da, wo die Eigenliebe des großen Haufens der Studenten nicht in Kollision kommt, nicht der Grund zu jener blinden Anhänglichkeit an religiöse Vorurtheile gelegt wird, wodurch die Engländer sich auszeichnen, und worauf unter andern ihr Beharren bei der unsinnigen testact beruhet. Ich meines Theils begreife nicht, wie junge Männer der Alternative des Aberglaubens oder des Unglaubens entgehen können, wenn sie sich hier sechs bis acht Jahre lang *viermal täglich* zum Gebet in der Kapelle ihres Kollegii einstellen müssen. Dieses Opus operatum, wovon sich die guten Wirkungen in der Kapelle von Christchurch College, drei Schritte weit vom Altar, an den in die Bank geschnitzten Eselsköpfen, Namen u.s.f. erkennen lassen, muß einen geistigen Stumpfsinn bewirken, wenn es wirklich zur Gewohnheit wird.

Wer schön erhaltene Gothische Gebäude sehen will, komme hierher. Oxford nimmt sich, nach London, vielleicht unter allen Städten Englands aus der Ferne – und fast möchte ich hinzusetzen, auch in der Nähe – am besten aus. Ein Wald von Gothischen Thurmspitzen ragt aus den schattenreichen Gängen und Gefilden an der Kam und Isid hervor, und zwischen ihnen prangt mit allem Pomp der modernen Baukunst der Dom von Radcliffs Rotonda, und das schöne Achteck seiner Sternwarte. Wandelt man auf den reinlichen, wohlgepflasterten, und meistens mit guten neuen Häusern bebaueten Straßen, so erstaunt man, überall die weitläuftigen Klostergebäude zu erblicken, welche der Brittischen Jugend, aber noch mehr dem theologischen Wohlleben, gewidmet sind. Aus einem geräumigen Vorhof, aus einer Halle tritt man in die andere, und es giebt hier Kollegia, wie z.B. das von Christchurch, die aus vier großen an einander stoßenden Vierecken bestehen. Der Umfang dieser prächtigen Werke des Alterthums ist so ungeheuer, daß man nicht weiß, ob man mehr über die Verwegenheit des Eifers, oder über den Mißbrauch der Kosten erstaunen soll. Die große westliche Facciate des größern Vierecks in Christchurch College hat eine Länge von 382 Fuß, und seine Gothischen Thürmchen steigen leicht und kühn in die Luft. Nichts kann einen angenehmeren Effekt machen, als der schöne weite Bogen, der sich über dem Thor von Merton College wölbt, mit den Schnirkeln und Verzierungen, die den innern Raum des Bogens füllen, und den hohen krausen Gipfeln des breiten, viereckten Thurms, durch den Ulmenhain gesehn, der dieses Gebäude umgiebt. Allsouls College ist beinahe das schönste Gothische Gebäude an Einfachheit und schlanker Kühnheit seiner rund um das Viereck aufsteigenden Pfeiler, und der beiden hohen, wie Cypressen-gipfel sich verlängernden Thürme. Nirgends war mir die Ähnlichkeit dieser Bauart mit einem angepflanzten Walde so auffallend, als hier und vor dem Stufengange, der zum großen Speisesaale in Christchurch College führt. Hier ruhet der Mittelpunkt des Gewölbes auf einer zarten schlanken Säule, deren Äste sich oben palmenförmig ausbreiten, zierlich wölben, und den Wölbungen des Schwibbogens nach allen Seiten hin entgegen streben.

Die Gothische Bauart, wie auffallend auch ihre Mißverhältnisse sind, ergreift die Phantasie auf eine unwiderstehliche Weise. Wie leicht schießen diese schlanken Säulen so himmelhoch hinan! Durch welche Zauberkraft begegnen sich ihre höher sprossenden Äste, und schließen den spitzen kühnen Bogen! Romantische Größe, schauervolle Stille, lichtscheue Schwermuth und stolzes Bewußtseyn füllten die Seele, die sich in diesen Formen gefiel, und in ihnen sich äußerte; – denn diese Formen wecken jene Gefühle in einem Sinne, der sie wieder auffaßt. –

Die Kollegia sind indeß nicht auf einmal zu ihrer jetzigen Größe und Pracht gediehen. Dies läßt sich schon im voraus vermuthen, und oft giebt es auch der bloße Anblick, und die heterogene Einmischung Römischer Architektur zwischen den altgothischen Steinmassen. Peckwater court in Christchurch College ist ein modernes mit Radcliffe's Vermächtniß erbautes Viereck; Magdalen College hat ebenfalls eine moderne Partie, u.s.f. Allein sehr alt sind freilich die hiesigen Gebäude nicht. Magdalen College ward als ein Hospital von Heinrich III gestiftet, erst 1456 in ein Collegium verwandelt, und von Wolsey endlich mit dem Thurme verziert. Wolsey hat auch Christchurch College erbauet. Von University College ward der Bau erst 1634 angefangen, und durch Dr. John Radcliffe vollendet. Allsouls College ward 1437 gegründet; Brasenhose College in 1507. Hertford College fing man erst vor siebzig Jahren an wieder aufzubauen. Watham College ward erbauet 1613; Trinity 1594; Balhol 1284; St. John's 1557, und später; Worcester 1714; Exeter 1316; Jesus 1571; Lincoln (1717) – Oriel 1324. – Corpus Christi 1706; Merton 1610; Pembroke 1620.

Der Aufwand im Innern dieser Gebäude ist nicht minder ungeheuer, und nicht minder gothisch als die barbarische Pracht ihrer Mauern und ihrer unermeßlichen Säle. Marmorne Statüen der Stifter und Wohlthäter sieht man überall; Portraits der berühmten Gelehrten und Staatsmänner, die in den verschiedenen Kollegien jedesmal studierten, verzieren die Wände. Dazu kommt noch, daß fast jedes Kollegium seinen eignen Garten hat. – Magdalen College hat sogar einen Park mit vierzig Stück Damhirschen, von denen die Herren sich gütlich thun. Es ist allerdings eine schöne Sache um diese schattenreichen Gänge, diesen Ακαδημειαις bei jedem Kollegium, der Betrachtung und Philosophie geweihet; allein diejenigen, die des Umherlaufens in Gärten am meisten bedürften, sind eben die, welche davon ausgeschlossen sind – Nur die wohlbeleibten und mit reichlichen Einkünften versehenen Fellows haben Erlaubniß dieses Heiligthum zu betreten, und ihnen wird vermuthlich auch allein das feiste Wildpret zu Theil.

Die Glasmalerei ist ein anderer Luxus in diesen Gebäuden; beinahe eine jede Kapelle hat etwas von dieser Art aufzuweisen, und eine wetteifert darin mit der andern. Einige Fenster sind so alt, daß man das Datum ihrer Verfertigung nicht weiß; die meisten sind aus dem 16ten, 17ten und Anfang des 18ten Jahrhunderts. Einige, zumal in Allsouls-College, sind von ausgezeichneter Schönheit, und noch immer fährt man fort in dieser kürzlich wiedererfundenen Kunst neue Stücke ausarbeiten zu lassen, und die ungeheuren Einkünfte der Kollegien für bunte Glasscheiben zu verthun.

Eine Seltenheit von ganz besonderer Art sind die emblematischen in Stein gehauenen Figuren, welche in dem Viereck von Magdalen College rund umher an den Wänden angebracht sind. Die bizarren Erfindungen des Sicilianischen Prinzen, von welchem Brydone erzählt, können nicht toller aussehen, und man brauchte ihretwegen nicht so weite Reisen zu thun. Hier giebt man sie für Allegorieen aus. Vielleicht sollen auch jene Sicilianischen einen Sinn haben, und es kommt nur darauf an, daß jemand sich die Mühe giebt ihn herauszubringen, und hinterdrein auszurufen: if this be madneß, yet there's method in't.

Christchurch College

Dieses Kollegium war anfangs ein Nonnenkloster unter S. Frideswiden; hernach ward ein Mannskloster von Regularibus, Augustinern, daraus; und erst spät bei der Aufhebung desselben stiftete Wolsey das Kollegium, welches in der Folge, als man in Oxford ein Bisthum stiftete, sammt der dazu gehörigen Kirche zum Kapitel und zur Kathedralkirche erhoben ward. In der Kapelle zeigt man noch Monumente vom Jahre 740 und älter.

Die hiesige Bildergalerie soll 35000 Pfund gekostet haben; der General Guise hat sie hierher geschenkt. Auf die Vortrefflichkeit und Ächtheit einer Damaskenerklinge hätte er sich vielleicht besser verstanden; denn diese Bilder sind großentheils Kopieen, so viel man sich auch darauf zu gute thut, und zum Theil sehr schlechte Kopieen. Das beste ist unstreitig ein verblichener Carton von Andrea del Sarto, eine heilige Familie, von exquisiter Zeichnung. Annibal Caracci's Bild von seiner Familie, als Fleischer gekleidet, war mir wegen der plumpen Phantasie des Malers merkwürdig. Dieser Mensch konnte nicht dichten. Hier ist ein Fleischerscharrn mit großen Fleischstücken abgebildet, und die Söhne des alten Caracci's sind die Metzger. – Dies ist auch der ganze Charakter seiner Werke; Fleisch und Blut konnte er nachbilden, aber nicht den lebendigen Geist. Es sind allerdings unter dieser zahlreichen Sammlung einige Originale; allein es ekelt einen über allen Ausdruck, den Führer je zuweilen eine Kopie eingestehen zu hören, oder mit dem Ausdruck: nach Raphael, nach Titian, nach Guido, der

Lüge zu entgehen, indeß er sich bei diesen Geständnissen das Recht vorbehält, die ärgsten Sudeleien für Meisterwerke von der Hand der größten Künstler auszugeben. Von Holbein sah ich hier ein paar schöne Köpfe, wie denn überhaupt seine besten Arbeiten in England anzutreffen sind. Es ist in diesen weniger Härte, als ich ihm sonst zugetrauet hätte, und eine unübertreffliche Treue. Kein Strich, kein Zug ist vergessen; aber von dem Seinen ist nichts hinzugekommen: denn was der Künstler hinzuthun soll, Genie in der Darstellung und Idealisirung, das hatte er nicht. Fleiß und Anstrengung sind unverkennbar.

Eine sehr zahlreiche Sammlung von Gemälden befindet sich in einem akademischen Gebäude, neben der Bodleyischen Bibliothek. Hier ist ein Gemisch von Gutem, Mittelmäßigem und Schlechtem zusammen gehäuft, dessen vorzüglicher Werth nur darin besteht, daß selbst ein schlechtes Porträt doch einige Idee von einem berühmten Manne, den es vorstellen soll, erweckt. Was hier außer den Porträten vorhanden ist, verdient keine Erwähnung.

In Magdalen College wird die Kapelle jetzt reparirt. Wir sahen daher das schöne Altarblatt in der alten Bibliothek, wo die Bücher noch, nach der beliebten Methode der Klosterherren, an Ketten liegen. Der Guido ist in der That dieses Ganges werth, und eins der vortrefflichsten Werke von diesem Maler. Es ist ein Christus, der sein Kreuz trägt, in Lebensgröße. In dem Kopfe liegt ein wunderbarer Reichthum von Seelenausdruck, der den Zuschauer, welcher auch von dem dargestellten Gegenstande nichts wüßte, doch mit Entzücken über den Dichtergeist des liebevollen Künstlers erfüllen muß. Es ist fast der vollendetste Christuskopf, den ich je gesehen habe. Man erstaunt, daß der Künstler dieses Interesse unter den übrigen nachtheiligen Umständen der darzustellenden Geschichte erwecken konnte. Die Stellung unter dem schweren Holze, das Christus trägt; die unmalerische Figur dieses Holzes selbst; die Entstellung der Gesichtszüge durch die livide Farbe, welche von den Wunden der Dornenkrone verursacht wird; der Strick um den Leib, der auf der Erde schleppt: – alles scheint sich verschworen zu haben, den edlen Gegenstand unter den ungünstigsten Verhältnissen so unedel als möglich erscheinen zu lassen. Dennoch hat der Geist des Künstlers gesiegt, wo er ungefesselt blieb. Schade nur, daß er gerade diesen Zeitpunkt wählte! Doch wie oft ist es der Fall, daß der Künstler wählen darf? Ein Mönch oder ein Pfaffe, oder, was noch ärger als beide ist, ein Andächtler, bestimmt das Süjet, und dem Maler bleibt nur das Verdienst übrig, die neue Schwierigkeit, die aus der Wahl eines unschicklichen Gegenstandes entspringt, durch seine Kunst zu überwinden.

In Allsouls College sieht man ein Altarblatt von Rafael Mengs. Es ist ein Heiland im Garten, nach der Auferstehung. Magdalene liegt vor ihm auf den Knieen, und seine Linke gebietet ihr, ihn nicht zu berühren. Dieses berühmte Noli me tangere ist unstreitig besser gemalt als der Guido; allein es läßt den Zuschauer kalt, weil ihm die theatralische Stellung nicht den Ausdruck ersetzt. Es ist fast nicht möglich einen schönern Körper als den des Heilands zu sehen; jeder Zug ist der Natur abgeborgt; das Ganze ist – eine sehr schöne Akademie. Auch wüßte ich nicht, daß Rubens etwas wahrer und schöner kolorirt hätte. Ich finde die Draperie edel, die Verkürzung des Arms meisterhaft, den Christus-, oder besser, den bärtigen Bacchuskopf von großer Schönheit, und selbst die kniende Magdalene hat genug von einer Niobes-Tochter, um vor Kenneraugen Gnade zu finden. Allein dieser behagliche Christus-Kopf sagt mir nichts, erzählt nichts von seiner Geschichte; und die Magdalene mit den Thränen im Auge, scheint zu weinen, weil sie zurückgestoßen wird, nicht weil sie ein Wunder ahndet.

Die Ausführung und Vollendung dieses schönen Gemäldes geht übrigens bis in die geringsten Details. Die Blumen und Kräuter, die Cypressen in der Mitte, und die Wipfel der Palme in der einen Ecke des Bildes zeugen von der Sorgsamkeit des Künstlers, auch in diesen hors d'œuvres nichts was täuschen konnte zu vernachlässigen.

Botanischer Garten zu Oxford

Der Garten enthält fünf acres. Henry d'Anvers Earl of Darby kaufte den Grund von dem Magdalen-College, und schenkte ihn der Universität. Das Thor am Eingang, von Inigo Jones gebauet, ist mit den Statüen Karls des Ersten, Karls des Zweiten, und des Grafen von Darby geziert. Dillenius, der von Gießen berufen wurde, Scheuchzer, der erste, der vor Leers Gräser kannte, Sherard, der sich lange in Smyrna aufhielt, waren Aufseher dieses Gartens. Dr. Sherard, aus dessen Stiftung der Prof. Botanices ein Gehalt bekommt, führte ein eignes Gebäude im Garten auf; der geräumige Saal darin dient zur Büchersammlung, zu den Herbarien, und zu den öffentlichen Demonstrationen. Die Büchersammlung ist wahrscheinlich die vollständigste in Europa. Am reichsten ist sie an ältern Schriften, die Sherard aufs mühsamste bis zum Jahre 1726 sammelte. An neuern Schriftstellern wird sie bis jetzt noch von der Banksischen Bibliothek übertroffen; doch hat Professor Sibthorpe (of Lincoln College) auch diesem Mangel abzuhelfen gesucht. Rudbeck's campi Elisii sind vollständig hier; sie existiren außerdem nur in Upsal und bei Sir Joseph Banks, alle andere Exemplare sind verbrannt. Die Orchis, Serapias, und Irisarten sind in Holzschnitten vortrefflich darin abgebildet.

Eine Sammlung ausgemalter Zeichungen von Japanischen Pflanzen ist überaus sauber, und ohne Vergleich deutlicher als die oft citirte Sudelei von Menzel, die man Flora Japanica nennt. Ein Japanese, der nach Oxford kam, hat mehrere dieser Pflanzen benannt.

Etliche Volumina Indischer Pflanzenzeichnungen, die Boerhave kaufte, und die noch ungestochen sind.

Herbaria. Das von Dillenius, aus dem viele Pflanzen durch Raub in die Heinische Sammlung kamen. Originalzeichnungen von Dillenius zum hortus Eltamensis, zur historia muscorum, ebenfalls noch ungestochen. Sammlung von Kryptogamisten, aufgeklebt, eben so wie sie in der historia muscorum gestochen sind. – Herbarium von Sherard, nebst dem Banksischen und Linnéischen wohl das erste in der Welt. Als Dr. Sherard Konsul zu Smyrna war, schickte er junge Leute durch den ganzen Orient, um Pflanzen zu sammeln; auch vergrößerte er seine Sammlung ansehnlich durch Ankauf aller Dubletten aus dem Tournefortschen Herbarium, und durch Geschenke. Sir Joseph Banks erstaunte, als er von der Südsee zurückkam, hier Pflanzen aus Neuholland zu finden. Sie waren von Dampier hierher geschenkt. Dr. Sibthorpe ist damit beschäftigt, das große Sherardische Herbarium nach dem Linnéischen System zu ordnen. Es enthält auch viele Pflanzen von Vaillant, Bocconi, und Micheli Fiorentino. – Herbaria von Morison und Scheuchzer.

Der botanische Garten enthält einzelne Seltenheiten; im Ganzen aber weder eine solche Varietät von Pflanzen, als der Göttinger oder Salzwedelsche, noch so alte und prächtige Exemplare, als der Berliner oder Amsterdammer. Eine große Zierde dieses Gartens ist die vollständige Sammlung inländischer Englischer Gewächse, welche auf einem eigenen Quartiere kultivirt werden. Mehr Grasarten sind wohl kaum in Erlangen zu finden, als hier. Zwei Gewächshäuser, größer als die

Göttinger, aber ohne Vergleich kleiner als die Berliner. Eine neue Grasart, deren Blätter wie Citronen riechen, vermuthlich eine Agrostis, hat nie geblühet. Aus dem Archipelagus hat Sibthorpe viele neue Species gebracht, neue Hesperis, Thymus, Verbascum, Campanula, neue Gräser – alle wohlriechend. Nachdem er den größten Theil von Spanien, Frankreich, Deutschland und der Schweiz durchreist war, ging er mit Bauer (dessen Bruder mit dem jungen Jacquin nach London zu Banks kam) von Wien nach Neapel; von Neapel im Sommer auf einem Englischen Schiffe nach dem Archipelagus. Dort schifften sie mit einem kleinen Boote, das von fünf Mann gerudert wurde, von einer Insel zur andern. Sie besuchten den Peloponnes, einen kleinen Theil von Macedonien (wegen der Unsicherheit), Negropont, Rhodus, Cephalonia, das dürre Cypern u.s.w. und Candia, die pflanzenreichste Gegend im Ionischen Meere. Den Winter brachten sie in Pera zu, wo ihnen Hawkins nachkam; und den zweiten Sommer gingen sie mit Hawkins und einem Englischen Kapitain auf einem Venetianischen Schiffe wieder nach den Griechischen Inseln und Klein-Asien. Im Herbst kehrten sie über Italien zurück. Morina Persica bedeckt den ganzen Parnaß. Der Helleborus der Alten ist eine neue Species, ein Mittelding zwischen Helleborus niger und viridis; doch dem letzteren näher. Arbutus Andrachne ist es, dessen Dioscorides erwähnt, nicht Arbutus Unedo, wie die Kommentatoren glauben. Es ist der gemeinste, aber wegen seiner glatten, vielfarbigen Rinde, auch der schönste Baum auf den Griechischen Inseln. Weder Dianthus caryophyllus, noch Rosa centifolia, fand Sibthorpe irgendwo wild, wohl aber den seltenen, und über alle Beschreibung prächtigen Dianthus fruticosus und Dianthus arboreus. Bei Paros, an einem Tempel, fand Sibthorpe noch denselben Laurus nobilis, den Pausanias beschreibt. Überhaupt wird Sibthorpe an 500 neue Species aus dem Griechischen Meere herausgeben. Zeichnungen brachte er gegen 1000 mit.

Lizari ist korrumpirt von Rizari, schlechtweg die *Wurzel*, wegen der Wichtigkeit der Pflanze. Diese wahre Rubia tinctorum fand Sibthorpe noch eben da in der Gegend von Athen, wo Dioscorides ihre Kultur beschreibt. – Ein Grieche versicherte Sibthorpe'n im Archipelagus, daß der obere Theil der Euphorbia Apios Erbrechen, der untere Durchfall verursache. Das große Specimen von Myrtus Pimenta im Oxfordischen Garten hat folia decussata opposita. Die Türken essen die Frucht vom Prunus Laurocerasus. Sibthorpe selbst konnte nicht ausfindig machen, welche Gattung von Papaver das Opium giebt. Es scheint ihm Papaver orientale zu seyn. Er zeigte Ladanum vor, das er selbst vom Cistus creticus gesammelt; auch ächtes Balsamum Meccae, das dem Englischen Gesandten aus dem Serail geschenkt war. Sibthorpe glaubt, es komme von Amyris Opobalsamum: eine Fabel, die ja schon Gleditsch widerlegt hat.

Der botanische Kursus in Oxford dauert nur sechs Wochen.

14. Dover

Den 28sten Jun. Abends 9 Uhr
Diesen Spaziergang am Strande gäb' ich nicht um vieles! Es war etwa eine Stunde nach Sonnenuntergang; der Himmel blau und heiter und wolkenleer über uns. Das Meer rauschte auf den Kieseln des abschüssigen Strandes fast ohne Wellen; denn ein sanfter Morgenwind hauchte nur längs seiner Oberfläche hin, und die Ebbe milderte die Gewalt der majestätisch anprellenden großen Kreise, die der Krümmung des Ufers parallel in schäumenden Linien verrauschten. – Hinter uns hing Shakspeare's Felsen hoch und schauervoll in der Luft: eine thurmähnliche senkrecht abgestürzte Masse, fünfhundert Fuß über der Meeresfläche erhaben, weiß, und nur mit etwas daran hangendem Grün verziert. Links auf einer ähnlichen doch etwas mindern Höhe, über dem Kieselstrande, straubten sich im magischen Lichte der Dämmerung die malerischen Thürme des Schlosses von Dover, gleichsam vor dem Sturz, an dessen Rande sie standen. Und jenseits des blauen Meeres, das links und rechts im unabsehlichen Horizont sich verlor, lag Frankreichs weiße und blaue Küste in manchen hervorspringenden Hügeln vor uns hingestreckt. So wie wir dieses Schauspiel betrachteten, und von einem Gegenstande zum andern unsre Blicke wandern ließen, wachten neue Empfindungen in uns auf. – Plötzlich, indem ich die felsenähnlichen Spitzen des Schlosses betrachtete, that mein Reisegefährte einen Schrei – des Erstaunens und Entzückens. Ich wandte mich um, und sah über dem Ufer von Calais ein auflodern-des Feuer. Es war der Vollmond, welcher göttlich aus dem Meere stieg, und allmählich sich über die Region der dichtern Dünste erhob. Welch ein Anblick von unbeschreiblicher Einfalt und Pracht! Bald höher und höher emporschwebend, schickte er von Frankreichs Ufer bis nach

Albion herüber einen hellen Lichtstreif, der, wie ein gewässertes Band, zwischen beiden Ländern eine täuschende Vereinigung zu knüpfen schien. Im Dunkel das längs der Felsenwand unter dem Schlosse herrschte, flimmerte ein Licht romantisch hervor; über Shakspeare's Cliff hing ein schöner Stern im weißesten Glanze nieder. O Natur! die Größe womit du die Seele erfüllst, ist heilig und erhaben über allen Ausdruck. Shakspeare's Cliff nannten uns die Knaben, wie sie am Strande spielten, bei diesem geliebten Namen.

IV. Rückreise von England

1. Fahrt von Dover nach Calais

Am 29. Jun.
Zur Rechten von Dover am Ufer ist Shakspear's Felsen; zur linken Dover Cliff, sehr abgestürzt. Auf der Fläche in der Mitte des Busens ist die Stadt gebauet, und hinter der Stadt sieht man wieder einen hohen Kreidefelsen, der nackt und fast ohne alle Vegetation ist. Am Ufer liegen unzählige abgerundete Feuersteine.

In dem Kanale giebt es unzählige Delphin. Phocaena, sechs bis sieben Fuß lang, die sich wälzen, u.s.w. Sie sollen Sturm prophezeien, weil sie nur bei stiller See zum Vorschein kommen. Die Franzosen essen sie, und machen auch Öhl daraus.

Am Ufer findet man keine Conchylien, keine Zoophyten, auch bei Calais nicht, da sie doch bei Dünkirchen so häufig sind. Die Fluth treibt sie wohl durch den Kanal, und wirft sie an die vorstehende Belgische Küste.

Während der Überfahrt bei Sonnenschein bemerkten wir sonderbare leuchtende Punkte im Wasser, die eigenthümliches Licht zu haben schienen.

Die Ufer von Calais sind niedrig, und haben nicht, wie die entgegengesetzten, vorstehende Kreidefelsen; daher kann man von Dover aus wohl die hohen Felsen bei Boulogne, aber nicht die Küste von Calais sehen. Auf dieser Küste liegen auch keine Feuersteine.

2. Auf der Reise nach Paris

Den 30. Jun. setzten wir in einer plumpen, schweren, achtsitzigen Französischen Kutsche die Reise durch die Picardie fort. Die Kreideberge zu beiden Seiten des Kanals ähneln sich vollkommen. Welche Katastrophe zerriß sie? Abstürze auf beiden Seiten zeigen sich hier und da; doch mehr in einem fort an der Englischen Küste.

Wir sahen den Ort, wo der unglückliche Pilatre du Rosier mit seinem Gefährten Romain hinunterstürzte. Seine Geliebte erwartete ihn in Dover, ward wahnsinnig, und starb. Schon schwebte er weit über dem Kanal, als plötzlich der Wind sich in der obern Region änderte, und ihn wieder über das Land führte. Auf einmal sah man den Ballon Feuer fangen, und stürzen.

In *Boulogne sur mer,* einer ziemlich großen Stadt, an einem kleinen unbequemen Fischerhafen, frühstückten wir. Die unendliche Munterkeit der Französischen Soldaten, in einer Schenke uns gegenüber, ergötzte uns sehr. Sie sangen ohne Aufhören. Der Franzose, der bei uns war, ließ von Zeit zu Zeit aus dem Wagen oder aus dem Fenster des Gasthofes ein lautes: Vive la Nation! erschallen, welches mit allgemeinem Jauchzen erwiedert ward.

Die Kutsche fährt langsam, höchstens anderthalb Lieues in einer Stunde. – Der Weg ging durch eine schöne, reich bebaute, offne Gegend. Die Landschaft hat einen andern Charakter, als die Englische, weil die Felder nicht mit lebendigen Hecken umzäunt sind.

Zwischen *Abbeville* und *Amiens* ist ein großer Torfmoor. Den Jahrmarkt, der eben in Amiens war, fanden wir sehr ärmlich, und hörten große Klage über den Stillstand der Plüchefabriken und anderer Wollenmanufakturen, wegen des Kommerztraktates. Die Stadt ist ansehnlich, und hat schöne Promenaden.

Es giebt in der Picardie viele Englische Schafe. Die beste Wolle findet man bei Calais; doch ist sie schlechter, als die Englische. Liegt die Ursache hiervon im Klima? Schwerlich. Oder in der Behandlung? der Fütterung? Die Weiden sind hier freilich gewiß schlechter, als am Avon.

3. Rückreise von Paris

Von *Paris* reisten wir den 6. Julius über *Livry* und *Cloye* nach *Meaux*, welches eine alte, sehr schöne Kathedralkirche hat. Die Straße ging durch eine reiche Gegend, mit schönem Anbau und einer herrlichen Allee von Bäumen längs dem Wege. – *La Ferté sous Jouarre* ist hübsch gelegen. – Hier giebt es viele Berge, Sandstein; wenig Anbau. Die Marne und ihre Ufer sind sehr schön. Bei La Ferté ist eine Manufaktur von Mühlsteinen. – *Chateau Thierri* hat eine herrliche Lage. – Ein großes Thal der Marne, in welchem die Stadt und die Masse von Thürmen aus dichtem Gebüsche hervorragen. Das Schloß steht in der Mitte auf einem Hügel. Die besonders schönen Ulmen machen die Aussicht vorzüglich pittoresk und reich. – Der Fleiß und die Arbeitsamkeit des Landvolkes in dieser Gegend geben gute Hoffnungen für die Zukunft, wenn es Früchte seiner Arbeit ernten wird, und sie nicht mehr von Andern verschlungen seyn werden.

Den 7. Jul. Wir fuhren um drei Uhr ab. Die gestrige Diligence von Metz war voll Deputirter, die nach Paris zogen; auch begegneten uns viele Extraposten mit diesen Herren. Ein reitzendes Thal von weitem Umfange öffnete sich vor uns, mit Kalkhügeln umgeben, worauf der Weinbau sehr stark getrieben wird. Die Hügel sind schön gelegen, und haben einen vortheilhaften Abhang; ihr kreidenartiger Boden scheint ebenfalls dem Weinbau zuträglich zu seyn. Im Thale, welches eine große, breite, und mehrere Meilen lang zwischen den Hügeln sich hinziehende Ebene bildet, schlängelte sich die Marne zwischen Sandufern, wie ein Band von Silberstoff, indem die Morgensonne sie beschien. Die Äcker, Wiesen und Triften dieses Thals sind von großem Reichthum und unbeschreiblicher Schönheit; über die Rebenhügel ragt ein höherer, wieder mit Korn bebauter Rücken hervor, der oben mit Waldung, und zuweilen mit Städten und Dörfern gekrönt ist. Dieses Thal reicht bis *Epernay*, welches sehr malerisch am Fuße der östlichen Hügel liegt, wo sie sich auf einer unabsehlichen Ebene verlieren. Wir erreichten diesen Ort um 10 Uhr, und setzten uns schon um halb eilf zu Tische, nachdem wir etwa zwölf Lieues zurückgelegt hatten. Nach *Chalons* flogen wir auf einer acht Lieues langen Ebene von herrlichem Getreidebau, und um vier Uhr kamen wir dort an, um unser Nachtlager zu halten. Chalons hat alte schöne Kirchen; ein prächtiges Hôtel de ville; eine schöne, feste, einfache Brücke über die Marne; schöne, regelmäßig angepflanzte Promenaden; viele gute Gebäude. Aber die Straßen sind todt, und die Einwohner fehlen. Überhaupt giebt es in Frankreich mehr große Städte, als in England. Aber der Schmutz in den Wirthshäusern, die schlechte Bedienung, das grobe Tischzeug machen das Reisen hier ungleich beschwerlicher. Das Volk in dieser Gegend ist im Ganzen phlegmatischer, als in der Picardie. Man findet im Allgemeinen unter den Franzosen vielleicht weniger Naturgaben – Phantasie ausgenommen – als unter den Engländern, aber mehr Kultur durch gesellschaftlichen Umgang: daher mehr Leichtigkeit und Artigkeit, und zugleich mehr Gleichgültigkeit gegen Reinlichkeit, Bequemlichkeit u.s.w., weniger Luxus.

Den 8. Jul. Die Ebene geht gegen sechs bis acht Lieues fort; sie ist überall bebauet, und man sieht fast nirgends einen Baum. Ein, fünf Viertel-Lieues langes Dorf liegt längs dem Wege in einiger Entfernung rechts, an einem Bach, überall mit Pappeln und Weiden umgeben, die denn hier zur Feuerung dienen. Das Erdreich ist hier sehr arm; kaum drei bis vier Zoll tief, so ist man auf der Kreide. Daher wird schnell gepflügt und viel bestreift; es scheint viel brach zu liegen.

Man brennt in der hiesigen Gegend Steinkohlen, die unweit *Sainte Ménéhould* und bei *Troies* gegraben werden. Bei Sainte Ménéhould (10 Lieues von Chalons fängt es wieder an hügelig zu werden. Ein Wald von Obstbäumen erstreckt sich fast ein Paar Lieues zwischen Sainte Ménéhould und *Clermont;* dieser letztere Ort verkauft in guten Jahren für 12000 Livres Kirschen. – Auf den Bergen von Clermont findet man schöne Waldungen, wovon die vielen Glashütten um Clermont guten Gebrauch machen. Das Erdreich ist grauer Kalkmergel.

Von Clermont, wo wir zu Mittag aßen, bis *Verdun,* fährt man fünf Lieues, und über ein Mergelgebirge, welches aus langgestreckten wogigen Rücken besteht, und wovon das Gestein näher nach Verdun zu immer grauer wird, und in Thonmergel überzugehen scheint. Hier liegt sehr viel Land brach, weil das Erdreich nicht ergiebig ist. Man sieht indeß doch schöne reiche Saaten, welche oft ganze Ebenen oder Rücken, meilenweit ohne etwas das den Anblick unterbricht, bedecken. Bei Verdun liegen einige sehr schöne Rebenhügel, worauf guter Wein wächst. Verdun ist kleiner als Chalons, aber ungleich schöner gelegen und besser gebauet. Die Festungswerke werden nicht mehr unterhalten. Die Stadt liegt auf Hügeln, die Citadelle sehr hoch. Die Maas fließt langsam mitten durch die Stadt. Die Wälle, die mit Linden und Hagebuchen herrlich bepflanzt sind, machen den schönsten Spaziergang; die Citadelle mit ihren hohen Wällen und Gräben, und schönen Gebäuden, der Fluß, die Stadt unter den Füßen – geben ein schönes Gemälde. In Verdun macht man berühmte Dragéen von allerlei Art. Der bischöfliche Pallast, das Hôtel de Ville und einige Kirchen sind in der That nicht übel.

Den 9ten Julius. Bis *Mauheule* kamen wir über ebenes, wogiges, schön bebautes Land. Die hohe Ebne ist schön gelegen. Hier giebt es keinen Weinbau, aber köstliche Wiesen und Äcker.

Von Mauheule bis zu dem Dorfe, wo wir zu Mittag aßen, hatten wir meistens dieselbe Gegend. Schönen Effekt machen in Lothringen die flachwinkeligen Dächer. Überhaupt sind die Dörfer hübsch, und es scheint Wohlstand unter den Leuten zu seyn. In Mauheule wollte man für ein Butterbrot nichts von uns nehmen.

Wir langten um halb drei Uhr in *Metz* an. Ungefähr anderthalb Lieues vorher kommt man durch eine tiefe Schlucht, welche zum Theil durch einen zwanzig bis dreißig Schuh hohen Steindamm ausgefüllt ist, über einen Bergrücken, an dessen jenseitigem jähem Absturz sich das weite schöne Moselthal öffnet. Hier zeigten sich viele schöne Dörfer in Gärten gelegen, Nußbäume, köstliche Rebengebirge ringsum: eine herrliche Aussicht auf die Mosel und Metz. In der Schlucht ein fester splittriger hornartiger Sandfels, darüber gelber Sandstein mit Austerschalen, die noch ihr Email hatten. Metz ist eine schöne große und gut gebauete Stadt. Das Gouvernement ist prachtvoll; der bischöfliche Pallast unvollendet. Um die alte Kathedralkirche gehen viele Alleen, Gräben und Wälle. Die Festung wird für die beste in Frankreich gehalten.

Biographie

1754 *27. November:* Johann Georg(e) Adam Forster wird als ältester Sohn des Dorfpfarrers und späteren Naturforschers Johann Reinhold Forster in Nassenhuben bei Danzig geboren. Sein Vater unterrichtet ihn in den Naturwissenschaften, Sprachen und Philosophie.

1765 Forster begleitet seinen Vater auf einer großen Reise durch Rußland, wo sie im Auftrag der Zarin die deutschen Kolonien an der Wolga besuchen.

1766 Übersiedlung der Familie nach England. Forster erteilt Sprachunterricht, arbeitet kurze Zeit als Lehrling in einem Londoner Handelshaus sowie als Übersetzer (bis 1772).

1772 *13. Juli:* Beginn einer dreijährigen Weltreise: Zusammen mit dem Vater begleitet Georg Forster James Cook auf dessen zweiter Weltumseglung. Er ist auf dieser Forschungsreise als Pflanzenpräparator und Illustrator tätig.

1775 *Sommer:* Rückkehr von der Reise.
Der Vater wird wegen Auseinandersetzungen mit der englischen Kriegsmarine über die wissenschaftliche Auswertung der Reise mit Publikationsverbot belegt und kann die Forschungsergebnisse nicht veröffentlichen.

1777 Georg Forster übernimmt das Verfassen der Reisebeschreibung »A voyage round the world«, die in London herauskommt.
Herbst: Reise nach Paris, dort Begegnung mit dem Naturwissenschaftler George Louis Leclerc Comte de Buffon und dem Physiker und Gesandten der USA in Frankreich Benjamin Franklin.

1778 Forster wird zum Professor für Naturgeschichte an das Carolinum in Kassel berufen (bis 1784) und siedelt nach Deutschland über.
Beginn der Freundschaft mit dem Schriftsteller und Philosophen Friedrich Heinrich Jacobi.
Die von Georg Forster übersetzte deutsche Fassung des Reiseberichts erscheint: »Johann Reinhold Forsters Doctor der Rechte und Georg Forsters Reise um die Welt während den Jahren 1772 bis 1775 unternommen. Beschrieben und heraus-

	gegeben von dessen Sohn und Reisegefährten George Forster (2 Bände, 1778–80).
1779	»Leben Dr. Wilhelm Dodds, ehemaligen Königlichen Hofpredigers in London«.
1780	Forster gibt gemeinsam mit Georg Christoph Lichtenberg das »Göttingische Magazin der Wissenschaften und Litteratur« (1.–4. Jahrgang, 1780–85) heraus. Der Vater erhält in Halle eine Professur und lehrt dort Naturgeschichte, Länder- und Völkerkunde.
1781	Beginn der Veröffentlichung von Rezensionen geographischer Werke in den »Göttingischen Anzeigen von gelehrten Sachen«.
1784	Forster erhält eine Professur für Naturwissenschaften an der Universität im polnischen Wilna (bis 1787). Über Leipzig, Prag, Wien und Warschau reist Forster nach Wilna.
1785	Reise nach Göttingen. *4. September:* Heirat mit Therese Heyne, der Tochter des Göttingen Altphilologen Christian Gottlob Heyne. Anschließend Rückkehr nach Wilna. Die Universität Halle verleiht Forster den Titel eines Doktors der Medizin. Begegnungen mit Goethe, Herder und Wieland. Gemeinsam mit Samuel Thomas Sömmering gibt Forster die »Hessischen Beyträge zur Gelehrsamkeit und Kunst« (1785–87) heraus.
1786	Im »Teutschen Merkur« erscheint Forsters Kritik an Kants Philosophie: »Noch etwas über die Menschenrassen«, in der er für die Gleichberechtigung aller Rassen und gegen den Kolonialismus eintritt Geburt der Tochter Therese.
1787	Im Auftrag der Zarin Katharina von Rußland bereitet Forster eine Expedition in die Südsee vor. Er kündigt seine Professur in Wilna und kehrt nach Deutschland zurück, um Frau und Tochter bei den Schwiegereltern in Göttingen unterzubringen. Wegen des russisch-türkischen Krieges muß die Forschungsreise jedoch abgesagt werden. Es erscheint Forsters Übersetzung von: »Des Capitän Jakob Cook dritte Entdeckungsreise« (2 Bände, 1787–89).
1788	Forster wird als Nachfolger Johannes von Müllers zum Biblio-

thekar der Mainzer Universität berufen und siedelt nach Mainz über.

Forsters Übersetzung von Eugène Louis Melchior Patrins Schrift »Zweifel gegen die Entwicklungstheorie« erscheint.

1789 Die Sammlung von Forsters Aufsätzen beginnt unter dem Titel »Kleine Schriften. Ein Beytrag zur Völker- und Länderkunde, Naturgeschichte und Philosophie des Lebens« (6 Bände, 1789–97) zu erscheinen.

1790 Mit dem Naturforscher Alexander von Humboldt, der sich später als sein Schüler bezeichnet, unternimmt Forster eine Reise durch Brabant, Flandern, Holland, England und Frankreich.

Forster begeistert sich für die Ideen der Französischen Revolution.

1791 Forster übersetzt das indische Drama »Sakontala oder der entscheidende Ring« von Kalidasa aus dem Englischen.

»Geschichte der Reisen, die seit Cook an der Nordwest- und Nordostküste von Amerika und in dem nördlichen Amerika selbst von Meares, Dixon, Portlock, Coxe, Long u.a.m. unternommen worden sind« (Übersetzung aus dem Englischen, 3 Bände).

Forsters literarisches Hauptwerk »Ansichten vom Niederrhein, Brabant, Holland und Flandern im April, Mai und Junius 1790«, das Resultat seiner Reise im Vorjahr, beginnt zu erscheinen (3 Bände, 1791–94).

1792 *10. November:* Nach der Besetzung von Mainz durch die Franzosen wird Forster Mitglied der jakobinischen »Gesellschaft der Freunde der Freiheit und Gleichheit« und verfaßt Reden und Flugschriften für die Revolution.

»Antwort eines freien Mainzers, der mit dem Franken Custine gesprochen hat«.

Dezember: Forsters Familie siedelt nach Straßburg über.

1793 *1. Januar:* Forster wird zum Präsidenten der Mainzer »Gesellschaft der Freunde der Freiheit und Gleichheit« gewählt.

März: Als Deputierter des rheinisch-deutschen Konvents reist er nach Paris und hält eine Rede vor dem französischen Nationalkonvent, in der er den Anschluß von Mainz an die Französische Republik vorschlägt.

Weil Mainz inzwischen von den preußischen Truppen besetzt ist, kann Forster, der als Landesverräter angesehen wird, nicht zurückkehren und bleibt als Flüchtling in Paris. Dort ist er für die französische Revolutionsregierung tätig und verfaßt mehrere politische Aufsätze, u.a. »Über die Beziehungen der Staatskunst auf das Glück der Menschheit« und »Darstellung der Revolution in Mainz« (Erstdruck aus dem Nachlaß 1843). Die Familie emigriert in die Schweiz, wo Forsters Frau mit seinem Freund Ludwig Ferdinand Huber zusammenlebt.
»Erinnerungen aus dem Jahre 1790 in historischen Gemälden und Bildnissen«.
»Anrede an die Gesellschaft der Freiheit«.
In der von Ludwig Ferdinand Huber herausgegebenen politischen Zeitschrift »Friedens-Präliminarien« erscheinen Forsters Aufsatzfolgen »Über die Beziehung der Staatskunst auf das Glück der Menschheit« (1793) und »Parisische Umrisse« (1793-94).

1794 *10. Januar:* Forster stirbt in Paris.

Printed in Poland
by Amazon Fulfillment
Poland Sp. z o.o., Wrocław